KB162476

김도형의

데이터
사이언스
스쿨 수학 편

김도형 지음

1권
본문

⊞ 한빛미디어
Hanbit Media, Inc.

김도형의 데이터 사이언스 스쿨(수학 편)

파이썬 라이브러리로 배우는 데이터 과학 필수 수학

초판 1쇄 발행 2019년 11월 20일
초판 3쇄 발행 2021년 11월 20일

지은이 김도형 / **베타리더** 공민서, 남대현 / **펴낸이** 김태헌
펴낸곳 한빛미디어(주) / **주소** 서울시 서대문구 연희로2길 62 한빛미디어(주) IT출판부
전화 02-325-5544 / **팩스** 02-336-7124
등록 1999년 6월 24일 제25100-2017-000058호 / **ISBN** 979-11-6224-241-4 93000

총괄 전정아 / **책임편집** 홍성신 / **기획 · 편집** 최현우 / **진행** 박민아
디자인 표지 · 내지 김연정 조판 이경숙
영업 김형진, 김진불, 조유미 / **마케팅** 박상용, 송경석, 고광일, 한종진, 성화정 / **제작** 박성우, 김정우

이 책에 대한 의견이나 오탈자 및 잘못된 내용에 대한 수정 정보는 한빛미디어(주)의 홈페이지나 아래 이메일로
알려주십시오. 잘못된 책은 구입하신 서점에서 교환해드립니다. 책값은 뒤표지에 표시되어 있습니다.

한빛미디어 홈페이지 www.hanbit.co.kr / 이메일 ask@hanbit.co.kr

지금 하지 않으면 할 수 없는 일이 있습니다.
책으로 펴내고 싶은 아이디어나 원고를 메일(writer@hanbit.co.kr)로 보내주세요.
한빛미디어(주)는 여러분의 소중한 경험과 지식을 기다리고 있습니다.

김도형의
데이터
사이언스
스쿨 수학 편

김도형 지음

★ ★ ★ ★ ★ ★
소문난 명강의 시리즈 소개

이 시리즈는 단기간에 실무 능력을 갖추게 도와줍니다. 유튜브, 블로그, 학원, 대학 등에서 이미 검증된 강의 본연의 장점을 극대화하고 더 체계화해 책으로 담았습니다. 입문자 눈높이에서 설명하고 작고 실용적인 프로젝트를 수행해 실전 능력을 키워줍니다. 빠르게 개발 능력을 키우려는 입문자와 더 다양한 경험을 쌓으려는 개발자에게 유용합니다.

H3 한빛미디어
Hanbit Media, Inc.

추천사

수학은 어렵습니다. 초등학교부터 대학 졸업 때까지 수학을 배웠지만, 여전히 어렵습니다. 데이터 과학자가 되려는 입문자라면 선형대수, 미적분, 최적화, 확률통계, 정보이론을 꿰고 있어야 한다지만, 안다 해도 코드로 표현할 수 있는 이는 드물 겁니다.

그런 의미에서 데이터 사이언스에 입문하는 이들에게 이 책은 좋은 출발점이 되리라 생각합니다. 방대한 이론을 다양한 예시로 다뤄 체계적으로 입문자에게 필요한 수학 개념을 정리합니다. 이를 통해 독자 여러분은 충분한 인사이트를 얻을 수 있으리라 기대합니다.

이 책의 장점은 다음과 같습니다.

- 오랜 시간 실무에서 다뤘던 데이터 사이언스를 위한 수학이 잘 정리되었습니다.
- 이론을 파이썬 코드로 풀었고 적재적소에 필요한 라이브러리를 사용하는 방법도 다룹니다.
- 집필서라 국내 독자층의 눈높이와 환경에 맞춰져 있습니다.

이 책은 수학을 두려워하는 데이터 사이언스 입문자에게 꼭 맞는, 맞춤형 책입니다.

_김승일 / 모두의연구소 소장

베타리더의 말

제대로 데이터 사이언스 업무를 수행하려면 수학 이론을 기반으로 한 응용력이 필수입니다. 시장에 데이터 사이언스 관련 책이 쏟아지지만 아쉽게도 머신러닝 모델의 기반이 되는 수학 지식을 자세히 설명하는 책을 찾아볼 수 없습니다. 그런데 이 책은 기초 수학 이론부터 고급 이론까지를 현실 문제에 적용된 사례를 들어 코드로 소개합니다. 그동안 수학 이론에 목말랐던 데이터 사이언티스트에게 단비 같은 존재가 될 것이 확실합니다.

_ 남대현 / 모루랩스 데이터사이언티스트

나름 자신을 갖고 책을 펼쳤습니다만, 읽는 내내 제 지식의 얕음과 부족함을 통감했습니다. 그리고 그동안 여러 머신러닝 이론 책을 봐왔지만 완전히 다 알지 못한 채로 책장을 넘겼었다는 것을 알았습니다.

이 책이 다른 머신러닝 이론을 다루는 책과의 가장 큰 차별점은 수학이론의 개념과 증명을 보여주면서 앞으로 어떤 부분과 매칭되는지를 알려주어 동기를 부여해준다는 겁니다.

"수학 공부는 눈으로 읽기만 하고 손으로 쓰지 않으면 아무런 의미가 없다"는 본문 속 저자님 말씀처럼 튼튼한 기초를 위해 이 책을 곁에 두고 모르는 부분을 손으로 써가며 천천히 다시 읽어봐야겠습니다.

_공민서 / 이글루시큐리티 인공지능개발팀

지은이의 말

머신러닝, 딥러닝을 포함한 데이터 분석에서 수학은 피할 수 없습니다. 수학을 모르면 데이터 분석에 등장하는 수학 용어와 수식을 이해하지 못하고 결국 예제 코드만 따라 하는 수준에 머물게 됩니다. 막상 용감하게 수학 정복에 도전하더라도 광범위한 수학 분야와 적합한 교재의 부재로 결국 포기에 이르기 일쑤입니다. 이 책은 이러한 어려움을 겪는 분들께 데이터 분석에 필요한 수학을 체계적으로 정리해 파이썬 코드로 구현해 제공합니다.

데이터 분석에서 수학은 도구입니다. 도구는 빠르게 사용법을 익혀 필요한 시점에 효율적으로 사용하는 것이 중요합니다. 수학 전공자가 독자인 기존 수학 서적은 도구를 제작하려는 데 목적이 있습니다. 그래서 그런 수학 책으로 공부를 하더라도 데이터 분석 실무에 수학을 써먹기가 어렵습니다. 반면 이 책은 수학을 도구로 사용하는 독자를 대상으로 합니다. 도구를 어떻게 만들지가 아니라 어떻게 사용하는지에 초점을 맞췄습니다. 그래서 수학 비전공자가 이해하기 어려운 엄격한 체계와 증명 대부분을 생략했습니다.

또한 데이터 분석에서는 컴퓨터 프로그램으로 수학 문제를 풀 수 있어야 합니다. 따라서 모든 수학 문제를 파이썬을 사용하여 풀 수 있도록 설명했습니다. 이론을 한 번 보는 것보다 프로그램을 코딩하며 문제를 풀어보는 것이 도구로서 수학에 익숙해지는 데 더 도움이 됩니다. 독자 여러분은 꼭 손으로 예제 코드를 입력하여 도구에 익숙해지기를 바랍니다.

이 책은 중고등학교 수학을 배우신 분이라면 누구라도 학습할 수 있습니다. 머신러닝, 딥러닝을 포함한 데이터 분석에 필요한 핵심 수학만을 간추려 기초부터 설명합니다. 기초와 중급까지의 데이터 분석에 필요한 수학은 선형대수, 미적분, 최적화, 확률론뿐입니다. 또 각각의 수학 분야에서도 실제로 많이 쓰이는 부분은 한정되어 있기 때문에 선형대수나 미적분을 처음부터 끝까지 공부할 필요가 없습니다. 그래서 그리스 문자 수식을 읽는 가장 기초 단계부터 엔트로피나 상호정보량과 같은 고급 정보이론까지 데이터 분석 전 분야를 다루지만 자주 쓰는 필수 내용만 설명했습니다.

이 책은 2016년부터 2019년까지 저자가 진행한 '데이터 사이언스 스쿨' 강의에서 수강생이 궁금해하던 내용을 반영했습니다. 더 나은 책을 쓸 수 있게 강의에서 질문해주신 모든 분께 감사를 드립니다. 웹사이트에 피드백을 주신 모든 분께도 감사드립니다. 이 책이 나올 수 있도록 안내해주신 한빛미디어 최현우 차장님과 미처 언급하지 못한 분들께도 감사드립니다. 또 저를 믿고 제 마음의 기둥이 되어준 가족에게 고마움을 전하고 싶습니다.

김도형   kim.dohhyoung@gmail.com

KAIST에서 자동 제어와 신호 처리를 공부하여 박사 학위를 받았으나 금융 분야로 진로를 바꾸어 미래에셋대우에서 퀀트로 재직했습니다. 현재는 개인 퇴직연금 운용을 위한 핀테크 기술 회사 베라노스 CTO이며 패스트캠퍼스 '데이터 사이언스 스쿨'에서 데이터 분석을 위한 수학과 머신러닝을 가르칩니다. 2016년부터 '데이터사이언스 스쿨' 웹사이트를 운영하며 데이터 분석에 필요한 프로그래밍, 수학, 머신러닝, 딥러닝 관련 글을 올립니다.

데이터사이언스 스쿨 : datascienceschool.net

입문자와 비전공자를 위해 기초부터 시작

대학에서 수학을 전공하지 않은 인공지능 개발 입문자와 현업 전문가에게 핵심 수학을 알려줍니다. 수식에 많이 사용되는 그리스 알파벳과 고등학교 과정의 수학 기호부터 설명해 누구나 차근차근 수학을 익힐 수 있습니다. 기초부터 출발하지만 데이터 분석과 머신러닝에 필요한 모든 필수 수학을 다루며, 모든 수식은 파이썬 패키지를 활용해 코드로 제시합니다.

머신러닝 이해에 필요한 핵심 내용만 선별

선형대수, 함수론, 미적분, 최적화 등 다양한 수학 분야를 다루지만 데이터 분석과 머신러닝에 꼭 필요한 내용만을 최소한으로 선별했습니다. 핵심 내용만 있으므로 이 책에 실린 내용을 충실히 익히면 데이터 분석과 머신러닝 이론을 효과적이고 깊이 있게 공부하는 데 도움이 됩니다. 이해가 되지 않는 부분은 반복해서 공부하시기 바랍니다.

파이썬 구현을 통한 이해와 응용

데이터 분석과 머신러닝은 코드로 알고리즘을 구현하므로 수학 수식만으로 이해해서는 부족합니다. 따라서 이 책의 모든 수식과 알고리즘은 파이썬 코드로 구현합니다. 수학을 코드로 이용하려는 개발자 입장을 고려해 알고리즘 자체를 구현하기보다는 알고리즘이 구현된 넘파이[NumPy], 심파이[SymPy], 사이파이[SciPy], 피지엠파이[pgmpy] 등의 패키지 기능을 잘 이해하고 자유롭게 사용할 수 있도록 하는 것을 목표로 합니다.

독자 여러분이 파이썬 언어에 대한 기초적인 지식이 있다고 가정합니다.

연습 문제

책에서 설명하는 내용을 제대로 이해하고 있는지 확인하는 연습 문제 300여 개가 있습니다. 모든 연습 문제는 머신러닝의 이론을 설명할 때 나오는 수식의 일부를 미리 풀어보는 문제입니다. 연습 문제를 풀 수 있다면 나중에 나올 복잡한 수식을 쉽게 이해할 수 있습니다.

개발 환경과 예제 파일

개발 환경 설정 소개

- 이 책의 모든 예제는 파이썬 3.7 버전을 기준으로 합니다.
- 이 책은 주피터 노트북(Jupyter Notebook)으로 만들어졌습니다. 이 책에서 절 하나는 주피터 노트북 파일 하나에 해당합니다. 책에 실린 모든 코드는 실제로 절 단위로 주피터 노트북에서 순서대로 실행할 수 있습니다.
- 패키지를 자동으로 임포트하는 스타트업 파일이 사용해 반복되는 패키지 임포트 명령을 줄였습니다. 스타트업 파일을 설치하는 방법은 0.6절 '아이파이썬 및 주피터 설정'에 자세히 설명했습니다.

이 책에서 다루는 파이썬 패키지

이 책의 코드를 구현하는 데 파이썬 3.7과 다음 패키지를 사용했습니다.

- 아이파이썬(IPython)
- 주피터 노트북(Jupyter Notebook)
- 넘파이(NumPy)
- 사이파이(SciPy)

- 사이킷런(Scikit-Learn)
- 맷플롯립(matplotlib)
- 시본(seaborn)
- 피지엠파이(pgmpy)

예제 압축 파일 다운로드

깃허브와 한빛미디어 홈페이지에서 예제 압축 파일을 다운로드할 수 있습니다.

- 깃허브 : github.com/datascienceschool/math
- 한빛미디어 : www.hanbit.co.kr/src/10241

문의 사항

책의 오류나 질문 등의 문제는 저자의 이메일이나 웹사이트로 문의해주세요.

- 이메일 : admin@datascienceschool.net
- 웹사이트 : datascienceschool.net

이 책의 구성

[0장] 파이썬 설치와 사용법

_ 파이썬과 파이썬 패키지를 설치하고 사용하는 방법을 배웁니다.

_ 데이터 분석에 필요한 파이썬 패키지를 소개합니다.

_ 아이파이썬과 주피터를 사용자에 맞게 설정하는 방법을 알려줍니다.

[1장] 수학 기호

_ 수식에 많이 쓰이는 그리스 알파벳을 읽고 쓰는 법을 배웁니다.

_ 머신러닝 교과서나 논문에 자주 사용되는 수학 기호의 의미를 알아봅니다.

[2장] 넘파이(Numpy)로 공부하는 선형대수

_ 스칼라, 벡터, 행렬, 텐서의 의미와 기호, 넘파이 패키지를 사용하는 방법을 배웁니다.

_ 행렬의 연산과 성질, 그리고 연립방정식을 다룹니다.

[3장] 고급 선형대수

_ 기하학에서 선형대수가 어떻게 쓰이는지 알아봅니다.

_ 고윳값분해, 특잇값분해를 공부하고 어떤 문제에 응용할 수 있는지 알아봅니다.

[4장] 심파이(SymPy)로 공부하는 미적분

_ 머신러닝에서 자주 사용되는 함수와 그 특징을 알아봅니다.

_ 미분과 적분 공식을 배우고 심볼연산이 가능한 심파이 패키지를 사용하여 미적분을 하는 법을 익힙니다.

_ 머신러닝에서 자주 사용되는 행렬의 미적분 공식을 공부합니다.

_ 변분법 개념을 소개합니다.

[5장] 사이파이(SciPy)로 공부하는 최적화

_ 최적화 문제와 최대경사법을 사용하여 최적화 문제를 푸는 방법을 알아봅니다.

_ 사이파이 패키지를 사용하여 실제로 최적화 문제를 푸는 법을 익힙니다.

_ 등식 제한조건이나 부등식 제한조건이 있는 최적화 문제를 푸는 라그랑주 승수법을 공부합니다.

_ 머신러닝 이외에도 여러 분야에 널리 쓰이는 LP 문제와 QP 문제를 소개합니다.

[6장] 피지엠파이(pgmpy)로 공부하는 확률론

_ 확률의 수학적 정의와 빈도주의 및 베이지안 관점에서 확률이 가지는 의미를 공부합니다.

_ 확률분포함수가 어떤 과정을 통해 정의되었는지를 소개합니다.

_ 머신러닝에서 사용하는 중요 개념인 조건부 확률과 베이즈 정리에 대해 배웁니다.

_ 피지엠파이 패키지를 사용하여 확률분포를 구현하고 베이즈 추정을 실행하는 법을 익힙니다.

[7장] 확률변수와 상관관계

_ 확률변수를 사용한 데이터 모형의 개념을 배웁니다.

_ 표본 데이터의 기댓값, 분산의 의미와 분산의 기댓값이 가지는 특성을 공부합니다.

_ 베르누이분포, 이항분포, 카테고리분포, 다항분포 등의 이산 분포와 가우시안 정규분포, 스튜던트 t분포, 카이제곱분포, F분포 등의 연속 분포의 정의와 특성, 그리고 이 분포들이 어떻게 데이터 분석에 쓰이는지 알아봅니다.

_ 확률모수 모형에 사용되는 베타분포, 디리클레분포, 감마분포를 소개합니다.

[8장] 사이파이로 공부하는 확률분포

_ 여러 확률변수가 가지는 상관관계를 어떻게 정의하는지 소개합니다.

_ 가장 널리 쓰이는 상관관계 모형인 다변수 정규분포 모형에 대해 알아봅니다.

_ 조건부 기댓값의 개념을 소개하고 머신러닝의 가장 큰 응용 분야인 예측에 어떻게 사용되는지 공부합니다.

[9장] 추정과 검정

_ 데이터가 주어졌을 때 데이터에 기반해 판단하는 방법을 공부합니다.

_ 기본적인 데이터 기반 의사결정인 검정의 개념과 사이파이를 사용한 검정 방법을 익힙니다.

_ 가능도의 개념과 최대 가능도 추정법을 사용하여 확률분포의 모수를 추정하는 방법을 알아봅니다.

_ 모수추정의 불확실성에 대해 공부하고 베이즈 정리에 기반한 베이지안 모수추정법을 소개합니다.

[10장] 엔트로피

_ 엔트로피의 개념을 소개하고 엔트로피가 확률변수가 가진 정보량과 어떤 관계가 있는지 알 아봅니다.

_ 크로스 엔트로피와 쿨백 라이블러 발산을 사용하여 확률분포의 유사성을 비교하는 방법을 공부합니다.

저자는 2016년부터 '데이터 사이언스 스쿨' 웹사이트에 데이터 분석과 관련된 글과 자료를 무료로 공개하고 있습니다.

- https://datascienceschool.net/

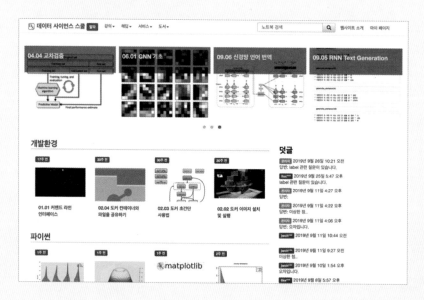

2019년 10월 1일 현재까지 누적 사용자 60만명 이상, 누적 페이지 뷰 360만 뷰 이상이며 많은 피드백을 받고 있습니다.

'데이터 사이언스 스쿨' 웹사이트는 데이터 분석에 필요한 A부터 Z까지의 모든 내용을 다루는 것을 목표로 합니다. 끊임없이 내용을 수정, 보완하고 있으며 크게 다음과 같은 카테고리로 이루어져 있습니다.

- 데브옵스 : 데이터 분석 및 처리용 컴퓨터 플랫폼의 사용법을 설명합니다. 리눅스 운영체제과 bash 셸의 사용법부터 보안 및 암호화, 도커 사용법 등을 다룹니다.
- 프로그래밍 언어 : 데이터 분석용 프로그램 언어인 파이썬과 R의 사용법을 소개합니다.
- 데이터 분석을 위한 수학 : 수식을 표현하는 LaTeX 언어의 설명부터 선형대수, 미적분, 최적화, 확률론 등을 설명합니다. 파이썬 언어를 사용하여 수학을 실무에 사용할 수 있는 방법을 소개하는 것이 목표입니다.
- 회귀분석과 시계열분석 : 파이썬 패키지인 스텟츠모델스(statsmodels)를 도구로 사용하여 고전 데이터 분석의 기초인 회귀분석과 시계열분석을 하는 방법을 설명합니다.
- 머신러닝 : 파이썬 패키지인 사이킷런(scikit-learn)을 도구로 사용하여 분류 문제 등의 지도학습과 클러스터링 등의 비지도학습을 모두 설명합니다.
- 딥러닝 : 케라스(keras), 텐서플로(tensorflow), 파이토치(pytorch)를 사용하여 인공신경망을 구현하고 사용하는 방법을 설명합니다. 간단한 인공신경망의 구조에 대한 설명부터 이미지 처리를 하는 복잡한 CNN 모형, 문서처리를 하는 RNN 모형, 이미지 생성을 하는 GAN 모형까지 설명합니다.

이 책은 '데이터 사이언스 스쿨' 웹사이트 중 '데이터 분석을 위한 수학'에 해당합니다. 대부분 책 내용은 웹사이트에 게재되어 있습니다. 다른 내용도 책으로 정리하여 출간될 예정입니다. 많은 관심 부탁드립니다.

목차

목차

10장

엔트로피

0장 파이썬 설치와 사용법

이 장에서는 파이썬을 설치하고 사용하는 방법을 설명한다. 파이썬 설치와 프로그래밍에 이미 익숙한 독자는 이 장을 생략하고 바로 1장을 시작하거나 0.6절 '아이파이썬 및 주피터 설정'부터 읽어도 좋다.

학습 목표

- 커맨드 라인 인터페이스 사용법을 익힌다.
- 파이썬과 패키지를 설치한다.
- 학습에 사용할 패키지를 알아본다.
- 주피터 노트북의 사용법과 설정 방법을 알아본다.
- 구글 코랩 사용법을 알아본다.

0.1 커맨드 라인 인터페이스

이 절은 컴퓨터 혹은 프로그래밍을 처음 시작하는 사람을 대상으로 한다. 셸 사용이나 프로그래밍에 익숙한 독자는 이 절을 생략하고 다음 절을 읽어도 된다.

본격적인 프로그래밍을 시작하기 전에 반드시 알아야 하는 것이 **커맨드 라인 인터페이스**CLI, Command Line Interface다. 커맨드 라인 인터페이스는 텍스트 표준 입출력 방식을 제공하는 방법을 총칭한다. 대표적인 표준 입력 장치로 키보드가 있다(마우스는 그래픽 유저 인터페이스 방식에 사용하는 대표 입력 장치다). 프로그램을 처음으로 시작하는 초보자는 다음과 같은 개념으로 뭉뚱그려 생각해도 된다.

- 검은 바탕에 문자만 하얗게 나오는 화면
- 커서가 반짝거리고 키보드를 타이핑하면 문자가 써지는 화면

▶ 커맨드 라인 인터페이스 화면의 예

콘솔console이라는 용어도 커맨드 라인 인터페이스를 뜻하는 말이다. 윈도우에서는 **커맨드 프롬프트 라인**command prompt line, 우리말로 **명령줄** 혹은 **명령행**이라고 한다. 맥이나 리눅스에서는 **터미널**terminal 이라는 용어를 더 많이 사용한다. 앞으로 이 책에서는 터미널이라는 용어를 대표 용어로 사용한다.

윈도우에서 터미널 시작하기

윈도우 운영체제에서 터미널을 시작하는 방법은 다음과 같다.

- '시작' 버튼 → 검색 창에 'cmd' 입력 → 검색 결과에서 'cmd.exe'나 '명령 프롬프트' 선택
- '시작' 버튼 → '모든 프로그램' 선택 → '보조 프로그램' 선택 → '명령 프롬프트' 선택

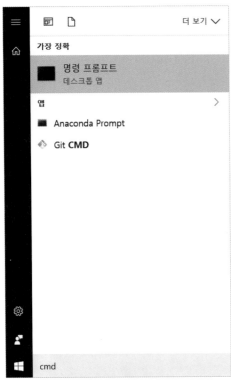

▶ 윈도우에서 명령 프롬프트 시작하기

맥에서 터미널 시작하기

맥 운영체제에서 터미널을 시작하는 방법은 다음과 같다.

- 'Spotlight' 검색 → 검색 창에 'Terminal' 또는 '터미널' 입력 → 검색 결과에서 'Terminal'이나 '터미
- 널.app' 실행
- 파인더 → 응용프로그램 → 유틸리티 → 터미널

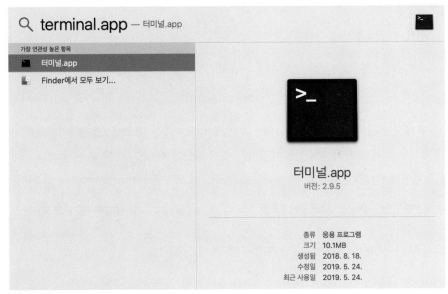

▶ 맥에서 터미널 시작하기

0.1.1 **연습 문제**

자신의 컴퓨터에서 셸을 시작해본다. 익숙해질 때까지 여러 번 반복한다.

프롬프트

터미널 화면에서는 새로운 줄에 항상 무언가 글씨가 출력되어 있다. 가장 일반적으로 나오는 것이 $(달러 표시) 기호다. 그리고 $ 기호 앞에 사용자 이름이나 컴퓨터 이름, 혹은 현재 디렉터리 위치 등 다른 글자들이 있을 수도 있다. 이를 **프롬프트**prompt라고 한다.

앞의 그림에서 *dockeruser@7e2af2c6d2d:~$*라는 글자가 프롬프트 예다. 프롬프트는 컴퓨터의 현재 상태 등을 보여주는 동시에 셸이 사용자의 명령을 받을 준비가 되었다는 것을 알려준다. 프롬프트가 나오면 사용자는 키보드로 명령을 입력할 수 있다.

참고로 이 책에서는 셸 명령 예제를 보여줄 때 프롬프트까지 포함하여 보여주지만 독자 여러분이 예제를 직접 작성할 때는 프롬프트 부분을 생략하고 작성해야 한다. 그리고 셸, 터미널, 콘솔이라는 의미로 프롬프트라는 말을 쓰기도 한다.

자신의 셸에서 나오는 프롬프트를 적어보고 무슨 뜻인지 알아본다.

셸 명령

터미널을 통해 컴퓨터에 다양한 명령을 내릴 수 있도록 도와주는 프로그램을 **셸**shell이라고 한다. 현대의 모든 컴퓨터 터미널은 셸을 내장하고 있기 때문에 터미널과 셸이라는 용어를 구분하지 않고 섞어서 쓰기도 한다.

- 터미널/콘솔 : 셸을 실행하기 위해 글자 입력을 받아 컴퓨터에 전달하거나 컴퓨터의 출력을 글자 화면에 쓰는 프로그램
- 셸 : 사용자가 글자를 입력하여 컴퓨터에 명령할 수 있도록 하는 프로그램

셸 명령은 주로 파일이나 디렉터리를 관리하는 명령이다. 윈도우의 셸 명령과 맥/리눅스의 셸 명령은 비슷하지만 약간 차이가 있다. 다음은 셸에서 많이 사용되는 몇 가지 명령을 정리한 것이다.

명령	윈도우 셸	맥/리눅스 셸
화면 지우기	cls	ctrl+l
현재 디렉터리 이름 출력	cd	pwd
현재 디렉터리의 파일 목록 출력	dir	ls -Fcal
한 칸 위의 디렉터리로 이동	cd ..	cd ..
한 칸 아래의 디렉터리로 이동	cd 디렉터리이름	cd 디렉터리이름
파일 지우기	del 파일이름	rm 파일이름
디렉터리 만들기	mkdir 디렉터리이름	mkdir 디렉터리이름
디렉터리 지우기	rmdir 디렉터리이름	rmdir 디렉터리이름
셸 나가기	exit	exit

▶ 셸 기본 명령어

셸을 가동한 뒤 다음 명령을 수행한다.

❶ 현재 디렉터리의 이름을 알아본다.

❷ 현재 디렉터리의 모든 파일과 디렉터리 목록을 알아낸다.

❸ 이 디렉터리에 foo라는 이름의 디렉터리를 만든다.

❹ foo 디렉터리로 들어간다.

❺ foo 디렉터리에 bar라는 이름의 디렉터리를 만든다.

❻ bar 디렉터리로 들어간다.

❼ 다시 foo 디렉터리로 이동한다.

❽ bar 디렉터리를 삭제한다.

❾ 화면을 지운다.

❿ 다시 가장 처음의 디렉터리로 이동한다.

⓫ foo 디렉터리를 삭제한다.

⓬ 셸을 나간다.

계정과 홈 디렉터리

운영체제는 **사용자 계정**account과 **홈 디렉터리**home directory를 지원한다. 다중 사용자는 한 컴퓨터를 여럿이 사용할 수 있게 하는 기능이다. 이때 컴퓨터를 사용할 권한을 가진 사용자를 사용자 계정이라고 한다. 사용자 계정은 해당 사용자의 아이디와 패스워드로 로그인하여 사용한다. 홈 디렉터리는 각 사용자에게 할당된 디렉터리다. 터미널을 가동하면 보통은 로그인한 사용자의 홈 디렉터리에서 셸을 시작한다. 언제든 다음 명령으로 홈 디렉터리로 이동할 수 있다.

- 윈도우 : $ cd %HOMEPATH%
- 맥/리눅스 : $ cd ~

~ 기호는 틸드tilde라고 읽는다. 이 기호는 사용자의 홈 디렉터리를 표시하는 단축 기호다. 만약 현재 자신의 계정 이름을 모르겠다면 홈 디렉터리로 옮겨서 디렉터리 이름을 보면 된다. 윈도우에서는 보통 홈 디렉터리를 C:\Users\계정이름과 같이 만들어준다.

계정 이름에 대해

참고로 컴퓨터에서 사용자 계정을 만들 때는 이름을 다음과 같이 만들기를 권장한다.

- 한국어가 아닌 영어로 만들 것
- 띄어쓰기가 없는 한 단어로 만들 것

위와 같은 조건을 만족하지 않는다고 해도 큰 영향은 없지만, 다음과 같은 이유로 어려움을 겪을 수도 있다.

- 영문이 아니거나 띄어쓰기가 있는 계정 이름을 지원하지 않아 설치나 실행이 어려운 프로그램도 있다.
- 디렉터리 이름에 띄어쓰기가 있으면 셸에서 사용이 불편하다.
- 리눅스 등의 운영체제에서는 한글 표시/입력 설정을 추가로 해야 하므로 홈 디렉터리 표시가 제대로 되지 않아 불편하다.

셸 명령을 잘 사용하는 것은 컴퓨터를 다루는 가장 기본적인 능력이다. 데이터 분석에서도 셸을 자주 사용한다. 그러니 다양한 셸 명령이나 셸 스크립트 프로그래밍 방법에 익숙해지자. 참고로 여기에서는 가장 기초적인 명령만 살펴봤다.

0.2 파이썬 설치하기

여기에서는 사용자 컴퓨터에 직접 파이썬을 설치하여 사용하는 방법을 살펴본다.

파이썬 종류

파이썬을 설치한다는 것은 파이썬 언어를 해석할 수 있는 인터프리터interpreter라는 프로그램을 설치한다는 뜻이다. 인터프리터란 소스코드source code를 읽고 해석하여 수행하는 프로그램이다. 최초의 파이썬 언어 인터프리터는 C 언어로 만들어졌다. C로 만든 파이썬은 CPython('씨파이썬'이라고 읽는다)이라고 한다. CPython은 C 혹은 C++ 언어로 된 바이너리 라이브러리를 직접 호출할 수 있어서 수많은 C/C++ 라이브러리를 파이썬에서 쉽게 사용할 수 있는 장점이 있다. 수치 계산이나 데이터 분석용으로 파이썬을 사용할 때는 항상 CPython을 사용한다.

그 외에 자바로 구현된 자이썬Jython, 닷넷.NET으로 구현된 아이언파이썬IronPython, 자바스크립트로 구현된 스컬프트Skulpt 등의 파이썬도 있다. 이처럼 각 언어로 구현된 파이썬은 자바 라이브러리나 닷넷 컴포넌트를 파이썬에서 직접 호출하여 사용할 때나 웹 브라우저에서 직접 파이썬을 실행할 때 쓰인다. 파이파이PyPy는 JITJust-In-Time 컴파일러를 내장하여 반복되는 코드를 빠르게 실행할 수 있도록 한 파이썬이다.

파이썬 버전

파이썬은 다른 언어와 달리 역사적으로 2.x 버전과 3.x 버전이 동시에 활발하게 사용되어 왔다. 하지만 2019년을 기점으로 대부분의 패키지와 커뮤니티에서 2.x 버전 지원을 중단했다. 따라서 이 책에서는 3.x 버전을 기준으로 설명한다.

파이썬 설치

파이썬 종류와 버전을 알아보았으니 이제 파이썬을 설치해보자. 리눅스와 맥OS 대부분에는 파이썬이 설치되어 있다. 윈도우를 사용한다면 파이썬 공식 웹사이트에서 파이썬 인터프리터를 내려받아 설치할 수 있다.

그런데 리눅스와 맥에 기본 설치된 파이썬을 사용하거나, 공식 웹사이트에서 파이썬 인터프리터를 내려받아서 설치해 사용하면 파이썬 패키지 관리가 어렵고 다양한 추가 도구를 별도로 설치해야 해서 권장하지 않는다. 대신, 다음에 설명하는 배포판을 이용하기를 권장한다.

파이썬 배포판

파이썬은 기본 파이썬 인터프리터 이외에도 다양한 패키지와 개발 도구를 함께 제공하는 배포판으로 설치하는 것이 좋다. 여러 배포판이 있으므로 사용하는 운영체제, 32/64비트 지원 여부, 무료/상용 여부를 고려하여 선택해야 한다.

가장 널리 사용되는 파이썬 배포판은 '아나콘다Anaconda'다. 아나콘다는 여러 파이썬 배포판 중 가장 늦게 발표되었지만 무료이고 완성도가 뛰어나서 사실상의 표준de facto standard 파이썬 배포판이 되었다. 아나콘다 배포판은 모든 패키지가 컴파일이 필요 없는 바이너리binary 형태로 제공된다. 따라서 설치 속도가 빠르고 패키지 의존성을 관리해주므로 관리가 편리하다.

다음 웹사이트에서 자신이 사용하는 운영체제에 맞는 아나콘다 배포판을 선택하여 내려받는다.

- www.anaconda.com/distribution

이 책은 64비트용 파이썬 3.7 버전을 기준으로 설명한다. 따라서 64비트용 파이썬 3.7 버전을 설치하는 것을 추천한다.

아나콘다 파이썬 설치

아나콘다 배포판을 설치하는 방법은 아주 쉽다. 윈도우나 맥에서는 내려받은 파일을 더블 클릭하면 된다. 모든 설정은 주어진 기본 설정으로 선택하면 된다. 리눅스에서는 받은 파일이 실행 파일이므로 셸에서 sh 명령으로 실행한다.

설치 중 설정을 변경하지 않았다면 다음 디렉터리에 설치된다.

- 윈도우 : C:/Users/사용자계정이름/anaconda3
- 맥 : /Users/사용자계정이름/anaconda3
- 리눅스 : /home/사용자계정이름/anaconda3

아나콘다 배포판 설치가 완료되면 윈도우 운영체제에서는 Anaconda3 아이콘 그룹이 생긴다.

파이썬 동작 확인

패키지를 설치한 후에는 파이썬을 실행하여 정상적으로 설치되었는지 확인하자.

맥이나 리눅스에서는 새로운 터미널을 시작하고 python이라고 입력한다. 파이썬 파일에 대한 경로가 정상적으로 지정되려면 반드시 새로운 터미널을 시작해야 한다. 윈도우의 경우에는 파이썬 파일에 대한 경로가 지정되어 있지 않으므로 시작 메뉴에서 Anaconda3 프로그램 그룹을 선택하고 이 아래의 'Anaconda Prompt'를 클릭하면 파이썬 경로가 지정된 터미널이 시작된다.

- '모든 프로그램' 클릭 → 'Anaconda3 (64-bit)' 클릭 → 'Anaconda Prompt' 실행

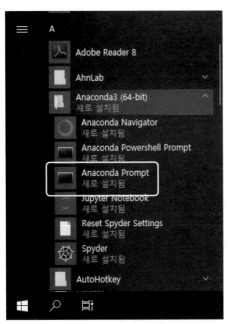

▶ 윈도우에서 아나콘다 파이썬 시작 메뉴

정상적으로 실행된다면 터미널이 뜨고 다음처럼 파이썬 버전 번호를 포함한 메시지와 〉〉〉 모양의 프롬프트가 나온다. 메시지 내용은 사용하는 컴퓨터나 파이썬 버전, 다운로드한 시점에 따라 달라질 수 있다.

```
$ python
Python 3.7.3 (default, Mar 27 2019, 22:11:17)
[GCC 7.3.0] :: Anaconda custom (64-bit) on linux
Type 'help', 'copyright', 'credits' or 'license' for more information.
>>>
>>> exit()
$
```

여기에서는 파이썬이 동작하는지 확인만 하고 구체적인 사용법은 나중에 공부하므로 이제 파이썬 인터프리터를 종료하자. 종료하려면 위와 같이 exit() 명령을 실행한다.

아이파이썬 동작 확인

이번에는 같은 터미널 창에 다음과 같이 입력하여 기본 파이썬보다 기능이 강화된 아이파이썬IPython을 실행한다. 프롬프트가 아까와 달리 몇 번째 명령인지를 숫자로 알려준다. 이번에도 아이파이썬을 종료하자. 아이파이썬을 종료하려면 괄호없이 exit라고만 입력하면 된다.

```
$ ipython
Python 3.7.3 (default, Mar 27 2019, 22:11:17)
Type 'copyright', 'credits' or 'license' for more information
IPython 7.5.0 -- An enhanced Interactive Python. Type '?' for help.
In [1]:
In [1]: exit
$
```

주피터 노트북 동작 확인

주피터 노트북Jupyter Notebook은 웹 브라우저를 사용하여 문서와 코드를 동시에 지원하는 개발 도구다. 웹 서버 형태로 구현되어 있다. 주피터 노트북을 실행하려면 윈도우에서 다음과 같은 메뉴를 선택한다.

- '모든 프로그램' 클릭 → 'Anaconda3 (64-bit)' 클릭 → 'Jupyter Notebook' 실행

또는 'Anaconda Prompt'로 띄운 터미널에서 다음과 같이 입력해도 된다.

```
$ jupyter notebook
```

윈도우에서 주피터 노트북을 실행하면 웹 서버 프로세스가 돌아가는 터미널 창이 실행되고 동시에 다음 주소로 웹 브라우저가 이동한다.

- localhost:8888/tree

만약 자동으로 웹 브라우저가 실행되지 않으면 수동으로 웹 브라우저를 실행하고 위 주소를 주소창에 입력한다.

웹 서버 프로세스가 돌아가는 터미널 창을 닫으면 주피터 노트북 웹 서버가 중지되므로 주피터 노트북 사용이 끝날 때까지 이 콘솔을 닫으면 안 된다.

0.3 파이썬 처음 사용하기

파이썬을 설치했으면 이제부터 실제로 사용해보자. 파이썬은 다음과 같이 두 가지 방법으로 사용할 수 있다.

- 콘솔이나 주피터 노트북을 사용한 REPL(Read-Eval-Print Loop) 방식
- 스크립트(script) 실행 방식

REPL 방식

REPL^{Read-Eval-Print Loop}('레플'이라고 읽는다) 방식은 주피터 노트북이나 파이썬(또는 IPython) 콘솔을 실행해서 명령어를 한 줄씩 입력하며 실행 상황을 지켜보는 방식이다. 파이썬 프로그래밍을 공부하거나 코드의 초기 버전을 제작할 때 유용한 방식이다. 이 책에서는 모든 코드를 REPL 방식으로 실행하면서 공부한다.

주피터 노트북 사용법

앞 절에서 설명한대로 주피터 노트북 서버를 실행한 후에 웹브라우저에 localhost:8888 주소를 입력하면 주피터 노트북 홈 화면이 나온다. 사용자의 홈 디렉터리에 있는 내용을 보여준다. 사용자마다 내용은 다를 것이다. 디렉터리를 클릭하면 해당 디렉터리로 이동한다.

▶ 주피터 노트북 서버에 접속한 직후

홈 화면에서 오른쪽 위에 있는 New ▾ 버튼을 누르면 다음과 같이 실행할 수 있는 명령어 목록이 나온다.

▶ 주피터 노트북 명령어 목록

여기에서 Python 3라고 되어 있는 명령을 선택하면 웹 브라우저의 새 탭에서 Untitled란 이름으로 주피터 노트북이 실행된다.

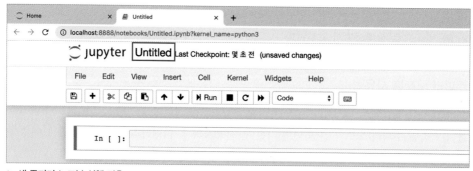

▶ 새 주피터 노트북 실행 직후

이렇게 노트북이 새로 만들어지면 원래의 홈 화면에는 다음과 같이 새로 만들어진 노트북이 표시된다. 이때 현재 가동 중인 노트북은 녹색 아이콘으로 표시되며 오른쪽에 녹색으로 Running이라는 글자가 표시된다.

▶ 새 주피터 노트북 화면

새로 만든 Untitled 노트북을 마저 살펴보자. 노트북은 셀^{cell}이라는 네모 칸들로 구성된다. 새로 만든 노트북에는 셀이 하나만 표시되어 있는데 이 셀에 파이썬 코드를 입력한다. 우선 다음과 같은 코드를 입력해보자.

```
print('Hello')
```

코드를 입력한 후에 shift + Enter 키를 누르면 현재 셀이 실행되며 결과가 출력된다. 또한, 다음 셀이 만들어지고 포커스는 다음 셀로 넘어간다. 실행된 셀의 프롬프트에는 실행 순서를 나타내는 번호가 붙는다. 만일 Enter 키만 누르면 다음 줄로 넘어가기만 하고 코드가 실행되지는 않는다.

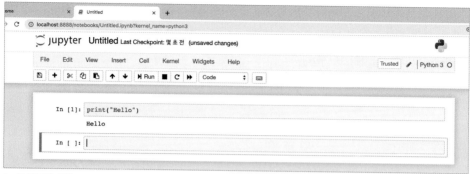

▶ 첫 명령어 실행

이제 다음과 같은 명령을 한 줄씩 입력해보자. 한 줄을 입력할 때마다 shift + Enter 키를 누르고 해당 명령이 실행되는 것을 살펴보자. 변수 x에 1이라는 값을 넣고, 변수 y에 2를 넣은 후 변수 z에 변수 x와 y 변숫값을 더해서 넣자.

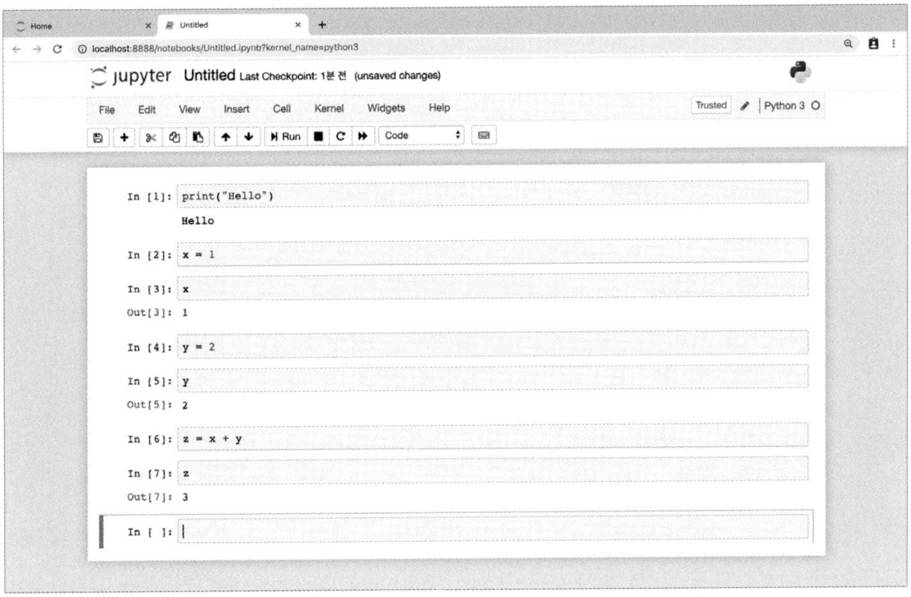

▶ 파이썬 실행 예제

값과 변수의 표현

위의 코드에서 두 번째 명령으로 출력된

```
x
```

는 변수 x값을 표시하라는 뜻이다. 이때 표시되는 것을 그 값의 **표현**representation이라고 한다. 변수 이름을 입력했을 때 표현이 나오는 것은 REPL에서만 가능하고 이후에 설명할 스크립트를 실행할 때는 표시되지 않는다.

이 방식을 REPL로 부르는 이유는 이렇게 명령을 하나 하나 입력하고Read 실행하면서Evaluate 변수의 값을 출력하여Print 살펴보는 것을 반복Loop하면서 코드를 만들기 때문이다.

물론 위 명령을 셀 하나에 넣고 한꺼번에 실행할 수도 있다. 다만 변수 이름을 지정해서 변숫값을 살펴보는 것은 셀의 마지막 행에서만 가능하다. 즉 아래 그림의 8번 셀에서 중간에 있는 x 등은 아무런 의미가 없으므로 8번 셀의 코드는 실제로 9번 셀과 같다.

```
In [8]:   x = 1
          x
          y = 2
          y
          z = x + y
          z

Out[8]:   3

In [9]:   x = 1
          y = 2
          z = x + y
          z

Out[9]:   3

In [ ]:   |
```

▶ 셀 하나에서 코드 여러 행을 실행하는 예

노트북 사용이 끝나면 메뉴에서 File → Rename 명령을 실행하여 노트북의 이름을 Untitled 가 아닌 다른 이름으로 바꾼 뒤, File → Close and Halt 명령으로 파이썬 탭을 닫는다. 이 명령을 사용하지 않고 그냥 웹 브라우저를 닫으면 파이썬 콘솔이 배경에서 계속 실행된다. 반드시 Close and Halt 명령을 사용해 닫자.

스크립트 실행 방식

코드를 모두 완성한 후 전체 코드를 한 번에 실행하고 싶을 때는 코드를 .py 확장자 파일로 만든다. 이렇게 만든 코드 파일을 스크립트script라고 한다. 스크립트는 주피터 노트북이나 IPython 콘솔을 실행하지 않고 터미널에서 직접 실행할 수 있다.

다만 스크립트에서는 변수 이름만 입력해서 변수의 값이 표시(표현)되게 하는 것은 불가능하므로 화면에 무언가를 표시하려면 반드시 명시적으로 print 명령을 사용해야 한다.

간단한 스크립트를 하나 만들어보자. 홈 화면의 오른쪽 위에 있는 New ▾ 버튼을 눌러 [Text File]을 선택해 파일 입력 탭을 생성한다. 텍스트 파일에 다음과 같이 코드를 입력하고 [File → Rename] 명령을 선택하여 노트북의 이름을 test.py로 변경한 후, 다음 그림과 같이 코드를 타이핑하고, [File → Save] 명령을 선택하여 저장한다.

▶ 주피터 노트북에서 파이썬 스크립트 파일 만들기

스크립트 방식은 애플리케이션이나 반복 실행 코드를 만들 때 주로 사용된다.

이제 터미널을 열고 다음 명령을 입력하고 ⌷Enter⌷를 치자. 윈도우라면 아나콘다 프롬프트를 실행하여 터미널을 연다. 파이썬 스크립트가 실행되고 결과가 출력되는 것을 볼 수 있다.

```
$ python test.py
```

실행 결과는 다음과 같다.

```
$ python test.py
z value:
3
```

0.4 파이썬 패키지 설치하기

이 절에서는 pip 패키지 매니저와 conda 패키지 매니저를 사용하여 파이썬 패키지를 확인하고 설치하는 방법을 알아본다.

라이브러리와 패키지

집을 지을 때, 시멘트나 철근이 필요하다고 해서 집을 짓는 사람이 시멘트 제작이나 철광석 제련부터 할 수는 없다. 부품이나 재료는 이미 만들어진 것을 사서 쓰는 것이 효율적이다. 프로그램도 마찬가지여서 필요한 모든 부분을 한 사람이 만드는 경우는 거의 없으며 여러 프로그램에 공통적으로 사용되는 부분은 해당 분야의 전문가가 미리 만들어놓은 프로그램을 가져다 사용하는 것이 현명한 선택이다. 이처럼 다른 프로그램 제작에 사용하기 위해 미리 만들어진 프로그램의 집합을 **라이브러리**library라고 한다. 파이썬에서는 라이브러리라는 용어 대신 **패키지**package라는 말을 주로 사용한다.

패키지 설치

일부 패키지는 파이썬을 설치할 때 함께 설치되는데 이러한 패키지를 표준 패키지standard package라고 한다. 그러나 대부분의 패키지는 파이썬을 설치한 후에 별도로 설치한다. 아나콘다 배포판을 설치하면 다양한 패키지를 추가로 기본 설치해준다. 그러나 그 외에 추가로 패키지를 더 사용할 때는 사용자가 수동으로 설치해야 한다.

C, C++, 자바 같은 언어는 새로운 라이브러리를 설치할 때 그 라이브러리를 제공하는 웹사이트를 일일이 방문하여 소스코드나 바이너리를 내려받아야 한다. 반면 파이썬은 모든 패키지를 한 서버에 등록해서 간단한 명령어만으로 쉽게 내려받아 설치할 수 있다.

기본적으로 모든 파이썬 패키지는 PyPI 서버(pypi.org)라는 공식 패키지 서버에 등록된다. 하지만 아나콘다 배포판은 PyPI가 아닌 독자적인 패키지 서버(anaconda.org)를 운영하고 있으며 운영체제별로 미리 컴파일된 제공하는 대신 PyPI보다는 제공하는 패키지 수가 적다.

패키지 관리자

패키지를 설치하는 프로그램을 패키지 관리자라고 한다. 파이썬에서는 pip라는 패키지 관리자를 기본으로 제공하지만, 아나콘다 배포판에서는 conda라는 아나콘다 전용 패키지 관리자도 제공한다. conda는 아나콘다 배포판이 설치될 때 자동으로 함께 설치된다.

| pip를 사용하여 설치된 패키지를 확인하기 |

pip 패키지 관리자를 사용할 때는 pip list 명령으로 설치된 패키지 목록을 볼 수 있다.

```
$ pip list
Package                           Version
--------------------------------  ---------------------------
absl-py                           0.7.1
alabaster                         0.7.12
```

```
anaconda-clean                1.0
anaconda-client               1.7.2
anaconda-navigator            1.9.7
anaconda-project              0.8.2
... (이하 생략)
```

| conda를 사용하여 설치된 패키지를 확인하기 |

conda 패키지 관리자를 사용할 때는 conda list 명령으로 설치된 패키지 목록을 볼 수 있다.

```
$ conda list
# packages in environment at /home/dockeruser/anaconda3:
#
# Name                     Version               Build        Channel
_ipyw_jlab_b_ext_conf      0.1.0                 py37_0
_py-xgboost-mutex          2.0                   cpu_0        conda-forge
absl-py                    0.7.1                 pypi_0        pypi
alabaster                  0.7.12                py37_0
anaconda                   custom                py37_0
... (이하 생략)
```

| pip를 이용하여 패키지를 설치하기 |

pip 패키지 관리자를 이용하여 패키지를 설치하려면 콘솔 창에서 다음과 같이 입력한다.

```
pip install 패키지이름
```

예를 들어 quandl이라는 이름의 패키지를 설치하려면 pip install quandl이라고 명령한다.

```
~$ pip install quandl
Collecting quandl
  Downloading files.pythonhosted.org/packages/12/64/6314547cb01fa75697ddba6d6d43a9f1d0
23c1730ffc6abf3db7a0c89222/Quandl-3.4.8-py2.py3-none-any.whl
Collecting more-itertools<=5.0.0 (from quandl)

...(중략)...
```

```
Installing collected packages: more-itertools, inflection, ndg-httpsclient, quandl
  Found existing installation: more-itertools 7.0.0
    Uninstalling more-itertools-7.0.0:
      Successfully uninstalled more-itertools-7.0.0
Successfully installed inflection-0.3.1 more-itertools-5.0.0 ndg-httpsclient-0.5.1
quandl-3.4.8
dockeruser@7f62df393a47:~$
```

대부분의 패키지는 내부적으로는 다른 패키지의 기능을 사용한다. 예를 들어 만약 패키지 A가 패키지 B의 기능을 사용하고 있다면 패키지 B가 설치되어 있을 때만 패키지 A를 사용할 수 있다. 이때 패키지 A가 패키지 B에 의존^{depend}한다고 말한다. pip로 패키지를 설치하면 그 패키지가 의존하는 다른 패키지도 자동으로 설치한다. 위에서는 quandl 패키지를 설치했더니 more-itertools, ndg-httpsclient를 같이 설치했다.

| conda를 이용하여 패키지를 설치하기 |

아나콘다 배포판에서 제공하는 conda 패키지 관리자는 의존성 관리 성능이 pip보다 뛰어나다. 설치하거나 제거할 패키지 간의 의존성을 파악하고 만약 설치할 패키지가 의존하는 다른 패키지가 설치되어 있지 않거나 버전이 맞지 않으면 필요한 패키지를 설치해주는 것 이외에도 기존의 패키지를 자동으로 업그레이드하거나 다운그레이드해준다.

conda를 이용하여 패키지를 설치하는 명령어는 다음과 같다.

```
conda install 패키지이름
```

예를 들어 flake8이라는 이름의 패키지를 설치하려면 다음과 같이 conda install flake8이라고 명령한다. 중간에 Proceed ([y]/n)?라고 진행 여부를 물어보면 y 키를 누르면 된다.

```
$ conda install flake8
Collecting package metadata: done
Solving environment: |

## Package Plan ##
```

```
  environment location: /home/dockeruser/anaconda3


  added / updated specs:
    - flake8


The following packages will be downloaded:

    package                    ¦              build
    ---------------------------¦---------------------------------
    conda-4.6.14               ¦          py37_0          2.1 MB
    flake8-3.7.7               ¦          py37_0          131 KB
    ---------------------------------------------------------------
                                          Total:          2.2 MB


The following NEW packages will be INSTALLED:

  flake8              pkgs/main/linux-64::flake8-3.7.7-py37_0


The following packages will be SUPERSEDED by a higher-priority channel:

  ca-certificates     conda-forge::ca-certificates-2019.3.9~ --> pkgs/main::ca-
certificates-2019.1.23-0
  conda                                   conda-forge --> pkgs/main
  openssl             conda-forge::openssl-1.1.1b-h14c3975_1 --> pkgs/main::openssl-
1.1.1b-h7b6447c_1


Proceed ([y]/n)?

Downloading and Extracting Packages
flake8-3.7.7         ¦ 131 KB    ¦ ##################################################
#### ¦ 100%
conda-4.6.14         ¦ 2.1 MB    ¦ ##################################################
#### ¦ 100%
Preparing transaction: done
Verifying transaction: done
Executing transaction: done
```

conda 패키지 관리자가 flake8 설치에 필요한 다른 패키지까지도 자동으로 설치하거나 업그레이드해주고 있다. 패키지를 설치할 때는 되도록 conda 패키지 관리자를 사용하고

anaconda 서버에 해당 패키지가 없을 때는 pip 패키지 관리자를 사용하기를 권장한다.

0.5 데이터 분석용 파이썬 패키지 소개

파이썬은 여러 분야에 사용할 수 있는 다양한 패키지를 가지고 있다는 큰 장점이 있다. 그중 데이터 분석에 많이 사용되는 몇 가지 유명한 패키지를 소개한다.

NumPy

NumPy("넘파이"라고 읽는다) 패키지는 파이썬에서 수치 해석, 특히 선형대수 계산 기능을 제공한다. 자료형이 고정된 다차원 배열 클래스n-dimensional array와 벡터화 연산vectorized operation을 지원하며 수학 연산에서 가장 기본적이고 중요한 패키지다.

원래는 파이썬에서 MATLAB과 같은 기능을 구현하고자 Numeric이라는 이름으로 프로젝트를 시작했는데 2005년 트레비스 올리펀트Travis Oliphant에 의해 Numarray 패키지와 통합되며 NumPy로 이름을 바꿨었다. 내부적으로는 BLASBasic Linear Algebra Subprograms와 LAPACKLinear Algebra Package이라는 오픈 소스 선형대수 라이브러리에 의존하며 CPython에서만 동작한다.

- 수치해석 라이브러리
- 홈페이지 : www.numpy.org
- 개발 : 2005, 트레비스 올리펀트

SciPy

SciPy("사이파이"라고 읽는다) 패키지는 고급 수학 함수, 수치적 미적분, 미분 방정식 계산, 최적화, 신호 처리 등에 사용하는 다양한 과학 기술 계산 기능을 제공한다. 사이파이 패키지는 Numeric 패키지에 기반을 두고 만들어진 다양한 수치 해석 패키지를 2001년에 트레비스 올리펀트와 페아루 패터슨Pearu Peterson 등이 통합, 재정리하여 만들었다.

- 과학기술 함수 라이브러리
- 홈페이지 : www.scipy.org
- 개발 : 2001, 트레비스 올리펀트, 페아루 패터슨

SymPy

SymPy("심파이"라고 읽는다) 패키지는 숫자를 더하거나 빼는 수치 연산이 아니라 인수 분해, 미분, 적분 등 심볼릭 연산 기능을 제공한다. 심파이 프로젝트는 파이썬의 Mathematica와 같은 심볼릭 연산 기능을 넣고자 2006년에 온드레이 체르틱^{Ondrej Certik}에 의해 시작되었다. 심파이의 기능은 live.sympy.org 또는 www.sympygamma.com 웹사이트를 방문하면 바로 확인할 수 있다.

- 심볼릭 연산 라이브러리
- 홈페이지 : www.sympy.org
- 개발 : 2006, 온드레이 체르틱

Pandas

Pandas("판다스" 또는 "팬더스"라고 읽는다) 패키지는 테이블 형태의 데이터를 다루는 데이터 프레임^{DataFrame} 자료형을 제공한다. 자료 탐색과 정리에 아주 유용하여 데이터 분석에 빠질 수 없는 필수 패키지다. 2008년도에 웨스 맥키니^{Wes McKinney}에 의해 프로젝트가 시작되었다. 원래는 R 언어에서 제공하는 데이터프레임 자료형을 파이썬에서 제공할 목적이었으나 더 다양한 기능이 추가되었다.

- 데이터 분석 라이브러리. R의 data.frame 자료구조 구현
- 홈페이지 : pandas.pydata.org
- 개발 : 2008, 웨스 맥키니(AQR 캐피털 매니저)

Matplotlib

Matplotlib("맷플롯립"이라고 읽는다) 패키지는 파이썬에서 각종 그래프나 챠트 등을 그리는 시각화 기능을 제공한다. Tkinter, wxPython, Qt, GTK+ 등의 다양한 그래픽 엔진을 사용할 수 있다. 또한 MATLAB의 그래프 기능을 거의 동일하게 사용할 수 있는 pylab이라는 서브 패키지를 제공하므로 MATLAB에 익숙한 사람들은 바로 맷플롯립을 사용할 수 있다.

- 시각화 라이브러리. MATLAB 플롯 기능 구현
- 홈페이지 : matplotlib.org
- 개발 : 2002, 존 D. 헌터(John D. Hunter)

Seaborn

Seaborn("시본"이라고 읽는다) 패키지는 맷플롯립 패키지에서 지원하지 않는 고급 통계 차트를 그리는 통계용 시각화 기능을 제공한다.

- 시각화 라이브러리. 통계용 차트 및 컬러맵 추가
- 홈페이지 : seaborn.pydata.org
- 개발 : 2012, 마이클 와스콤(Michael Waskom)

StatsModels

StatsModels("스탯츠모델스"라고 읽는다) 패키지는 통계 및 회귀분석이나 시계열 분석용 패키지다.

- 통계 및 회귀분석, 시계열 분석 라이브러리
- 홈페이지 : www.StatsModels.org
- 개발 : 2009, 스키퍼 시볼트(Skipper Seabold)

Scikit-Learn

Scikit-Learn("사이킷런"이라고 읽는다)은 머신러닝 학습용 패키지다. 대부분의 머신러닝 모형을 제공하므로 파이썬으로 머신러닝을 공부하는 데 최적의 학습 도구다.

- 머신러닝 라이브러리
- 홈페이지 : scikit-learn.org
- 개발 : 2007, 데이비드 카나푸(David Cournapeau)

TensorFlow

TensorFlow("텐서플로"라고 읽는다)는 신경망 모형 등의 딥러닝 모형을 개발하는 파이썬 패키지다. 심볼릭 연산과 그래프 연산 모형, GPGPU를 사용한 연산 등을 제공하므로 대량 연산을 하는 딥러닝 학습에 필수다.

- 딥러닝 라이브러리
- 홈페이지 : www.tensorflow.org
- 개발 : 2015, 구글

Keras

Keras ("케라스"라고 읽는다)는 인공신경망을 쉽게 구현할 수 있는 고수준 패키지로서 백엔드 엔진으로 텐서플로를 사용한다. 독자적인 패키지도 있지만 텐서플로의 서브패키지로도 통합되어 있다.

- 고수준 딥러닝 라이브러리
- 홈페이지 : keras.io
- 개발 : 2015, 프랑소와 숄레(François Chollet)

PyTorch

PyTorch ("파이토치"라고 읽는다) 패키지는 딥러닝 라이브러리인 토치Torch에 기반하여 만들어진 패키지다. 텐서플로와 같은 저수준 API와 케라스와 같은 고수준 API를 같이 제공한다.

- 딥러닝 라이브러리
- 홈페이지 : seaborn.pydata.org
- 개발 : 2016, 페이스북

pgmpy

pgmpy ("피지엠파이"라고 읽는다) 패키지는 확률론적 그래프 모형을 구현하는 파이썬 패키지다.

- 확률론적 그래프 모형
- 홈페이지 : pgmpy.org
- 개발 : 2013, 안커 안칸(Ankur Ankan)

패키지 설치

아나콘다 배포판을 설치하면 넘파이, 사이파이, 심파이, 맷플롯립, 시본, 스탯츠모델스, 사이킷런 등은 자동으로 설치된다. 아나콘다에서 자동으로 설치하지 않는 패키지들은 conda나 pip 패키지 관리자를 사용하여 사용자가 직접 설치하면 된다.

0.6 아이파이썬 및 주피터 설정

이 절에서는 아이파이썬과 주피터 노트북을 사용할 때 사용자의 편의를 고려해 사용자 설정을 하는 방법을 소개한다. 이 책에서는 여기에서 설명하는 설정이 되어 있다고 가정하고 진행하므로 반드시 이 설정을 따라하기를 추천한다.

아이파이썬 및 주피터 설정 디렉터리

아이파이썬, 주피터 노트북이 설치되면 사용자 홈 디렉터리 아래에 .ipython이라는 디렉터리가 생기는데, 이곳이 설정 디렉터리다. 주피터라는 이름으로 바뀌기 전에는 아이파이썬이라는 이름을 공통으로 사용했는데, 이름이 바뀐 지금도 설정 디렉터리 이름을 그대로 사용하고 있다.

탐색기에서 .ipython 디렉터리가 보이지 않을 때는 다음처럼 실행한다.

- 윈도우에서는 탐색기에서 [보기 → 옵션 → '폴더 및 검색 옵션 변경']을 눌러 '폴더 옵션' 창을 띄운 뒤 '보기' 탭에서 '숨긴 파일, 폴더 및 드라이브 표시'에 체크한다.
- 맥 OS에서는 Finder에서 홈 디렉터리로 이동한 뒤 키보드에서 shift + command + . 키를 누른다.

프로필 작성

아이파이썬 또는 주피터 관련 설정을 하려면 프로필profile이 필요하다. 프로필은 .ipython 설정 디렉터리 아래에 디렉터리 형태로 저장되는데 기본으로 만들어지는 프로필 디렉터리는 profile_default다.

프로필 디렉터리는 다음 위치다.

- 사용자홈디렉터리/.ipython/profile_default/

만약 이 프로필 디렉터리가 없다면 터미널에서 다음 명령으로 만들 수 있다.

```
$ ipython profile create
```

사용자 설정 파일

사용자 설정은 다음 두 파일을 이용하며 설정 내용은 모든 아이파이썬과 주피터 노트북에 공통

적용된다.

- 스타트업 파일
- ipython_config.py 파일

스타트업 파일

스타트업startup 파일은 아이파이썬과 주피터 노트북을 이용한 콘솔이 시작되기 전에 실행되는 파일이다. 스타트업 파일은 따로 정해진 이름이 있는 것이 아니라 프로필 디렉터리 아래의 startup 폴더 아래의 .py 확장자를 가진 모든 파이썬 스크립트가 스타트업 파일이며 파일 이름의 알파벳 순서로 실행된다.

이 책에서는 매번 주피터 노트북을 실행할 때마다 반복해서 패키지 임포트 명령을 치지 않아도 되도록 자주 사용되는 패키지를 미리 임포트한다.

① 스타트업 파일이 있는 디렉터리로 이동한다.

- 사용자홈디렉터리/.ipython/profile_default/startup/

보통 가장 먼저 실행되어야 하는 파일 이름을 00.py, 그다음으로 실행되는 파일 이름을 01.py과 같이 설정한다. ② 이 디렉터리에 00.py이라는 이름으로 파일을 하나 만들고 다음과 같이 내용을 입력하여 저장한다.

```
# 경고 무시
import warnings
warnings.simplefilter('ignore')

# 자주 사용하는 패키지를 임포트
import matplotlib as mpl
import matplotlib.pylab as plt
from mpl_toolkits.mplot3d import Axes3D
import seaborn as sns
import numpy as np
import scipy as sp
import pandas as pd
import statsmodels.api as sm
import sklearn as sk
```

```
# 맷플롯립 설정
mpl.use('Agg')

# 시본 설정
sns.set()
sns.set_style('whitegrid')
sns.set_color_codes()
```

단, 이 스타트업 파일이 정상 실행되려면 임포트할 패키지가 미리 설치되어 있어야 한다. 따라서 위 스타업 파일에서 임포트하는 다음 패키지가 설치되어 있는지 `conda list` 명령으로 확인하고 만약 설치되어 있지 않다면 '파이썬 패키지 설치하기'를 참조하여 패키지를 설치한다.

다운로드 링크는 다음과 같다.

* raw.githubusercontent.com/datascienceschool/docker_rpython/master/02_rpython/00.py

ipython_config.py 설정 파일

일부 파이썬 명령은 스크립트 하나안에서만 실행되므로 스타트업 파일에 적어 놓아도 실제 아이파이썬 콘솔에는 적용되지 않는다. 예를 들어 `mpl.rc` 계열의 임포트 명령은 스크립트 하나안에서만 영향을 미친다. 파이썬 콘솔에 적용하려면 ipython_config.py 설정 파일 안에서 `c.InteractiveShellApp.exec_lines` 설정 항목을 다음처럼 지정하면 된다. 이 항목은 파이썬이 시작한 직후 스스로 실행할 명령어로 이루어진 문자열 목록이다.

① 이 파일이 있는 디렉터리로 이동하자.

* 사용자홈디렉터리/.ipython/profile_default/

다음은 저자가 사용하는 ipython_config.py 설정 파일의 예다. ② ipython_config.py을 만들고 내용을 채워놓자.

```
c = get_config()

c.InteractiveShellApp.exec_lines = [
    'mpl.rc('font', family='NanumGothic')',        # 나눔고딕 폰트 사용
    'mpl.rc('axes', unicode_minus=False)',         # 유니코드 음수 기호 사용
```

```
    'mpl.rc('figure', figsize=(8, 5))',    # 그림 크기 (단위: 인치)
    'mpl.rc('figure', dpi=300)',           # 그림 해상도
]
```

설정 파일의 다운로드 링크는 다음과 같다.

- raw.githubusercontent.com/datascienceschool/docker_rpython/master/02_rpython/
  ipython_config.py

저자는 맷플롯립 패키지로 그림을 그릴 때 나눔고딕 폰트를 사용하므로 그에 맞도록 설정했다. ③ 이 파일이 정상 실행되려면 나눔고딕 폰트가 미리 설치되어 있어야 한다. 나눔고딕 폰트는 다음 웹페이지에서 내려받을 수 있다. 윈도우나 맥에서는 TTF 나눔고딕 일반용 설치 파일을 내려받아 클릭하면 설치된다.

- hangeul.naver.com/font

리눅스는 터미널에서 다음과 같이 실행한다.

```
sudo apt-get install -y fonts-nanum*
```

나눔고딕 폰트가 정상적으로 설치되면 파이썬 혹은 아이파이썬 콘솔을 실행하여 다음 코드를 실행한다. 이 코드는 설치된 폰트 중 이름이 'N'으로 시작하는 폰트 목록을 보여준다. 출력된 폰트 이름 중에 'NanumGothic'이라는 이름이 보이면 정상적으로 설치된 것이다.

```
import matplotlib

[f.name for f in matplotlib.font_manager.fontManager.ttflist if f.name.startswith('N')]
```

```
['Nanum Brush Script',
 'Nanum Pen Script',
 'NanumMyeongjo',
 'NanumGothicCoding',
 'NanumGothic',
 'NanumBarunGothic',
 'NanumSquare',
 'NanumMyeongjo',
```

```
'NanumBarunGothic',
'NanumGothic',
'NanumGothicCoding',
'NanumSquare',
'NanumBarunpen',
'NanumSquare',
'NanumGothic',
'NanumSquareRound',
'NanumBarunGothic',
'NanumSquareRound',
'NanumBarunGothic',
'NanumSquareRound',
'NanumGothic',
'NanumSquareRound',
'NanumBarunpen',
'NanumSquare',
'Noto Mono',
'NanumMyeongjo']
```

위에서 적용한 내용은 모두 아이파이썬, 주피터 노트북과 같은 상호작용 콘솔에서만 적용되고, 파이썬 인터프리터를 직접 실행하여 파이썬 스크립트를 가동하는 배치^{batch} 처리에는 적용되지 않는다.

> 이제부터 나오는 모든 파이썬 예제 코드는 스타트업 파일과 `ipython_config.py` 설정 파일이 앞에서 작성한 대로 설정되어 있다는 가정하에 작성한다. 따라서 각자 사용하는 파이썬 환경을 미리 설정 파일에 적용해두기 바란다.

0.7 구글 코랩 사용법

구글 colaboratory 서비스, 줄여서 코랩^{colab}이라고 부르는 웹 서비스는 주피터 노트북을 구글 서버에서 가동시키고 사용자가 마음대로 사용할 수 있도록 무료로 제공한다. 이 서비스를 이용하려면 구글 지메일^{gmail} 계정을 가지고 있어야 한다. 지메일 계정이 있다면 다음과 같이 코랩을 사용할 수 있다.

코랩 노트북은 다음과 같은 장점이 있다.

- 별도의 파이썬 설치 없이 웹 브라우저만 이용해 주피터 노트북과 같은 작업을 할 수 있다.
- 다른 사용자들과 공유가 쉬워 연구 및 교육용으로 많이 사용된다.
- 텐서플로, 케라스, 맷플롯립, 사이킷런, 판다스 등 데이터 분석에 많이 사용되는 패키지들이 미리 설치되어 있다.
- 무료로 GPU를 사용할 수 있다.
- 구글 독스나 구글 스프레드시트 등과 같은 식으로 공유와 편집이 가능하다. 만약 두 명 이상이 동시에 같은 파일을 수정하더라도 변경 사항이 모든 사람에게 즉시 표시된다.

구글 코랩 시작하기

구글 코랩을 사용하려면 지메일 계정이 필요하다. 지메일 계정이 있으면 로그인을 하고 지메일 계정이 없다면 다음 웹사이트에서 지메일을 만든 다음에 로그인한다.

- www.google.com/gmail

로그인을 한 후에는 웹 브라우저를 열고 다음 웹 페이지 주소로 접속한다.

- colab.research.google.com

그러면 다음 그림과 같은 시작 페이지가 나온다.

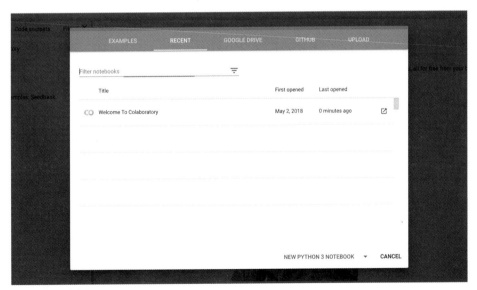

▶ 코랩 환영 페이지

메뉴에서 '파일' → '새 Python 3 노트' 명령을 선택하거나 다이얼로그 아래의 '새 PYTHON 3 노트' 버튼을 누르면 다음 그림처럼 새 노트북을 사용할 수 있다. 사용법은 주피터 노트북과 같다.

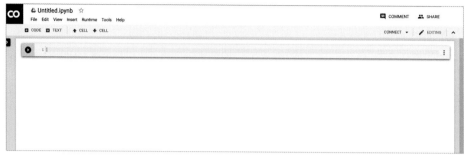

▶ 새 코랩 노트북

앞으로 나올 코드 예제를 실행할 때 주피터 노트북과 구글 코랩 중에서 아무거나 사용해도 된다.

0.8 마치며

파이썬을 처음 사용하는 독자를 위해 파이썬 설치법과 기초 사용법을 소개했다. 이 책에서는 파이썬을 데이터 분석용 프로그래밍 언어로 사용한다. 파이썬 프로그래밍에 대한 구체적인 내용은 이 책에서 제공하지 않으므로 시중에 나온 파이썬 프로그래밍 서적과 데이터 사이언스 스쿨 웹사이트를 활용해 별도로 공부하기 바란다.

1장 수학 기호

이 책을 학습하는 데 필요한 최소한의 수학 기호를 알아본다. 고등학교와 이공계 대학의 수학 과목에 나오는 내용이므로 이미 알고 있는 독자도 있을 수 있지만 파이썬을 이용하여 구현할 수 있어야 하므로 꼭 복습하기를 권장한다.

학습 목표

- 그리스 문자를 읽고 쓸 수 있다.
- 그리스 문자의 영어 표기를 쓸 수 있다.
- 주피터 노트북에서 TeX으로 수식을 쓸 수 있다.
- 수열과 집합의 합과 곱 기호를 이해한다.

1.1 그리스 문자

수학에서는 변수의 이름으로 그리스 문자를 많이 사용하므로 그리스 문자를 읽고 쓰는 법을 알아야 한다. 다음 표에 그리스 문자와 영어 표기, 한글 표기를 나타내었다. 특히 몇몇 글자는 비슷하게 생긴 영어나 숫자와 헷갈리지 않도록 주의해야 한다. 이 표에서는 잘 쓰이지 않는 몇 글자를 제외했다.

대문자	소문자	영어 표기법	한글 표기법	주의점
A	α	alpha	알파	영어 a와 다르므로 주의
B	β	beta	베타	영어 b와 다르므로 주의
Γ	γ	gamma	감마	영어 r과 다르므로 주의
Δ	δ	delta	델타	
E	ε	epsilon	엡실론	영어 e와 다르므로 주의
Z	ζ	zeta	제타	
H	η	eta	에타	
Θ	θ	theta	쎄타	
K	κ	kappa	카파	영어 k와 다르므로 주의
Λ	λ	lambda	람다	
M	μ	mu	뮤	
N	ν	nu	누	영어 v와 다르므로 주의
Ξ	ξ	xi	크싸이	
Π	π	pi	파이	
P	ρ	rho	로	영어 p와 다르므로 주의
Σ	σ	sigma	시그마	숫자 6과 다르므로 주의
T	τ	tau	타우	영어 t와 다르므로 주의
Φ	ϕ	phi	파이/피	
X	χ	chi	카이	영어 x와 다르므로 주의
Ψ	ψ	psi	프사이	
Ω	ω	omega	오메가	영어 w와 다르므로 주의

▶ 그리스 문자

1.1.1 **연습 문제**

위 표에 있는 그리스 문자를 종이에 펜으로 2번 이상 반복하여 쓰며 외우자. 특히 영어표기법은 반드시 외워야 한다.

이 책에서는 모든 코드를 주피터 노트북으로 실행한다. 주피터 노트북에서는 TeX(텍스가 아니라 텍이라고 읽는다)이라는 조판 언어를 사용하여 수식을 표현할 수 있다. 우선 주피터 노트북에서 코드 셀code cell이 아닌 마크다운 셀markdown cell을 하나 생성한다. ① 메뉴에서 'Insert' → 'Insert Cell Below' 명령으로 코드 셀을 만든 뒤 해당 셀을 클릭하고 ② 메뉴에서 'Cell' → 'Cell Type' → 'Markdown' 명령을 실행한다. 이 마크다운 셀 안에서 $ 기호를 이용하면 수식을 표현할 수 있다. 수식에서 그리스 문자를 표시하려면 그리스 문자의 영어 표기법 앞에 백슬래시(\) 기호를 붙인다. 예를 들어 알파는 \alpha, 베타는 \beta라고 쓴다.

수식에는 문장 안에서 일부 단어가 수식인 인라인inline 수식과 독립된 문단이 되는 디스플레이display 수식이 있다. $와 $사이의 수식은 문장 내의 인라인 수식을 쓸 때 사용하고 $$와 $$사이의 수식은 디스플레이 수식을 쓸 때 사용한다.

예를 들어 문장 내에서 $ \alpha = \beta $라고 쓰면 $\alpha = \beta$로 나타난다. 독립된 수식의 경우

```
$$ \alpha = \beta $$
```

라고 쓰면 다음처럼 독립된 문단으로 수식이 표시된다.

$$ \alpha = \beta $$

1.1.2 **연습 문제**

주피터 노트북을 하나 만들고 인라인 수식과 디스플레이 수식으로 알파부터 오메가까지 써본다.

1.2 수열과 집합의 합과 곱

데이터를 분석하려면 많은 숫자의 합이나 곱을 계산해야 한다. 따라서 숫자의 합과 곱을 나타내는 수학 기호에 익숙해지는 것은 데이터 분석의 첫걸음이다. 이 절에 나온 기호와 수식들은 앞으로 계속 반복하여 나오므로 반드시 외우고 손으로 여러 번 쓰기를 바란다.

수열

수열^{sequence}은 N개 숫자 또는 변수가 순서대로 나열된 것이다. 다음은 수열의 예다.

$1, 2, 3, 4$

$x_1, x_2, x_3, x_4, x_5, x_6$

문자에 붙은 아래첨자는 순서를 나타내는 숫자로서 인덱스^{index}라고 부른다.

수열이 아주 길거나 수열 길이가 숫자가 아닌 문자에는 $\ldots$^{dots} 기호를 사용하여 다음처럼 가운데 부분을 생략할 수 있다.

$x_1, x_2, \ldots, x_N$

집합

순서가 중요하지 않은 숫자들은 집합^{set}으로 표시한다.

$\{1, 2, 3, 4\}$

$\{x_1, x_2, x_3, x_4, x_5, x_6\}$

집합에서도 원소가 많으면 가운데를 생략할 수 있다.

$\{x_1, x_2, \ldots, x_N\}$

데이터 분석에서는 1부터 N까지의 수열 또는 집합이 자주 나오기 때문에 위에서 사용한 기호 대신 다음과 같이 더 간단한 기호를 쓰는 경우도 많다.

$x_{1:N}$

$\{x_i\}_N$

집합에 알파벳 대문자로 이름을 붙일 수도 있다. 데이터 분석에서 자주 나오는 집합 중의 하나는 1, −2, 3.14와 같은 실수real number 전체의 집합이다. 실수 집합은 **R**로 쓴다. 어떤 숫자 x가 실수이면 집합 **R**에 포함되므로 다음과 같은 기호로 나타낸다.

$$x \in \mathbf{R}$$

만약 두 숫자로 이루어진 숫자 쌍 (x_1, x_2)가 있고 각 숫자 x_1, x_2가 모두 실수라면 다음처럼 표시한다.

$$(x_1, x_2) \in \mathbf{R} \times \mathbf{R}$$

또는

$$(x_1, x_2) \in \mathbf{R}^2$$

수열의 합과 곱

다음 기호는 수열을 더하거나 곱하는 연산을 짧게 줄여 쓴 것이다. 그리스 문자의 시그마(Σ)와 파이(Π)를 본따서 만든 기호지만 시그마와 파이로 읽지 않고 영어로 썸sum, 프로덕트product라고 읽는다. 합과 곱 기호 아래에는 인덱스의 시작값, 위에는 인덱스의 끝값을 표시한다. 곱셈은 알파벳 x와 혼동될 수 있기 때문에 $a \times b$가 아니라 $a \cdot b$와 같이 점dot으로 표시하거나 아예 생략한다.

$$\sum_{i=1}^{N} x_i = x_1 + x_2 + \ldots + x_N$$

$$\prod_{i=1}^{N} x_i = x_1 \cdot x_2 \cdot \ldots \cdot x_N$$

더하기나 곱하기를 반복해서 써야할 때는 합과 곱 기호를 사용하면 수식이 간결하고 명확해진다.

예를 들어 1부터 4까지 더해야 하는 경우에는 다음처럼 쓴다.

$$\sum_{i=1}^{4} i = 1 + 2 + 3 + 4$$

만약 10부터 90까지 10씩 증가하는 수열을 모두 더해야 한다면 다음처럼 쓴다.

$$\sum_{k=1}^{9} 10k = 10 \cdot 1 + 10 \cdot 2 + \cdots + 10 \cdot 9 = 10 + 20 + \cdots + 90$$

곱셈도 마찬가지이다. 다음은 10부터 20까지의 수를 모두 곱하는 식이다.

$$\prod_{i=10}^{20} i = (10) \cdot (11) \cdot \cdots \cdot (20)$$

합이나 곱을 중첩하여 여러 번 쓰는 경우도 있다. 합과 곱을 중첩하여 쓸 때는 다음처럼 괄호를 생략할 수 있다. 합이나 곱이 중첩된 경우에는 인덱스가 여러 개가 된다.

$$\sum_{i=1}^{N} \left(\sum_{j=1}^{M} x_{ij} \right) = \sum_{i=1}^{N} \sum_{j=1}^{M} x_{ij}$$

다음은 합과 곱을 중첩한 수식의 예다.

$$\sum_{i=1}^{2} \sum_{j=1}^{3} (i+j) = \sum_{i=1}^{2} \left(\sum_{j=1}^{3} (i+j) \right)$$
$$= \sum_{i=1}^{2} ((i+1) + (i+2) + (i+3))$$
$$= ((1+1) + (1+2) + (1+3)) + ((2+1) + (2+2) + (2+3))$$

$$\prod_{m=1}^{3} \prod_{n=1}^{2} (m+2n) = \prod_{m=1}^{3} \left(\prod_{n=1}^{2} (m+2n) \right)$$
$$= \prod_{m=1}^{3} ((m+2 \cdot 1) \cdot (m+2 \cdot 2))$$
$$= ((1+2 \cdot 1) \cdot (1+2 \cdot 2)) \cdot ((2+2 \cdot 1) \cdot (2+2 \cdot 2)) \cdot ((3+2 \cdot 1)$$

거듭 강조하지만 수학 공부는 눈으로 읽기만 하고 손으로 쓰지 않으면 아무런 의미가 없다. 지금까지 나온 수식을 꼭 손으로 반복하여 쓰면서 의미를 익히기 바란다.

다음 수식을 풀어 써라. 이 수식들은 이후에 머신러닝 모형에 등장할 수식이다.

❶ 이 식은 분류 모형 중의 하나인 서포트 벡터 머신(support vector machine) 모형에 나온다.

$$\sum_{i=1}^{3}\sum_{j=1}^{3} a_i a_j y_i y_j x_i x_j$$

❷ 이 식은 특잇값분해(singular value decomposition)에 나온다.

$$\sum_{k=1}^{3}\sum_{i=1}^{3} \sigma_i^2 (v_i w_k)^2$$

❸ 이 식은 카테고리분포(categorical distribution)의 추정에 사용된다.

$$\prod_{i=1}^{4}\prod_{k=1}^{4} \theta_k^{x_{i,k}}$$

❹ 가우시안 혼합 모형(Gaussian mixture model)에 다음과 비슷한 수식이 나온다.

$$\prod_{i=1}^{4}\sum_{k=1}^{2} \pi_k x_i \mu_k$$

수열의 곱은 여러 값 중 하나를 선택하는 경우에도 쓸 수 있다. 수열 x_i가 다음과 같다고 하자.

$$x_i : x_1, x_2, x_3, x_4$$

이 값 중 하나만 선택하고 싶다면 다음처럼 모두 0이고 하나만 1인 수열 y_i를 사용하면 된다.

$$y_i : 0, 1, 0, 0$$

❶ x_i와 y_i가 위와 같을 때 다음 값을 계산하라.

$$\prod_i x_i^{y_i}$$

❷ 만약 수열 y_i에서 $y_3=1$이고 나머지값이 0이라면 답이 어떻게 달라지는가?

수열의 합과 곱 연산은 다음과 같은 성질을 가지고 있다.

❶ 인덱스 문자가 바뀌어도 실제 수식은 달라지지 않는다.

$$\sum_{i=1}^{N} x_i = \sum_{j=1}^{N} x_j$$

❷ 상수 c를 곱한 후에 합을 한 결과는 먼저 합을 구하고 상수를 곱한 것과 같다.

$$\sum_{i=1}^{N} c x_i = c \sum_{i=1}^{N} x_i$$

❸ 더해야 하는 값들이 여러 항의 합으로 되어 있으면 각각의 합을 먼저 구한 후에 더해도 된다.

$$\sum_{i=1}^{N} (x_i + y_i) = \sum_{i=1}^{N} x_i + \sum_{i=1}^{N} y_i$$

❹ 합이나 곱을 중첩하는 경우에는 중첩의 순서를 바꾸어도 결과가 같다.

$$\sum_{i=1}^{N} \sum_{j=1}^{M} = \sum_{j=1}^{M} \sum_{i=1}^{N}$$

$$\prod_{i=1}^{N} \prod_{j=1}^{M} = \prod_{j=1}^{M} \prod_{i=1}^{N}$$

예를 들어 다음 두 식은 항들의 순서만 바뀌었고 그 합은 같다는 것을 알 수 있다.

$$\sum_{i=1}^{2} \sum_{j=1}^{3} x_{ij} = (x_{11} + x_{12} + x_{13}) + (x_{21} + x_{22} + x_{23})$$

$$\sum_{j=1}^{3} \sum_{i=1}^{2} x_{ij} = (x_{11} + x_{21}) + (x_{12} + x_{22}) + (x_{13} + x_{23})$$

다음 두 식의 좌변과 우변이 같음을 증명하라(힌트 : 등호의 왼쪽과 오른쪽 각각의 식을 풀어서 같아짐을 보인다). 이 수식들은 선형대수에서 벡터 및 행렬의 곱에 유용하게 사용된다.

❶ $\left(\sum_{i=1}^{3} x_i \right)^2 = \sum_{i=1}^{3} \sum_{j=1}^{3} x_i x_j$

❷ $\sum_{i=1}^{3} \sum_{j=1}^{3} x_i y_{ij} = \sum_{i=1}^{3} \left(x_i \sum_{j=1}^{3} y_{ij} \right)$

집합의 합과 곱

수열이 아니라 집합의 원소들의 합과 곱을 구할 때는 인덱스 대신 집합 기호를 사용한다.

만약 집합 x의 원소가 다음과 같다면,

$X = \{x_1, x_2, x_3\}$

이 집합의 원소의 합과 곱은 다음처럼 표시한다. 이때는 합과 곱 기호 안에 인덱스가 없다.

$\sum_{X} x = x_1 + x_2 + x_3$

$\prod_{X} x = x_1 \cdot x_2 \cdot x_3$

원소 중에서 특정한 조건을 가진 원소만 포함시키거나 제외하여 합과 곱을 구하는 경우도 있다. 이때는 인덱스 위치에 조건을 표시한다. 예를 들어 다음 식은 집합 x의 원소 중 0이 아닌 것만 곱한 값을 뜻한다.

$\prod_{x \in X,\, x \neq 0} x$

두 집합 X_1, X_2가 있고 x_1은 X_1의 원소들, x_2은 X_2의 원소들을 가리킬 때 다음 두 식의 좌변과 우변이 같음을 증명하라. 문제를 간단하게 하기 위해 여기에서는 각각의 집합이 3개의 원소만 가지고 있다고 가정하자. 이 식의 확장된 버전은 추후 베이지안 네트워크의 합-곱(sum-product) 알고리즘에 사용된다.

$$\prod_{i=1}^{2} \sum_{X_i} x_i = \sum_{X_1 \times X_2} \prod_{i=1}^{2} x_i$$

1.3 마치며

앞으로 공부할 수학에서 사용할 다양한 수식을 이해하는 방법을 공부했다. 기초 데이터 분석 문헌에서 공통으로 다루는 내용은 모두 다루었지만 수식 표기법은 책이나 저자마다 다르다. 하지만 앞으로 나올 수학 내용을 공부하여 각 수식이 나오는 상황을 이해한다면 어떤 수학 문헌을 보더라도 어렵지 않게 이해할 수 있을 것이다.

2장 넘파이(Numpy)로 공부하는 선형대수

이 장에서는 데이터 분석을 시작하는 데 필요한 기초 선형대수를 공부한다. 선형대수는 데이터를 다루는 방법을 표시한 기호이자 언어다. 선형대수는 데이터를 다루는 법은 물론이고 연립방정식을 사용하여 미지수의 값을 구하는 법 등에 사용되는 데이터 분석의 기본적인 도구다.

학습 목표

- 각종 데이터를 선형대수의 기호로 나타낼 수 있다.
- 선형대수의 각종 연산 특히 행렬의 곱셈을 이용하여 데이터를 조작할 수 있다.
- 역행렬과 연립방정식의 해를 구하고 이를 회귀분석과 예측 문제에 활용할 수 있다.

2.1 데이터와 행렬

선형대수linear algebra는 데이터 분석에 필요한 각종 계산을 돕는 학문이다. 데이터 분석을 하려면 수많은 숫자로 이루어진 데이터를 다루어야 한다. 데이터 하나가 수십에서 수만 개 숫자로 이루어졌거나, 이러한 데이터 수만 개가 집합 하나를 이룰 수도 있다.

선형대수를 사용하면 대용량 데이터를 포함하는 복잡한 계산 과정을 몇 글자 되지 않는 간단한 수식으로 서술할 수 있다. 따라서 데이터를 다루는 과정을 정확하고 간단하게 서술할 수 있다. 우선 선형대수에서 사용되는 여러 기호와 개념을 익혀보자.

이 책에서는 선형대수에 넘파이 패키지를, 시각화에 맷플롯립 패키지를 사용한다. 따라서 별도로 이야기하지 않아도 다음과 같이 이 두 패키지가 임포트되어 있어야 한다.

```
import numpy as np  # 넘파이 패키지 임포트
import matplotlib.pylab as plt  # 맷플롯립 패키지 임포트
```

주피터 노트북이나 IPython을 시작할 때마다 자동으로 패키지를 임포트하는 방법은 0.6절 '아이파이썬 및 주피터 설정'에서 이 책 앞부분의 스타트업 파일 설정을 참조하자.

데이터 유형

선형대수에서 다루는 데이터는 개수나 형태에 따라 크게 **스칼라**scalar, **벡터**vector, **행렬**matrix, **텐서**tensor 유형으로 나뉜다. 스칼라는 숫자 하나로 이루어진 데이터이고, 벡터는 여러 숫자로 이루어진 데이터 레코드data record이며, 행렬은 이러한 벡터, 즉 데이터 레코드가 여럿인 데이터 집합이라고 볼 수 있다. 텐서는 같은 크기의 행렬이 여러 개 있는 것이라고 생각하면 된다.

데이터 분석의 연습에서 많이 사용되는 벤치마크 데이터셋benchmark dataset 중 하나인 붓꽃 데이터셋iris dataset을 살펴보며 데이터 유형을 알아보자. 이 데이터는 통계학자 피셔Fisher의 연구 결과에서 나온 것이다. 붓꽃 150송이에 대해 꽃받침 길이, 꽃받침 폭, 꽃잎 길이, 꽃잎 폭을 각각 측정한 것으로 150송이 중 50송이는 세토사setosa, 50송이는 베르시칼라versicolor, 나머지 50송이는 버지니카virginica라는 종이다. 이 데이터셋은 붓꽃 크기를 이용하여 붓꽃의 종을 측정하는 예측prediction 문제로 활용된다. 이 데이터는 사이킷런 패키지에 포함되어 있다. 다음 코드는 붓꽃 데이터셋에서 첫 번째 꽃의 크기를 보여준다.

```
from sklearn.datasets import load_iris  # 사이킷런 패키지 임포트

iris = load_iris()  # 데이터 로드
iris.data[0, :]  # 첫 번째 꽃의 데이터
```

```
array([5.1, 3.5, 1.4, 0.2])
```

| 스칼라 |

스칼라는 숫자 하나만으로 이루어진 데이터를 말한다. 예를 들어 어떤 붓꽃 한 송이의 꽃잎 길이를 측정하면 숫자가 하나 나올 것이다. 이 데이터는 스칼라이다. 스칼라는 보통 x와 같이 알파벳 소문자로 표기하며 실수 real number 숫자이므로 실수 집합 $\mathbf{R}$의 원소라는 의미에서 다음처럼 표기한다.

$$x \in \mathbf{R}$$

| 벡터 |

벡터는 여러 숫자가 특정한 순서대로 모여 있는 것을 말한다. 사실 대부분의 데이터 레코드는 여러 숫자로 이루어진 경우가 많다. 예를 들어 붓꽃의 종을 알아내려고 붓꽃의 크기를 측정할 때, 꽃받침 길이 x_1뿐 아니라 꽃받침 폭 x_2, 꽃잎 길이 x_3, 꽃잎 폭 x_4라는 숫자를 측정할 수도 있다. 이렇게 측정된 4가지 숫자는 한 송이의 붓꽃에서 나온 데이터이므로 따로따로 다루기보다는 하나의 묶음 tuple으로 묶어놓는 것이 좋다. 이때 숫자 순서가 바뀌면 어떤 숫자가 꽃잎 길이이고 어떤 숫자가 꽃받침 폭인지 알 수 없으므로 숫자 순서를 유지하는 것이 중요하다. 이런 데이터 묶음을 선형대수에서는 벡터라고 부른다.

붓꽃의 크기 벡터는 데이터 4개 (x_1, x_2, x_3, x_4)가 하나로 묶여 있는데 이를 선형대수 기호로는 다음처럼 하나의 문자 x로 표기한다.

$$x = \begin{bmatrix} x_1 \\ x_2 \\ x_3 \\ x_4 \end{bmatrix}$$

이때 벡터는 복수의 가로줄, 즉 **행**row을 가지고 하나의 세로줄, 즉 **열**column을 가지는 형태로 위에서 아래로 내려써서 표기해야 한다.

하나의 벡터를 이루는 데이터 수가 n개이면 이 벡터를 **n-차원 벡터**n-dimensional vector라고 하며 다음처럼 표기한다.

$$x = \begin{bmatrix} x_1 \\ x_2 \\ \vdots \\ x_N \end{bmatrix} \qquad \text{또는} \qquad x \in \mathbf{R}^N$$

위에서 예로 든 붓꽃의 크기 벡터 x는 실수 4개로 이루어져 있으므로 4차원 벡터라고 하고 다음처럼 표기한다.

$$x \in \mathbf{R}^4$$

벡터의 원소가 되는 스칼라값은 아래첨자를 붙여서 원소의 위치를 표시하는 것이 보통이다. 하지만 아래첨자가 있다고 무조건 스칼라는 아니다. 벡터가 여러 개 있으면 서로 다른 벡터를 구별하는 용도로 벡터 이름에 아래첨자를 붙일 수도 있다. 따라서 아래첨자를 가진 알파벳 소문자 기호는 스칼라일 수도 있고 벡터일 수도 있다. 두 경우는 문맥에 따라 구별해야 한다. 책에 따라서는 벡터와 스칼라와 구별하는 용도로 볼드체 벡터 기호 $\mathbf{x}$나 화살표 벡터 기호 $\vec{x}$를 사용하기도 한다.

$$\mathbf{x} = \vec{x} = \begin{bmatrix} x_1 \\ x_2 \\ \vdots \\ x_N \end{bmatrix}$$

하지만 데이터 사이언스 분야의 책이나 논문에서는 모든 값이 벡터나 행렬이므로 굳이 볼드체 기호를 사용하지 않기 때문에 독자 스스로 문맥을 보고 스칼라인지 벡터인지 결정할 수밖에 없다. 이 책에서도 상황에 따라 여러 표기법을 사용한다.

| 특징벡터 |

데이터 벡터가 예측 문제에서 입력 데이터로 사용되면 특징벡터feature vector라고 한다. 예를 들어 어떤 붓꽃 표본 한 송이를 꺾어 측정했더니 꽃받침 길이가 5.1cm, 꽃받침 폭이 3.5cm, 꽃잎 길이가 1.4cm, 꽃잎 폭이 0.2cm였다면 이 데이터 레코드를 x_1이라고 이름 붙이고 다음처럼 표시한다.

$$x_1 = \begin{bmatrix} 5.1 \\ 3.5 \\ 1.4 \\ 0.2 \end{bmatrix}$$

또 다른 붓꽃은 다음과 같은 벡터로 나타낼 수 있다고 하자.

$$x_2 = \begin{bmatrix} 4.9 \\ 3.0 \\ 1.4 \\ 0.2 \end{bmatrix}$$

만약 이러한 붓꽃 크기 벡터를 이용하여 붓꽃 종을 결정하는 예측 문제를 풀고 있다면 붓꽃 크기 벡터는 특징벡터다.

| 넘파이를 사용한 벡터 표현 |

넘파이는 선형대수 문제를 풀 때 사용하는 파이썬 패키지다. 넘파이를 사용하여 벡터를 표현할 때는 벡터를 다음처럼 열 개수가 하나인 2차원 배열^{array} 객체로 표현한다. 이때 배열의 차원은 벡터의 차원과 다른 의미다. 위에서 설명한 벡터의 차원은 원소 개수를 뜻한다. 배열은 원소 개수가 몇 개이든 한 줄로 나타낼 수 있으면 1차원 배열^{1-dimensional array}이라고 한다. 원소를 가로와 세로가 있는 여러 줄의 직사각형 형태로 나타낼 수 있으면 2차원 배열^{2-dimensional array}이라고 한다.

예를 들어 위에서 예로 든 벡터 x_1을 넘파이의 2차원 배열로 표기하면 다음과 같다.

```
x1 = np.array([[5.1], [3.5], [1.4], [0.2]])
x1
```

```
array([[5.1],
       [3.5],
       [1.4],
       [0.2]])
```

하지만 넘파이는 1차원 배열 객체도 대부분 벡터로 인정한다. 이때는 벡터가 마치 하나의 행처럼 표시되어도 실제로는 열이라는 점에 주의한다.

```
x1 = np.array([5.1, 3.5, 1.4, 0.2])
x1
```

```
array([5.1, 3.5, 1.4, 0.2])
```

그러나 벡터 데이터를 처리하는 프로그램에 따라서 두 가지 표현법 중 열 표기를 정확하게 요구하는 경우도 있으므로 주의해야 한다. 예를 들어 사이킷런 패키지에서 벡터를 요구하는 경우에는 반드시 열 개수가 1개인 2차원 배열 객체를 넣어야 한다.

2.1.1 **연습 문제**

넘파이를 사용해서 붓꽃 데이터 x_2에 대한 벡터 변수 x2를 만든다.

예측 문제의 입력 데이터는 대부분 벡터로 표시한다. 예를 들어 숫자 이미지를 입력받아 어떤 숫자인지 분류하는 문제를 생각해보자. 이미지는 원래 2차원 데이터이지만 예측 문제에서는 보통 1차원 벡터로 변환하여 사용한다. 다음은 사이킷런 패키지에서 제공하는 MNIST 숫자 이미지digit image 데이터셋이다. 이 데이터는 0부터 9까지의 숫자를 손으로 쓴 후에 8×8 해상도의 이미지로 스캔한 것이다. 다음 코드는 그중 숫자 0과 1의 이미지 8개를 출력한다.

```
from sklearn.datasets import load_digits  # 패키지 임포트

digits = load_digits()  # 데이터 로드
samples = [0, 10, 20, 30, 1, 11, 21, 31]  # 선택된 이미지 번호
d = []
for i in range(8):
    d.append(digits.images[samples[i]])

plt.figure(figsize=(8, 2))
for i in range(8):
    plt.subplot(1, 8, i + 1)
    plt.imshow(d[i], interpolation='nearest', cmap=plt.cm.bone_r)
    plt.grid(False); plt.xticks([]); plt.yticks([])
```

```
    plt.title('image {}'.format(i + 1))
plt.suptitle('숫자 0과 1 이미지')
plt.tight_layout()
plt.show()
```

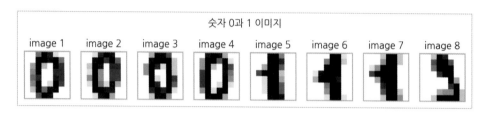

이 2차원 이미지를 64-크기의 1차원 벡터로 펼치면 다음과 같다. 같은 숫자에 대한 벡터가 서로 닮았다는 점에 주의하라.

```
v = []
for i in range(8):
    v.append(d[i].reshape(64, 1))  # 벡터화

plt.figure(figsize=(8, 3))
for i in range(8):
    plt.subplot(1, 8, i + 1)
    plt.imshow(v[i], aspect=0.4,
               interpolation='nearest', cmap=plt.cm.bone_r)
    plt.grid(False); plt.xticks([]); plt.yticks([])
    plt.title('벡터 {}'.format(i + 1))
plt.suptitle('벡터화된 이미지', y=1.05)
plt.tight_layout(w_pad=7)
plt.show()
```

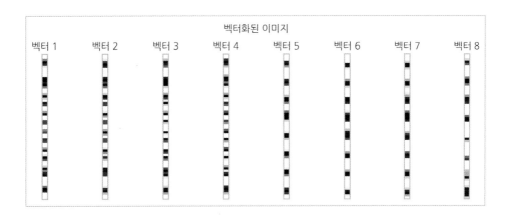

벡터화된 이미지

벡터 1　벡터 2　벡터 3　벡터 4　벡터 5　벡터 6　벡터 7　벡터 8

| 행렬 |

행렬은 복수의 차원을 가지는 데이터 레코드가 다시 여러 개 있는 경우의 데이터를 합쳐서 표기한 것이다. 예를 들어 앞서 말한 붓꽃 예에서 붓꽃 6 송이에 대해 꽃잎과 꽃받침 크기를 측정했다면 4차원 붓꽃 데이터가 6개다. 즉, 4 × 6 = 24개의 실수 숫자가 있는 것이다. 이 숫자 집합을 행렬로 나타내면 다음과 같다. 행렬은 보통 X와 같이 알파벳 대문자로 표기한다.

$$
X = \begin{bmatrix}
x_{1,1} & x_{1,2} & x_{1,3} & x_{1,4} \\
x_{2,1} & x_{2,2} & x_{2,3} & x_{2,4} \\
x_{3,1} & x_{3,2} & x_{3,3} & x_{3,4} \\
x_{4,1} & x_{4,2} & x_{4,3} & x_{4,4} \\
x_{5,1} & x_{5,2} & x_{5,3} & x_{5,4} \\
x_{6,1} & x_{6,2} & x_{6,3} & x_{6,4}
\end{bmatrix}
$$

행렬의 원소 하나하나는 $x_{2,3}$처럼 두 숫자 쌍을 아래첨자로 붙여서 표기한다. 첫 번째 숫자가 행을 뜻하고 두 번째 숫자가 열을 뜻한다. 예를 들어 $x_{2,3}$은 두 번째 행(위에서 아래로 두 번째), 세 번째 열(왼쪽에서 오른쪽으로 세 번째)의 숫자를 뜻한다. 행/열 개수가 10보다 적을 때는 쉼표 없이 x_{23}이라고 표기할 때도 있다.

벡터는 열의 수가 1인 행렬이라고 볼 수 있으므로 벡터를 다른 말로 **열벡터**column vector라고도 한다.

데이터를 행렬로 묶어서 표시할 때는 붓꽃 하나에 대한 데이터 레코드, 즉 **하나의 벡터가 열이 아닌 행**row**으로 표시한다.** 붓꽃의 예에서는 하나의 데이터 레코드가 4차원 데이터였다는 점을 기억하자.

하나의 데이터 레코드를 단독으로 벡터로 나타낼 때는 하나의 열^{column}로 나타내고 **복수의 데이터 레코드 집**
합을 행렬로 나타낼 때는 하나의 데이터 레코드가 하나의 행^{row}으로 표기하는 것은 얼핏 보기에는 일관
성이 없어 보이지만 추후 다른 연산을 할 때 이런 모양이 필요하기 때문이다. 데이터 분석에서 쓰
는 일반적인 관례이므로 외워두어야 한다.

만약 이 데이터를 이용하여 붓꽃의 종을 결정하는 예측 문제를 풀고 있다면 이 행을 **특징행렬**^{feature}
^{matrix}이라고 하기도 한다. 이 행렬 크기를 수식으로 표시할 때는 다음처럼 '행의 크기 곱하기 열의
크기'로 나타낸다.

$$X \in \mathbf{R}^{6 \times 4}$$

스칼라와 벡터도 수학적으로는 행렬에 속한다. 스칼라는 열과 행의 수가 각각 1인 행렬이고 벡터는 열
의 수가 1인 행렬이다. 그래서 스칼라나 벡터의 크기를 표시할 때 다음처럼 쓸 수도 있다.

스칼라는

$$a \in \mathbf{R}^{1 \times 1}$$

벡터는 (예를 들어 길이가 4인 붓꽃 벡터의 경우)

$$x \in \mathbf{R}^{4 \times 1}$$

로 써도 행렬이 아닌 벡터라는 뜻이다.

앞에서 예로 들었던 두 송이의 붓꽃 데이터를 하나의 행렬로 합치면 다음과 같다.

$$X = \begin{bmatrix} 5.1 & 3.5 & 1.4 & 0.2 \\ 4.9 & 3.0 & 1.4 & 0.2 \end{bmatrix}$$

넘파이를 이용하여 행렬을 표기할 때는 2차원 ndarray 객체를 사용한다. 예를 들어 다음 행렬
A를 넘파이로 나타내면 다음과 같다.

$$A = \begin{bmatrix} 11 & 12 & 13 \\ 21 & 22 & 23 \end{bmatrix}$$

```
A = np.array([[11,12,13],[21,22,23]])
A
```

```
array([[11, 12, 13],
       [21, 22, 23]])
```

2.1.2 연습 문제

넘파이를 사용해서 붓꽃 데이터 X에 대한 행렬 변수 X를 만든다.

텐서

텐서는 같은 크기의 행렬이 여러 개 같이 묶여 있는 것을 말한다. 엄격한 수학적 정의로는 텐서는 다차원 배열로 표현되는 사상^{mapping}으로 다차원 배열 자체를 뜻하지 않는다. 하지만 데이터 사이언스 분야에서는 흔히 다차원 배열을 텐서라고 부르므로 여기에서는 이러한 정의를 따르도록 한다.

예를 들어 다음 컬러 이미지는 2차원의 행렬처럼 보이지만 사실 빨강, 초록, 파랑의 밝기를 나타내는 3가지 이미지가 겹친 것이다. 컬러 이미지에서는 각각의 색을 나타내는 행렬을 채널^{channel}이라고 한다. 예제 이미지는 크기가 768 × 1024이고 3개의 채널이 있으므로 768 × 1024 × 3 크기의 3차원 텐서다.

```
from scipy import misc  # 패키지 임포트

img_rgb = misc.face()  # 컬러 이미지 로드
img_rgb.shape  # 데이터의 모양
```

```
(768, 1024, 3)
```

```
plt.subplot(221)
plt.imshow(img_rgb, cmap=plt.cm.gray)  # 컬러 이미지 출력
plt.axis('off')
plt.title('RGB 컬러 이미지')

plt.subplot(222)
plt.imshow(img_rgb[:, :, 0], cmap=plt.cm.gray)  # red 채널 출력
plt.axis('off')
plt.title('Red 채널')
```

```
plt.subplot(223)
plt.imshow(img_rgb[:, :, 1], cmap=plt.cm.gray)  # green 채널 출력
plt.axis('off')
plt.title('Green 채널')

plt.subplot(224)
plt.imshow(img_rgb[:, :, 2], cmap=plt.cm.gray)  # blue 채널 출력
plt.axis('off')
plt.title('Blue 채널')

plt.show()
```

전치 연산

이번에는 이러한 스칼라, 벡터, 행렬 데이터를 변형시키는 방법 즉, 연산operation에 대해서 알아보자. **전치**transpose 연산은 행렬에서 가장 기본이 되는 연산으로 행렬의 **행과 열을 바꾸는 연산**을 말한다. 전치 연산은 벡터나 행렬에 T라는 위첨자를 붙여서 표기한다. 책에 따라서는 프라임prime 기호 ′를 붙이는 경우도 있다.

x를 전치연산하면

$$x \quad \rightarrow \quad x^T \qquad 또는 \qquad x \quad \rightarrow \quad x'$$

로 표현할 수 있다. 앞에서 보인 6×4 차원의 행렬을 전치 연산하면 4×6 차원의 행렬이 된다.

$$X = \begin{bmatrix} x_{1,1} & x_{1,2} & x_{1,3} & x_{1,4} \\ x_{2,1} & x_{2,2} & x_{2,3} & x_{2,4} \\ x_{3,1} & x_{3,2} & x_{3,3} & x_{3,4} \\ x_{4,1} & x_{4,2} & x_{4,3} & x_{4,4} \\ x_{5,1} & x_{5,2} & x_{5,3} & x_{5,4} \\ x_{6,1} & x_{6,2} & x_{6,3} & x_{6,4} \end{bmatrix} \rightarrow X^T = \begin{bmatrix} x_{1,1} & x_{2,1} & x_{3,1} & x_{4,1} & x_{5,1} & x_{6,1} \\ x_{1,2} & x_{2,2} & x_{3,2} & x_{4,2} & x_{5,2} & x_{6,2} \\ x_{1,3} & x_{2,3} & x_{3,3} & x_{4,3} & x_{5,3} & x_{6,3} \\ x_{1,4} & x_{2,4} & x_{3,4} & x_{4,4} & x_{5,4} & x_{6,4} \end{bmatrix}$$

전치 연산으로 만든 행렬을 원래 행렬에 대한 전치행렬이라고 한다. (열)벡터 x에 대해 전치 연산을 적용하여 만든 x^T는 행 수가 1인 행렬이므로 **행벡터**row vector라고 한다.

$$x = \begin{bmatrix} x_1 \\ x_2 \\ \vdots \\ x_N \end{bmatrix} \rightarrow x^T = \begin{bmatrix} x_1 & x_2 & \cdots & x_N \end{bmatrix}$$

넘파이에서는 ndarray 객체의 T라는 속성을 이용하여 전치행렬을 구한다. 이때 T는 메서드method가 아닌 속성attribute이므로 소괄호 ()를 붙여서 호출하면 안 된다.

```
A.T
```

```
array([[11, 21],
       [12, 22],
       [13, 23]])
```

다만 1차원 ndarray는 전치 연산이 정의되지 않는다.

```
x1
```

```
array([5.1, 3.5, 1.4, 0.2])
```

```
x1.T
```

```
array([5.1, 3.5, 1.4, 0.2])
```

2.1.3 **연습 문제**

❶ 넘파이를 사용해서 붓꽃 데이터 X의 전치행렬 X^T을 구한다.

❷ 넘파이를 사용해서 위 전치행렬을 다시 전치한 행렬 $(X^T)^T$을 구한다. 이 행렬과 원래 행렬 X을 비교한다.

행렬의 행 표기법과 열 표기법

전치 연산과 행벡터, 열벡터를 이용하면 다음처럼 행렬을 복수의 열벡터 c_i, 또는 복수의 행벡터 r_j^T을 합친 형태로 표기할 수도 있다.

$$X = \begin{bmatrix} c_1 & c_2 & \cdots & c_M \end{bmatrix} = \begin{bmatrix} r_1^T \\ r_2^T \\ \vdots \\ r_N^T \end{bmatrix}$$

위 식에서 행렬과 벡터의 크기는 다음과 같다.

$$X \in \mathbf{R}^{N \times M}$$

$$c_i \in \mathbf{R}^{N \times 1} \ (i = 1, \cdots, M)$$

$$r_j^T \in \mathbf{R}^{1 \times M} \ (j = 1, \cdots, N)$$

벡터의 모양을 직사각형으로 표시하면 다음과 같다.

$$X = \begin{bmatrix} c_1 & c_2 & \cdots & c_M \end{bmatrix} = \begin{bmatrix} r_1^T \\ r_2^T \\ \vdots \\ r_N^T \end{bmatrix}$$

위의 식은 다음과 같은 명제를 수식으로 표현한 것이다.

"행렬 X의 각 열은 c_1, c_2, ..., c_M라고 이름 붙인다."

또는

"행렬 X는 열벡터 c_1, c_2, ..., c_M으로 이루어져 있다."

행 관점에서는

"행렬 X의 각 행은 r_1^T, r_2^T, ..., r_N^T라고 이름 붙인다."

또는

"행렬 X는 행벡터 r_1^T, r_2^T, ..., r_N^T으로 이루어져 있다."

모든 벡터는 기본적으로 열벡터이므로 r_i를 전치 연산하여 r_i^T라고 행을 표현한 점에 주의한다.

예를 들어 행렬

$$X = \begin{bmatrix} 1 & 2 & 3 \\ 4 & 5 & 6 \end{bmatrix}$$

은 열벡터

$$c_1 = \begin{bmatrix} 1 \\ 4 \end{bmatrix}, \; c_2 = \begin{bmatrix} 2 \\ 5 \end{bmatrix}, \; c_3 = \begin{bmatrix} 3 \\ 6 \end{bmatrix}$$

이 합쳐진 것이라고 보거나 또는 행벡터

$$r_1 = \begin{bmatrix} 1 & 2 & 3 \end{bmatrix}^T, \; r_2 = \begin{bmatrix} 4 & 5 & 6 \end{bmatrix}^T$$

로 구성되었다고 볼 수 있다.

특수한 벡터와 행렬

몇 가지 특수한 벡터와 행렬은 별도의 기호나 이름이 붙는다.

| 영벡터 |

모든 원소가 0인 N차원 벡터는 **영벡터**zeros-vector라고 하며 다음처럼 표기한다.

$$\mathbf{0}_N = \mathbf{0} = 0 = \begin{bmatrix} 0 \\ 0 \\ \vdots \\ 0 \end{bmatrix} \qquad \text{또는} \qquad 0 \in \mathbf{R}^{N \times 1}$$

문맥으로 벡터의 크기를 알 수 있을 때는 크기를 나타내는 아래첨자 N을 생략할 수 있다.

넘파이에서 영벡터는 zeros() 명령으로 만든다.

```
np.zeros((3, 1))
```

```
array([[0.],
       [0.],
       [0.]])
```

| 일벡터 |

모든 원소가 1인 n차원 벡터는 **일벡터**ones-vector라고 하며 다음처럼 표기한다.

$$\mathbf{1}_N = \mathbf{1} = 1 = \begin{bmatrix} 1 \\ 1 \\ \vdots \\ 1 \end{bmatrix} \qquad \text{또는} \qquad 1 \in \mathbf{R}^{N \times 1}$$

마찬가지로 문맥으로 벡터의 크기를 알 수 있을 때는 크기를 나타내는 아래첨자 N을 생략할 수 있다.

넘파이에서 일벡터는 ones() 명령으로 만든다.

```
np.ones((3, 1))
```

```
array([[1.],
       [1.],
       [1.]])
```

| 정방행렬 |

행 개수와 열 개수가 같은 행렬을 **정방행렬**square matrix이라고 한다.

| 대각행렬 |

행렬에서 행과 열이 같은 위치를 주 대각main diagonal 또는 간단히 **대각**diagonal이라고 한다. 대각 위치에 있지 않은 것들은 **비대각**off-diagonal이라고 한다. 모든 비대각 요소가 0인 행렬을 **대각행렬**diagonal matrix이라고 한다.

$$D = \begin{bmatrix} d_1 & 0 & \cdots & 0 \\ 0 & d_2 & \cdots & 0 \\ \vdots & \vdots & \ddots & \vdots \\ 0 & 0 & \cdots & d_N \end{bmatrix} \qquad \text{또는} \qquad D \in \mathbf{R}^{N \times N}$$

대각행렬이 되려면 비대각성분이 0이기만 하면 되고 대각성분은 0이든 아니든 상관없다. 또한 반드시 정방행렬일 필요도 없다. 예를 들어 다음 행렬도 대각행렬이라고 할 수 있다.

$$D = \begin{bmatrix} d_1 & 0 & \cdots & 0 \\ 0 & d_2 & \cdots & 0 \\ \vdots & \vdots & \ddots & \vdots \\ 0 & 0 & \cdots & d_M \\ 0 & 0 & \cdots & 0 \\ 0 & 0 & \cdots & 0 \\ 0 & 0 & \cdots & 0 \end{bmatrix} \qquad \text{또는} \qquad D \in \mathbf{R}^{N \times M}$$

넘파이로 대각 정방행렬을 생성하려면 diag() 명령을 사용한다.

```
np.diag([1, 2, 3])
```

```
array([[1, 0, 0],
       [0, 2, 0],
       [0, 0, 3]])
```

| 항등행렬 |

대각행렬 중에서도 모든 대각성분의 값이 1인 대각행렬을 **항등행렬**identity matrix이라고 한다. 항등행렬은 보통 알파벳 대문자 *I*로 표기한다.

$$I = \begin{bmatrix} 1 & 0 & \cdots & 0 \\ 0 & 1 & \cdots & 0 \\ \vdots & \vdots & \ddots & \vdots \\ 0 & 0 & \cdots & 1 \end{bmatrix} \qquad \text{또는} \qquad I \in \mathbf{R}^{N \times N}$$

넘파이로 항등행렬을 생성하려면 identity() 혹은 eye() 명령을 사용한다.

```
np.identity(3)
```

```
array([[1., 0., 0.],
       [0., 1., 0.],
       [0., 0., 1.]])
```

```
np.eye(4)
```

```
array([[1., 0., 0., 0.],
       [0., 1., 0., 0.],
       [0., 0., 1., 0.],
       [0., 0., 0., 1.]])
```

| 대칭행렬 |

만약 전치연산을 통해서 얻은 전치행렬과 원래의 행렬이 같으면 **대칭행렬**symmetric matrix이라고 한다. 정방행렬만 대칭행렬이 될 수 있다.

$$S^T = S \qquad \text{또는} \qquad S \in \mathbf{R}^{N \times N}$$

2.1.4 **연습 문제**

영벡터, 일벡터, 정방행렬, 대각행렬, 항등행렬, 대칭행렬의 예를 하나씩 만들고, 벡터와 행렬을 넘파이로 나타내본다.

2.2 벡터와 행렬의 연산

벡터와 행렬도 숫자처럼 덧셈, 뺄셈, 곱셈 등의 연산을 할 수 있다. 벡터와 행렬의 연산을 이용하면 대량의 데이터에 대한 계산을 간단한 수식으로 나타낼 수 있다. 물론 벡터와 행렬에 대한 연산은 숫자의 사칙 연산과는 몇 가지 다른 점이 있으므로 이러한 차이를 잘 알아야 한다.

이 절에서는 넘파이를 이용하여 벡터와 행렬의 연산을 실행하는 법도 공부한다. 다음처럼 넘파이와 맷플롯립 패키지가 임포트되어 있어야 한다.

```
import numpy as np
import matplotlib.pylab as plt
```

벡터/행렬의 덧셈과 뺄셈

같은 크기를 가진 두 개의 벡터나 행렬은 덧셈과 뺄셈을 할 수 있다. 두 벡터와 행렬에서 같은 위치에 있는 원소끼리 덧셈과 뺄셈을 하면 된다. 이러한 연산을 **요소별**element-wise **연산**이라고 한다.

예를 들어 벡터 x와 y가 다음과 같으면

$$x = \begin{bmatrix} 10 \\ 11 \\ 12 \end{bmatrix}, \quad y = \begin{bmatrix} 0 \\ 1 \\ 2 \end{bmatrix}$$

벡터 x와 y의 덧셈 $x + y$와 뺄셈 $x - y$는 각각 다음처럼 계산한다.

$$x + y = \begin{bmatrix} 10 \\ 11 \\ 12 \end{bmatrix} + \begin{bmatrix} 0 \\ 1 \\ 2 \end{bmatrix} = \begin{bmatrix} 10 + 0 \\ 11 + 1 \\ 12 + 2 \end{bmatrix} = \begin{bmatrix} 10 \\ 12 \\ 14 \end{bmatrix}$$

$$x - y = \begin{bmatrix} 10 \\ 11 \\ 12 \end{bmatrix} - \begin{bmatrix} 0 \\ 1 \\ 2 \end{bmatrix} = \begin{bmatrix} 10 - 0 \\ 11 - 1 \\ 12 - 2 \end{bmatrix} = \begin{bmatrix} 10 \\ 10 \\ 10 \end{bmatrix}$$

벡터의 덧셈과 뺄셈을 넘파이로 계산하면 다음과 같다. 여기에서는 편의상 1차원 배열로 벡터를 표시했다.

```
x = np.array([10, 11, 12, 13, 14])
y = np.array([0, 1, 2, 3, 4])
```

```
x + y
```

```
array([10, 12, 14, 16, 18])
```

```
x - y
```

```
array([10, 10, 10, 10, 10])
```

행렬도 같은 방법으로 덧셈과 뺄셈을 할 수 있다.

$$\begin{bmatrix} 5 & 6 \\ 7 & 8 \end{bmatrix} + \begin{bmatrix} 10 & 20 \\ 30 & 40 \end{bmatrix} - \begin{bmatrix} 1 & 2 \\ 3 & 4 \end{bmatrix} = \begin{bmatrix} 14 & 24 \\ 34 & 44 \end{bmatrix}$$

```
np.array([[5, 6], [7, 8]]) + np.array([[10, 20], [30, 40]]) - \
    np.array([[1, 2], [3, 4]])
```

```
array([[14, 24],
       [34, 44]])
```

스칼라와 벡터/행렬의 곱셈

벡터 x 또는 행렬 A에 스칼라값 c를 곱하는 것은 **벡터 x 또는 행렬 A의 모든 원소에 스칼라값 c를 곱하는 것**과 같다.

$$c \begin{bmatrix} x_1 \\ x_2 \end{bmatrix} = \begin{bmatrix} cx_1 \\ cx_2 \end{bmatrix}$$

$$c \begin{bmatrix} a_{11} & a_{12} \\ a_{21} & a_{22} \end{bmatrix} = \begin{bmatrix} ca_{11} & ca_{12} \\ ca_{21} & ca_{22} \end{bmatrix}$$

브로드캐스팅

원래 덧셈과 뺄셈은 크기(차원)가 같은 두 벡터에 대해서만 할 수 있다. 하지만 벡터와 스칼라의 경우에는 관례적으로 다음처럼 1-벡터를 사용하여 스칼라를 벡터로 변환한 연산을 허용한다. 이를 **브로드캐스팅**broadcasting이라고 한다.

$$\begin{bmatrix} 10 \\ 11 \\ 12 \end{bmatrix} - 10 = \begin{bmatrix} 10 \\ 11 \\ 12 \end{bmatrix} - 10 \cdot \mathbf{1} = \begin{bmatrix} 10 \\ 11 \\ 12 \end{bmatrix} - \begin{bmatrix} 10 \\ 10 \\ 10 \end{bmatrix}$$

데이터 분석에서는 원래의 데이터 벡터 x가 아니라 그 데이터 벡터의 각 원소의 평균값을 뺀 **평균제거**mean removed**벡터** 혹은 **0-평균**zero-mean**벡터**를 사용하는 경우가 많다.

$$x = \begin{bmatrix} x_1 \\ x_2 \\ \vdots \\ x_N \end{bmatrix} \rightarrow x - m = \begin{bmatrix} x_1 - m \\ x_2 - m \\ \vdots \\ x_N - m \end{bmatrix}$$

위 식에서 m은 표본 평균이다.

$$m = \frac{1}{N} \sum_{i=1}^{N} x_i$$

선형조합

벡터/행렬에 다음처럼 스칼라값을 곱한 후 더하거나 뺀 것을 벡터/행렬의 **선형조합**linear combination이라고 한다. 벡터나 행렬을 선형조합해도 크기는 변하지 않는다.

$$c_1 x_1 + c_2 x_2 + c_3 x_3 + \cdots + c_L x_L = x$$

$$c_1 A_1 + c_2 A_2 + c_3 A_3 + \cdots + c_L A_L = A$$

$$c_1, c_2, \ldots, c_L \in \mathbf{R}$$

$$x_1, x_2, \ldots, x_L, x \in \mathbf{R}^M$$

$$A_1, A_2, \ldots, A_L, A \in \mathbf{R}^{M \times N}$$

벡터나 행렬의 크기를 직사각형으로 표시하면 다음과 같다.

$$c_1 \boxed{x_1} \quad + \quad c_2 \boxed{x_2} \quad + \quad \cdots \quad + \quad c_L \boxed{x_L}$$

$$c_1 \boxed{A_1} \quad + \quad c_2 \boxed{A_2} \quad + \quad \cdots \quad + \quad c_L \boxed{A_L}$$

벡터와 벡터의 곱셈

행렬의 곱셈을 정의하기 전에 우선 두 벡터의 곱셈을 알아보자. 벡터를 곱셈하는 방법은 여러 가지가 있지만 여기서는 **내적**inner product에 대해서만 다룬다. 벡터 x와 벡터 y의 내적은 다음처럼 표기한다.

$$x^T y$$

내적은 다음처럼 점dot으로 표기하는 경우도 있어서 **닷 프로덕트**dot product라고도 부르고 $<x, y>$ 기호로 나타낼 수도 있다.

$$x \cdot y = <x, y> = x^T y$$

두 벡터를 내적하려면 다음과 같은 조건이 만족되어야 한다.

- 우선 두 벡터의 차원(길이)이 같아야 한다.
- 앞의 벡터가 행벡터이고 뒤의 벡터가 열벡터여야 한다.

이때 내적의 결과는 스칼라값이 되며 다음처럼 계산한다. 우선 같은 위치에 있는 원소들을 요소별 곱셈처럼 곱한 다음, 그 값들을 다시 모두 더해서 하나의 스칼라값으로 만든다.

$$x^T y = \begin{bmatrix} x_1 & x_2 & \cdots & x_N \end{bmatrix} \begin{bmatrix} y_1 \\ y_2 \\ \vdots \\ y_N \end{bmatrix} = x_1 y_1 + \cdots + x_N y_N = \sum_{i=1}^{N} x_i y_i$$

$$x \in \mathbf{R}^{N \times 1}$$

$$y \in \mathbf{R}^{N \times 1}$$

$$x^T y \in \mathbf{R}$$

다음은 두 벡터의 내적의 예다.

$$x = \begin{bmatrix} 1 \\ 2 \\ 3 \end{bmatrix}, \quad y = \begin{bmatrix} 4 \\ 5 \\ 6 \end{bmatrix}$$

$$x^T y = \begin{bmatrix} 1 & 2 & 3 \end{bmatrix} \begin{bmatrix} 4 \\ 5 \\ 6 \end{bmatrix} = 1 \cdot 4 + 2 \cdot 5 + 3 \cdot 6 = 32$$

넘파이에서 벡터와 행렬의 내적은 dot()이라는 명령 또는 @(at이라고 읽는다) 연산자로 계산한다. 2차원 배열로 표시한 벡터를 내적했을 때는 결과값이 스칼라가 아닌 2차원 배열이다.

```
x = np.array([[1], [2], [3]])
y = np.array([[4], [5], [6]])

x.T @ y  # 또는 np.dot(x.T, y)
```

```
array([[32]])
```

넘파이에서는 1차원 배열끼리도 내적을 계산한다. 이때는 넘파이가 앞의 벡터는 행벡터이고 뒤의 벡터는 열벡터라고 가정한다.

```
x = np.array([1, 2, 3])
y = np.array([4, 5, 6])

x @ y  # 또는 np.dot(x, y)
```

32

왜 벡터의 내적은 덧셈이나 뺄셈과 달리 이렇게 복잡하게 정의된 것일까? 그 이유는 데이터 분석을 할 때 이러한 연산이 필요하기 때문이다. 벡터의 내적을 사용하여 데이터를 분석하는 몇 가지 예를 살펴보자.

가중합

벡터의 내적은 가중합을 계산할 때 쓰일 수 있다. **가중합**weighted sum이란 복수의 데이터를 단순히 합하는 것이 아니라 각각의 수에 어떤 가중치를 곱한 후 이 곱셈 결과들을 다시 합한 것을 말한다. 만약 데이터 벡터가 $x = [x_1, ..., x_N]^T$이고 가중치 벡터가 $w = [w_1, ..., w_N]^T$이면 데이터 벡터의 가중합은 다음과 같다.

$$w_1 x_1 + \cdots + w_N x_N = \sum_{i=1}^{N} w_i x_i$$

이 값을 벡터 x와 w의 곱으로 나타내면 $w^T x$ 또는 $x^T w$라는 간단한 수식으로 표시할 수 있다.

$$\sum_{i=1}^{N} w_i x_i = \begin{bmatrix} w_1 & w_2 & \cdots & w_N \end{bmatrix} \begin{bmatrix} x_1 \\ x_2 \\ \vdots \\ x_N \end{bmatrix} = w^T x$$

$$= \begin{bmatrix} x_1 & x_2 & \cdots & x_N \end{bmatrix} \begin{bmatrix} w_1 \\ w_2 \\ \vdots \\ w_N \end{bmatrix} = x^T w$$

예를 들어 쇼핑을 할 때 각 물건의 가격은 데이터 벡터, 각 물건의 수량은 가중치로 생각하여 내적을 구하면 총금액을 계산할 수 있다.

만약 가중치가 모두 1이면 일반적인 합sum을 계산한다.

$$w_1 = w_2 = \cdots = w_N = 1 \qquad \text{또는} \qquad w = \mathbf{1}_N$$

이면

$$\sum_{i=1}^{N} x_i = \mathbf{1}_N^T x$$

2.2.1 **연습 문제**

A, B, C 세 회사의 주식은 각각 100만 원, 80만 원, 50만 원이다. 이 주식을 각각 3주, 4주, 5주를 매수할 때 필요한 금액을 구하고자 한다.

❶ 주식의 가격과 수량을 각각 p 벡터, n 벡터로 표시하고 넘파이로 코딩한다.

❷ 주식을 매수할 때 필요한 금액을 곱셈으로 표시하고 NumPy 연산으로 그 값을 계산한다.

가중평균

가중합의 가중치값을 전체 가중치값의 합으로 나누면 **가중평균**weighted average이 된다. 가중평균은 대학교의 평균 성적 계산 등에 사용할 수 있다.

예를 들어 고등학교에서는 국어, 영어, 두 과목의 평균 점수를 구할 때 단순히 두 과목의 점수 (숫자)를 더한 후 2으로 나눈다. 그러나 대학교에서는 중요한 과목과 중요하지 않은 과목을 구분하는 학점credit이라는 숫자가 있다. 일주일에 한 시간만 수업하는 과목은 1학점짜리 과목이고 일주일에 세 시간씩 수업하는 중요한 과목은 3학점짜리 과목이다. 1학점과 3학점 과목의 점수가 각각 100점, 60점이면 학점을 고려한 가중 평균weighted average 성적은 다음과 같이 계산한다.

$$\frac{1}{1+3} \times 100 + \frac{3}{1+3} \times 60 = 70$$

벡터로 표현된 n개의 데이터의 단순 평균은 다음처럼 생각할 수 있다.

$$\bar{x} = \frac{1}{N} \sum_{i=1}^{N} x_i = \frac{1}{N} \mathbf{1}_N^T x$$

위 수식에서 보인 것처럼 x 데이터의 평균은 보통 $\bar{x}$라는 기호로 표기하고 "엑스 바(x bar)"라고 읽는다. 다음은 넘파이로 평균을 계산하는 방법이다.

```
x = np.arange(10)
N = len(x)

np.ones(N) @ x / N
```

4.5

현실적으로는 mean()이라는 메서드를 사용하는 것이 편하다.

```
x.mean()
```

```
4.5
```

2.2.2 **연습 문제**

벡터 x의 평균 제거 벡터는 다음과 같이 계산함을 증명하라.

$$x - \frac{1}{N}\mathbf{1}_N^T x \mathbf{1}_N$$

유사도

벡터의 곱셈(내적)은 두 벡터 간의 유사도를 계산하는 데도 이용할 수 있다. **유사도**similarity**는 두 벡터가 닮은 정도를 정량적으로 나타낸 값**으로 두 벡터가 비슷한 경우에는 유사도가 커지고 비슷하지 않은 경우에는 유사도가 작아진다. 내적을 이용하면 **코사인 유사도**cosine similarity라는 유사도를 계산할 수 있다. 추후 선형대수의 기하학적 의미를 공부할 때 코사인 유사도에 대해 살펴볼 것이다.

예를 들어 0과 1을 나타내는 MNIST 이미지에 대해 내적을 계산해보자.

```
from sklearn.datasets import load_digits
import matplotlib.gridspec as gridspec

digits = load_digits()
d1 = digits.images[0]
d2 = digits.images[10]
d3 = digits.images[1]
d4 = digits.images[11]
v1 = d1.reshape(64, 1)
v2 = d2.reshape(64, 1)
v3 = d3.reshape(64, 1)
v4 = d4.reshape(64, 1)
```

```python
plt.figure(figsize=(9, 9))
gs = gridspec.GridSpec(1, 8, height_ratios=[1],
                       width_ratios=[9, 1, 9, 1, 9, 1, 9, 1])
for i in range(4):
    plt.subplot(gs[2 * i])
    plt.imshow(eval('d' + str(i + 1)), aspect=1,
               interpolation='nearest', cmap=plt.cm.bone_r)
    plt.grid(False)
    plt.xticks([])
    plt.yticks([])
    plt.title('image {}'.format(i + 1))
    plt.subplot(gs[2 * i + 1])
    plt.imshow(eval('v' + str(i + 1)), aspect=0.25,
               interpolation='nearest', cmap=plt.cm.bone_r)
    plt.grid(False)
    plt.xticks([])
    plt.yticks([])
    plt.title('vector {}'.format(i + 1))
plt.tight_layout()
plt.show()
```

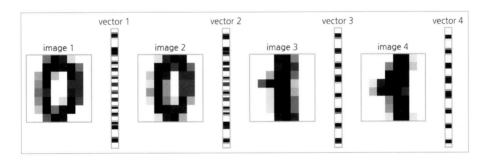

'0' 이미지와 '0' 이미지, 또는 '1' 이미지와 '1' 이미지의 내적값은 다음과 같다.

```python
(v1.T @ v2)[0][0], (v3.T @ v4)[0][0]
```

```
(3064.0, 3661.0)
```

상대적으로 '0' 이미지와 '1' 이미지, 또는 '1' 이미지와 '0' 이미지의 내적값은 작다.

```
(v1.T @ v3)[0][0], (v1.T @ v4)[0][0], (v2.T @ v3)[0][0], (v2.T @ v4)[0][0]
```

```
(1866.0, 1883.0, 2421.0, 2479.0)
```

2.2.3 연습 문제

다음 코드를 실행하면 MNIST 숫자 이미지 전체 데이터를 모두 벡터로 변환하여 하나의 넘파이 행렬 X를 만든다. 이 행렬을 이용하여 다음 문제를 풀어라.

```
from sklearn.datasets import load_digits
X = load_digits().data
```

❶ 내적을 이용하여 첫 번째 이미지와 10번째 이미지의 유사도를 구하라.

❷ 내적을 이용하여 모든 이미지의 조합에 대해 유사도를 구하라. 어떻게 구현하는 것이 효율적일까(힌트 : 이 문제는 뒤에서 배울 행렬과 행렬의 곱셈을 이용한다)?

선형회귀 모형

선형회귀 모형linear regression model이란 독립변수 x에서 종속변수 y를 예측하는 방법의 하나로 독립변수 벡터 x와 가중치 벡터 w와의 가중합으로 y에 대한 예측값 $\hat{y}$를 계산하는 수식을 말한다.

$$\hat{y} = w_1 x_1 + \cdots + w_N x_N$$

이 수식에서 기호 ^는 "캐럿caret"이라는 기호다. $\hat{y}$는 "와이 햇y hat"이라고 읽는다.

이 수식은 다음처럼 벡터의 내적으로 나타낼 수 있다.

$$\hat{y} = w^T x$$

선형회귀 모형은 가장 단순하면서도 가장 널리 쓰이는 예측 모형이다.

예를 들어 어떤 아파트 단지의 아파트 가격을 조사했더니 아파트 가격은 (1)면적, (2)층수, (3)한강이 보이는지의 여부, 즉 이 세 가지 특징에 의해 달라진다는 사실을 알게 되었다.

이때 이 단지 내의 아파트 가격을 예측하는 예측 모형을 다음과 같이 만들 수 있다.

- 면적(m^2)을 입력 데이터 x_1라고 한다.
- 층수를 입력 데이터 x_2라고 한다.
- 한강이 보이는지의 여부를 입력 데이터 x_3라고 하며 한강이 보이면 $x_3 = 1$, 보이지 않으면 $x_3 = 0$이라고 한다.
- 출력 데이터 $\hat{y}$는 해당 아파트의 예측 가격이다.

위와 같이 입력 데이터와 출력 데이터를 정의하고 회귀분석을 한 결과, 아파트값이 다음과 같은 선형회귀 모형으로 나타난다고 가정하자. 이러한 모형을 실제로 찾는 방법은 나중에 회귀분석 파트에서 공부하게 된다.

$$\hat{y} = 500x_1 + 200x_2 + 1000x_3$$

이 모형은 다음과 같이 해석할 수 있다.

- 면적이 $1m^2$ 증가할수록 가격은 500만 원이 증가한다.
- 층수가 1층 높아질수록 가격은 200만 원이 증가한다.
- 한강이 보이는 집은 1,000만 원의 웃돈(프리미엄)이 존재한다.

위 식은 다음과 같이 벡터의 내적으로 고쳐 쓸 수 있다.

$$\hat{y} = \begin{bmatrix} 500 & 200 & 1000 \end{bmatrix} \begin{bmatrix} x_1 \\ x_2 \\ x_3 \end{bmatrix} = w^T x$$

즉, 위 선형회귀 모형은 다음 가중치 벡터로 대표된다.

$$w^T = \begin{bmatrix} 500 & 200 & 1000 \end{bmatrix}$$

인공신경망artificial neural network에서는 선형회귀 모형을 다음과 같은 그림으로 표현한다. 데이터는 노드node 혹은 뉴런neuron이라는 동그라미로 표시하고 곱셈은 선분line 위에 곱할 숫자를 써서 나타낸다. 덧셈은 여러 개의 선분이 만나는 것으로 표시한다.

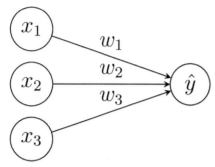

▶ 인공신경망으로 표현한 선형회귀 모형

선형회귀 모형의 단점

선형회귀 모형은 비선형적인 현실 세계의 데이터를 잘 예측하지 못할 수 있다는 단점이 있다. 예를 들어 집값은 면적에 단순 비례하지 않는다. 소형 면적의 집과 대형 면적의 집은 단위 면적 당 집값의 증가율이 다를 수 있다. 또한 저층이 보통 고층보다 집값이 싸지만 층수가 올라갈수록 정확히 층수에 비례하여 가격이 증가하지도 않는다.

이러한 현실 세계의 데이터와 선형회귀 모형의 괴리를 줄이기 위해 선형회귀 모형이 아닌 완전히 다른 모형을 쓰기보다는 선형회귀 모형을 기반으로 여러 기법을 사용해 수정한 모형을 사용하는 것이 일반적이다. 이러한 수정 선형회귀 모형에 대해서는 나중에 공부하게 된다.

제곱합

데이터의 분산variance이나 표준 편차standard deviation 등을 구하는 경우에는 각각의 데이터를 제곱한 뒤 이 값을 모두 더한 **제곱합**sum of squares을 계산해야 한다. 이 경우에도 벡터의 내적을 사용하여 $x^T x$로 쓸 수 있다.

$$x^T x = \begin{bmatrix} x_1 & x_2 & \cdots & x_N \end{bmatrix} \begin{bmatrix} x_1 \\ x_2 \\ \vdots \\ x_N \end{bmatrix} = \sum_{i=1}^{N} x_i^2$$

행렬과 행렬의 곱셈

벡터의 곱셈을 정의한 후에는 이를 이용하여 행렬의 곱셈을 정의할 수 있다. 행렬과 행렬을 곱하면 행렬이 된다. 방법은 다음과 같다.

A 행렬과 B 행렬을 곱한 결과가 C 행렬이 된다고 하자. C의 i번째 행, j번째 열의 원소 c_{ij}의 값은 A 행렬의 i번째 행벡터 a_i^T와 B 행렬의 j번째 열벡터 b_j의 곱이다.

$$C = AB \quad \rightarrow \quad c_{ij} = a_i^T b_j$$

이 정의가 성립하려면 앞의 행렬 A의 열의 수가 뒤의 행렬 B의 행의 수와 일치해야만 한다.

$$A \in \mathbf{R}^{N \times L}, \ B \in \mathbf{R}^{L \times M} \quad \rightarrow \quad AB \in \mathbf{R}^{N \times M}$$

다음은 4×3 행렬과 3×2을 곱하여 4×2을 계산하는 예다.

$$\begin{bmatrix} a_{11} & a_{12} & a_{13} \\ a_{21} & a_{22} & a_{23} \\ a_{31} & a_{32} & a_{33} \\ a_{41} & a_{42} & a_{43} \end{bmatrix} \begin{bmatrix} b_{11} & b_{12} \\ b_{21} & b_{22} \\ b_{31} & b_{32} \end{bmatrix} = \begin{bmatrix} (a_{11}b_{11} + a_{12}b_{21} + a_{13}b_{31}) & (a_{11}b_{12} + a_{12}b_{22} + a_{13}b_{32}) \\ (a_{21}b_{11} + a_{22}b_{21} + a_{23}b_{31}) & (a_{21}b_{12} + a_{22}b_{22} + a_{23}b_{32}) \\ (a_{31}b_{11} + a_{32}b_{21} + a_{33}b_{31}) & (a_{31}b_{12} + a_{32}b_{22} + a_{33}b_{32}) \\ (a_{41}b_{11} + a_{42}b_{21} + a_{43}b_{31}) & (a_{41}b_{12} + a_{42}b_{22} + a_{43}b_{32}) \end{bmatrix}$$

다음은 실제 행렬을 사용한 곱셈의 예다.

$$A = \begin{bmatrix} 1 & 2 & 3 \\ 4 & 5 & 6 \end{bmatrix}$$

$$B = \begin{bmatrix} 1 & 2 \\ 3 & 4 \\ 5 & 6 \end{bmatrix}$$

$$C = AB = \begin{bmatrix} 22 & 28 \\ 49 & 64 \end{bmatrix}$$

넘파이를 이용하여 행렬의 곱을 구할 때도 @ 연산자 또는 dot() 명령을 사용한다.

```
A = np.array([[1, 2, 3], [4, 5, 6]])
B = np.array([[1, 2], [3, 4], [5, 6]])
C = A @ B
C
```

```
array([[22, 28],
       [49, 64]])
```

❶ A와 B가 위와 같을 때 AB를 연습장에 손으로 계산하고 넘파이의 계산 결과와 맞는지 확인한다.

❷ 순서를 바꾸어 BA를 손으로 계산하고 넘파이의 계산 결과와 맞는지 확인한다. BA가 AB와 같은가?

❸ A, B가 다음과 같을 때, AB, BA를 (계산이 가능하다면) 손으로 계산하고 넘파이의 계산 결과와 맞는지 확인한다. AB, BA 모두 계산 가능한가?

$$A = \begin{bmatrix} 1 & 2 & 3 \end{bmatrix}$$

$$B = \begin{bmatrix} 4 & 7 \\ 5 & 8 \\ 6 & 9 \end{bmatrix}$$

❹ A, B가 다음과 같을 때, AB, BA를 (계산이 가능하다면) 손으로 계산하고 넘파이의 계산 결과와 맞는지 확인한다. AB, BA 모두 계산 가능한가? BA의 결과가 AB와 같은가?

$$A = \begin{bmatrix} 1 & 2 \\ 3 & 4 \end{bmatrix}$$

$$B = \begin{bmatrix} 5 & 6 \\ 7 & 8 \end{bmatrix}$$

❺ A가 다음과 같을 때, AA^T와 A^TA를 손으로 계산하고 넘파이의 계산 결과와 맞는지 확인한다. AA^T와 A^TA의 크기는 어떠한가? 항상 정방행렬이 되는가?

$$A = \begin{bmatrix} 1 & 2 \\ 3 & 4 \\ 5 & 6 \end{bmatrix}$$

❻ x가 다음과 같을 때, x^Tx와 xx^T를 손으로 계산하고 넘파이의 계산 결과와 맞는지 확인한다. x^Tx와 xx^T의 크기는 어떠한가? 어떤 것이 스칼라이고 어떤 것이 정방행렬인가?

$$x = \begin{bmatrix} 1 \\ 2 \\ 3 \end{bmatrix}$$

인공 신경망은 내부적으로 다음과 같이 여러 개의 선형회귀 모형을 사용한다. 이 구조는 행렬과 벡터의 곱으로 나타낼 수 있다.

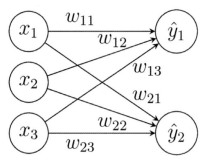

▶ 인공신경망의 기본 구조

위 그림을 행렬식으로 표현하면 다음과 같다.

$$\begin{bmatrix} \hat{y}_1 \\ \hat{y}_2 \end{bmatrix} = \begin{bmatrix} w_{11} & w_{12} & w_{13} \\ w_{21} & w_{22} & w_{23} \end{bmatrix} \begin{bmatrix} x_1 \\ x_2 \\ x_3 \end{bmatrix}$$

$$\hat{y} = Wx$$

교환 법칙과 분배 법칙

행렬의 곱셈은 곱하는 행렬의 순서를 바꾸는 교환 법칙이 성립하지 않는다. 그러나 덧셈에 대한 분배 법칙은 성립한다.

$$AB \neq BA$$

$$A(B + C) = AB + AC$$

$$(A + B)C = AC + BC$$

A, B, C가 다음과 같을 때 위 법칙을 넘파이로 살펴보자.

$$A = \begin{bmatrix} 1 & 2 \\ 3 & 4 \end{bmatrix}$$

$$B = \begin{bmatrix} 5 & 6 \\ 7 & 8 \end{bmatrix}$$

$$C = \begin{bmatrix} 9 & 8 \\ 7 & 6 \end{bmatrix}$$

```
A = np.array([[1, 2], [3, 4]])
B = np.array([[5, 6], [7, 8]])
C = np.array([[9, 8], [7, 6]])
```

AB 와 BA의 값은 다음처럼 다른 값이 나오므로 교환법칙이 성립하지 않음을 알 수 있다.

```
A @ B
```

```
array([[19, 22],
       [43, 50]])
```

```
B @ A
```

```
array([[23, 34],
       [31, 46]])
```

분배법칙은 다음과 같이 성립한다.

```
A @ (B + C)
```

```
array([[42, 42],
       [98, 98]])
```

```
A @ B + A @ C
```

```
array([[42, 42],
       [98, 98]])
```

```
(A + B) @ C
```

```
array([[110,  96],
       [174, 152]])
```

```
A @ C + B @ C
```

```
array([[110,  96],
       [174, 152]])
```

전치 연산도 마찬가지로 덧셈/뺄셈에 대해 분배 법칙이 성립한다.

$$(A + B)^T = A^T + B^T$$

전치 연산과 곱셈의 경우에는 분배 법칙이 성립하기는 하지만 전치 연산이 분배되면서 곱셈의 순서가 바뀐다.

$$(AB)^T = B^T A^T$$

$$(ABC)^T = C^T B^T A^T$$

마찬가지로 넘파이로 위 법칙이 성립하는지 살펴보자.

```
(A + B).T
```

```
array([[ 6, 10],
       [ 8, 12]])
```

```
A.T + B.T
```

```
array([[ 6, 10],
       [ 8, 12]])
```

```
(A @ B).T
```

```
array([[19, 43],
       [22, 50]])
```

```
B.T @ A.T
```

```
array([[19, 43],
       [22, 50]])
```

2.2.5 **연습 문제**

❶ 길이가 같은 일벡터 $\mathbf{1}_N \in \mathbf{R}^N$와 행벡터 $x \in \mathbf{R}^N$의 곱은 행벡터 x를 반복하여 가지는 행렬과 같음을 보여라.

$$\mathbf{1}_N x^T = \begin{bmatrix} x^T \\ x^T \\ \vdots \\ x^T \end{bmatrix}$$

❷ 행렬 $X(X \in \mathbf{R}^{N \times M})$가 있을 때, 이 행렬의 각 열의 평균으로 이루어진 벡터 $\bar{x}(\bar{x} \in \mathbf{R}^M)$가 다음과 같음을 보여라.

$$\bar{x} = \frac{1}{N} X^T \mathbf{1}_N$$

❸ 행렬 $\bar{X}(\bar{X} \in \mathbf{R}^{N \times M})$는 동일한 벡터 $\bar{x}^T$를 N개 누적하여 만든 행렬이다. 즉 각 열의 모든 값이 그 열의 평균으로 이루어진 행렬이다.

$$\bar{X} = \begin{bmatrix} \bar{x}^T \\ \bar{x}^T \\ \vdots \\ \bar{x}^T \end{bmatrix}$$

이때 $\bar{X}$가 다음과 같음을 보여라.

$$\bar{X} = \frac{1}{N} \mathbf{1}_N \mathbf{1}_N^T X$$

❹ 다음 코드를 실행하면 붓꽃 전체 데이터를 모두 벡터로 변환하여 하나의 넘파이 행렬 X를 만든다.

```
from sklearn.datasets import load_iris
X = load_iris().data
```

이 데이터로 행렬 $\bar{X}$의 값을 계산하라. 이 행렬은 첫 번째 열의 값이 모두 같은 값으로 붓꽃의 꽃받침 길이의 평균이고 두 번째 열의 값이 모두 같은 값으로 붓꽃의 꽃받침 폭의 평균, 이런 식으로 계산된 행렬이다.

곱셈의 연결

연속된 행렬의 곱셈은 계산 순서를 임의의 순서로 해도 상관없다.

$$ABC = (AB)C = A(BC)$$

$$ABCD = ((AB)C)D = (AB)(CD) = A(BCD) = A(BC)D$$

2.2.6 연습 문제

다음 행렬의 곱셈을 순서를 바꾸어 두 가지 방법으로 해본다.

$$\begin{bmatrix} 1 & 2 \end{bmatrix} \begin{bmatrix} 1 & 2 \\ 3 & 4 \end{bmatrix} \begin{bmatrix} 5 \\ 6 \end{bmatrix}$$

항등행렬의 곱셈

어떤 행렬이든 항등행렬을 곱하면 그 행렬의 값이 변하지 않는다.

$$AI = IA = A$$

넘파이로 다음과 같이 확인한다.

```
A = np.array([[1, 2], [3, 4]])
I = np.eye(2)
```

```
A @ I
```

```
array([[1., 2.],
       [3., 4.]])
```

```
I @ A
```

```
array([[1., 2.],
       [3., 4.]])
```

행렬과 벡터의 곱

그럼 이러한 행렬의 곱셈은 데이터 분석에서 어떤 경우에 사용될까? 행렬의 곱셈 중 가장 널리 쓰이는 것은 다음과 같은 형태의 행렬 M과 벡터 v의 곱이다.

$$Mv$$

벡터와 행렬의 크기를 직사각형으로 표시하면 다음과 같다.

행렬과 벡터의 곱을 사용하는 몇 가지 예를 살펴보자.

열벡터의 선형조합

행렬 X와 벡터 w의 곱은 행렬 X를 이루는 열벡터 c_1, c_2, ..., c_M에 곱하는 벡터 w의 각 성분 w_1, w_2, ..., w_M으로 선형조합linear combination한 결과 벡터와 같다.

$$Xw = \begin{bmatrix} c_1 & c_2 & \cdots & c_M \end{bmatrix} \begin{bmatrix} w_1 \\ w_2 \\ \vdots \\ w_M \end{bmatrix} = w_1 c_1 + w_2 c_2 + \cdots + w_M c_M$$

벡터 크기를 직사각형으로 표시하면 다음과 같다.

2.2.7 **연습 문제**

다음 행렬 X와 벡터 w에 대해 곱 Xw가 열벡터 c_1, c_2, c_3의 선형조합 $w_1 c_1 + w_2 c_2 + w_3 c_3$가 됨을 실제 계산으로 증명하라.

$$X = \begin{bmatrix} 1 & 2 & 3 \\ 4 & 5 & 6 \end{bmatrix}, \quad w = \begin{bmatrix} 2 \\ 3 \\ 4 \end{bmatrix}$$

2.2.8 연습 문제

벡터 v_1, v_2, v_3로 이루어진 행렬 V와 벡터 λ에 대해 다음 식이 성립함을 증명하라. 이 식에서 λ_1는 스칼라다.

$$V\lambda = \begin{bmatrix} v_1 & v_2 & v_3 \end{bmatrix} \begin{bmatrix} \lambda_1 \\ 0 \\ 0 \end{bmatrix} = \lambda_1 v_1$$

벡터의 선형조합은 다양한 분야에 응용된다. 예를 들어 두 이미지 벡터의 선형조합은 두 이미지를 섞어놓은 모핑morphing 효과를 얻는 데 사용할 수 있다.

```
from sklearn.datasets import fetch_olivetti_faces

faces = fetch_olivetti_faces()

f, ax = plt.subplots(1, 3)

ax[0].imshow(faces.images[6], cmap=plt.cm.bone)
ax[0].grid(False)
ax[0].set_xticks([])
ax[0].set_yticks([])
ax[0].set_title('image 1: $x_1$')

ax[1].imshow(faces.images[10], cmap=plt.cm.bone)
ax[1].grid(False)
ax[1].set_xticks([])
ax[1].set_yticks([])
ax[1].set_title('image 1: $x_2$')

new_face = 0.7 * faces.images[6] + 0.3 * faces.images[10]
ax[2].imshow(new_face, cmap=plt.cm.bone)
ax[2].grid(False)
ax[2].set_xticks([])
ax[2].set_yticks([])
ax[2].set_title('image 3: $0.7x_1 + 0.3x_2$')

plt.show()
```

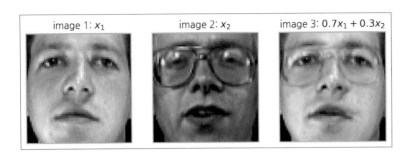

image 1: x_1 image 2: x_2 image 3: $0.7x_1 + 0.3x_2$

여러 개의 벡터에 대한 가중합 동시 계산

벡터 하나의 가중합은 $w^T x$ 또는 $x^T w$로 표시할 수 있다는 것을 배웠다. 그런데 만약 이렇게 w 가중치를 사용한 가중합을 하나의 벡터 x가 아니라 여러 벡터 x_1, ..., x_M개에 대해서 모두 계산해야 한다면 어떻게 해야 할까? 예를 들어 위와 같이 선형 회귀 모형을 사용하여 여러 데이터 x_1, x_2, x_3, ..., x_N개의 데이터 모두에 대해 예측값 y_1, y_2, y_3, ..., y_N을 한꺼번에 계산하고 싶다면 다음처럼 데이터 행렬 X를 사용하여 $\hat{y} = Xw$로 간단하게 표시할 수 있다.

$$\hat{y} = \begin{bmatrix} \hat{y}_1 \\ \hat{y}_2 \\ \vdots \\ \hat{y}_M \end{bmatrix} = \begin{bmatrix} w_1 x_{1,1} + w_2 x_{1,2} + \cdots + w_N x_{1,N} \\ w_1 x_{2,1} + w_2 x_{2,2} + \cdots + w_N x_{2,N} \\ \vdots \\ w_1 x_{M,1} + w_2 x_{M,2} + \cdots + w_N x_{M,N} \end{bmatrix}$$

$$= \begin{bmatrix} x_{1,1} & x_{1,2} & \cdots & x_{1,N} \\ x_{2,1} & x_{2,2} & \cdots & x_{2,N} \\ \vdots & \vdots & \vdots & \vdots \\ x_{M,1} & x_{M,2} & \cdots & x_{M,N} \end{bmatrix} \begin{bmatrix} w_1 \\ w_2 \\ \vdots \\ w_N \end{bmatrix}$$

$$= \begin{bmatrix} x_1^T \\ x_2^T \\ \vdots \\ x_M^T \end{bmatrix} \begin{bmatrix} w_1 \\ w_2 \\ \vdots \\ w_N \end{bmatrix}$$

$$= Xw$$

$$\hat{y} = Xw$$

x_1, x_2가 다음과 같을 때

$$x_1 = \begin{bmatrix} x_{11} \\ x_{21} \\ x_{31} \end{bmatrix} \quad x_2 = \begin{bmatrix} x_{12} \\ x_{22} \\ x_{32} \end{bmatrix}$$

다음 등식이 성립함을 보인다.

$$Xw = \begin{bmatrix} x_1^T \\ x_2^T \end{bmatrix} \begin{bmatrix} w_1 \\ w_2 \\ w_3 \end{bmatrix} = \begin{bmatrix} x_1^T w \\ x_2^T w \end{bmatrix}$$

잔차

선형 회귀분석$^{\text{linear regression}}$을 한 결과는 가중치 벡터 w라는 형태로 나타나고 예측치는 이 가중치 벡터를 사용한 독립변수 데이터 레코드 즉, 벡터 x_i의 가중합 $w^T x_i$가 된다고 했다. 예측치와 실젯값^{target} y_i의 차이를 **오차**^{error} 혹은 **잔차**^{residual} e_i라고 한다. 이러한 잔찻값을 모든 독립변수 벡터에 대해 구하면 잔차벡터 e가 된다.

$$e_i = y_i - \hat{y}_i = y_i - w^T x_i$$

잔차벡터를 다음처럼 $y - Xw$로 간단하게 표기할 수 있다.

$$e = \begin{bmatrix} e_1 \\ e_2 \\ \vdots \\ e_M \end{bmatrix}$$

$$= \begin{bmatrix} y_1 \\ y_2 \\ \vdots \\ y_M \end{bmatrix} - \begin{bmatrix} x_1^T w \\ x_2^T w \\ \vdots \\ x_M^T w \end{bmatrix}$$

$$= y - Xw$$

$$e = y - Xw$$

잔차 제곱합

잔차의 크기는 잔차벡터의 각 원소를 제곱한 후 더한 **잔차 제곱합**RSS, Residual Sum of Squares을 이용하여 구한다. 이 값은 $e^T e$로 간단하게 쓸 수 있으며 그 값은 다음처럼 계산한다.

$$\sum_{i=1}^{N} e_i^2 = \sum_{i=1}^{N} (y_i - w^T x_i)^2 = e^T e = (y - Xw)^T (y - Xw)$$

2.2.10 **연습 문제**

분배 법칙을 사용하여 위 식 $(y - Xw)^T (y - Xw)$을 풀어 쓰면 다음과 같아짐을 보여라.

$$(y - Xw)^T (y - Xw) = y^T y - w^T X^T y - y^T Xw + w^T X^T Xw$$

이차형식

위의 연습 문제에서 마지막 항은 $w^T X^T Xw$라는 형태다. 이 식에서 $X^T X$는 정방행렬이 되므로 이 정방행렬을 A라고 이름 붙이면 마지막 항은 $w^T Aw$와 같은 형태가 된다.

벡터의 **이차형식**Quadratic Form이란 이처럼 어떤 벡터와 정방행렬이 '행벡터 × 정방행렬 × 열벡터' 형식으로 되어 있는 것을 말한다.

이 수식을 풀면 $i = 1, ..., N, j = 1, ..., N$에 대해 가능한 모든 i, j 쌍의 조합을 구한 다음 i, j에 해당하는 원소 x_i, x_j를 가중치 $a_{i,j}$와 같이 곱한 값 $a_{i,j} x_i x_j$의 총합이 된다.

$$x^T Ax = \begin{bmatrix} x_1 & x_2 & \cdots & x_N \end{bmatrix} \begin{bmatrix} a_{1,1} & a_{1,2} & \cdots & a_{1,N} \\ a_{2,1} & a_{2,2} & \cdots & a_{2,N} \\ \vdots & \vdots & \ddots & \vdots \\ a_{N,1} & a_{N,2} & \cdots & a_{N,N} \end{bmatrix} \begin{bmatrix} x_1 \\ x_2 \\ \vdots \\ x_N \end{bmatrix}$$

$$= \sum_{i=1}^{N} \sum_{j=1}^{N} a_{i,j} x_i x_j$$

다음 3차원 벡터와 행렬에 대해 이차형식을 쓰고 값을 계산하라.

$$x = \begin{bmatrix} x_1 \\ x_2 \\ x_3 \end{bmatrix}$$

$$A = \begin{bmatrix} a_{11} & a_{12} & a_{13} \\ a_{21} & a_{22} & a_{23} \\ a_{31} & a_{32} & a_{33} \end{bmatrix}$$

예를 들어 $x = [1, 2, 3]^T$이고 A가 다음과 같다면

$$A = \begin{bmatrix} 1 & 2 & 3 \\ 4 & 5 & 6 \\ 7 & 8 & 9 \end{bmatrix}$$

넘파이에서 벡터의 이차형식은 다음처럼 계산한다.

```
x = np.array([1, 2, 3])
x
```

```
array([1, 2, 3])
```

```
A = np.arange(1, 10).reshape(3, 3)
A
```

```
array([[1, 2, 3],
       [4, 5, 6],
       [7, 8, 9]])
```

```
x.T @ A @ x
```

228

다음 식이 성립함을 증명하라.

$$x^T A x = \frac{1}{2} x^T (A + A^T) x$$

부분행렬

다음과 같은 2차원 정방행렬 A, B가 있다.

$$A = \begin{bmatrix} a_{11} & a_{12} \\ a_{21} & a_{22} \end{bmatrix}, \quad B = \begin{bmatrix} b_{11} & b_{12} \\ b_{21} & b_{22} \end{bmatrix}$$

이때 두 행렬의 곱 AB는 A, B의 **부분행렬**submatrix을 이용하여 여러 방법으로 계산할 수 있다.

① 우선 앞에 곱해지는 행렬을 행벡터로 나누어 계산해도 된다.

$$A = \begin{bmatrix} a_1^T \\ a_2^T \end{bmatrix}$$

즉,

$$a_1^T = \begin{bmatrix} a_{11} & a_{12} \end{bmatrix}, \quad a_2^T = \begin{bmatrix} a_{21} & a_{22} \end{bmatrix}$$

이면

$$AB = \begin{bmatrix} a_1^T \\ a_2^T \end{bmatrix} B = \begin{bmatrix} a_1^T B \\ a_2^T B \end{bmatrix}$$

② 아니면 뒤에 곱해지는 행렬을 열벡터로 나누어 계산해도 된다.

$$B = \begin{bmatrix} b_1 & b_2 \end{bmatrix}$$

즉,

$$b_1 = \begin{bmatrix} b_{11} \\ b_{21} \end{bmatrix}, \quad b_2 = \begin{bmatrix} b_{21} \\ b_{22} \end{bmatrix}$$

이면

$$AB = A \begin{bmatrix} b_1 & b_2 \end{bmatrix} = \begin{bmatrix} Ab_1 & Ab_2 \end{bmatrix}$$

③ 앞에 곱해지는 행렬을 열벡터로, 뒤에 곱해지는 행렬을 행벡터로 나누어 스칼라처럼 계산해도 된다.

$$AB = \begin{bmatrix} a_1 & a_2 \end{bmatrix} \begin{bmatrix} b_1^T \\ b_2^T \end{bmatrix} = a_1 b_1^T + a_2 b_2^T$$

벡터의 크기를 직사각형으로 표시하면 다음과 같다.

$$AB = \begin{bmatrix} a_1 & a_2 \end{bmatrix} \begin{bmatrix} b_1^T \\ b_2^T \end{bmatrix} = a_1 \boxed{b_1^T} + b_1 \boxed{b_2^T}$$

여기에서는 2차원 행렬의 예를 들었지만 일반적인 n차원 행렬에서도 이 관계는 성립한다.

2.2.13 **연습 문제**

행렬 V는 열벡터 $v_i (i = 1, ..., N)$로 이루어진 정방행렬이다. V와 크기가 같은 다른 정방행렬 A, Λ이 있을 때 다음 식이 성립한다.

$$AV = A[v_1 \cdots v_N] = [Av_1 \cdots Av_N]$$

$$V\Lambda = [v_1 \cdots v_N] \begin{bmatrix} \lambda_1 & 0 & \cdots & 0 \\ 0 & \lambda_2 & \cdots & 0 \\ \vdots & \vdots & \ddots & \vdots \\ 0 & 0 & \cdots & \lambda_N \end{bmatrix} = [\lambda_1 v_1 \cdots \lambda_N v_N]$$

$N = 3$인 경우에 위 식이 성립함을 보여라.

부분행렬 공식 ③으로부터 A가 행벡터 a_i^T $(i = 1, ..., N)$로 이루어진 N차 정방행렬일 때

$$A = \begin{bmatrix} a_1^T \\ a_2^T \\ \vdots \\ a_N^T \end{bmatrix}$$

다음 관계가 성립한다.

$$A^T A = \begin{bmatrix} a_1 & a_2 & \cdots & a_N \end{bmatrix} \begin{bmatrix} a_1^T \\ a_2^T \\ \vdots \\ a_N^T \end{bmatrix} = \sum_{i=1}^{N} a_i a_i^T$$

$N = 3$인 경우에 위 식이 성립함을 보여라.

2.3 행렬의 성질

행렬은 여러 숫자로 이루어져 있으므로 실수처럼 부호나 크기를 정의하기 어렵다. 하지만 부호/크기와 유사한 개념은 정의할 수 있다. 여기에서는 이러한 개념을 살펴본다.

정부호와 준정부호

영 벡터가 아닌 모든 벡터 x에 대해 다음 부등식이 성립하면 행렬 A가 **양의 정부호**positive definite라고 한다.

$$x^T A x > 0$$

만약 이 식이 등호를 포함한다면 **양의 준정부호**positive semi-definite라고 한다.

$$x^T A x \geq 0$$

위 방법에 따르면 모든 행렬에 대해 양의 정부호와 준정부호를 정의할 수 있지만 보통 대칭행렬에 대해서만 정의한다.

예를 들어 항등행렬 I는 양의 정부호다. 다음 식에서 벡터 x가 영벡터^{zeros-vector}가 아니라는 점에 주의한다.

$$x^T I x = \begin{bmatrix} x_1 & x_2 & \cdots & x_N \end{bmatrix} \begin{bmatrix} 1 & 0 & \cdots & 0 \\ 0 & 1 & \cdots & 0 \\ \vdots & \vdots & \ddots & \vdots \\ 0 & 0 & \cdots & 1 \end{bmatrix} \begin{bmatrix} x_1 \\ x_2 \\ \vdots \\ x_N \end{bmatrix} = x_1^2 + x_2^2 + \cdots + x_N^2 > 0$$

다음과 같은 행렬도 양의 정부호다.

$$A = \begin{bmatrix} 2 & -1 & 0 \\ -1 & 2 & -1 \\ 0 & -1 & 2 \end{bmatrix}$$

이는 다음처럼 증명할 수 있다.

모든 벡터 $x^T = [x_1 \ x_2 \ x_3]$에 대해

$$\begin{aligned} x^T A x &= \begin{bmatrix} x_1 & x_2 & x_3 \end{bmatrix} \begin{bmatrix} 2 & -1 & 0 \\ -1 & 2 & -1 \\ 0 & -1 & 2 \end{bmatrix} \begin{bmatrix} x_1 \\ x_2 \\ x_3 \end{bmatrix} \\ &= \begin{bmatrix} (2x_1 - x_2) & (-x_1 + 2x_2 - x_3) & (-x_2 + 2x_3) \end{bmatrix} \begin{bmatrix} x_1 \\ x_2 \\ x_3 \end{bmatrix} \\ &= 2x_1^2 - 2x_1 x_2 + 2x_2^2 - 2x_2 x_3 + 2x_3^2 \\ &= x_1^2 + (x_1 - x_2)^2 + (x_2 - x_3)^2 + x_3^2 \end{aligned}$$

이 성립한다. 그리고 이 값은 제곱의 합으로 이루어졌으므로 x가 영벡터인 경우($x_1 = x_2 = x_3 = 0$)를 제외하고는 항상 0보다 크다.

$$x_1^2 + (x_1 - x_2)^2 + (x_2 - x_3)^2 + x_3^2 > 0$$

2.3.1 **연습 문제**

다음 행렬이 양의 정부호인지 양의 준정부호인지 혹은 어떤 것에도 해당되지 않는지 판단하라.

$$\begin{bmatrix} 1 & 1 \\ 1 & 1 \end{bmatrix}$$

행렬의 부호와 마찬가지로 행렬 크기를 정의하는 일도 어렵다. 하지만 **놈**norm, **대각합**trace, **행렬식**determinant 연산은 행렬을 입력받아 크기와 유사한 개념의 숫자를 계산한다.

행렬 놈

행렬의 **놈**은 행렬 A에 대해 다음 식으로 정의되는 숫자다. 보통 $\|A\|_p$로 표기한다. 이 식에서 a_{ij}는 행렬 A의 i번째 행, j번째 열의 원소다. 행렬의 놈에도 여러 정의가 있는데 여기에서는 **요소별 행렬 놈**entrywise matrix norm의 정의를 따른다.

$$\|A\|_p = \left(\sum_{i=1}^{N} \sum_{j=1}^{M} |a_{ij}|^p \right)^{1/p}$$

p는 보통 1, 2 또는 무한대(∞)가 사용되는데 이 중 $p = 2$인 경우가 가장 많이 쓰이므로 p값 표시가 없는 경우는 $p = 2$인 놈이라고 생각하면 된다. $p = 2$인 놈을 **프로베니우스 놈**Frobenius norm이라고 하며 $\|A\|_F$로 표기하기도 한다.

$$\|A\| = \|A\|_2 = \|A\|_F = \sqrt{\sum_{i=1}^{N} \sum_{j=1}^{M} a_{ij}^2}$$

놈의 정의에서 **놈은 항상 0보다 같거나 크다**는 것을 알 수 있다.

놈은 모든 크기의 행렬에 대해서 정의할 수 있으므로 벡터에 대해서도 정의할 수 있다. 벡터의 놈에서 중요한 성질은 **벡터의 놈의 제곱이 벡터의 제곱합과 같다**는 것이다.

$$\|x\|^2 = \sum_{i=1}^{N} x_i^2 = x^T x$$

놈은 0 또는 양수이므로 놈의 제곱이 가장 작을 때 놈도 가장 작아진다. 따라서 **놈을 최소화하는 것은 벡터의 제곱합을 최소화하는 것**과 같다.

넘파이에서는 linalg 서브패키지의 norm() 명령으로 행렬의 놈을 계산할 수 있다.

```
import numpy as np

A = (np.arange(9) - 4).reshape((3, 3))
A
```

```
array([[-4, -3, -2],
       [-1,  0,  1],
       [ 2,  3,  4]])
```

```
np.linalg.norm(A)
```

```
7.745966692414834
```

2.3.2 **연습 문제**

행렬 A, $(A \in \mathbf{R}^{N \times M})$의 놈의 제곱 $\|A\|^2$이 그 행렬을 이루는 행벡터 r_i의 놈의 제곱의 합 또는 열벡터 c_i의 놈의 제곱의 합과 같음을 증명하라.

$$\|A\|^2 = \sum_{i=1}^{N} \|r_i\|^2 = \sum_{j=1}^{M} \|c_j\|^2$$

사실 위에서 쓴 놈의 공식은 공식적인 정의가 아니다. 정확한 놈의 정의는 다음 4가지 성질이 성립하는 행렬 연산을 말한다. 이러한 연산이 여러 개 존재하기 때문에 놈의 정의도 다양하다.

- 놈의 값은 0 이상이다. 영행렬일 때만 놈의 값이 0이 된다.

  $$\|A\| \geq 0$$

- 행렬에 스칼라를 곱하면 놈의 값도 그 스칼라의 절댓값을 곱한 것과 같다.

  $$\|\alpha A\| = |\alpha| \|A\|$$

- 행렬의 합의 놈은 각 행렬의 놈의 합보다 작거나 같다.

  $$\|A + B\| \leq \|A\| + \|B\|$$

- 정방행렬의 곱의 놈은 각 정방행렬의 놈의 곱보다 작거나 같다.

  $$\|AB\| \leq \|A\| \|B\|$$

대각합

대각합trace은 정방행렬에 대해서만 정의되며 다음처럼 대각원소의 합으로 계산된다.

$$\text{tr}(A) = a_{11} + a_{22} + \cdots + a_{NN} = \sum_{i=1}^{N} a_{ii}$$

예를 들어 N차원 항등행렬의 대각합은 N이다.

$$\text{tr}(I_N) = N$$

대각합을 구할 때는 절댓값을 취하거나 제곱을 하지 않기 때문에 대각합의 값은 놈과 달리 **음수가 될 수도 있다.**

대각합은 다음과 같은 성질이 있다. 아래의 식에서 c는 스칼라이고 A, B, C는 행렬이다.

- 스칼라를 곱하면 대각합은 스칼라와 원래의 대각합의 곱이다.

$$\text{tr}(cA) = c \, \text{tr}(A)$$

- 전치연산을 해도 대각합이 달라지지 않는다.

$$\text{tr}(A^T) = \text{tr}(A)$$

- 두 행렬의 합의 대각합은 두 행렬의 대각합의 합이다.

$$\text{tr}(A + B) = \text{tr}(A) + \text{tr}(B)$$

- 두 행렬의 곱의 대각합은 행렬의 순서를 바꾸어도 달라지지 않는다.

$$\text{tr}(AB) = \text{tr}(BA)$$

- 세 행렬의 곱의 대각합은 다음과 같이 순서를 순환시켜도 달라지지 않는다.

$$\text{tr}(ABC) = \text{tr}(BCA) = \text{tr}(CAB)$$

마지막 식은 곱셈에서 순서가 바뀌어도 대각합이 같다는 것을 이용하여 증명할 수 있다.

$$\text{tr}((AB)C) = \text{tr}(C(AB)) = \text{tr}((CA)B) = \text{tr}(B(CA))$$

특히 마지막 식은 **트레이스 트릭**trace trick이라고 하여 이차형식quadratic form의 미분을 구하는 데 유용하게 사용된다. 이 두 식에서는 A, B, C가 각각 정방행렬일 필요는 없다. 최종적으로 대각합을 구하는 행렬만 정방행렬이기만 하면 된다.

이차형식의 트레이스 트릭 공식은 다음과 같다.

$$x^T A x = \text{tr}(x^T A x) = \text{tr}(A x x^T) = \text{tr}(x x^T A)$$

이 식은 원래의 트레이스 트릭 식의 A, B, C에 각각 x^T, A, x를 대입한 것이다. 이차형식은 스칼라값이기 때문에 대각합을 취해도 원래의 값과 같다.

넘파이에서는 trace() 명령으로 대각합을 계산할 수 있다.

```
np.trace(np.eye(3))
```

```
3.0
```

2.3.3 연습 문제

x, A가 각각 크기가 2인 벡터, 크기가 2x2인 정방행렬일 때 이차형식의 트레이스 트릭이 성립함을 보인다.

2.3.4 연습 문제

$N \times M$ 행렬 X에 대해 다음 식을 증명하라.

$$\text{tr}(X(X^T X)^{-1} X^T) = M$$

위 식에서 $(X^T X)^{-1}$은 $X^T X$의 역행렬(inverse matrix)로 $X^T X$와 곱하면 항등행렬이 되는 행렬이다. 역행렬에 대해서는 나중에 자세히 공부한다.

$$(X^T X)^{-1} X^T X = X^T X (X^T X)^{-1} = I$$

2.3.5 연습 문제

행렬 $A(A \in \mathbf{R}^{2 \times 2})$의 놈의 제곱 $\|A\|^2$이 다음과 같음을 증명하라.

$$\|A\|^2 = \text{tr}(A^T A)$$

행렬식

정방행렬 A의 행렬식은 $\det(A)$, $\det A$, 또는 $|A|$ 기호로 표기한다.

행렬식은 다음처럼 재귀적인 방법으로 정의된다.

우선 행렬 A가 1×1 즉 스칼라인 경우에는 행렬식이 자기 자신의 값이 된다.

$$\det\left(\begin{bmatrix} a \end{bmatrix}\right) = a$$

행렬 A가 스칼라가 아니면 **여인수 전개**cofactor expansion라는 다음 식을 이용하여 계산한다. 이 식에서 $a_{i,j}$는 A의 i행, j열 원소이고 i_0 (또는 j_0)는 계산하는 사람이 임의로 선택한 행번호(또는 열번호)다.

$$\det(A) = \sum_{i=1}^{N} \left\{ (-1)^{i+j_0} M_{i,j_0} \right\} a_{i,j_0}$$

또는

$$\det(A) = \sum_{j=1}^{N} \left\{ (-1)^{i_0+j} M_{i_0,j} \right\} a_{i_0,j}$$

위에서 '또는'이라고 한 이유는 두 식 중 아무거나 써도 같은 결과가 나오기 때문이다. 즉, 행렬에서 임의의 행 i_0 하나를 선택하거나 임의의 열 j_0 하나를 선택한 다음 이 값에 가중치 $(-1)^{i+j_0} M_{i,j_0}$ 또는 $(-1)^{i_0+j} M_{i_0,j}$를 곱하여 더한 것이다.

가중치로 사용된 $M_{i,j}$는 **마이너**minor, 소행렬식라고 하며 정방행렬 A에서 i행과 j열을 지워서 얻어진 (원래의 행렬보다 크기가 1만큼 작은) 행렬의 행렬식이다.

마이너값도 행렬식이므로 마찬가지로 위의 정의를 이용하여 계산한다. 이처럼 점점 크기가 작은 행렬의 행렬식을 구하다 보면 스칼라인 행렬이 나오게 되는데 행렬식의 값이 자기 자신이 된다. 따라서 행렬식을 구하는 방법은 **재귀적**recursive이다.

마이너에 $(-1)^{i+j}$를 곱한 값 $(-1)^{i+j} M_{i,j}$를 **여인수**cofactor, 코팩터라고 하며 $C_{i,j}$로 표기한다.

$$C_{i,j} = (-1)^{i+j} M_{i,j}$$

여인수를 사용하여 위 여인수 전개식을 다시 표현하면 다음과 같다.

$$\det(A) = \sum_{i=1}^{N} C_{i,j_0} a_{i,j_0} = \sum_{j=1}^{N} C_{i_0,j} a_{i_0,j}$$

예를 들어 다음과 같은 행렬을 생각해보자.

$$\begin{bmatrix} 1 & 2 & 3 \\ 4 & 5 & 6 \\ 7 & 8 & 9 \end{bmatrix}$$

여기에서 임의의 행 또는 열을 선택한다. 행이든 열이든 상관없다.

만약 첫 번째 열을 선택했다고 하면($j_0 = 1$), 이 행렬의 행렬식은 다음처럼 계산한다.

$$\begin{aligned} \det(A) &= \left\{ (-1)^{1+1} M_{1,1} \right\} a_{1,1} + \left\{ (-1)^{2+1} M_{2,1} \right\} a_{2,1} + \left\{ (-1)^{3+1} M_{3,1} \right\} a_{3,1} \\ &= M_{1,1} a_{1,1} - M_{2,1} a_{2,1} + M_{3,1} a_{3,1} \\ &= M_{1,1} - M_{2,1} \cdot 4 + M_{3,1} \cdot 7 \end{aligned}$$

이때 마이너값 $M_{1,1}$, $M_{2,1}$, $M_{3,1}$은 각각 다음과 같은 행렬의 행렬식이다.

$M_{1,1}$은 원래의 행렬에서 1번째 행과 1번째 열을 지워서 만들어진 행렬의 행렬식이다.

$$\begin{bmatrix} 1 & 2 & 3 \\ 4 & 5 & 6 \\ 7 & 8 & 9 \end{bmatrix} \quad \rightarrow \quad M_{1,1} = \det\left(\begin{bmatrix} 5 & 6 \\ 8 & 9 \end{bmatrix} \right)$$

$M_{2,1}$은 원래의 행렬에서 2번째 행과 1번째 열을 지워서 만들어진 행렬의 행렬식이다.

$$\begin{bmatrix} 1 & 2 & 3 \\ 4 & 5 & 6 \\ 7 & 8 & 9 \end{bmatrix} \quad \rightarrow \quad M_{2,1} = \det\left(\begin{bmatrix} 2 & 3 \\ 8 & 9 \end{bmatrix} \right)$$

$M_{3,1}$은 원래의 행렬에서 3번째 행과 1번째 열을 지워서 만들어진 행렬의 행렬식이다.

$$\begin{bmatrix} 1 & 2 & 3 \\ 4 & 5 & 6 \\ 7 & 8 & 9 \end{bmatrix} \quad \rightarrow \quad M_{3,1} = \det\left(\begin{bmatrix} 2 & 3 \\ 5 & 6 \end{bmatrix} \right)$$

이 마이너값 $M_{1,1}$, $M_{2,1}$, $M_{3,1}$은 마찬가지로 여인수 공식을 이용해서 계산할 수 있다.

예를 들어 $M_{1,1}$을 구하는 데 있어 첫 번째 행을 선택하기로 했다고 하자($i_0 = 1$), 그럼 여인수 전개식은 다음과 같다.

$$M_{1,1} = \left\{(-1)^{1+1}M'_{1,1}\right\}a'_{1,1} + \left\{(-1)^{2+1}M'_{1,2}\right\}a'_{1,2}$$

$$\begin{bmatrix} \cancel{5} & \cancel{6} \\ \cancel{8} & 9 \end{bmatrix} \rightarrow M'_{1,1} = \det([9]) = 9$$

$$\begin{bmatrix} \cancel{5} & \cancel{6} \\ 8 & \cancel{9} \end{bmatrix} \rightarrow M'_{1,2} = \det([8]) = 8$$

$$M_{1,1} = 9 \cdot 5 - 8 \cdot 6 = -3$$

마찬가지 방법으로

$$M_{2,1} = -6$$

$$M_{3,1} = -3$$

가 되고 원래의 행렬식의 값은

$$\det(A) = -3 - (-6) \cdot 4 + (-3) \cdot 7 = 0$$

넘파이에서는 linalg 서브패키지의 det() 명령으로 행렬식을 계산할 수 있다.

```
A = np.array([[1, 2, 3], [4, 5, 6], [7, 8, 9]])
np.linalg.det(A)
```

```
-9.51619735392994e-16
```

위의 정의를 사용하면 크기가 2×2, 3×3인 정방행렬의 행렬식의 값은 다음 공식으로 계산할 수 있다.

- 2×2 행렬의 행렬식

$$\det\left(\begin{bmatrix} a & b \\ c & d \end{bmatrix}\right) = ad - bc$$

- 3×3 행렬의 행렬식

$$\det\left(\begin{bmatrix} a & b & c \\ d & e & f \\ g & h & i \end{bmatrix}\right) = aei + bfg + cdh - ceg - bdi - afh$$

행렬식의 값도 대각합과 마찬가지로 **음수가 될 수 있다.**

2.3.6 **연습 문제**

행렬식의 정의를 사용하여 2×2 행렬과 3×3 행렬의 행렬식이 각각 위와 같이 된다는 것을 증명하라.

행렬식은 다음과 같은 성질을 만족한다.

- 전치행렬의 행렬식은 원래의 행렬의 행렬식과 같다.

$$\det(A^T) = \det(A)$$

- 항등행렬의 행렬식은 1이다.

$$\det(I) = 1$$

- 두 행렬의 곱의 행렬식은 각 행렬의 행렬식의 곱과 같다.

$$\det(AB) = \det(A)\det(B)$$

- 역행렬 A^{-1}은 원래의 행렬 A와 다음 관계를 만족하는 정방행렬을 말한다. I는 항등행렬이다.

$$A^{-1}A = AA^{-1} = I$$

- 역행렬의 행렬식은 원래의 행렬의 행렬식의 역수와 같다.

$$\det(A^{-1}) = \frac{1}{\det(A)}$$

위 식은 역행렬의 정의와 여인수 전개식을 사용하여 증명할 수 있다.

$$\det(A)\det(A^{-1}) = \det I = 1$$

2.3.7 **연습 문제**

다음 행렬이 양의 정부호인지, 양의 준정부호인지 혹은 두 가지 중 어느 것도 아닌지 판단하라. 그리고 행렬의 대각합과 행렬식을 구하라.

❶ $\begin{bmatrix} 2 & -1 & 0 \\ -1 & 2 & -1 \\ 0 & -1 & 2 \end{bmatrix}$

❷ $\begin{bmatrix} 1 & 2 \\ 3 & 4 \end{bmatrix}$

2.4 선형 연립방정식과 역행렬

선형 예측 모형은 입력 데이터 벡터와 가중치 벡터의 내적으로 계산된 예측값이 실제 출력 데이터와 유사한 값을 출력하도록 하는 모형이다. 그럼 올바른 가중치 벡터는 어떻게 구할 수 있을까? 여기에서는 연립방정식과 역행렬을 이용하여 선형 예측 모형의 가중치 벡터를 구하는 방법을 알아본다.

선형 연립방정식

복수의 미지수를 포함하는 복수의 선형 방정식을 **선형 연립방정식**system of linear equations 또는 연립일차방정식이라고 한다.

다음은 3개의 미지수와 3개의 선형 방정식을 가지는 선형 연립방정식의 한 예다.

$$
\begin{aligned}
x_1 &+ x_2 && = 2 \\
& x_2 &+ x_3 &= 2 \\
x_1 &+ x_2 &+ x_3 &= 3
\end{aligned}
$$

$x_1, x_2, ..., x_M$이라는 미지수가 M개인 선형 연립방정식 N개는 일반적으로 다음과 같은 형태가 된다. 이 식에서 a와 b는 방정식의 계수다.

$$
\begin{aligned}
a_{11}x_1 &+ a_{12}x_2 &+ \cdots + &\; a_{1M}x_M &= b_1 \\
a_{21}x_1 &+ a_{22}x_2 &+ \cdots + &\; a_{2M}x_M &= b_2 \\
\vdots &\quad\;\; \vdots & &\quad\; \vdots & \vdots \\
a_{N1}x_1 &+ a_{N2}x_2 &+ \cdots + &\; a_{NM}x_M &= b_N
\end{aligned}
$$

행렬과 벡터의 곱셈을 이용하면 위 선형 연립방정식은 다음처럼 간단하게 쓸 수 있다.

$$
\begin{bmatrix}
a_{11} & a_{12} & \cdots & a_{1M} \\
a_{21} & a_{22} & \cdots & a_{2M} \\
\vdots & \vdots & \ddots & \vdots \\
a_{N1} & a_{N2} & \cdots & a_{NM}
\end{bmatrix}
\begin{bmatrix}
x_1 \\ x_2 \\ \vdots \\ x_M
\end{bmatrix}
=
\begin{bmatrix}
b_1 \\ b_2 \\ \vdots \\ b_N
\end{bmatrix}
$$

이 식에서

$$
A = \begin{bmatrix}
a_{11} & a_{12} & \cdots & a_{1M} \\
a_{21} & a_{22} & \cdots & a_{2M} \\
\vdots & \vdots & \ddots & \vdots \\
a_{N1} & a_{N2} & \cdots & a_{NM}
\end{bmatrix}, \quad
x = \begin{bmatrix}
x_1 \\ x_2 \\ \vdots \\ x_M
\end{bmatrix}, \quad
b = \begin{bmatrix}
b_1 \\ b_2 \\ \vdots \\ b_N
\end{bmatrix}
$$

라고 하면 다음처럼 쓸 수 있다.

$$Ax = b$$

A, x, b는 각각 **계수행렬**coefficient matrix, **미지수벡터**unknown vector, **상수벡터**constant vector라고 부른다.

이 표현을 따르면 앞에서 예로 든 선형 연립방정식은 다음처럼 표현할 수 있다.

$$Ax = b$$

$$A = \begin{bmatrix} 1 & 1 & 0 \\ 0 & 1 & 1 \\ 1 & 1 & 1 \end{bmatrix}, \quad x = \begin{bmatrix} x_1 \\ x_2 \\ x_3 \end{bmatrix}, \quad b = \begin{bmatrix} 2 \\ 2 \\ 3 \end{bmatrix}$$

만약 A, x, b가 행렬이 아닌 스칼라 실수라면 이 방정식은 나눗셈을 사용하여 다음처럼 쉽게 풀 수도 있을 것이다.

$$x = \frac{b}{A}$$

그러나 행렬에서는 나눗셈이 정의되지 않으므로 이 방법은 사용할 수 없다. 행렬에서는 나눗셈 대신 역행렬이라는 것을 사용한다.

역행렬

정방행렬 A에 대한 역행렬 A^{-1}은 원래의 행렬 A와 다음 관계를 만족하는 정방행렬을 말한다. I는 항등행렬이다.

$$A^{-1}A = AA^{-1} = I$$

역행렬은 항상 존재하는 것이 아니라 **행렬 A에 따라서는 존재하지 않을 수도 있다.** 역행렬이 존재하는 행렬을 **가역행렬**invertible matrix, 정칙행렬regular matrix 또는 비특이행렬non-singular matrix이라고 한다. 반대로 역행렬이 존재하지 않는 행렬을 비가역행렬non-invertible matrix 또는 **특이행렬**singular matrix, 퇴화행렬degenerate matrix이라고 한다.

대각행렬의 역행렬은 각 대각성분의 역수로 이루어진 대각행렬과 같다.

$$
\begin{bmatrix}
\lambda_1 & 0 & \cdots & 0 \\
0 & \lambda_2 & \cdots & 0 \\
\vdots & \vdots & \ddots & \vdots \\
0 & 0 & \cdots & \lambda_N
\end{bmatrix}^{-1}
=
\begin{bmatrix}
\dfrac{1}{\lambda_1} & 0 & \cdots & 0 \\
0 & \dfrac{1}{\lambda_2} & \cdots & 0 \\
\vdots & \vdots & \ddots & \vdots \\
0 & 0 & \cdots & \dfrac{1}{\lambda_N}
\end{bmatrix}
$$

$N = 3$일 때 위 식을 증명하라.

역행렬의 성질

역행렬은 다음 성질을 만족한다. 이 식에서 행렬 A, B, C는 모두 각각 역행렬 A^{-1}, B^{-1}, C^{-1}이 존재한다고 가정한다.

- 전치행렬의 역행렬은 역행렬의 전치행렬과 같다. 따라서 대칭행렬의 역행렬도 대칭행렬이다.

$$(A^T)^{-1} = (A^{-1})^T$$

- 두 개 이상의 정방행렬의 곱은 같은 크기의 정방행렬이 되는데 이러한 행렬의 곱의 역행렬은 다음 성질이 성립한다.

$$(AB)^{-1} = B^{-1}A^{-1}$$

$$(ABC)^{-1} = C^{-1}B^{-1}A^{-1}$$

역행렬의 계산

역행렬은 행렬식을 이용하여 다음처럼 계산할 수 있다. 증명은 생략한다.

$$
A^{-1} = \frac{1}{\det(A)}C^T = \frac{1}{\det(A)}
\begin{bmatrix}
C_{1,1} & \cdots & C_{N,1} \\
\vdots & \ddots & \vdots \\
C_{1,N} & \cdots & C_{N,N}
\end{bmatrix}
$$

이 식에서 $C_{i,j}$는 A의 i,j번째 원소에 대해 정의한 여인수다.

여인수로 이루어진 행렬 C을 **여인수행렬**matrix of cofactors, 또는 cofactor matrix, comatrix이라고 한다. 또 여인수행렬의 전치행렬 C^T를 **어드조인트행렬**adjoint matrix, adjugate matrix, 수반행렬이라고 하며 $\text{adj}(A)$로 표기하기도 한다.

위 식에서 $(A)=0$이면 역수가 존재하지 않으므로 **역행렬은 행렬식이 0이 아닌 경우에만 존재한다**는 것을 알 수 있다.

2.4.2 연습 문제

여인수 식을 사용하여 다음 공식을 증명하라.

$$\begin{bmatrix} a_{11} & a_{12} \\ a_{21} & a_{22} \end{bmatrix}^{-1} = \frac{1}{a_{11}a_{22} - a_{12}a_{21}} \begin{bmatrix} a_{22} & -a_{12} \\ -a_{21} & a_{11} \end{bmatrix}$$

2.4.3 연습 문제

다음 역행렬을 계산하라.

❶ $\begin{bmatrix} 2 & 0 \\ 0 & 1 \end{bmatrix}^{-1}$

❷ $\begin{bmatrix} \dfrac{1}{\sqrt{2}} & -\dfrac{1}{\sqrt{2}} \\ \dfrac{1}{\sqrt{2}} & \dfrac{1}{\sqrt{2}} \end{bmatrix}^{-1}$

❸ $\begin{bmatrix} \dfrac{3}{\sqrt{13}} & -\dfrac{1}{\sqrt{2}} \\ \dfrac{2}{\sqrt{13}} & \dfrac{1}{\sqrt{2}} \end{bmatrix}^{-1}$

❹ $\begin{bmatrix} 1 & 1 & 0 \\ 0 & 1 & 1 \\ 1 & 1 & 1 \end{bmatrix}^{-1}$

2.4.4 연습 문제

두 정방행렬 A, B에 대해서 $AB = I$이면 $BA = I$임을 증명하라.

$$AB = I \quad \rightarrow \quad BA = I$$

역행렬에 대한 정리

역행렬에 대한 몇 가지 정리를 알아두면 도움이 된다.

| 셔먼-모리슨(Sherman-Morrison) 공식 |

정방행렬 A와 벡터 u, v에 대해 다음 공식이 성립한다.

$$(A + uv^T)^{-1} = A^{-1} - \frac{A^{-1}uv^T A^{-1}}{1 + v^T A^{-1} u}$$

| 우드베리(Woodbury) 공식 |

정방행렬 A와 이에 대응하는 적절한 크기의 행렬 U, V, C에 대해 다음 공식이 성립한다.

$$(A + UCV)^{-1} = A^{-1} - A^{-1}U\left(C^{-1} + VA^{-1}U\right)^{-1} VA^{-1}$$

| 분할행렬의 역행렬 |

4개 블록block으로 분할된 행렬partitioned matrix의 역행렬은 각 분할행렬을 이용하여 계산할 수 있다.

$$\begin{bmatrix} A_{11} & A_{12} \\ A_{21} & A_{22} \end{bmatrix}^{-1} = \begin{bmatrix} A_{11}^{-1}(I + A_{12}FA_{11}^{-1}) & -A_{11}^{-1}A_{12}F \\ -FA_{21}A_{11}^{-1} & F \end{bmatrix}$$

이 식에서 F는 다음과 같이 주어진다.

$$F = (A_{22} - A_{21}A_{11}^{-1}A_{12})^{-1}$$

또는

$$F = (A_{11} - A_{12}A_{22}^{-1}A_{21})^{-1}$$

넘파이를 사용한 역행렬 계산

넘파이의 linalg 서브패키지에는 역행렬을 구하는 $inv()$라는 명령어가 존재한다. 앞에서 예로 든 선형 연립방정식의 행렬 A의 역행렬은 다음처럼 구할 수 있다.

```
import numpy as np

A = np.array([[1, 1, 0], [0, 1, 1], [1, 1, 1]])
A
```

```
array([[1, 1, 0],
       [0, 1, 1],
       [1, 1, 1]])
```

```
Ainv = np.linalg.inv(A)
Ainv
```

```
array([[ 0., -1.,  1.],
       [ 1.,  1., -1.],
       [-1.,  0.,  1.]])
```

역행렬과 선형 연립방정식의 해

선형 연립방정식에서 미지수 수와 방정식 수가 같다면 계수행렬 A는 정방행렬이 된다. 만약 행렬 A의 역행렬 A^{-1}이 존재한다면 역행렬 정의를 이용해 선형 연립방정식 해를 다음처럼 구할 수 있다. 행렬과 벡터의 순서에 주의하라.

$$Ax = b$$

$$A^{-1}Ax = A^{-1}b$$

$$Ix = A^{-1}b$$

$$x = A^{-1}b$$

넘파이를 이용하여 앞에서 예로 든 선형 연립방정식의 해 x를 구하는 방법은 다음과 같다.

```
b = np.array([[2], [2], [3]])
b
```

```
array([[2],
       [2],
       [3]])
```

```
x = Ainv @ b
x
```

```
array([[1.],
       [1.],
       [1.]])
```

이 벡터를 원래의 연립방정식에 대입하여 상수벡터 B와 값이 일치하는지 확인해보자.

```
A @ x - b
```

```
array([[0.],
       [0.],
       [0.]])
```

lstsq() 명령은 행렬 A와 B를 모두 인수로 받고 뒤에서 설명할 최소자승문제^{least square problem}의 답 x, 잔차제곱합^{residual sum of squares} resid, 랭크^{rank} rank, 특잇값^{singular value} s를 반환한다. 미지수와 방정식 개수가 같고 행렬 A의 역행렬이 존재하면 최소자승문제의 답과 선형 연립방정식 답이 같으므로 lstsq() 명령으로 선형 연립방정식을 풀 수도 있다. 최소자승문제, 랭크, 특잇값에 대해서는 뒤에서 자세히 설명할 것이다.

다음 코드에서 lstsq() 명령으로 구한 답이 inv() 명령으로 구한 답과 같음을 알 수 있다.

```
x, resid, rank, s = np.linalg.lstsq(A, b)
x
```

```
array([[1.],
       [1.],
       [1.]])
```

lstsq() 명령을 사용하는 것이 inv() 명령을 사용하는 것보다 수치오차가 적고 코드도 간단하므로 선형 연립방정식 해를 구할 때도 lstsq() 명령을 사용하는 것을 권장한다.

선형 연립방정식과 선형 예측 모형

선형 예측 모형의 가중치벡터를 구하는 문제는 선형 연립방정식을 푸는 것과 같다. 예를 들어 입력차원이 N인 특징벡터 N개를 입력 데이터로 이용하고 이 입력에 대응하는 목푯값벡터를 출력하는 선형 예측 모형을 생각하자.

$$
\begin{aligned}
x_{11}w_1 &+ x_{12}w_2 &+ \cdots + & x_{1N}w_N &= y_1 \\
x_{21}w_1 &+ x_{22}w_2 &+ \cdots + & x_{2N}w_N &= y_2 \\
\vdots & \quad\vdots & & \vdots & \quad\vdots \\
x_{N1}w_1 &+ x_{N2}w_2 &+ \cdots + & x_{NN}w_N &= y_N
\end{aligned}
$$

즉,

$$Xw = y$$

이 예측 모형의 가중치벡터 w를 찾는 것은 계수행렬이 X, 미지수벡터가 w, 상수벡터가 y인 선형 연립방정식의 답을 찾는 것과 같다. 그리고 만약 계수행렬, 여기에서는 특징행렬 X의 역행렬 X^{-1}이 존재하면 다음처럼 가중치벡터를 구할 수 있다.

$$w = X^{-1}y$$

보스턴 집값 문제는 미국 보스턴 각 지역(town)의 주택 가격을 그 지역의 범죄율이나 공기 오염도 등의 특징을 사용하여 예측하는 문제다. 사이킷런 패키지에서 임포트할 수 있다. 보스턴 집값 문제를 선형 예측 모형 $Ax = \hat{b}$로 풀었을 때의 가중치 벡터 x를 구하라. 행렬과 벡터 데이터는 다음과 같이 얻을 수 있다. 여기에서는 문제를 간단하게 해 입력 데이터를 범죄율(CRIM), 공기 오염도(NOX), 방 개수(RM), 오래된 정도(AGE)로 제한했고 데이터도 4개만 사용했다.

```
from sklearn.datasets import load_boston
boston = load_boston()
X = boston.data
y = boston.target
A = X[:4, [0, 4, 5, 6]]  # 'CRIM', 'NOX', 'RM', 'AGE'
b = y[:4]
```

이렇게 구한 가중치의 크기나 부호가 우리의 직관이나 경험과 일치하는지 살펴보라.

미지수 수와 방정식 수

지금까지는 미지수 수와 방정식 수가 같은 선형 연립방정식에 대해서만 생각했다. 그런데 만약 미지수 수와 방정식 수가 다르다면 어떻게 해야 할까?

미지수 수와 방정식 수를 고려해 볼 때 연립방정식에는 다음과 같은 세 종류가 있을 수 있다.

❶ 방정식 수가 미지수 수와 같다. ($N = M$)
❷ 방정식 수가 미지수 수보다 적다. ($N < M$)
❸ 방정식 수가 미지수 수보다 많다. ($N > M$)

❶번의 경우, 즉 방정식 수가 미지수 수와 같은 경우는 앞에서 다루었다.

❷번의 경우, 즉 방정식 수가 미지수 수보다 적을 때는 무수히 많은 해가 존재할 수 있다. 예를 들어 다음 선형 연립방정식을 생각해보자. 미지수는 3개지만 방정식은 2개뿐이다.

$$\begin{array}{ccccccc} x_1 & + & x_2 & & & = & 2 \\ & & x_2 & + & x_3 & = & 2 \end{array}$$

이때는 x_2가 어떤 값이 되더라도 $x_1 = x_3 = 2 - x_2$만 만족하면 되므로 무한히 많은 해가 존재한다. 예들 들어 다음 x 벡터는 모두 위 선형 연립방정식의 해다.

$$x = \begin{bmatrix} 2 \\ 0 \\ 2 \end{bmatrix}, \quad x = \begin{bmatrix} 1 \\ 1 \\ 1 \end{bmatrix}, \quad x = \begin{bmatrix} 0 \\ 2 \\ 0 \end{bmatrix}, \quad \cdots$$

❸번의 경우, 즉 방정식 수가 미지수 수보다 많을 때는 2번과 반대로 모든 조건을 만족하는 해가 하나도 존재할 수 없을 수 있다. 예를 들어 다음 선형 연립방정식을 생각해보자. 미지수는 3개지만 방정식은 4개다.

$$
\begin{array}{ccccccc}
x_1 & + & x_2 & & & = & 2 \\
& & x_2 & + & x_3 & = & 2 \\
x_1 & + & x_2 & + & x_3 & = & 3 \\
x_1 & + & x_2 & + & 2x_3 & = & 5
\end{array}
$$

위의 3개 방정식을 동시에 만족하는 해는 $x_1 = x_2 = x_3 = 1$인데 이 값은 4번째 방정식을 만족하지 못한다.

$$x_1 + x_2 + 2x_3 = 4$$

따라서 4개의 방정식을 모두 만족하는 해는 존재하지 않는다.

선형 예측 모형을 구하는 문제는 계수행렬이 특징행렬 X, 미지수벡터가 가중치벡터 w인 선형 연립방정식 문제다. 그런데 보통 데이터 수는 입력차원보다 큰 경우가 많다. 예를 들어 면적, 층수, 한강이 보이는지의 여부로 집값을 결정하는 모형을 만들며 딱 3가구의 아파트 가격만 조사하는 경우는 없을 것이다. 보통은 10 가구 혹은 100 가구의 아파트 가격을 수집하여 이용하는 것이 일반적이다. 다시 말해 선형 예측 모형을 구할 때는 3번과 같은 경우가 많다는 것을 알 수 있다.

이때는 선형 연립방정식의 해가 존재하지 않으므로 선형 연립방정식을 푸는 방식으로는 선형 예측 모형의 가중치벡터를 구할 수 없다.

최소자승문제

이렇게 선형 연립방정식의 해가 존재하지 않는다면 선형 예측 모형은 어떻게 구할까? 모형을 구하는 것을 포기해야 하는가? 그럴 필요는 없다. 이 문제에 대한 힌트를 얻기 위해 다음과 같은 선형 연립방정식을 생각해보자.

$$
\begin{array}{ccccccc}
x_1 & + & x_2 & & & = & 2 \\
& & x_2 & + & x_3 & = & 2 \\
x_1 & + & x_2 & + & x_3 & = & 3 \\
x_1 & + & x_2 & + & 2x_3 & = & 4.1
\end{array}
$$

위에서 보았듯이 이 선형 연립방정식의 해는 존재하지 않는다.

하지만 꼭 양변이 **정확하게 똑같지 않아도 된다면** 어떨까? $x_1 = x_2 = x_3 = 1$을 위 방정식에 대입하면 결과는 다음과 같다.

$$
\begin{array}{ccccccccc}
x_1 & + & x_2 & & & = & 2 \\
& & x_2 & + & x_3 & = & 2 \\
x_1 & + & x_2 & + & x_3 & = & 3 \\
x_1 & + & x_2 & + & 2x_3 & = & 4 & \approx & 4.1
\end{array}
$$

선형 예측 모형에서 좌변을 예측값, 우변을 목푯값이라고 생각한다면 100% 정확히 예측하지는 못했지만 상당히 비슷하게 예측한 값이라고 할 수 있다.

따라서 미지수 수보다 방정식 수가 많아서 선형 연립방정식으로 풀 수 없는 문제는 좌변과 우변의 차이를 최소화하는 문제로 바꾸어 풀 수 있다. 앞서 예측값과 목푯값의 차이를 잔차라고 한다고 했다.

$$
e = Ax - b
$$

잔차는 벡터이므로 최소자승문제에서는 벡터의 크기 중에서 **벡터의 놈을 최소화**하는 문제를 푼다. 앞 절에서 놈을 최소화하는 것은 놈의 제곱을 최소화하는 것과 같다고 했다. 여기에서는 잔차제곱합이 놈의 제곱이 된다.

$$
e^T e = \|e\|^2 = (Ax - b)^T (Ax - b)
$$

이 값을 최소화하는 x값은 수식으로 다음처럼 표현한다.

$$
x = \arg\min_x e^T e = \arg\min_x (Ax - b)^T (Ax - b)
$$

위 식에서 $\arg\min_x f(x)$는 함수 $f(x)$를 가장 작게 만드는 x값을 의미한다. 이러한 문제를 **최소자승문제**least square problem라고 한다.

$A^T A$가 항상 정방행렬이 된다는 점을 이용하여 다음과 같이 최소 자승 문제의 답이 어떤 형태가 되는지 살펴보자. 여기에서는 답의 형태만 살펴보고 엄밀한 증명은 하지 않을 것이다.

$$Ax \approx b$$

이 식의 양변에 A^T를 곱하면 각각 A^TAx와 A^Tb가 된다. 이 두 벡터의 값이 같다고 일단 가정하자.

$$A^TAx = A^Tb$$

만약 정방행렬 A^TA의 역행렬 $(A^TA)^{-1}$이 존재한다면

$$(A^TA)^{-1}(A^TA)x = (A^TA)^{-1}A^Tb$$

이 식을 정리하면 다음과 같다.

$$x = ((A^TA)^{-1}A^T)b$$

위에서 보인 것은 수학적 증명이라고 할 수 없지만 엄밀한 수학적 증명을 통해 최소자승문제의 해를 구해도 위와 같은 결과를 얻을 수 있다. 자세한 내용은 행렬의 미분과 최적화를 공부한 뒤에 다루도록 한다.

여기에서 행렬 $(A^TA)^{-1}A^T$를 행렬 A의 **의사역행렬**pseudo inverse이라고 하며 다음처럼 A^+로 표기한다.

$$A^+ = (A^TA)^{-1}A^T$$

$$x = A^+b$$

넘파이의 lstsq() 명령은 사실 이러한 최소자승문제를 푸는 명령이다.

위에서 예로 든 선형 연립방정식을 넘파이를 사용하여 풀어보자.

```
A = np.array([[1, 1, 0], [0, 1, 1], [1, 1, 1], [1, 1, 2]])
A
```

```
array([[1, 1, 0],
       [0, 1, 1],
       [1, 1, 1],
       [1, 1, 2]])
```

```
b = np.array([[2], [2], [3], [4.1]])
b
```

```
array([[2. ],
       [2. ],
       [3. ],
       [4.1]])
```

우선 의사역행렬을 직접 계산하여 해를 구해보자.

```
Apinv = np.linalg.inv(A.T @ A) @ A.T
Apinv
```

```
array([[ 0.33333333, -1.        ,  0.33333333,  0.33333333],
       [ 0.5       ,  1.        ,  0.        , -0.5       ],
       [-0.5       ,  0.        ,  0.        ,  0.5       ]])
```

```
x = Apinv @ b
x
```

```
array([[1.03333333],
       [0.95      ],
       [1.05      ]])
```

이 해를 이용하여 b값을 구하면 다음처럼 우변과 소수점 아래 한자리 오차 내에 있는 것을 볼 수 있다.

```
A @ x
```

```
array([[1.98333333],
       [2.        ],
       [3.03333333],
       [4.08333333]])
```

lstsq() 명령으로 바로 구해도 같은 값이 나온다.

```
x, resid, rank, s = np.linalg.lstsq(A, b)
x
```

```
array([[1.03333333],
       [0.95      ],
       [1.05      ]])
```

위 코드에서 resid는 잔차벡터의 $e = Ax - b$의 제곱합, 즉 놈의 제곱이다.

```
resid, np.linalg.norm(A @ x - b) ** 2
```

```
(array([0.00166667]), 0.001666666666666655)
```

2.4.6 **연습 문제**

보스턴 집값 문제를 선형 예측 모형 $Xw = \hat{y}$로 풀었을 때의 가중치벡터 w를 최소 자승 방법으로 구하라. 행렬과 벡터 데이터는 다음과 같이 얻을 수 있다.

```
from sklearn.datasets import load_boston
boston = load_boston()
X = boston.data
y = boston.target
```

행렬 X의 각 열이 의미하는 바는 다음과 같다.

- CRIM : 범죄율
- INDUS : 비소매상업지역 면적 비율
- NOX : 일산화질소 농도
- RM : 주택당 방 수
- LSTAT : 인구 중 하위 계층 비율
- B : 인구 중 흑인 비율
- PTRATIO : 학생/교사 비율
- ZN : 25,000 평방피트를 초과 거주지역 비율

- CHAS : 찰스강의 경계에 위치한 경우는 1, 아니면 0
- AGE : 1940년 이전에 건축된 주택의 비율
- RAD : 방사형 고속도로까지의 거리
- DIS : 보스톤 직업 센터 5곳까지의 가중평균거리
- TAX : 재산세율

이렇게 구한 가중치 벡터의 각 원소의 부호가 우리의 직관이나 경험과 일치하는지 살펴보라. 또 연습 문제 2.4.5에서 구한 값과 어떻게 달라지는지 살펴보라.

2.5 마치며

여기에서는 선형대수의 기본을 공부했다. 이 장에서 다룬 내용은 앞으로 학습할 모든 수학의 기초가 되므로 일종의 수학 공부 도구라고 할 수 있다. 이 장에서 다룬 기초 개념을 숙지하고 파이썬으로 바로바로 코딩할 수 있도록 연습하자.

3장 고급 선형대수

이 장에서는 선형대수를 이용하여 기하학적 관점에서 데이터를 분해하고 여러 다른 각도에서 데이터를 바라보는 방법과 고윳값분해, 특잇값분해 등 행렬을 분석하는 여러 방법을 소개한다. 우리 목표는 데이터 분석에 필요한 도구로써 선형대수를 공부하는 것이므로 엄밀한 수학적 증명은 생략한다.

학습 목표

- 벡터와 행렬의 연산이 기하학적으로 어떤 의미인지 이해하고 벡터를 투영분해하며 이를 이용하여 직선의 방정식을 벡터 연산으로 나타낼 수 있다.
- 벡터의 선형독립과 벡터공간의 의미를 이해하고 벡터를 벡터공간에 투영시킬 수 있다. 기저벡터가 바뀌었을 때 이에 해당하게 좌표 변환을 할 수 있다.
- 고윳값분해의 정의를 알고 행렬의 모양과 고윳값의 관계에 대한 성질을 암기한다.
- 특잇값분해의 정의를 알고 차원축소문제에 어떻게 응용할 수 있는지 이해한다.

3.1 선형대수와 해석기하의 기초

선형대수는 숫자 데이터의 계산에만 사용되는 것이 아니다. 직선과 화살표, 이미지 등을 다루는 선형대수는 중요한 역할을 한다. 이 절에서는 선형대수를 기하학에서 어떻게 응용하고 선형대수의 연산이 기하학적으로 어떤 의미를 가지는지 알아본다.

벡터의 기하학적 의미

n차원 벡터 a는 n차원의 공간에서

- 벡터 a의 값으로 표시되는 **점(point)** 또는
- 원점과 벡터 a의 값으로 표시되는 점을 연결한 **화살표(arrow)**

라고 생각할 수 있다. 예를 들어 2차원 벡터

$$a = \begin{bmatrix} a_1 \\ a_2 \end{bmatrix}$$

는 2차원 공간에서 x 좌표가 a_1, y 좌표가 a_2인 점으로 생각할 수도 있고 또는 원점에서 이 점을 가리키는 화살표로 생각할 수도 있다. 벡터를 화살표로 생각하는 경우에는 길이와 방향을 고정시킨 채 **평행이동**할 수 있다.

> **알림** 앞으로 나오는 그림은 모두 맷플롯립 패키지로 그린 그림이다. 이 코드는 파이썬으로 이러한 그림도 제작할 수 있다는 것을 보이기 위한 것일 뿐 이번 절의 내용과는 관계없으므로 그림 코드의 내용은 무시해도 된다.

```python
import numpy as np
import matplotlib.pylab as plt

plt.rc('font', size=18)  # 그림의 폰트 크기를 18로 고정
gray = {'facecolor': 'gray'}
black = {'facecolor': 'black'}
red = {'facecolor': 'red'}
green = {'facecolor': 'green'}
blue = {'facecolor': 'blue'}
```

```
a = np.array([1, 2])
plt.plot(0, 0, 'kP', ms=20)
plt.plot(a[0], a[1], 'ro', ms=20)
plt.annotate('', xy=[-0.6, 1.6], xytext=(0.2, 0.7), arrowprops=gray)
plt.annotate('', xy=a, xytext=(0, 0), arrowprops=black)
plt.annotate('', xy=a + [-1, 1], xytext=(-1, 1), arrowprops=black)
plt.annotate('', xy=a + [-1, 1], xytext=(-1, 1), arrowprops=black)
plt.text(0.35, 1.15, '$a$')
plt.text(1.15, 2.25, '$(1,2)$')
plt.text(-0.7, 2.1, '$a$')
plt.text(-0.9, 0.6, '평행이동')
plt.xticks(np.arange(-2, 4))
plt.yticks(np.arange(-1, 4))
plt.xlim(-2.4, 3.4)
plt.ylim(-0.8, 3.4)
plt.show()
```

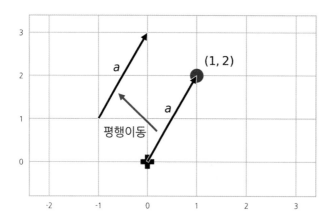

벡터 길이

벡터 a의 길이는 놈 $\|a\|$으로 정의한다.

$$\|a\| = \sqrt{a^T a} = \sqrt{a_1^2 + \cdots + a_N^2}$$

넘파이 linalg 서브패키지의 norm() 명령으로 벡터 길이를 계산할 수 있다. 위에서 예로 든 2차원 벡터 $a = [a_1 \quad a_2]^T$의 길이는 $\sqrt{5} \approx 2.236$이다.

```
a = np.array([1, 2])
np.linalg.norm(a)
```

2.23606797749979

스칼라와 벡터의 곱

양의 실수와 벡터를 곱하면 벡터의 방향은 변하지 않고 실수 크기만큼 벡터 길이가 커진다. 만약 음의 실수를 곱하면 벡터의 방향이 반대가 된다.

```
a = np.array([1, 2])
b = 2 * a
c = -a
plt.annotate('', xy=b, xytext=(0, 0), arrowprops=red)
plt.text(0.8, 3.1, '$2a$')
plt.text(2.2, 3.8, '$(2, 4)$')
plt.annotate('', xy=a, xytext=(0, 0), arrowprops=gray)
plt.text(0.1, 1.3, '$a$')
plt.text(1.1, 1.4, '$(1, 2)$')
plt.plot(c[0], c[1], 'ro', ms=10)
plt.annotate('', xy=c, xytext=(0, 0), arrowprops=blue)
plt.text(-1.3, -0.8, '$-a$')
plt.text(-3, -2.5, '$(-1, -2)$')
plt.plot(0, 0, 'kP', ms=20)
plt.xticks(np.arange(-5, 6))
plt.yticks(np.arange(-5, 6))
plt.xlim(-4.4, 5.4)
plt.ylim(-3.2, 5.2)
plt.show()
```

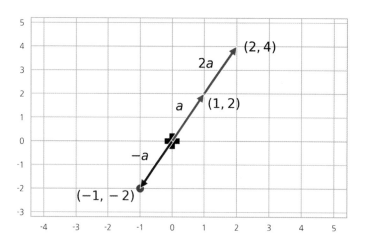

단위벡터

길이가 1인 벡터를 **단위벡터**(unit vector)라고 한다. 예를 들어 다음과 같은 벡터들은 모두 단위벡터다.

$$a = \begin{bmatrix} 1 \\ 0 \end{bmatrix}, \quad b = \begin{bmatrix} 0 \\ 1 \end{bmatrix}, \quad c = \begin{bmatrix} \dfrac{1}{\sqrt{2}} \\ \dfrac{1}{\sqrt{2}} \end{bmatrix}$$

영벡터가 아닌 임의의 벡터 x에 대해 다음 벡터는 벡터 x와 같은 방향을 가리키는 단위벡터가 된다.

$$\frac{x}{\|x\|}$$

```
a = np.array([1, 0])
b = np.array([0, 1])
c = np.array([1/np.sqrt(2), 1/np.sqrt(2)])
np.linalg.norm(a), np.linalg.norm(b), np.linalg.norm(c)
```

```
(1.0, 1.0, 0.9999999999999999)
```

벡터의 합

벡터와 벡터의 합도 벡터가 된다. 이때 **두 벡터의 합은 그 두 벡터를 이웃하는 변으로 가지는 평행사변형의 대각선 벡터**가 된다.

$$a = \begin{bmatrix} 1 \\ 2 \end{bmatrix}, \quad b = \begin{bmatrix} 2 \\ 1 \end{bmatrix} \quad \rightarrow \quad c = a + b = \begin{bmatrix} 3 \\ 3 \end{bmatrix}$$

```python
a = np.array([1, 2])
b = np.array([2, 1])
c = a + b
plt.annotate('', xy=a, xytext=(0, 0), arrowprops=gray)
plt.annotate('', xy=b, xytext=(0, 0), arrowprops=gray)
plt.annotate('', xy=c, xytext=(0, 0), arrowprops=black)
plt.plot(0, 0, 'kP', ms=10)
plt.plot(a[0], a[1], 'ro', ms=10)
plt.plot(b[0], b[1], 'ro', ms=10)
plt.plot(c[0], c[1], 'ro', ms=10)
plt.plot([a[0], c[0]], [a[1], c[1]], 'k--')
plt.plot([b[0], c[0]], [b[1], c[1]], 'k--')
plt.text(0.35, 1.15, '$a$')
plt.text(1.15, 0.25, '$b$')
plt.text(1.25, 1.45, '$c$')
plt.xticks(np.arange(-2, 5))
plt.yticks(np.arange(-1, 4))
plt.xlim(-1.4, 4.4)
plt.ylim(-0.6, 3.8)
plt.show()
```

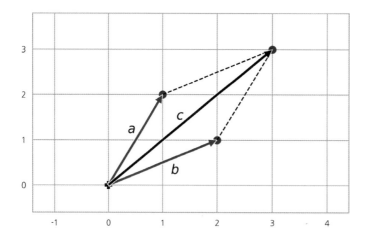

또는 벡터를 더하고자 하는 벡터의 끝점으로 평행이동했을 때 이동한 벡터가 가리키는 점의 위치로 생각할 수도 있다.

```
a = np.array([1, 2])
b = np.array([2, 1])
c = a + b
plt.annotate('', xy=a, xytext=(0, 0), arrowprops=gray)
plt.annotate('', xy=c, xytext=a, arrowprops=gray)
plt.annotate('', xy=c, xytext=(0, 0), arrowprops=black)
plt.plot(0, 0, 'kP', ms=10)
plt.plot(a[0], a[1], 'ro', ms=10)
plt.plot(c[0], c[1], 'ro', ms=10)
plt.text(0.35, 1.15, '$a$')
plt.text(1.45, 2.45, '$b$')
plt.text(1.25, 1.45, '$c$')
plt.xticks(np.arange(-2, 5))
plt.yticks(np.arange(-1, 4))
plt.xlim(-1.4, 4.4)
plt.ylim(-0.6, 3.8)
plt.show()
```

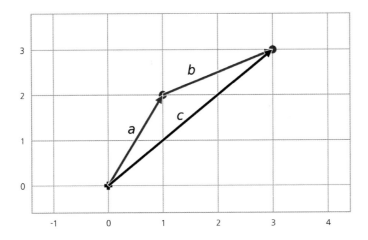

둘 중 어느 벡터를 평행이동해도 결과는 마찬가지다.

```
a = np.array([1, 2])
b = np.array([2, 1])
c = a + b
plt.annotate('', xy=b, xytext=(0, 0), arrowprops=gray)
plt.annotate('', xy=c, xytext=b, arrowprops=gray)
plt.annotate('', xy=c, xytext=(0, 0), arrowprops=black)
plt.plot(0, 0, 'kP', ms=10)
plt.plot(b[0], b[1], 'ro', ms=10)
plt.plot(c[0], c[1], 'ro', ms=10)
plt.text(2.45, 1.55, '$a$')
plt.text(1.25, 0.25, '$b$')
plt.text(1.25, 1.45, '$c$')
plt.xticks(np.arange(-2, 5))
plt.yticks(np.arange(-1, 4))
plt.xlim(-1.4, 4.4)
plt.ylim(-0.6, 3.8)
plt.show()
```

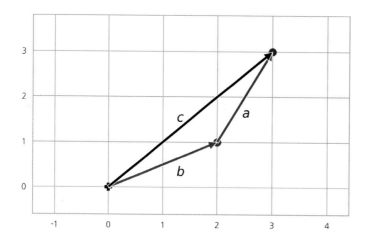

벡터의 선형조합

지금까지 벡터의 스칼라곱이 어떤 새로운 벡터가 되고 두 벡터의 합이 어떤 새로운 벡터가 되는지 살펴보았다. 여러 개의 벡터를 스칼라곱을 한 후 더한 것을 선형조합linear combination이라고 한다.

$$c_1 x_1 + c_2 x_2 + \cdots + c_N x_N$$

이 식에서 $c_1, ..., c_N$은 스칼라 계수다.

```python
x1 = np.array([1, 2])
x2 = np.array([2, 1])
x3 = 0.5 * x1 + x2
plt.annotate('', xy=0.5*x1, xytext=(0, 0), arrowprops=gray)
plt.annotate('', xy=x2, xytext=(0, 0), arrowprops=gray)
plt.annotate('', xy=x3, xytext=(0, 0), arrowprops=black)
plt.plot(0, 0, 'kP', ms=10)
plt.plot(x1[0], x1[1], 'ro', ms=10)
plt.plot(x2[0], x2[1], 'ro', ms=10)
plt.plot(x3[0], x3[1], 'ro', ms=10)
plt.plot([x1[0], 0], [x1[1], 0], 'k--')
plt.text(0.6, 2.0, '$x_1$')
plt.text(-0.5, 0.5, '$0.5x_1$')
plt.text(1.15, 0.25, '$x_2$')
plt.text(2.5, 1.6, '$0.5x_1 + x_2$')
```

```
plt.xticks(np.arange(-2, 5))
plt.yticks(np.arange(-1, 4))
plt.xlim(-1.4, 4.4)
plt.ylim(-0.6, 3.8)
plt.show()
```

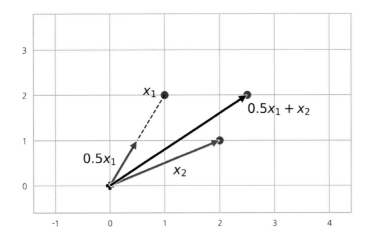

3.1.1 **연습 문제**

벡터 x_1, x_2가 다음과 같을 때, $c_1 x_1 + c_2 x_2$가 다음 벡터와 같아지는 선형조합 계수 c_1, c_2를 찾아라(힌트 : 연립방정식의 해를 이용한다).

$$x_1 = \begin{bmatrix} 1 \\ 2 \end{bmatrix}, \quad x_2 = \begin{bmatrix} 2 \\ 1 \end{bmatrix}$$

❶ $c_1 x_1 + c_2 x_2 = \begin{bmatrix} 3 \\ 1 \end{bmatrix}$ ❷ $c_1 x_1 + c_2 x_2 = \begin{bmatrix} -1 \\ -1 \end{bmatrix}$

벡터의 차

벡터의 차 $a - b = c$는 벡터 b가 가리키는 점으로부터 벡터 a가 가리키는 점을 연결하는 벡터다. 그 이유는 벡터 b에 벡터 $a - b$를 더하면, 즉 벡터 b와 벡터 $a - b$를 연결하면 벡터 a가 되어야 하기 때문이다.

$$a - b = c$$

$$b + c = b + (a - b) = a$$

```python
a = np.array([1, 2])
b = np.array([2, 1])
c = a - b
plt.annotate('', xy=a, xytext=(0, 0), arrowprops=gray)
plt.annotate('', xy=b, xytext=(0, 0), arrowprops=gray)
plt.annotate('', xy=a, xytext=b, arrowprops=black)
plt.plot(0, 0, 'kP', ms=10)
plt.plot(a[0], a[1], 'ro', ms=10)
plt.plot(b[0], b[1], 'ro', ms=10)
plt.text(0.35, 1.15, '$a$')
plt.text(1.15, 0.25, '$b$')
plt.text(1.55, 1.65, '$a-b$')
plt.xticks(np.arange(-2, 5))
plt.yticks(np.arange(-1, 4))
plt.xlim(-0.8, 2.8)
plt.ylim(-0.8, 2.8)
plt.show()
```

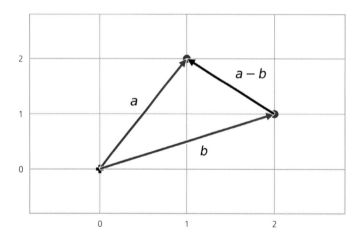

Word2Vec

나중에 인공신경망 부분에서 공부하게 될 **word2vec** 방법을 이용하면 단어(word)를 공간에서 점 또는 벡터로 표현할 수 있다. word2vec으로 만들어진 벡터는 단어의 의미에 따라 다음처럼 평행사변형 관계를 가질 수 있다.

일본 = 도쿄 + (한국 − 서울)

한국 − 서울은 서울에서 한국으로 향하는 벡터다. 즉 의미론적으로 **수도 이름을 나라 이름으로 바꾸는 행위**action에 비유할 수 있다. 이러한 행위를 도쿄에 대해서 저용한 결과가 도쿄 + (한국 − 서울)이다. word2vec 학습 결과에서 이렇게 계산한 위치에 가장 가까이 있는 단어를 찾으면 도쿄가 나온다.

```python
a = np.array([2, 2])
b = np.array([3, 4])
c = np.array([4, 1])
d = a + (c - a)
e = b + (c - a)
plt.annotate('', xy=b, xytext=a, arrowprops=black)
plt.annotate('', xy=e, xytext=d, arrowprops=black)
plt.annotate('', xy=c, xytext=[0, 0], arrowprops=gray)
plt.plot(0, 0, 'kP', ms=10)
plt.plot(a[0], a[1], 'ro', ms=10)
plt.plot(b[0], b[1], 'ro', ms=10)
plt.plot(c[0], c[1], 'ro', ms=10)
plt.text(1.6, 1.5, '서울')
plt.text(2.5, 4.3, '한국')
plt.text(3.5, 0.5, '도쿄')
plt.text(4.9, 3.2, '일본')
plt.xticks(np.arange(-2, 7))
plt.yticks(np.arange(-1, 6))
plt.xlim(-1.4, 6.4)
plt.ylim(-0.6, 5.8)
plt.show()
```

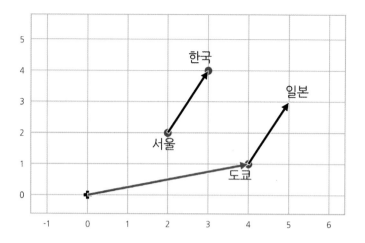

3.1.2 **연습 문제**

남자배우, 여자배우, 남자, 여자, 이렇게 4가지 단어에 대응하는 벡터 4개에 대해 위와 같은 관계가 성립한다고 가정하자. 다음 식을 완성하라.

남자배우 = 여자배우 + ?

유클리드 거리

두 벡터가 가리키는 점 사이의 거리를 **유클리드 거리**Euclidean distance라고 한다. 두 벡터의 유클리드 거리는 **벡터의 차의 길이**로 구할 수 있다.

벡터의 놈의 정의와 벡터의 차의 정의에서 유클리드 거리는 다음처럼 구한다.

$$
\begin{aligned}
\|a - b\| &= \sqrt{\sum_{i=1}(a_i - b_i)^2} \\
&= \sqrt{\sum_{i=1}(a_i^2 - 2a_ib_i + b_i^2)} \\
&= \sqrt{\sum_{i=1} a_i^2 + \sum_{i=1} b_i^2 - 2\sum_{i=1} a_ib_i} \\
&= \sqrt{\|a\|^2 + \|b\|^2 - 2a^T b}
\end{aligned}
$$

즉,

$$\|a - b\|^2 = \|a\|^2 + \|b\|^2 - 2a^T b$$

벡터의 내적과 삼각함수

두 벡터의 내적은 다음처럼 벡터 길이 $\|a\|$, $\|b\|$와 두 벡터 사이의 각도 θ의 코사인 함숫값으로 계산할 수도 있다.

$$a^T b = \|a\| \, \|b\| \cos \theta$$

여기에서 $\cos\theta$는 **코사인**^{cosine} 함수다. 코사인은 사인^{sine} 함수와 함께 정의할 수 있다. 사인과 코사인을 합쳐서 삼각함수라고 한다.

사인 $\sin\theta$의 값은 θ라는 각을 가지는 직각 삼각형에서 빗변과 높이의 비율을 뜻한다. 코사인 $\cos\theta$의 값은 θ라는 각을 가지는 직각 삼각형에서 빗변과 밑변의 비율을 뜻한다.

$$\sin \theta = \frac{a}{h}$$

$$\cos \theta = \frac{b}{h}$$

```python
plt.plot([0, 1], [0, 2], 'k-', lw=3)
plt.plot([0, 1], [0, 0], 'k-', lw=3)
plt.plot([1, 1], [0, 2], 'k-', lw=3)
plt.text(0.05, 1, '빗변 h')
plt.text(0.35, -0.2, '밑변 b')
plt.text(1.05, 1, '높이 a')
plt.text(0.12, 0.06, r'$\theta$')
plt.xticks(np.arange(-2, 4))
plt.yticks(np.arange(-1, 4))
plt.xlim(-1.1, 2.1)
plt.ylim(-0.5, 2.3)
plt.show()
```

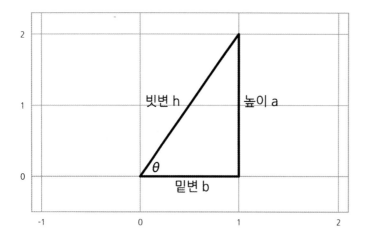

$\sin\theta$의 값은 θ가 0에 가까워질수록 0에 가까워지고 θ가 90°에 가까워질수록 1에 가까워진다.

$$\sin 0° = 0$$

$$\sin 90° = 1$$

반대로 $\cos\theta$의 값은 θ가 0에 가까워질수록 1에 가까워지고 θ가 90°에 가까워질수록 0에 가까워진다.

$$\cos 0° = 1$$

$$\cos 90° = 0$$

그래프로 표현하면 다음과 같다.

```
x = np.linspace(0, np.pi/2, 100)
y1 = np.sin(x)
y2 = np.cos(x)
plt.plot(x, y1, 'r--', lw=3,  label=r'$\sin\theta$')
plt.plot(x, y2, 'b-', lw=3, label=r'$\cos\theta$')
plt.legend()
plt.xticks([0, np.pi/4, np.pi/2], [r'$0^{\circ}$', r'$45^{\circ}$', r'$90^{\circ}$'])
plt.xlabel(r'$\theta$')
plt.title(r'$\sin\theta$와 $\cos\theta$의 그래프')
plt.show()
```

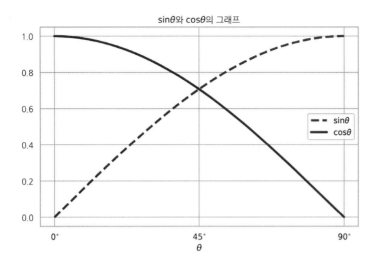

직교

두 벡터 a와 b가 이루는 각이 90도이면 서로 **직교**orthogonal라고 하며 $a \perp b$로 표시한다.

$\cos 90° = 0$이므로 서로 직교인 두 벡터의 내적은 0이 된다.

$$a^T b = b^T a = 0 \quad \leftrightarrow \quad a \perp b$$

예를 들어 다음 두 벡터는 서로 직교한다.

$$a = \begin{bmatrix} 1 \\ 1 \end{bmatrix}, \quad b = \begin{bmatrix} -1 \\ 1 \end{bmatrix} \quad \rightarrow \quad a^T b = \begin{bmatrix} 1 & 1 \end{bmatrix} \begin{bmatrix} -1 \\ 1 \end{bmatrix} = -1 + 1 = 0$$

```
a = np.array([1, 1])
b = np.array([-1, 1])
a @ b
```

```
0
```

❶ 다음 벡터에 대해 직교하는 단위벡터를 찾아라.

$$x = \begin{bmatrix} 1 \\ 0 \end{bmatrix}$$

❷ 다음 벡터에 대해 직교하는 단위벡터를 찾아라.

$$x = \begin{bmatrix} 1 \\ 1 \end{bmatrix}$$

❸ 다음 두 벡터에 대해 모두 직교하는 단위벡터를 찾아라.

$$x = \begin{bmatrix} 1 \\ 1 \\ 0 \end{bmatrix}, \quad y = \begin{bmatrix} 1 \\ 0 \\ 0 \end{bmatrix}$$

정규직교

만약 N개의 단위벡터 v_1, v_2, ..., v_N이 서로 직교하면 **정규직교**orthonormal라고 한다.

$$\|v_i\| = 1 \quad \leftrightarrow \quad v_i^T v_i = 1$$

$$v_i^T v_j = 0 \quad (i \neq j)$$

직교하는 두 N차원 벡터 a, b에 대해 다음 식이 성립함을 보여라.

$$\|a + b\|^2 = \|a\|^2 + \|b\|^2$$

$N = 2$일 때 이 식은 피타고라스의 정리가 된다.

정규직교하는 세 개의 3차원 벡터 v_1, v_2, v_3로 이루어진 행렬 V에 대해서 다음 등식이 성립함을 보여라.

$$V = \begin{bmatrix} v_1 & v_2 & v_3 \end{bmatrix}$$

❶ $V^T V = I$ ❷ $V^{-1} = V^T$

코사인 유사도

두 벡터의 방향이 비슷할수록 벡터가 비슷하다고 간주하여 두 벡터 사이의 각의 코사인값을 **코사인 유사도**cosine similarity라고 한다. 코사인값은 각도가 0일때 가장 커지므로 두 벡터가 같은 방향을 가리키고 있으면 코사인 유사도가 최댓값 1을 가진다.

$$\text{코사인 유사도} = \cos\theta = \frac{x^T y}{\|x\|\,\|y\|}$$

코사인 유사도는 나중에 공부할 추천시스템recommender system에서 사용자의 취향이 얼마나 비슷한지를 계산할 때 사용된다. 코사인 유사도를 이용하면 다음처럼 **코사인 거리**cosine distance도 정의할 수 있다.

$$\text{코사인 거리} = 1 - \text{코사인 유사도} = 1 - \frac{x^T y}{\|x\|\,\|y\|}$$

3.1.6 | **연습 문제**

a, b, c, 세 사용자가 영화 4편에 준 평점을 다음처럼 벡터로 표현했다.

$$a = \begin{bmatrix} 4 \\ 5 \\ 2 \\ 2 \end{bmatrix}, \quad b = \begin{bmatrix} 4 \\ 0 \\ 2 \\ 0 \end{bmatrix}, \quad c = \begin{bmatrix} 2 \\ 2 \\ 0 \\ 1 \end{bmatrix}$$

❶ a, b, c 사이의 유클리드 거리를 구하라. 어느 두 사용자가 가장 가까운가? 또 어느 두 사용자가 가장 멀리 떨어져 있는가?

❷ a, b, c 사이의 코사인 거리를 구하라. 어느 두 사용자가 가장 가까운가? 또 어느 두 사용자가 가장 멀리 떨어져 있는가?

벡터의 분해와 성분

어떤 두 벡터 A, B의 합이 다른 벡터 C가 될 때 C가 두 벡터 **성분**component A, B으로 **분해**decomposition 된다고 말한다.

다음 벡터를 두 개의 벡터로 분해하는 방법을 두 가지 이상 찾고 평면 위에 각각 화살표로 표기하라.

$$x = \begin{bmatrix} 1 \\ 0 \end{bmatrix}$$

투영성분과 직교성분

벡터 a를 다른 벡터 b에 직교하는 성분과 벡터 b에 평행한 성분으로 분해할 수 있는데, 평행한 성분을 벡터 b에 대한 **투영성분**projection, 벡터 b에 직교인 성분을 벡터 b에 대한 **직교성분**rejection이라고 하며 각각 다음과 같이 표기한다.

$a^{\|b}$

$a^{\perp b}$

투영성분의 길이는 다음처럼 구할 수 있다.

$$\|a^{\|b}\| = \|a\| \cos\theta = \frac{\|a\|\|b\| \cos\theta}{\|b\|} = \frac{a^T b}{\|b\|} = \frac{b^T a}{\|b\|} = a^T \frac{b}{\|b\|}$$

만약 벡터 b 자체가 이미 단위벡터이면 **단위벡터에 대한 투영길이는 내적**이 된다.

$$\|a^{\|b}\| = a^T b$$

투영성분 성분 벡터는 투영성분 길이와 벡터 b 방향의 단위벡터의 곱이다.

$$a^{\|b} = \frac{a^T b}{\|b\|} \frac{b}{\|b\|} = \frac{a^T b}{\|b\|^2} b$$

직교성분 벡터는 원래의 벡터에서 투영성분 성분 벡터를 뺀 나머지다.

$$a^{\perp b} = a - a^{\|b}$$

```
a = np.array([1, 2])
b = np.array([2, 0])
a2 = (a @ b) / np.linalg.norm(b) * np.array([1, 0])
a1 = a - a2
```

```
plt.annotate('', xy=b, xytext=(0, 0), arrowprops=green)
plt.annotate('', xy=a2, xytext=(0, 0), arrowprops=blue)
plt.annotate('', xy=a1, xytext=(0, 0), arrowprops=blue)
plt.annotate('', xy=a, xytext=(0, 0), arrowprops=red)
plt.plot(0, 0, 'kP', ms=10)
plt.plot(a[0], a[1], 'ro', ms=10)
plt.plot(b[0], b[1], 'ro', ms=10)
plt.text(0.35, 1.15, '$a$')
plt.text(1.55, 0.15, '$b$')
plt.text(-0.5, 1.05, '$a^{\perp b}$')
plt.text(0.50, 0.15, '$a^{\Vert b}$')
plt.xticks(np.arange(-10, 10))
plt.yticks(np.arange(-10, 10))
plt.xlim(-1.2, 4.1)
plt.ylim(-0.5, 3.2)
plt.show()
```

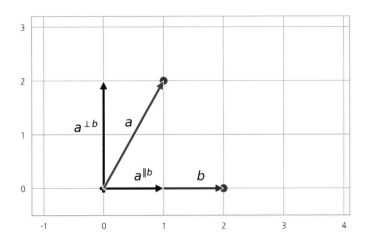

3.1.8 **연습 문제**

$$a = \begin{bmatrix} 1 \\ 2 \end{bmatrix}, \quad b = \begin{bmatrix} 2 \\ 0 \end{bmatrix}$$

일 때, 투영성분 $a^{\Vert b}$, 직교성분 $a^{\perp b}$를 구하라.

만약 v가 원점을 지나는 직선의 방향을 나타내는 단위벡터라고 하자. 이때 그 직선 위에 있지 않는 어떤 점 x와 그 직선과의 거리의 제곱이 다음과 같음을 증명하라.

$$\|x\|^2 - (x^T v)^2$$

```python
v = np.array([2, 1]) / np.sqrt(5)
x = np.array([1, 3])
plt.plot(0, 0, 'kP', ms=10)
plt.annotate('', xy=v, xytext=(0, 0), arrowprops=black)
plt.plot([-2, 8], [-1, 4], 'b--', lw=2)
plt.plot([1, 2], [3, 1], 'g:', lw=2)
plt.plot(x[0], x[1], 'ro', ms=10)
plt.text(0.1, 0.5, '$v$')
plt.text(0.6, 3.2, '$x$')
plt.xticks(np.arange(-3, 15))
plt.yticks(np.arange(-1, 5))
plt.xlim(-3, 7)
plt.ylim(-1, 5)
plt.show()
```

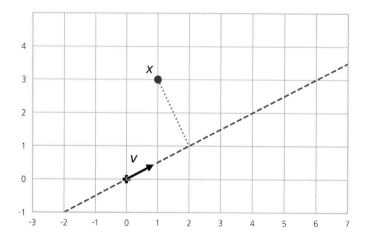

직선의 방정식

어떤 벡터 w가 있을 때 다음 그림처럼

- 원점에서 출발한 벡터 w가 가리키는 점을 지나면서
- 벡터 w에 직교인

직선의 방정식을 구해보자.

위 두 조건을 만족하는 직선 상의 임의의 점을 가리키는 벡터를 x라고 하면, 벡터 x가 가리키는 점과 벡터 w가 가리키는 점을 이은 벡터 $x - w$는 조건에 따라 벡터 w와 직교해야 한다. 따라서 다음 식이 성립한다.

$$w^T(x - w) = 0$$

정리하면 다음과 같아진다.

$$w^T(x - w) = w^T x - w^T w = w^T x - \|w\|^2$$

$$w^T x - \|w\|^2 = 0$$

이 직선과 원점 사이의 거리는 벡터 w의 놈 $\|w\|$이다.

$$\|w\|$$

```python
w = np.array([1, 2])
x1 = np.array([3, 1])
x2 = np.array([-1, 3])
plt.annotate('', xy=w, xytext=(0, 0), arrowprops=black)
plt.annotate('', xy=x1, xytext=(0, 0), arrowprops=green)
plt.annotate('', xy=x2, xytext=(0, 0), arrowprops=green)
plt.plot(0, 0, 'kP', ms=10)
plt.plot(w[0], w[1], 'ro', ms=10)
plt.plot(x1[0], x1[1], 'ro', ms=10)
plt.plot(x2[0], x2[1], 'ro', ms=10)
plt.plot([-3, 5], [4, 0], 'r-', lw=5)
plt.text(-0.2, 1.5, '벡터 $w$')
plt.text(1.55, 0.25, '$x_1$')
plt.text(-0.9, 1.40, '$x_2$')
plt.text(1.8, 1.8, '$x_1 - w$')
```

```
plt.text(-0.2, 2.8, '$x_2 - w$')
plt.text(3.6, 0.8, '직선 $x$')
plt.xticks(np.arange(-2, 5))
plt.yticks(np.arange(-1, 5))
plt.xlim(-2, 5)
plt.ylim(-0.6, 3.6)
plt.show()
```

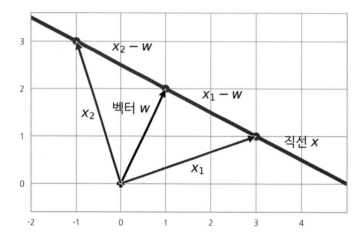

예를 들어

$$w = \begin{bmatrix} 1 \\ 2 \end{bmatrix}$$

일 때

$$\|w\|^2 = 5$$

$$\begin{bmatrix} 1 & 2 \end{bmatrix} \begin{bmatrix} x_1 \\ x_2 \end{bmatrix} - 5 = x_1 + 2x_2 - 5 = 0$$

$$x_1 + 2x_2 = 5$$

이 방정식은 벡터 w가 가리키는 점 $(1, 2)$를 지나면서 벡터 w에 직교인 직선을 뜻한다. 이 직선과 원점 사이의 거리는 $\|w\| = \sqrt{5}$ 다.

이번에는 벡터 w가 가리키는 점을 지나야 한다는 조건을 없애고 단순히

- 벡터 w에 직교인

직선 x의 방정식을 구해보자.

이때는 직선이 w가 아니라 w와 방향이 같고 길이가 다른 벡터 $w' = cw$을 지날 것이다. c는 양의 실수다.

위에서 했던 방법으로 다시 직선의 방정식을 구하면 다음과 같다.

$$w'^T x - \|w'\|^2 = cw^T x - c^2\|w\|^2 = 0$$

$$w^T x - c\|w\|^2 = 0$$

여기에서 $c\|w\|^2$는 임의의 수가 될 수 있으므로 단순히 벡터 w에 직교인 직선의 방정식은 다음과 같이 나타낼 수 있다.

$$w^T x - w_0 = 0$$

이 직선과 원점 사이의 거리는 다음과 같다.

$$c\|w\| = \frac{w_0}{\|w\|}$$

```
w = np.array([1, 2])
plt.annotate('', xy=w, xytext=(0, 0), arrowprops=gray)
plt.annotate('', xy=0.5 * w, xytext=(0, 0), arrowprops=black)
plt.plot(0, 0, 'kP', ms=10)
plt.plot(0.5 * w[0], 0.5 * w[1], 'ro', ms=10)
plt.plot([-2, 5], [2.25, -1.25], 'r-', lw=5)
plt.text(-0.7, 0.8, '벡터 $cw$')
plt.text(-0.1, 1.6, '벡터 $w$')
plt.text(1, 1, '직선 $x$')
plt.xticks(np.arange(-2, 5))
plt.yticks(np.arange(-1, 5))
plt.xlim(-2, 5)
plt.ylim(-0.6, 3.6)
plt.show()
```

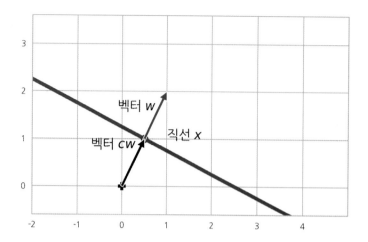

예를 들어 $c = 0.5$이면 벡터 $w = [1, 2]^T$에 직교이고 원점에서의 거리가 $\frac{\sqrt{5}}{2}$인 직선이 된다.

$$x_1 + 2x_2 - 2.5 = 0$$

3.1.10 **연습 문제**

직선 $w^T x - w_0 = 0$과 원점 사이의 거리가 다음과 같다는 것을 증명하라.

$$\frac{w_0}{\|w\|}$$

직선과 점의 거리

이번에는 직선 $w^T x - \|w\|^2 = 0$과 이 직선 위에 있지 않은 점 x' 사이의 거리를 구해보자.

벡터 w에 대한 벡터 x'의 투영성분 $x'^{\|w}$의 길이는 다음과 같다.

$$\|x'^{\|w}\| = \frac{w^T x'}{\|w\|}$$

직선과 점 x' 사이의 거리는 이 길이에서 원점에서 직선까지의 거리 $\|w\|$를 뺀 값의 절댓값이다.

$$\left| \|x'^{\|w}\| - \|w\| \right| = \left| \frac{w^T x'}{\|w\|} - \|w\| \right| = \frac{\left| w^T x' - \|w\|^2 \right|}{\|w\|}$$

직선의 방정식이 $w^T x - w_0 = 0$이면 직선과 점의 거리는 다음과 같다.

$$\frac{\left| w^T x' - w_0 \right|}{\|w\|}$$

이 공식은 나중에 분류 방법의 하나인 **서포트 벡터 머신**SVM, Support Vector Machine에서 사용된다.

3.1.11 | **연습 문제**

직선의 방정식이 $w^T x - w_0 = 0$이면 직선과 점의 거리는 다음과 같다는 것을 증명하라.

$$\frac{\left| w^T x' - w_0 \right|}{\|w\|}$$

```python
w = np.array([1, 2])
x1 = np.array([4, 3])
x2 = np.array([1, 2]) * 2
plt.annotate('', xy=x1, xytext=(0, 0), arrowprops=gray)
plt.annotate('', xy=x2, xytext=(0, 0), arrowprops=gray)
plt.annotate('', xy=w, xytext=(0, 0), arrowprops=red)
plt.plot(0, 0, 'kP', ms=10)
plt.plot(w[0], w[1], 'ro', ms=10)
plt.plot(x1[0], x1[1], 'ro', ms=10)
plt.plot([-3, 7], [4, -1], 'r-', lw=5)
plt.plot([2, 4], [4, 3], 'k:', lw=2)
plt.plot([3, 4], [1, 3], 'k:', lw=2)
plt.text(0.1, 0.9, '$w$')
plt.text(4.2, 3.1, '$x$')
plt.text(1.5, 2.4, '$x'^{\Vert w}$')
plt.xticks(np.arange(-3, 15))
plt.yticks(np.arange(-1, 5))
plt.xlim(-3, 7)
plt.ylim(-1, 5)
plt.show()
```

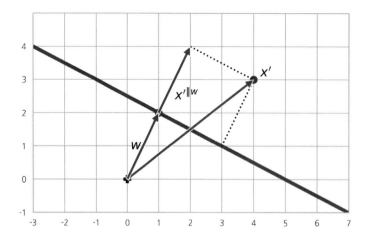

3.2 좌표와 변환

이 절에서는 공간에 좌표를 정의하는 데 필요한 개념을 살펴본다. 우선 벡터의 선형독립과 랭크 개념을 알아보고 기저벡터와 좌표 변환이 선형대수와 어떻게 연관되어 있는지 공부한다. 좌표 변환은 이미지 처리 작업뿐 아니라 다변수 확률변수를 분석하는 데도 사용된다.

선형종속과 선형독립

벡터 집합 x_1, x_2, ..., x_N을 이루는 벡터의 선형조합이 영벡터가 되도록 하는 스칼라 계수 c_1, c_2, ..., c_N이 존재하면 이 벡터들이 **선형종속**linearly dependent이라고 한다. 단 $c_1 = c_2 = ... = c_N = 0$으로 계수가 모두 0인 경우는 제외한다.

$$c_1 x_1 + c_2 x_2 + \cdots + c_N x_N = 0$$

반대로 벡터들의 선형조합이 0이 되면서 모두 0은 아닌 계수들이 존재하지 않으면 그 벡터들은 **선형독립**linearly independent이라고 한다. 선형독립을 논리 기호로 나타내면 다음과 같다.

$$c_1 x_1 + \cdots + c_N x_N = 0 \quad \rightarrow \quad c_1 = \cdots = c_N = 0$$

왼쪽에서 오른쪽 방향 화살표의 의미는 벡터들의 선형조합이 0이면 반드시 계수들이 모두 0이라는 뜻이다.

선형독립을 다음처럼 표현하기도 한다.

$$c_1 x_1 + \cdots + c_N x_N = 0 \quad \leftrightarrow \quad c_1 = \cdots = c_N = 0$$

오른쪽에서 왼쪽 방향 화살표의 의미는 모든 계수가 0일 때 선형조합이 0이 된다는 뜻이다. 이는 꼭 선형독립이 아니더라도 당연하게 성립한다.

| 예제 |

다음 벡터 x_1, x_2는 선형독립이다.

$$x_1 = \begin{bmatrix} 1 \\ 2 \end{bmatrix}, \quad x_2 = \begin{bmatrix} 3 \\ 3 \end{bmatrix}$$

벡터 x_1은 두 원소의 크기가 다른데, 벡터 x_2는 두 원소의 크기가 같기 때문에 어떤 계수를 사용해도 $c_1 x_1 + c_2 x_2 = 0$을 만들 수 없다.

| 예제 |

다음 벡터 x_1, x_2, x_3는 선형종속이다.

$$x_1 = \begin{bmatrix} 1 \\ 2 \end{bmatrix}, \quad x_2 = \begin{bmatrix} 3 \\ 3 \end{bmatrix}, \quad x_3 = \begin{bmatrix} 5 \\ 7 \end{bmatrix}$$

이는 다음과 같은 식으로 증명할 수 있다.

$$2x_1 + x_2 - x_3 = 0$$

파이썬으로 계산한 결과도 영벡터다.

```
import numpy as np

x1 = np.array([1, 2])
x2 = np.array([3, 3])
x3 = np.array([10, 14])
2 * x1 + x2 - 0.5 * x3
```

```
array([0., 0.])
```

다음 벡터들이 선형독립인지 선형종속인지 판별하라. 선형종속이면 영벡터를 만드는 계수값을 찾아라.

❶ $x_1 = \begin{bmatrix} 1 \\ 0 \end{bmatrix}, \quad x_2 = \begin{bmatrix} 0 \\ 1 \end{bmatrix}$

❷ $x_1 = \begin{bmatrix} 1 \\ 0 \end{bmatrix}, \quad x_2 = \begin{bmatrix} -1 \\ 1 \end{bmatrix}$

❸ $x_1 = \begin{bmatrix} 1 \\ 2 \end{bmatrix}, \quad x_2 = \begin{bmatrix} 2 \\ 4 \end{bmatrix}$

서로 직교하는 영벡터가 아닌 N개의 벡터 $v_1, v_2, ..., v_N$은 선형독립임을 증명하라.

$$v_i^T v_j = 0 \quad (i \neq j)$$

❶ 선형독립인 2개의 2차원 벡터의 예를 들어라.

❷ 선형독립인 2개의 3차원 벡터의 예를 들어라.

❸ 선형독립인 3개의 2차원 벡터의 예를 들어라. 이러한 벡터들이 존재하는가?

❹ 선형독립인 3개의 3차원 벡터의 예를 들어라. 이러한 벡터들이 존재하는가?

❺ 선형독립인 4개의 3차원 벡터의 예를 들어라. 이러한 벡터들이 존재하는가?

선형독립과 선형 연립방정식

선형독립 관계를 행렬과 벡터의 곱으로 나타낼 수도 있다. 다음 식에서 c_i는 x_i에 대한 가중치 계수이고 c는 c_i를 원소로 가지는 가중치 벡터다. X는 열벡터 $x_1, x_2, ..., x_N$을 열로 가지는 행렬이다. 이제부터는 벡터의 집합으로 모두 이런 식으로 행렬로 표시하겠다.

$$c_1 x_1 + \cdots + c_N x_N = \begin{bmatrix} x_1 & x_2 & \cdots & x_N \end{bmatrix} \begin{bmatrix} c_1 \\ c_2 \\ \vdots \\ c_N \end{bmatrix} = Xc$$

따라서 어떤 벡터들이 선형독립인지 아닌지를 알아내는 문제는 선형 연립방정식을 푸는 문제와 같다.

$$Xc = 0$$

이 연립방정식의 해가 영벡터밖에 없으면 선형독립이다. 만약 영벡터가 아닌 해가 존재하면 선형종속이다. 해가 무한히 많은 경우에는 그중에 영벡터가 아닌 해가 반드시 존재하므로 선형종속이다.

벡터 x_1, x_2, ..., x_N이 선형독립이라는 것을 논리 기호로 나타내면 다음과 같다.

$$Xc = 0 \quad \rightarrow \quad c = 0$$

$c = 0$이면 $xc = 0$은 당연히 성립하므로 위 식 대신 다음처럼 쓰기도 한다.

$$Xc = 0 \quad \leftrightarrow \quad c = 0$$

선형종속인 경우

벡터가 선형종속이 되는 대표적인 세 경우를 알아보자. 예측 모형을 만들기 위한 특징행렬 X의 열벡터들이 선형종속이거나 선형종속에 가까운 현상을 **다중공선성**multicollinearity이라고 부른다. 다중공선성이 발생하면 예측의 성능이 나빠지므로 되도록 이러한 경우가 발생하지 않도록 주의해야 한다.

| 경우 1 : 벡터의 개수가 벡터의 차원보다 크면 선형종속이다 |

벡터의 차원보다 벡터 수가 많으면 그 벡터를 행으로 가지는 행렬 X의 행 개수보다 열 개수가 많다. 따라서 이 행렬이 표현하는 연립방정식을 고려하면 미지수 수가 방정식 수보다 커서 해가 무한히 많다. 해가 무한히 많다는 것은 영벡터가 아닌 해 c도 존재한다는 뜻이다. 따라서 그 벡터들은 선형종속이다. 반대로 행 개수가 열 개수와 같거나 크면 대부분 선형독립이다. 우리가 분석할 대부분의 데이터는 데이터(행) 수가 특징(열) 수보다 많기 때문에 여기에 해당한다.

| 경우 2 : 값이 같은 벡터가 있으면 반드시 선형종속이다 |

만약 i번째 벡터 x_i와 j번째 벡터 x_j가 같으면 $c_j = -c_i$로 놓고 다른 c값을 모두 0으로 하면 다음과 같다.

$$0 \cdot x_1 + \cdots + c_i \cdot x_i + \cdots + c_j \cdot x_j + \cdots + 0 \cdot x_N$$
$$= 0 \cdot x_1 + \cdots + c_i \cdot x_i + \cdots + (-c_i) \cdot x_j + \cdots + 0 \cdot x_N$$
$$= 0$$

따라서 다음처럼 중복된 데이터가 있으면 선형종속이다.

$$\begin{bmatrix} 1 & 5 & 1 \\ 3 & 6 & 3 \\ 4 & 6 & 4 \end{bmatrix}$$

벡터 x_j가 벡터 x_i의 실수배인 경우도 마찬가지다.

예측 모형을 위한 특징행렬을 만들 때 실수로 위와 같은 행렬을 만드는 경우가 종종 있다. 우리가 실무에서 다루게 되는 데이터는 그 양이 크기 때문에 엑셀 등으로 한 눈에 볼 수 없는 경우가 많아서 위와 같은 실수를 하는 경우에도 빨리 발견하기 어렵다.

| 경우 3 : 어떤 벡터가 다른 벡터의 선형조합이면 반드시 선형종속이다 |

예를 들어 벡터 x_1과 다른 벡터 x_2, x_3 사이에 다음 관계가 성립한다고 하자.

$$x_1 = 2x_2 - 3x_3$$

그러면 $c_1 = -1$, $c_2 = 2c_3 = -3$일 때

$$-1 \cdot x_1 + 2x_2 - 3x_3 = 0$$

이므로 선형종속이다.

이 경우도 데이터 분석에서 흔히 하는 실수다. 예를 들어 국어, 영어, 수학 점수를 각각 별도의 데이터로 포함하면서 이 세 점수에 의존하는 총점수나 평균을 다시 데이터로 포함하면 선형종속이 된다.

랭크

행렬의 열벡터 중 서로 독립인 열벡터의 최대 개수를 **열랭크**^{column rank}라고 하고 행벡터 중 서로

독립인 행벡터의 최대 개수를 **행랭크**row rank라고 한다. 행랭크와 열랭크에 대해서는 다음 정리가 성립한다.

> **정리** 행랭크와 열랭크는 항상 같다.

따라서 행 랭크나 열 랭크를 그냥 **랭크**rank라고 하기도 한다. 행렬 A의 랭크는 기호로 rank$A$와 같이 표시한다.

행랭크는 행 개수보다 커질 수 없고 열랭크는 열 개수보다 커질 수 없기 때문에 **행 개수가 N이고 열 개수가 M인 행렬의 랭크는 행 개수 N과 열 개수 M 중 작은 값보다 커질 수 없다.**

$$\text{rank}A \leq \min(M, N)$$

$$A \in \mathbf{R}^{N \times M}$$

| 예제 |

다음 행렬 X_1의 두 열벡터는 선형독립이기 때문에 열랭크는 2다.

$$X_1 = \begin{bmatrix} 1 & 3 \\ 2 & 3 \end{bmatrix}$$

| 예제 |

다음 행렬 X_2의 세 열벡터는 선형종속이므로 열랭크는 3보다는 작다. 그런데 이 열벡터 중 앞의 두 개는 서로 독립이므로 X_2의 랭크는 2이다.

$$X_2 = \begin{bmatrix} 1 & 3 & 5 \\ 2 & 3 & 7 \end{bmatrix}$$

넘파이의 linalg 서브패키지의 matrix_rank() 함수로 행렬의 랭크를 계산할 수 있다.

```
X1 = np.array([[1, 3], [2, 4]])
np.linalg.matrix_rank(X1)
```

2

```
X2 = np.array([[1, 3, 5], [2, 3, 7]])
np.linalg.matrix_rank(X2)
```

2

풀랭크

위에서 예로 든 행렬 X_1나 X_2처럼 랭크가 행 개수와 열 개수 중 작은 값과 같으면 **풀랭크**full rank
라고 한다.

$$\text{rank}A = \min(M, N)$$

선형독립인 벡터들을 행 또는 열로 가지는 행렬을 만들면 정의에 의해 항상 풀랭크다.

3.2.4 **연습 문제**

다음 행렬의 랭크를 구하고 풀랭크인지 아닌지 말하라.

❶ $A = \begin{bmatrix} 1 & 5 & 6 \\ 2 & 6 & 8 \\ 3 & 11 & 14 \\ 1 & 4 & 5 \end{bmatrix}$

❷ $B = \begin{bmatrix} 1 & 5 & 6 \\ 2 & 6 & 8 \\ 3 & 11 & 14 \\ 1 & 4 & 8 \end{bmatrix}$

로우–랭크 행렬

N차원 벡터 x 하나를 이용하여 만들어지는 다음과 같은 행렬을 **랭크–1 행렬**rank-1 matrix이라고 한다.

$$xx^T \in \mathbf{R}^{N \times N}$$

이 행렬의 열벡터들은 x라는 하나의 벡터를 x_1배, x_2배, ..., x_n배한 벡터이므로 독립적인 열벡
터는 1개다. 따라서 **랭크–1 행렬의 랭크는 1**이다.

$$xx^T = x \begin{bmatrix} x_1 & x_2 & \cdots & x_n \end{bmatrix}$$
$$= \begin{bmatrix} x_1 x & x_2 x & \cdots & x_n x \end{bmatrix}$$

선형독립인 두 N차원 벡터 x_1, x_2를 이용하여 만든 다음과 같은 행렬은 **랭크-2 행렬**rank-2 matrix이라고 한다.

$$\begin{bmatrix} x_1 & x_2 \end{bmatrix} \begin{bmatrix} x_1^T \\ x_2^T \end{bmatrix} = x_1 x_1^T + x_2 x_2^T$$

앞서와 비슷한 방법으로 **랭크-2 행렬의 랭크는 2**임을 보일 수 있다.

만약 M개의 n차원 벡터 x_1, x_2, ..., x_M을 이용하면 **랭크-M 행렬**rank-M matrix이 된다.

$$\begin{bmatrix} x_1 & x_2 & \cdots & x_M \end{bmatrix} \begin{bmatrix} x_1^T \\ x_2^T \\ \vdots \\ x_M^T \end{bmatrix} = x_1 x_1^T + x_2 x_2^T + \cdots + x_M x_M^T = \sum_{i=1}^{M} x_i x_i^T$$

이러한 행렬들을 가리켜 **로우-랭크 행렬**low-rank matrix이라고 한다. 로우-랭크 행렬은 나중에 특잇값분해와 PCAprincipal component analysis에서 사용된다.

3.2.5 연습 문제

❶ 다음 벡터로 랭크-1 행렬을 만들고 넘파이로 랭크를 계산하여 실제로 1이 나오는지 확인하라.

$$x_1 = \begin{bmatrix} 1 \\ 1 \end{bmatrix}$$

❷ 다음 두 개의 벡터로 랭크-2 행렬을 만들고 넘파이로 랭크를 계산하여 실제로 2가 나오는지 확인하라.

$$x_1 = \begin{bmatrix} 1 \\ 1 \end{bmatrix}, \quad x_2 = \begin{bmatrix} 1 \\ -1 \end{bmatrix}$$

벡터공간과 기저벡터

여러 벡터를 선형조합을 하면 다른 벡터를 만들 수 있다. 벡터 N개가 서로 선형독립이면 이 벡터들을 선형조합하여 만들어지는 모든 벡터의 집합을 **벡터공간**vector space V라 하고 이 벡터공간의 차원을 N이라고 한다. 그리고 그 벡터들을 벡터공간의 **기저벡터**^{basis vector}라고 한다.

$$V = \{c_1 x_1 + \cdots + c_N x_N \mid c_1, \ldots, c_N \in \mathbf{R}\}$$

벡터공간의 차원^{dimension}이 벡터의 차원(길이)가 아니라 **기저벡터 개수**로 정의된다는 점에 유의해야 한다.

N차원 벡터 N개 x_1, x_2, ..., x_N이 선형독립인 경우에는 다음 정리가 성립한다.

> **정리** N개의 N차원 벡터 x_1, x_2, ..., x_N이 선형독립이면 이를 선형조합하여 모든 N차원 벡터를 만들 수 있다.

다음과 같이 증명한다. 임의의 벡터 x가 있다고 하자. 기저벡터 x_1, x_2, ..., x_N과 이 벡터 x를 열벡터로 사용하여 만든 행렬

$$X = [x_1, x_2, \cdots, x_N, x]$$

는 크기가 $N \times (N+1)$이므로 랭크값은 N보다 커질 수는 없다. 그런데 N개의 선형독립인 열벡터가 있기 때문에 랭크값은 N이고 풀랭크다. 따라서 어떠한 N차원 벡터를 생각하더라도 기저벡터의 조합으로 표현할 수 있다.

| 예제 |

다음 벡터의 집합은 선형독립이므로 2차원 벡터공간의 기저벡터다.

$$x_1 = \begin{bmatrix} 1 \\ 2 \end{bmatrix}, \quad x_2 = \begin{bmatrix} 2 \\ 1 \end{bmatrix}$$

따라서 이 기저벡터 $\{x_1, x_2\}$를 선형조합하면 어떠한 2차원 벡터도 만들 수 있다.

| 예제 |

다음 벡터의 집합은 선형독립이 아니므로 벡터공간의 기저벡터가 되지 않는다.

$$x_1 = \begin{bmatrix} 1 \\ 2 \end{bmatrix}, \quad x_2 = \begin{bmatrix} 2 \\ 1 \end{bmatrix}, \quad x_3 = \begin{bmatrix} 5 \\ 7 \end{bmatrix}$$

| 예제 |

다음 벡터의 집합은 선형독립이므로 벡터공간의 기저벡터다.

$$x_1 = \begin{bmatrix} 1 \\ 2 \\ 0 \end{bmatrix}, \quad x_2 = \begin{bmatrix} 2 \\ 1 \\ 0 \end{bmatrix}$$

하지만 이 벡터공간은 3차원 벡터공간이 아니라 2차원 벡터공간이라고 한다. 예를 들어 이 벡터 x_1, x_2를 어떻게 선형조합해도 다음 벡터는 만들 수 없다.

$$c_1 x_1 + c_2 x_2 = \begin{bmatrix} 0 \\ 0 \\ 1 \end{bmatrix}$$

벡터공간의 차원을 기저벡터의 차원과 다르게 정의하는 이유는 선형독립인 기저벡터를 선형조합했을 때 이렇게 만들어낼 수 없는 벡터들이 존재하기 때문이다.

3.2.6 연습 문제

❶ 다음 기저벡터 x_1, x_2를 선형조합하여 벡터 y_1, y_2를 만들어라.

$$x_1 = \begin{bmatrix} 1 \\ 2 \end{bmatrix}, \quad x_2 = \begin{bmatrix} 2 \\ 1 \end{bmatrix}$$

$$y_1 = \begin{bmatrix} 3 \\ 3 \end{bmatrix}, \quad y_2 = \begin{bmatrix} -1 \\ -1 \end{bmatrix}$$

❷ 2차원 벡터공간을 만드는 2차원 기저벡터의 또다른 예를 들어라.

❸ 2차원 벡터공간을 만드는 3차원 기저벡터의 또다른 예를 들어라.

❹ 3차원 벡터공간을 만드는 3차원 기저벡터의 예를 들어라.

3.2.7 연습 문제

N개의 N차원 벡터 x_1, x_2, ..., x_N이 기저벡터다. 이 벡터 x_1, x_2, ..., x_N 각각에 대해 모두 직교인 영벡터가 아닌 벡터 x가 존재하지 않는다는 것을 증명하라.

랭크와 역행렬

정방행렬의 랭크와 역행렬 사이에는 다음과 같은 정리가 성립한다.

> **정리** 정방행렬이 풀랭크면 역행렬이 존재한다. 역도 성립한다. 즉, 정방행렬의 역행렬이 존재하면 풀랭크다.

따라서 다음 두 문장은 같은 뜻이다.

- **정방행렬이 풀랭크다 ↔ 역행렬이 존재한다**

다음과 같이 증명한다.

① 우선 왼쪽에서 오른쪽 방향 즉, 정방행렬이 풀랭크이면 역행렬이 존재한다는 것을 증명하자. 정방행렬이 풀랭크이면 선형독립이고 기저벡터가 되므로 어떠한 벡터에 대해서도 그 벡터를 만들 수 있는 선형조합을 생각할 수 있다. 예를 들어 다음과 같은 벡터 $e_1, ..., e_N$을 만드는 조합 $c_1, ..., c_N$도 있을 수 있다.

$$Xc_1 = e_1 = \begin{bmatrix} 1 \\ 0 \\ \vdots \\ 0 \end{bmatrix}$$

$$Xc_2 = e_2 = \begin{bmatrix} 0 \\ 1 \\ \vdots \\ 0 \end{bmatrix}$$

이 식들을 모으면 다음과 같아진다.

$$X \begin{bmatrix} c_1 & c_2 & \cdots & c_N \end{bmatrix} = XC = I$$

정방행렬의 경우 $XC = I$이면 $CX = I$가 성립한다(연습 문제 2.4.4). 따라서

$$XC = CX = I$$

인 행렬 C가 존재한다. 이 행렬이 역행렬이다.

② 다음으로 오른쪽에서 왼쪽 방향 즉, 역행렬이 존재하면 풀랭크라는 것을 증명하자. 역행렬이 존재하는 경우에 다음 식이 성립한다는 것을 증명하면 된다.

$$Xc = 0 \quad \leftrightarrow \quad c = 0$$

1 우선 역행렬이 존재하든 말든 $c = 0$이면 $Xc = 0$은 당연하다. 따라서 오른쪽에서 왼쪽 방향은 증명된다.
2 다음으로 역행렬이 존재할 때 $Xc = 0$이면

$$X^{-1}Xc = c = 0$$

이므로 왼쪽에서 오른쪽 방향도 증명된다. 따라서 역행렬이 존재하면 풀랭크다.

벡터공간 투영

M개의 N차원 기저벡터 v_1, v_2, ..., v_M이 존재한다고 하자. M은 N보다 작다. 이때 모든 N차원 벡터 x에 대해 기저벡터 v_1, v_2, ..., v_M을 선형조합하여 만든 벡터 $x^{\|v}$와 원래 벡터 x의 차 $x - x^{\|v}$가 모든 기저벡터에 직교하면 그 벡터 $x^{\|v}$를 v_1, v_2, ..., v_M **벡터공간에 대한 투영벡터**라 하고 차이 벡터 $x - x^{\|v} = x^{\perp v}$를 **벡터공간에 대한 직교벡터**라 한다.

$$(x - x^{\|V}) \perp \{v_1, v_2, \cdots, v_M\}$$

다음 그림은 $N = 3$, $M = 2$ 즉 3차원 벡터를 2차원 벡터공간에 투영하는 예를 보인 것이다.

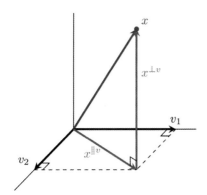

▶ 3차원 벡터를 2차원 벡터공간에 투영하는 예

정규직교인 기저벡터로 이루어진 벡터공간

만약 기저벡터 v_1, v_2, ..., v_M이 정규직교이면 투영벡터 $x^{\|v}$는 각 기저벡터에 대한 내적값으로 표현된다.

$$x^{\|V} = (x^T v_1)v_1 + (x^T v_2)v_2 + \cdots + (x^T v_M)v_M$$

그리고 투영벡터 길이의 제곱은 각 기저벡터와의 내적의 제곱합이다.

$$\|x^{\|V}\|^2 = \sum_{i=1}^{M} (x^T v_i)^2$$

벡터 x에서 이 벡터 $x^{\|V}$를 뺀 벡터 $x - x^{\|V}$, 즉 직교벡터 $x^{\perp V}$가 기저벡터 v_1, v_2, ..., v_M에 모두 직교한다는 것을 다음처럼 증명할 수 있다.

$$\begin{aligned}
v_i^T(x - x^{\|v}) &= v_i^T x - v_i^T \left((x^T v_1)v_1 + (x^T v_2)v_2 + \cdots + (x^T v_M)v_M \right) \\
&= v_i^T x - \left((x^T v_1)v_i^T v_1 + (x^T v_2)v_i^T v_2 + \cdots + (x^T v_M)v_i^T v_M \right) \\
&= v_i^T x - x^T v_i \\
&= 0
\end{aligned}$$

따라서 **직교벡터** $x^{\perp V}$**는 기저벡터** v_1, v_2, ..., v_M**으로 이루어진 벡터공간의 모든 벡터에 대해 직교한다.**

이 사실로부터 **벡터** x**의 투영벡터** $x^{\|V}$**는 기저벡터** v_1, v_2, ..., v_M**으로 이루어진 벡터공간의 모든 벡터 중에서 가장 벡터** x**와 가까운 벡터**라는 것도 알 수 있다.

기저벡터 v_1, v_2, ..., v_M으로 이루어진 벡터공간의 어떤 벡터를 y라고 하자. 그러면 $x^{\|V}$와 y의 차이 벡터 $x^{\|v} - y$도 v_1, v_2, ..., v_M으로 이루어진 벡터공간에 존재하므로 직교벡터 $x^{\perp V}$와 직교한다.

$$\begin{aligned}
\|x - y\|^2 &= \|x - x^{\|V} + (x^{\|V} - y)\|^2 \\
&= \|x^{\perp V} + (x^{\|V} - y)\|^2 \\
&= \|x^{\perp V}\|^2 + \|(x^{\|V} - y)\|^2 \\
&\geq \|x^{\perp V}\|^2
\end{aligned}$$

표준기저벡터

기저벡터 중에서도 원소 중 하나만 값이 1이고 다른 값은 0으로 이루어진 다음과 같은 기저벡터를 **표준기저벡터**standard basis vector라고 한다.

$$e_1 = \begin{bmatrix} 1 \\ 0 \\ \vdots \\ 0 \end{bmatrix}, \quad e_2 = \begin{bmatrix} 0 \\ 1 \\ \vdots \\ 0 \end{bmatrix}, \quad \cdots, \quad e_N = \begin{bmatrix} 0 \\ 0 \\ \vdots \\ 1 \end{bmatrix}$$

표준기저벡터를 열로 가지는 행렬은 항등행렬이 된다.

$$\begin{bmatrix} e_1 & e_2 & \cdots & e_N \end{bmatrix} = I_N$$

좌표

어떤 벡터의 **좌표**coordinate는 기저벡터를 선형조합하여 그 벡터를 나타내기 위한 계수벡터를 말한다.

예를 들어 다음처럼 기저벡터 $\{e_1, e_2\}$를 선형조합하여 벡터 x를 나타낼 수 있다고 가정하자.

$$x = x_{e_1} e_1 + x_{e_2} e_2$$

이때 벡터 x_e

$$x_e = \begin{bmatrix} x_{e_1} \\ x_{e_2} \end{bmatrix}$$

를 벡터 x의 기저벡터 $\{e_1, e_2\}$에 대한 좌표벡터 혹은 간단히 **좌표**coordinate라고 한다. 벡터와 기저벡터 그리고 좌표의 관계는 다음과 같다.

$$x = [e_1 e_2] \begin{bmatrix} x_{e_1} \\ x_{e_2} \end{bmatrix} = [e_1 e_2] \, x_e$$

표준기저벡터를 모아놓은 행렬이 항등행렬이기 때문에 표준기저벡터에 대한 벡터의 좌표 x_e는 원래 벡터 x와 같다. 하지만 같은 벡터라도 다른 기저벡터를 사용하면 좌표가 달라진다. 따라서 하나의 벡터도 기저벡터에 따라 여러 좌표를 가질 수 있다.

```python
import matplotlib.pylab as plt

gray = {'facecolor': 'gray'}
black = {'facecolor': 'black'}
red = {'facecolor': 'red'}
green = {'facecolor': 'green'}
blue = {'facecolor': 'blue'}
lightgreen ={'facecolor': 'lightgreen'}


e1 = np.array([1, 0])
e2 = np.array([0, 1])
x = np.array([2, 2])

plt.annotate('', xy=2 * e1, xytext=(0, 0), arrowprops=gray)
plt.annotate('', xy=2 * e2, xytext=(0, 0), arrowprops=gray)
plt.annotate('', xy=e1, xytext=(0, 0), arrowprops=green)
plt.annotate('', xy=e2, xytext=(0, 0), arrowprops=green)
plt.annotate('', xy=x, xytext=(0, 0), arrowprops=gray)

plt.plot(0, 0, 'ro', ms=10)
plt.plot(x[0], x[1], 'ro', ms=10)

plt.text(1.05, 1.35, '$x$', fontdict={'size': 18})
plt.text(-0.3, 0.5, '$e_2$', fontdict={'size': 18})
plt.text(0.5, -0.2, '$e_1$', fontdict={'size': 18})

plt.xticks(np.arange(-2, 4))
plt.yticks(np.arange(-1, 4))
plt.xlim(-1.5, 3.5)
plt.ylim(-0.5, 3)
plt.show()
```

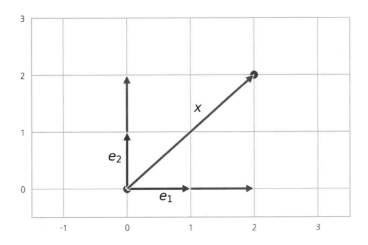

| 예제 |

다음 기저벡터 $\{g_1, g_2\}$를 사용하면

$$g_1 = \begin{bmatrix} 1 \\ 0 \end{bmatrix}, \; g_2 = \begin{bmatrix} -1 \\ 1 \end{bmatrix}$$

위에 예로 든 벡터 x는 기저벡터 $\{g_1, g_2\}$를 다음처럼 선형조합하여 표현할 수 있다.

$$x = 4g_1 + 2g_2 = \begin{bmatrix} g_1 & g_2 \end{bmatrix} \begin{bmatrix} 4 \\ 2 \end{bmatrix} = \begin{bmatrix} g_1 & g_2 \end{bmatrix} x_g$$

따라서 기저벡터 $\{g_1, g_2\}$에 대한 x의 좌표는 다음과 같다.

$$x_g = \begin{bmatrix} 4 \\ 2 \end{bmatrix}$$

```
g1 = np.array([1, 0])
g2 = np.array([-1, 1])
x = np.array([2, 2])

plt.annotate('', xy=4 * g1, xytext=(0, 0), arrowprops=lightgreen)
plt.annotate('', xy=2 * g2, xytext=(0, 0), arrowprops=lightgreen)
plt.annotate('', xy=g1, xytext=(0, 0), arrowprops=green)
plt.annotate('', xy=g2, xytext=(0, 0), arrowprops=green)
```

```
plt.annotate('', xy=x, xytext=(0, 0), arrowprops=gray)

plt.plot(0, 0, 'ro', ms=10)
plt.plot(x[0], x[1], 'ro', ms=10)

plt.text(1.05, 1.35, '$x$', fontdict={'size': 18})
plt.text(-0.3, 0.5, '$g_2$', fontdict={'size': 18})
plt.text(0.5, -0.5, '$g_1$', fontdict={'size': 18})

plt.xticks(np.arange(-10, 10))
plt.yticks(np.arange(-10, 10))
plt.xlim(-3, 7)
plt.ylim(-2, 5)
plt.show()
```

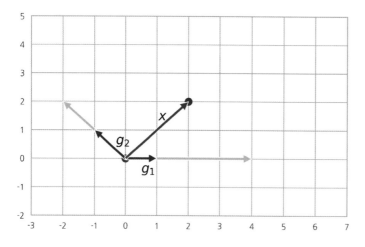

변환행렬

원래의 기저벡터가 아닌 새로운 기저벡터가 있다고 하자. 이 새로운 기저벡터들의 기존 기저벡터에 대한 좌표를 열벡터로 보고 이를 행렬로 묶은 행렬 A를 생각하자.

예를 들어 기존 기저벡터 $\{e_1, e_2\}$와 새로운 기저벡터 $\{g_1, g_2\}$ 간에 다음과 같은 관계가 성립한다면,

$$g_1 = \frac{1}{\sqrt{2}}e_1 + \frac{1}{\sqrt{2}}e_2$$

$$g_2 = -\frac{1}{\sqrt{2}}e_1 + \frac{1}{\sqrt{2}}e_2$$

e_1, e_2에 대한 g_1, g_2의 좌표벡터는 다음처럼 열벡터로 나타낼 수 있다.

$$g_{1e} = \begin{bmatrix} \dfrac{1}{\sqrt{2}} \\ \dfrac{1}{\sqrt{2}} \end{bmatrix}, \quad g_{2e} = \begin{bmatrix} -\dfrac{1}{\sqrt{2}} \\ \dfrac{1}{\sqrt{2}} \end{bmatrix}$$

두 좌표벡터들을 합쳐서 행렬로 표시하면 다음과 같다.

$$\begin{bmatrix} g_1 & g_2 \end{bmatrix} = \begin{bmatrix} e_1 & e_2 \end{bmatrix}\begin{bmatrix} g_{1e} & g_{2e} \end{bmatrix} = \begin{bmatrix} e_1 & e_2 \end{bmatrix}A$$

$$A = \begin{bmatrix} \dfrac{1}{\sqrt{2}} & -\dfrac{1}{\sqrt{2}} \\ \dfrac{1}{\sqrt{2}} & \dfrac{1}{\sqrt{2}} \end{bmatrix}$$

```python
e1 = np.array([1, 0])
e2 = np.array([0, 1])
a = np.array([2, 2])
g1 = np.array([1, 1]) / np.sqrt(2)
g2 = np.array([-1, 1]) / np.sqrt(2)

plt.annotate('', xy=e1, xytext=(0, 0), arrowprops=green)
plt.annotate('', xy=e2, xytext=(0, 0), arrowprops=green)
plt.annotate('', xy=g1, xytext=(0, 0), arrowprops=red)
plt.annotate('', xy=g2, xytext=(0, 0), arrowprops=red)

plt.text(-0.18, 0.5, '$e_2$', fontdict={'size': 18})
plt.text(0.5, -0.2, '$e_1$', fontdict={'size': 18})
plt.text(0.3, 0.5, '$g_1$', fontdict={'size': 18})
plt.text(-0.45, 0.2, '$g_2$', fontdict={'size': 18})

plt.xticks(np.arange(-2, 4))
plt.yticks(np.arange(-1, 4))
plt.xlim(-1.2, 1.7)
```

```
plt.ylim(-0.5, 1.3)
plt.show()
```

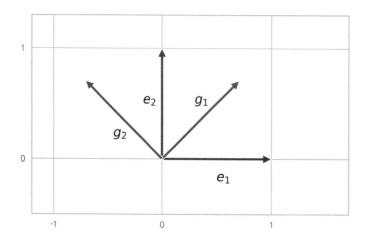

좌표변환

새로운 기저벡터에 대해 좌표를 계산하는 것을 **좌표변환**coordinate transform이라고 한다.

2차원의 경우를 예로 들어보자. 벡터 x의 기저벡터 $\{e_1, e_2\}$에 대한 좌표 x_e를 새로운 기저벡터 $\{g_1, g_2\}$에 대한 좌표 x_g로 변환하고자 한다.

새로운 기저벡터에 대한 좌푯값이 가리키는 실제 위치는 원래의 벡터가 가리키는 실제 위치와 같아야 되므로

$$x = x_{e1}e_1 + x_{e2}e_2 = x_{g1}g_1 + x_{g2}g_2$$

$$x = \begin{bmatrix} e_1 & e_2 \end{bmatrix} x_e = \begin{bmatrix} g_1 & g_2 \end{bmatrix} x_g$$

이 식에

$$\begin{bmatrix} g_1 & g_2 \end{bmatrix} = \begin{bmatrix} e_1 & e_2 \end{bmatrix} A$$

를 대입하면

$$x = \begin{bmatrix} e_1 & e_2 \end{bmatrix} x_e = \begin{bmatrix} e_1 & e_2 \end{bmatrix} A x_g$$

이 된다. 이 식으로부터 다음 식이 성립한다.

$$x_e = A x_g$$

$$x_g = A^{-1} x_e = T x_e$$

이때 A의 역행렬 $T = A^{-1}$을 **변환행렬** transform matrix이라고 한다.

예를 들어 벡터 x의 표준기저벡터에 대한 좌표가 다음과 같다고 하자.

$$x = 2e_1 + 2e_2 = \begin{bmatrix} 2 \\ 2 \end{bmatrix} = x_e$$

표준기저벡터에 대한 새로운 기저벡터의 좌표가 다음과 같다면

$$g_{1e} = \begin{bmatrix} \dfrac{1}{\sqrt{2}} \\ \dfrac{1}{\sqrt{2}} \end{bmatrix}, \quad g_{2e} = \begin{bmatrix} -\dfrac{1}{\sqrt{2}} \\ \dfrac{1}{\sqrt{2}} \end{bmatrix}$$

새로운 기저벡터에 대한 벡터 A의 좌표는 위의 공식을 이용하여 다음처럼 계산할 수 있다.

$$x_g = A^{-1} x_e = \begin{bmatrix} \dfrac{1}{\sqrt{2}} & -\dfrac{1}{\sqrt{2}} \\ \dfrac{1}{\sqrt{2}} & \dfrac{1}{\sqrt{2}} \end{bmatrix}^{-1} \begin{bmatrix} 2 \\ 2 \end{bmatrix} = \begin{bmatrix} \dfrac{1}{\sqrt{2}} & \dfrac{1}{\sqrt{2}} \\ -\dfrac{1}{\sqrt{2}} & \dfrac{1}{\sqrt{2}} \end{bmatrix} \begin{bmatrix} 2 \\ 2 \end{bmatrix} = \begin{bmatrix} 2\sqrt{2} \\ 0 \end{bmatrix}$$

다음 그림은 이 변환을 나타낸 것이다.

```
e1 = np.array([1, 0])
e2 = np.array([0, 1])
x = np.array([2, 2])
g1 = np.array([1, 1]) / np.sqrt(2)
g2 = np.array([-1, 1]) / np.sqrt(2)

plt.annotate('', xy=e1, xytext=(0, 0), arrowprops=green)
plt.annotate('', xy=e2, xytext=(0, 0), arrowprops=green)
plt.annotate('', xy=x, xytext=(0, 0), arrowprops=gray)
plt.annotate('', xy=g1, xytext=(0, 0), arrowprops=red)
```

```
plt.annotate('', xy=g2, xytext=(0, 0), arrowprops=red)

plt.plot(0, 0, 'ro', ms=10)
plt.plot(x[0], x[1], 'ro', ms=10)

plt.text(1.05, 1.35, '$x$', fontdict={'size': 18})
plt.text(-0.3, 0.5, '$e_2$', fontdict={'size': 18})
plt.text(0.5, -0.2, '$e_1$', fontdict={'size': 18})
plt.text(0.2, 0.5, '$g_1$', fontdict={'size': 18})
plt.text(-0.6, 0.2, '$g_2$', fontdict={'size': 18})

plt.xticks(np.arange(-2, 4))
plt.yticks(np.arange(-1, 4))
plt.xlim(-1.5, 3.5)
plt.ylim(-0.5, 3)
plt.show()
```

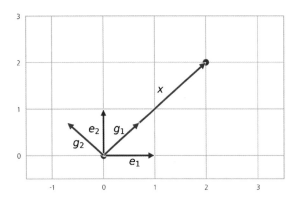

넘파이를 사용하면 다음처럼 계산할 수 있다.

```
A = np.vstack([g1, g2]).T
A
```

```
array([[ 0.70710678, -0.70710678],
       [ 0.70710678,  0.70710678]])
```

```
Ainv = np.linalg.inv(A)
Ainv
```

```
array([[ 0.70710678,  0.70710678],
       [-0.70710678,  0.70710678]])
```

```
Ainv.dot(x)
```

```
array([2.82842712, 0.        ])
```

즉, **새로운 좌표벡터는 원래의 좌표벡터에 변환행렬을 곱하여** 구할 수 있다.

3.2.8 **연습 문제**

만약 새로운 기저벡터의 좌표가 다음과 같다면 원래의 좌표 (1, 0), (1, 2), (−1, 2)는 각각 어떤 좌푯값이 될지 계산하라.

$$g_1 = \begin{bmatrix} 1 \\ 0.75 \end{bmatrix}, \quad g_2 = \begin{bmatrix} -1 \\ 0.75 \end{bmatrix}$$

이미지 변환

새로운 기저벡터에 대한 좌표변환을 응용하면 이미지를 자유롭게 변환할 수도 있다. 파이썬에서는 scipy.ndimage 패키지의 affine_transform() 명령을 사용한다. 이 명령은 이미지를 이루는 픽셀을 새로운 좌표로 이동시킨다. 인수로는 이미지 데이터와 **변환행렬의 역행렬(위에서 A로 표시한 행렬)**을 받는다. 단 파이썬 이미지에서는 다음과 같은 표준기저벡터를 사용하고 (x_1이 아래를 향하는 세로축, x_2가 오른쪽을 향하는 가로축) **원점이 왼쪽 상단의 점**이라는 점에 유의한다.

$$e_1 = \begin{bmatrix} 0 \\ -1 \end{bmatrix}, \quad e_2 = \begin{bmatrix} 1 \\ 0 \end{bmatrix}$$

다음은 위에서 예로 든 기저벡터 $\{g_1, g_2\}$로 이미지 변환한 예다(그림에서 기저벡터 크기는 설명을 위해 과장하여 크게 표시했다).

```
import scipy as sp
import scipy.misc
import scipy.ndimage

f = sp.misc.face(gray=True)

e1 = np.array([0, 1]) # 맷플롯립의 이미지 좌표규약으로 부호 변경
e2 = np.array([1, 0])
E = np.vstack([e1, e2]).T
g1 = np.array([1, 1]) / np.sqrt(2)
g2 = np.array([-1, 1]) / np.sqrt(2)
A = np.vstack([g1, g2]).T
gc1 = E @ g1
gc2 = E @ g2

plt.subplot(121)
plt.imshow(f, cmap=mpl.cm.bone, alpha=0.9)
plt.annotate('', xy=500*e1, xytext=(0,0), arrowprops=green)
plt.annotate('$e_1$', xy=500*e1, xytext=500*e1 + [-100,0])
plt.annotate('', xy=500*e2, xytext=(0,0), arrowprops=green)
plt.annotate('$e_2$', xy=500*e2, xytext=500*e2 + [0, -50])
plt.annotate('', xy=500*gc1, xytext=(0, 0), arrowprops=red)
plt.annotate('$g_1$', xy=500*gc1, xytext=500*gc1 + [50, -50])
plt.annotate('', xy=500*gc2, xytext=(0, 0), arrowprops=red)
plt.annotate('$g_2$', xy=500*gc2, xytext=500*gc2 + [50, 0])
plt.axis('off')
plt.xlim(-200, 1000)
plt.ylim(800, -500)
plt.title('좌표변환전')

f1 = sp.ndimage.affine_transform(f, A)

plt.subplot(122)
plt.imshow(f1, cmap=mpl.cm.bone, alpha=0.8)
plt.annotate('', xy=500*e1, xytext=(0,0), arrowprops=red)
plt.annotate('$g_1$', xy=500*e1, xytext=500*e1 + [-100,0])
plt.annotate('', xy=500*e2, xytext=(0,0), arrowprops=red)
plt.annotate('$g_2$', xy=500*e2, xytext=500*e2 + [0, -50])
plt.axis('off')
plt.xlim(-200, 1000)
```

```
plt.ylim(800, -500)
plt.title('좌표변환후')
plt.show()
```

3.2.9 연습 문제

다음 기저벡터를 이용하여 앞의 이미지를 변환하라. 변환한 이미지를 만들기 전에 어떤 이미지가 나올지 생각해보자.

$$g_1 = \begin{bmatrix} 1 \\ 0.75 \end{bmatrix}, \quad g_2 = \begin{bmatrix} -1 \\ 0.75 \end{bmatrix}$$

3.3 고윳값분해

고윳값분해와 다음에 설명할 특잇값분해는 행렬의 내부 구조를 살펴보거나 행렬을 이용한 연산을 더 효율적으로 할 때 유용하다. 고윳값분해의 정의를 살펴보고 이와 관련된 다양한 정리도 살펴보자. 고윳값분해와 관련된 정리는 증명이 복잡하고 이 책의 범위를 넘는 경우가 많으므로 대부분 증명을 생략하도록 하겠다. 하지만 정리 자체는 데이터 분석에서 많이 사용되니 알아두기 바란다.

고윳값과 고유벡터

정방행렬 A에 대해 다음 식을 만족하는 영벡터가 아닌 벡터 v, 실수 λ를 찾을 수 있다고 가정하자.

$$Av = \lambda v$$

위 식을 만족하는 실수 λ를 **고윳값**eigenvalue, 벡터 v를 **고유벡터**eigenvector라고 한다. 고윳값과 고유벡터를 찾는 작업을 **고유분해**eigen-decomposition 또는 **고윳값분해**eigenvalue decomposition라고 한다.

행렬 A의 고유벡터는 행렬 A를 곱해서 변환을 해도 방향이 바뀌지 않는 벡터다. 고윳값은 변환된 고유벡터와 원래 고유벡터의 크기 비율이다.

위 식은 다음처럼 쓸 수도 있다.

$$Av - \lambda v = (A - \lambda I)v = 0$$

| 예제 |

행렬 A

$$A = \begin{bmatrix} 1 & -2 \\ 2 & -3 \end{bmatrix}$$

에 대해 다음 스칼라값과 벡터는 각각 고윳값, 고유벡터가 된다.

$$\lambda = -1$$

$$v = \begin{bmatrix} 1 \\ 1 \end{bmatrix}$$

$$Av = \begin{bmatrix} 1 & -2 \\ 2 & -3 \end{bmatrix}\begin{bmatrix} 1 \\ 1 \end{bmatrix} = \begin{bmatrix} -1 \\ -1 \end{bmatrix} = (-1)\begin{bmatrix} 1 \\ 1 \end{bmatrix} = \lambda v$$

어떤 벡터 v가 고유벡터가 되면 이 벡터에 실수를 곱한 벡터 cv, 즉 v와 방향이 같은 벡터는 모두 고유벡터가 된다.

$$A(cv) = cAv = c\lambda v = \lambda(cv)$$

그래서 보통 고유벡터를 표시할 때는 길이가 1인 단위벡터가 되도록 다음처럼 정규화^{normalization}를 한다.

$$\frac{v}{\|v\|}$$

따라서 위 행렬 A의 고윳값–고유벡터는 보통 다음처럼 나타낸다.

$$\lambda = -1$$

$$v = \begin{bmatrix} \dfrac{\sqrt{2}}{2} \\ \dfrac{\sqrt{2}}{2} \end{bmatrix} \approx \begin{bmatrix} 0.7071 \\ 0.7071 \end{bmatrix}$$

3.3.1 연습 문제

다음 행렬 B가

$$B = \begin{bmatrix} 2 & 3 \\ 2 & 1 \end{bmatrix}$$

다음과 같은 두 가지 고윳값–고유벡터를 가짐을 증명하라.

$$\lambda_1 = 4, \quad v_1 = \begin{bmatrix} 3 \\ 2 \end{bmatrix}, \qquad \lambda_2 = -1, \quad v_2 = \begin{bmatrix} -1 \\ 1 \end{bmatrix}$$

또는

$$\lambda_1 = 4, \quad v_1 = \begin{bmatrix} \dfrac{3}{\sqrt{13}} \\ \dfrac{2}{\sqrt{13}} \end{bmatrix} \approx \begin{bmatrix} 0.8321 \\ 0.5547 \end{bmatrix}$$

$$\lambda_2 = -1, \quad v_2 = \begin{bmatrix} -\dfrac{1}{\sqrt{2}} \\ \dfrac{1}{\sqrt{2}} \end{bmatrix} \approx \begin{bmatrix} -0.7071 \\ 0.7071 \end{bmatrix}$$

특성방정식

지금까지는 행렬과 그 행렬의 고윳값-고유벡터를 주고 이들이 정말 고윳값-고유벡터인지를 계산으로 증명했다. 그러면 행렬만 주어졌을 때 고윳값-고유벡터를 어떻게 구할 수 있을까?

행렬 A의 고윳값은 $A - \lambda I$의 행렬식이 0이 되도록 하는 **특성방정식**characteristic equation의 해를 구하면 된다.

$$\det(A - \lambda I) = 0$$

이 조건은 행렬 $A - \lambda I$가 역행렬이 존재하지 않는다는 뜻이다. 만약 $A - \lambda I$의 역행렬이 존재한다면 고윳값 조건을 만족하는 벡터가 항상 영벡터가 되기 때문이다.

$$(A - \lambda I)^{-1}(A - \lambda I)v = 0 \quad \rightarrow \quad v = 0$$

| 예제 |

행렬

$$A = \begin{bmatrix} 1 & -2 \\ 2 & -3 \end{bmatrix}$$

에 대해서는 특성방정식이 다음과 같다.

$$
\begin{aligned}
\det(A - \lambda I) &= \det\left(\begin{bmatrix} 1 & -2 \\ 2 & -3 \end{bmatrix} - \begin{bmatrix} \lambda & 0 \\ 0 & \lambda \end{bmatrix} \right) \\
&= \det \begin{bmatrix} 1-\lambda & -2 \\ 2 & -3-\lambda \end{bmatrix} \\
&= (1-\lambda)(-3-\lambda) + 4 \\
&= \lambda^2 + 2\lambda + 1 = 0
\end{aligned}
$$

인수분해를 하여 이차방정식인 특성방정식을 풀면

$$\lambda^2 + 2\lambda + 1 = (\lambda + 1)^2 = 0$$

에서 고윳값은 −1이다.

원래 이차방정식은 해를 최대 2개 가질 수 있지만, 이 경우에는 하나만 존재하기 때문에 이러한 해를 **중복고윳값**repeated eigenvalue이라고 한다.

| 예제 |

행렬

$$B = \begin{bmatrix} 2 & 3 \\ 2 & 1 \end{bmatrix}$$

에 대해서는 특성방정식이 다음과 같다.

$$
\begin{aligned}
\det(B - \lambda I) &= \det\left(\begin{bmatrix} 2 & 3 \\ 2 & 1 \end{bmatrix} - \begin{bmatrix} \lambda & 0 \\ 0 & \lambda \end{bmatrix} \right) \\
&= \det \begin{bmatrix} 2 - \lambda & 3 \\ 2 & 1 - \lambda \end{bmatrix} \\
&= (2 - \lambda)(1 - \lambda) - 6 \\
&= \lambda^2 - 3\lambda - 4 = 0
\end{aligned}
$$

인수분해를 하여 이차방정식인 특성방정식을 풀면

$$\lambda^2 - 3\lambda - 4 = (\lambda - 4)(\lambda + 1) = 0$$

에서 고윳값은 4와 −1이다.

| 예제 |

2차 방정식의 실수 해가 존재하지 않는 경우도 있기 때문에 실수 고윳값이 없는 행렬도 있을 수 있다.

행렬

$$C = \begin{bmatrix} 0 & -1 \\ 1 & 0 \end{bmatrix}$$

의 특성방정식은 다음과 같다.

$$
\begin{aligned}
\det(C - \lambda I) &= \det\left(\begin{bmatrix} 0 & -1 \\ 1 & 0 \end{bmatrix} - \begin{bmatrix} \lambda & 0 \\ 0 & \lambda \end{bmatrix} \right) \\
&= \lambda^2 + 1 \\
&= 0
\end{aligned}
$$

이 특성방정식의 실수해는 존재하지 않음을 알 수 있다. 따라서 행렬 C는 실수인 고윳값을 가지지 않는다.

만약 고윳값-고유벡터가 복소수^{complex number}가 되어도 괜찮다면 행렬 C는 2개의 고윳값을 가진다고 할 수 있다.

$$\lambda = i, \quad \lambda = -i$$

3.3.2 **연습 문제**

특성방정식을 이용하여 다음 행렬의 고윳값을 구하라.

$$D = \begin{bmatrix} 2 & 1 \\ 1 & 2 \end{bmatrix}$$

고윳값의 개수

n차방정식이 항상 n개의 복소수 해를 가진다는 사실을 이용하면 n차원 정방행렬의 고윳값 개수에 대해 다음 정리가 성립한다.

> **정리** 중복된 고윳값을 각각 별개로 생각하고 복소수인 고윳값도 고려한다면 n차원 정방행렬의 고윳값은 항상 n개다.

고윳값과 대각합/행렬식

어떤 행렬의 고윳값이 λ_1, λ_2, ..., λ_N이라고 하면 **모든 고윳값의 곱은 행렬식의 값과 같고 모든 고윳값의 합은 대각합**^{trace}**의 값과 같다.**

$$\det(A) = \prod_{i=1}^{N} \lambda_i$$

$$\mathrm{tr}(A) = \sum_{i=1}^{N} \lambda_i$$

| 예제 |

행렬 A에 대해서 대각합과 행렬식은 다음과 같다.

$$\text{tr}(A) = 1 + (-3) = -2$$

$$\det(A) = 1 \cdot (-3) - 2 \cdot (-2) = 1$$

그런데 고윳값이 $\lambda_1 = -1$, $\lambda_2 = -1$ (중복된 고윳값)이므로

$$\lambda_1 + \lambda_2 = -2 = \text{tr}(A)$$

$$\lambda_1 \cdot \lambda_2 = 1 = \det(A)$$

가 성립한다.

| 예제 |

행렬 B에 대해서도 고윳값이 $\lambda_1 = 4$, $\lambda_2 = -1$이고

$$\lambda_1 + \lambda_2 = 3 = \text{tr}(B) = 2 + 1 = 3$$

$$\lambda_1 \cdot \lambda_2 = -4 = \det(B) = 2 \cdot 1 - 2 \cdot 3 = -4$$

가 성립한다.

고유벡터의 계산

고윳값을 알면 다음 연립 방정식을 풀어 고유벡터를 구할 수 있다.

$$(A - \lambda I)v = 0$$

| 예제 |

앞에서 예로 든 행렬 A에 대해서는

$$\begin{bmatrix} 1+1 & -2 \\ 2 & -3+1 \end{bmatrix} \begin{bmatrix} v_1 \\ v_2 \end{bmatrix} = 0$$

$$\begin{bmatrix} 2 & -2 \\ 2 & -2 \end{bmatrix} \begin{bmatrix} v_1 \\ v_2 \end{bmatrix} = 0$$

이므로

$$2v_1 - 2v_2 = 0$$

즉,

$$v_1 = v_2$$

를 만족하는 모든 벡터가 고유벡터임을 알 수 있다. 즉

$$v = \begin{bmatrix} 1 \\ 1 \end{bmatrix}$$

또는 단위벡터

$$v = \begin{bmatrix} \dfrac{\sqrt{2}}{2} \\ \dfrac{\sqrt{2}}{2} \end{bmatrix}$$

가 유일한 고유벡터다. 중복된 고유벡터라고도 한다.

| 예제 |

고윳값이 중복되었다고 고유벡터도 항상 중복되는 것은 아니다. 예를 들어 항등행렬 I의 고윳값은 1로 중복된 고윳값을 가진다.

$$\det(I - \lambda I) = \det\left(\begin{bmatrix} 1 - \lambda & 0 \\ 0 & 1 - \lambda \end{bmatrix}\right) = (\lambda - 1)^2 = 0$$

하지만 이 값을 고윳값과 고유벡터 정의에 대입하면

$$\begin{bmatrix} 0 & 0 \\ 0 & 0 \end{bmatrix}\begin{bmatrix} v_1 \\ v_2 \end{bmatrix} = 0$$

으로 임의의 2차원 벡터는 모두 고유벡터가 된다. 즉

$$\begin{bmatrix} 1 \\ 0 \end{bmatrix}, \begin{bmatrix} 0 \\ 1 \end{bmatrix}$$

둘 다 고유벡터다.

특성방정식을 이용하여 다음 행렬의 고윳값과 고유벡터를 구하라.

❶ $E = \begin{bmatrix} 2 & 3 \\ 2 & 1 \end{bmatrix}$

❷ $F = \begin{bmatrix} 1 & 1 \\ 0 & 1 \end{bmatrix}$

중복된 고윳값 λ에 대해 서로 다른 고유벡터 v_1, v_2가 존재하면 이 두 벡터의 선형조합

$$c_1 v_1 + c_2 v_2$$

도 고윳값 λ에 대한 고유벡터임을 증명하라.

넘파이를 사용한 고유분해

넘파이의 linalg 서브패키지에서는 고윳값과 고유벡터를 구하는 eig() 명령을 제공한다. 고윳값은 벡터의 형태로, 고유벡터는 고유벡터 행렬의 형태로 묶어서 나오고 고유벡터는 크기가 1인 단위벡터로 정규화가 되어 있다. 실수인 고윳값이 존재하지 않는 행렬에 대해서는 복소수인 고윳값과 고유벡터를 계산한다.

eig() 명령의 결과로 나오는 고유벡터 행렬은 행이 아니라 **열을 고유벡터로 가진다**는 점에 주의한다. 수치계산의 오류로 인해 중복되는 고윳값이 미세하게 다른 값으로 계산될 수도 있다.

```
A = np.array([[1, -2], [2, -3]])
w1, V1 = np.linalg.eig(A)

print(w1)
print(V1)
```

```
[-0.99999998 -1.00000002]
[[0.70710678 0.70710678]
 [0.70710678 0.70710678]]
```

```
B = np.array([[2, 3], [2, 1]])
w2, V2 = np.linalg.eig(B)

print(w2)
print(V2)
```

```
[ 4. -1.]
[[ 0.83205029 -0.70710678]
 [ 0.5547002   0.70710678]]
```

```
C = np.array([[0, -1], [1, 0]])
w3, V3 = np.linalg.eig(C)

print(w3)
print(V3)
```

```
[0.+1.j 0.-1.j]
[[0.70710678+0.j         0.70710678-0.j        ]
 [0.        -0.70710678j 0.        +0.70710678j]]
```

3.3.5 **연습 문제**

지금까지 연습 문제에 나온 행렬들에 대해 넘파이를 사용하여 고유분해를 하라.

대각화

N차원 정방행렬 A가 복소수 고윳값 N개와 이에 대응하는 고유벡터를 가진다는 성질을 이용하면 다음처럼 행렬을 분해할 수 있다.

행렬 A의 고윳값과 이에 대응하는 단위벡터인 고유벡터를 각각

$$\lambda_1, \lambda_2, \cdots, \lambda_N \quad v_1, v_2, \cdots, v_N$$

이라고 하자.

이 고윳값과 고유벡터를 묶어서 다음과 같이 고유벡터행렬, 고윳값행렬을 정의할 수 있다.

고유벡터행렬 V는 고유벡터를 열벡터로 옆으로 쌓아서 만든 행렬이다.

$$V = [v_1 \cdots v_N]$$

$$V \in \mathbf{R}^{N \times N}$$

고윳값행렬 Λ은 고윳값을 대각성분으로 가지는 대각행렬이다.

$$\Lambda = \begin{bmatrix} \lambda_1 & 0 & \cdots & 0 \\ 0 & \lambda_2 & \cdots & 0 \\ \vdots & \vdots & \ddots & \vdots \\ 0 & 0 & \cdots & \lambda_N \end{bmatrix}$$

$$\Lambda \in \mathbf{R}^{N \times N}$$

위와 같이 고유벡터행렬과 고윳값행렬을 정의하면 **행렬과 고유벡터행렬의 곱은 고유벡터행렬과 고윳값행렬의 곱과 같다.**

$$\begin{aligned} AV &= A[v_1 \cdots v_N] \\ &= [Av_1 \cdots Av_N] \\ &= [\lambda_1 v_1 \cdots \lambda_N v_N] \\ &= [v_1 \cdots v_N] \begin{bmatrix} \lambda_1 & 0 & \cdots & 0 \\ 0 & \lambda_2 & \cdots & 0 \\ \vdots & \vdots & \ddots & \vdots \\ 0 & 0 & \cdots & \lambda_N \end{bmatrix} \\ &= V\Lambda \end{aligned}$$

즉,

$$AV = V\Lambda$$

만약 **고유벡터행렬** V**의 역행렬이 존재한다면** 행렬을 다음처럼 고유벡터행렬과 고윳값행렬의 곱으로 표현할 수 있다. 이를 행렬의 **대각화**diagonalization라고 한다.

$$A = V\Lambda V^{-1}$$

| 예제 |

위에서 예로 든 행렬 B를 대각화하면 다음과 같다.

$$V = \begin{bmatrix} \dfrac{3}{\sqrt{13}} & -\dfrac{1}{\sqrt{2}} \\ \dfrac{2}{\sqrt{13}} & \dfrac{1}{\sqrt{2}} \end{bmatrix}$$

$$\Lambda = \begin{bmatrix} 4 & 0 \\ 0 & -1 \end{bmatrix}$$

$$V^{-1} = \frac{1}{5} \begin{bmatrix} \sqrt{13} & \sqrt{13} \\ -2\sqrt{2} & 3\sqrt{2} \end{bmatrix}$$

$$B = \begin{bmatrix} 2 & 3 \\ 2 & 1 \end{bmatrix} = V\Lambda V^{-1} = \frac{1}{5} \begin{bmatrix} \dfrac{3}{\sqrt{13}} & -\dfrac{1}{\sqrt{2}} \\ \dfrac{2}{\sqrt{13}} & \dfrac{1}{\sqrt{2}} \end{bmatrix} \begin{bmatrix} 4 & 0 \\ 0 & -1 \end{bmatrix} \begin{bmatrix} \sqrt{13} & \sqrt{13} \\ -2\sqrt{2} & 3\sqrt{2} \end{bmatrix}$$

넘파이를 이용하여 위 식을 계산하면 좌변과 우변이 같음을 확인할 수 있다.

```
V2
```

```
array([[ 0.83205029, -0.70710678],
       [ 0.5547002 ,  0.70710678]])
```

```
V2_inv = np.linalg.inv(V2)
V2_inv
```

```
array([[ 0.72111026,  0.72111026],
       [-0.56568542,  0.84852814]])
```

```
V2 @ np.diag(w2) @ V2_inv
```

```
array([[2., 3.],
       [2., 1.]])
```

다음 행렬을 고윳값과 고유벡터로 대각화하라.

$$\begin{bmatrix} 2 & 3 \\ 2 & 1 \end{bmatrix}$$

다음 행렬은 고윳값과 고유벡터로 대각화 가능한가?

$$\begin{bmatrix} 1 & 1 \\ 0 & 1 \end{bmatrix}$$

정방행렬 $A \in \mathbf{R}^{N \times N}$

- λ는 복소수
- λ는 N개
- $AV = V\Lambda$
- $\displaystyle\sum_{i=1}^{N} \lambda_i = \mathrm{tr}A$
- $\displaystyle\prod_{i=1}^{N} \lambda_i = \det A$

▶ 정방행렬에 대한 고윳값–고유벡터의 성질

대각화가능

정리 행렬이 대각화가능하려면 고유벡터가 선형독립이어야 한다.

행렬을 대각화할 수 있으면 **대각화가능한**diagonalizable **행렬**이라고 한다. 앞서 이야기했듯이 고유벡터인 열벡터로 이루어진 행렬에 역행렬이 존재하면 대각화가능이라고 했다. 그런데 앞절에서 정방행렬의 역행렬이 존재할 조건은 정방행렬의 열벡터 즉, 고유벡터들이 선형독립인 경우다. 따라서 행렬이 대각화가능하려면 고유벡터가 선형독립이어야 한다.

고윳값과 역행렬

> **정리** 대각화가능한 행렬에 0인 고윳값이 없으면 항상 역행렬이 존재한다.

이는 다음과 같이 증명할 수 있다. 행렬 A가 대각화가능하면 다음처럼 표현할 수 있다.

$$A = V\Lambda V^{-1}$$

이 행렬의 역행렬은 다음처럼 계산한다.

$$A^{-1} = (V\Lambda V^{-1})^{-1} = V\Lambda^{-1}V^{-1}$$

대각행렬의 역행렬은 각 대각성분의 역수로 이루어진 대각행렬이므로 0인 고윳값만 없으면 항상 역행렬이 존재한다.

3.3.8 | **연습 문제**

다음 행렬

$$\begin{bmatrix} 2 & 3 \\ 2 & 1 \end{bmatrix}$$

의 고윳값과 고유벡터는 다음과 같다. 이 정보를 이용하여 역행렬을 계산하라.

$$\lambda_1 = 4, \quad v_1 = \begin{bmatrix} \dfrac{3}{\sqrt{13}} \\ \dfrac{2}{\sqrt{13}} \end{bmatrix}$$

$$\lambda_2 = -1, \quad v_2 = \begin{bmatrix} -\dfrac{1}{\sqrt{2}} \\ \dfrac{1}{\sqrt{2}} \end{bmatrix}$$

대칭행렬의 고유분해

대칭행렬에 대해서는 다음 정리가 성립한다.

> **정리** 행렬 A가 실수인 대칭행렬이면 고윳값이 실수이고 고유벡터는 서로 직교한다.

만약 고유벡터들이 크기가 1이 되도록 정규화된 상태라면 고유벡터 행렬 V는 정규직교 행렬이므로 **전치행렬이 역행렬**이다.

$$V^T V = V V^T = I$$

$$V^{-1} = V^T$$

따라서 대각화가 가능하고 다음처럼 쓸 수 있다.

$$A = V \Lambda V^T$$

이 사실로부터 다음 정리도 도출된다.

정리 실수인 대칭행렬은 항상 대각화가능하다.

대칭행렬을 랭크-1 행렬의 합으로 분해

N차원 대칭행렬 A는 다음처럼 N개의 랭크-1 행렬 $A_i = v_i v_i^T$의 합으로 표시할 수 있다.

$$
\begin{aligned}
A &= V \Lambda V^T \\
&= \begin{bmatrix} v_1 & v_2 & \cdots & v_N \end{bmatrix}
\begin{bmatrix}
\lambda_1 & 0 & \cdots & 0 \\
0 & \lambda_2 & \cdots & 0 \\
\vdots & \vdots & \ddots & \vdots \\
0 & 0 & \cdots & \lambda_N
\end{bmatrix}
\begin{bmatrix} v_1^T \\ v_2^T \\ \vdots \\ v_N^T \end{bmatrix} \\
&= \begin{bmatrix} \lambda_1 v_1 & \lambda_2 v_2 & \cdots & \lambda_N v_N \end{bmatrix}
\begin{bmatrix} v_1^T \\ v_2^T \\ \vdots \\ v_N^T \end{bmatrix}
\end{aligned}
$$

따라서 N차원 대칭행렬 A는

$$A = \sum_{i=1}^{N} \lambda_i v_i v_i^T = \sum_{i=1}^{N} \lambda_i A_i = \lambda_1 A_1 + \cdots + \lambda_N A_N$$

| 예제 |

대칭행렬

$$
\begin{bmatrix}
60 & 30 & 20 \\
30 & 20 & 15 \\
20 & 15 & 12
\end{bmatrix}
$$

를 넘파이를 사용하여 다음처럼 세 개의 랭크-1 행렬로 나눌 수 있다.

```python
A = np.array([[60., 30., 20.],
              [30., 20., 15.],
              [20., 15., 12.]])

w, V = np.linalg.eig(A)
w1, w2, w3 = w
v1 = V[:, 0:1]
v2 = V[:, 1:2]
v3 = V[:, 2:3]
A1 = v1 @ v1.T
A2 = v2 @ v2.T
A3 = v3 @ v3.T

w
```

```
array([84.49913563,  7.33962395,  0.16124042])
```

```python
w1 * A1
```

```
array([[57.79768857, 32.13739648, 22.59357583],
       [32.13739648, 17.8694387 , 12.56276371],
       [22.59357583, 12.56276371,  8.83200836]])
```

```python
w2 * A2
```

```
array([[ 2.19968372, -2.12270483, -2.60775134],
       [-2.12270483,  2.04841985,  2.51649195],
       [-2.60775134,  2.51649195,  3.09152039]])
```

```
w3 * A3
```

```
array([[ 0.00262772, -0.01469165,  0.01417551],
       [-0.01469165,  0.08214145, -0.07925566],
       [ 0.01417551, -0.07925566,  0.07647125]])
```

```
w1 * A1 + w2 * A2 + w3 * A3
```

```
array([[60., 30., 20.],
       [30., 20., 15.],
       [20., 15., 12.]])
```

만약 0인 고윳값이 없다면 역행렬도 다음처럼 N개의 랭크-1 행렬 $A_i = v_i v_i^T$의 합으로 표시할 수 있다.

$$A^{-1} = V\Lambda^{-1}V^T = \sum_{i=1}^{N} \frac{1}{\lambda_i} v_i v_i^T = \frac{1}{\lambda_1}A_1 + \cdots + \frac{1}{\lambda_N}A_N$$

앞에서 예로 든 대칭행렬의 역행렬도 다음처럼 랭크-1 행렬의 합으로 나타난다.

```
np.linalg.inv(A)
```

```
array([[ 0.15, -0.6 ,  0.5 ],
       [-0.6 ,  3.2 , -3.  ],
       [ 0.5 , -3.  ,  3.  ]])
```

```
1 / w1 * A1
```

```
array([[0.0080948 , 0.00450097, 0.00316432],
       [0.00450097, 0.00250269, 0.00175947],
       [0.00316432, 0.00175947, 0.00123696]])
```

```
1 / w2 * A2
```

```
array([[ 0.04083313, -0.03940415, -0.04840816],
       [-0.03940415,  0.03802519,  0.04671409],
       [-0.04840816,  0.04671409,  0.05738845]])
```

```
1 / w3 * A3
```

```
array([[ 0.10107208, -0.56509682,  0.54524384],
       [-0.56509682,  3.15947213, -3.04847356],
       [ 0.54524384, -3.04847356,  2.94137459]])
```

```
1 / w1 * A1 + 1 / w2 * A2 + 1 / w3 * A3
```

```
array([[ 0.15, -0.6 ,  0.5 ],
       [-0.6 ,  3.2 , -3.  ],
       [ 0.5 , -3.  ,  3.  ]])
```

대칭행렬의 고윳값 부호

대칭행렬이 위와 같이 랭크-1 행렬의 합으로 표시되고 고유벡터가 서로 직교한다는 성질을 이용하면 다음 정리를 증명할 수 있다.

> **정리** 대칭행렬이 양의 정부호이면 고윳값은 모두 양수다. 역도 성립한다.

> **정리** 대칭행렬이 양의 준정부호(positive semidefinite)이면 고윳값은 모두 0이거나 양수다. 역도 성립한다.

여기에서는 첫 번째 정리만 증명해보자. 두 번째 정리도 비슷한 방법으로 증명할 수 있다. 대칭행렬은 랭크-1 행렬의 합으로 표시된다고 했다.

$$A = \sum_{i=1}^{N} \lambda_i v_i v_i^T$$

만약 대칭행렬이 양의 정부호이면 어떤 벡터 x를 행렬 A의 앞뒤에 곱해 이차형식을 만들어도 0보다 커야 하므로 j번째 고유벡터 $x = v_j$를 선택하여 곱해도 마찬가지다.

$$v_j^T A v_j > 0$$

그런데 대칭행렬은 고유벡터들이 서로 직교한다.

$$v_i^T v_j = 0 \text{ (if } i \neq j)$$

$$v_i^T v_i = 1$$

따라서

$$v_j^T A v_j = v_j^T \left(\sum_{i=1}^{N} \lambda_i v_i v_i^T \right) v_j = \sum_{i=1}^{N} \lambda_i v_j^T v_i v_i^T v_j = \lambda_j > 0$$

이므로 양수인 고윳값만 가진다.

반대로 대칭행렬의 고윳값이 모두 양수이면 그 행렬은 양의 정부호가 됨을 증명하자. 우선 고유벡터로 만들어진 랭크-1 행렬 $A_i = v_i v_i^T$는 양의 준정부호 $positive\ semidefinite$임을 증명할 수 있다.

$$x^T A_i x = x^T v_i v_i^T x = (x^T v_i)(x^T v_i)^T = (x^T v_i)(x^T v_i) = \|x^T v_i\|^2 \geq 0$$

이 식에서 x가 v_i와 직교인 경우에만 0이 된다는 것을 알 수 있다. 고윳값 λ_i가 모두 양수이므로 따라서 행렬 $\lambda_i A_i$를 모두 더한 행렬 $\lambda_1 A_1 + \ldots + \lambda_N A_N$도 양의 준정부호다.

$$\begin{aligned} x^T A x &= \lambda_1 x^T A_1 x + \cdots + \lambda_N x^T A_N x \\ &= \lambda_1 \|x^T v_1\|^2 + \cdots + \lambda_N \|x^T v_N\|^2 \geq 0 \end{aligned}$$

그런데 이 값은 실제로는 0이 될 수 없다. 왜냐하면 이 값이 0이려면 모든 $x^T v_i$가 0, 다시 말해 x와 모든 v_i가 직교해야 하는데 대칭행렬의 고유벡터의 집합은 N차원에서 기저벡터를 이뤄서 동시에 모든 기저벡터와 직교인 벡터는 존재하지 않기 때문이다. 따라서 양의 정부호다.

▶ 대칭행렬에 대한 고윳값-고유벡터의 성질

분산행렬

임의의 실수 행렬 X에 대해 $X^T X$인 정방행렬을 **분산행렬**scatter matrix이라고 한다. 분산행렬의 의미는 확률 분포에서 더 자세하게 공부할 것이다. 일단은 위와 같은 방법으로 계산되는 행렬을 가리키는 명칭이라는 것만 알아두자.

분산행렬에 대해서는 다음 정리가 성립한다.

> **정리** 분산행렬은 양의 준정부호(positive semidefinite)이고 고윳값은 0보다 같거나 크다.

임의의 영벡터가 아닌 벡터 x에 대해 분산행렬에 대한 이차형식을 구하면

$$x^T (X^T X) x = (Xx)^T (Xx) = u^T u \geq 0$$

로 어떤 벡터 u의 제곱합이 된다. 따라서 이 값은 0보다 같거나 크고 분산행렬은 양의 준정부호다. 그런데 분산행렬은 대칭행렬이므로 양의준정부호이면 고유값이 모두 0 이상이다.

3.3.9 연습 문제

❶ 붓꽃(Iris) 특징 데이터 행렬 x의 분산행렬을 구하고 이 분산행렬의 고윳값들을 구하라.

❷ 보스턴 집값 특징 데이터 행렬 x의 분산행렬을 구하고 이 분산행렬의 고윳값들을 구하라.

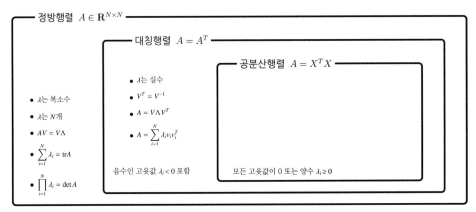

▶ 분산행렬에 대한 고윳값–고유벡터의 성질

분산행렬의 역행렬

분산행렬에서는 다음 정리가 성립한다.

> **정리** 행렬 X가 풀랭크이면 이 행렬의 분산행렬 X^TX의 역행렬이 존재한다.

행렬 X가 풀랭크이면 X의 열벡터가 기저벡터를 이루기 때문에 영벡터가 아닌 모든 벡터 v에 대해 $Xv = u$는 영벡터가 될 수 없다(만약 영벡터 u를 만드는 영벡터가 아닌 v가 존재한다면 서로 독립이 아니다). 그러면 X^TX의 이차형식은 항상 양수가 된다.

$$v^T(X^TX)v = (Xv)^T(Xv) = u^Tu > 0$$

따라서 분산행렬은 양의 정부호이고 역행렬이 존재한다.

> **3.3.10 연습 문제**
> ❶ 양의 정부호인 대칭행렬은 항상 역행렬이 존재하는가?
> ❷ 역으로 역행렬이 존재하는 대칭행렬은 항상 양의 정부호인가?

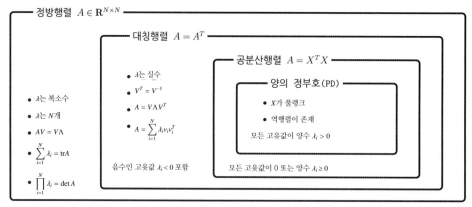

▶ 양의 정부호 행렬에 대한 고윳값–고유벡터의 성질

고유분해의 성질 요약

지금까지 나왔던 고유분해와 관련된 정리를 다시 한 번 요약했다. 이 정리들은 데이터 분석에서 자주 사용되므로 잘 알아두자.

N차원 정방행렬 A에 대해 다음과 같은 사항이 성립한다.

- 행렬 A는 N개의 고윳값–고유벡터를 가진다(복소수인 경우와 중복인 경우를 포함).
- 행렬의 **대각합은 모든 고윳값의 합**과 같다.
- 행렬의 행렬식은 모든 고윳값의 곱과 같다.
- 행렬 A가 **대칭행렬**이면 **실수 고윳값** N개를 가지며 고유벡터들이 서로 **직교**이다.
- 행렬 A가 **대칭행렬**이고 고윳값이 모두 **양수**이면 **양의 정부호이고 역행렬이 존재한다**. 역도 성립한다.
- 행렬 A가 어떤 행렬 X의 **분산행렬** X^TX이면 **0 또는 양의 고윳값**을 가진다.
- 행렬 X가 **풀랭크**이면 **분산행렬** X^TX은 **역행렬이 존재**한다.

3.4 특잇값분해

정방행렬은 고유분해로 고윳값과 고유벡터를 찾을 수 있었다. 정방행렬이 아닌 행렬은 고유분해가 불가능하다. 하지만 대신 고유분해와 비슷한 특잇값분해를 할 수 있다.

특잇값과 특이벡터

$N \times M$ 크기의 행렬 A를 다음과 같은 3개의 행렬의 곱으로 나타내는 것을 **특잇값분해**singular value decomposition 또는 **특이분해**singular-decomposition라고 한다.

$$A = U\Sigma V^T$$

여기에서 U, Σ, V는 다음 조건을 만족해야 한다.

- 대각성분이 양수인 대각행렬이어야 한다. 큰 수부터 작은 수 순서로 배열한다.

  $$\Sigma \in \mathbf{R}^{N \times M}$$

- U는 N차원 정방행렬로 모든 열벡터가 단위벡터이고 서로 직교해야 한다.

  $$U \in \mathbf{R}^{N \times N}$$

- V는 M차원 정방행렬로 모든 열벡터가 단위벡터이고 서로 직교해야 한다.

  $$V \in \mathbf{R}^{M \times M}$$

위 조건을 만족하는 행렬 Σ의 대각성분들을 **특잇값**singular value, 행렬 U의 열벡터들을 **왼쪽 특이벡터**left singular vector, 행렬 V의 행벡터들을 **오른쪽 특이벡터**right singular vector라고 부른다.

> **정리** 특잇값분해는 모든 행렬에 대해 가능하다. 즉 어떤 행렬이 주어지더라도 위와 같이 특잇값분해할 수 있다.

증명은 이 책의 범위를 벗어나므로 생략한다.

특잇값분해 행렬의 크기

특잇값의 개수는 행렬의 열과 행 개수 중 작은 값과 같다. 특잇값분해된 형태를 구체적으로 쓰면 다음과 같다.

만약 $N > M$이면 Σ 행렬이 M개의 특잇값(대각성분)을 가지고 다음처럼 아랫 부분이 영행렬이 된다.

$$
A = \begin{bmatrix} u_1 & u_2 & u_3 & \cdots & u_M & \cdots & u_N \end{bmatrix}
\begin{bmatrix}
\sigma_1 & 0 & 0 & \cdots & 0 \\
0 & \sigma_2 & 0 & \cdots & 0 \\
0 & 0 & \sigma_3 & \cdots & 0 \\
\vdots & \vdots & \vdots & \ddots & \\
0 & 0 & 0 & \cdots & \sigma_M \\
0 & 0 & 0 & \cdots & 0 \\
\vdots & \vdots & \vdots & & \vdots \\
0 & 0 & 0 & \cdots & 0
\end{bmatrix}
\begin{bmatrix}
v_1^T \\
v_2^T \\
\vdots \\
v_M^T
\end{bmatrix}
$$

반대로 $N < M$이면 Σ 행렬이 N개의 특잇값(대각성분)을 가지고 다음처럼 오른쪽 부분이 영행렬이 된다.

$$
A = \begin{bmatrix} u_1 & u_2 & \cdots & u_N \end{bmatrix}
\begin{bmatrix}
\sigma_1 & 0 & 0 & \cdots & 0 & 0 & \cdots & 0 \\
0 & \sigma_2 & 0 & \cdots & 0 & 0 & \cdots & 0 \\
0 & 0 & \sigma_3 & \cdots & 0 & 0 & \cdots & 0 \\
\vdots & \vdots & \vdots & \ddots & \vdots & \vdots & & \vdots \\
0 & 0 & 0 & \cdots & \sigma_N & 0 & \cdots & 0
\end{bmatrix}
$$

$$
\begin{bmatrix}
v_1^T \\
v_2^T \\
v_3^T \\
\vdots \\
v_N^T \\
\vdots \\
v_M^T
\end{bmatrix}
$$

행렬의 크기만 표시하면 다음과 같다.

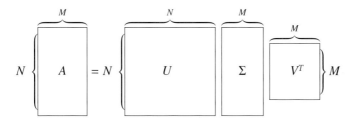

또는

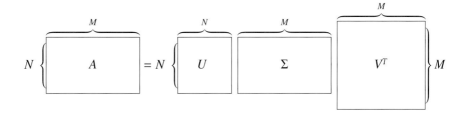

| 예제 |

행렬 A

$$A = \begin{bmatrix} 3 & -1 \\ 1 & 3 \\ 1 & 1 \end{bmatrix}$$

는 다음처럼 특잇값분해할 수 있다.

$$A = \begin{bmatrix} -\frac{1}{\sqrt{6}} & \frac{2}{\sqrt{5}} & -\frac{1}{\sqrt{6}} \\ -\frac{2}{\sqrt{6}} & -\frac{1}{\sqrt{5}} & -\frac{2}{\sqrt{30}} \\ -\frac{1}{\sqrt{6}} & 0 & \frac{5}{\sqrt{30}} \end{bmatrix} \begin{bmatrix} \sqrt{12} & 0 \\ 0 & \sqrt{10} \\ 0 & 0 \end{bmatrix} \begin{bmatrix} -\frac{1}{\sqrt{2}} & -\frac{1}{\sqrt{2}} \\ \frac{1}{\sqrt{2}} & -\frac{1}{\sqrt{2}} \end{bmatrix}$$

특잇값분해의 축소형

특잇값 대각행렬에서 0인 부분은 사실상 아무런 의미가 없기 때문에 대각행렬의 0 원소 부분과 이에 대응하는 왼쪽(혹은 오른쪽) 특이벡터들을 없애고 다음처럼 축소된 형태로 해도 마찬가지로 원래 행렬이 나온다.

N이 M보다 큰 경우에는 왼쪽 특이벡터 중에서 $u_{M+1}, ..., u_N$을 없앤다.

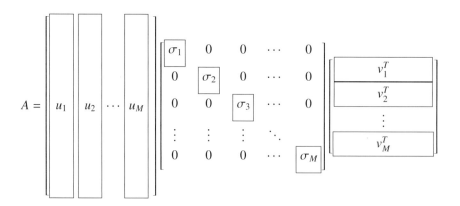

$$N$이 M보다 작은 경우에는 오른쪽 특이벡터 중에서 $v_{n+1}, \dots, u_M$을 없앤다.$$

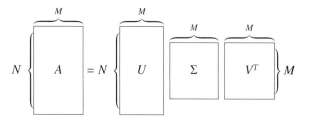

축소형의 경우에도 행렬의 크기만 표시하면 다음과 같다.

$$N\left\{\; A \;\right\} = N\left\{\; U \;\right\} \Sigma \; V^T \;\right\}M$$

또는

$$N\left\{\; A \;\right\} = N\left\{\; U \;\right\} \Sigma \; V^T \;\right\}N$$

| 예제 |

행렬 A

$$A = \begin{bmatrix} 3 & -1 \\ 1 & 3 \\ 1 & 1 \end{bmatrix}$$

의 특잇값분해 축소형은 다음과 같다.

$$A = \begin{bmatrix} -\frac{1}{\sqrt{6}} & \frac{2}{\sqrt{5}} \\ -\frac{2}{\sqrt{6}} & -\frac{1}{\sqrt{5}} \\ -\frac{1}{\sqrt{6}} & 0 \end{bmatrix} \begin{bmatrix} \sqrt{12} & 0 \\ 0 & \sqrt{10} \end{bmatrix} \begin{bmatrix} -\frac{1}{\sqrt{2}} & -\frac{1}{\sqrt{2}} \\ \frac{1}{\sqrt{2}} & -\frac{1}{\sqrt{2}} \end{bmatrix}$$

파이썬을 사용한 특잇값분해

numpy.linalg 서브패키지와 scipy.linalg 서브패키지에서는 특잇값분해를 할 수 있는 svd( ) 명령을 제공한다. 오른쪽 특이행렬은 전치행렬로 출력된다는 점에 주의하라.

```
from numpy.linalg import svd

A = np.array([[3, -1], [1, 3], [1, 1]])
U, S, VT = svd(A)
```

```
U
```

```
array([[-4.08248290e-01,  8.94427191e-01, -1.82574186e-01],
       [-8.16496581e-01, -4.47213595e-01, -3.65148372e-01],
       [-4.08248290e-01, -2.06937879e-16,  9.12870929e-01]])
```

```
S
```

```
array([3.46410162, 3.16227766])
```

```
np.diag(S, 1)[:, 1:]
```

```
array([[3.46410162, 0.        ],
       [0.        , 3.16227766],
       [0.        , 0.        ]])
```

```
VT
```

```
array([[-0.70710678, -0.70710678],
       [ 0.70710678, -0.70710678]])
```

```
U @ np.diag(S, 1)[:, 1:] @ VT
```

```
array([[ 3., -1.],
       [ 1.,  3.],
       [ 1.,  1.]])
```

축소형을 구하려면 인수 full_matrices=False로 지정한다.

```
U2, S2, VT2 = svd(A, full_matrices=False)
```

```
U2
```

```
array([[-4.08248290e-01,  8.94427191e-01],
       [-8.16496581e-01, -4.47213595e-01],
       [-4.08248290e-01, -2.06937879e-16]])
```

```
S2
```

```
array([3.46410162, 3.16227766])
```

VT2

```
array([[-0.70710678, -0.70710678],
       [ 0.70710678, -0.70710678]])
```

U2 @ np.diag(S2) @ VT2

```
array([[ 3., -1.],
       [ 1.,  3.],
       [ 1.,  1.]])
```

3.4.1 연습 문제

넘파이를 사용하여 다음 행렬을 특잇값분해를 한다(축소형이 아닌 방법과 축소형 방법을 각각 사용한다).
또한 다시 곱해서 원래의 행렬이 나오는 것을 보여라.

$$B = \begin{bmatrix} 3 & 2 & 2 \\ 2 & 3 & -2 \end{bmatrix} \qquad C = \begin{bmatrix} 2 & 4 \\ 1 & 3 \\ 0 & 0 \\ 0 & 0 \end{bmatrix}$$

특잇값과 특이벡터의 관계

행렬 V는 정규직교 행렬이므로 전치행렬이 역행렬이다.

$$V^T = V^{-1}$$

특잇값분해된 등식의 양변에 V를 곱하자.

$$AV = U\Sigma V^T V = U\Sigma$$

$$A \begin{bmatrix} v_1 & v_2 & \cdots & v_M \end{bmatrix} = \begin{bmatrix} u_1 & u_2 & \cdots & u_N \end{bmatrix} \begin{bmatrix} \sigma_1 & 0 & \cdots \\ 0 & \sigma_2 & \cdots \\ \vdots & \vdots & \ddots \end{bmatrix}$$

행렬 A를 곱하여 정리하면 M이 N보다 클 때는

$$\begin{bmatrix} Av_1 & Av_2 & \cdots & Av_N \end{bmatrix} = \begin{bmatrix} \sigma_1 u_1 & \sigma_2 u_2 & \cdots & \sigma_N u_N \end{bmatrix}$$

이 되고 N이 M보다 클 때는

$$\begin{bmatrix} Av_1 & Av_2 & \cdots & Av_M \end{bmatrix} = \begin{bmatrix} \sigma_1 u_1 & \sigma_2 u_2 & \cdots & \sigma_M u_M \end{bmatrix}$$

이 된다.

즉, i번째 특잇값 σ_i와 특이벡터 u_i, v_i는 다음과 같은 관계가 있다.

$$Av_i = \sigma_i u_i \quad (i = 1, \ldots, \min(M, N))$$

이 관계는 고유분해와 비슷하지만 고유분해와는 달리 좌변과 우변의 벡터가 다르다.

| 예제 |

위에서 예로 들었던 행렬의 경우

$$\begin{bmatrix} 3 & -1 \\ 1 & 3 \\ 1 & 1 \end{bmatrix} \begin{bmatrix} -\frac{1}{\sqrt{2}} \\ -\frac{1}{\sqrt{2}} \end{bmatrix} = \sqrt{12} \begin{bmatrix} -\frac{1}{\sqrt{6}} \\ -\frac{2}{\sqrt{6}} \\ -\frac{1}{\sqrt{6}} \end{bmatrix}$$

$$\begin{bmatrix} 3 & -1 \\ 1 & 3 \\ 1 & 1 \end{bmatrix} \begin{bmatrix} \frac{1}{\sqrt{2}} \\ -\frac{1}{\sqrt{2}} \end{bmatrix} = \sqrt{10} \begin{bmatrix} \frac{2}{\sqrt{5}} \\ -\frac{1}{\sqrt{5}} \\ 0 \end{bmatrix}$$

가 성립한다.

3.4.2 연습 문제

넘파이를 사용하여 다음 행렬에 대해

$$Av_i = \sigma_i u_i$$

가 성립한다는 것을 계산으로 보여라.

$$B = \begin{bmatrix} 3 & 2 & 2 \\ 2 & 3 & -2 \end{bmatrix} \qquad\qquad C = \begin{bmatrix} 2 & 4 \\ 1 & 3 \\ 0 & 0 \\ 0 & 0 \end{bmatrix}$$

특잇값분해와 고유분해의 관계

행렬 A의 분산행렬 A^TA는

$$A^TA = (V\Sigma^T U^T)(U\Sigma V^T) = V\Lambda V^T$$

가 되어 행렬 A의 특잇값의 제곱(과 0)이 분산행렬 A^TA의 고웃값, **행렬 A의 오른쪽 특이벡터가 분산행렬 A^TA의 고유벡터**가 된다.

위 식에서 Λ은 N이 M보다 크면

$$\Lambda = \begin{bmatrix} \sigma_1^2 & 0 & \cdots & 0 \\ 0 & \sigma_2^2 & \cdots & 0 \\ \vdots & \vdots & \ddots & \vdots \\ 0 & 0 & \cdots & \sigma_M^2 \end{bmatrix}$$

이고 N이 M보다 작으면

$$\Lambda = \begin{bmatrix} \sigma_1^2 & 0 & \cdots & 0 & \cdots & 0 \\ 0 & \sigma_2^2 & \cdots & 0 & \cdots & 0 \\ \vdots & \vdots & \ddots & \vdots & \vdots & \vdots \\ 0 & 0 & \cdots & \sigma_N^2 & \cdots & 0 \\ \vdots & \vdots & \cdots & \vdots & \ddots & \vdots \\ 0 & 0 & \cdots & 0 & \cdots & 0 \end{bmatrix} = \mathrm{diag}(\sigma_1^2, \sigma_2^2, \cdots, \sigma_N^2, 0, \cdots, 0)$$

이다.

마찬가지 방법으로 **행렬 A의 왼쪽 특이벡터가 행렬 AA^T의 고유벡터**가 된다는 것을 증명할 수 있다.

```
w, V = np.linalg.eig(A.T @ A)
```

```
w  # A.T A의 고웃값
```

```
array([12., 10.])
```

```
S ** 2  # A의 특잇값의 제곱
```

```
array([12., 10.])
```

```
V   # A.T A의 고유벡터
```

```
array([[ 0.70710678, -0.70710678],
       [ 0.70710678,  0.70710678]])
```

```
VT.T   # A의 오른쪽 특이벡터
```

```
array([[-0.70710678,  0.70710678],
       [-0.70710678, -0.70710678]])
```

3.4.3 **연습 문제**

넘파이를 사용하여 행렬 A의 왼쪽 특이벡터가 행렬 AA^T의 고유벡터가 된다는 것을 보여라.

$$A = \begin{bmatrix} 3 & -1 \\ 1 & 3 \\ 1 & 1 \end{bmatrix}$$

1차원 근사

2차원 평면 위에 3개의 2차원 벡터 a_1, a_2, a_3이 있다. 원점을 지나면서 모든 점들과 가능한 한 가까이 있는 직선을 만들고 싶다면 직선의 방향을 어떻게 해야 할까? 직선의 방향을 나타내는 단위 벡터를 w라고 하자.

```python
w = np.array([2, 1]) / np.sqrt(5)
a1 = np.array([3, -1])
a2 = np.array([1, 3])
a3 = np.array([1, 1])

black = {'facecolor': 'black'}

plt.figure(figsize=(9, 6))
plt.plot(0, 0, 'kP', ms=10)
plt.annotate('', xy=w, xytext=(0, 0), arrowprops=black)
plt.plot([-2, 8], [-1, 4], 'b--', lw=2)
plt.plot([a1[0], 2], [a1[1], 1], 'g:', lw=2)
plt.plot([a2[0], 2], [a2[1], 1], 'g:', lw=2)
plt.plot([a3[0], 1.2], [a3[1], 0.6], 'g:', lw=2)
plt.plot(a1[0], a1[1], 'ro', ms=10)
plt.plot(a2[0], a2[1], 'ro', ms=10)
plt.plot(a3[0], a3[1], 'ro', ms=10)
plt.text(0.1, 0.5, '$w$')
plt.text(a1[0] + 0.2, a1[1] + 0.2, '$a_1$')
plt.text(a2[0] + 0.2, a2[1] + 0.2, '$a_2$')
plt.text(a3[0] - 0.3, a3[1] + 0.2, '$a_3$')
plt.xticks(np.arange(-3, 15))
plt.yticks(np.arange(-1, 5))
plt.xlim(-3, 6)
plt.ylim(-2, 4)
plt.show()
```

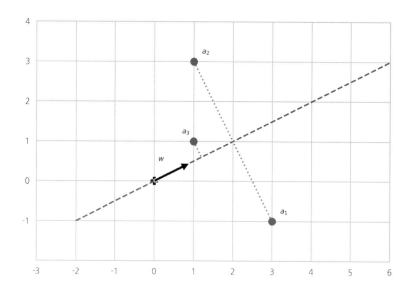

벡터 w와 점 a_i의 거리의 제곱은 다음처럼 계산할 수 있다(연습 문제 3.1.9).

$$\|a_i^{\perp w}\|^2 = \|a_i\|^2 - \|a_i^{\|w}\|^2 = \|a_i\|^2 - (a_i^T w)^2$$

벡터 a_1, a_2, a_3을 행벡터로 가지는 행렬 A를 가정하면

$$A = \begin{bmatrix} a_1^T \\ a_2^T \\ a_3^T \end{bmatrix}$$

행벡터의 놈의 제곱의 합은 행렬의 놈이므로 모든 점들과의 거리의 제곱의 합은 행렬의 놈으로 계산된다(연습 문제 2.3.2).

$$\sum_{i=1}^{3} \|a_i^{\perp w}\|^2 = \sum_{i=1}^{3} \|a_i\|^2 - \sum_{i=1}^{3} (a_i^T w)^2$$
$$= \|A\|^2 - \|Aw\|^2$$

점 a_i 위치가 고정되어 있으므로 행렬 A의 놈 값은 고정되어 있다. 따라서 이 값이 가장 작아지려면 $\|Aw\|^2$값이 가장 크게 만드는 w를 찾아야 한다. 이 문제는 다음처럼 수식으로 쓸 수 있다.

$$\arg\max_{w} \|Aw\|^2$$

1차원 근사의 풀이

위에서 예로 든 행렬 $A \in \mathbf{R}^{3 \times 2}$를 특잇값분해하면 두 특잇값, 왼쪽/오른쪽 특이벡터를 가진다. 이를 각각 다음처럼 이름붙인다.

- 첫 번째 특잇값 : σ_1, 첫 번째 왼쪽 특이벡터 $u_1 \in \mathbf{R}^3$, 첫 번째 오른쪽 특이벡터 $v_1 \in \mathbf{R}^2$
- 두 번째 특잇값 : σ_2, 두 번째 왼쪽 특이벡터 $u_2 \in \mathbf{R}^3$, 두 번째 오른쪽 특이벡터 $v_2 \in \mathbf{R}^2$

첫 번째 특잇값 σ_1은 두 번째 특잇값 σ_2보다 같거나 크다.

$$\sigma_1 \geq \sigma_2$$

또한 위에서 알아낸 것처럼 A에 오른쪽 특이벡터를 곱하면 왼쪽 특이벡터 방향이 된다.

$$Av_1 = \sigma_1 u_1$$

$$Av_2 = \sigma_2 u_2$$

오른쪽 특이벡터 v_1, v_2는 서로 직교하므로 (같은 방향이 아니라서) 선형독립이고 2차원 평면 공간의 기저벡터가 될 수 있다.

우리는 $\|Aw\|$의 값이 가장 크게 만드는 w를 찾아야 하는데 w는 2차원 벡터이므로 2차원 평면 공간의 기저벡터인 v_1, v_2의 선형조합으로 표현할 수 있다.

$$w = w_1 v_1 + w_2 v_2$$

단, w도 단위벡터이므로 w_1, w_2는 다음 조건을 만족해야 한다.

$$w_1^2 + w_2^2 = 1$$

이때 $\|Aw\|$의 값은

$$
\begin{aligned}
\|Aw\|^2 &= \|A(w_1 v_1 + w_2 v_2)\|^2 \\
&= \|w_1 Av_1 + w_2 Av_2\|^2 \\
&= \|w_1 \sigma_1 u_1 + w_2 \sigma_2 u_2\|^2 \\
&= \|w_1 \sigma_1 u_1\|^2 + \|w_2 \sigma_2 u_2\|^2 \, (\text{직교}) \\
&= w_1^2 \sigma_1^2 \|u_1\|^2 + w_2^2 \sigma_2^2 \|u_2\|^2 \\
&= w_1^2 \sigma_1^2 + w_2^2 \sigma_2^2 \, (\text{단위 벡터})
\end{aligned}
$$

$\sigma_1 > \sigma_2 > 0$ 이므로 $w_1^2 + w_2^2 = 1$ 라는 조건을 만족하면서 위 값을 가장 크게 하는 w_1, w_2 값은

$$w_1 = 1, w_2 = 0$$

이다. 즉, 첫 번째 오른쪽 특이벡터 방향으로 하는 것이다.

$$w = v_1$$

이때 $\|Aw\|$는 첫 번째 특잇값이 된다.

$$\|Aw\| = \|Av_1\| = \|\sigma_1 u_1\| = \sigma_1 \|u_1\| = \sigma_1$$

위에서 예로 들었던 행렬

$$A = \begin{bmatrix} 3 & -1 \\ 1 & 3 \\ 1 & 1 \end{bmatrix}$$

첫 번째 오른쪽 특이벡터

$$v_1 = \begin{bmatrix} \frac{\sqrt{2}}{2} \\ \frac{\sqrt{2}}{2} \end{bmatrix}$$

가 가장 거리의 합이 작은 방향이 된다. 그리고 이때의 거리의 제곱의 합은 다음과 같다.

$$\|A\|^2 - \|Aw\|^2 = \|A\|^2 - \sigma_1^2$$

```
np.linalg.norm(A)**2 - S[0]**2
```

```
9.999999999999998
```

```
w = np.array([1, 1]) / np.sqrt(2)
a1 = np.array([3, -1])
a2 = np.array([1, 3])
a3 = np.array([1, 1])

black = {'facecolor': 'black'}
```

```python
plt.figure(figsize=(9, 6))
plt.plot(0, 0, 'kP', ms=10)
plt.annotate('', xy=w, xytext=(0, 0), arrowprops=black)
plt.plot([-2, 4], [-2, 4], 'b--', lw=2)
plt.plot([a1[0], 1], [a1[1], 1], 'g:', lw=2)
plt.plot([a2[0], 2], [a2[1], 2], 'g:', lw=2)
plt.plot(a1[0], a1[1], 'ro', ms=10)
plt.plot(a2[0], a2[1], 'ro', ms=10)
plt.plot(a3[0], a3[1], 'ro', ms=10)
plt.text(0.1, 0.5, '$w$')
plt.text(a1[0] + 0.2, a1[1] + 0.2, '$a_1$')
plt.text(a2[0] + 0.2, a2[1] + 0.2, '$a_2$')
plt.text(a3[0] - 0.3, a3[1] + 0.2, '$a_3$')
plt.xticks(np.arange(-3, 15))
plt.yticks(np.arange(-1, 5))
plt.xlim(-3, 6)
plt.ylim(-2, 4)
plt.show()
```

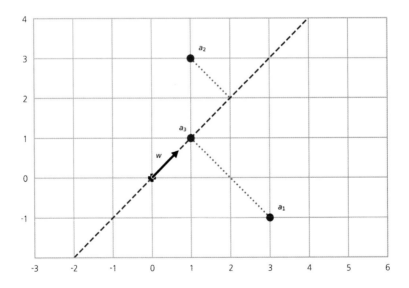

일반적인 풀이

만약 $N = 3$이 아니라 일반적인 경우에는 다음처럼 풀 수 있다.

$$
\begin{aligned}
\|Aw\|^2 &= \sum_{i=1}^{N} (a_i^T w)^2 \\
&= \sum_{i=1}^{N} (a_i^T w)^T (a_i^T w) \\
&= \sum_{i=1}^{N} w^T a_i a_i^T w \\
&= w^T \left(\sum_{i=1}^{N} a_i a_i^T \right) w \\
&= w^T A^T A w
\end{aligned}
$$

분산행렬의 고유분해 공식을 이용하면

$$
\begin{aligned}
w^T A^T A w &= w^T V \Lambda V^T w \\
&= w^T \left(\sum_{i=1}^{M} \sigma_i^2 v_i v_i^T \right) w \\
&= \sum_{i=1}^{M} \sigma_i^2 (w^T v_i)(v_i^T w) \\
&= \sum_{i=1}^{M} \sigma_i^2 \|v_i^T w\|^2
\end{aligned}
$$

이 된다. 이 식에서 M은 0이 아닌 특잇값 수다.

즉, 우리가 풀어야 할 문제는 다음과 같다.

$$
\arg\max_{w} \|Aw\|^2 = \arg\max_{w} \sum_{i=1}^{M} \sigma_i^2 \|v_i^T w\|^2
$$

이 값을 가장 크게 하려면 w를 가장 큰 특잇값에 대응하는 오른쪽 고유벡터 v_1으로 해야 한다.

랭크-1 근사문제

또 a_i를 w에 투영한 벡터는

$$a_i^{\|w} = (a_i^T w)w$$

이므로 w 벡터를 이용하면 N개의 M차원 벡터 a_1, a_2, ..., $a_N (a_i \in \mathbf{R}^M)$을 1차원으로 투영projection하여 가장 비슷한 N개의 1차원 벡터 $a_1^{\|w}, a_2^{\|w}, \cdots, a_N^{\|w}$ $(a_i^{\|w} \in \mathbf{R}^1)$을 만들 수 있다.

$$A' = \begin{bmatrix} (a_1^{\|w})^T \\ (a_2^{\|w})^T \\ \vdots \\ (a_N^{\|w})^T \end{bmatrix} = \begin{bmatrix} a_1^T ww^T \\ a_2^T ww^T \\ \vdots \\ a_N^T ww^T \end{bmatrix} = \begin{bmatrix} a_1^T \\ a_2^T \\ \vdots \\ a_N^T \end{bmatrix} ww^T = Aww^T$$

이 답은 원래 행렬 A에 랭크-1 행렬 ww^T를 곱해서 원래의 행렬 A와 가장 비슷한 행렬 A'을 만드는 문제와 같다.

$$\arg\min_w \|A - A'\| = \arg\min_w \|A - Aww^T\|$$

따라서 문제를 **랭크-1 근사문제**rank-1 approximation problem라고도 한다.

K차원 근사

이번에는 N개의 M차원 벡터 a_1, a_2, ..., $a_N (a_i \in \mathbf{R}^M)$을 1차원이 아니라 정규직교인 기저벡터 w_1, w_2, ..., w_K로 이루어진 K차원 벡터공간으로 투영하여 가장 비슷한 n개의 K차원 벡터 $a_1^{\|w}, a_2^{\|w}, \cdots, a_N^{\|w}$를 만드는 정규직교 기저벡터 w_1, w_2, ..., w_K를 찾는 문제를 생각하자. 이 문제는 랭크-K 근사문제라고 한다.

기저벡터행렬을 w라고 하자.

$$W = \begin{bmatrix} w_1 & w_2 & \cdots & w_K \end{bmatrix}$$

정규직교 기저벡터에 대한 벡터 a_i의 투영 $a_i^{\|w}$는 각 기저벡터에 대한 내적으로 만들 수 있다.

$$a_i^{\|w} = (a_i^T w_1)w_1 + (a_i^T w_2)w_2 + \cdots + (a_i^T w_K)w_K = \sum_{k=1}^{K} (a_i^T w_k)w_k$$

벡터 $a_1, a_2, ..., a_N$을 행벡터로 가지는 행렬 A를 가정하면

$$A = \begin{bmatrix} a_1^T \\ a_2^T \\ \vdots \\ a_N^T \end{bmatrix}$$

모든 점들과의 거리의 제곱의 합은 다음처럼 행렬의 놈으로 계산할 수 있다.

$$\sum_{i=1}^{N} \|a_i^{\perp w}\|^2 = \sum_{i=1}^{N} \|a_i\|^2 - \sum_{i=1}^{N} \|a_i^{\|w}\|^2$$

$$= \|A\|^2 - \sum_{i=1}^{N} \|a_i^{\|w}\|^2$$

행렬 A는 이미 주어져있으므로 이 값을 가장 작게 하려면 두 번째 항의 값을 가장 크게 하면 된다. 두 번째 항은 K=1일 때와 같은 방법으로 분산행렬 형태로 바꿀 수 있다.

$$\sum_{i=1}^{N} \|a_i^{\|w}\|^2 = \sum_{i=1}^{N} \sum_{k=1}^{K} \|(a_i^T w_k) w_k\|^2$$

$$= \sum_{i=1}^{N} \sum_{k=1}^{K} \|a_i^T w_k\|^2$$

$$= \sum_{k=1}^{K} w_k^T A^T A w_k$$

분산행렬의 고유분해를 사용하면

$$\sum_{k=1}^{K} w_k^T A^T A w_k = \sum_{k=1}^{K} w_k^T V \Lambda V^T w_k$$

$$= \sum_{k=1}^{K} w_k^T \left(\sum_{i=1}^{M} \sigma_i^2 v_i v_i^T \right) w_k$$

$$= \sum_{k=1}^{K} \sum_{i=1}^{M} \sigma_i^2 \|v_i^T w_k\|^2$$

이 문제도 1차원 근사문제처럼 풀면 다음과 같은 답을 얻을 수 있다.

> **정리** 가장 큰 K개의 특잇값에 대응하는 오른쪽 특이벡터가 기저벡터일 때 가장 값이 커진다.

랭크-K 근사문제

우리가 찾아야 하는 것은 이 값을 가장 크게 하는 K개의 영벡터가 아닌 직교하는 단위벡터 w_k 이다. 고유분해의 성질로부터 **오른쪽 기저벡터 중 가장 큰 K개의 특잇값에 대응하는 오른쪽 특이벡터가 우리가 찾는 기저벡터가 된다.**

이 문제는 다음처럼 랭크-K 근사문제의 형태로 만들 수도 있다.

$$
\begin{aligned}
a_i^{\|w} &= (a_i^T w_1)w_1 + (a_i^T w_2)w_2 + \cdots + (a_i^T w_K)w_K \\
&= \begin{bmatrix} w_1 & w_2 & \cdots & w_K \end{bmatrix} \begin{bmatrix} a_i^T w_1 \\ a_i^T w_2 \\ \vdots \\ a_i^T w_K \end{bmatrix} \\
&= \begin{bmatrix} w_1 & w_2 & \cdots & w_K \end{bmatrix} \begin{bmatrix} w_1^T \\ w_2^T \\ \vdots \\ w_K^T \end{bmatrix} a_i \\
&= WW^T a_i
\end{aligned}
$$

이러한 투영벡터를 모아놓은 행렬 A'는 다음과 같다.

$$
A' = \begin{bmatrix} \left(a_1^{\|w}\right)^T \\ \left(a_2^{\|w}\right)^T \\ \vdots \\ \left(a_N^{\|w}\right)^T \end{bmatrix} = \begin{bmatrix} a_1^T WW^T \\ a_2^T WW^T \\ \vdots \\ a_N^T WW^T \end{bmatrix} = \begin{bmatrix} a_1^T \\ a_2^T \\ \vdots \\ a_N^T \end{bmatrix} WW^T = AWW^T
$$

따라서 이 문제는 원래 행렬 A에 랭크-K 행렬 WW^T를 곱해서 원래의 행렬 A와 가장 비슷한 행렬 A'을 만드는 문제와 같다.

$$
\arg \min_{w_1, \cdots, w_K} \|A - AWW^T\|
$$

3.5 PCA

N개의 M차원 데이터가 있으면 보통 그 데이터들은 서로 다른 값을 가진다. 하지만 이러한 데이터 간의 변이는 무작위가 아니라 특정한 규칙에 의해 만들어지는 경우가 있다. 예를 들어 붓꽃의 꽃받침 길이는 꽃마다 다르지만 꽃받침 길이가 약 2배 커지면 꽃받침 폭도 약 2배 커지는 것이 일반적이다. 이러한 데이터 간의 변이 규칙을 찾아낼 때 PCA를 이용할 수 있다.

PCAPrincipal Component Analysis**는 주성분 분석**이라고도 하며 고차원 데이터 집합이 주어졌을 때 원래의 고차원 데이터와 가장 비슷하면서 더 낮은 차원 데이터를 찾아내는 방법이다. **차원축소**dimension reduction라고도 한다. 더 낮은 차원의 데이터값 변화가 더 높은 차원의 데이터값 변화를 설명할 수 있다는 것은 얼핏 보기에 복잡해 보이는 고차원 데이터의 변이를 몇 가지 원인으로 설명할 수 있다는 뜻이다.

여기에서는 몇 가지 데이터에 대해 PCA가 사용되는 예를 살펴본다.

붓꽃 데이터의 차원축소

사이킷런의 붓꽃 데이터 중에서 10송이의 데이터, 즉 표본 10개만 선택하여 꽃받침 길이와 꽃받침 폭 데이터를 그래프로 보이면 다음과 같다. 첫 번째 그래프는 가로축을 특성의 종류, 세로축을 특성의 값으로 나타낸 것이다. 이 그래프에서 꽃받침 길이가 크면 꽃받침 폭도 같이 커진다는 규칙을 알 수 있다.

```
from sklearn.datasets import load_iris
iris = load_iris()
N = 10  # 앞의 10송이만 선택
X = iris.data[:N, :2] # 꽃받침 길이와 꽃받침 폭만 선택

plt.plot(X.T, 'o:')
plt.xticks(range(4), ['꽃받침 길이', '꽃받침 폭'])
plt.xlim(-0.5, 2)
plt.ylim(2.5, 6)
plt.title('붓꽃 크기 특성')
plt.legend(['표본 {}'.format(i + 1) for i in range(N)])
plt.show()
```

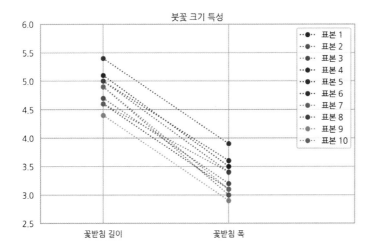

두 번째 그래프는 가로축을 꽃받침 길이, 세로축을 꽃받침 폭으로 하는 스캐터 플롯으로 나타낸 것이다. 데이터를 나타내는 점들이 양의 기울기를 가지기 때문에 여기에서도 마찬가지로 꽃받침 길이가 크면 꽃받침 폭도 같이 커진다는 규칙을 알 수 있다.

```
plt.figure(figsize=(8, 8))
ax = sns.scatterplot(0, 1, data=pd.DataFrame(X), s=100, color='.2', marker='s')
for i in range(N):
    ax.text(X[i, 0] - 0.05, X[i, 1] + 0.03, '표본 {}'.format(i + 1))
plt.xlabel('꽃받침 길이')
plt.ylabel('꽃받침 폭')
plt.title('붓꽃 크기 특성 (2차원 표시)')
plt.axis('equal')
plt.show()
```

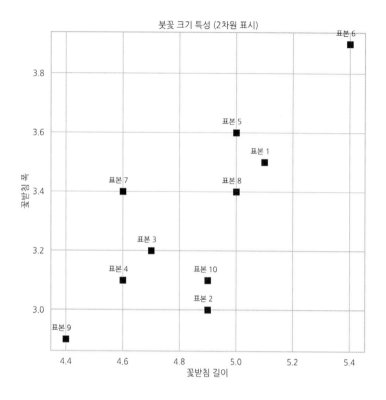

붓꽃 크기 특성 (2차원 표시)

이 10송이 표본은 꽃받침의 길이와 폭이 제각각이지만 그 값에는 공통적인 특징이 있다. 꽃받침 길이가 크면 꽃받침 폭도 커지며 그 비율은 거의 일정하다. 그 이유는 (꽃받침 길이, 꽃받침 폭)이라는 2차원 측정 데이터는 사실 '꽃 크기'라는 근본적인 데이터가 두 가지 형태로 표현된 것에 지나지 않기 때문이다. 이처럼 측정되지는 않지만 측정된 데이터의 기저에 숨어서 측정 데이터를 결정짓는 데이터를 **잠재변수**latent variable라고 부른다.

PCA에서는 잠재변수와 측정 데이터가 선형적인 관계로 연결되어 있다고 가정한다. 즉, i번째 표본의 측정 데이터 벡터 x_i의 각 원소를 선형조합하면 그 뒤에 숨은 i번째 표본의 잠재변수 u_i의 값을 계산할 수 있다고 가정한다. 이를 수식으로 나타내면 다음과 같다.

$$u_i = w^T x_i$$

이 식에서 w는 측정 데이터 벡터의 각 원소를 조합할 가중치 벡터다.

붓꽃의 예에서는 꽃받침 길이와 꽃받침 폭을 선형조합하여 꽃의 크기를 나타내는 어떤 값을 찾은 것이라고 생각할 수 있다.

$$u_i = w_1 x_{i,1} + w_2 x_{i,2}$$

스포츠 선수에게는 경기 중 발생한 다양한 기록을 선형조합하여 기량을 나타내는 방법을 많이 사용한다. 일례로 미식축구의 쿼터백에서는 패서 레이트passer rate라는 점수를 이용하여 선수를 평가는데 이 값은 패스 성공 횟수, 총 패싱 야드, 터치다운 횟수, 인터셉션 횟수를 각각 패스 시도 횟수로 나눈 값을 선형조합하여 계산한다.

$$\text{패서 레이트} = 5 \cdot \frac{\text{패스 성공 횟수}}{\text{시도 횟수}} + 0.25 \cdot \frac{\text{총 패싱 야드}}{\text{시도 횟수}}$$

$$+ \, 20 \cdot \frac{\text{터치다운 횟수}}{\text{시도 횟수}} - 0.25 \cdot \frac{\text{인터셉션 횟수}}{\text{시도 횟수}} + 0.125$$

선수의 실력이라는 잠재변수의 값이 이 4개 수치의 선형조합으로 표현될 것이라고 가정한 것이다. 차원축소의 관점에서 보면 4차원의 데이터를 1차원으로 축소한 것이다.

차원축소와 투영

차원축소문제는 다차원 벡터를 더 낮은 차원의 벡터공간에 투영하는 문제로 생각하여 풀 수 있다. 즉, 특잇값분해에서 살펴본 로우-랭크 근사low-rank approximation문제가 된다. 이 문제는 다음과 같이 서술할 수 있다.

> n개의 M차원 데이터 벡터 $x_1, x_2, ..., x_N$을 정규직교인 기저벡터 $w_1, w_2, ..., w_K$로 이루어진 K차원 벡터공간으로 투영하여 가장 비슷한 N개의 K차원 벡터 $x_1^{\|w}, x_2^{\|w}, ..., x_N^{\|w}$를 만드는 정규직교 기저벡터 $w_1, w_2, ..., w_K$를 찾는다.

다만 원래의 로우-랭크 근사문제와 달리 근사 성능을 높이려면 직선이 원점을 지나야 한다는 제한조건을 없애야 한다. 따라서 문제는 다음과 같이 바뀐다.

> N개의 M차원 데이터 벡터 $x_1, x_2, ..., x_N$에 대해 어떤 상수 벡터 x_0를 뺀 데이터 벡터 $x_1 - x_0, x_2 - x_0, ..., x_N - x_0$을 정규직교인 기저벡터 $w_1, w_2, ..., w_K$로 이루어진 K차원 벡터공간으로 투영하여 가장 비슷한 n개의 K차원 벡터 $x_1^{\|w}, x_2^{\|w}, ..., x_N^{\|w}$를 만드는 정규직교 기저벡터 $w_1, w_2, ..., w_K$와 상수 벡터 x_0를 찾는다.

N개의 데이터를 1차원 직선에 투영하는 문제라고 하면 원점을 지나는 직선을 찾는 게 아니라 원점이 아닌 어떤 점 x_0을 지나는 직선을 찾는 문제로 바꾼 것이다.

이 문제의 답은 다음과 같다.

x_0은 데이터 벡터 x_1, x_2, ..., x_N의 평균벡터이고 w_1, w_2, ..., w_K는 가장 큰 K개의 특
잇값에 대응하는 오른쪽 특이벡터 v_1, v_2, ..., v_K이다.

PCA의 수학적 설명

M 차원의 데이터 x가 N개 있으면 이 데이터는 특징행렬$x \in \mathbf{R}^{N \times M}$로 나타낼 수 있다. 이 데이
터를 가능한 한 쓸모 있는 정보를 유지하면서 더 적은 차원인 K ($K < M$) 차원의 차원축소 벡
터 $\hat{x}$로 선형변환하고자 한다. 예를 들면 3차원 상의 데이터 집합을 2차원 평면에 투영하여 새
로운 데이터 집합을 만들 때 어떤 평면을 선택해야 원래의 데이터와 투영된 데이터가 가장 차
이가 적을까? 이 평면을 찾는 문제와 같다. 여기에서는 설명을 단순하게 하기 위해 데이터가
원점을 중심으로 퍼져 있다고 가정한다. 데이터가 원점을 중심으로 존재하는 경우에는 벡터에
변환행렬을 곱하는 연산으로 투영 벡터를 계산할 수 있다. 다음처럼 데이터 x에 변환행렬 W
$\in \mathbf{R}^{N \times M}$를 곱해서 새로운 데이터 $\hat{x}_i$를 구하는 연산을 생각하자.

$$\hat{x}_i = W x_i$$

$$x \in \mathbf{R}^M, W \in \mathbf{R}^{K \times M}, \hat{x} \in \mathbf{R}^K$$

모든 데이터 x_i ($i = 1, ..., N$)에 대해 변환을 하면 벡터가 아닌 행렬로 표현할 수 있다.

$$\hat{X} = X W^T$$

$$X \in \mathbf{R}^{N \times M}, \hat{X} \in \mathbf{R}^{N \times K}, W^T \in \mathbf{R}^{M \times K}$$

이 식에서 행렬 X는 벡터 x_i ($i = 1, ..., N$)를 행으로 가지는 행렬이고 행렬 $\hat{X}$는 벡터 $\hat{x}_i$ ($i = 1,$
$..., N$)를 행으로 가지는 행렬이다.

PCA의 목표는 변환 결과인 차원축소 벡터 $\hat{x}_i$가 정보가 원래의 벡터 x_i가 가졌던 정보와 가장
유사하게 되는 변환행렬 W값을 찾는 것이다.

그러나 $\hat{x}_i$는 $K (K < M)$ 차원 벡터로 원래의 M 차원 벡터 x_i와 차원이 다르기 때문에 직접 두
벡터의 유사도를 비교할 수 없다. 따라서 $\hat{x}_i$를 도로 M 차원 벡터로 선형 변형하는 역변환행렬
$U \in \mathbf{R}^{M \times K}$도 같이 찾아야 한다. 그러면 원래의 데이터 벡터 x를 더 낮은 차원의 데이터 $\hat{x} =$
Wx로 변환했다가 다시 원래의 차원으로 되돌릴 수 있다. 도로 M차원으로 변환된 벡터를 $\hat{\hat{x}}$라

고 하자.

$$\hat{x} = U\check{x}$$

$$\hat{x} \in \mathbf{R}^K, U \in \mathbf{R}^{M \times K}, \hat{x} \in \mathbf{R}^M$$

물론 이렇게 변환과 역변환을 통해 원래의 차원으로 되돌린 벡터 $U\check{x}$는 원래의 벡터 x와 비슷할 뿐 정확히 같지는 않다. 다만 이 값을 다시 한번 차원 축소 변환하면 도로 $\check{x}$가 된다. 즉,

$$W\hat{x} = WU\check{x} = \check{x}$$

따라서 W와 U는 다음 관계가 있다.

$$WU = I$$

역변환행렬 U을 알고 있다고 가정하고 역변환을 했을 때 원래 벡터 x와 가장 비슷해지는 차원 축소 벡터 $\check{x}$를 다음과 같이 최적화를 이용하여 찾는다.

$$\arg\min_{\check{x}} \|x - U\check{x}\|^2$$

목적함수는 다음과 같이 바꿀 수 있다.

$$\begin{aligned}
\|x - U\check{x}\|^2 &= (x - U\check{x})^T(x - U\check{x}) \\
&= x^T x - \check{x}^T U^T x - x^T U\check{x} + \check{x}^T U^T U\check{x} \\
&= x^T x - 2x^T U\check{x} + \check{x}^T \check{x}
\end{aligned}$$

이 목적함수를 최소화하려면 $\check{x}$로 미분한 식이 영벡터가 되는 값을 찾아야 한다. 이 부분은 행렬의 미분과 최적화 부분에서 배우게 된다. 여기에서는 일단 미리 풀이 과정을 제시한다.

위 목적함수를 미분한 식은 다음과 같다.

$$-2U^T x + 2\check{x} = 0$$

이 식을 정리하면

$$\check{x} = U^T x$$

가 된다. 원래의 변환식

$$\hat{x} = Wx$$

와 비교하면

$$U = W^T$$

임을 알 수 있다. 따라서 다음 식이 성립한다.

$$WW^T = I$$

이제 남은 문제는 최적의 변환 행렬 W을 찾는 것이다. 이 경우의 최적화 문제는 다음과 같이 된다.

$$\arg\min_{W} \sum_{i=1}^{N} \|x_i - W^T W x_i\|^2$$

모든 데이터에 대해 적용하면 목적함수는 다음처럼 바뀐다.

$$\arg\min_{W} \|X - XW^T W\|^2$$

이 문제는 랭크-K 근사문제이므로 W는 가장 큰 K개의 특잇값에 대응하는 오른쪽 특이벡터로 만들어진 행렬이다.

사이킷런의 PCA 기능

사이킷런의 decomposition 서브패키지는 PCA 분석을 위한 PCA 클래스를 제공한다. 사용법은 다음과 같다.

- 입력 인수
  - n_components : 정수
- 메서드 :
  - fit_transform() : 특징행렬을 낮은 차원의 근사행렬로 변환
  - inverse_transform() : 변환된 근사행렬을 원래의 차원으로 복귀
- 속성
  - mean_ : 평균벡터
  - components_ : 주성분 벡터

다음 코드는 붓꽃 데이터를 1차원으로 차원축소(근사)하는 예제 코드다.

`fit_transform()` 메서드로 구한 `X_low`는 1차원 근사 데이터의 집합이다. 이 값을 다시 `inverse_transform()` 메서드에 넣어서 구한 X2는 다시 2차원으로 복귀한 근사 데이터의 집합이다.

```python
from sklearn.decomposition import PCA

pca1 = PCA(n_components=1)
X_low = pca1.fit_transform(X)
X2 = pca1.inverse_transform(X_low)


plt.figure(figsize=(7, 7))
ax = sns.scatterplot(0, 1, data=pd.DataFrame(X), s=100, color='.2', marker='s')
for i in range(N):
    d = 0.03 if X[i, 1] > X2[i, 1] else -0.04
    ax.text(X[i, 0] - 0.065, X[i, 1] + d, '표본 {}'.format(i + 1))
    plt.plot([X[i, 0], X2[i, 0]], [X[i, 1], X2[i, 1]], 'k--')
plt.plot(X2[:, 0], X2[:, 1], 'o-', markersize=10)
plt.plot(X[:, 0].mean(), X[:, 1].mean(), markersize=10, marker='D')
plt.axvline(X[:, 0].mean(), c='r')
plt.axhline(X[:, 1].mean(), c='r')
plt.grid(False)
plt.xlabel('꽃받침 길이')
plt.ylabel('꽃받침 폭')
plt.title('Iris 데이터의 1차원 차원축소')
plt.axis('equal')
plt.show()
```

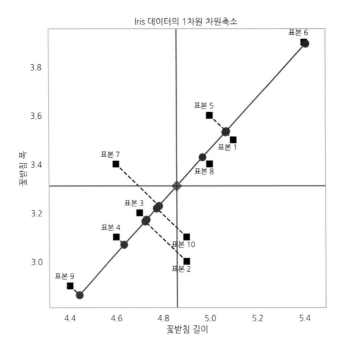

Iris 데이터의 1차원 차원축소

데이터의 평균값은 mean_ 속성으로 볼 수 있다.

```
pca1.mean_
```

```
array([4.86, 3.31])
```

주성분 벡터 즉, 가장 근사 데이터를 만드는 단위기저벡터는 components_ 속성에서 구할 수 있다. 벡터의 값은 (0.68, 0.73)이다.

```
pca1.components_
```

```
array([[0.68305029, 0.73037134]])
```

이 값은 평균을 제거한 특징행렬의 첫 번째 오른쪽 특이벡터 또는 그 행렬의 분산행렬의 첫 번째(가장 큰 고윳값에 대응하는) 고유벡터에 해당한다. 고유벡터의 부호 즉 방향은 반대가 될 수도 있다.

넘파이로 첫 번째 오른쪽 특이벡터를 구하면 (0.68, 0.73)임을 알 수 있다.

```
X0 = X - X.mean(axis=0)
U, S, VT = np.linalg.svd(X0)
VT
```

```
array([[-0.68305029, -0.73037134],
       [-0.73037134,  0.68305029]])
```

```
VT[:, 0]
```

```
array([-0.68305029, -0.73037134])
```

고윳값분해를 할 때는 넘파이가 고윳값의 순서에 따른 정렬을 해주지 않으므로 사용자가 정렬해야 한다.

```
XCOV = X0.T @ X0
W, V = np.linalg.eig(XCOV)
```

```
W
```

```
array([0.17107711, 1.44192289])
```

```
V
```

```
array([[-0.73037134, -0.68305029],
       [ 0.68305029, -0.73037134]])
```

```
V[:, np.argmax(W)]
```

```
array([-0.68305029, -0.73037134])
```

예를 들어 8번째 꽃의 꽃받침 길이와 꽃받침 폭은 다음과 같다.

```
X[7, :]
```

```
array([5. , 3.4])
```

PCA로 구한 주성분의 값 즉, 꽃의 크기는 다음과 같다.

```
X_low[7]
```

```
array([0.16136046])
```

이 값은 다음처럼 구할 수도 있다.

```
pca1.components_ @ (X[7, :] - pca1.mean_)
```

```
array([0.16136046])
```

이 주성분의 값을 이용하여 다시 2차원 값으로 나타낸 근삿값은 다음과 같다.

```
X2[7, :]
```

```
array([4.97021731, 3.42785306])
```

3.5.1 **연습 문제**

붓꽃 데이터 중 앞에서 데이터(setosa 종) 50개에 대해 다음 문제를 풀어라.

❶ 꽃잎의 길이와 꽃잎 폭을 이용하여 1차원 PCA를 수행하라. 꽃의 크기는 꽃잎 길이와 꽃잎 폭의 어떤 선형조합으로 나타나는가?

❷ 꽃받침 길이와 폭, 꽃잎 길이와 폭, 이 4가지 변수를 모두 사용하여 1차원 PCA를 수행하라. 꽃의 크기는 관측 데이터의 어떤 선형조합으로 나타나는가?

이미지 PCA

이번에는 사람의 얼굴 데이터를 PCA로 분석하자. 올리베티 얼굴 사진 중 특정 인물의 사진 10장을 데이터로 사용한다.

```python
from sklearn.datasets import fetch_olivetti_faces
faces_all = fetch_olivetti_faces()
K = 20  # 20번 인물의 사진만 선택
faces = faces_all.images[faces_all.target == K]


N = 2
M = 5
fig = plt.figure(figsize=(10, 5))
plt.subplots_adjust(top=1, bottom=0, hspace=0, wspace=0.05)
for i in range(N):
    for j in range(M):
        k = i * M + j
        ax = fig.add_subplot(N, M, k+1)
        ax.imshow(faces[k], cmap=plt.cm.bone)
        ax.grid(False)
        ax.xaxis.set_ticks([])
        ax.yaxis.set_ticks([])
plt.suptitle('올리베티 얼굴 사진')
plt.tight_layout()
plt.show()
```

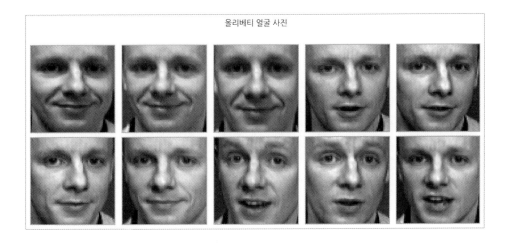

올리베티 얼굴 사진

이 사진을 주성분이 2개인 PCA 분석을 하면 결과는 다음과 같다.

```python
from sklearn.decomposition import PCA
pca3 = PCA(n_components=2)
X3 = faces_all.data[faces_all.target == K]
W3 = pca3.fit_transform(X3)
X32 = pca3.inverse_transform(W3)
```

다음은 주성분 분석으로 근사화한 이미지를 표시한 것이다.

```python
N = 2
M = 5
fig = plt.figure(figsize=(10, 5))
plt.subplots_adjust(top=1, bottom=0, hspace=0, wspace=0.05)
for i in range(N):
    for j in range(M):
        k = i * M + j
        ax = fig.add_subplot(N, M, k+1)
        ax.imshow(X32[k].reshape(64, 64), cmap=plt.cm.bone)
        ax.grid(False)
        ax.xaxis.set_ticks([])
        ax.yaxis.set_ticks([])
plt.suptitle('주성분 분석으로 근사화한 올리베티 얼굴 사진')
plt.tight_layout()
plt.show()
```

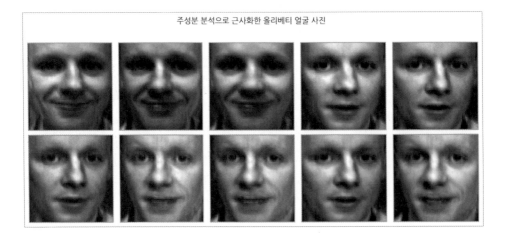

주성분 분석으로 근사화한 올리베티 얼굴 사진

이 얼굴들은 모두 평균값과 2개의 주성분 얼굴의 각기 다른 선형조합이다. 평균값과 2개의 주성분이 나타내는 얼굴을 이미지로 표시하면 다음과 같다. 주성분이 나타내는 얼굴을 **아이겐페이스**^{Eigen Face}라고도 한다.

```python
face_mean = pca3.mean_.reshape(64, 64)
face_p1 = pca3.components_[0].reshape(64, 64)
face_p2 = pca3.components_[1].reshape(64, 64)


plt.subplot(131)
plt.imshow(face_mean, cmap=plt.cm.bone)
plt.grid(False)
plt.xticks([])
plt.yticks([])
plt.title('평균 얼굴')
plt.subplot(132)
plt.imshow(face_p1, cmap=plt.cm.bone)
plt.grid(False)
plt.xticks([])
plt.yticks([])
plt.title('주성분 1')
plt.subplot(133)
plt.imshow(face_p2, cmap=plt.cm.bone)
plt.grid(False)
plt.xticks([])
plt.yticks([])
plt.title('주성분 2')
plt.show()
```

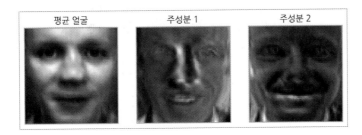

이 그림만으로는 주성분 얼굴이 각각 어떤 의미를 가지는지 알기 어려우므로 평균 얼굴에 주성분 얼굴을 더한 모습도 그려보자. 우선 평균 얼굴에 첫 번째 주성분을 더하면 다음과 같다.

```
N = 2
M = 5
fig = plt.figure(figsize=(10, 5))
plt.subplots_adjust(top=1, bottom=0, hspace=0, wspace=0.05)
for i in range(N):
    for j in range(M):
        k = i * M + j
        ax = fig.add_subplot(N, M, k+1)
        w = 1.5 * (k - 5) if k < 5 else 1.5 * (k - 4)
        ax.imshow(face_mean + w * face_p1, cmap=plt.cm.bone)
        ax.grid(False)
        ax.xaxis.set_ticks([])
        ax.yaxis.set_ticks([])
        plt.title('주성분1의 비중={}'.format(w))
plt.suptitle('평균 얼굴에 주성분1을 더한 사진')
plt.tight_layout()
plt.show()
```

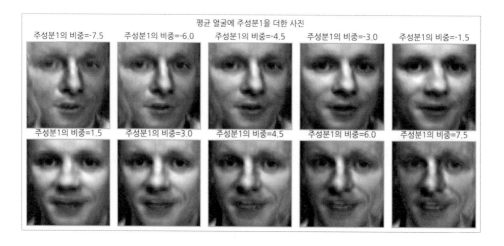

이 이미지들로부터 첫 번째 주성분은 왼쪽과 오른쪽에서 바라본 얼굴 이미지의 차이를 나타낸
다는 것을 알 수 있다. 두 번째 주성분을 평균 얼굴에 더하면 다음과 같다.

```
N = 2
M = 5
fig = plt.figure(figsize=(10, 5))
plt.subplots_adjust(top=1, bottom=0, hspace=0, wspace=0.05)
for i in range(N):
    for j in range(M):
        k = i * M + j
        ax = fig.add_subplot(N, M, k+1)
        w = 1.5 * (k - 5) if k < 5 else 1.5 * (k - 4)
        ax.imshow(face_mean + w * face_p2, cmap=plt.cm.bone)
        ax.grid(False)
        ax.xaxis.set_ticks([])
        ax.yaxis.set_ticks([])
        plt.title('주성분2의 비중={:.1f}'.format(w))
plt.suptitle('평균 얼굴에 주성분2를 더한 사진')
plt.tight_layout()
plt.show()
```

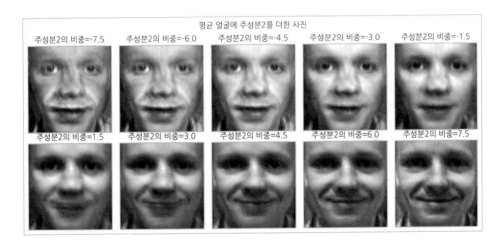

이 이미지들로부터 두 번째 주성분은 미소짓는 얼굴과 그렇지 않은 얼굴 이미지의 차이를 나타
낸다는 것을 알 수 있다.

올리베티 얼굴 이미지에서 다른 사람의 얼굴을 선택하여 위와 같이 두 가지 주성분을 구하라. 각 주성분은 어떤 이미지 특성을 나타내는가?

주식 가격의 PCA

PCA는 다양한 분야에서 사용된다. 이번에는 금융분야에서 어떻게 쓰이는지 알아보자. 우선 미국(US), 일본(JP), 유럽(EZ), 한국(KR)의 과거 20년간 주가를 살펴보자.

```python
pd.core.common.is_list_like = pd.api.types.is_list_like
import pandas_datareader.data as web
import datetime

symbols = [
    'SPASTT01USM661N', # US: 미국
    'SPASTT01JPM661N', # JP: 일본
    'SPASTT01EZM661N', # EZ: 유럽
    'SPASTT01KRM661N', # KR: 한국
]

data = pd.DataFrame()
for sym in symbols:
    data[sym] = web.DataReader(sym, data_source='fred',
                               start=datetime.datetime(1998, 1, 1),
                               end=datetime.datetime(2017, 12, 31))[sym]
data.columns = ['US', 'JP', 'EZ', 'KR']
data = data / data.iloc[0] * 100

styles = ['b-.', 'g--', 'c:', 'r-']
data.plot(style=styles)
plt.title('세계 주요국의 20년간의 주가')
plt.show()
```

세계 주요국의 20년간의 주가

앞의 차트는 시작시점의 주가가 100이 되도록 크기를 조정했다. 이 데이터로부터 연간 주식수
익률 데이터를 구하면 다음처럼 20 × 4 크기의 특징행렬을 구할 수 있다.

```
df = ((data.pct_change() + 1).resample('A').prod() - 1).T * 100
print(df.iloc[:, :5])
```

DATE	1998-12-31	1999-12-31	2000-12-31	2001-12-31	2002-12-31
US	14.249290	10.800392	1.094171	-9.638213	-17.680773
JP	-8.567915	47.802619	-18.365577	-23.827406	-16.923968
EZ	21.308040	36.872314	1.375330	-21.857080	-30.647772
KR	10.411582	87.623876	-46.975114	27.644005	4.448180

이 연간 주식수익률 데이터를 그래프로 나타내면 다음과 같다. 붓꽃의 경우보다 (2차원에서
20차원으로) 차원은 증가했지만 각 표본이 가지는 측정 데이터 벡터 모양(비율)이 비슷하다는
것을 알 수 있다. 붓꽃이 측정 데이터값을 결정하는 '크기'라는 잠재변수를 가지고 있는 것처럼
각 나라의 수익률은 '경제적 요인'이라는 공통된 잠재변수에 의해서 결정되기 때문이다.

```
df.T.plot(style=styles)
plt.title('주요국의 과거 20년간 연간수익률')
plt.xticks(df.columns)
plt.show()
```

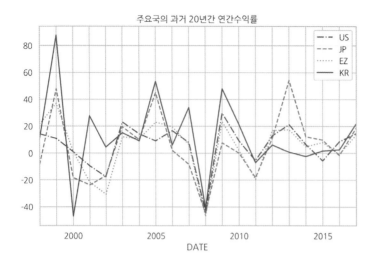

주요국의 과거 20년간 연간수익률

PCA 분석을 통해 모든 나라의 주가 움직임 기저에 깔려있는 성분을 살펴보자.

```
pca2 = PCA(n_components=1)
w = pca2.fit_transform(df)
```

일단 세계주가의 공통요인은 평균값으로 구할 수 있다.

```
m = pca2.mean_
```

그리고 나라별로 주가를 다르게 하는 요인은 주성분으로 구할 수 있다.

```
p1 = pca2.components_[0]
```

이 두 가지 성분을 차트로 나타내보자. 평균주가로부터 주성분이 더해질수록 어떻게 주가의 형태가 바뀌는지 살펴보면 다음과 같다. 굵은 선으로 표시된 주가가 평균 주가이고 나머지 주가는 주성분이 점점 많이 추가됨에 따라 어떤 주가 형태로 변하는지를 표시한 것이다. 여기에서는 주성분의 모습을 잘 보이게 하려고 주성분을 과장하여 추가했다.

```
xrange = np.linspace(1998, 2017, 20, dtype=int)
for i in np.linspace(0, 100, 5):
```

```
    plt.plot(xrange, pca2.mean_ + p1 * i)
plt.plot(xrange, pca2.mean_ + p1 * 100, label='주성분의 100배를 추가한 수익률')
plt.plot(xrange, pca2.mean_, 'ko-', lw=5, label='평균 수익률')
plt.title('주성분 크기에 의한 주가수익률의 변화')
plt.legend()
plt.show()
```

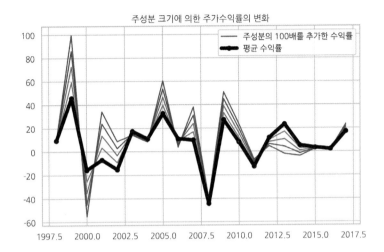

이 주성분이 가지는 의미를 살펴보기 위해 각 나라의 주성분 비중을 구한다.

```
df_w = pd.DataFrame(w)
df_w.index = df.index
df_w.columns = ['주성분 비중']
print(df_w)
```

```
      주성분 비중
US -33.413784
JP -20.943197
EZ -26.917702
KR  81.274683
```

한국은 주성분의 비중이 80이 넘고 나머지 국가들은 모두 주성분의 성분이 음수임을 알 수 있
다. 또한 주성분을 이용하여 구한 근사 주가를 표시하면 다음과 같다.

```
df_i = pd.DataFrame(pca2.inverse_transform(w))
df_i.index = df.index
df_i.columns = df.columns
df_i.iloc[:, -10:]
df_i.T.plot(style=styles)
plt.title('주성분을 사용한 주요국의 과거 20년간 연간수익률 근사치')
plt.xticks(df.columns)
plt.show()
```

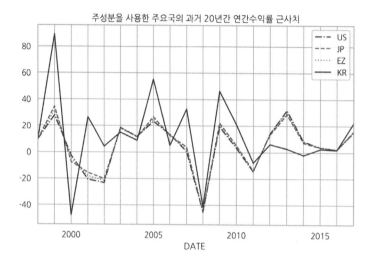

이 결과로부터 우리가 구한 주성분은 '미국, 일본, 유럽'이라는 데이터로부터 '한국'이라는 데이터로 변화시키는 요인, 즉 중진국 요인이라 부를 수 있는 성분이라는 것을 명확하게 알 수 있다.

3.6 마치며

선형대수를 여러 분야에 응용할 수 있다. 이 장에서는 기하학에서 선형대수가 어떻게 쓰이는지 살펴봤다. 고유분해와 특잇값분해는 행렬의 여러 분해 방법 중 데이터 분석에서 자주 활용되는 분해 방법이다. 특히 머신러닝을 공부하면 회귀분석, 추천 시스템, 클러스터링 등의 다양한 분야에서 만나게 된다.

4장 심파이(SymPy)로 공부하는 미적분

이 장에서는 함수와 미분, 적분을 공부한다. 함수는 입력 데이터를 받아서 출력 데이터를 만들어 내보내는 과정이므로 데이터 분석의 본질적인 작업이다. 우리가 원하는 것은 주어진 입력 데이터로부터 우리가 원하는 출력 데이터를 만들어주는 좋은 분석용 함수를 찾는 방법이다. 좋은 함수라는 것이 처음부터 저절로 주어지는 것이 아니기 때문에 우리는 그다지 좋지 않은 함수를 조금씩 고쳐서 좋은 함수로 만드는 방식을 취한다. 미분은 함수의 입력값이나 계수가 바뀌었을 때 함수의 출력이 어떻게 변하는지를 알려주는 일종의 신호이다. 여기에서는 이러한 신호에 해당하는 미분을 계산하는 방법에 대해 알아보고 미분의 반대 과정인 적분도 공부하게 된다. 마지막으로 데이터가 아닌 함수 자체를 입력으로 받아서 함수의 점수를 출력하는 범함수라는 개념도 소개한다.

학습 목표

- 함수, 역함수의 의미와 함수를 파이썬으로 구현하는 법을 공부한다.
- 함수의 그래프를 그리는 방법과 함수의 기울기를 구하는 방법을 이해한다.
- 데이터 분석에 많이 쓰이는 다양한 함수의 종류와 특징을 알아본다.
- 함수의 미분 공식을 이용하여 함수의 도함수를 구하는 방법을 익힌다.
- 심볼릭 연산의 의미를 이해하고 심파이로 미분과 적분을 하는 방법을 알아본다.
- 부정적분과 정적분을 구별할 수 있다.
- 벡터와 행렬로 이루어진 함수를 미분할 수 있다.
- 범함수의 의미와 범함수의 도함수를 구하는 공식에 대해 알아본다.

4.1 함수

이 절에서는 함수와 역함수 개념을 익히고, 파이썬에서 함수를 구현하는 방법을 알아봅니다. 데이터 분석에서 자주 쓰이는 다양한 함수와 그 특성에 대해 공부한다.

함수

함수function는 입력값을 출력값으로 바꾸어 출력하는 관계를 말한다. 예를 들어 $1, 2, 3, \ldots$ 란 숫자를 입력받아서 두 배가 되는 $2, 4, 6, \ldots$ 을 출력하는 것은 함수라고 할 수 있다.

$$1, 2, 3, \ldots \quad \rightarrow \quad \text{function} \quad \rightarrow 2, 4, 6, \ldots$$

어떤 입력값과 출력값이 함수 관계를 이루려면 같은 입력값에 대해서 항상 같은 출력값이 나와야 한다. 예를 들어 똑같이 3을 입력했는데 어떤 경우에는 4가 나오고 어떤 경우에는 5가 나온다면 함수라고 할 수 없다.

함수에서 입력변수가 가질 수 있는 값의 집합을 **정의역**domain, 출력변수가 가질 수 있는 값의 집합을 **공역**range이라고 한다. 정의역은 실수 전체인 경우가 많다. 하지만 함수에 따라서는 일부 숫자만 정의역으로 가질 수도 있다.

| 예제 |

서로 관계를 가지며 맺어지는 모든 숫자의 쌍은 함수라고 생각할 수 있다. 예를 들어

- 앰프의 조절 나사(knob)를 돌린 각도 x와 소리의 크기(volume) y
- 등산을 할 때 출발점에서 간 거리 x와 그 위치의 해발 고도 y

등의 관계를 정량화할 때 함수를 쓸 수 있다.

표를 사용한 함수 구현

만약 정의역이 유한 개의 원소로만 이루어져 있다면 함수는 일종의 **표**lookup table가 된다. 정의역이 유한 개여서 표로 나타낼 수 있는 함수는 **파이썬의 딕셔너리**dictionary로 구현할 수 있다.

| 예제 |

다음은 정의역이

$$\{1, 2, 3, 4, 5\}$$

이고 입력값의 2배를 출력하는 함수를 표로 나타낸 것이다.

입력	출력
1	2
2	4
3	6
4	8
5	10

이 함수를 파이썬으로 구현하면 다음과 같다.

```
# 함수 정의
f = {
    1: 2,
    2: 4,
    3: 6,
    4: 8,
    5: 10,
}
```

```
# 함수 사용
f[1]
```

```
2
```

변수

만약 정의역이 무한개 원소로 이루어졌다면 더 이상 표나 딕셔너리를 사용해서 함수를 구현할 수 없다. 이때는 변수와 수식을 사용하여 입력과 출력 간의 관계를 정의해야 한다.

변수^variable란 어떤 숫자를 대표하는 기호다. 함수에서 입력값이나 출력값을 기호 즉 변수로 나타내기도 한다. 입력값을 대표하는 변수를 **입력변수**^input variable라 하고 출력값을 대표하는 변수를 **출력변수**^output variable라고 한다. 변수는 보통 x, y, z 등의 알파벳 소문자로 표시한다. 함수에서 기호를 사용하는 이유는 입력값과 출력값의 관계를 수식으로 표현하기 위해서다. 예를 들어 어떤 숫자를 입력으로 받아 그 값의 2배가 되는 값을 출력으로 한다면 다음처럼 표현할 수 있다.

$$x \rightarrow 2x$$

또는

$$y = 2x$$

함수를 여러 개 사용할 때는 이름을 붙여 구별한다. 변수와 마찬가지로 함수도 f, g, h와 같이 알파벳 소문자로 표시한다. 함수를 표기할 때는 다음처럼 입력변수를 붙여서 $f(x)$라고 표기한다. 이 기호는 "f of x"라고 읽는다.

$$f(x) = 2x$$

파이썬의 함수 기능은 이러한 수학 함수의 개념을 구현한 것으로 볼 수 있다.

| 예제 |

다음 파이썬 함수 f는 모든 실수의 집합을 정의역으로 가지고 입력변수의 값을 2배하여 출력한다.

```python
# 함수 정의
def f(x):
    return 2 * x

# 함수 사용
x = 10
y = f(x)

print('f({}) = {}'.format(x, y))

f(10) = 20
```

연속과 불연속

함수의 값이 중간에 갑자기 변하는 것을 **불연속**discontinuous이라고 하고 그렇지 않으면 **연속**continuous 이라고 한다. 다음에 설명할 부호함수, 단위계단함수, 지시함수는 데이터 분석에서 자주 등장 하는 불연속함수다.

부호함수

부호함수sign function는 입력이 양수이면 1, 음수이면 −1, 0이면 0을 출력하는 $x = 0$에서 불연속 인 함수다. 넘파이에서는 sign() 명령으로 구현되어 있다.

$$\text{sgn}(x) = \begin{cases} 1, & x > 0, \\ 0, & x = 0, \\ -1, & x < 0 \end{cases}$$

```
np.sign(-0.0001), np.sign(0), np.sign(0.0001)
```

```
(-1.0, 0, 1.0)
```

단위계단함수

단위계단함수Heaviside step function도 $x = 0$에서 불연속인 함수다. 넘파이 구현이 없으므로 직접 구 현해야 한다.

$$H(x) = \begin{cases} 1, & x \geq 0, \\ 0, & x < 0 \end{cases}$$

```python
def heaviside_step(x):
    if isinstance(x, np.ndarray):
        return np.where(x >= 0, 1, 0)
    else:
        return 1.0 if x >= 0 else 0.0

heaviside_step(-0.0001), heaviside_step(0), heaviside_step(0.0001)
```

```
(0.0, 1.0, 1.0)
```

지시함수

다음 함수는 지시함수indicator function라는 함수로 함수 이름에 아래첨자로 미리 지정된 값이 들어오면 출력이 1이 되고 아니면 출력이 0이 된다.

$$\mathbb{I}_i(x) = \delta_{ix} = \begin{cases} 1 & \text{if } x = i \\ 0 & \text{if } x \neq i \end{cases}$$

지시함수는 다음처럼 표기하기도 한다.

$$\mathbb{I}(x = i) = \begin{cases} 1 & \text{if } x = i \\ 0 & \text{if } x \neq i \end{cases}$$

지시함수는 데이터 중에서 특정한 데이터만 선택하여 개수를 세는 데 사용된다. 예를 들어 데이터 x_1, x_2, ..., x_N 중에서 값이 0인 데이터 수와 값이 1인 데이터 수는 지시함수를 사용하여 다음처럼 표시한다.

$$N_0 = \sum_{i=1}^{N} \mathbb{I}(x_i = 0)$$

$$N_1 = \sum_{i=1}^{N} \mathbb{I}(x_i = 1)$$

역함수

어떤 함수의 입력/출력 관계와 정반대의 입출력 관계를 갖는 함수를 **역함수**inverse function라고 한다.

예를 들어 어떤 함수 f가 1, 2, 3, ... 를 입력받아서 1, 4, 9, ...을 출력하고 다른 함수 g는 반대로 1, 4, 9, ...를 입력받아서 1, 2, 3, ...을 출력하면 두 함수 f, g는 서로 역함수다.

함수 f의 역함수는 f^{-1} 기호로 표시한다.

$$y = f(x), \quad \rightarrow \quad x = f^{-1}(y)$$

함수의 '역함수'와 함수의 '역수'는 기호와 의미가 모두 다르다는 점에 주의한다.

$$f^{-1}(x) \neq f(x)^{-1} = \frac{1}{f(x)}$$

함수가 존재한다고 해서 항상 역함수가 존재할 수 있는 것은 아니다. 예를 들어 두 개의 서로 다른 x_1, x_2값에 대해 y값이 $y*$로 같다고 하자.

$$f(x_1) = y^*$$

$$f(x_2) = y^*$$

그러면 반대로 $y*$에 대응하는 x값을 선택할 수 없기 때문에 역함수가 존재하지 않는다.

| 예제 |

다음 함수는 역함수가 존재하지 않는다.

$$f(x) = x^2$$

이 함수의 역함수가 존재하려면 정의역을 양수로 제한해야 한다($x > 0$). 이때는 다음과 같이 역함수가 존재한다.

$$f^{-1}(x) = \sqrt{x}$$

함수의 그래프

함수의 형상을 시각적으로 파악하는 데 **그래프**graph 또는 **플롯**plot를 사용하기도 한다.

파이썬에서는 맷플롯립이 제공하는 라인 플롯을 사용하여 그래프를 만들 수 있다. 다만 맷플롯립에서는 그래프를 작성할 영역을 작은 구간으로 나눈 독립변숫값 벡터 x를 생성하고 이 위치에 대한 함숫값 벡터 y를 하나하나 계산하여 이렇게 만들어진 점을 직선으로 연결해 플롯을 그린다. 따라서 구간 간격이 너무 크면 그래프가 부정확해지고, 구간 간격이 너무 작으면 계산 시간이 증가하며 메모리 등의 리소스가 낭비된다.

맷플롯립으로 다음과 같은 함수의 그래프를 그려보자.

$$f(x) = x^3 - 3x^2 + x$$

```
def f(x):
    return x**3 - 3 * x**2 + x
```

우선 $x = -1$부터 $x = 3$까지 0.5 간격으로 점 9개를 찍는다

```
x = np.linspace(-1, 3, 9)
x
```

```
array([-1. , -0.5,  0. ,  0.5,  1. ,  1.5,  2. ,  2.5,  3. ])
```

그리고 이 위치에 대해 $y = f(x)$값을 구한다.

```
y = f(x)
y
```

```
array([-5.   , -1.375,  0.   , -0.125, -1.   , -1.875, -2.   , -0.625,
        3.   ])
```

이를 표로 나타내면 다음과 같다.

x	−1	−0.5	0	0.5	1	1.5	2	2.5	3
y	−5	−1.375	0	−0.125	−1	−1.875	−2	−0.625	3

맷플롯립이 그리는 그래프는 이 표에 나타난 x, y 쌍을 직선으로 연결한 그림이다.

```
plt.plot(x, y, 'ro-')
plt.xlim(-2, 4)
plt.title('함수 $f(x) = x^3 - 3x^2 + x$의 그래프')
plt.xlabel('x')
plt.ylabel('y')
plt.xticks(np.arange(-1, 4))
plt.yticks(np.arange(-5, 4))
plt.show()
```

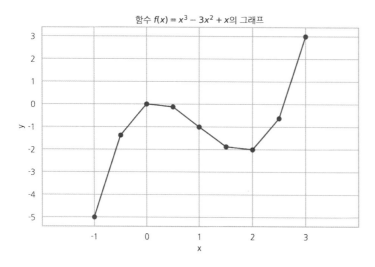
함수 $f(x) = x^3 - 3x^2 + x$의 그래프

이 x, y 벡터의 구간을 더 조밀하게 만들면 그래프는 곡선으로 보이게 된다. 다음 그래프는 곡선으로 보이지만 실제로는 직선 약 400개가 연결된 것이다.

```python
x = np.linspace(-1, 3, 400)
y = f(x)
plt.plot(x, y)

plt.xlim(-2, 4)
plt.title('함수 $f(x) = x^3 - 3x^2 + x$의 그래프')
plt.xlabel('x')
plt.ylabel('y')
plt.xticks(np.arange(-1, 4))
plt.yticks(np.arange(-5, 4))

plt.show()
```

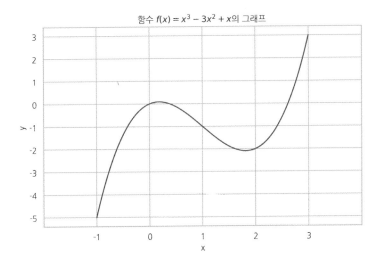

함수 $f(x) = x^3 - 3x^2 + x$의 그래프

4.1.1 **연습 문제**

맷플롯립으로 부호함수와 단위계단함수의 라인플롯을 그려라.

역함수의 그래프

역함수의 그래프는 원래의 함수에서 x축과 y축이 바뀐 것이므로 $y = x$가 나타내는 직선(원점을 통과하는 기울기 1인 직선)을 대칭축으로 대칭인 함수의 그래프와 같다.

```python
def f1(x):
    return x ** 2


def f1inv(x):
    return np.sqrt(x)


x = np.linspace(0, 3, 300)
plt.plot(x, f1(x), 'r-', label='함수 $f(x) = x^2$')
plt.plot(x, f1inv(x), 'b-.', label='역함수 $f^{-1}(x) = \sqrt{x}$')
plt.plot(x, x, 'g--')
plt.axis('equal')
```

```
plt.xlim(0, 2)
plt.ylim(0, 2)
plt.legend()
plt.title('역함수의 그래프')
plt.show()
```

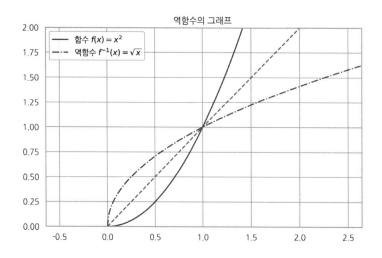

데이터 분석에서 많이 사용되는 함수들

데이터 분석에는 다양한 함수가 사용된다. 여기에서는 몇 가지 간단한 예를 보인다.

다항식함수

다항식[polynomial]**함수**는 상수항 c_0, 일차항 $c_1 x$, 이차항 $c_2 x^2$, … 등의 거듭제곱 항의 선형조합으로 이루어진 함수다.

$$f(x) = c_0 + c_1 x + c_2 x^2 + \cdots + c_n x^n$$

최대함수와 최소함수

최대함수는 두 인수 중에서 큰 값을 출력하는 함수다.

$$\max(x, y) = \begin{cases} x & \text{if } x \geq y \\ y & \text{if } x < y \end{cases}$$

최소함수는 최대함수와 반대로 두 인수 중 작은 값을 출력하는 함수다.

$$\min(x, y) = \begin{cases} x & \text{if } x \leq y \\ y & \text{if } x > y \end{cases}$$

최대함수는 원래 두 입력을 갖는 함수이지만 보통 $y = 0$으로 고정해서 입력값 x가 양수이면 그대로 출력하고 음수일 때는 0으로 만들 때 주로 사용한다.

$$\max(x, 0) = \begin{cases} x & \text{if } x \geq 0 \\ 0 & \text{if } x < 0 \end{cases}$$

인공신경망에서는 이 함수를 **ReLU**^{Rectified Linear Unit}라고 부른다.

```
xx = np.linspace(-10, 10, 100)
plt.plot(xx, np.maximum(xx, 0))
plt.title('max(x,0) 또는 ReLU')
plt.xlabel('$x$')
plt.ylabel('$ReLU(x)$')
plt.show()
```

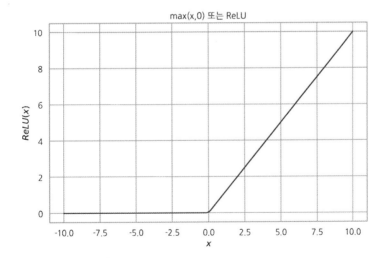

지수함수

정해진 어떤 값을 입력값으로 거듭제곱하여 출력을 구하는 함수를 생각해보자.

$$y = a^x$$

거듭제곱을 할 때 아래에 있는 수를 밑base라고 한다. 밑을 오일러 수 e(약 2.718)로 하여 거듭제곱을 하는 함수를 **지수함수**exponential function라고 한다.

$$y = e^x$$

지수함수는 다음처럼 표시할 수도 있다.

$$y = \exp(x) = \exp x$$

넘파이에서는 e 상수로 오일러 수를, exp() 명령으로 지수함수를 계산한다. 여러 값을 대입하여 지수함수의 값을 구해 위 성질이 성립하는지 살펴보자.

```
np.e
```

```
2.718281828459045
```

```
np.exp(-10), np.exp(-1), np.exp(-0.1), np.exp(0), np.exp(0.1), np.exp(1), np.exp(10)
```

```
(4.5399929762484854e-05,
 0.36787944117144233,
 0.9048374180359595,
 1.0,
 1.1051709180756477,
 2.718281828459045,
 22026.465794806718)
```

지수함수는 다음과 같은 특성을 갖는다.

- 양수(e)를 거듭제곱한 값이므로 항상 양수다.
- $x=0$일 때 1이 된다.
- x가 양의 무한대로 가면($x \rightarrow \infty$), 양의 무한대로 다가간다.

- x가 음의 무한대로 가면$(x \to -\infty)$, 0으로 다가간다.
- $x_1 > x_2$이면 $\exp x_1 > \exp x_2$이다.

위 특성에 의해 지수함수의 그래프는 다음처럼 그려진다.

```python
xx = np.linspace(-2, 2, 100)
yy = np.exp(xx)
plt.title('지수함수')
plt.plot(xx, yy)
plt.axhline(1, c='r', ls='--')
plt.axhline(0, c='r', ls='--')
plt.axvline(0, c='r', ls='--')
plt.xlabel('$x$')
plt.ylabel('$\exp(x)$')
plt.show()
```

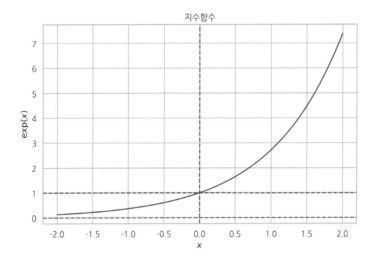

두 지수함수의 곱의 값은 입력값 합의 지수함숫값과 같다.

$$f(x_1) \cdot f(x_2) = e^{x_1} \cdot e^{x_2} = e^{x_1 + x_2} = f(x_1 + x_2)$$

```python
np.exp(2 + 3), np.exp(2) * np.exp(3)
```

```
(148.4131591025766, 148.4131591025766)
```

로지스틱함수

로지스틱[logistic]함수는 지수함수를 변형한 함수로 회귀분석이나 인공신경망에서 자주 사용된다. 로지스틱함수는 원래 시그모이드[sigmoid]함수의 하나다. 하지만 시그모이드함수 중에서는 로지스틱함수가 가장 널리 쓰이기 때문에 보통 시그모이드함수라고 하면 이 로지스틱함수를 뜻한다.

$$\sigma(x) = \frac{1}{1 + \exp(-x)}$$

```python
def logistic(x):
    return 1 / (1 + np.exp(-x))


xx = np.linspace(-10, 10, 100)
plt.plot(xx, logistic(xx))
plt.title('로지스틱함수')
plt.xlabel('$x$')
plt.ylabel('$\sigma(x)$')
plt.show()
```

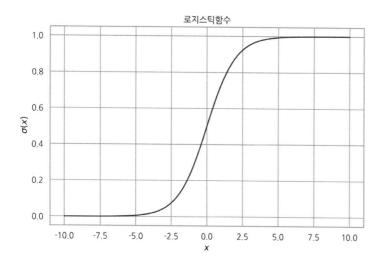

로그함수

e를 거듭제곱하여 특정한 값이 되는 수를 찾아야 할 때가 있다. 예를 들어 e를 제곱하면 약 7.4가 되고 세제곱하면 약 20이 된다.

```
np.exp(2), np.exp(3)
```

```
(7.38905609893065, 20.085536923187668)
```

그렇다면 몇 제곱을 해야 10이라는 값이 될까? e를 약 2.3025851 거듭제곱을 하면 10이 된다. 이렇게 e를 거듭제곱하여 특정한 수 a가 되도록 하는 수를 $\log a$라 표기하고 로그log라고 읽는다.

```
np.exp(2.3025851)
```

```
10.000000070059542
```

넘파이에서 로그함수 명령은 $\log()$이다.

```
np.log(10)
```

```
2.302585092994046
```

지수함수에서 밑이 e가 아닌 경우에는 다음처럼 로그를 이용하여 계산할 수 있다.

$$y = a^x = (e^{\log a})^x = e^{x \log a}$$

로그는 지수함수의 출력이 특정한 값이 되게 하는 입력을 찾는 것이므로 지수함수의 역함수다.

$$y = \log x$$

로그함수는 다음과 같은 특징을 가진다.

- x값, 즉 입력변숫값이 양수이어야 한다. 0이거나 음수이면 정의되지 않는다.
- $x > 1$면 $y > 0$ (양수)

- $x = 1$이면 $y = 0$
- $0 < x < 1$면 $y < 0$ (음수)
- $x_1 > x_2$면 $\log x_1 > \log x_2$이다.

로그함수의 그래프는 다음과 같은 형태를 띤다.

```python
xx = np.linspace(0.01, 8, 100)
yy = np.log(xx)
plt.title('로그함수')
plt.plot(xx, yy)
plt.axhline(0, c='r', ls='--')
plt.axvline(0, c='r', ls='--')
plt.axvline(1, c='r', ls='--')
plt.xlabel('$x$')
plt.ylabel('$\log(x)$')
plt.show()
```

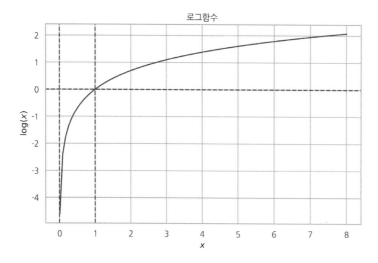

로그함수는 확률론에서 가장 많이 사용되는 함수다. 그 이유는 로그함수가 갖는 다음과 같은 특이한 성질 때문이다.

| 로그함수의 성질 1 : 로그함수는 곱하기를 더하기로 변환한다 |

$$\log (x_1 \cdot x_2) = \log x_1 + \log x_2$$

이 성질을 확장하면 다음과 같이 표기한다.

$$\log\left(\prod_i x_i\right) = \sum_i (\log x_i)$$

위 식에서 $x_1 = x_2 = \ldots = x$라면 다음 공식이 성립한다.

$$\log x^n = n \log x$$

4.1.2 **연습 문제**

log 2값은 약 0.69, log 3값은 약 1.10이다. 이때 log 12값을 구하라.

4.1.3 **연습 문제**

로지스틱함수의 역함수를 구하라.

| 로그함수의 성질 2 : 어떤 함수에 로그를 적용해도 함수의 최고점, 최저점의 위치는 변하지 않는다 |

만약 양수값만을 갖는 함수가 있을 때 이 함수에 다시 로그함수를 적용하면 높낮이는 바뀌지만 최고점이나 최저점의 위치는 바뀌지 않는다. 따라서 최적화할 때 원래의 함수가 아니라 로그를 취한 함수에 대해 최적화를 하는 경우가 많다.

$$\arg\max_x f(x) = \arg\max_x \log f(x)$$

위 식에서 $\arg\max_x f(x)$는 f값을 최대로 만들어주는 x값을 뜻한다.

```python
def ff(x):
    return x**3 - 12*x + 20 * np.sin(x) + 7


xx = np.linspace(-4, 4, 300)
yy = ff(xx)
```

```python
plt.subplot(211)
plt.plot(xx, yy)
plt.axhline(1, c='r', ls='--')
plt.yticks([0, 1, 5, 10])
plt.ylim(-2, 15)
plt.title('$f(x)$')

plt.subplot(212)
plt.plot(xx, np.log(yy))
plt.axhline(0, c='r', ls='--')
plt.title('$log f(x)$')

plt.tight_layout()
plt.show()
```

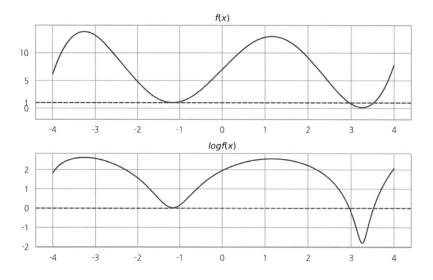

| 로그함수의 성질 3 : 로그함수는 0부터 1 사이의 작은 값을 확대시켜 보여준다 |

로그함수는 0부터 1 사이의 구간을 음의 무한대부터 0까지로 확장시켜주기 때문에 확률값처럼 0과 1 사이에 있는 작은 값을 더 확실하게 비교할 수 있도록 한다.

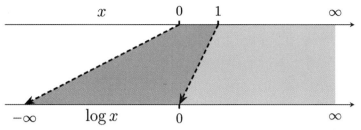

▶ 로그함수의 정의역과 치역의 비교

```
np.random.seed(0)
x = np.random.rand(5)
x = x / x.sum()

plt.subplot(211)
plt.title('0, 1 사이 숫자들의 $\log$ 변환')
plt.bar(range(1, 6), x)
plt.ylim(0, 1)
plt.ylabel('x')

plt.subplot(212)
plt.bar(range(1, 6), np.log(x))
plt.ylabel('log x')

plt.show()
```

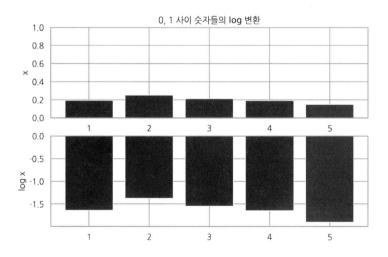

소프트플러스함수

소프트플러스softplus 함수는 지수함수와 로그함수를 결합하여 만든 함수로 0을 인수로 갖는 최대 함수와 비슷하지만 $x = 0$ 근처에서 값이 부드럽게 변한다는 장점이 있다.

$$\zeta(x) = \log(1 + \exp(x))$$

```
def softplus(x):
    return np.log(1 + np.exp(x))

xx = np.linspace(-10, 10, 100)
plt.plot(xx, softplus(xx))
plt.title('소프트플러스함수')
plt.xlabel('$x$')
plt.ylabel('Softplus($x$)')
plt.show()
```

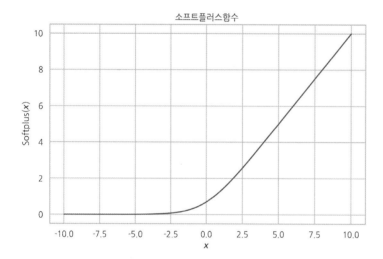

다변수함수

함수는 복수의 입력변수를 가질 수도 있다. 이러한 함수를 **다변수함수**multivariate function라고 한다. 예를 들어 다음 수식은 함수 f가 2개의 입력변수 x, y를 받아서 변수 z를 출력하는 다변수함수 라는 뜻이다. 2차원 (다변수)함수라고도 한다.

$$z = f(x, y)$$

두 개의 독립변수를 갖는 함수 $f(x, y)$의 예로는 위도 x와 경도 y를 입력받아 해발 고도 z를 출력하는 함수다.

따라서 2차원 함수는 평면상의 지형과 같기 때문에 3차원 **서피스 플롯**surface plot, 또는 **컨투어 플롯**contour plot으로 나타낼 수 있다.

| 예제 |

다음은 2차원 다변수함수의 예다.

$$f(x, y) = 2x^2 + 6xy + 7y^2 - 26x - 54y + 107$$

```python
def f(x, y):
    return 2 * x**2 + 6 * x * y + 7 * y**2 - 26 * x - 54 * y + 107


xx = np.linspace(-3, 7, 100)
yy = np.linspace(-3, 7, 100)
X, Y = np.meshgrid(xx, yy)
Z = f(X, Y)

fig = plt.figure()
ax = fig.gca(projection='3d')
ax.plot_surface(X, Y, Z, linewidth=0.1)
ax.view_init(40, -110)
plt.xlabel('x')
plt.ylabel('y')
ax.set_zlabel('z')
plt.title('서피스 플롯(Surface Plot)')
plt.show()
```

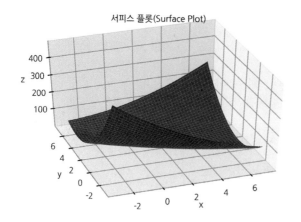

```
CS = plt.contour(X, Y, Z, levels=np.logspace(0, 3, 10))
plt.clabel(CS, fmt='%d')
plt.title('컨투어 플롯')
plt.show()
```

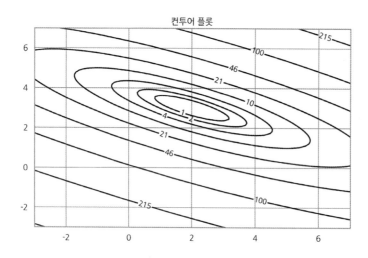

분리 가능 다변수함수

다변수함수 중에는 단변수함수의 곱으로 표현 가능한 다변수함수도 있다.

$$f(x, y) = f_1(x)f_2(y)$$

이러한 다변수함수를 **분리 가능 다변수함수**separable multivariate function라고 하며 추후 확률변수에서 중요한 역할을 한다.

2차원 함수는 3차원 공간상의 지형에 비유할 수 있다. 2차원 함수에서 x값을 어떤 상수 x_0로 고정하거나

$$x = x_0$$

또는 y값을 어떤 상수 y_0로 고정하자.

$$y = y_0$$

그러면 움직일 수 있는 변수가 이제 하나이므로 이 함수는 1차원 단변수함수가 된다. 이 단변수함수의 모양은 3차원 공간상의 지형을 케이크 자르듯이 나눌 때 생기는 단면의 모양과 같다.

그런데 분리 가능 다변수함수는 단면의 모양이 모두 같다. 예를 들어 $x = x_0$으로 고정하면 단면함수는

$$g(x_0, y) = g(x_0)g(y) = k_0 g(y)$$

이므로 x_0의 값과 상관없이 $g(y)$의 높이만 조절한 모양이 된다.

| 예제 |

다음 함수는 분리 가능 다변수함수의 한 예다.

$$g(x, y) = \exp(-x^2 - 16y^2) = \exp(-x^2)\exp(-16y^2) = g_1(x)g_2(y)$$

아래의 그림은 $y = 0, 0.1, 0.2, 0.3$으로 고정했을 때 생기는 단면의 모양을 나타낸 것이다.

```
from matplotlib import transforms
from matplotlib.ticker import NullFormatter


def g1(x):
    return np.exp(-x ** 2)


def g2(y):
    return np.exp(-16 * y ** 2)
```

```python
def g(x, y):
    return g1(x) * g2(y)


xx = np.linspace(-1, 1, 100)
yy = np.linspace(-1, 1, 100)
X, Y = np.meshgrid(xx, yy)
Z = g(X, Y)


left, width = 0.1, 0.65
bottom, height = 0.1, 0.65
bottom_h = left_h = left + width + 0.02
rect = [left, bottom, width, height]
rectx = [left, bottom_h, width, 0.2]
recty = [left_h, bottom, 0.2, height]


plt.figure(1, figsize=(8, 8))
ax = plt.axes(rect)
axx = plt.axes(rectx)
axy = plt.axes(recty)


nullfmt = NullFormatter()
axx.xaxis.set_major_formatter(nullfmt)
axy.yaxis.set_major_formatter(nullfmt)


ax.contour(X, Y, Z)
ax.axhline(0, c='r', ls='-')
ax.axhline(0.1, c='g', ls='--')
ax.axhline(0.2, c='b', ls='-.')
ax.axhline(0.3, c='c', ls=':')
ax.set_xlabel('x')
ax.set_ylabel('y')


axx.plot(xx, g1(xx), c='r')
axx.plot(xx, g2(0.1) * g1(xx), c='g', ls='--')
axx.plot(xx, g2(0.2) * g1(xx), c='b', ls='-.')
axx.plot(xx, g2(0.3) * g1(xx), c='c', ls=':')
axx.set_title('g1(x)')
axx.text(-0.2, 0.3, 'y=0.3로 자른 단면')
```

```
axx.text(-0.2, 0.6, 'y=0.2으로 자른 단면')
axx.text(-0.2, 0.9, 'y=0.1로 자른 단면')

base = axy.transData
rot = transforms.Affine2D().rotate_deg(-90)
axy.plot(yy, g2(yy), transform=rot + base)
axy.set_title('g2(y)')
axy.axhline(0, xmax=g2(0), c='r', ls='-')
plt.text(0.05, 0.02, '$g_2$(0)={:.2f}'.format(g2(0)))
axy.axhline(0.1, xmax=g2(0.1), c='g', ls='--')
plt.text(0.05, 0.12, '$g_2$(0.1)={:.2f}'.format(g2(0.1)))
axy.axhline(0.2, xmax=g2(0.2), c='b', ls='-.')
plt.text(0.05, 0.22, '$g_2$(0.2)={:.2f}'.format(g2(0.2)))
axy.axhline(0.3, xmax=g2(0.3), c='c', ls=':')
plt.text(0.05, 0.32, '$g_2$(0.3)={:.2f}'.format(g2(0.3)))

axx.set_xlim(ax.get_xlim())
axx.set_ylim(0, 1)
axy.set_ylim(ax.get_ylim())
axy.set_xlim(0, 1)

plt.suptitle('$g(x, y) = \exp(-x^2)\exp(-16y^2) = g_1(x)g_2(y)$의 그래프', y=1.04)
plt.show()
```

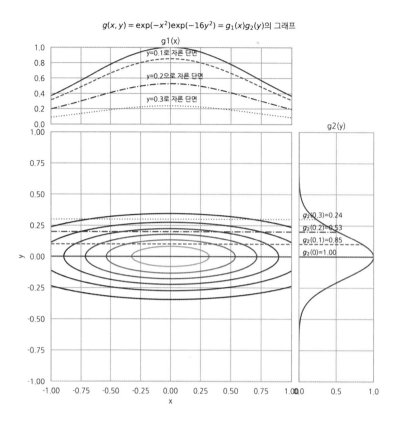

$g(x, y) = \exp(-x^2)\exp(-16y^2) = g_1(x)g_2(y)$의 그래프

다변수 다출력 함수

어떤 함수는 입력변수뿐 아니라 출력변수도 여러 개일 수 있다. 이 경우에는 출력을 벡터나 행렬로 나타낼 수 있다.

예를 들어 **소프트맥스**softmax함수는 다차원 벡터를 입력받아 다차원 벡터를 출력한다. 다음은 3차원 소프트맥스함수다.

$$y = \begin{bmatrix} y_1 \\ y_2 \\ y_3 \end{bmatrix} = S(x_1, x_2, x_3) = \begin{bmatrix} \dfrac{\exp(w_1 x_1)}{\exp(w_1 x_1) + \exp(w_2 x_2) + \exp(w_3 x_3)} \\ \dfrac{\exp(w_2 x_2)}{\exp(w_1 x_1) + \exp(w_2 x_2) + \exp(w_3 x_3)} \\ \dfrac{\exp(w_3 x_3)}{\exp(w_1 x_1) + \exp(w_2 x_2) + \exp(w_3 x_3)} \end{bmatrix}$$

출력 벡터는 다음과 같은 특성을 갖는다.

- 모든 출력 원소는 0와 1 사잇값을 갖는다.
- 모든 출력 원소의 합은 1이다.
- 입력 원소의 크기 순서와 출력 원소의 크기 순서가 같다.

소프트맥스함수는 **다변수 입력을 확률**probability**처럼 보이게 출력한다.** 이러한 특성 때문에 인공신경망의 마지막단에서 출력을 조건부확률로 변형하는 데 사용된다.

```python
def softmax(x, w):  # x는 1차원 배열, w는 가중치 벡터
    e = np.exp(w * x)
    return np.exp(w * x) / e.sum()


x = [2.0, 1.0, 0.5]
y = softmax(x, np.ones(3))
```

```python
y
```

```
array([0.62853172, 0.2312239 , 0.14024438])
```

```python
np.sum(y)
```

```
1.0
```

가중치가 커지면 최댓값과 최솟값의 차이가 더 벌어진다.

```python
softmax(x, 4 * np.ones(3))
```

```
array([0.97962921, 0.01794253, 0.00242826])
```

함수의 평행이동

단변수함수를 그래프 상에서 오른쪽으로 a만큼 평행이동하려면 다음과 같이 함수식을 바꾸면 된다.

$$f(x) \quad \rightarrow \quad f(x - a)$$

즉 함수식에서 x로 표기된 부분을 모두 $x - a$라는 글자로 바꾼다.

예를 들어 함수

$$f(x) = x^2 + 2x$$

를 오른쪽으로 2만큼 이동하려면

$$f(x - 2) = (x - 2)^2 + 2(x - 2)$$

로 바꾼다.

단변수함수를 그래프 상에서 위로 B만큼 평행이동하려면 다음과 같이 함수식을 바꾼다.

$$f(x) \quad \rightarrow \quad f(x) + b$$

다음 그래프는 로지스틱함수를 오른쪽으로 5, 아래로 1만큼 이동한 것이다.

```
xx = np.linspace(-10, 10, 100)
plt.plot(xx, logistic(xx), label='$\sigma(x)$', ls='-')
plt.plot(xx, logistic(xx-5)-1, label='$\sigma(x-5)-1$', ls='--')
plt.legend()
plt.title('로지스틱함수를 오른쪽으로 5, 아래로 1만큼 이동')
plt.show()
```

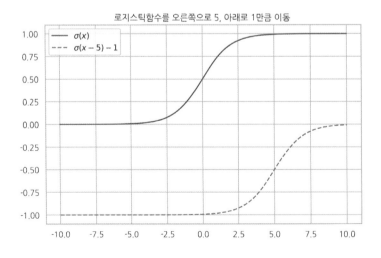

변수가 둘인 다변수함수를 오른쪽으로 a만큼, 위로 b만큼 평행이동할 때는 함수를 다음처럼 변형한다.

$$f(x, y) \;\; \rightarrow \;\; f(x-a, y-b)$$

```
def g(x, y):
    return np.exp(-x ** 2 -16 * y ** 2)

xx = np.linspace(-1, 1, 100)
yy = np.linspace(-1, 1, 100)
X, Y = np.meshgrid(xx, yy)
Z1 = g(X, Y)
Z2 = g(X-0.5, Y-0.75)
plt.contour(X, Y, Z1)
plt.contour(X, Y, Z2, linestyles='--')
plt.text(-0.05, -0.02, 'f(x,y)')
plt.text(0.35, 0.73, 'f(x-0.5,y-0.75)')
plt.ylim(-0.5, 1)
plt.title('다변수함수의 평행이동')
plt.show()
```

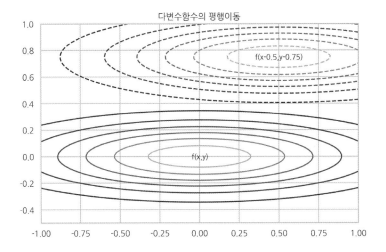

함수의 스케일링

단변수함수를 x축 방향으로 a배만큼 늘리려면 함수를 다음처럼 변형한다.

$$f(x) \;\; \rightarrow \;\; f\left(\frac{x}{a}\right)$$

단변수함수를 y축 방향으로 b배만큼 늘리려면 함수를 다음처럼 변형한다.

$$f(x) \;\; \rightarrow \;\; bf(x)$$

다음 그래프는 로지스틱함수를 x축 방향으로 1/2배, y축 방향으로 2배한 것이다.

```
xx = np.linspace(-6, 6, 100)
plt.plot(xx, logistic(xx), label='$\sigma(x)$', ls='-')
plt.plot(xx, 2*logistic(2*xx), label='2$\sigma(2x)$', ls='--')
plt.legend()
plt.title('로지스틱함수를 x축 방향으로 1/2배, y축 방향으로 2배')
plt.show()
```

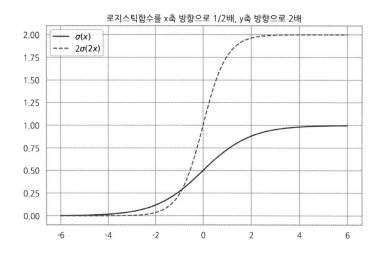

4.2 심파이를 사용한 함수 미분

이 절에서는 함수의 미분에 대해 공부한다. 우선 데이터 분석에 미분이 필요한 이유를 설명한다. 몇 가지 간단한 미분 공식을 사용하여 손으로 미분하는 연습을 한 후에 파이썬으로 미분을 하는 방법을 알아본다.

예측 모형의 성능

데이터 분석의 목표는 예측 오차가 가장 작은 최적의 예측 모형을 구하는 일이다. 최적의 모형을 구하기 위해 우리가 할 수 있는 일은 예측 모형 함수의 계수를 바꾸는 것이다. 예측 모형 함수의 계수를 모수라고도 한다. 예를 들어 다음과 같은 선형예측 모형을 사용하는 경우,

$$\hat{y} = w_1 x_1 + w_2 x_2 + \ldots + w_N x_N = w^T x$$

우리가 결정할 수 있는 것은 선형예측 모형의 가중치 w, 즉 w_1, w_2, ..., w_N값이다. 이 가중치 w의 값이 모수다.

모수를 어떤 숫자로 정하느냐에 따라 예측 모형의 성능이 달라진다. 성능은 크기를 비교할 수 있어야 하므로 항상 스칼라인 숫자가 되어야 한다. 따라서 모수를 결정하여 성능을 측정하는 일련의 과정은 다음처럼 다변수함수를 계산하는 것과 같다. 이 함수를 성능함수^{performance function}이라고 한다. 성능함수의 값은 클수록 좋다.

이와는 반대로 모수를 입력받아 오차 혹은 오류의 크기를 출력하는 함수를 가장 작게 하는 것을 목표로 할 수도 있다. 이러한 함수는 **손실함수**^{loss function}, **비용함수**^{cost function}, 또는 **오차함수**^{error function}라고 부른다.

성능함수, 손실함수, 비용함수, 오차함수 등 최적화의 대상이 되는 함수를 통틀어 **목적함수**^{objective function}라고 한다.

우리가 원하는 것은 목적함수가 주어졌을 때 이 목적함수의 값을 가장 크게 혹은 적게 할 수 있는 입력값, 즉 모수를 구하는 것이다. 이를 **최적화**^{optimization}라고 한다. 최적화를 하기 위해서는 입력값이 변했을 때 함수의 출력값이 어떻게 달라지는지를 정량적으로 알아야 한다. 이러한 과정이 **미분**^{differentiation}이다. 따라서 미분을 모르고 올바른 데이터 분석은 불가능하다.

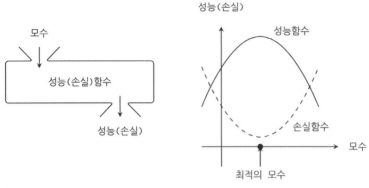

▶ 손실 함수

| 예제 |

조절나사의 각도 x를 설정하여 출력되는 음량 y를 제어하는 앰프가 있다. 그런데 이 앰프가 다음 그림과 같이 조절나사의 각도와 음량이 정비례하지 않는 앰프라고 하자. 출력 음량이 최대가 되는 조절나사의 각도를 찾는 문제는 변수 x에 대한 최적화 문제라고 할 수 있다.

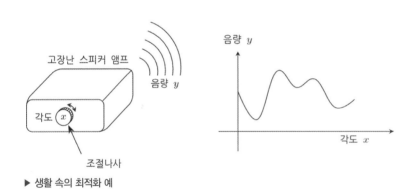

▶ 생활 속의 최적화 예

기울기

수치적 최적화는 가장 적은 횟수로 여러 x값을 시도하여 최적의 값을 찾는 방법이다. 수치적 최적화를 하려면 어떤 x_1 값을 시도한 후 다음 번에 다른 x_2 값으로 어떤 값이 더 좋을지 알아야 한다. 만약 x_1 위치에서는 x를 증가시켰을 때 y값이 증가한다는 것을 알고 있다면 x_2 값은 x_1 보다 더 큰 값을 쓰는 것이 좋다. 반대로 x_1 위치에서는 x를 증가시켰을 때 y값이 감소한다면 x_2 값은

x_1보다 더 작은 값을 쓰는 것이 좋다. 이 정보를 **기울기**slope 혹은 **민감도**sensitivity라고 한다.

앰프에 비유하자면 조절나사를 오른쪽으로 1도만큼 돌렸을 때 소리가 커지는지 작아지는지를 알면 원하는 소리 크기로 맞출 때 어느 방향으로 돌려야 하는지 결정할 수 있는 것과 마찬가지다.

만약 입력변수의 값이 x에서 x_2로 $\Delta x = x_2 - x$만큼 달라졌다고 가정하자. 출력변수는 $f(x)$라는 값에서 $f(x_2)$라는 값으로 $\Delta y = f(x_2) - f(x)$만큼 달라질 것이다. 이를 비율로 나타내면 다음과 같다.

$$\frac{\Delta y}{\Delta x} = \frac{f(x_2) - f(x)}{x_2 - x} = \frac{f(x + \Delta x) - f(x)}{\Delta x}$$

그런데 이 방식으로 계산한 변화율은 x_2가 x_1에서 얼마나 멀리 떨어져 있는가 즉, Δx의 크기에 따라 달라진다. 이를 해결하기 위해 **기울기**slope라는 개념을 사용한다. 기울기는 dx값이 0으로 근접할 때의 변화율을 말한다. 기호로는 다음처럼 쓴다.

$$기울기 = \lim_{\Delta x \to 0} \frac{f(x + \Delta x) - f(x)}{\Delta x}$$

이번에는 기울기를 함수의 그래프에서 살펴보자. 함수의 그래프는 앞에서 그린 것처럼 부드러운 곡선 형태로 나타나는 경우가 많다. 이 곡선에 대해 한 점만 공통으로 가지는 접선을 그릴 수 있는데 이 접선이 수평선과 이루는 기울기는 접선이 x 방향으로 이동한 거리와 y 방향으로 이동한 거리의 비율을 말한다.

| 예제 |

다음과 같은 3차 함수를 생각하자.

$$x^3 - 3x^2 + x$$

그래프에서 $x = 0$과 $x = 1$에서의 기울기는 각각 1, −2임을 알 수 있다.

$$x = 0 \quad \to \quad slope = \frac{1}{1} = 1$$

$$x = 1 \quad \to \quad slope = \frac{-2}{1} = -2$$

```python
def f(x):
    return x**3 - 3 * x**2 + x

x = np.linspace(-1, 3, 400)
y = f(x)

plt.plot(x, y)
plt.plot(0, 0, 'ro')
plt.plot(x, x, 'r:')
plt.plot(1, -1, 'go')
plt.plot(x, (3*1**2-6*1+1)*(x-1)-1, 'g--')

plt.xlim(-3.5, 5.5)
plt.ylim(-4, 2)
plt.xticks(np.arange(-3, 6))
plt.yticks(np.arange(-4, 2))

plt.annotate('', xy=(1, 0), xytext=(0, 0), arrowprops=dict(facecolor='gray'))
plt.annotate('', xy=(1, 1), xytext=(1, 0), arrowprops=dict(facecolor='gray'))

plt.annotate('', xy=(2, -1), xytext=(1, -1), arrowprops=dict(facecolor='gray'))
plt.annotate('', xy=(2, -3), xytext=(2, -1), arrowprops=dict(facecolor='gray'))

plt.xlabel('x')
plt.ylabel('f(x)')
plt.title('함수의 기울기')
plt.show()
```

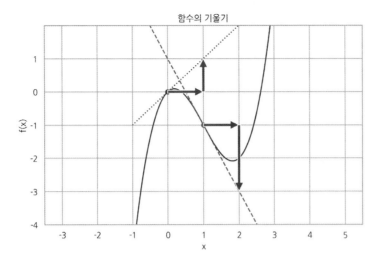

함수의 기울기

4.2.1 **연습 문제**

앞의 그래프를 참고하여 다음 표의 x값들에 대해 기울기가 얼마쯤인지 대략적으로 가늠하여 적어본다.

x	-0.5	0	0.5	1	1.5	2	2.5
기울기		1		-2			

수치미분

scipy.misc 패키지의 derivative() 명령을 사용하면 수치적으로 대략적인 기울기를 계산할 수 있다. 인수로는 기울기를 구하고자 하는 함수 f, 기울기를 구할 위치 x, 기울기를 구하기 위해 이동할 거리 dx를 받는다. 다음 수식으로 대략적인 기울기는 구한다.

$$기울기 \approx \frac{f\left(x + \frac{1}{2}dx\right) - f\left(x - \frac{1}{2}dx\right)}{dx}$$

이렇게 기울기를 구하는 방법을 **수치미분**numerical differentiation이라고 한다. 수치 미분으로는 대략적인 기울기를 구할 뿐 정확한 값을 구할 수 없다. derivative() 명령을 사용할 때는 기울기를 구하기 위해 이동할 거리 dx를 세 번째 인수로 넣어야 한다. 이 숫자는 작을 수록 좋지만 너무 작을 경우에는 부동소수점 연산의 오버플로우 오류로 인해 오히려 오차를 증폭할 수도 있으므로 조심하여야 한다.

| 예제 |

위 예제의 3차 다항식의 기울기를 $x = 0$, $x = 1$ 지점에서 수치미분으로 구하는 코드는 다음과 같다. dx값을 100만분의 1로 설정했다.

```
from scipy.misc import derivative

print(derivative(f, 0, dx=1e-6))
print(derivative(f, 1, dx=1e-6))
```

```
1.000000000001
-2.000000000002
```

미분

미분differentiation**이란 어떤 함수로부터 그 함수 기울기를 출력하는 새로운 함수를 만들어내는 작업**이다. 미분으로 만들어진 함수를 원래 함수의 **도함수**derivative라고 한다. 원래는 수렴converge과 극한limit이라는 수학적인 개념을 사용하여 미분을 정의하지만 여기에서는 자세한 설명을 생략한다.

도함수는 원래 함수에 프라임prime 기호(′)를 붙이거나 원래 함수의 앞에 $\dfrac{d}{dx}$를 붙여서 표시한다. 분수처럼 표기하기도 하는데 분모의 위치에는 미분하고자 하는 변수가 오고 분자의 위치에는 미분하는 함수 자체의 기호나 혹은 함수 계산의 결과로 얻어지는 출력 변수를 넣는다. 예를 들어 $y = f(x)$라는 함수를 미분하여 구한 도함수는 다음과 같이 여러 방법으로 표기할 수 있다. 도함수의 표기는 분수와 비슷하지만 분수의 기호만 빌려온 것일 뿐 분수가 아니라는 점에 주의한다.

$$f' = \frac{d}{dx}(f) = \frac{d}{dx}f = \frac{df}{dx} = \frac{d}{dx}(y) = \frac{d}{dx}y = \frac{dy}{dx}$$

이 식에서 f'는 "f 프라임"이라고 읽고 $\dfrac{df}{dx}$는 "df 오버over dx"라고 읽는다.

4.2.2 **연습 문제**

> 앞 절에서 구한 기울깃값 표를 이용하여 도함수의 그래프를 그려본다.

미분 가능

함수에 따라서는 어떤 점에서는 기울기를 정의하기 어려울 수가 있다. 예를 들어 다음 함수는 $x = 0$인 위치에서 기울기를 정의할 수 없다. 이런 경우에는 $x = 0$에서 **미분 불가능**이라고 한다. 반대로 기울기를 구할 수 있으면 **미분 가능**이라고 한다.

| 예제 |

ReLU 함수는 $x < 0$인 구간에서는 기울기가 0이고 $x > 0$인 구간에서는 기울기가 1이지만 $x = 0$인 위치에서는 미분할 수 없다.

```python
def relu(x):
    return np.where(x > 0, x, 0)


xx = np.linspace(-2, 2, 100)
plt.plot(xx, relu(xx))
plt.plot(0, 0, marker='o', ms=10)
plt.title('ReLU')
plt.xlabel('$x$')
plt.ylabel('$ReLU(x)$')
plt.show()
```

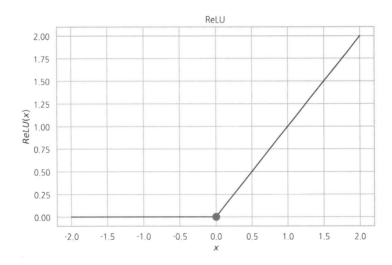

미분 공식

몇 가지 미분 공식을 조합하면 복잡한 함수의 도함수도 쉽게 구할 수 있다. 여기에서는 가장 핵심적인 4가지 공식만을 소개한다.

- 기본 미분 공식
- 선형조합법칙
- 곱셈법칙
- 연쇄법칙

기본 미분 공식

기본 미분 공식은 상수, 거듭제곱, 로그함수, 지수함수 등의 간단한 함수에 대한 미분 공식이다.

| 상수 |

상수를 미분하면 0이 된다.

$$\frac{d}{dx}(c) = 0$$

| 거듭제곱 |

x의 n 제곱을 미분하면 $n-1$ 제곱으로 제곱수가 1씩 감소한다. 이 공식은 n이 자연수이거나 음의 정수일 때 성립한다. $n = 0$일 때는 성립하지 않는다.

$$\frac{d}{dx}(x^n) = nx^{n-1}$$

| 예제 |

거듭제곱공식을 응용하면 다음과 같이 미분할 수 있다.

$$\frac{d}{dx}\left(x^3\right) \qquad\qquad = \quad 3x^2$$

$$\frac{d}{dx}\left(x^2\right) \quad = \quad 2x^1 \qquad\qquad = \quad 2x$$

$$\frac{d}{dx}\left(x\right) \quad = \quad x^1 = 1 \cdot x^0 \qquad = \quad 1$$

$$\frac{d}{dx}\left(\frac{1}{x}\right) \quad = \quad \frac{d}{dx}x^{-1} = -1x^{-2} \quad = -\frac{1}{x^2}$$

$$\frac{d}{dx}\left(\frac{1}{x^2}\right) \quad = \quad \frac{d}{dx}x^{-2} = -2x^{-3} \quad = -\frac{2}{x^3}$$

$$\frac{d}{dx}\left(\frac{1}{x^3}\right) \quad = \quad \frac{d}{dx}x^{-3} = -3x^{-4} \quad = -\frac{3}{x^4}$$

| 로그 |

로그함수를 미분하면 x^{-1}이 된다.

$$\frac{d}{dx}(\log x) = \frac{1}{x}$$

| 지수 |

밑이 오일러 수인 지수함수는 미분해도 변하지 않는다.

$$\frac{d}{dx}(e^x) = e^x$$

선형조합법칙

어떤 함수에 상수를 곱한 함수를 미분한 결과는 원래 함수의 도함수에 그 상수를 곱한 것과 같다.

$$\frac{d}{dx}(cf) = c \cdot \frac{df}{dx}$$

어떤 두 함수를 더한 함수를 미분한 결과는 원래 함수의 도함수를 더한 것과 같다.

$$\frac{d}{dx}(f_1 + f_2) = \frac{df_1}{dx} + \frac{df_2}{dx}$$

위의 결과를 합치면 어떤 함수에 각각 상수를 곱한 후 더한 **선형조합**linear combination은 각 함수의 도함수를 선형조합한 것과 같다.

$$\frac{d}{dx}(c_1 f_1 + c_2 f_2) = c_1 \frac{df_1}{dx} + c_2 \frac{df_2}{dx}$$

| 예제 |

$$y = 1 + 2x + 3x^2 + 4\exp(x) + 5\log(x)$$

답은 다음과 같다.

$$\frac{dy}{dx} = 2 + 6x + 4\exp(x) + \frac{5}{x}$$

| 예제 |

같은 방법으로 위에서 그래프를 그렸던 함수의 도함수를 구하면 다음과 같다.

$$f(x) = x^3 - 3x^2 + x$$

$$f'(x) = 3x^2 - 6x + 1$$

도함수의 값이 기울기와 일치하는 것을 알 수 있다.

```python
def fprime(x):
    return 3 * x ** 2 - 6 * x + 1

# 2차 방정식의 근
x1, x2 = np.roots([3, -6, 1])

x = np.linspace(-1, 3, 400)

plt.figure(figsize=(10, 7))
plt.subplot(211)
plt.plot(x, f(x))
plt.xlim(-2, 4)
plt.xticks(np.arange(-1, 4))
plt.yticks(np.arange(-5, 4))
plt.xlabel('x')
plt.title('함수 f(x)')
plt.axvline(x1, c='b', ls='--')
plt.axvline(x2, c='b', ls='--')

plt.subplot(212)
plt.plot(x, fprime(x))
plt.xlim(-2, 4)
plt.xticks(np.arange(-1, 4))
plt.yticks(np.arange(-3, 11))
plt.xlabel('x')
plt.title('도함수 f'(x)')
plt.axhline(0, c='r', ls='--')
plt.axvline(x1, c='b', ls='--')
plt.axvline(x2, c='b', ls='--')

plt.tight_layout()
plt.show()
```

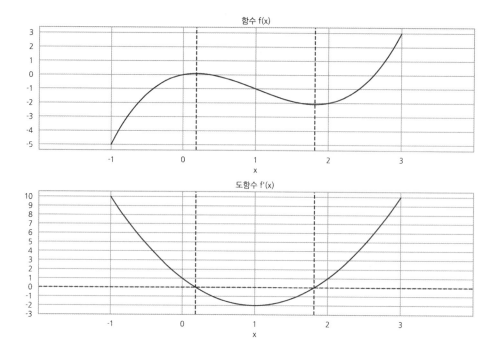

곱셈법칙

어떤 함수의 형태가 두 함수를 곱한 것과 같을 때는 다음과 같이 각 개별 함수의 도함수를 사용하여 원래 함수의 도함수를 구한다. 이를 **곱셈법칙**이라고 한다.

$$\frac{d}{dx}(f \cdot g) = f \cdot \frac{dg}{dx} + \frac{df}{dx} \cdot g$$

| 예제 |

곱셈법칙을 사용하면 다음과 같은 함수를 미분하여

$$f = xe^x$$

다음과 같은 도함수를 구한다.

$$\frac{df}{dx} = xe^x + e^x$$

연쇄법칙

연쇄법칙chain rule은 미분하고자 하는 함수의 입력 변수가 다른 함수의 출력 변수인 경우 적용할 수 있다.

$$f(x) = h(g(x))$$

인 경우 도함수는 다음과 같이 구한다.

$$\frac{df}{dx} = \frac{dh}{dg} \cdot \frac{dg}{dx}$$

| 예제 |

나중에 다룰 정규분포Gaussian normal distribution의 확률밀도함수probability density function는 기본적으로 다음과 같은 형태라고 볼 수 있다.

$$f = \exp \frac{(x - \mu)^2}{\sigma^2}$$

이 함수의 도함수는 다음과 같이 구할 수 있다.

우선 위의 함수는 다음과 같이 세 개의 함수의 조합으로 생각할 수 있다. 여기에서 y, z라는 중간 변수를 임시로 정의했다.

$$f = \exp(z), \quad z = \frac{y^2}{\sigma^2}, \quad y = x - \mu$$

연쇄법칙을 적용하면 다음과 같다.

$$\frac{df}{dx} = \frac{df}{dz} \cdot \frac{dz}{dy} \cdot \frac{dy}{dx}$$

연쇄법칙에 사용된 각각의 도함수는 다음과 같다. 이때 임시로 사용된 중간 변수는 없앤다.

$$\frac{df}{dz} = \exp(z) = \exp \frac{(x - \mu)^2}{\sigma^2}$$

$$\frac{dz}{dy} = \frac{2y}{\sigma^2} = \frac{2(x - \mu)}{\sigma^2}$$

$$\frac{dy}{dx} = 1$$

이 결과를 연쇄법칙에 따라 곱하면 최종적인 도함수를 구할 수 있다.

$$\frac{df}{dx} = \frac{2(x-\mu)}{\sigma^2} \exp \frac{(x-\mu)^2}{\sigma^2}$$

| 예제 |

로그 함수에 연쇄법칙을 적용하면 다음과 같은 규칙을 얻을 수 있다.

$$\frac{d}{dx} \log f(x) = \frac{f'(x)}{f(x)}$$

4.2.3 연습 문제

다음 함수를 미분하라. 이 식에서 k, a, b는 변수가 아니라 상수다.

❶ $f(x) = x^3 - 1$

❷ $f(x) = \log(x^2 - 3k)$

❸ $f(x) = \exp(ax^b)$

2차 도함수

도함수를 한 번 더 미분하여 만들어진 함수를 **2차 도함수**<small>second derivative</small>라고 한다. 2차 도함수는 프라임 기호 두 개를 연달아 붙여($''$)처럼 쓰거나 $\frac{d^2}{dx^2}$ 기호로 표시한다.

예를 들어 $y = f(x)$ 함수를 두 번 미분하여 구한 2차 도함수는 다음과 같이 표기한다.

$$f'' = \frac{d^2}{dx^2}(f) = \frac{d^2}{dx^2}f = \frac{d^2f}{dx^2} = \frac{d^2}{dx^2}(y) = \frac{d^2}{dx^2}y = \frac{d^2y}{dx^2}$$

2차 도함수는 도함수의 기울기를 나타낸다. 즉 도함숫값이 증가하면 2차 도함숫값은 양수이고, 도함숫값이 감소하면 2차 도함숫값은 음수다. **2차 도함숫값이 양수인 경우를 볼록**<small>convex</small>**하다고 하며 2차 도함숫값이 음수인 경우를 오목**<small>concave</small>하다고 한다. 이때 볼록과 오목은 아래에서 바라본 관점이다. 그래서 2차 도함숫값을 **볼록도**convexity라고도 부른다.

| 예제 |

다음 그래프의 함수는 $f''(x)$가 음수인 구간($x < 1$)에서는 오목하고 $f''(x)$가 양수인 구간($x > 1$)에서는 볼록하다.

```python
def fprime2(x):
    return 6*x - 6

# 2차 방정식의 근
x1, x2 = np.roots([3, -6, 1])

x = np.linspace(-1, 3, 400)

plt.figure(figsize=(10, 10))

plt.subplot(311)
plt.plot(x, f(x))
plt.xlim(-2, 4)
plt.xticks(np.arange(-1, 4))
plt.yticks(np.arange(-5, 4))
plt.title('함수 f(x)')
plt.xlabel('x')
plt.axvline(x1, c='b', ls='--')
plt.axvline(x2, c='b', ls='--')
plt.axvline(1, c='g', ls=':')

plt.subplot(312)
plt.plot(x, fprime(x))
plt.xlim(-2, 4)
plt.xticks(np.arange(-1, 4))
plt.yticks(np.arange(-3, 11))
plt.title('도함수 f'(x)')
plt.xlabel('x')
plt.axhline(0, c='r', ls='--')
plt.axvline(x1, c='b', ls='--')
plt.axvline(x2, c='b', ls='--')
plt.axvline(1, c='g', ls=':')
```

```
plt.subplot(313)
plt.plot(x, fprime2(x))
plt.xlim(-2, 4)
plt.xticks(np.arange(-1, 4))
plt.title('2차 도함수 f'(x)')
plt.axhline(0, c='r', ls='--')
plt.axvline(1, c='g', ls=':')

plt.tight_layout()
plt.show()
```

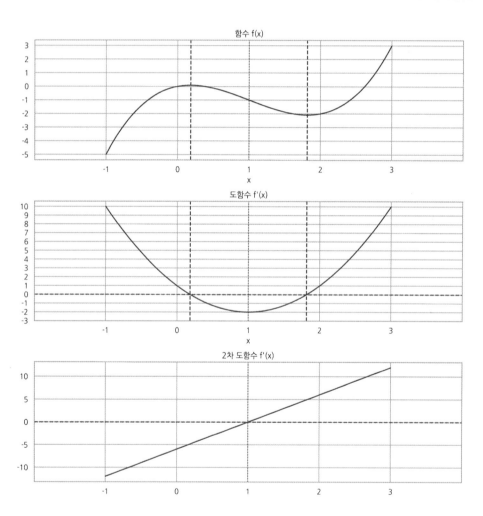

편미분

만약 함수가 둘 이상의 독립변수를 가지는 다변수함수인 경우에도 미분 즉, 기울기는 하나의 변수에 대해서만 구할 수 있다. 이를 **편미분**^{partial differentiation}이라고 한다. 따라서 편미분의 결과로 하나의 함수에 대해 여러 도함수가 나올 수 있다.

편미분의 결과 즉 도함수는 독립변수를 함수의 아랫첨자로 써서 표기하거나 ∂^{라운드, round} 기호를 사용하여 표기한다. x, y 두 개의 독립변수를 가지는 함수 $f(x, y)$의 편미분 도함수는 다음과 같이 표기한다.

$$f_x(x, y) = \frac{\partial f}{\partial x}$$

$$f_y(x, y) = \frac{\partial f}{\partial y}$$

편미분을 하는 방법은 변수가 하나인 함수의 미분과 같다. 다만 **어떤 하나의 독립변수에 대해 미분할 때는 다른 독립변수를 상수로 생각하면 된다**. 예를 들어 x, y라는 두 독립변수를 가지는 함수에서 x로 편미분을 할 때는 y는 독립변수가 아닌 상수로 생각한다. 마찬가지로 y로 편미분을 할 때는 x 는 독립변수가 아닌 상수로 생각한다.

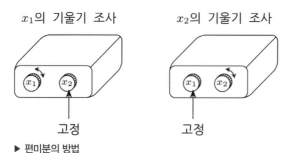

▶ 편미분의 방법

| 예제 |

다음은 편미분의 간단한 예다.

$$f(x, y) = x^2 + 4xy + 4y^2$$

$$f_x(x, y) = \frac{\partial f}{\partial x} = 2x + 4y$$

$$f_y(x, y) = \frac{\partial f}{\partial y} = 4x + 8y$$

다변수함수의 연쇄법칙

다변수함수의 미분을 구할 때도 함수가 연결되어 있으면 연쇄법칙이 적용된다. 예를 들어 변수 x를 입력으로 가지는 함수가 $f_1, f_2, ..., f_N$과 같이 N개가 있고 각각의 출력을 $y_1, y_2, ..., y_N$이라고 하자.

$$y_1 = f_1(x)$$
$$y_2 = f_2(x)$$
$$\vdots$$
$$y_N = f_N(x)$$

그리고 이 $y_1, y_2, ..., y_N$값에 의존하는 다른 함수 g가 있다고 하자. g의 출력은 z라고 한다.

$$z = g(y_1, y_2, \ldots, y_N)$$

이때 변수 x값의 변화에 따른 z값의 변화는 다음처럼 계산한다.

$$\frac{dz}{dx} = \frac{\partial z}{\partial y_1}\frac{dy_1}{dx} + \frac{\partial z}{\partial y_2}\frac{dy_2}{dx} + \cdots + \frac{\partial z}{\partial y_N}\frac{dy_N}{dx}$$

이번에는 함수 $f_1, f_2, ..., f_N$이 $x_1, x_2, ..., x_M$을 입력으로 가지는 다변수함수라고 하자.

$$y_1 = f_1(x_1, x_2, \ldots, x_M)$$
$$y_2 = f_2(x_1, x_2, \ldots, x_M)$$
$$\vdots$$
$$y_N = f_N(x_1, x_2, \ldots, x_M)$$

이때의 변수 x_1값의 변화에 따른 z값의 변화도 마찬가지로 계산할 수 있다.

$$\frac{\partial z}{\partial x_1} = \frac{\partial z}{\partial y_1}\frac{\partial y_1}{\partial x_1} + \frac{\partial z}{\partial y_2}\frac{\partial y_2}{\partial x_1} + \cdots + \frac{\partial z}{\partial y_N}\frac{\partial y_N}{\partial x_1}$$

2차 편미분

편미분에 대해서도 2차 도함수를 정의할 수 있다. 편미분의 2차 도함수를 구할 때는 각각의 미분에 쓰이는 독립변수를 자유롭게 선택할 수 있다.

첫 번째 미분과 두 번째 미분에서 모두 x에 대해 미분하면 다음과 같이 표기한다.

$$f_{xx}(x, y) = \frac{\partial^2 f}{\partial x^2}$$

첫 번째 미분과 두 번째 미분에서 모두 y에 대해 미분하면 다음과 같이 표기한다.

$$f_{yy}(x, y) = \frac{\partial^2 f}{\partial y^2}$$

첫 번째 미분에서는 x에 대해 미분하고 두 번째 미분에서는 y에 대해 미분하면 다음과 같이 표기한다.

$$f_{xy}(x, y) = \frac{\partial^2 f}{\partial y \partial x}$$

첫 번째 미분에서는 y에 대해 미분하고 두 번째 미분에서는 x에 대해 미분하면 다음과 같이 표기한다.

$$f_{yx}(x, y) = \frac{\partial^2 f}{\partial x \partial y}$$

위 결과에서 x로 먼저 미분하고 나중에 y로 미분한 2차 도함수 f_{xy}는 y로 먼저 미분하고 나중에 x로 미분한 2차 도함수 f_{yx}와 같다. 만약 함수가 연속이고 미분 가능하면 미분의 순서는 상관없다. 이를 **슈와르츠 정리** Schwarz's theorem라고 한다.

| 예제 |

위 다변수함수에 대해 일차 및 이차 편미분 도함수를 구하면 다음과 같다.

$$f_{xx}(x, y) = 2$$

$$f_{yy}(x, y) = 8$$

$$f_{xy}(x, y) = 4$$

$$f_{yx}(x, y) = 4$$

슈와르츠 정리가 성립함을 알 수 있다.

4.2.4 **연습 문제**

다음 함수에 대한 1차/2차 편미분 $f_x, f_y, f_{xx}, f_{xy}, f_{yx}, f_{yy}$를 구하라.

$$f(x, y) = \exp(x^2 + 2y^2)$$

테일러 전개

함수의 기울기[1차 미분값]를 알고 있다면 함수의 모양을 다음처럼 근사화할 수 있다. x_0은 함숫값과 기울기를 구하는 x 위치이며 사용자가 마음대로 설정할 수 있다.

$$f(x) \approx f(x_0) + \frac{df(x_0)}{dx}(x - x_0)$$

이를 **테일러 전개**[Taylor expansion]라고 한다. 다변수함수의 경우에는 다음처럼 테일러 전개를 한다.

$$f(x, y) \approx f(x_0, y_0) + \frac{\partial f(x_0, y_0)}{\partial x}(x - x_0) + \frac{\partial f(x_0, y_0)}{\partial y}(y - y_0)$$

심파이(SymPy)

심파이는 **심볼릭 연산**[symbolic operation]을 지원하는 파이썬 패키지다. 심볼릭 연산이란 사람이 연필로 계산하는 미분/적분과 동일한 형태의 연산을 말한다. 즉, x^2의 미분 연산을 수행하면 그 결과가 $2x$란 형태로 출력된다. 딥러닝[deep learning] 등에 많이 사용되는 파이썬의 텐서플로 패키지나 파이토치 패키지도 기울기 함수 계산을 위해 이러한 심볼릭 연산 기능을 갖추고 있다.

```
import sympy

# Juypter 노트북에서 수학식의 LaTeX 표현을 위해 필요함
sympy.init_printing(use_latex='mathjax')
```

심볼릭 연산에서 사용하는 **심볼릭 변수**[symbolic variable]는 일반 프로그래밍에서 사용하는 변수와 다르다. 일반 프로그래밍에서 사용하는 변수는 이미 메모리에 씌여 있는 어떤 숫자를 기호로 쓴 것에 지나지 않지만 심볼릭 변수는 아무런 숫자도 대입이 되어 있지 않다. 따라서 x^2의 미분 연산을 수행하려면 우선 심파이의 symbols() 명령을 사용하여 x라는 기호가 단순한 숫자나 벡터 변수가 아닌 심볼symbol임을 알려주어야 한다. 이렇게 정의된 심볼 변수는 Symbol 클래스 자료형이 된다.

```
x = sympy.symbols('x')
x
```

x

```
type(x)
```

sympy.core.symbol.Symbol

일단 심볼 변수를 정의하면 이를 사용하여 다음과 같이 함수를 정의한다. 이때 수학 함수는 심파이 전용 함수를 사용해야 한다.

```
f = x * sympy.exp(x)
f
```

xe^x

함수가 정의되면 diff() 함수로 미분을 할 수 있다. 또한 simplify() 함수를 써서 소인수분해 등을 통한 수식 정리가 가능하다.

```
sympy.diff(f)
```

$xe^x + e^x$

```
sympy.simplify(sympy.diff(f))
```

$$(x + 1)e^x$$

편미분을 하는 경우에는 어떤 변수로 미분하는지를 diff() 함수에 명시해야 한다. symbols() 명령을 사용할 때는 인수로 주는 문자열에 여러 개의 심볼 변수를 동시에 넣을 수도 있다.

```
x, y = sympy.symbols('x y')
f = x ** 2 + 4 * x * y + 4 * y ** 2
f
```

$$x^2 + 4xy + 4y^2$$

```
sympy.diff(f, x)
```

$$2x + 4y$$

```
sympy.diff(f, y)
```

$$4x + 8y$$

상수 심볼을 포함하는 함수를 미분하는 경우, 심파이는 어떤 심볼이 상수이고 어떤 심볼이 변수인지 알 수 없기 때문에 편미분인 것처럼 입력 변수를 지정해야 한다.

```
x, mu, sigma = sympy.symbols('x mu sigma')
f = sympy.exp((x - mu) ** 2 / sigma ** 2)
f
```

$$e^{\frac{(-\mu+x)^2}{\sigma^2}}$$

```
sympy.diff(f, x)
```

$$\frac{\left(-2\mu+2x\right)e^{\frac{(-\mu+x)^2}{\sigma^2}}}{\sigma^2}$$

```
sympy.simplify(sympy.diff(f, x))
```

$$\frac{2\left(-\mu+x\right)e^{\frac{(\mu-x)^2}{\sigma^2}}}{\sigma^2}$$

이차 도함수는 다음처럼 구한다.

```
sympy.diff(f, x, x)
```

$$\frac{2\left(1+\frac{2\left(\mu-x\right)^2}{\sigma^2}\right)e^{\frac{(\mu-x)^2}{\sigma^2}}}{\sigma^2}$$

4.2.5 연습 문제

다음 함수를 미분한 도함수를 심파이를 사용하여 구하라. 여기에서 k, a, b는 변수가 아니라 상수다.

❶ $f(x) = x^3 - 1$

❷ $f(x) = \log(x^2 - 3k)$

❸ $f(x) = \exp(ax^b)$

4.2.6 연습 문제

다음 함수에 대한 1차/2차 편미분 $f_x, f_y, f_{xx}, f_{xy}, f_{yx}, f_{yy}$ 를 심파이로 구하라.

$$f(x, y) = \exp\left(x^2 + 2y^2\right)$$

4.3 적분

적분integral은 미분과 반대되는 개념이다. 적분에는 부정적분indefinite integral과 정적분definite integral이 있다.

부정적분

부정적분indefinite integral은 **정확하게 미분과 반대되는 개념, 즉 반–미분**anti–derivative이다. 함수 $f(x)$가 어떤 함수를 미분하여 나온 결과인 도함수라고 가정하고 이 도함수 $f(x)$에 대한 미분되기 전의 원래의 함수를 찾는 과정, 또는 그 결과를 말한다.

부정적분으로 찾은 원래의 함수를 표기할 때는 도함수를 대문자화하여 표기할 때도 있지만 다음처럼 $\int$ 기호(인티그럴이라고 읽는다)로 나타내는 것이 일반적이다. 여기에서 도함수가 $f(x)$이므로 미분하기 전의 함수를 $F(x)$ 또는 $\int f(x)dx$로 쓴다. dx는 x라는 변수로 적분했다는 것을 나타내는 기호로 편미분에 대응하는 적분을 표기할 때 필요하다.

$$\frac{dF(x)}{dx} = f(x) \quad \leftrightarrow \quad F(x) = \int f(x)dx + C$$

C는 상수항을 뜻한다. 상수항은 미분하면 0이 되므로 부정적분은 해가 무한개다. C는 너무 당연하므로 생략하고 쓰는 경우도 있다.

4.3.1 | **연습 문제**

다음 부정적분을 구하라.

❶ $\displaystyle\int 3x^2 dx$

❷ $\displaystyle\int (3x^2 - 6x + 1)dx$

❸ $\displaystyle\int \left(2 + 6x + 4\exp(x) + \frac{5}{x}\right)dx$

❹ $\displaystyle\int \frac{2x}{x^2 - 1}dx$

편미분의 부정적분

편미분을 한 도함수에서 원래의 함수를 찾을 수도 있다. $f(x, y)$가 원래의 함수를 어떻게 미분했는지에 따라 원래의 함수를 표기하는 방법이 달라진다.

만약 $f(x, y)$가 함수 $F_1(x, y)$를 x로 편미분한 함수였다면 이 함수를 나타내는 식은 다음과 같다.

$$\frac{\partial F_1(x, y)}{\partial x} = f(x, y) \ \leftrightarrow \ F_1(x, y) = \int f(x, y)dx + C(y)$$

주의할 점은 상수항 $C(y)$가 y의 함수일 수 있다는 점이다. $C(y)$는 x 없이 y만으로 이루어진 함수를 뜻한다. y만의 함수는 x로 편미분하면 0이 되기 때문이다. 물론 반드시 y의 함수이어야 하는 것은 아니고 단순한 숫자 상수일 수도 있다.

마찬가지로 만약 $f(x, y)$가 함수 $F_2(x, y)$를 y로 편미분한 함수였다면 이 함수를 나타내는 식은 다음과 같다.

$$\frac{\partial F_2(x, y)}{\partial y} = f(x, y) \ \leftrightarrow \ F_2(x, y) = \int f(x, y)dy + C(x)$$

상수항 $C(x)$가 x의 함수라는 점에 주의하라.

4.3.2 **연습 문제**

다음 부정적분을 구하라.

❶ $\displaystyle\int (1 + xy)\,dx$

❷ $\displaystyle\int xy\exp(x^2 + y^2)dx$

다차 도함수와 다중적분

미분을 여러 번 한 결과로 나온 다차 도함수로부터 원래의 함수를 찾아내려면 여러 번 적분을 하는 다중적분multiple integration이 필요하다.

예를 들어 $f(x, y)$가 함수 $F_3(x, y)$를 x로 한 번 편미분한 후 y로 다시 편미분하여 나온 이차 도함수라고 하자.

이 이차 도함수에서 원래의 함수를 찾으려면 y로 적분한 후 다시 x로 적분해야 한다. 식으로는 다음처럼 나타낸다.

$$\frac{\partial^2 F_3(x,y)}{\partial x \partial y} = f(x,y) \ \leftrightarrow \ F_3(x,y) = \int_x \int_y f(x,y)dydx$$

적분기호 아래의 변수명을 생략하고 다음처럼 표기할 수도 있다.

$$\iint f(x,y)dydx$$

4.3.3 연습 문제

다음 부정적분을 구하라.

$$\iint xy \exp(x^2 + y^2)dxdy$$

심파이를 이용한 부정적분

심파이의 `integrate()` 명령을 사용하면 부정적분을 할 수 있다. 상수항은 반환하지 않는다.

```python
import sympy

sympy.init_printing(use_latex='mathjax')

x = sympy.symbols('x')
f = x * sympy.exp(x) + sympy.exp(x)
f
```

$xe^x + e^x$

```python
sympy.integrate(f)
```

xe^x

```
x, y = sympy.symbols('x y')
f = 2 * x + y
f
```

$2x + y$

```
sympy.integrate(f, x)
```

$x^2 + xy$

4.3.4 **연습 문제**

연습 문제 4.3.1, 4.3.2의 답을 심파이를 사용하여 구하라.

정적분

정적분definite integral**은 독립변수** x**가 어떤 구간** $[a, b]$ **사이일 때 그 구간에서 함수** $f(x)$**의 값과 수평선**(x **축)이 이루는 면적**을 구하는 행위 혹은 그 값을 말한다. 수학 기호로는 다음과 같이 표기한다.

$$\int_a^b f(x)dx$$

```
from matplotlib.patches import Polygon


def f(x):
    return x ** 3 - 3 * x ** 2 + x + 6


a, b = 0, 2
x = np.linspace(a - 0.5, b + 0.5, 50)
y = f(x)

ax = plt.subplot(111)
plt.title('정적분의 예')
plt.plot(x, y, 'r', linewidth=2)
```

```python
plt.ylim(bottom=0)
ix = np.linspace(a, b)
iy = f(ix)
verts = [(a, 0)] + list(zip(ix, iy)) + [(b, 0)]
poly = Polygon(verts, facecolor='0.9', edgecolor='0.5')
ax.add_patch(poly)
plt.text(0.5 * (a + b), 0.2 * (f(a) + f(b)), r'$\int_a^b f(x)dx$',
         horizontalalignment='center', fontsize=20)
plt.figtext(0.9, 0.05, '$x$')
plt.figtext(0.1, 0.9, '$y$')
ax.spines['right'].set_visible(False)
ax.spines['top'].set_visible(False)
ax.xaxis.set_ticks_position('bottom')
ax.set_xticks((a, b))
ax.set_xticklabels(('$a$', '$b$'))
ax.set_yticks([])
ax.set_xlim(-2, 4)
ax.set_ylim(0, 8)
plt.show()
```

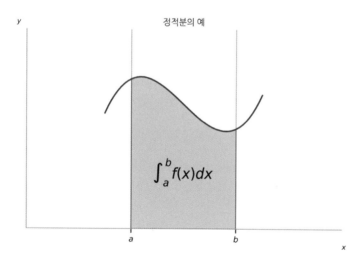

정적분은 미분과 아무런 상관이 없어 보이지만 부정적분으로 구한 함수 $F(x)$를 이용하면 다음 처럼 정적분의 값을 구할 수 있다.

$$\int_a^b f(x)dx = F(b) - F(a)$$

이를 **미적분학의 기본 정리**Fundamental Theorem of Calculus라고 부른다.

정적분은 심파이 등으로 부정적분을 한 뒤 미적분학의 기본 정리를 사용하여 푸는 방법과 원래
함수의 면적 부분을 실제로 잘게 쪼개어 면적을 근사하게 구하는 **수치적분**numerical integration 이렇게
두 가지 방법으로 구할 수 있다.

| 예제 |

다음 정적분을 구하는 문제를 생각하자.

$$\int_0^2 (x^3 - 3x^2 + x + 6)dx$$

```
x, y = sympy.symbols('x y')
f = x ** 3 - 3 * x ** 2 + x + 6
f
```

$x^3 - 3x^2 + x + 6$

우선 부정 적분 방법으로 미분하기 전의 함수를 구한다.

```
# 부정 적분
F = sympy.integrate(f)
F
```

$\dfrac{x^4}{4} - x^3 + \dfrac{x^2}{2} + 6x$

구해진 미분하기 전의 함수에 정적분 구간을 넣어 값을 계산한다. 심볼릭 함수의 변수에 실제
숫자를 넣어서 함수의 값을 계산하려면 subs(), evalf() 메서드를 사용한다.

```
(F.subs(x, 2) - F.subs(x, 0)).evalf()
```

10.0

수치적분

수치적분numerical integration은 함수를 아주 작은 구간으로 나누어 실제 면적을 계산함으로써 정적분의 값을 구하는 방법이다. 사이파이의 integrate 서브패키지의 quad() 명령으로 수치적분을 할 수 있다.

```
def f(x):
    return x ** 3 - 3 * x ** 2 + x + 6


sp.integrate.quad(f, 0, 2)  # 정적분 (수치적분)
```

(10.0, 1.1102230246251565e-13)

수치적분 결과값의 두 번째 숫자는 오차의 상한값을 뜻한다. 수치적분으로 구한 값과 정적분으로 구한 값이 같다는 것을 알 수 있다.

4.3.5 연습 문제

다음 정적분의 값을 부정적분과 수치적분 두 가지 방법으로 구하라.

❶ $\int_0^1 (3x^2 - 6x + 1)dx$

❷ $\int_1^{10} \left(2 + 6x + 4\exp(x) + \frac{5}{x}\right)dx$

다변수 정적분

입력 변수가 2개인 2차원 함수 $f(x, y)$의 경우에는 정적분을 다양한 방법으로 정의할 수 있다.

두 변수로 모두 적분하는 것은 2차원 평면에서 주어진 사각형 영역 아래의 부피를 구하는 것과 같다.

$$\int_{y=c}^{y=d} \int_{x=a}^{x=b} f(x, y) dx dy$$

| 예제 |

다음 함수는 $x = 2$에서 $x = 8$까지, 그리고 $y = 0$에서 $y = 6$까지의 정사각형 영역에서 정적분으로 함수의 부피를 구하는 모습을 시각화한 것이다.

$$\int_{y=0}^{y=6} \int_{x=2}^{x=8} x^2 - 10x + y + 50 \ dx dy$$

```
fig = plt.figure()
ax = fig.add_subplot(111, projection='3d')
_x = np.arange(12) / 2 + 2
_y = np.arange(12) / 2
X, Y = np.meshgrid(_x, _y)
x, y = X.ravel(), Y.ravel()
z = x * x - 10 * x + y + 50
z0 = np.zeros_like(z)
ax.bar3d(x, y, z0, 0.48, 0.48, z)
ax.set_xlim(0, 10)
ax.set_ylim(-2, 10)
ax.set_zlim(0, 50)
ax.set_xlabel('x')
ax.set_ylabel('y')
plt.title('f(x, y)')
plt.show()
```

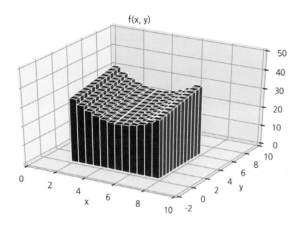

수치이중적분을 하려면 사이파이의 integrate 서브패키지의 dblquad() 명령을 사용한다. 함수 사용법은 다음과 같다.

```
dblquad(func, a, b, gfun, hfun)
```

a, b는 x의 하한lower bound과 상한upper bound이고 gfun, hfun은 y의 하한과 상한이다. gfun, hfun은 x의 함수이어야 한다.

| 예제 |

다음과 같은 정적분

$$\int_0^\infty \int_1^\infty \frac{\exp(-xy)}{y^2} dx dy$$

을 수치적분으로 계산하려면 다음과 같은 코드를 사용한다.

```
def f(x, y):
    return np.exp(-x * y) / y**2



sp.integrate.dblquad(f, 1, np.inf, lambda x: 0, lambda x: np.inf)
```

```
(0.4999999999999961, 1.0684538743333441e-08)
```

다음 정적분의 값을 수치적분으로 구하라.

$$\int_{-1}^{1} \int_{-1}^{1} (1 + xy)\, dxdy$$

다차원 함수의 단일 정적분

2차원 함수이지만 이중적분을 하지 않고 단일 정적분을 하는 경우도 있다. 이때는 하나의 변수만 진짜 변수로 보고 나머지 하나는 상수라고 간주하는 경우다.

$$\int_{a}^{b} f(x, y)dx$$

| 예제 |

다음과 같은 함수를 생각하자.

$$f(x, y) = 4x^2 + 4xy + y^2$$

여기에서 변수 x만 진짜 입력 변수로 보고 y는 단순히 정해지지 않은 상수로 보면 이 함수는 다음과 같은 1차원 함수다.

$$f(x; y) = 4x^2 + (4y)x + (y^2)$$

y의 앞에 쉼표(,)가 아니라 세미콜론(;)을 써서 y가 변수가 아니라는 점을 강조했다.

4.4 행렬의 미분

지금까지는 스칼라값을 입력으로 받아 스칼라값을 출력하는 함수를 생각했다. 이제부터는 벡터나 행렬을 입력으로 받아서 벡터나 행렬을 출력하는 함수를 살펴본다.

여러 개의 입력을 가지는 다변수함수는 함수의 독립변수가 벡터인 경우로 볼 수 있다.

$$f\left(\begin{bmatrix} x_1 \\ x_2 \end{bmatrix}\right) = f(x) = f(x_1, x_2)$$

벡터 $x \rightarrow$ 스칼라 f

이를 확장하면 행렬을 입력으로 가지는 함수도 생각할 수 있다.

$$f\left(\begin{bmatrix} x_{11} & x_{12} \\ x_{21} & x_{22} \end{bmatrix}\right) = f(X) = f(x_{11}, \cdots, x_{22})$$

행렬 $x \rightarrow$ 스칼라 f

반대로 벡터나 행렬을 출력하는 함수는 여러 함수를 합쳐놓은 것이다.

$$f(x) = \begin{bmatrix} f_1(x) \\ f_2(x) \end{bmatrix}$$

스칼라 $x \rightarrow$ 벡터 f

$$f(x) = \begin{bmatrix} f_{11}(x) & f_{12}(x) \\ f_{21}(x) & f_{22}(x) \end{bmatrix}$$

스칼라 $x \rightarrow$ 행렬 f

벡터나 행렬을 입력받아 벡터나 행렬을 출력할 수도 있다.

$$f(x) = \begin{bmatrix} f_1(x_1, x_2) \\ f_2(x_1, x_2) \end{bmatrix}$$

벡터 $x \rightarrow$ 벡터 f

$$f(x) = \begin{bmatrix} f_{11}(x_1, x_2) & f_{12}(x_1, x_2) \\ f_{21}(x_1, x_2) & f_{22}(x_1, x_2) \end{bmatrix}$$

벡터 $x \rightarrow$ 행렬 f

이러한 행렬을 입력이나 출력으로 가지는 함수를 미분하는 것을 **행렬미분**matrix differentiation이라고 한다. 사실 행렬미분은 정확하게는 미분이 아닌 편미분partial derivative이지만 여기에서는 편의상 미분이라고 쓰겠다. 또한 행렬미분에는 분자중심 표현법Numerator-layout notation과 분모중심 표현법$_{\text{Denominator-layout notation}}$ 두 가지가 있는데 여기에서는 분모중심 표현법으로 서술한다.

스칼라를 벡터로 미분하는 경우

데이터 분석에서는 함수의 출력변수가 스칼라이고 입력변수 x가 벡터인 다변수함수를 사용하는 경우가 많다. 따라서 편미분도 $\dfrac{\partial f}{\partial x_1}$, $\dfrac{\partial f}{\partial x_2}$, ... 등으로 여러 개가 존재한다.

이렇게 스칼라를 벡터로 미분하는 경우에는 결과를 열벡터로 표시한다. 이렇게 만들어진 벡터를 **그레디언트 벡터**$_{\text{gradient vector}}$라고 하고 ∇f로 표기한다.

$$\nabla f = \frac{\partial f}{\partial x} = \begin{bmatrix} \dfrac{\partial f}{\partial x_1} \\ \dfrac{\partial f}{\partial x_2} \\ \vdots \\ \dfrac{\partial f}{\partial x_N} \end{bmatrix}$$

| 예제 |

다음과 같은 다변수함수

$$f(x, y) = 2x^2 + 6xy + 7y^2 - 26x - 54y + 107$$

에 대한 그레디언트 벡터를 구하면

$$\nabla f = \begin{bmatrix} \dfrac{\partial f}{\partial x} \\ \dfrac{\partial f}{\partial y} \end{bmatrix} = \begin{bmatrix} 4x + 6y - 26 \\ 6x + 14y - 54 \end{bmatrix}$$

가 된다.

4.4.1 **연습 문제**

다음 함수의 그레디언트 벡터를 구하라.

❶ $f(x, y, z) = x + y + z$

❷ $f(x, y, z) = xyz$

그레디언트 벡터

$$\nabla f = \begin{bmatrix} 4x + 6y - 26 \\ 6x + 14y - 54 \end{bmatrix}$$

에 대해서 x, y가 다음 위치일 때 그레디언트 벡터의 값을 구하고 평면상에 화살표로 나타내라.

❶ $x = 7$, $y = 1$

❷ $x = 2$, $y = 1$

2차원의 경우를 예로 들어 그레디언트 벡터를 표시하는 법을 알아보자. 2개의 입력변수를 가지는 2차원 함수 $f(x, y)$는 평면상에서 **컨투어**(contour)**플롯**으로 나타낼 수 있다. 그리고 입력 변수 x, y 위치에서의 그레디언트 벡터 $\frac{\partial f}{\partial x}$, $\frac{\partial f}{\partial y}$ 는 그 위치를 원점으로 하는 화살표로 표현할 수 있다. 그리고 그레디언트 벡터의 방향은 편미분 성분 $\frac{\partial f}{\partial x}$ 와 $\frac{\partial f}{\partial y}$ 의 부호에 의해 결정된다.

만약 어떤 위치 x, y에서 x가 증가할수록 f가 커지면 도함수 $\frac{\partial f}{\partial x}$ 는 양수다. 반대로 y가 증가할수록 f가 작아지면 도함수 $\frac{\partial f}{\partial x}$ 는 음수다. 벡터는 2차원 평면에서 화살표로 나타낼 수 있다. 가로 성분이 양수이고 세로 성분이 음수인 화살표는 우측 아래를 가리키는 화살이 될 것이다.

이렇게 컨투어 플롯 위에 그레디언트 벡터를 화살표로 나타낸 것을 플롯을 **퀴버**(quiver)**플롯**이라고 한다. 퀴버플롯에서 화살표는 화살표 시작 지점의 그레디언트 벡터를 나타낸다.

| 예제 |

다음은 함수

$$2x^2 + 6xy + 7y^2 - 26x - 54y + 107$$

의 그레디언트 벡터를 표시한 퀴버플롯이다.

```
def f(x, y):
    return 2 * x**2 + 6 * x * y + 7 * y**2 - 26 * x - 54 * y + 107


xx = np.linspace(1, 16, 100)
yy = np.linspace(-3, 6, 90)
X, Y = np.meshgrid(xx, yy)
Z = f(X, Y)


def gx(x, y):
    return 4 * x + 6 * y - 26

def gy(x, y):
    return 6 * x + 14 * y - 54

xx2 = np.linspace(1, 16, 15)
yy2 = np.linspace(-3, 6, 9)
X2, Y2 = np.meshgrid(xx2, yy2)
GX = gx(X2, Y2)
GY = gy(X2, Y2)
plt.figure(figsize=(10, 5))
plt.contour(X, Y, Z, levels=np.logspace(0, 3, 10))
plt.quiver(X2, Y2, GX, GY, color='blue', scale=400, minshaft=2)

plt.xlabel('x')
plt.ylabel('y')
plt.title('퀴버 플롯(quiver plot)')
plt.show()
```

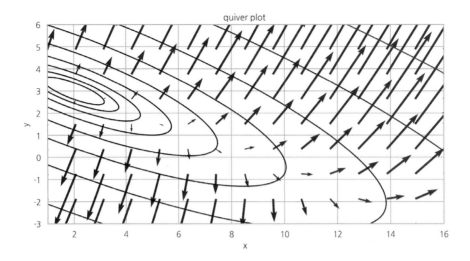

4.4.3 연습 문제

함수

$$2x^2 + 6xy + 7y^2 - 26x - 54y + 107$$

로 표현되는 지형을 상상하라. 이 지형의 (14, 4) 지점에 공을 두었다면 어떠한 경로로 공이 움직일지 경로를 그려라.

퀴버플롯에서 그레디언트 벡터는 다음과 같은 특징이 있다.

- 그레디언트 벡터의 크기는 기울기를 의미한다. 즉 벡터의 크기가 클수록 함수 곡면의 기울기가 커진다.
- 그레디언트 벡터의 방향은 함수 곡면의 기울기가 가장 큰 방향, 즉 단위 길이당 함숫값(높이)이 가장 크게 증가하는 방향을 가리킨다.
- 그레디언트 벡터의 방향은 등고선 방향과 직교한다.

어떤 점 x_0에서 다른 점 x로 이동하면서 함숫값이 얼마나 변하는지는 테일러 전개를 써서 근사할 수 있다.

$$f(x) - f(x_0) = \Delta f \approx \nabla f(x_0)^T (x - x_0)$$

변화의 방향 $x - x_0$가 그레디언트 벡터와 같은 방향일 때 Δf가 가장 커지는 것을 알 수 있다.

등고선은 $f(x)$의 값이 일정한 x의 집합이므로 다음과 같은 방정식으로 표현할 수 있다.

$$f(x) = f(x_0)$$

또는

$$f(x) - f(x_0) = 0$$

같은 등고선 위의 다른 점 x_1를 향해 움직이는 등고선 방향의 움직임은 $x_1 - x_0$이고 x_0, x_1 모두 같은 등고선 위의 점이므로 $f(x_0) = f(x_1)$이다. 따라서 테일러 전개로부터

$$\nabla f(x_0)^T (x_1 - x_0) = f(x_1) - f(x_0) = 0$$

등고선 방향 $x_1 - x_0$과 $\Delta f(x_0)$이 직교한다는 것을 알 수 있다.

행렬미분법칙

다변수함수를 미분하여 그레디언트 벡터를 구할 때는 다음 두 가지 법칙이 유용하게 쓰인다.

행렬미분법칙 1 : 선형 모형

선형 모형을 미분하면 그레디언트 벡터는 가중치 벡터다.

$$f(x) = w^T x$$

$$\nabla f = \frac{\partial w^T x}{\partial x} = \frac{\partial x^T w}{\partial x} = w$$

증명은 다음과 같다.

$$\frac{\partial (w^T x)}{\partial x} = \begin{bmatrix} \dfrac{\partial (w^T x)}{\partial x_1} \\ \dfrac{\partial (w^T x)}{\partial x_2} \\ \vdots \\ \dfrac{\partial (w^T x)}{\partial x_N} \end{bmatrix} = \begin{bmatrix} \dfrac{\partial (w_1 x_1 + w_2 x_2 + \cdots + w_N x_N)}{\partial x_1} \\ \dfrac{\partial (w_1 x_1 + w_2 x_2 + \cdots + w_N x_N)}{\partial x_2} \\ \vdots \\ \dfrac{\partial (w_1 x_1 + w_2 x_2 + \cdots + w_N x_N)}{\partial x_N} \end{bmatrix} = \begin{bmatrix} w_1 \\ w_2 \\ \vdots \\ w_N \end{bmatrix} = w$$

행렬미분법칙 2 : 이차형식

이차형식을 미분하면 행렬과 벡터의 곱으로 나타난다.

$$f(x) = x^T A x$$

$$\nabla f(x) = \frac{\partial x^T A x}{\partial x} = (A + A^T) x$$

증명은 다음과 같다.

$$\frac{\partial(x^T A x)}{\partial x} = \begin{bmatrix} \dfrac{\partial(x^T A x)}{\partial x_1} \\ \dfrac{\partial(x^T A x)}{\partial x_2} \\ \vdots \\ \dfrac{\partial(x^T A x)}{\partial x_N} \end{bmatrix}$$

$$= \begin{bmatrix} \dfrac{\partial(\sum_{i=1}^{N} \sum_{j=1}^{N} a_{ij} x_i x_j)}{\partial x_1} \\ \dfrac{\partial(\sum_{i=1}^{N} \sum_{j=1}^{N} a_{ij} x_i x_j)}{\partial x_2} \\ \vdots \\ \dfrac{\partial(\sum_{i=1}^{N} \sum_{j=1}^{N} a_{ij} x_i x_j)}{\partial x_N} \end{bmatrix}$$

$$= \begin{bmatrix} \dfrac{\partial \begin{pmatrix} a_{11}x_1x_1 & + & a_{12}x_1x_2 & + & \cdots & + & a_{1N}x_1x_N & + \\ a_{21}x_2x_1 & + & \cancel{a_{22}x_2x_2} & + & \cdots & + & \cancel{a_{2N}x_2x_N} & + \\ & & & \cdots & & & \\ a_{N1}x_Nx_1 & + & \cancel{a_{N2}x_Nx_2} & + & \cdots & + & \cancel{a_{NN}x_Nx_N} & \end{pmatrix}}{\partial x_1} \\ \dfrac{\partial \begin{pmatrix} \cancel{a_{11}x_1x_1} & + & a_{12}x_1x_2 & + & \cdots & + & \cancel{a_{1N}x_1x_N} & + \\ a_{21}x_2x_1 & + & a_{22}x_2x_2 & + & \cdots & + & a_{2N}x_2x_N & + \\ & & & \cdots & & & \\ \cancel{a_{N1}x_Nx_1} & + & a_{N2}x_Nx_2 & + & \cdots & + & \cancel{a_{NN}x_Nx_N} & \end{pmatrix}}{\partial x_2} \\ \vdots \end{bmatrix}$$

$$
\begin{aligned}
&= \begin{bmatrix}
2a_{11}x_1 + a_{12}x_2 + \cdots + a_{1N}x_N + \\
a_{21}x_2 + 0 + \cdots + 0 + \\
\cdots \\
a_{N1}x_N + 0 + \cdots + 0 \\
\hline
0 + a_{12}x_2 + \cdots + 0 + \\
a_{21}x_1 + 2a_{22}x_2 + \cdots + a_{2N}x_N + \\
\cdots \\
0 + a_{N2}x_N + \cdots + 0 \\
\vdots
\end{bmatrix}
\end{aligned}
$$

$$
= \begin{bmatrix}
\sum_{i=1}^{N} a_{1i}x_i + \sum_{i=1}^{N} a_{i1}x_i \\
\hline
\sum_{i=1}^{N} a_{2i}x_i + \sum_{i=1}^{N} a_{i2}x_i \\
\vdots \\
\hline
\sum_{i=1}^{N} a_{Ni}x_i + \sum_{i=1}^{N} a_{iN}x_i
\end{bmatrix}
$$

$$
= \begin{bmatrix}
\sum_{i=1}^{N} a_{1i}x_i \\
\hline
\sum_{i=1}^{N} a_{2i}x_i \\
\vdots \\
\hline
\sum_{i=1}^{N} a_{Ni}x_i
\end{bmatrix}
+
\begin{bmatrix}
\sum_{i=1}^{N} a_{i1}x_i \\
\hline
\sum_{i=1}^{N} a_{i2}x_i \\
\vdots \\
\hline
\sum_{i=1}^{N} a_{iN}x_i
\end{bmatrix}
$$

$$
= Ax + A^T x = (A + A^T)x
$$

위의 두 가지 경우는 1차 다항식과 2차 다항식에 대한 스칼라 미분과 비슷하다. 두 경우를 비교하면 이 공식을 외우는 데 도움이 된다.

스칼라 미분 벡터	행렬미분
$ax \;\rightarrow\; a$	$w^T x \;\rightarrow\; w$
$ax^2 \;\rightarrow\; 2ax$	$x^T A x \;\rightarrow\; (A + A^T)x$

벡터를 스칼라로 미분하는 경우

다음과 같은 벡터

$$f(x) = \begin{bmatrix} f_1 \\ f_2 \\ \vdots \\ f_M \end{bmatrix}$$

를 스칼라 x로 미분하는 경우에는 결과를 행벡터로 표시한다.

$$\frac{\partial f}{\partial x} = \begin{bmatrix} \dfrac{\partial f_1}{\partial x} & \dfrac{\partial f_2}{\partial x} & \cdots & \dfrac{\partial f_M}{\partial x} \end{bmatrix}$$

벡터를 벡터로 미분하는 경우

벡터 x를 입력받아 벡터를 출력하는 함수 $f(x)$를 생각하자. 벡터를 벡터로 미분하면 미분을 당하는 벡터의 원소가 여러 개$(i = 1, ..., N)$이고 미분을 하는 벡터의 원소도 여러 개$(j = 1, ..., M)$이므로 미분의 결과로 나온 도함수는 2차원 배열 즉, 행렬이 된다.

$$\frac{\partial f}{\partial x} = \begin{bmatrix} \dfrac{\partial f_1}{\partial x} & \dfrac{\partial f_2}{\partial x} & \cdots & \dfrac{\partial f_N}{\partial x} \end{bmatrix} = \begin{bmatrix} \dfrac{\partial f}{\partial x_1} \\ \dfrac{\partial f}{\partial x_2} \\ \vdots \\ \dfrac{\partial f}{\partial x_M} \end{bmatrix} = \begin{bmatrix} \dfrac{\partial f_1}{\partial x_1} & \dfrac{\partial f_2}{\partial x_1} & \cdots & \dfrac{\partial f_N}{\partial x_1} \\ \dfrac{\partial f_1}{\partial x_2} & \dfrac{\partial f_2}{\partial x_2} & \cdots & \dfrac{\partial f_N}{\partial x_2} \\ \vdots & \vdots & \ddots & \vdots \\ \dfrac{\partial f_1}{\partial x_M} & \dfrac{\partial f_2}{\partial x_M} & \cdots & \dfrac{\partial f_N}{\partial x_M} \end{bmatrix}$$

행렬미분법칙 3 : 행렬과 벡터의 곱의 미분

행렬 A와 벡터 x의 곱 Ax를 벡터 x로 미분하면 행렬 A^T가 된다.

$$f(x) = Ax$$

$$\nabla f(x) = \frac{\partial(Ax)}{\partial x} = A^T$$

증명은 다음과 같다.

$$Ax = c_1 x_1 + c_2 x_2 + \cdots + c_M x_M$$

$$\frac{\partial(Ax)}{\partial x} = \begin{bmatrix} \dfrac{\partial(Ax)}{\partial x_1} \\ \dfrac{\partial(Ax)}{\partial x_2} \\ \cdots \\ \dfrac{\partial(Ax)}{\partial x_M} \end{bmatrix} = \begin{bmatrix} \dfrac{\partial(c_1 x_1 + c_2 x_2 + \cdots + c_M x_M)^T}{\partial x_1} \\ \dfrac{\partial(c_1 x_1 + c_2 x_2 + \cdots + c_M x_M)^T}{\partial x_2} \\ \cdots \\ \dfrac{\partial(c_1 x_1 + c_2 x_2 + \cdots + c_M x_M)^T}{\partial x_M} \end{bmatrix} = \begin{bmatrix} c_1^T \\ c_2^T \\ \cdots \\ c_M^T \end{bmatrix} = A^T$$

함수의 출력변수와 입력변수가 모두 벡터(다차원) 데이터인 경우에는 입력변수 각각과 출력변수 각각의 조합에 대해 모두 미분이 존재한다. 따라서 도함수는 행렬 형태가 된다. 이렇게 만들어진 도함수의 행렬을 **자코비안 행렬**Jacobian matrix이라고 한다. 자코비안 행렬은 벡터함수를 벡터변수로 미분해서 생기는 행렬의 **전치행렬**이다. 따라서 행/열의 방향이 다르다는 점에 유의한다.

$$Jf(x) = J = \left(\frac{\partial f}{\partial x}\right)^T = \begin{bmatrix} \left(\dfrac{\partial f_1}{\partial x}\right)^T \\ \vdots \\ \left(\dfrac{\partial f_M}{\partial x}\right)^T \end{bmatrix} = \begin{bmatrix} \nabla f_1^T \\ \vdots \\ \nabla f_M^T \end{bmatrix} = \begin{bmatrix} \dfrac{\partial f_1}{\partial x_1} & \cdots & \dfrac{\partial f_1}{\partial x_N} \\ \vdots & \ddots & \vdots \\ \dfrac{\partial f_M}{\partial x_1} & \cdots & \dfrac{\partial f_M}{\partial x_N} \end{bmatrix}$$

4.4.4 | **연습 문제**

다음 함수의 자코비안 행렬을 구하라.

$$f(x) = \begin{bmatrix} \displaystyle\sum_{i=1}^{3} x_i \\ \displaystyle\prod_{i=1}^{3} x_i \end{bmatrix}$$

다변수함수의 2차 도함수는 그레디언트 벡터를 입력변수 벡터로 미분한 것으로 **헤시안 행렬**Hessian matrix라고 한다.

헤시안 행렬은 그레디언트 벡터의 자코비안 행렬의 전치행렬로 정의한다.

$$Hf(x) = H = J(\nabla f(x))^T$$

풀어쓰면 다음과 같다.

$$H_{ij} = \frac{\partial^2 f}{\partial x_i \, \partial x_j}$$

즉,

$$H = \begin{bmatrix} \dfrac{\partial^2 f}{\partial x_1^2} & \dfrac{\partial^2 f}{\partial x_1 \, \partial x_2} & \cdots & \dfrac{\partial^2 f}{\partial x_1 \, \partial x_N} \\ \dfrac{\partial^2 f}{\partial x_2 \, \partial x_1} & \dfrac{\partial^2 f}{\partial x_2^2} & \cdots & \dfrac{\partial^2 f}{\partial x_2 \, \partial x_N} \\ \vdots & \vdots & \ddots & \vdots \\ \dfrac{\partial^2 f}{\partial x_N \, \partial x_1} & \dfrac{\partial^2 f}{\partial x_N \, \partial x_2} & \cdots & \dfrac{\partial^2 f}{\partial x_N^2} \end{bmatrix}$$

함수가 연속이고 미분가능한 함수라면 헤시안 행렬은 대칭행렬이 된다.

4.4.5 | 연습 문제

다음 함수의 헤시안 행렬을 구하라.

$$f(x) = \sum_{i=1}^{3} x_i^2$$

스칼라를 행렬로 미분

출력변수 f가 스칼라값이고 입력변수 X가 행렬인 경우에는 도함수 행렬의 모양이 입력변수 행렬 x와 같다.

$$\frac{\partial f}{\partial X} = \begin{bmatrix} \dfrac{\partial f}{\partial x_{1,1}} & \dfrac{\partial f}{\partial x_{1,2}} & \cdots & \dfrac{\partial f}{\partial x_{1,N}} \\ \dfrac{\partial f}{\partial x_{2,1}} & \dfrac{\partial f}{\partial x_{2,2}} & \cdots & \dfrac{\partial f}{\partial x_{2,N}} \\ \vdots & \vdots & \ddots & \vdots \\ \dfrac{\partial f}{\partial x_{M,1}} & \dfrac{\partial f}{\partial x_{M,2}} & \cdots & \dfrac{\partial f}{\partial x_{M,N}} \end{bmatrix}$$

행렬미분법칙 4 : 행렬 곱의 대각성분

두 정방행렬을 곱해서 만들어진 행렬의 대각성분은 스칼라다. 이 스칼라를 뒤의 행렬로 미분하면 앞의 행렬의 전치행렬이 나온다.

$$f(X) = \text{tr}(WX)$$

$$W \in R^{N \times N}, X \in R^{N \times N}$$

$$\frac{\partial f}{\partial X} = \frac{\partial \, \text{tr}(WX)}{\partial X} = W^T$$

증명은 다음과 같다.

$$\text{tr}(WX) = \sum_{i=1}^{N} \sum_{j=1}^{N} w_{ji} x_{ij}$$

$$\frac{\partial \text{tr}(WX)}{\partial x_{ij}} = w_{ji}$$

행렬미분법칙 5 : 행렬식의 로그

행렬식은 스칼라값이고 이 값의 로그 값도 스칼라다. 이 값을 원래의 행렬로 미분하면 원래 행렬의 역행렬의 전치행렬이 된다.

$$f(X) = \log |X|$$

$$\frac{\partial f}{\partial X} = \frac{\partial \log |X|}{\partial X} = (X^{-1})^T$$

증명은 다음과 같다.

행렬식의 정의에서

$$\frac{\partial}{\partial x_{i,j}} |X| = C_{i,j}$$

행렬식과 역행렬의 관계에서

$$\frac{\partial}{\partial X} |X| = C = |X|(X^{-1})^T$$

로그 함수 공식에 대입하면 다음과 같다.

$$\frac{d}{dx} \log f(x) = \frac{f'(x)}{f(x)} = \frac{|X|(X^{-1})^T}{|X|} = (X^{-1})^T$$

4.5 변분법

데이터 분석에는 함수와 더불어 다양한 범함수를 사용한다. 이 절에서는 범함수의 개념과 범함수의 미분에 해당하는 변분법을 공부한다.

범함수

함수function는 실수real number를 입력받아 실수를 출력한다.

실수 x → | 함수 f | → 실수

그런데 앞으로 공부하게 될 기댓값, 엔트로피 등을 계산할 때는 함수를 입력받고 이를 기반으로 실수를 출력한다. 이렇게 **함수를 입력으로 받아 실수를 출력하는 것을 범함수**functional라고 한다.

함수 $y(x)$ → | 함수 F | → 실수

범함수는 보통 알파벳 대문자로 표기한다. 함수에서는 입력변수를 실수를 소괄호로 감싸지만 범함수는 입력변수인 함수를 대괄호로 감싼다.

$$F[y(x)]$$

범함숫값은 정적분으로 계산하는 경우가 많다. 예를 들어 확률변수 x의 기댓값과 엔트로피는 확률밀도함수 $p(x)$를 다음처럼 적분한 값이다. 구체적인 정의는 확률론에서 공부하게 된다. 여기에서는 함수 $p(x)$를 입력으로 받아서 스칼라 실수를 출력하는 범함수 E와 H라는 것이 있다는 것만 알면 된다.

$$\mathrm{E}[p(x)] = \int_{-\infty}^{\infty} xp(x)dx$$

$$\mathrm{H}[p(x)] = -\int_{-\infty}^{\infty} p(x) \log p(x)dx$$

입력인 함수가 변할 때 범함수의 출력이 어떻게 달라지는지를 계산하는 학문을 **변분법**functional calculus, calculus of variations이라고 한다.

범함수의 테일러 전개

함수 $f(x)$의 도함수 $\frac{df}{dx}$를 알면 다음처럼 함수의 근삿값을 구할 수 있다. 이를 함수의 테일러 전개라고 한다. 이 식에서 ϵ은 아주 작은 실수를 의미한다.

$$f(x + \epsilon) \approx f(x) + \frac{df}{dx}\epsilon$$

범함수에 대해서도 마찬가지로 테일러 전개를 할 수 있다. 범함수의 테일러 전개를 이해하기에 앞서 범함수가 아닌 단변수 함수의 테일러 전개부터 해보자. 설명의 편의를 위해 함수이름을 F, 독립변수를 y라고 하자. $F(y)$는 실수를 입력으로 받는 함수지만 나중에 범함수와 비교하기 위해 편의상 대문자로 표시했다. 입력 변수도 보통 사용하는 x 대신 y라는 알파벳을 사용했다.

함수 F의 테일러 전개식은 다음과 같다.

$$F(y + \epsilon) \approx F(y) + \frac{dF}{dy}\epsilon$$

F가 아직은 범함수가 아니라 함수이고 y도 아직은 함수가 아니라 변수이므로 이 식은 위 테일러 전개식을 함수와 변수 이름만 바꿔 쓴 것이다.

만약 F가 단변수 함수가 아니라 y_1, y_2, ..., y_N이라는 실수 입력 N개를 받는 다변수함수라면 테일러 전개식은 다음처럼 쓸 수 있다.

$$F(y_1 + \epsilon_1, y_2 + \epsilon_2, \ldots, y_N + \epsilon_N) \approx F(y_1, y_2, \ldots, y_N) + \frac{\partial F}{\partial y_1}\epsilon_1 + \frac{\partial F}{\partial y_2}\epsilon_2 + \cdots \frac{\partial F}{\partial y_N}\epsilon_N$$

$$= F(y_1, y_2, \ldots, y_N) + \sum_{i=1}^{N} \frac{\partial F}{\partial y_i}\epsilon_i$$

위 식에서 y_i이 x_i를 입력으로 받아서 계산된 함수의 값 $y(x_i)$라고 가정한다.

$$y_i = y(x_i)$$

그리고 ϵ_i는 x_i를 입력으로 받는 임의의 함수 $\eta(x)$의 값 $\eta(x_i)$에 아주 작은 공통 상수 ϵ을 곱한 값이라고 가정한다.

$$\epsilon_i = \epsilon\eta(x_i)$$

그러면 위 테일러 전개식은 다음처럼 쓸 수 있다.

$$F(y(x_1) + \epsilon\eta(x_1), y(x_2) + \epsilon\eta(x_2), \ldots, y(x_N) + \epsilon\eta(x_N))$$

$$\approx F(y(x_1), y(x_2), \ldots, y(x_N)) + \epsilon \sum_{i=1}^{N} \frac{\partial F}{\partial y_i}\eta(x_i)$$

위 식은 실수 벡터 또는 수열을 입력으로 받고 실수를 출력하는 함수에 대한 테일러 전개다.

$$\text{수열} \quad \{y(x_1), \cdots, y(x_N)\} \quad \rightarrow \quad \text{함수} \quad F(\{y(x_1), \cdots, y(x_N)\})$$

여기에서 수열의 크기 N을 무한대로 늘리면 수열 $\{y(x_1), \ldots, y(x_N)\}$는 $y(x)$라는 함수를 나타낸다고 볼 수 있다. 그러면 함수 F도 이제는 함수가 아니라 함수 y를 입력으로 받는 범함수가 된다.

$$\text{함수} \quad y(x) \quad \rightarrow \quad \text{함수} \quad F[y(x)]$$

위 식에서 수열 $\{y(x_1), \ldots, y(x_N)\}$를 함수 y로 바꿔 쓰면 다음과 같다.

$$F[y(x) + \epsilon\eta(x)] \approx F[y(x)] + \epsilon \int \frac{\delta F}{\delta y(x)}\eta(x)dx$$

이 식이 바로 범함수에 대한 테일러 전개다.

범함수의 도함수

위 식에서 ϵ의 변화에 의한 범함숫값의 변화는

$$\frac{F[y(x) + \epsilon\eta(x)] - F[y(x)]}{\epsilon} = \int \frac{\delta F}{\delta y(x)}\eta(x)dx$$

이다. 어떤 $\eta(x)$ 함수에 대해서도 이 값이 0이 되려면

$$\frac{\delta F}{\delta y(x)} = 0$$

이 되는 수밖에 없다. 여기에 나온

$$\frac{\delta F}{\delta y(x)}$$

를 범함수의 도함수라고 하며 함수의 도함수와 같은 역할을 한다. y를 변수, F를 함수라고 놓고 미분하여 구한 도함수와 같다. 하지만 범함수를 함수로 미분했다는 것을 강조고자 d 기호가 아니라 δ 기호를 사용했다.

적분형 범함수의 도함수

대부분의 범함수는 x에 대한 적분으로 정의되며 적분 기호 안의 연산은 $y(x)$와 x를 입력 변수로 받는 함수 $G(y, x)$라고 할 수 있다.

$$F[y(x)] = \int G(y, x)dx$$

이러한 범함수 F의 도함수는 다음처럼 계산할 수 있다.

$$\frac{\delta F}{\delta y} = \frac{\partial G}{\partial y}$$

y가 원래는 함수이지만 마치 변수처럼 생각하고 G의 편미분을 구했기 때문에 $\frac{\delta}{\delta y}$ 기호가 아닌 $\frac{\partial}{\partial y}$ 기호를 사용했다.

| 예제 |

기댓값 E는 다음과 같이 정의되는 범함수다.

$$\mathrm{E}[p(x)] = \int_{-\infty}^{\infty} x p(x) dx$$

위 식에 대응시키면

$$G(y, x) = xy$$

가 된다. 이때 y에 대한 F의 도함수는

$$\frac{\delta F}{\delta y} = \frac{\partial G}{\partial y} = x$$

이다.

| 예제 |

그레디언트 부스팅gradient boosting 방법에서는 주어진 목표함수 $y(x)$와 가장 비슷한 모형함수 $\hat{y}(x)$를 구하는 데 다음과 같은 범함수인 손실함수를 사용한다.

$$L = \int \frac{1}{2}(\hat{y}(x) - y(x))^2 dx$$

모형함수 $\hat{y}(x)$에 대한 범함수 손실함수 L의 그레디언트를 구하면

$$G(\hat{y}) = \frac{1}{2}(\hat{y}(x) - y(x))^2$$

에서

$$\frac{\delta L}{\delta \hat{y}} = \frac{\partial G}{\partial y} = \hat{y}(x) - y(x)$$

가 된다.

오일러-라그랑주 공식

가끔씩 x, $y(x)$ 이외에 추가로 $y(x)$의 x에 대한 도함수인 $y'(x) = \frac{dy}{dx}$도 입력 변수로 받는 함수

$G(y(x), y'(x), x)$로 정의된 도함수도 있을 수 있다.

$$F[y(x)] = \int G(y, y', x)dx$$

이때는 범함수 F의 함수 y에 대한 도함수를 다음처럼 구한다.

$$\frac{\partial G}{\partial y} - \frac{d}{dx}\left(\frac{\partial G}{\partial y'}\right)$$

위 식에서 $\frac{\partial G}{\partial y}$와 $\frac{\partial G}{\partial y'}$는 함수 y와 y'을 마치 별개의 변수인 것처럼 생각하고 편미분한 도함수를 뜻한다. $\frac{d}{dx}\left(\frac{\partial G}{\partial y'}\right)$는 그렇게 구해진 함수를 다시 변수 x로 미분한 결과를 말한다. 이를 **오일러-라그랑주**Euler–Lagrange **공식**이라고 한다.

최적 제어

함수 $f(x)$가 있을 때 이 값이 가장 커지도록 혹은 가장 작아지도록 하는 독립변수 x값을 찾아내는 것을 최적화라고 한다. 이와 비슷하게 **범함수 $F[y(x)]$가 있을 때 이 값이 가장 커지도록 혹은 가장 작아지도록 하는 독립함수 $y(x)$를 찾는 것을 최적 제어**optimal control라고 한다.

최적화를 위한 필요조건은 최적의 독립변수의 값 $x*$를 입력하면 함수의 도함수의 값이 0이 되어야 한다는 것이었다.

$$\frac{df}{dx}(x^*) = 0$$

최적제어에서도 최적의 함수 $y*(x)$를 입력하면 범함수의 도함수의 값이 0이 되어야 한다는 것이 최적 조건이다.

$$\frac{\delta f}{\delta y}[y^*(x)] = 0$$

| 예제 |

딥러닝에서 현실의 데이터와 닮은 데이터를 재현하는 데 사용하는 방법으로 GANGenerative Adversarial Network이 있다. GAN에서는 주어진 두 확률분포함수 p_{data}와 p_{model}이 있을 때 다음 범함수의 값을 최대화하는 확률분포함수 $p(x)$를 구하게 된다.

$$L[p] = \frac{1}{2} \int \left(\log(p(x)) p_{\text{data}}(x) + \log(1 - p(x)) p_{\text{model}}(x) \right) dx$$

범함수의 도함수를 구하면

$$\frac{\delta L}{\delta p} = \frac{1}{2} \frac{\partial}{\partial p} (\log(p(x)) p_{\text{data}}(x)) + \frac{1}{2} \frac{\partial}{\partial p} (\log(1 - p(x)) p_{\text{model}}(x))$$

$$= \frac{p_{\text{data}}(x)(1 - p(x)) - p(x) p_{\text{model}}(x)}{2p(x)(1 - p(x))}$$

이므로 최적 확률분포함수 $p^*(x)$는

$$p_{\text{data}}(x)(1 - p(x)) - p(x) p_{\text{model}}(x) = 0$$

에서

$$p^*(x) = \frac{p_{\text{data}}(x)}{p_{\text{data}}(x) + p_{\text{model}}(x)}$$

이 된다.

4.6 마치며

벡터, 행렬 입출력을 가지는 함수의 미분과 적분을 학습했다. 미분은 다음 장에서 공부할 최적화에 필수이니까 이 장을 잘 익혀두자. 또한 적분은 앞으로 공부할 확률론에서 확률분포함수를 정의하는 데 사용된다.

5장 사이파이(SciPy)로 공부하는 최적화

이 장에서는 함수의 값을 가장 크게 혹은 작게 만드는 입력변수의 값을 찾는 문제를 공부한다. 이러한 문제를 최적화 문제라고 한다. 모든 데이터 분석은 주어진 기준에 가장 적합한 수식을 찾는다는 점에서 일종의 최적화 문제를 푸는 과정이라고 볼 수 있다.

가장 기본적인 최적화 방법은 일정 범위의 입력변숫값들을 모두 계산하는 그리드 서치grid search 방법이다. 그러나 입력변수의 수가 많거나 함수 계산에 시간이 오래 걸리는 경우에는 그리드 서치 방법이 현실적으로 불가능하므로 가능한 한 적은 횟수로 함수를 계산하는 수치적 최적화 방법을 사용한다. 이 장에서는 수치적 최적화 방법 중 가장 단순한 최대경사법steepest gradient method (최급강하법으로 번역하기도 한다)과 이를 개선한 뉴튼 방법Newton method에 대해 공부한다.

현실의 최적화 문제는 보통 추가적인 제한조건이 포함된다. 제한조건은 입력변수의 값이 특정 연립방정식을 만족해야 하는 등식 제한조건과, 입력변수의 값이 특정한 연립부등식을 만족해야 하는 부등식 제한조건이 있다. 우선 라그랑주 승수법을 이용하여 등식 제한조건이 있는 최적화 문제를 푸는 방법에 대해 알아보고 라그랑주 승수의 의미를 설명한다. 부등식 제한조건을 푸는 KKT 조건에 대해서도 공부한다.

마지막으로 최적화 문제 중 실용성이 높은 LPlinear programming 문제와 QPquadratic programming 문제를 소개한다.

학습 목표

- 최적화 문제의 의미와 풀이법에 대해 공부한다.
- 그리드 서치 방법과 단점에 대해 알아본다.
- 수치적 최적화 방법 중 최대경사법과 뉴튼 방법에 대해 공부한다.
- 라그랑주 승수법과 라그랑주 승수의 의미에 대해 알아본다.
- 부등식 제한조건이 있는 최적화 문제의 KKT 조건에 대해 공부한다.
- 사이파이 패키지를 사용하여 제한조건이 있는 최적화 문제를 풀 수 있다.
- LP 문제와 QP 문제를 이해하고 수식으로 형식화할 수 있다.

5.1 최적화 기초

데이터 분석의 최종 단계는 가장 적합한 숫자를 찾아내는 최적화다. 이 절에서는 기본 유형의 최적화 문제와 이를 푸는 수치적인 방법을 공부한다.

최적화 문제

최적화 문제는 함수 f의 값을 최대화 혹은 최소화하는 변수 x값 x^*를 찾는 것이다. 수식으로는 다음처럼 쓴다.

$$x^* = \arg\max_x f(x)$$

또는

$$x^* = \arg\min_x f(x)$$

이 값 x^*를 최적화 문제의 **해**solution라고 한다. 만약 최소 문제를 풀 수 있다면 $f(x)$를 $-f(x)$로 바꾸어 위아래를 뒤집은 다음 최소화 문제를 풀면 $f(x)$의 최대화 문제를 푼 것과 같다. 따라서 보통은 최소화 문제만 고려한다.

이때 최소화하려는 함수 $f(x)$를 **목적함수**objective function, **비용함수**cost function, **손실함수**loss function, **오차함수**error function 등으로 부른다. 기호로는 각각 J, C, L, E로 표기하는 경우가 많다.

| 예제 |

다음은 1차원 목적함수의 예다. 그래프에서 이 목적함수 $f_1(x)$의 최저점은 $x^* = 2$임을 알 수 있다.

```
def f1(x):
    return (x - 2) ** 2 + 2


xx = np.linspace(-1, 4, 100)
plt.plot(xx, f1(xx))
plt.plot(2, 2, 'ro', markersize=10)
plt.ylim(0, 10)
plt.xlabel('x')
```

```
plt.ylabel('$f_1(x)$')
plt.title('1차원 목적함수')
plt.show()
```

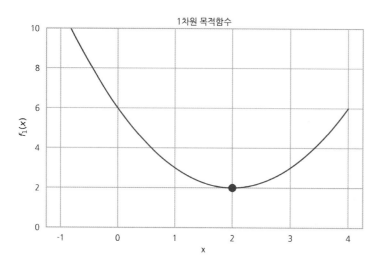

| 예제 |

다음 함수 $f_2(x, y)$는 2차원 목적함수의 예로 **2차원 로젠브록**Rosenbrock **함수**라고 한다. 2차원 로젠 브록 함수는 $x^*, y^* = (1, 1)$에서 최솟값을 가진다.

$$f(x, y) = (1x)^2 + 100(yx^2)^2$$

```
def f2(x, y):
    return (1 - x)**2 + 100.0 * (y - x**2)**2

xx = np.linspace(-4, 4, 800)
yy = np.linspace(-3, 3, 600)
X, Y = np.meshgrid(xx, yy)
Z = f2(X, Y)

levels=np.logspace(-1, 3, 10)
plt.contourf(X, Y, Z, alpha=0.2, levels=levels)
plt.contour(X, Y, Z, colors='gray',
```

```
            levels=[0.4, 3, 15, 50, 150, 500, 1500, 5000])
plt.plot(1, 1, 'ro', markersize=10)

plt.xlim(-4, 4)
plt.ylim(-3, 3)
plt.xticks(np.linspace(-4, 4, 9))
plt.yticks(np.linspace(-3, 3, 7))
plt.xlabel('$x$')
plt.ylabel('$y$')
plt.title('2차원 로젠브록 함수 $f(x,y)$')
plt.show()
```

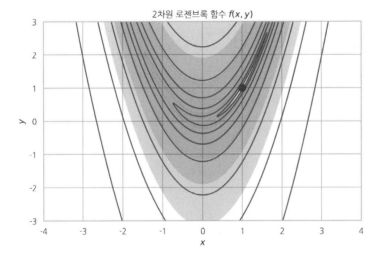

그리드 서치와 수치적 최적화

'목적함수의 값을 가장 작게 하는 x 위치를 찾는 최적화 문제'를 푸는 가장 간단한 방법은 가능한 x값을 여러 개 넣어보고 그중 가장 작은 값을 선택하는 **그리드 서치**grid search 방법이다. 함수 $f_1(x)$의 그래프를 그려 최저점을 찾은 방법도 그리드 서치 방법의 일종이다. 그리드 서치는 가장 간단한 방법이지만 많은 x 위치에 대해 목적함숫값을 계산해야 한다. 위에서 함수 $f_1(x)$의 최저점을 찾을 때는 사실 함수 계산을 100번 수행했다.

예측 모형을 만들 때 목적함숫값, 즉 예측 오차를 구하려면 모든 트레이닝 데이터 집합에 대해

예측값과 타깃값의 차이를 구해야 하므로 계산량이 상당히 크다. 따라서 그리드 서치보다 목적
함수 계산을 적게 할 수 있는 방법이 필요하다.

반복적 시행 착오에 의해 최적화 필요조건을 만족하는 값 $x*$를 찾는 방법을 **수치적 최적화**numerical optimization라고 한다. 수치적 최적화 방법은 함수 위치가 최적점이 될 때까지 가능한 한 적은 횟수만큼 x 위치를 옮기는 방법을 말한다.

수치적 최적화 방법은 다음 두 가지 알고리즘을 요구한다.

- 현재 위치 x_k가 최적점인지 판단하는 알고리즘
- 어떤 위치 x_k를 시도한 뒤, 다음 번에 시도할 위치 x_{k+1}을 찾는 알고리즘

기울기 필요조건

우선 현재 시도하는 위치 x가 최소점인지 아닌지 알아내는 알고리즘을 생각해보자.

어떤 독립변숫값 $x*$가 최소점이려면 일단 다음과 같이 값 $x*$에서 함수의 기울기와 도함수 $\frac{df}{dx}$ 값이 0이라는 조건을 만족해야 한다. 이를 **기울기 필요조건**이라고 한다.

단일 변수에 대한 함수인 경우, **미분값이 0이어야 한다.**

$$\frac{df(x)}{dx} = 0$$

다변수함수인 경우 **모든 변수에 대한 편미분값이 0이어야 한다.**

$$\frac{\partial f(x_1, x_2, \cdots, x_N)}{\partial x_1} = 0$$

$$\frac{\partial f(x_1, x_2, \cdots, x_N)}{\partial x_2} = 0$$

$$\vdots$$

$$\frac{\partial f(x_1, x_2, \cdots, x_N)}{\partial x_N} = 0$$

즉

$$\nabla f = 0$$

이때 그레디언트(gradient) 벡터 ∇f를 g 기호로 간단하게 나타내기도 한다.

$$g = 0$$

이 조건을 필요조건이라고 하는 이유는 기울기가 0이라고 반드시 최소점이 되지는 않지만, 모든 최소점은 기울기가 0이기 때문이다. 일반적인 수치적 최적화 알고리즘에서는 기울기 필요조건을 이용하여 최적점에 도달했는지 판단한다.

기울기가 0이어도 최소점이 아니라 최고점일 수도 있다. 기울기가 0인 위치가 최소점임을 확인하려면 2차 도함수의 부호도 계산해야 한다. 기울기가 0이고 2차 도함수가 양수면 최소점이다. 반대로 기울기가 0이고 2차 도함수가 음수면 최대점이 된다.

최대경사법

최대경사법Steepest Gradient Descent은 단순히 현재 위치 x_k에서의 기울기 $g(x_k)$만을 이용하여 다음 위치 x_{k+1}를 결정하는 방법이다.

$$x_{k+1} = x_k - \mu \nabla f(x_k) = x_k - \mu g(x_k)$$

만약 현재 위치 x_k에서 기울기가 음수면 즉 곡면이 아래로 향하면 $g(x_k) < 0$이므로 앞으로 진행하고, 현재 위치 x_k에서 기울기가 양수면 $g(x_k) > 0$이므로 뒤로 진행하게 되어 점점 낮은 위치로 옮겨간다. 이때 위치를 옮기는 거리를 결정하는 비례상수 μ를 **스텝 사이즈**step size라고 한다.

x_k가 일단 최적 점에 도달했을 때는 $g(x_k) = 0$이 되므로 더 이상 위치를 옮기지 않는다.

| 예제 |

위에서 예로 든 1차원 목적함수를 이 방법으로 최적화하면 다음과 같다. 우선 사람이 직접 목적함수를 미분하여 도함수를 파이썬으로 구현해야 한다.

```
def f1d(x):
    '''f1(x)의 도함수'''
    return 2 * (x - 2.0)
```

$x = 0$에서 시작하여 최대경사법으로 최적점을 찾아나가는 과정은 다음과 같다.

```
xx = np.linspace(-1, 4, 100)

plt.plot(xx, f1(xx), 'k-')

# step size
mu = 0.4

# k = 0
x = 0
plt.plot(x, f1(x), 'go', markersize=10)
plt.text(x + 0.1, f1(x) + 0.1, '1차 시도')
plt.plot(xx, f1d(x) * (xx - x) + f1(x), 'b--')
print('1차 시도: x_1 = {:.2f}, g_1 = {:.2f}'.format(x, f1d(x)))

# k = 1
x = x - mu * f1d(x)
plt.plot(x, f1(x), 'go', markersize=10)
plt.text(x - 0.2, f1(x) + 0.4, '2차 시도')
plt.plot(xx, f1d(x) * (xx - x) + f1(x), 'b--')
print('2차 시도: x_2 = {:.2f}, g_2 = {:.2f}'.format(x, f1d(x)))

# k = 2
x = x - mu * f1d(x)
plt.plot(x, f1(x), 'go', markersize=10)
plt.text(x - 0.2, f1(x) - 0.7, '3차 시도')
plt.plot(xx, f1d(x) * (xx - x) + f1(x), 'b--')
print('3차 시도: x_3 = {:.2f}, g_3 = {:.2f}'.format(x, f1d(x)))

plt.xlabel('x')
plt.ylabel('$f_1(x)$')
plt.title('최대경사법을 사용한 1차함수의 최적화')
plt.ylim(0, 10)
plt.show()
```

```
1차 시도: x_1 = 0.00, g_1 = -4.00
2차 시도: x_2 = 1.60, g_2 = -0.80
3차 시도: x_3 = 1.92, g_3 = -0.16
```

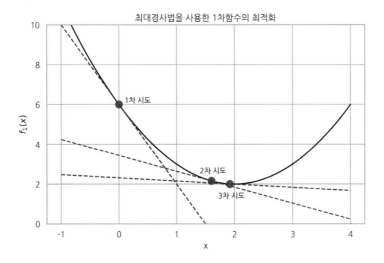

최대경사법에서는 스텝 사이즈를 적절히 조정하는 것이 중요하다. 보통 스텝 사이즈를 사용자가 경험적으로 얻는 값으로 고정하거나 특정한 알고리즘에 따라 변화시킨다. 하지만 스텝 사이즈가 너무 작으면 최저점을 찾기까지 시간이 너무 오래 걸리고 스텝 사이즈가 너무 크면 다음 그림과 같이 오히려 최저점에서 멀어지는 현상이 발생할 수 있다.

```python
xx = np.linspace(-3, 8, 100)

plt.plot(xx, f1(xx), 'k-')

# step size (너무 큰 값!)
mu = 1.1

# k = 0
x = 0
plt.plot(x, f1(x), 'go', markersize=10)
plt.text(x + 0.2, f1(x) + 0.1, '1차 시도')
plt.plot(xx, f1d(x) * (xx - x) + f1(x), 'b--')
print('1차 시도: x_1 = {:.2f}, g_1 = {:.2f}'.format(x, f1d(x)))

# k = 1
x = x - mu * f1d(x)
plt.plot(x, f1(x), 'go', markersize=10)
plt.text(x + 0.2, f1(x) + 0.4, '2차 시도')
```

```
plt.plot(xx, f1d(x) * (xx - x) + f1(x), 'b--')
print('2차 시도: x_2 = {:.2f}, g_2 = {:.2f}'.format(x, f1d(x)))

# k = 2
x = x - mu * f1d(x)
plt.plot(x, f1(x), 'go', markersize=10)
plt.text(x - 1.2, f1(x) - 0.7, '3차 시도')
plt.plot(xx, f1d(x) * (xx - x) + f1(x), 'b--')
print('3차 시도: x_3 = {:.2f}, g_3 = {:.2f}'.format(x, f1d(x)))

plt.ylim(0, 15)
plt.xlabel('x')
plt.ylabel('$f_1(x)$')
plt.title('최대경사법을 사용한 1차함수의 최적화 (스텝 사이즈가 너무 큰 경우)')
plt.show()
```

```
1차 시도: x_1 = 0.00, g_1 = -4.00
2차 시도: x_2 = 4.40, g_2 = 4.80
3차 시도: x_3 = -0.88, g_3 = -5.76
```

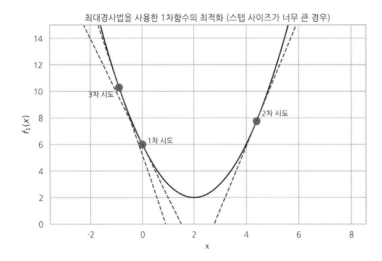

| 예제 |

2차원 로젠브록 함수에 대해 최대경사법을 적용해보자. 목적함수를 미분하여 도함수를 구한 다음 그레디언트 벡터를 파이썬 함수로 구현한다.

```
def f2g(x, y):
    '''f2(x, y)의 도함수'''
    return np.array((2.0 * (x - 1) - 400.0 * x * (y - x**2), 200.0 * (y - x**2)))
```

다음 그림에 $x = -1$, $y-1$에서 시작하여 최대경사법으로 최적점을 찾아나가는 과정을 그레디 언트 벡터 화살표와 함께 보였다.

```
xx = np.linspace(-4, 4, 800)
yy = np.linspace(-3, 3, 600)
X, Y = np.meshgrid(xx, yy)
Z = f2(X, Y)

levels = np.logspace(-1, 3, 10)

plt.contourf(X, Y, Z, alpha=0.2, levels=levels)
plt.contour(X, Y, Z, colors='green', levels=levels, zorder=0)
plt.plot(1, 1, 'ro', markersize=10)

mu = 8e-4  # step size
s = 0.95  # for arrowhead drawing

x, y = -1, -1
for i in range(5):
    g = f2g(x, y)
    plt.arrow(x, y, -s * mu * g[0], -s * mu * g[1],
            head_width=0.04, head_length=0.04, fc='k', ec='k', lw=2)
    x = x - mu * g[0]
    y = y - mu * g[1]

plt.xlim(-3, 3)
plt.ylim(-2, 2)
plt.xticks(np.linspace(-3, 3, 7))
plt.yticks(np.linspace(-2, 2, 5))
plt.xlabel('x')
```

```
plt.ylabel('y')
plt.title('최대경사법을 사용한 2차함수의 최적화')
plt.show()
```

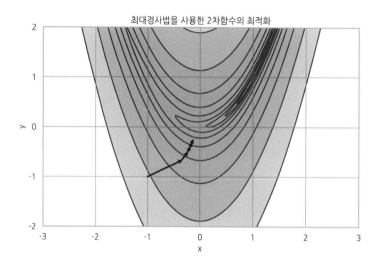

최적화 결과는 시작점의 위치나 스텝 사이즈 등에 따라 크게 달라진다. 다음 그림에서 볼 수 있듯이 최대경사법 방법은 곡면의 모양이 계곡과 같이 생긴 경우, 즉 그레디언트 벡터가 최저점을 가리키고 있지 않는 경우에는 **진동**oscillation **현상**이 발생한다. 따라서 수렴하기까지 시간이 오래 걸릴 수 있다.

```
xx = np.linspace(0, 4, 800)
yy = np.linspace(0, 3, 600)
X, Y = np.meshgrid(xx, yy)
Z = f2(X, Y)

levels = np.logspace(-1, 4, 20)

plt.contourf(X, Y, Z, alpha=0.2, levels=levels)
plt.contour(X, Y, Z, colors='green', levels=levels, zorder=0)
plt.plot(1, 1, 'ro', markersize=10)

mu = 1.8e-3  # 스텝 사이즈
s = 0.95  # 화살표 크기
```

```
x, y = 1.5, 1.5
for i in range(15):
    g = f2g(x, y)
    plt.arrow(x, y, -s * mu * g[0], -s * mu * g[1],
            head_width=0.04, head_length=0.04, fc='k', ec='k', lw=2)
    x = x - mu * g[0]
    y = y - mu * g[1]

plt.xlim(0, 3)
plt.ylim(0, 2)
plt.xticks(np.linspace(0, 3, 4))
plt.yticks(np.linspace(0, 2, 3))
plt.xlabel('x')
plt.ylabel('y')
plt.title('최대경사법을 사용한 2차함수의 최적화 (진동 현상)')
plt.show()
```

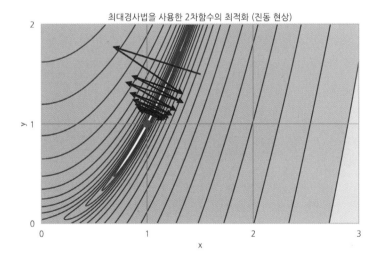

이러한 진동 현상을 없애는 방법으로는 2차 도함수, 즉 헤시안 행렬을 이용하는 방법이나 모멘텀 방법momentum이 있다. 모멘텀 방법은 진행 방향으로 계속 진행하도록 성분(모멘텀)을 추가하는 것이다. 일반적인 경우에는 2차 도함수를 이용하는 방법을 사용하고 2차 도함수를 계산하기 어려운 인공신경망 등에서는 모멘텀 방법을 선호한다. 이 책에서는 모멘텀 방법을 다루지 않는다.

2차 도함수를 사용한 뉴턴 방법

뉴턴Newton **방법**은 목적함수가 2차 함수라는 가정하에 한 번에 최저점을 찾는다. 그레디언트 벡터에 헤시안 행렬의 역행렬을 곱해서 방향과 거리가 변형된 그레디언트 벡터를 사용한다.

$$x_{n+1} = x_n - [Hf(x_n)]^{-1} \nabla f(x_n)$$

스텝 사이즈가 필요 없고 목적함수가 실제로 2차함수와 비슷한 모양이면 빨리 수렴할 수 있다는 장점이 있지만 1차 도함수(그레디언트 벡터)뿐 아니라 2차 도함수(헤시안 행렬)도 필요하다.

예를 들어 다음 단변수 2차 함수

$$f(x) = a(x - x_0)^2 + c = ax^2 - 2ax_0 x + x_0^2 + c$$

는 $x = x_0$에서 최솟값을 가진다.

단변수함수 뉴턴 방법은 다음과 같다. 즉 최적의 스텝 사이즈가 $\frac{1}{f''(x_n)}$ 이라는 것을 보여준다.

$$x_{n+1} = x_n - \frac{f'(x_n)}{f''(x_n)}$$

2차 함수에 대해 도함수와 2차 도함수가

$$f'(x) = 2ax - 2ax_0$$

$$f''(x) = 2a$$

이므로 뉴턴 방법에 적용하면

$$x_{n+1} = x_n - \frac{2ax_n - 2ax_0}{2a} = x_n - (x_n - x_0) = x_0$$

이다. 따라서 어떤 점 x_n에서 시작해도 바로 최저점으로 이동한다.

준 뉴턴 방법

뉴턴 방법은 목적함수가 2차 함수와 비슷한 모양을 가진 경우에 빠르게 수렴할 수 있다는 장점이 있지만 2차 도함수인 헤시안 행렬 함수를 사람이 미리 구현해야 하고 함수의 모양에 따라서는 잘 수렴하지 않을 수도 있다. **준 뉴턴**Quasi-Newton **방법**에서는 사람이 구한 헤시안 행렬 함수를 사용하는 대신 현재 시도하고 있는 x_n 주변의 몇몇 점에서 함수의 값을 구하고 이를 이용하여 2차 도함수의 근삿값 혹은 이에 상응하는 정보를 수치적으로 계산한다. 준 뉴턴 방법 중에서 **BFGS**Broyden-Fletcher-Goldfarb-Shanno **방법**이 많이 사용된다.

CGconjugated gradient **방법**은 준 뉴턴 방법처럼 헤시안 행렬을 필요로 하지 않고 변형된 그레디언트 벡터를 바로 계산한다.

사이파이를 이용한 최적화

사이파이SciPy의 optimize 서브패키지는 최적화 명령 minimize()를 제공한다. 세부적인 알고리즘은 method 인수로 선택할 수 있다. 디폴트 알고리즘은 앞에서 설명한 BFGS 방법이다. minimize() 명령은 최적화할 함수와 최적화를 시작할 초깃값을 인수로 받는다. 더 자세한 내용은 사이파이 문서를 참조한다.[1]

```
result = minimize(func, x0, jac=jac)
```

- func : 목적함수
- x0 : 초깃값 벡터
- jac : (옵션) 그레디언트 벡터를 출력하는 함수

minimize 명령의 결과는 OptimizeResult 클래스 객체로 다음 속성을 가진다.

- x : 최적화 해
- success : 최적화에 성공하면 True 반환
- status : 종료 상태. 최적화에 성공하면 0 반환
- message : 메시지 문자열
- fun : x 위치에서 함수의 값
- jac : x 위치에서 자코비안(그레디언트) 벡터의 값
- hess_inv : x 위치에서 헤시안 행렬의 역행렬 값
- nfev : 목적함수 호출 횟수
- njev : 자코비안 계산 횟수
- nhev : 헤시안 계산 횟수
- nit : x 이동 횟수

---

[1] docs.scipy.org/doc/scipy/reference/generated/scipy.optimize.minimize.html

| 예제 |

minimize() 명령으로 위에서 예로 들었던 1차원 함수를 최적화하면 다음과 같다.

```
# 목적함수 재정의
def f1(x):
    return (x - 2) ** 2 + 2

x0 = 0  # 초깃값
result = sp.optimize.minimize(f1, x0)
print(result)
```

```
      fun: 2.0
 hess_inv: array([[0.5]])
      jac: array([0.])
  message: 'Optimization terminated successfully.'
     nfev: 9
      nit: 2
     njev: 3
   status: 0
  success: True
        x: array([1.99999999])
```

이 결과를 보면 최적해를 찾기 전에 x값 위치는 2번밖에 바뀌지 않았지만 함수 호출 횟수는 9번이다. 그 이유는 그레디언트 계산에 필요한 1차 미분(그레디언트 벡터) 함수나 헤시안 함수가 주어지지 않아서 x값 위치 근처에서 여러 번 함수를 계산하여 그레디언트 벡터의 근삿값을 찾는 방법을 쓰기 때문이다. 이를 막고 계산량을 줄이려면 사람이 직접 그레디언트 벡터값을 반환하는 함수를 만들어 jac 인수로 넣어주면 된다.

```
def f1p(x):
    '''f1(x)의 도함수'''
    return 2 * (x - 2)

result = sp.optimize.minimize(f1, x0, jac=f1p)
print(result)
```

```
      fun: 2.0
 hess_inv: array([[0.5]])
```

```
     jac: array([0.])
 message: 'Optimization terminated successfully.'
    nfev: 3
     nit: 2
    njev: 3
  status: 0
 success: True
       x: array([2.])
```

| 예제 |

다변수함수를 최적화하는 경우에는 목적함수가 벡터 인수를 가져야 한다.

```
# 2차원 목적함수 재정의(벡터 입력을 받도록)
def f2(x):
    return (1 - x[0])**2 + 100.0 * (x[1] - x[0]**2)**2

x0 = (-2, -2)
result = sp.optimize.minimize(f2, x0)
print(result)
```

```
     fun: 1.2197702024999478e-11
hess_inv: array([[0.50957143, 1.01994476],
       [1.01994476, 2.04656074]])
     jac: array([ 9.66714798e-05, -4.64005023e-05])
 message: 'Desired error not necessarily achieved due to precision loss.'
    nfev: 496
     nit: 57
    njev: 121
  status: 2
 success: False
       x: array([0.99999746, 0.99999468])
```

이 예와 같이 최적화에 성공하지 못하는 경우도 있기 때문에 성공 여부를 확인하고 최적화 결과를 이용해야 한다.

2차원 로젠브록 함수에 대해

❶ 최적해에 수렴할 수 있도록 초기점을 변경해본다.

❷ 그레디언트 벡터 함수를 구현하여 jac 인수로 주는 방법으로 계산 속도를 향상시킨다.

전역 최적화 문제

만약 최적화하려는 함수가 **복수의 국소 최저점**local minima**을 가지고 있는 경우에는 수치적 최적화 방법으로 전역 최저점**global minimum**에 도달한다는 보장이 없다.** 결과는 초기 추정값 및 알고리즘, 파라미터 등에 의존한다.

```python
def f_global(x):
    '''비선형 목적함수'''
    return x**2 - 20 * np.cos(x)


x = np.arange(-10, 10, 0.1)
plt.plot(x, f_global(x))
plt.scatter(0, f_global(0), s=200)
plt.xlabel('x')
plt.ylabel('$f(x)$')
plt.title('전역 최적화 문제')
plt.show()
```

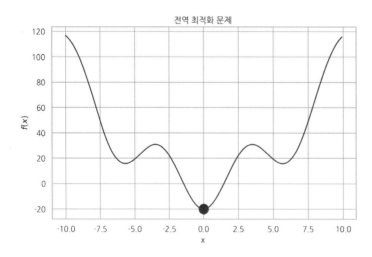

다음은 초깃값이 좋지 않아서 전역 최저점으로 수렴하지 못하는 경우다.

```
result = sp.optimize.minimize(f_global, 4)
print(result)
x_sol = result['x']
x_sol
```

```
      fun: 15.791736781359312
 hess_inv: array([[0.05417267]])
      jac: array([-2.38418579e-07])
  message: 'Optimization terminated successfully.'
     nfev: 30
      nit: 6
     njev: 10
   status: 0
  success: True
        x: array([5.67920777])
array([5.67920777])
```

```
plt.plot(x, f_global(x));
plt.scatter(x_sol, f_global(x_sol), s=200)
plt.title('전역 최적화에서 국소 최저점에 수렴하는 경우')
plt.ylabel('$f(x)$')
plt.xlabel('x')
plt.show()
```

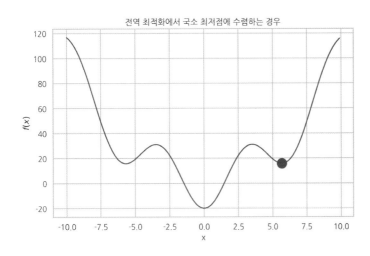

컨벡스 문제

목적함수의 2차 도함수의 값이 항상 0 이상이 되는 영역에서만 정의된 최적화 문제를 **컨벡스** convex **문제**라고 한다.

$$\frac{\partial^2 f}{\partial x^2} \geq 0$$

다변수 목적함수의 경우에는 주어진 영역에서 헤시안 행렬이 항상 양의 준정부호 positive semidefinite 이라는 조건이 된다.

$$x^T H x \geq 0 \ \text{ for all } x$$

컨벡스 문제에서는 항상 전역 최저점이 존재한다.

```python
def f2prime(x):
    return np.array([2 * (x[0] - 1) + 400 * x[0] * (x[0]**2 - x[1]),
                     200 * x[1] * (x[1] - x[0]**2)])


result = sp.optimize.minimize(f2, (2, 0.3), jac=None)
print(result)
```

```
      fun: 2.0894341548127262e-11
 hess_inv: array([[0.49022117, 0.98027058],
      [0.98027058, 1.96519149]])
      jac: array([ 1.58933954e-06, -8.86397000e-07])
  message: 'Optimization terminated successfully.'
     nfev: 100
      nit: 18
     njev: 25
   status: 0
  success: True
        x: array([0.99999543, 0.99999085])
```

5.2 제한조건이 있는 최적화 문제

이 절에서는 제한조건을 가지는 최적화 문제를 풀어본다. 제한조건은 연립방정식 또는 연립부등식이다. 연립방정식 제한조건이 있는 경우에는 라그랑주 승수법을 사용하여 새로운 최적화 문제를 풀어야 한다. 연립부등식 제한조건의 경우에는 KKT 조건이라는 것을 만족하도록 하는 복잡한 과정을 거쳐야 한다.

등식 제한조건이 있는 최적화 문제

현실의 최적화 문제에서는 여러 **제한조건이 있는 최적화**constrained optimization 문제가 많다. 가장 간단한 경우는 다음과 같이 연립방정식 제한조건이 있는 경우다. **등식**equality **제한조건**이라고도 한다.

$$x^* = \arg\min_x f(x)$$

$$x \in \mathbf{R}^N$$

$$g_j(x) = 0 \ \ (j = 1, \ldots, M)$$

첫 번째 식만 보면 단순히 목적함수 $f(x)$를 가장 작게 하는 N차원 벡터 x값을 찾는 문제다. 하지만 마지막 식에 있는 등식 제한 조건 M개가 있으면 M개 연립 방정식

$$g_1(x) = 0$$
$$g_2(x) = 0$$
$$\vdots$$
$$g_M(x) = 0$$

을 동시에 모두 만족시키면서 목적함수 $f(x)$를 가장 작게 하는 x값을 찾아야 한다.

| 예제 |

목적 함수 f와 등식 제한조건 g이 다음과 같은 경우를 생각하자.

$$f(x_1, x_2) = x_1^2 + x_2^2$$

$$g(x_1, x_2) = x_1 + x_2 - 1 = 0$$

이 문제는 다음 그림처럼 $g(x_1, x_2) = 0$으로 정의되는 직선상에서 가장 $f(x_1, x_2)$값이 작아지는

점 (x_1^*, x_2^*)를 찾는 문제가 된다.

```python
# 목적함수 f(x) = x1^2 + x2^2
def f1(x1, x2):
    return x1 ** 2 + x2 ** 2


x1 = np.linspace(-5, 5, 100)
x2 = np.linspace(-3, 3, 100)
X1, X2 = np.meshgrid(x1, x2)
Y = f1(X1, X2)


# 등식 제한조건 방정식 g(x) = x1 + x2 - 1 = 0
x2_g = 1 - x1


plt.contour(X1, X2, Y, colors='gray', levels=[0.5, 2, 8, 32])
plt.plot(x1, x2_g, 'g-')


plt.plot([0], [0], 'rP')
plt.plot([0.5], [0.5], 'ro', ms=10)


plt.xlim(-5, 5)
plt.ylim(-3, 3)
plt.xticks(np.linspace(-4, 4, 9))
plt.xlabel('$x_1$')
plt.ylabel('$x_2$')
plt.title('등식 제한조건이 있는 최적화 문제')
plt.show()
```

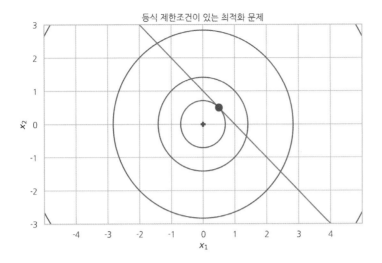

라그랑주 승수법

이렇게 등식 제한조건이 있는 최적화 문제는 **라그랑주 승수법**Lagrange multiplier을 사용하여 최적화할 수 있다.

라그랑주 승수 방법에서는 목적함수를 원래의 목적함수 $f(x)$를 사용하지 않는다. 대신 제한조건 등식에 λ라는 새로운 변수를 곱해서 더한 함수

$$h(x, \lambda) = h(x_1, x_2, \ldots, x_N, \lambda_1, \ldots, \lambda_M)$$
$$= f(x) + \sum_{j=1}^{M} \lambda_j g_j(x)$$

를 목적함수로 간주하여 최적화한다. 이때 제한조건 등식 하나마다 새로운 λ_i를 추가해주어야 한다. 따라서 만약 제한조건이 M개이면 $\lambda_1, \ldots, \lambda_M$개의 변수가 새로 생긴 것과 같다. 이렇게 확장된 목적함수 h는 입력변수가 더 늘어났기 때문에 그레디언트 벡터를 영벡터로 만드는 최적화 필요 조건이 다음처럼 $N + M$이 된다.

$$\frac{\partial h}{\partial x_1} = \frac{\partial f}{\partial x_1} + \sum_{j=1}^{M} \lambda_j \frac{\partial g_j}{\partial x_1} = 0$$

$$\frac{\partial h}{\partial x_2} = \frac{\partial f}{\partial x_2} + \sum_{j=1}^{M} \lambda_j \frac{\partial g_j}{\partial x_2} = 0$$

$$\vdots$$

$$\frac{\partial h}{\partial x_N} = \frac{\partial f}{\partial x_N} + \sum_{j=1}^{M} \lambda_j \frac{\partial g_j}{\partial x_N} = 0$$

$$\frac{\partial h}{\partial \lambda_1} = g_1 = 0$$

$$\vdots$$

$$\frac{\partial h}{\partial \lambda_M} = g_M = 0$$

이 $N + M$개의 연립 방정식을 풀면 $N + M$개의 미지수

$$x_1, x_2, \ldots, x_N, , \lambda_1, \ldots, \lambda_M$$

를 구할 수 있다. 구한 결과에서

$$x_1, x_2, \cdots, x_N$$

이 우리가 찾는 최솟값 x이다. 라그랑주 승숫값은 필요 없다.

| 예제 |

위에서 제시한 예제를 라그랑주 승수법으로 풀어보자. 새로운 목적함수는 다음과 같다.

$$h(x_1, x_2, \lambda) = f(x_1, x_2) + \lambda g(x_1, x_2) = x_1^2 + x_2^2 + \lambda(x_1 + x_2 - 1)$$

라그랑주 승수법을 적용하여 그레디언트 벡터가 영벡터인 위치를 구한다.

$$\frac{\partial h}{\partial x_1} = 2x_1 + \lambda = 0$$

$$\frac{\partial h}{\partial x_2} = 2x_2 + \lambda = 0$$

$$\frac{\partial h}{\partial \lambda} = x_1 + x_2 - 1 = 0$$

위 방정식을 풀면 해는 다음과 같다.

$$x_1 = x_2 = \frac{1}{2}, \quad \lambda = -1$$

제한조건이

$$x_1 + x_2 = 1$$

일 때 목적 함수

$$f(x) = -\log x_1 - \log x_2$$

$$x_1, x_2 > 0$$

을 최소화하는 x_1, x_2 값을 라그랑주 승수법으로 계산하라.

제한조건이

$$x_1^2 + x_2^2 = 1$$

일 때 목적 함수

$$f(x) = x_1 + x_2$$

를 최소화하는 x_1, x_2 값을 라그랑주 승수법으로 계산하라.

사이파이를 사용하여 등식 제한조건이 있는 최적화 문제 계산하기

사이파이의 optimize 서브패키지는 제한조건이 있는 최적화 문제를 푸는 fmin_slsqp() 명령을 제공한다.

```
fmin_slsqp(func_objective, x0, eqcons=[func_constraint1, func_constraint2])
```

fmin_slsqp() 명령은 목적함수와 초깃값, 그리고 제한조건 함수의 리스트를 인수로 받는다. 목적함수는 배열인 인수를 받도록 구현되어야 하고 제한조건 함수의 경우에는 항상 eqcons 인수를 명시해야 한다.

다음은 위 예제를 fmin_slsqp() 명령으로 푸는 코드다.

```
def f1array(x):
    return x[0] ** 2 + x[1] ** 2



def eq_constraint(x):
    return x[0] + x[1] - 1



sp.optimize.fmin_slsqp(f1array, np.array([1, 1]), eqcons=[eq_constraint])
```

```
Optimization terminated successfully.    (Exit mode 0)
            Current function value: 0.5000000000000002
            Iterations: 2
            Function evaluations: 8
            Gradient evaluations: 2
array([0.5, 0.5])
```

라그랑주 승수의 의미

만약 최적화 문제에서 등식 제한조건 g_i이 있는가 없는가에 따라 해의 값이 달라진다면 이 등식 제한조건에 대응하는 라그랑주 승수 λ_i는 0이 아닌 값이어야 한다.

$$\lambda_i \neq 0$$

$\lambda_i = 0$일 때만 원래의 문제와 제한조건이 있는 문제의 최적화 조건이 같아지므로 최적화 해의 위치도 같게 나오기 때문이다.

| 예제 |

목적함수가

$$f(x) = x_1^2 + x_2^2$$

인 최소화 문제의 답은

$$x_1 = x_2 = 0$$

이다.

여기에 다음 제한조건이 있다고 하자.

$$g(x_1, x_2) = x_1 + x_2 = 0$$

라그랑주 승수법에서 새로운 목적함수는

$$h(x_1, x_2, \lambda) = f(x_1, x_2) + \lambda g(x_1, x_2) = x_1^2 + x_2^2 + \lambda(x_1 + x_2)$$

이고 최적화 조건은

$$\frac{\partial h}{\partial x_1} = 2x_1 + \lambda = 0$$

$$\frac{\partial h}{\partial x_2} = 2x_2 + \lambda = 0$$

$$\frac{\partial h}{\partial \lambda} = x_1 + x_2 = 0$$

이를 풀면

$$x_1 = x_2 = \lambda = 0$$

로 제한조건이 있으나 없으나 해는 같고 라그랑주 승수가 0이다.

부등식 제한조건이 있는 최적화 문제

이번에는 다음과 같이 **부등식**inequality **제한조건**이 있는 최적화 문제를 생각하자.

$$x^* = \arg\min_x f(x)$$

$$x \in \mathbf{R}^N$$

$$g_j(x) \leq 0 \ \ (j = 1, \ldots, M)$$

만약 부등식이

$$g_j(x) \geq 0$$

과 같다면 양변에 −1을 곱하여 부등호의 방향을 바꾼다.

이렇게 부등식 제한조건이 있는 최적화 문제도 라그랑주 승수 방법과 목적함수를 다음처럼 바꾸어 푼다.

$$h(x, \lambda) = f(x) + \sum_{j=1}^{M} \lambda_j g_j(x)$$

다만 이 경우, 최적화 해의 필요조건은 방정식 제한조건이 있는 최적화 문제와 다르게 **KKT**$^{\text{Karush-Kuhn-Tucker}}$ **조건**이라고 하며 다음처럼 3개의 조건으로 이루어진다.

❶ 모든 독립변수 $x_1, x_2, \dots, x_N$에 대한 미분값이 0이다.

$$\frac{\partial h(x, \lambda)}{\partial x_i} = 0$$

❷ 모든 라그랑주 승수 $\lambda_1, \dots, \lambda_M$과 제한조건 부등식($\lambda$에 대한 미분값)의 곱이 0이다.

$$\lambda_j \cdot \frac{\partial h(x, \lambda)}{\partial \lambda_j} = \lambda_j \cdot g_j = 0$$

❸ 라그랑주 승수는 음수가 아니어야 한다.

$$\lambda_j \geq 0$$

첫 번째 조건은 방정식 제한조건의 경우와 같다. 다만 변수 x들에 대한 미분값만 0이어야 한다. **라그랑주 승수 λ에 대한 미분은 0이 아니어도 된다.**

두 번째 조건을 보면 확장된 목적함수를 라그랑주 승수로 미분한 값은 변수 x들에 대한 미분값과는 달리 반드시 0이 될 필요는 없다는 것을 알 수 있다. 이렇게 하려면 두 경우가 가능한데 등식 제한조건의 경우처럼 라그랑주 승수 λ에 대한 미분값이 0이어도 되고 아니면 **라그랑주 승수 λ값 자체가 0이 되어도 된다.**

마지막 조건은 KKT 조건이 실제로 부등식 제한조건이 있는 최적화 문제와 같은 문제임을 보장하는 조건이다.

| 예제 |

부등식 제한조건을 가지는 최적화의 예를 풀어보자.

목적 함수는

$$f(x_1, x_2) = x_1^2 + x_2^2$$

이다.

이 예제에서는 두 가지 제한 조건을 고려해볼 텐데 하나는 다음 그림 중 왼쪽 그림처럼 부등식 제한조건이

$$g(x_1, x_2) = x_1 + x_2 - 1 \leq 0$$

이다. 다른 하나는 오른쪽 그림처럼 부등식 제한조건이

$$g(x_1, x_2) = -x_1 - x_2 + 1 \leq 0$$

인 경우다. 이 그림에서는 제한조건을 만족하는 영역을 어둡게 표시했다.

최적점의 위치는 점으로 표시했다. 첫 번째 제한조건의 경우에는 부등식 제한조건이 있기는 하지만 원래의 최적화 문제의 해가 부등식 제한조건이 제시하는 영역 안에 있기 때문에 최적점의 위치가 달라지지 않는다. 두 번째 제한조건의 경우에는 원래의 최적화 문제의 해가 부등식 제한조건이 제시하는 영역 바깥에 있기 때문에 최적점의 위치가 달라졌다. 하지만 최적점의 위치가 영역의 경계선에 있다는 점에 주의하라.

```python
plt.figure(figsize=(13, 7))
ax1 = plt.subplot(121)
plt.contour(X1, X2, Y, colors='gray', levels=[0.5, 2, 8])
plt.plot(x1, x2_g, 'g-')
ax1.fill_between(x1, -20, x2_g, alpha=0.5)
plt.plot([0], [0], 'ro', ms=10)
plt.xlim(-3, 3)
plt.ylim(-5, 5)
plt.xticks(np.linspace(-4, 4, 9))
plt.yticks(np.linspace(-5, 5, 11))
plt.xlabel('$x_1$')
plt.ylabel('$x_2$')
plt.title('최적해가 부등식과 관계없는 경우')
ax2 = plt.subplot(122)
plt.contour(X1, X2, Y, colors='gray', levels=[0.5, 2, 8])
plt.plot(x1, x2_g, 'g-')
ax2.fill_between(x1, 20, x2_g, alpha=0.5)
plt.plot([0.5], [0.5], 'ro', ms=10)
```

```
plt.xlabel('x_1')
plt.xlim(-3, 3)
plt.ylim(-5, 5)
plt.xticks(np.linspace(-4, 4, 9))
plt.yticks(np.linspace(-5, 5, 11))
plt.xlabel('$x_1$')
plt.ylabel('$x_2$')
plt.title('최적해가 부등식에 의해 결정되는 경우')
plt.suptitle('부등식 제한조건이 있는 최적화 문제')
plt.show()
```

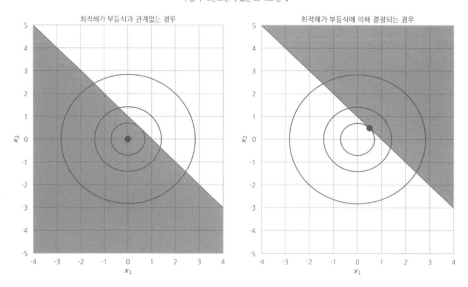

그림에서 보듯이 부등식 제한조건이 있는 최적화 문제를 풀면 그 제한조건은 다음 두 경우 중 하나가 된다.

- 최적화 결과에 전혀 영향을 주지 않는 **쓸모없는** 제한조건
- 최적화 결과에 영향을 주는 **등식인** 제한조건

어느 경우이든 부등식 제한조건 문제로 시작했지만 결과는 제한조건이 없거나 등식 제한조건 문제를 푸는 것과 같다.

KKT 조건 중 두 번째 조건이 뜻하는 바는 다음과 같다. 다음 식에서 x^*, λ^*는 KKT 조건을 풀어서 구한 최적해의 값이다.

$$\lambda^* = 0 \ \text{ or } \ g(x^*) = 0$$

만약 $g_i = 0$이면 이 조건은 부등식 제한조건이 아닌 **등식** 제한조건이 된다. 그리고 등식 제한조건에서 말한 바와 같이 (이 제한조건이 있으나 없으나 해가 바뀌지 않는 특수한 경우를 제외하면) **라그랑주 승수는 0이 아닌 값**을 가진다.

$$g_i = 0 \quad \rightarrow \quad \lambda_i \neq 0 \ (\lambda_i > 0)$$

반대로 $g_i \neq 0 \ (g_i < 0)$이면 해가 g_i가 표현하는 곡선으로부터 떨어져 있기 때문에 부등식 제한조건이 아무런 의미가 없어진다. 즉, 제한조건이 있을 때와 없을 때의 해가 같다. 따라서 목적함수 $h(x, \lambda)$는 $\lambda_i g_i \ (g_i \neq 0)$ 항이 있으나 없으나 상관없이 같은 해를 가진다. 따라서 $\lambda_i = 0$이 된다.

$$g_i \neq 0 \quad \rightarrow \quad \lambda_i = 0$$

따라서 부등식 제한조건이 있는 최적화 문제는 각 제한조건에 대해 위의 두 가지 경우를 가정하여 각각 풀어보면서 최적의 답을 찾는다.

| 예제 |

다음은 복수의 부등식 제한조건이 있는 또다른 2차원 최적화 문제의 예다.

$$\arg\min_x (x_1 - 4)^2 + (x_2 - 2)^2$$

$$g_1(x) = x_1 + x_2 - 1 \leq 0$$

$$g_2(x) = -x_1 + x_2 - 1 \leq 0$$

$$g_3(x) = -x_1 - x_2 - 1 \leq 0$$

$$g_4(x) = x_1 - x_2 - 1 \leq 0$$

이 4개의 제한조건은 다음과 같은 하나의 부등식으로 나타낼 수도 있다.

$$g(x) = |x_1| + |x_2| - 1 = \sum_{i=1}^{2} |x_i| - 1 \leq 0$$

```
def f2plt(x1, x2):
    return np.sqrt((x1 - 4) ** 2 + (x2 - 2) ** 2)


x1 = np.linspace(-2, 5, 100)
x2 = np.linspace(-1.5, 3, 100)
X1, X2 = np.meshgrid(x1, x2)
Y = f2plt(X1, X2)

plt.contour(X1, X2, Y, colors='gray',
            levels=np.arange(0.5, 5, 0.5) * np.sqrt(2))

# 제한 조건의 상수
k = 1
ax = plt.gca()
x12 = np.linspace(-k, 0, 10)
x13 = np.linspace(0, k, 10)
ax.fill_between(x12, x12 + k, -k - x12, color='g', alpha=0.5)
ax.fill_between(x13, x13 - k, k - x13, color='g', alpha=0.5)

# 최적점 위치
x1_sol = 1
x2_sol = 0
plt.plot(x1_sol, x2_sol, 'ro', ms=20)

plt.xlim(-2, 5)
plt.ylim(-1.5, 3)
plt.xticks(np.linspace(-2, 5, 8))
plt.yticks(np.linspace(-1, 3, 5))
plt.xlabel('$x_1$')
plt.ylabel('$x_2$')
plt.title('$|x_1| + |x_2| \leq {}$ 제한조건을 가지는 최적화 문제'.format(k))
plt.show()
```

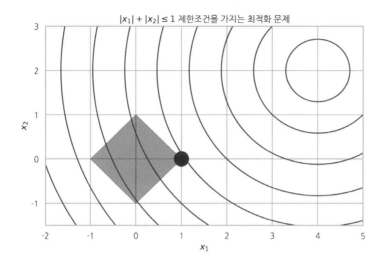

5.2.3 **연습 문제**

위 예제에서 최적해가

$$x_1 = 1, \; x_2 = 0$$

이라는 사실을 이용하여 라그랑주 승수 λ_1, λ_2, λ_3, λ_4 중 어느 값이 0이 되는지 알아내라.

사이파이를 사용하여 부등식 제한조건이 있는 최적화 문제 계산하기

`fmin_slsqp()` 명령은 이렇게 부등식 제한조건이 있는 경우에도 사용할 수 있다. 제한조건 인수의 이름이 `ieqcons`로 달라졌다.

```
fmin_slsqp(func_objective, x0, ieqcons=[func_constraint1, func_constraint2])
```

단 `ieqcons` 인수에 들어가는 부등호의 부호는 우리가 지금까지 사용한 방식과 달리 0 또는 양수이어야 한다.

$$g \geq 0$$

사실 `fmin_slsqp()` 명령은 등식 제한조건과 부등식 제한조건을 동시에 사용할 수 있다.

```
def f2(x):
    return np.sqrt((x[0] - 4) ** 2 + (x[1] - 2) ** 2)


# 제한 조건 상수
k = 1
def ieq_constraint(x):
    return np.atleast_1d(k - np.sum(np.abs(x)))



sp.optimize.fmin_slsqp(f2, np.array([0, 0]), ieqcons=[ieq_constraint])
```

```
Optimization terminated successfully.    (Exit mode 0)
            Current function value: 3.6055512804550336
            Iterations: 11
            Function evaluations: 77
            Gradient evaluations: 11
array([9.99999982e-01, 1.79954011e-08])
```

5.2.4 **연습 문제**

위 문제에서 제한조건을 다음과 같이 바꾼다.

$$g(x) = |x_1| + |x_2| - k = \sum_{i=1}^{2} |x_i| - k \leq 0$$

여기에서 k의 값을 0.1부터 10까지 다양하게 변화시키면서 최적화의 해가 어떻게 달라지는지 살펴보라.

5.3 선형계획법 문제와 이차계획법 문제

5.1절과 5.2절에서는 일반적인 최적화 문제를 다루었다. 하지만 데이터 분석에서는 목적함수
나 제한조건이 특정한 수식은 최적화 문제가 많이 등장한다. 이 절에서는 그중 선형 계획법과
이차계획법을 소개한다.

선형계획법 문제

방정식이나 부등식 제한 조건을 가지는 선형 모형linear model의 값을 최소화하는 문제를 **선형계획법**Linear Programming 문제라고 한다. LP 문제라고도 한다.

선형계획법 문제의 목적함수는

$$\arg\min_x c^T x$$

이고 선형 연립방정식으로 된 등식 제한조건

$$Ax = b$$

과 변숫값이 모두 음수가 아니어야 하는 부등식 제한조건

$$x \geq 0$$

를 동시에 가진다.

선형계획법 문제는 여러 가지 형태가 존재하는데 위와 같은 형태를 선형계획법 문제의 기본형standard form이라고 한다. 마지막 부등식 제한 조건은 벡터 x의 모든 원소가 양수거나 0이 되어야 한다는 것을 의미한다. 표준형을 확장한 정규형canonical form 선형계획법 문제는 부등식 조건을 허용한다.

$$\arg\min_x c^T x$$

$$Ax \leq b$$

$$x \geq 0$$

| 예제 |

어떤 공장에서 두 가지 제품을 생산해야 한다고 하자.

- 제품 A와 제품 B 각각 100개 이상 생산해야 한다.
- 시간은 500시간밖에 없다.
- 제품 A는 생산하는 데 1시간이 걸리고 제품 B는 2시간이 걸린다.
- 특정 부품이 9800개밖에 없다.

- 제품 A는 생산하는데 특정 부품을 4개 필요로 하고 제품 B는 생산하는 데 특정 부품이 5개 필요하다.

- 제품 A의 이익은 하나당 3만 원이고 제품 B의 이익은 하나당 5만 원이다.

제품 A와 제품 B의 생산량을 각각 x_1, x_2라고 하면 최소화하려는 목적함수는

$$-3x_1 - 5x_2$$

이고 제한 조건은 다음과 같다.

$$
\begin{aligned}
-x_1 \qquad &\leq -100 \\
-x_2 &\leq -100 \\
x_1 + 2x_2 &\leq 500 \\
4x_1 + 5x_2 &\leq 9800
\end{aligned}
$$

$$x_1 \geq 0, \quad x_2 \geq 0$$

이를 정규형 선형계획법 문제로 표현하면 다음과 같다.

$$\min_x \begin{bmatrix} -3 & -5 \end{bmatrix} \begin{bmatrix} x_1 \\ x_2 \end{bmatrix}$$

$$\begin{bmatrix} -1 & 0 \\ 0 & -1 \\ 1 & 2 \\ 4 & 5 \end{bmatrix} \begin{bmatrix} x_1 \\ x_2 \end{bmatrix} \leq \begin{bmatrix} -100 \\ -100 \\ 500 \\ 9800 \end{bmatrix}$$

$$\begin{bmatrix} x_1 \\ x_2 \end{bmatrix} \geq \begin{bmatrix} 0 \\ 0 \end{bmatrix}$$

사이파이를 이용한 선형계획법 문제 계산

scipy.optimize 패키지의 `linprog()` 명령을 사용하면 선형계획법 문제를 풀 수 있다. 사용법은 다음과 같다.

```
linprog(c, A, b)
```
- c : 목적함수의 계수 벡터
- A : 등식 제한조건의 계수 행렬
- b : 등식 제한조건의 상수 벡터

| 예제 |

다음 코드는 위 예제 선형계획법 문제를 사이파이로 계산하는 코드다.

```
import scipy.optimize

A = np.array([[-1, 0], [0, -1], [1, 2], [4, 5]])
b = np.array([-100, -100, 500, 9800])
c = np.array([-3, -5])

result = sp.optimize.linprog(c, A, b)
result
```

```
    con: array([], dtype=float64)
    fun: -1400.0
message: 'Optimization terminated successfully.'
    nit: 3
  slack: array([ 200.,    0.,    0., 8100.])
 status: 0
success: True
      x: array([300., 100.])
```

제품 A를 300개, 제품 B를 100개 생산할 때 이익이 1400으로 최대가 됨을 알 수 있다.

CVXPY를 이용한 선형계획법 문제 계산

CVXPY 또는 PuLP와 같은 파이썬 패키지를 사용하면 선형계획법 문제의 계수 행렬 a, b, c를 직접 숫자로 정의하지 않고 심볼로 정의하여 더 직관적인 파이썬 코드를 만들 수 있다. 다음 코드는 위에서 풀었던 예제를 CVXPY로 다시 계산한 것이다. 다만 이 방법은 변수나 조건의 수가 아주 많을 경우에는 심볼릭 연산으로 인해 속도가 느려질 수 있다.

CVXPY는 conda 패키지 매니저로 설치할 수 있다.

```
conda install cvxpy
```

```python
import cvxpy as cp

# 변수의 정의
a = cp.Variable()  # A의 생산량
b = cp.Variable()  # B의 생산량

# 조건의 정의
constraints = [
    a >= 100,  # A를 100개 이상 생산해야 한다.
    b >= 100,  # B를 100개 이상 생산해야 한다.
    a + 2 * b <= 500, # 500시간 내에 생산해야 한다.
    4 * a + 5 * b <= 9800,  # 부품이 9800개밖에 없다.
]

# 문제의 정의
obj = cp.Maximize(3 * a + 5 * b)
prob = cp.Problem(obj, constraints)

# 계산
prob.solve()

# 결과
print('상태:', prob.status)
print('최적값:', a.value, b.value)
```

```
상태: optimal
최적값: 299.99999999999983 100.00000000000001
```

이차계획법 문제

방정식이나 부등식 제한 조건을 가지는 일반화된 이차형식quadratic form의 값을 최소화하는 문제를 **이차계획법**Quadratic Programming 문제라고 한다. QP 문제라고도 한다.

이차계획법 문제의 목적함수는

$$\frac{1}{2}x^T Q x + c^T x$$

이고 등식 제한조건과 부호 제한조건은 선형계획법 문제와 같다.

$$Ax = b$$

$$x \geq 0$$

잔차 제곱합을 최소화하는 예측 모형에 추가적인 제한조건이 있으면 이차계획법 문제가 된다.

| 예제 |

앞 절에서 풀었던 등식 제한조건이 있는 최적화 문제도 사실은 이차계획법 문제다.

$$\arg \min_x x_1^2 + x_2^2$$

$$x_1 + x_2 - 1 = 0$$

이 문제를 QP 형식으로 바꾸면 다음과 같다.

$$\arg \min_x \frac{1}{2} \begin{bmatrix} x_1 & x_2 \end{bmatrix} \begin{bmatrix} 2 & 0 \\ 0 & 2 \end{bmatrix} \begin{bmatrix} x_1 \\ x_2 \end{bmatrix} + \begin{bmatrix} 0 & 0 \end{bmatrix} \begin{bmatrix} x_1 \\ x_2 \end{bmatrix}$$

$$\begin{bmatrix} 1 & 1 \end{bmatrix} \begin{bmatrix} x_1 \\ x_2 \end{bmatrix} = 1$$

CvxOpt를 이용한 이차계획법 문제 계산

CvxOpt라는 패키지를 사용하면 이차계획법 문제를 풀 수 있다. CvxOpt를 쓸 때는 넘파이의 `ndarray` 배열을 CvxOpt 전용의 `matrix` 자료형으로 바꿔야 한다. 또 정수 자료형을 사용하지 못하므로 항상 부동소수점 실수가 되도록 명시해야 한다.

CvxOpt도 conda 패키지 매니저로 설치할 수 있다.

```
conda install cvxopt
```

```
from cvxopt import matrix, solvers

Q = matrix(np.diag([2.0, 2.0]))
c = matrix(np.array([0.0, 0.0]))
A = matrix(np.array([[1.0, 1.0]]))
b = matrix(np.array([[1.0]]))

sol = solvers.qp(Q, c, A=A, b=b)
np.array(sol['x'])
```

```
array([[0.5],
       [0.5]])
```

5.3.1 **연습 문제**

다음 문제가 QP 문제임을 보이고 $N = 3$인 경우에 대해 QP 문제의 Q, c, A, b를 각각 구하라(문제에서 x는 벡터이고 y는 실수다).

$$\arg\min_{a_i} \left(\sum_{i=1}^{N} a_i - \frac{1}{2} \sum_{i=1}^{N} \sum_{j=1}^{N} a_i a_j y_i y_j x_i^T x_j \right)$$

$$\sum_{i=1}^{N} a_i y_i = 0$$

$$a_i \geq 0$$

5.4 마치며

대부분 데이터 분석은 가장 좋은 숫자, 가장 좋은 모형을 찾는 최적화 문제로 귀결된다. 따라서 이 장에서 공부한 최적화는 데이터 분석에서 중요한 주제다. 특히 제한조건을 가지는 최적화 문제는 가장 현실적인 분석 모형을 찾는 정규화 방법과 깊게 연관되어 있어서 생각보다 많이 쓰인다.

6장 피지엠파이(pgmpy)로
공부하는 확률론

이 장에서는 확률론 기초를 공부한다. 먼저 확률을 수학적으로 정의하는 방법을 공부하는 데 이를 위해 집합론 기초를 복습한다. 다음으로 확률이 가진 성질을 살펴본다. 실제 확률의 모습을 묘사하는 데 확률분포함수를 사용하면 편리하다.

다음으로 결합확률과 조건부 확률의 정의를 살펴보고 베이즈 정리에 대해 공부한다. 그리고 베이즈 정리가 분류 문제에 어떻게 사용될 수 있는지 알아본다.

학습 목표

- 집합
- 확률의 수학적 정의와 의미
- 확률의 성질
- 확률분포함수
- 결합 확률과 조건부 확률
- 베이즈 정리
- 베이즈 정리와 분류 문제

6.1 집합

확률을 수학적으로 정의하려면 집합에 대한 지식이 필요하다. 따라서 확률론 공부에 들어가기 전에 집합론의 기초를 간단하게 복습한다. 파이썬에서 집합을 사용하기 위해 필요한 set 자료형과 frozenset 자료형의 사용법도 같이 살펴본다.

집합과 원소

구별 가능한 객체의 모임을 **집합**set이라고 하고 집합에 포함된 구별 가능한 객체를 그 집합의 **원소**element라고 한다. 집합은 보통 알파벳 대문자를 사용하여 표시하고 원소는 알파벳 소문자로 표시한다.

원소 x와 그 원소를 포함하는 집합 A의 관계는 다음처럼 표시한다.

$$x \in A$$

만약 원소 x가 집합 A에 포함되지 않는다면 다음처럼 표시한다.

$$x \notin A$$

따라서 만약 $A = \{1, 2, 3\}$이면

$$1 \in A, \quad 4 \notin A$$

이다.

집합을 이루는 객체가 반드시 숫자일 필요는 없다. 다음처럼 어떠한 원소도 포함할 수 있다.

$$B = \{H, T\}$$

$$C = \{♠, ♡, ◇, ♣\}$$

파이썬에서는 set과 frozenset 자료형으로 집합을 나타낸다. set은 내용을 변경할 수 있는 뮤터블mutable 자료형이고 frozenset은 내용을 변경할 수 없는 임뮤터블immutable자료형이다(리스트 자료형과 튜플 자료형의 관계와 같다). 뮤터블 자료형은 딕셔너리 자료형의 키key나 혹은 set 자료형의 원소가 될 수 없다. 임뮤터블 자료형만 딕셔너리 자료형의 키나 set 자료형의 원소가 될 수 있다.

```
A = set([1, 2, 3, 3, 2])  # 중복된 자료는 없어진다.
A
```

```
{1, 2, 3}
```

```
B = frozenset(['H', 'T'])
B
```

```
frozenset({'H', 'T'})
```

set 자료형은 { } 기호를 사용하여 만들 수도 있다.

```
C = {'\u2660', '\u2661', '\u2662', '\u2663'}
C
```

```
{'♠', '♡', '◇', '♣'}
```

```
type(C)
```

```
set
```

집합의 크기

집합의 **크기**^{cardinality}는 집합이 가지는 원소 수를 말한다. $|A|$ 기호나 card 기호를 사용하여 나타낸다. 만약 $A = \{1, 2, 3\}$이면

$$|A| = \text{card}(A) = 3$$

이다.

파이썬에서는 len 명령을 사용하여 집합의 원소 수를 구한다.

```
len(A), len(B), len(C)
```

```
(3, 2, 4)
```

두 실수 사이에는 항상 다른 실수가 존재하므로 다음과 같은 실수 구간 집합은 무한개의 원소를 가진 집합이다. 예를 들어 다음 집합은 0보다 크고 1보다 같거나 작은 모든 실수로 이루어진 집합이며 원소 수는 무한히 많다.

$$D = \{x : 0 < x \le 1\}$$

이러한 집합은 파이썬의 set 또는 frozenset 자료형으로 표현할 수 없다.

합집합과 교집합

두 집합의 **합집합**union은 각 집합의 원소를 모두 포함하는 집합을 말하고 ∪ 기호를 사용하여 표시한다.

$$A \cup B$$

두 집합의 **교집합**intersection은 두 사건 모두에 속하는 원소로만 이루어진 집합을 말하고 ∩ 기호를 사용하여 표시한다.

$$A \cap B$$

파이썬에서는 union, intersection 메서드나 |, & 연산자를 사용하여 합집합과 교집합을 구할 수 있다.

```
A1 = set([1, 2, 3, 4])
A2 = set([2, 4, 6])
A3 = set([1, 2, 3])
A4 = set([2, 3, 4, 5, 6])
```

```
A1.union(A2)
```

```
{1, 2, 3, 4, 6}
```

```
A2 | A1
```

```
{1, 2, 3, 4, 6}
```

```
A3.intersection(A4)
```

```
{2, 3}
```

```
A4 & A3
```

```
{2, 3}
```

전체집합, 부분집합, 여집합

어떤 집합의 원소 중 일부만을 포함하는 집합을 **부분집합**subset이라고 하고 원래의 집합을 **전체집합**이라고 한다. 집합 A가 집합 Ω의 의 부분집합이면 다음처럼 표시한다.

$$A \subset \Omega$$

모든 집합은 자기 자신의 부분집합이다.

$$A \subset A, \quad \text{for all } A$$

원소의 크기가 더 작은 부분집합을 **진부분집합**proper subset이라고 한다.

파이썬에서는 두 집합이 부분집합인지를 알아보는 issubset() 메서드가 있다. 객체가 인수의 부분집합이면 True를 반환한다. 등호를 포함하는 부등식 연산자로도 같은 결과를 구할 수 있다. 더 작은 쪽이 부분집합이다. 등호가 없는 부등식 연산자는 진부분집합 관계를 구한다.

```
A3.issubset(A1)
```

```
True
```

```
A3 <= A1
```

```
True
```

```
A3.issubset(A2)
```

```
False
```

```
A3 <= A2
```

```
False
```

```
A3 <= A3    # 모든 집합은 자기 자신의 부분집합이다.
```

```
True
```

```
A3 < A3    # 모든 집합은 자기 자신의 진부분집합이 아니다.
```

```
False
```

차집합과 여집합

어떤 집합 A에 속하면서 다른 집합 B에는 속하지 않는 원소로 이루어진 A의 부분집합을 A에서 B를 뺀 **차집합**^{difference}이라고 하며

$$A - B$$

로 나타낸다.

전체집합 Ω 중에서 부분집합 A에 속하지 않은 원소로만 이루어진 부분집합을 여집합^{complement}이라고 하고 윗

첨자 C를 사용하여

$$A^C$$

로 표시한다. 여집합 A^C은 전체집합에서 집합 A를 뺀 차집합과 같다.

$$A^C = \Omega - A$$

파이썬에서는 difference 메서드 혹은 – 연산자로 차집합을 구한다.

```
A1.difference(A2)
```

```
{1, 3}
```

```
A1 - A2
```

```
{1, 3}
```

공집합

아무런 원소도 포함하지 않는 집합을 **공집합**null set이라고 하며 $\emptyset$ 기호로 나타낸다.

공집합은 모든 집합의 부분집합이 된다.

$\emptyset \subset A$, 모든 A에 대해

또한 임의의 집합과 공집합의 교집합은 공집합이, 임의의 집합과 공집합의 합집합은 그 집합 자신이 된다.

$$A \cap \emptyset = \emptyset$$

$$A \cup \emptyset = A$$

여집합과 원래의 집합의 교집합은 공집합이다.

$$A \cap A^C = \emptyset$$

```
empty_set = set([])
empty_set
```

```
set()
```

```
empty_set < A1
```

```
True
```

```
empty_set.intersection(A1)
```

```
set()
```

```
empty_set.union(A1)
```

```
{1, 2, 3, 4}
```

부분집합의 수

집합 $A = \{ 1, 2 \}$는 다음과 같은 4개의 부분집합을 가진다. 공집합과 자기 자신인 집합도 부분 집합이라는 점에 주의한다.

$A_1 = \emptyset$

$A_2 = \{1\}$

$A_3 = \{2\}$

$A_4 = \{1, 2\}$

부분집합을 만들 때 우리가 결정할 수 있는 것은 각 원소가 우리가 만들고자 하는 부분집합에 포함되느냐 포함되지 않느냐이다. N개 원소 모두에 대해 이러한 의사결정을 하면 부분집합의 개수는 우리가 할 수 있는 의사결정의 가짓수인 2^N개가 된다.

> **정리** 원소 수가 N개인 집합은 2^N개의 부분집합을 가진다.

6.1.1 **연습 문제**

다음 집합의 부분집합을 생각한다.

$$\Omega = \{HH, HT, TH, TT\}$$

❶ 이 집합의 부분집합의 개수는?

❷ 이 집합의 모든 부분집합을 frozenset 자료형 객체로 만들고 이 부분집합들을 원소로 가지는 하나의 set 객체를 만든다. 이 집합은 일종의 '부분집합의 집합'이 된다.

합집합과 교집합의 분배 법칙

곱셈과 덧셈의 분배 법칙은 다음과 같다.

$$a \times (b + c) = a \times b + a \times c$$

곱셈과 덧셈의 분배 법칙처럼 교집합과 합집합도 괄호를 풀어내는 분배법칙이 성립한다.

$$A \cup (B \cap C) = (A \cup B) \cap (A \cup C)$$

$$A \cap (B \cup C) = (A \cap B) \cup (A \cap C)$$

6.1.2 **연습 문제**

다음 세 집합 A, B, C에 대해 위에서 말한 두 가지 분배법칙이 성립하는지 파이썬 코드로 증명하라.

$$A = \{1, 3, 5\}$$

$$B = \{1, 2, 3\}$$

$$C = \{2, 4, 6\}$$

6.2 확률의 수학적 정의와 의미

일반적으로 확률을 다룰 때는 현실에서 해결하고자 하는 문제와 결부하여 정의한다. 예를 들어 다음과 같은 문제들을 생각해보자.

❶ 동전을 한 번 던졌다. 동전이 앞면이 나올 것인가 뒷면이 나올 것인가?

❷ 플레잉카드(트럼프카드) 뭉치에서 카드 한 장을 선택했다. 이 카드는 어떤 무늬인가?

❸ 동전을 두 번 던져 나올 수 있는 경우는?

❹ 약속 날짜를 정하기로 했다. 결정된 날짜가 31일인가 아닌가?

❺ 과일가게에서 손님이 과일을 하나 샀다. 이 과일은 어떤 과일일까?

❻ 삼성전자 주식의 가격은 내일 몇 % 오를까?

❼ 회전하는 원판에 화살을 쏘았다. 화살이 박힌 위치의 각도는 기준선에서 몇 도 위치인가?

❽ 체온을 측정했다. 체온이 몇 도일까?

이 문제들의 공통점은 답을 100% 확신할 수 없다는 점이다. 어떤 문제는 무엇이 답인지 전혀 예측할 수 없는 것도 있고 어떤 문제는 어느 정도의 정확도 혹은 범위 내에 있다고 예측할 수 있는 것도 있다. 확률론은 이러한 문제가 어떤 답을 가질 수 있고 그 답의 신뢰성이 얼마나 되는지 계산하는 정량적인 방법을 제시한다.

이 장에서는 위와 같은 문제를 풀기 위해 확률의 수학적 정의를 살펴보는 것부터 시작한다. 확률의 수학적 정의를 공부하는 것은 확률과 관련된 복잡한 문제를 푸는 것뿐 아니라 지금까지 생각해오던 확률에 대한 관점을 새롭게 환기시키는 데도 큰 도움이 된다.

확률을 수학적으로 정의하려면 다음과 같은 3가지 개념을 알아야 한다.

- 확률표본
- 표본공간
- 사건

표본공간과 확률표본

우선 확률표본과 표본공간을 알아보자. **확률표본**probabilistic sample, random sample 또는 **표본**sample은 풀고자 하는 확률적 문제에서 **발생**realize**할 수 있는 하나의 현상**, 혹은 **선택**sampled**될 수 있는 하나의 경우**를 말한다. **표본공간**sample space**은 가능한 모든 표본의 집합**을 말한다. 보통 그리스 문자 Ω(대문자 오메가)로 표기한다. 표본공간을 정의한다는 것은 우리가 고려하는 범위에서 **어떤 표본(경우, 현상)이 가**

능하고 어떤 표본이 가능하지 않은가를 정의하는 작업이다.

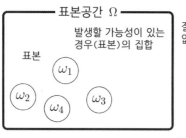

▶ 표본과 표본공간

| 예제 |

예를 들어 동전 던지기 문제에서는 '앞면Head이 나오는 현상' 또는 '뒷면Tail이 나오는 결과'가 각각 표본이 될 수 있다. 이 표본들을 각각 기호 'H'와 'T'로 표시하기로 하자. 동전이 세로로 서 있는 경우나 동전이 대각선으로 서 있는 경우 등을 고려할지 고려하지 않을지는 동전 던지기라는 물리현상에 대한 지식과 문제의 필요성에 의해 달라진다. 우리는 일상에서 경험한 지식(데이터)으로 동전이 세로로 서 있는 경우나 동전이 대각선으로 서 있는 경우가 극히 드물다는 것을 알고 있기 때문에 이러한 경우는 고려할 필요가 없다고 가정할 수 있다. 이때는 표본공간이라는 집합이 'H'와 'T' 두 가지 원소(표본)로만 구성된다. 따라서 1번 예제의 표본공간은 다음처럼 표기할 수 있다.

$$\Omega_1 = \{H, T\}$$

| 예제 |

플레잉카드 문제에서는 스페이드(♠), 하트(♡), 다이아몬드(♦), 클럽(♣) 기호를 이용하여 표본을 표시할 수 있다. 따라서 2번 예제의 표본공간은 다음처럼 표기할 수 있다.

$$\Omega_2 = \{♠, ♡, ◇, ♣\}$$

6.2.1 **연습 문제**

❶ 위에서 예로 든 문제 중 동전을 두 번 던지는 문제를 확률론적으로 접근할 때 표본공간 Ω_3을 구하라.

❷ 위에서 예로 든 문제 중 약속 날짜 문제에서 결정된 날짜가 31일인지 아닌지를 구하는 문제를 확률론적으로 접근할 때 표본공간 Ω_4를 구하라.

| 예제 |

표본공간은 풀고자 하는 문제에 대한 우리의 지식이나 필요성에 따라 달라진다. 예를 들어 과일가게에서 손님이 산 과일을 맞추는 예제에서 표본공간은 그 과일가게에서 어떤 과일을 파는가에 따라 달라진다. 예를 들어 과일가게 문제에서 사과('A': Apple)와 오렌지('O': Orange)만 파는 과일가게라면 표본공간은 다음과 같다.

$$\Omega_5 = \{A, O\}$$

| 예제 |

표본이 연속적인 숫자면 표본공간이 무한대 원소를 가질 수 있다. 예를 들어 삼성전자 주식의 가격 문제에서 주가는 한국거래소 규정에 따라 다음날 −30%부터 30%까지 내리거나 오를 수 있다. 따라서 표본공간은 다음과 같다.

$$\Omega_6 = \{x : -30 \leq x \leq 30\}$$

이 표본공간은 구간 내의 모든 실수를 원소로 가지므로 원소 개수가 무한대다.[1]

6.2.2 **연습 문제**

❶ 회전하는 원판의 각도를 결정하는 문제의 표본공간 Ω_7는?

❷ 이 표본공간의 표본 개수는?

---

[1] 한국거래소 규정에 따라 틱사이즈(tick size)라고 부르는 가격 단위가 정해져 있으므로 엄격히 말하면 원소 개수가 무한대는 아니다. 그러나 여기에서는 이를 무시하자.

| 예제 |

체온을 결정하는 문제를 살펴보자. 만약 정상적인 사람이라면 체온은 보통 36도에서 40도 사이다. 그러나 표본공간은 가능성이 0이 아닌 모든 경우를 포함해야 하므로 36도보다 낮은 경우, 혹은 40도보다 높은 경우가 **절대로 없다**고 말할 수는 없다. 따라서 이런 경우에는 수학적인 편의를 위해 실수 전체의 집합을 표본공간으로 잡는 것이 편리하다.

$$\Omega_8 = \mathbf{R}$$

6.2.3 **연습 문제**

확률론으로 접근할 수 있는 문제와 그 표본공간의 예를 4가지 더 만들어본다. 4가지 문제 중 2가지는 표본공간의 크기가 무한대이어야 한다.

사건

사건[event]은 **표본공간 Ω의 부분집합**, 즉, 전체 표본공간 중에서 우리가 관심을 가지는 일부 표본의 집합을 뜻한다. 보통 A, B, C, ... 식으로 대문자 알파벳으로 표기한다.

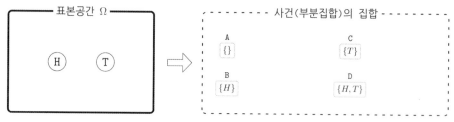

▶ 사건

위에서 예로 든 동전 표본공간에서는 가능한 사건(부분집합)은 다음과 같다.

$$A = \{\} = \emptyset$$

$$B = \{H\}$$

$$C = \{T\}$$

$$D = \{H, T\} = \Omega$$

예로 든 B라는 사건은 '동전의 앞면이 나오는 경우'를 뜻하고 D라는 사건은 '동전의 앞면이 나오거나 뒷면이 나오는 경우'를 뜻한다. '~가 나오는 경우'라고 할 때 이 **경우**라는 개념이 바로 사건(부분집합)에 해당한다.

파이썬으로 다음처럼 부분집합의 집합을 구현할 수 있다. 부분집합을 set 자료형이 아닌 frozenset 자료형으로 만든 이유는 딕셔너리의 키key로 사용하기 위해서다.

```
A = frozenset([])
B = frozenset(['H'])
C = frozenset(['T'])
D = frozenset(['H', 'T'])
set([A, B, C, D])
```

```
{frozenset(), frozenset({'H'}), frozenset({'T'}), frozenset({'H', 'T'})}
```

6.2.4 연습 문제

❶ 플레잉카드 한장을 뽑아서 무늬를 결정하는 문제의 표본공간 Ω_2의 모든 사건을 구하고 이를 frozenset의 set으로 만든다.

❷ 동전을 두 번 던지는 문제의 표본공간 Ω_3의 모든 사건을 구하고 이를 frozenset의 set으로 만든다.

확률

확률probability이란 **사건(부분집합)을 입력하면 숫자(확률값)가 출력되는 함수**다.

$$\text{사건 (부분집합)} \xrightarrow{\text{확률}} \text{숫자 (확률값)}$$

확률이라는 함수의 입력값의 집합 즉, 정의역은 표본공간의 모든 사건(부분집합)의 집합이다.[2]

즉, **모든 각각의 사건(부분집합)에 어떤 숫자를 할당**assign, allocate**하는 함수가 확률**이다. 보통 대문자 알파벳 P로 나타낸다. 확률 P는 함수이고 $P(A)$는 A라는 사건(부분집합)에 할당된 숫자를 뜻한다.

---

[2] 엄격한 정의로는 모든 사건의 집합이 아니라 시그마대수(sigma algebra)라는 특별한 사건 집합에 대해서만 정의하면 된다. 하지만 여기에서는 시그마 대수는 고려하지 않기로 한다.

다만 이 함수는 다음과 같은 세 가지 규칙을 지켜야 한다.

❶ 모든 사건에 대해 확률은 실수이고 0 또는 양수다.

$P(A) \geq 0$

❷ 표본공간(전체집합)이라는 사건(부분집합)에 대한 확률은 1이다.

$P(\Omega) = 1$

❸ 공통 원소가 없는 두 사건의 합집합의 확률은 사건별 확률의 합이다.

$A \cap B = \emptyset \quad \rightarrow \quad P(A \cup B) = P(A) + P(B)$

이 세 가지를 **콜모고로프의 공리**Kolmogorov's axioms라고 한다.

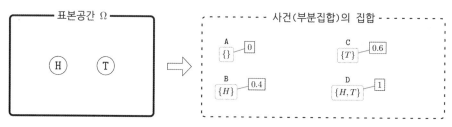

▶ 확률

예를 들어 표본공간이 $\Omega=\{H, T\}$일 때 사건(부분집합) $\{H\}$에 대한 확률값 $P(\{H\})$는 'H라는 표본이 선택될 확률'이고 사건(부분집합) $\{H, T\}$에 대한 확률값 $P(\{H, T\})$는 'H 또는 T라는 표본이 선택될 확률'이다. 따라서 확률이라는 함수를 정의한다는 것은 '무엇이 선택될 확률이 얼마인가'라는 질문에 대한 답을 모든 경우(사건, 부분집합)에 대해 미리 준비해놓은 것 또는 할당해놓은 것이라 할 수 있다.

확률은 표본이 아닌 사건을 입력으로 가지는 함수

확률에 대해 흔히 가지고 있는 잘못된 지식은 확률이 **'표본 하나 하나에 대해 정의되어 있는 숫자'**라는 것이다. 즉, 확률이 표본을 입력받아 숫자(확률값)를 출력하는 함수라고 잘못 알고 있다. 예를 들어 주사위를 던져 숫자 1이 나타나는 경우에 대해 다음처럼 생각한다.

$P(1) = \dfrac{1}{6}$

하지만 위 식은 틀린 것이다. 확률은 표본이 아닌 **사건(부분집합)에 대해** 정의하기 때문이다.

올바른 식은 다음과 같다.

$$P(\{1\}) = \frac{1}{6}$$

파이썬을 이용한 확률의 구현

파이썬에서는 사건을 키^{key}로 가지고 숫자를 값^{value}으로 가지는 딕셔너리를 사용하여 확률 함수를 구현할 수 있다. 이때 딕셔너리의 키는 가능한 모든 부분집합이 되어야 한다. 동전의 경우에는 가능한 부분집합 수가 $A = \emptyset$, $B = \{H\}$, $C = \{T\}$, $D = \{H,T\}$ 4개이므로 파이썬으로 구현하면 다음과 같다.

```
P = {A: 0, B: 0.4, C: 0.6, D: 1}
P
```

```
{frozenset(): 0,
 frozenset({'H'}): 0.4,
 frozenset({'T'}): 0.6,
 frozenset({'H', 'T'}): 1}
```

이 예에서 동전의 앞면이 나오는 경우에 대해 할당된 확률값이 0.5가 아닌 0.4임에 주의하라. 콜모고로프의 공리만 지킨다면 각 사건(부분집합)에 대한 확률값은 어떤 값도 할당해도 된다.

위와 같은 할당법이 콜모코로프의 공리를 지키고 있는지 확인해보자.

① 모든 확률은 0 이상이다.

$P(\emptyset) = 0 \geq 0$

$P(\{H\}) = 0.4 \geq 0$

$P(\{T\}) = 0.6 \geq 0$

$P(\{H, T\}) = 1 \geq 0$

따라서 첫 번째 공리를 만족한다.

② 전체집합에 대한 확률은 1이다.

$$P(\Omega) = P(\{H, T\}) = 1$$

따라서 두 번째 공리를 만족한다.

③ 교집합이 공집합인 사건(부분집합)의 합집합인 사건의 확률은 각 사건(부분집합)의 확률의 합이다.

$$P(\{H\}) = 0.4 = P(\{H\} \cup \emptyset) = 0.4 + 0$$

$$P(\{T\}) = 0.6 = P(\{T\} \cup \emptyset) = 0.6 + 0$$

$$P(\{H, T\}) = 1 = P(\{H, T\} \cup \emptyset) = 1 + 0$$

$$P(\{H, T\}) = 1 = P(\{H\} \cup \{T\}) = 0.4 + 0.6$$

교집합이 공집합인 어떤 사건을 선택하더라도 합집합의 확률은 각 사건의 확률의 합과 같다. 따라서 세 번째 공리를 만족한다.

따라서 위에서 우리가 정의한 함수는 세 공리를 모두 만족시키는 할당법이므로 확률이라고 부를 수 있다.

확률은 골동품을 포장해서 파는 가게의 가격에 비유할 수 있다.

- 가게에서 파는 하나 하나의 골동품은 표본이다. 모든 골동품은 서로 다르기 때문에 똑같은 물건(표본)은 없다.
- 가게에서 파는 모든 골동품의 집합은 표본공간(전체집합)이다.
- 사건(부분집합)은 골동품을 넣은 상자를 말한다. 상자안의 골동품 개수에는 제한이 없다. 상자안의 골동품이 하나가 될 수도 있고 골동품이 없는 빈 포장(공집합)도 가능하다.
- 확률은 상자에 붙인 가격표 숫자를 말한다. 가격은 마음대로 붙여도 되지만 다음 규칙을 지켜야 한다.
  - 음수인 가격은 없다. 공짜(0)나 양수이어야 한다.
  - 가게안의 모든 골동품을 하나의 상자에 포장하면 그 상자의 가격은 1이다.
  - 공통적으로 포함된 골동품이 없는 두 상자의 가격은 그 두 상자에 들어간 골동품을 합쳐서 하나의 상자로 만들었을 때의 가격과 같아야 한다. 즉 상자를 나누거나 합쳤다고 가격이 달라져서는 안 된다.

❶ 플레잉카드 한 장을 뽑아서 무늬를 결정하는 문제에 대해 위와 같이 파이썬으로 확률을 할당해본다.

❷ 동전을 두 번 던지는 문제에 대해 위와 같이 파이썬으로 확률을 할당해본다.

주사위 한 면의 확률은 무조건 $\frac{1}{6}$?

우리는 주사위의 어떤 한 면이 나올 확률을 $\frac{1}{6}$이라고 배웠다. 하지만 이 값은 주사위 확률의 하나의 예에 지나지 않으며 다른 확률도 가능하다.

여러분 손에 주사위가 있다고 하자. 그 주사위를 던지면 정말로 특정한 하나의 면이 나올 가능성이 "정확하게 6분의 1일까?" 이렇게 묻는다면 대부분은 **정확하게는 그렇지 않다**고 대답할 것이다. 그 이유는 주사위를 아주 정밀하게 만들지 않으면 어떤 면이 미세하게나마 더 잘 나오게 되는 경우가 발생할 수 있다는 사실을 알고 있기 때문이다. 더 극단적인 경우를 생각해보자. 누군가가 주사위 도박에서 사기를 치려고 특수한 주사위를 만들었다고 하자. 이 주사위는 절대로 6이 나오지 않으며 10번을 던지면 5번은 반드시 1이 나오게 만들었다면? 이때는 확률값이 어떻게 할당되어 있는 상태인가? 이때는 확률이 다음과 같이 할당되어 있다고 할 수 있다.

$$P(\{1\}) = 0.5$$

$$P(\{6\}) = 0$$

이 두 사건을 포함한 다른 모든 사건의 확률이 콜모고로프 정의를 만족한다면 이러한 확률값도 확률의 수학적 정의에 맞는다고 할 수 있다.

간단한 예를 들어 1부터 4까지의 숫자만 나오는 4면체 주사위를 생각하자. 이 주사위가 공평한 주사위라면 확률은 다음처럼 할당된다.

$$P(\emptyset) = 0,$$
$$P(\{1\}) = \frac{1}{4}, \quad P(\{2\}) = \frac{1}{4}, \quad P(\{3\}) = \frac{1}{4}, \quad P(\{4\}) = \frac{1}{4},$$
$$P(\{1,2\}) = \frac{1}{2}, \quad P(\{1,3\}) = \frac{1}{2}, \quad P(\{1,4\}) = \frac{1}{2},$$
$$P(\{2,3\}) = \frac{1}{2}, \quad P(\{2,4\}) = \frac{1}{2}, \quad P(\{3,4\}) = \frac{1}{2},$$

$$P(\{1,2,3\}) = \frac{3}{4}, \quad P(\{1,2,4\}) = \frac{3}{4}, \quad P(\{1,3,4\}) = \frac{3}{4}, \quad P(\{2,3,4\}) = \frac{3}{4},$$

$$P(\{1,2,3,4\}) = 1$$

하지만 절대로 1이 나오지 않도록 조작된 4면체 주사위라면 다음과 같이 확률이 할당되었을 수도 있다.

$$P(\emptyset) = 0$$

$$P(\{1\}) = 0, \quad P(\{2\}) = \frac{1}{2}, \quad P(\{3\}) = \frac{1}{4}, \quad P(\{4\}) = \frac{1}{4},$$

$$P(\{1,2\}) = \frac{1}{2}, \quad P(\{1,3\}) = \frac{1}{4}, \quad P(\{1,4\}) = \frac{1}{4},$$

$$P(\{2,3\}) = \frac{3}{4}, \quad P(\{2,4\}) = \frac{3}{4}, \quad P(\{3,4\}) = \frac{1}{2},$$

$$P(\{1,2,3\}) = \frac{3}{4}, \quad P(\{1,2,4\}) = \frac{3}{4}, \quad P(\{1,3,4\}) = \frac{3}{4}, \quad P(\{2,3,4\}) = 1,$$

$$P(\{1,2,3,4\}) = 1$$

이 확률 할당은 콜모코로프의 공리를 모두 만족하고 있다.

- 각 확률은 모두 0보다 같거나 크다.
- 전체집합에 할당된 확률은 1이다.
- 교집합이 공집합인 모든 두 부분집합의 확률은 각 부분집합의 확률의 합이다.

$$P(\{1,2\}) = \frac{1}{2} = P(\{1\}) + P(\{2\}) = 0 + \frac{1}{2}$$

$$P(\{1,3\}) = \frac{1}{4} = P(\{1\}) + P(\{3\}) = 0 + \frac{1}{4}$$

$$P(\{1,4\}) = \frac{1}{4} = P(\{1\}) + P(\{4\}) = 0 + \frac{1}{4}$$

$$P(\{2,3\}) = \frac{3}{4} = P(\{2\}) + P(\{3\}) = \frac{1}{2} + \frac{1}{4}$$

$$P(\{2,4\}) = \frac{3}{4} = P(\{2\}) + P(\{4\}) = \frac{1}{2} + \frac{1}{4}$$

$$P(\{3,4\}) = \frac{1}{2} = P(\{3\}) + P(\{4\}) = \frac{1}{4} + \frac{1}{4}$$

$$P(\{1, 2, 3\}) = \frac{3}{4} = P(\{1, 2\}) + P(\{3\}) = \frac{1}{2} + \frac{1}{4}$$

$$P(\{1, 2, 3\}) = \frac{3}{4} = P(\{1\}) + P(\{2, 3\}) = 0 + \frac{3}{4}$$

$$\vdots$$

6.2.6 | 연습 문제

두 조건

$$P(\{1\}) = 0.5$$

$$P(\{6\}) = 0$$

을 만족하도록 주사위의 확률을 모든 사건(부분집합)에 대해 할당하고 이를 파이썬으로 구현한다.

그렇다면 우리는 왜 지금까지 주사위의 한 면이 나올 확률은 무조건 $\frac{1}{6}$이라고 생각해 왔던 것일까? 그 이유는 확률의 정의와는 관계없는 다음 사실을 가정하고 있기 때문이다.

주사위가 **공정**fair**한 주사위**이다. 혹은 공정하지 않다고 생각할 수 있는 증거가 아직 없다.

주사위가 공정하다면 특정한 주사위 하나의 면이 나올 확률값은 모두 같고 이를 x라 하자.

$$P(\{1\}) = P(\{2\}) = P(\{3\}) = P(\{4\}) = P(\{5\}) = P(\{6\}) = x$$

그리고 이 사건들은 서로 공통원소가 없고 합집합은 전체 집합이므로 확률의 성질을 이용하여 다음과 같이 각 확률이 $\frac{1}{6}$임을 구할 수 있다.

$$P(\{1\}) + P(\{2\}) + P(\{3\}) + P(\{4\}) + P(\{5\}) + P(\{6\}) = 6x$$
$$= P(\{1, 2, 3, 4, 5, 6\})$$
$$= P(\Omega) = 1$$

$$\therefore \quad x = 1/6$$

즉, 이 방법은 확률값을 만드는 방법의 하나일 뿐이고 현실에서 꼭 이대로 확률값 즉, 숫자를 배당할 이유는 없다.

이 논리에 따르면 표본의 개수가 유한하고 각 사건에 대해 원소 수 이외의 아무런 정보가 없다면 각 사건의 확률을 다음과 같다고 보는 것이 타당하다.

$$P(A) = \frac{\text{card}(A)}{\text{card}(\Omega)}$$

그러나 만약 다른 곳에서 얻은 정보(예 : 자연법칙 또는 도메인 지식)이나 표본에 대한 데이터가 존재하면 더 믿을 수 있는 확률값을 가정할 수도 있다.

6.2.7 연습 문제

❶ 약속 날짜가 31일인가 아닌가를 결정하는 문제에서 확률을 할당해보자.

❷ 사과와 오렌지만 파는 과일가게에서 손님이 선택한 과일이 어떤 과일인지 결정하는 문제에 대해 확률을 할당해보자.

❸ 사과와 오렌지만 파는 과일가게에 과일이 100개가 진열되어 있고 이 중 70개가 사과, 30개가 오렌지이다. 손님이 선택한 과일이 어떤 과일인지 결정하는 문제에 대해 확률을 할당해보자.

확률의 의미

지금까지 우리는 표본 집합의 부분 집합인 사건에 대해 확률값이라는 숫자를 할당했다. 이 확률값이라는 숫자는 도대체 어떤 의미를 가지는 걸까? 확률값이라는 숫자가 가지는 의미에 대해서는 여러 해석이 있을 수 있다. 그중 가장 대표적인 것이 **빈도주의**Frequentist **관점**과 **베이지안** Bayesian **관점**이다.

빈도주의에서는 **반복적으로 선택된 표본이 사건(부분 집합) A의 원소가 될 경향**propensity을 그 사건의 확률이라고 본다. 예를 들어 동전을 던져 '앞면이 나오는 사건'의 확률값이 0.5라는 것은 빈도주의 관점에서는 실제로 동전을 반복하여 던졌을 경우 동전을 던진 전체 횟수에 확률값을 곱한 숫자만큼 해당 사건이 발생한다고 본다. 예를 들어 10,000번을 던지면 $10,000 \times 0.5 = 5,000$번 앞면이 나오는 경향을 가진다는 의미다.

베이지안 관점에서 확률은 **'선택된 표본이 특정한 사건(부분 집합)에 속한다는 가설, 명제 혹은 주장의 신뢰도**'라고 본다. 반복이라는 개념은 사용되지 않는다.

예를 들어

새는 날 수 있다

라는 명제가 있다고 하자. 이 명제는 참인가? 대부분의 새는 날 수 있으므로 이 명제는 참에 가깝다. 하지만 닭, 타조, 펭귄 등의 새나 혹은 어린 새, 날개를 다친 새는 날 수 없으므로 항상 참인 명제는 아니다. 그렇다고 명제 전체를 거짓이라고 하는 것은 실용적이지 못하다. 이런 경우 숫자를 사용하여 '이 명제의 신뢰도는 95%이다'라고 명시할 수 있다면 유용할 것이다. 베이지안 관점에서의 확률은 이러한 명제의 신뢰도를 뜻한다. 따라서 베이지안 관점에서는 위 명제를 다음처럼 서술한다.

새가 날 수 있는 가능성은 95%이다.

위의 동전 문제에서 동전을 던져

'앞면이 나오는 사건'의 확률값이 0.5다.

라는 말의 의미는 베이지안 관점에서는

'앞면이 나왔다'는 주장의 신뢰도가 0.5이다.

라는 의미다.

4지 선다형 객관식 문제를 풀 때도 우리는 베이지안 확률을 사용한다. 1번부터 4번까지의 보기를 읽어보고 마음속으로 다음처럼 각각의 보기에 대한 확률을 할당하기 때문이다.

'1번은 절대로 답이 될 수 없어. 그러니까 1번이 정답일 확률은 0이다. 2번과 3번이 그럴 듯한데. 4번은 가능성이 2번이나 3번의 가능성의 반도 안 되어 보이고... 그러니까 2번과 3번이 정답일 확률은 각각 0.4이고 4번이 정답일 확률은 0.2이군.'

이러한 생각을 했다면 {1, 2, 3, 4}라는 표본 집합이 있을 때 다음과 같이 확률을 할당한 것이다.

$$P(\{1\}) = 0$$
$$P(\{2\}) = 0.4$$
$$P(\{3\}) = 0.4$$
$$P(\{4\}) = 0.2$$

여기에서 확률의 의미는 무언가 반복되는 것, 또는 빈도와는 전혀 관계가 없다. 확률 $P(\{1\})$은 '정답이 1이다'라는 주장에 대한 신뢰도일 뿐이다.

베이지안 관점에서 사건(부분집합)이란 '원하는 답(표본)이 포함되어 있을 가능성이 있는 후보의 집합'이며 이런 맥락에서 우리가 어떤 사건을 제시하면 그 자체로 '이 사건에 속한 원소 중에 원하는 답(표본)이 있다'는 명제 혹은 주장을 제시한 것이라 할 수 있다.

또한 베이지안 확률론에서 **사건이 일어났다**occur 혹은 **발생했다**하는 말은 그 **사건(부분집합)의 원소 중에 정말로 선택된 표본이 있다는 사실을 알게 되었다**는 것을 말한다. 다른 말로는 해당 사건이 말하고 있는 주장이 진실임을 알게 되었다는 뜻으로 지금까지 모르고 있던 **추가적인 정보**가 들어왔음을 뜻한다.

예를 들어 불투명 컵 안에 주사위를 넣고 굴렸다고 가정하자. '주사위의 눈금이 짝수가 나오는 사건이 발생했다'라는 말은 컵을 들어서 주사위의 눈금을 보고 '주사위의 눈금이 짝수다'라는 사실을 알게 된 것을 의미한다. 이 용어는 나중에 베이즈 법칙을 설명할 때 사용된다.

확률의 빈도주의적 관점과 베이지안 관점은 양립할 수 없는 관계가 아니다. 예를 들어 의사가 환자를 진찰한 후

  '검진 결과로 보아 암에 걸렸을 확률이 90%이다.'

라고 진단했다고 하자.

의사의 관점에서는 '이러한 검진 결과를 가진 환자를 정밀 검사로 확인하는 일을 100번 반복하면 그중의 약 90명은 암에 걸려 있다'라는 빈도주의적 관점일 수 있다. 하지만 환자의 관점에서는 다른 환자가 암인가 아닌가는 의미가 없기 때문에 '자신이 암에 걸렸다는 의사의 주장이 사실일 가능성은 90%이다'라는 베이지안 관점으로 바라보게 된다.

6.3 확률의 성질

확률은 여러 성질을 가진다. 이 중에서 앞으로 많이 사용될 몇 가지 성질을 살펴보자. 이번에 다룰 성질들은 확률의 정의 자체가 아니라 정의로부터 유도된 것들이라는 점에 주의해야 한다. 이 장에서는 다음과 같은 확률 사건의 예를 들어 설명을 한다.

우선 사람이 20명 있는 집합이 있다고 가정하자. 이 모임에는 여자도 있고 남자도 있다. 또 성별에 관계없이 머리카락이 짧은 사람과 머리카락이 긴 두 그룹으로 나눌 수 있다고 가정한다. 여기에서 전체 20명인 집합은 표본공간이고 사람 한 명은 표본 하나다. 표본공간으로부터 0명 이상의 사람을 선택한다면 선택된 사람의 집합을 사건이라고 부르게 된다. 예를 들어 다음과 같은 사건을 생각해보자.

- 전체 사람 중에서 남자만의 모임은 부분집합이므로 사건이라고 부를 수 있다. 이를 사건 A라고 한다.
- 전체 사람 중에서 머리카락이 긴 사람만의 모임도 부분집합이므로 사건이라고 부를 수 있다. 이를 사건 B라고 한다.
- 생일이 i월인 사람의 집합도 부분집합이므로 사건이다. 예를 들어 생일이 1월인 사람의 집합은 C_1, 생일이 2월인 사람의 집합은 C_2, ... 이런 식으로 C_{12}까지의 집합을 만들 수 있다.

원소 개수가 반드시 1보다 커야지 사건(부분집합)이 되는 것이 아니다. 원소 개수가 0인 경우, 즉 원소가 없는 부분집합도 사건이다. 예를 들어 표본공간에 생일이 6월인 사람이 존재하지 않는다면 C_6의 원소 개수는 0이다.

표본공간과 표본, 사건이 정의되었으니 각 사건에 얼마의 확률을 할당할지 정해야 한다. 여기에서는 사건에 속하는 표본 수에 비례하도록 확률을 정의해보자. 예를 들어 어떤 사건에 사람이 10명 있다면 이 사건의 확률은 10/20 = 1/2이 된다. 이렇게 정의하면 '확률'이라는 말을 '사람 수'로 바꾸어서 생각할 수 있다. 하지만 앞에서도 강조했듯이 이 방법은 확률을 정의하는 방법 중 하나일 뿐이고 반드시 확률이란 것이 이런 식으로 정해져야 하는 것은 아니라는 점을 명심한다.

6.3.1 | **연습 문제**

위에서 언급된 사건(A, B, C)의 표본 집합과 사건의 원소 개수와 확률을 마음대로 정해본다. 이 값은 다음 연습 문제에서 사용하게 된다.

성질 1 : 공집합의 확률

공집합인 사건의 확률은 0이다.

$P(\emptyset) = 0$

증명은 다음과 같다.

확률의 정의로부터 사건 A와 사건 B가 공통원소가 없다면 $P(A \cup B) = P(A) + P(B)$이 된다. $B = \emptyset$인 경우 A와 B의 공통원소는 없으며 $A \cup \emptyset = A$라는 사실을 이용하면

$$P(A \cup \emptyset) = P(A) = P(A) + P(\emptyset)$$

$$\therefore P(\emptyset) = 0$$

성질 2 : 여집합의 확률

어떤 사건의 여집합인 사건의 확률은 (1 − 원래 사건의 확률)과 같다.

$$P(A^C) = 1 - P(A)$$

어떤 사건의 여집합이란 그 사건의 표본이 아닌 표본의 집합을 말하며 사건 기호에 C라는 윗첨자를 붙여서 표시한다. 위의 예에서는 A^C는 남자라는 부분집합 A에 대한 여집합이므로 여자집합이 된다.

증명은 다음과 같다.

확률의 정의로부터 사건 A와 사건 B가 공통원소가 없다면 $P(A \cup B) = P(A) + P(B)$이 된다. $B = A^C$인 경우 A와 B의 공통원소는 없다.

$$P(A \cup A^C) = P(\Omega) = 1 = P(A) + P(A^C)$$

$$\therefore P(A^C) = 1 - P(A)$$

위 성질과 $P(A^C)$가 0보다 크거나 같아야 한다는 콜모고로프의 공리 1을 결합하면 **확률값은** 0**과** 1 **사잇값을 가져야 한다.**

$$P(A^C) = 1 - P(A) \geq 0$$

$$0 \leq P(A) \leq 1$$

성질 3 : 포함–배제 원리

두 사건의 합집합의 확률은 각 사건의 확률의 합에서 두 사건의 교집합의 확률을 뺀 것과 같다.

$$P(A \cup B) = P(A) + P(B) - P(A \cap B)$$

이를 **포함–배제 원리**Inclusion – exclusion principle 혹은 **덧셈 규칙**sum rule, addition law이라 한다.

위의 예에서 사건 A와 사건 B의 교집합이란 남자의 집합에 속하면서 머리카락이 긴 사람의 집합에 속하는 사람의 집합 즉, 장발 남자 집합을 말한다.

증명은 다음과 같다.

$$
\begin{aligned}
P(A \cup B) &= P(A \cup (B \cap A^C)) \\
&= P(A) + P(B \cap A^C) \\
&= P(A) + P(B \cap A^C) + P(A \cap B) - P(A \cap B) \\
&= P(A) + P((A^C \cap B) \cup (A \cap B)) - P(A \cap B) \\
&= P(A) + P(B) - P(A \cap B)
\end{aligned}
$$

성질 4 : 전체 확률의 법칙

복수의 사건 C_i가 다음을 만족하는 사건들이라고 가정한다.

- 서로 교집합이 없다. 이를 서로 배타적이라고도 한다.

  $$C_i \cap C_j = \emptyset \quad (i \neq j)$$

- 모든 집합의 합집합이 전체집합(표본공간)이다. 이 경우 완전한(complete) 부분집합들이라고 한다.

  $$C_1 \cup C_2 \cup \cdots = \Omega$$

이 경우,

사건 A의 확률은 사건 A와 사건 C_i가 동시에 발생할 사건들의 확률의 합과 같다.

$$P(A) = \sum_i P(A \cap C_i)$$

이를 **전체 확률의 법칙**law of total probability이라 한다.

위의 예를 사용하면 사건 $P(A \cap C_1)$은 생일이 1월인 남자의 집합이고 전체 확률의 법칙은 다음과 같이 이해할 수 있다.

생일이 1월인 남자라는 사건의 확률과 생일이 2월인 남자라는 사건의 확률, 이 이외에

도 각각의 월을 생일로 가지는 남자라는 사건들의 확률을 모두 합치면 남자라는 사건의
확률이 된다.

증명은 다음과 같다.

$$A = A \cap \Omega$$
$$= A \cap (C_1 \cup C_2 \cup \cdots)$$
$$= (A \cap C_1) \cup (A \cap C_2) \cup \cdots$$

C_i가 서로 공통 원소가 없기 때문에 $A \cap C_i$도 서로 공통 원소가 없다. 따라서 확률의 정의에
따라 다음 등식이 성립한다.

$$P(A) = P(A \cap C_1) + P(A \cap C_2) + \cdots = \sum_i P(A \cap C_i)$$

교집합의 확률은 다음처럼 쉼표로 표시하기도 한다.

$$P(A \cap B) = P(A, B)$$

따라서 전체확률의 법칙은 다음처럼 쓸 수 있다.

$$P(A) = \sum_i P(A, C_i)$$

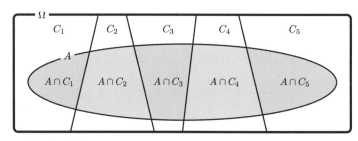

▶ 전체확률의 법칙

6.3.2 **연습 문제**

앞 연습 문제에서 정한 확률값을 이용하여 확률의 성질 2, 3, 4번이 성립하는지 확인해본다.

지금까지 공부한 확률의 성질을 정리하면 다음과 같다.

- 공집합의 확률

  $P(\emptyset) = 0$

- 여집합의 확률

  $P(A^C) = 1 - P(A)$

  $0 \leq P(A) \leq 1$

- 포함−배제 원리

  $P(A \cup B) = P(A) + P(B) - P(A \cap B)$

- 전체 확률의 법칙

  $C_i \cap C_j = \emptyset \quad (i \neq j)$

  $C_1 \cup C_2 \cup \cdots = \Omega$

  $P(A) = \sum_i P(A, C_i)$

6.4 확률분포함수

확률이 어디에 어느 정도 분포되어 있는지를 수학적으로 명시하고 명확하게 전달하는 도구가 확률분포함수다. 이 절에서는 확률분포함수를 정의하는 방법과 확률질량함수, 누적분포함수, 확률밀도함수 개념을 공부한다.

확률분포

확률은 사건이라는 표본의 집합에 대해 숫자를 할당하는 함수다. 어떤 사건에 어느 정도의 확률이 할당되었는지 묘사한 정보를 **확률분포**probability distribution라고 한다. 확률분포를 묘사하려면 모든 사건들을 일일히 제시하고 거기에 할당된 숫자를 보여주어야 한다. 표본의 개수가 유한하다면 가능할 수 있지만 만약 표본의 개수가 무한하다면 현실적으로 모든 사건을 하나 하나 기술하는 것은 불가능하다. 이 절에서는 확률분포함수probability distribution function라는 것을 이용하여 이 문제를 해결하는 방법을 설명한다. 확률분포함수로는 다음과 같은 세 종류가 있다.

- 확률질량함수
- 누적분포함수
- 확률밀도함수

단순사건과 확률질량함수

콜로고로프의 정리를 사용하면 어떤 사건의 확률값을 이용하여 다른 사건의 확률값을 계산할 수 있다. 예를 들어 표본이 하나인 사건을 **단순사건**elementary event, atomic event이라고 한다. 단순사건 끼리는 서로 교집합을 가지지 않으므로 유한 개의 사건만 있는 경우, 모든 단순사건의 확률값을 알면 콜모고로프의 세 번째 공리에 의해 다른 모든 사건의 확률값을 계산할 수 있다. 단 모든 단순사건의 확률의 합은 1이어야 한다.

예를 들어 플레잉카드 무늬 문제의 단순사건과 그 확률이 다음과 같이 정의되어 있다고 하자.

$$P(\{\spadesuit\}) = 0.1, \quad P(\{\heartsuit\}) = 0.2, \quad P(\{\diamondsuit\}) = 0.3, \quad P(\{\clubsuit\}) = 0.4$$

다음처럼 모든 사건에 대한 확률을 계산할 수 있다.

$$P(\{\heartsuit, \diamondsuit\}) = 0.2 + 0.3 = 0.5$$

이렇게 유한 개의 사건이 존재하는 경우 각 단순사건에 대한 확률만 정의하는 함수를 **확률질량함수**probability mass function라고 한다. 확률질량함수는 소문자 p로 표시한다. 확률과 확률질량함수는 다른 개념이라는 점을 주의한다.

$$p(a) = P(\{a\})$$

예를 들어 원소가 하나뿐인 사건 {1}에 대한 확률은 확률함수로 정의할 수 있다.

$$P(\{1\}) = 0.2$$

같은 내용을 확률질량함수로 나타내면 다음과 같다.

$$p(1) = 0.2$$

하지만 확률함수가 원소 2개 이상인 사건에 대해서도 확률을 정의할 수 있는데 반해

$$P(\{1, 2\}) = 0.3$$

확률질량함수는 사건이 아닌 원소(정확히 말하면 그 원소만을 가진 단순사건)에 대해서만 정의되므로 다음과 같은 식은 틀린 식이다.

$$p(1, 2)$$

| 예제 |

다음 확률질량함수는 주사위 눈금 6이 다른 숫자보다 비정상적으로 많이 나오게 만든 조작된 주사위를 묘사한다.

```
x = np.arange(1, 7)
y = np.array([0.1, 0.1, 0.1, 0.1, 0.1, 0.5])
plt.stem(x, y)
plt.title('조작된 주사위의 확률질량함수')
plt.xlabel('숫자면')
plt.ylabel('확률')
plt.xlim(0, 7)
plt.ylim(-0.01, 0.6)
plt.xticks(np.arange(6) + 1)
plt.show()
```

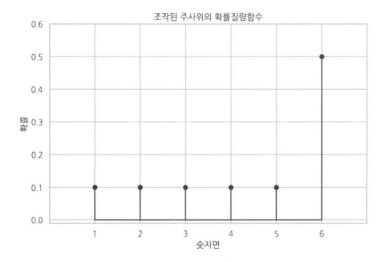

6.4.1 연습 문제

확률질량함수가 위와 같은 주사위에서 다음 사건에 대한 확률을 구하라.

❶ { 1,2 }

❷ { 4,5,6 }

표본 수가 무한한 경우

확률질량함수에서 표본공간에 있는 표본 수가 유한할 때 하나하나의 표본에 대해서만 확률을 정의하면 어떠한 사건에 대해서도 확률을 정의할 수 있다는 것을 알았다. 그렇다면 왜 굳이 확률을 정의할 때 입력을 표본이 아닌 사건으로 정의했을까? 그 이유는 표본공간에 있는 표본 수가 무한한 경우를 다루기 위해서다. 표본 수가 무한하면 확률질량함수를 사용하여 확률을 정의할 수 없다. 다음 예제를 통해 그 이유를 알아보자.

| 예제 |

다음 그림과 같이 회전하는 원반에 화살을 쏘고 화살이 박힌 위치의 각도를 결정하는 문제를 생각해보자. 각도가 **정확하게 0도가 될 확률**은 얼마일까?

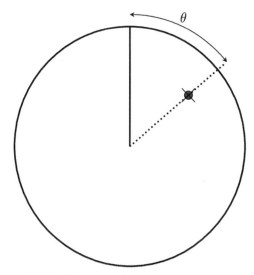

▶ 회전하는 원반의 각도 문제

만약 모든 각도에 대해 가능성이 똑같다면 **각도가 정확하게 0이 될 확률은 0이다.**

$$P(\{\theta = 0°\}) = 0$$

각도가 0이 아닌 어떤 경우도 마찬가지로 확률이 0이다. 예를 들어 각도가 30도가 되는 경우도 확률은 0이다.

$$P(\{\theta = 30°\}) = 0$$

왜 그럴까? 모든 각도에 대해 가능성이 똑같으므로 그 확률을 x라는 값이라고 하자. 그런데 각도가 나올 수 있는 경우는 무한대의 경우가 있으므로 만약 x가 0이 아니라면 $x \times \infty = \infty$로 전체 표본 집합의 확률이 무한대가 된다. 즉, 1이 아니다. 따라서 **표본 수가 무한하고 모든 표본에 대해 표본 하나만을 가진 사건의 확률이 동일하다면, 표본 하나에 대한 사건의 확률은 언제나 0이다.**

이번에는 같은 원반에 대해 다음 사건의 확률은 얼마일까?

- 각도가 0도보다 같거나 크고 30도보다 작은 경우
  $$P(\{0° \le \theta < 30°\}) = ?$$

이 경우에는 동일한 가능성을 지닌 사건이 12개 있으므로 전체집합의 확률 1을 12로 나누면 주어진 사건에 대한 확률은 1/12가 된다.

$$P(\{0° \le \theta < 30°\}) = 1 \div 12 = \frac{1}{12}$$

다음은 일부 사건에 대해 확률을 할당한 예다.

$$P(\{0° \le \theta < 30°\}) = \frac{1}{12}$$

$$P(\{30° \le \theta < 60°\}) = \frac{1}{12}$$

$$P(\{0° \le \theta < 60° \quad 또는 \quad 90° \le \theta < 150°\}) = \frac{1}{3}$$

이 예제로부터 표본공간의 표본 수가 무한하면 사건에 대해 직접 확률을 할당하는 수밖에 없다는 것을 알 수 있다.

6.4.2 **연습 문제**

위 예제의 원반을 이용하여 복권 번호를 결정하는 경우를 생각하자. 결과를 조작하려고 0도에서 180도 사이에 화살이 2배 더 잘 박히도록 원반을 조작했다. 이 결과를 확률을 사용하여 공범에게 전달해야 한다. 가능한 모든 사건에 대해 확률을 알려주는 확률함수를 기술하는 방법은 무엇인가?

구간

표본공간이 실수의 집합이라면 대부분의 사건(부분집합)은 시작점과 끝점이라는 두 숫자로 이루어진 구간으로 표현된다.

$$A = \{a < x \leq b\}$$

a는 구간의 시작점이고 b는 구간의 끝점이다.

구간을 입력받아 확률값을 출력하는 함수는 다음처럼 이차원 함수 $P(a, b)$로 표현할 수 있다.

$$P(A) = P(\{a < x \leq b\}) = P(a, b)$$

구간의 확률만 표현할 수 있다면 여러 구간으로 이루어진 복잡한 사건은 콜모고로프의 공리에 따라 각 구간의 확률값의 더하기나 빼기로 표현할 수 있다.

예를 들어 다음과 같은 사건

$$B = \{-2 < x \leq 1 \text{ or } 2 < x \leq 3\}$$

의 확률 $P(B)$는 다음 두 구간의 확률의 합이다.

$$P(B) = P(\{-2 < x \leq 1\}) + P(\{2 < x \leq 3\}) = P(-2, 1) + P(2, 3)$$

6.4.3 | **연습 문제**

0도에서 180도 사이에 화살이 2배 더 잘 박히도록 조작된 원반을 이용하여 복권 번호를 결정하는 문제에서 구간의 시작점과 끝점을 입력받아서 확률을 출력하는 함수 $P(a, b)$를 구하고 이를 파이썬으로 구현하라.

누적분포함수

그러나 사건 즉, 구간 하나를 정의하는 데 숫자 하나가 아닌 둘이 필요하다는 점은 아무래도 불편하다. 숫자 하나만으로 사건 즉, 구간을 정의할 수 있는 방법은 없을까? 시작점을 모두 똑같이 음의 무한대($-\infty$)로 통일한 특수한 구간 S_x을 사용하면 가능하다.

$$S_{-1} = \{-\infty < X \le -1\}$$
$$S_0 = \{-\infty < X \le 0\}$$
$$S_1 = \{-\infty < X \le 1\}$$
$$\vdots$$
$$S_x = \{-\infty < X \le x\}$$

이러한 사건의 확률분포를 묘사하는 함수를 **누적분포함수**cumulative distribution function라고 하고 약자로 cdf라고 쓴다. 함수 기호로는 $F(x)$ 등 대문자 기호로 표시한다. 독립변수 x는 구간의 끝점을 뜻한다.

$$F(x) = P(S_x) = P(\{X < x\})$$

모든 실수는 당연히 $-\infty$보다 크기 때문에 $-\infty <$ 부분은 생략했다.

누적분포함수와 콜모고로프의 세 번째 공리

$$A \cap B = \emptyset \quad \rightarrow \quad P(A \cup B) = P(A) + P(B)$$

를 이용하면 이러한 사건 S_x의 확률값으로부터 대부분의 복잡한 구간사건에 대한 확률값을 계산할 수 있다. 예를 들어 $\{a < x \le b\}$라는 구간사건의 확률은 콜모고로프의 공리에서

$$P(-\infty, b) = P(-\infty, a) + P(a, b)$$

로 나타난다. 이를 누적분포함수로 표현하면

$$F(b) = F(a) + P(a, b)$$

정리하면 다음과 같다.

$$P(a, b) = F(b) - F(a)$$

누적분포함수 cdf는 다음과 같은 특징이 있다.

- 음의 무한대에 대한 누적분포함숫값은 0이다.
  $$F(-\infty) = 0$$

- 양의 무한대에 대한 누적분포함숫값은 1이다.
  $$F(+\infty) = 1$$

- 입력이 크면 누적분포함숫값은 커진다(단조증가).

$$x > y \quad \rightarrow \quad F(x) \geq F(y)$$

이 세 가지 특성에 따라 누적분포함수는 0에서 시작하여 천천히 증가하면서 1로 다가간다. 단조증가 성질에 의해 절대로 내려가지는 않는다.

| 예제 |

원반의 각도 문제에서 누적분포함수는 다음과 같다. 이 경우에는 각도가 0도부터 360까지이지만 음의 무한대를 시작점으로 해도 상관없다.

$$F(-10) = P(\{-\infty° < \theta \leq -10°\}) = 0$$

$$F(0) = P(\{-\infty° < \theta \leq 0°\}) = 0$$

$$F(10) = P(\{-\infty° < \theta \leq 10°\}) = \frac{1}{36}$$

$$F(20) = P(\{-\infty° < \theta \leq 20°\}) = \frac{2}{36}$$

$$\vdots$$

$$F(350) = P(\{-\infty° < \theta \leq 350°\}) = \frac{35}{36}$$

$$F(360) = P(\{-\infty° < \theta \leq 360°\}) = 1$$

$$F(370) = P(\{-\infty° < \theta \leq 370°\}) = 1$$

$$\vdots$$

이를 넘파이와 맷플롯립을 사용하여 그래프로 그리면 다음과 같다.

```
t = np.linspace(-100, 500, 100)
F = t / 360
F[t < 0] = 0
F[t > 360] = 1
plt.plot(t, F)
plt.ylim(-0.1, 1.1)
plt.xticks([0, 180, 360])
plt.title('누적분포함수')
```

```
plt.xlabel('$x$ (도)')
plt.ylabel('$F(x)$')
plt.show()
```

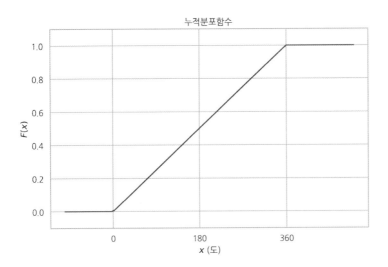

6.4.4 **연습 문제**

0도에서 180도 사이에 화살이 2배 더 잘 박히도록 조작된 원반을 이용하여 복권 번호를 결정하는 문제에서 누적분포함수 $F(x)$를 구하라.

확률밀도함수

누적분포함수는 1차원 함수라는 편리한 도구를 사용하여 확률분포를 간결하고 정확하게 묘사할 수 있도록 해주었다.

그러나 누적분포함수가 표현하는 사건이 음수 무한대를 시작점으로 하고 변수 x를 끝점으로 하는 구간이다보니 분포의 형상을 직관적으로 이해하기는 힘든 단점이 있다. 다시 말해서 어떤 확률변숫값이 더 자주 나오는지에 대한 정보를 알기 힘들다는 점이다.

이를 알기 위해서는 확률변수가 나올 수 있는 전체 구간 $(-\infty \sim \infty)$을 아주 작은 폭 dx를 가지는 구간들로 나눈 다음 각 구간의 확률을 살펴보는 것이 편리하다. 만약 x_1 근처에서 폭 dx를 가지는 구간의 확률을 구하면 다음과 같다.

$$P(\{x_1 < x \le x_1 + dx\}) = F(x_1 + dx) - F(x_1)$$

이 값은 구간의 길이에 따라 달라지므로 구간 길이 dx를 아주 작게 줄였을 때의 값을 알아야 한다. 단순히 dx를 0으로 줄이면 확률은 당연히 0으로 수렴한다. 우리가 원하는 것은 '같은 구간 길이를 dx를 가진 두 구간이 x_1 위치와 x_2 위치에서 얼마나 다른가'이므로 단위 구간 길이당 확률값으로 비교한다. 그런데 단위 구간 길이당 배정된 확률값

$$\frac{P(\{x_1 < x \le x_1 + dx\})}{dx}$$

는 단위 구간이 미세하게 줄어들면 다음 그림에서 보듯이 누적분포함수의 기울기가 된다.

$$\lim_{dx \to 0} \frac{P(\{x_1 < x \le x_1 + dx\})}{dx} = \lim_{dx \to 0} \frac{F(x_1 + dx) - F(x_1)}{dx}$$
$$= x_1 \text{에서} F(x) \text{의 기울기}$$

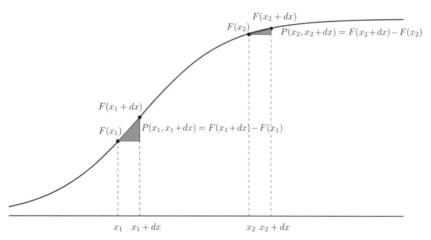

▶ 누적분포함수에서 구간의 확률을 비교하기

기울기를 구하는 수학적 연산이 미분이므로 누적분포함수를 미분하여 누적분포함수의 기울기를 출력하는 함수를 만들면 어떤 x_1 값 근처의 확률이 다른 x_2 값 근처보다 더 확률이 높은지 또는 낮은지 쉽게 파악할 수 있다. **누적분포함수를 미분하여 구한 도함수를 확률밀도함수**probability density function라고 한다. 확률질량함수와 마찬가지로 $p(\mathrm{x})$로 표기한다.

$$p(x) = \frac{dF(x)}{dx}$$

확률밀도함수는 특정한 구간의 확률이 다른 구간에 비해 상대적으로 얼마나 높은가를 나타내는 것이며 그 **값 자체가 확률은 아니다**라는 점을 명심해야 한다. 함수의 변수가 x가 아니라 u가 된 이유는 x가 적분의 상한인수 upper bound argument 로 사용되고 있기 때문이다.

미적분학의 기본 원리에 의하면 $x = x_1$부터 $x = x_2$ 사이에서 도함수인 확률밀도함수의 면적(정적분)은 적분함수인 누적분포함수의 값을 이용하여 구할 수 있다.

$$F(x_2) - F(x_1) = \int_{x_1}^{x_2} p(u)du$$

따라서 누적분포함수와 확률밀도함수의 관계를 적분으로 나타내면 다음과 같다.

$$F(x) = \int_{-\infty}^{x} p(u)du$$

확률밀도함수는 다음과 같은 특징을 가진다.

- 적분함수인 누적분포함수의 기울기가 음수가 될 수 없기 때문에 확률밀도함수는 0보다 같거나 크다.

$$p(x) \geq 0$$

- $-\infty$부터 ∞까지 적분하면 표본공간 $(-\infty, \infty)$의 확률이 되므로 값은 1이다.

$$\int_{-\infty}^{\infty} p(u)du = 1$$

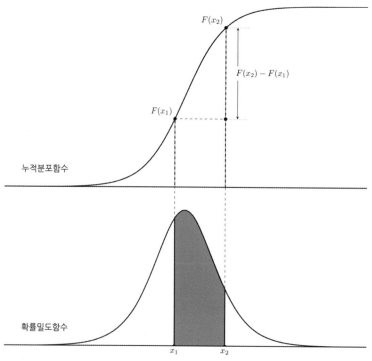

누적분포함수

확률밀도함수

▶ 확률밀도함수의 면적과 누적분포함수

| 예제 |

앞의 원반 예제의 확률밀도함수를 구하면 다음과 같다.

```python
t = np.linspace(-100, 500, 1000)
F = t / 360
F[t < 0] = 0
F[t > 360] = 1
p = np.gradient(F, 600/1000)  # 수치미분
plt.plot(t, p)
plt.ylim(-0.0001, p.max()*1.1)
plt.xticks([0, 180, 360])
plt.title('확률밀도함수')
plt.xlabel('$x$ (도)')
plt.ylabel('$p(x)$')
plt.show()
```

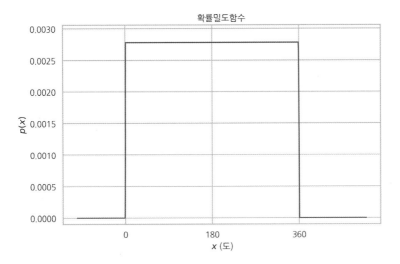

확률밀도함수

6.4.5 **연습 문제**

0도에서 180도 사이에 더 화살이 2배 더 잘 박히도록 조작된 원반을 이용하여 복권 번호를 결정하는 문제에서 확률밀도함수 $P(x)$를 구하라.

6.5 결합확률과 조건부확률

이 절에서는 결합확률과 조건부확률의 개념을 공부한다. 조건부확률은 데이터로부터 어떤 결론을 얻을 수 있는가를 나타내는 숫자이므로 데이터 분석에 있어서 가장 중요한 개념이다.

범인 찾기 문제

살인 사건이 발생했다고 가정하자. 경찰은 전체 용의자 목록을 가지고 있다. 베이지안 확률론 관점에서 전체 용의자 목록은 바로 표본공간이다. 우리가 알고 싶은 것은 전체 용의자 목록(표본공간)에서 누가 범인(선택된 표본)인가 하는 점이다. 현재 표본공간은 용의자 20명으로 구성되어 있으며 이 중 남자가 12명, 여자가 8명이라고 가정한다.

만약 담당 형사가 범인은 남자라고 생각한다면, '범인이 남자이다'라는 주장은 확률론적 관점에서 남성인 용의자(표본)로만 이루어진 사건(표본공간의 부분 집합)이 된다. 이를 사건 A라고 하자.

이때 우리가 관심을 가지는 것은 '범인이 남자'라는 사건 A의 신뢰도 즉, 사건 A의 확률 $P(A)$다. 아무런 추가 정보가 없다면 모든 사람이 범인일 가능성이 같기 때문에 범인이 남자일 확률 $P(A)$는 다음과 같이 전체 용의자 수로 남자 용의자 수를 나눈 값이 된다.

$$P(A) = \frac{|A|}{|\Omega|} = \frac{12}{12+8} = \frac{12}{20} = 0.6$$

반대로 '범인은 여자'라는 사건은 여집합 A^C로 표현할 수 있고 '범인이 여자일 확률'은 다음처럼 계산한다.

$$P(A^C) = \frac{|A^C|}{|\Omega|} = \frac{8}{12+8} = \frac{8}{20} = 0.4$$

이때 새로운 사건 B가 발생했다고 하자. 범인의 것으로 추정되는 긴 머리카락을 발견했다. 이 머리카락에서 범인은 머리카락이 길다는 가능성이 제시되었다.

이 새로운 사건 B는 확률론적으로는 새로운 용의자 목록, 즉 머리카락이 긴 사람의 목록이라는 표본공간의 새로운 부분 집합을 의미한다. 그리고 사건 B가 발생했다는 것은 이 용의자 목록에 진짜로 범인이 포함되었다는 뜻이다.

현재 표본공간 즉, 전체 용의자 목록에는 머리카락이 긴 사람이 10명, 머리카락이 짧은 사람이 10명이다. 만약 이 사건이 진실이라는 보장이 없다면, 사건 B에 대한 확률 $P(B)$, 즉 머리카락이 긴 사람이 범인이라는 주장의 신뢰도는 다음과 같다.

$$P(B) = \frac{|B|}{|\Omega|} = \frac{10}{10+10} = \frac{10}{20} = 0.5$$

반대로 머리카락이 짧은 사람의 사건은 B^C이고 범인이 머리카락이 짧을 확률은 다음처럼 계산한다.

$$P(B^C) = \frac{|B^C|}{|\Omega|} = \frac{10}{10+10} = \frac{10}{20} = 0.5$$

지금까지의 상황을 요약하면 다음과 같다.

요약

- 살인 사건 발생. 용의자는 20명
    - 남자 12명, 여자 8명
    - 머리카락이 긴 사람 10명, 머리카락이 짧은 사람 10명
- 범인이 남자일 확률
    - 남자 집합(사건) A에 범인(선택된 표본)이 속해 있다는 주장의 신뢰도 : $P(A) = 0.6$
- 범인이 머리카락이 길 확률
    - 머리카락이 긴 사람의 집합(사건) B에 범인(선택된 표본)이 속해 있다는 주장의 신뢰도 : $P(B) = 0.5$

결합확률과 조건부확률

베이지안 확률론은 두 사건 A와 B의 관계를 알고 있다면 사건 B가 발생했다는 사실로부터 기존에 알고 있는 사건 A에 대한 확률 $P(A)$를 좀 더 정확한 확률로 바꿀 수 있는 방법을 알려준다. 이를 위해서는 결합확률과 조건부확률이라는 두 가지 개념을 정의해야 한다.

결합확률joint probability은 **사건 A와 B가 동시에 발생할 확률**이다. 즉, 사건(명제/주장) A도 진실이고 사건(명제/주장) B도 진실이므로 사건 A와 B의 교집합의 확률을 계산하는 것과 같다.

$$P(A \cap B) \text{ or } P(A, B)$$

결합확률과 대비되는 개념으로 결합되지 않는 개별 사건의 확률 $P(A)$ 또는 $P(B)$를 **주변확률**marginal probability이라고 한다.

또한 B가 사실일 경우의 사건 A에 대한 확률을 **사건 B에 대한 사건 A의 조건부확률**conditional probability 이라고 하며 다음과 같이 표기한다.

$$P(A|B)$$

위 수식에서 기호 |는 if를 뜻한다. 즉 다음과 같다.

$$P(A|B) \equiv \text{ new } P(A) \text{ if } P(B) = 1$$

이 조건부확률의 값은 다음처럼 정의한다.

$$P(A|B) = \frac{P(A, B)}{P(B)}$$

조건부확률이 위와 같이 정의된 근거는 다음과 같다.

- 사건 B가 사실이므로 모든 가능한 표본은 사건 B에 포함되어야 한다. 즉, 새로운 실질적 표본공간은 $\Omega_{\text{new}} \to B$가 된다.
- 사건 A의 원소는 모두 사건 B의 원소도 되므로 사실상 사건 $A \cap B$의 원소가 된다. 즉, 새로운 실질적 $A_{\text{new}} \to A \cap B$가 된다.
- 따라서 사건 A의 확률 즉, 신뢰도는 원래의 신뢰도(결합확률)를 새로운 표본공간의 신뢰도(확률)로 정규화 한 값이라고 할 수 있다.

$$P(A|B) = \frac{P(A_{\text{new}})}{P(\Omega_{\text{new}})} = \frac{P(A, B)}{P(B)}$$

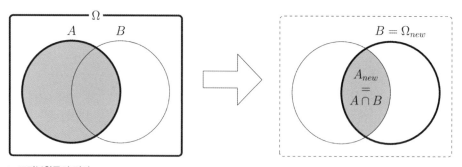

▶ 조건부확률의 정의

요약

조건부확률 $P(A|B)$

- 사건 B가 발생한 경우의 사건 A의 확률
- 표본이 이벤트 B에 속한다는 새로운 **사실**을 알게 되었을 때,
- 이 표본이 사건 A에 속한다는 사실의 정확성(신뢰도)이 어떻게 변하는지를 알려준다.

예를 들어 범인 찾기 문제에서는 조건부확률을 다음처럼 정의한다.

- $P(A)$: 범인이 남자일 확률
- $P(B)$: 범인이 머리카락이 길 확률

- $P(A|B)$: 범인이 머리카락이 길다는 **사실**을 알게 되었을 때, 달라진(갱신된) '범인이 남자일 확률'

조건부확률의 값을 구하려면 결합확률의 값을 알아야 한다. 그런데 사건 A와 사건 B의 결합확률의 값 $P(A,B)$는 기존의 사건 A의 확률 $P(A)$나 사건 B의 확률 $P(B)$와는 전혀 무관한 별개의 정보다. 즉, 수학적으로 계산하여 구할 수 있는 값이 아니라 외부에서 주어지지 않으면 안 되는 정보인 것이다.

범인 찾기의 경우에도 이미 주어진 정보 $P(A)$, $P(B)$와 관계없이 $P(A,B)$는 여러 경우가 있을 수 있다.

예를 들어 어떤 경우에는 12명의 남자 중 머리카락이 긴 사람이 다음과 같이 3명일 수도 있다(경우 1).

	범인이 머리카락이 길다 : $P(B)=0.5$	범인이 머리카락이 길지 않다 : $P(B^C)=0.5$	계
범인이 남자다 : $P(A)=0.6$	3명 $P(A,B)=\dfrac{3}{20}$	9명 $P(A,B^C)=\dfrac{9}{20}$	12명
범인이 여자다 : $P(A^C)=0.4$	7명 $P(A^C,B)=\dfrac{7}{20}$	1명 $P(A^C,B^C)=\dfrac{1}{20}$	8명
계	10명	10명	

또 다른 경우에는 12명의 남자 중 머리카락이 긴 사람이 다음과 같이 6명일 수도 있다(경우 2).

	범인이 머리카락이 길다 : $P(B)=0.5$	범인이 머리카락이 길지 않다 : $P(B^C)=0.5$	계
범인이 남자다 : $P(A)=0.6$	6명 $P(A,B)=\dfrac{6}{20}$	6명 $P(A,B^C)=\dfrac{6}{20}$	12명
범인이 여자다 : $P(A^C)=0.4$	4명 $P(A^C,B)=\dfrac{4}{20}$	4명 $P(A,B^C)=\dfrac{4}{20}$	8명
계	10명	10명	

이 두 경우에 대해 조건부확률 $P(A|B)$를 구해보자.

만약 머리카락이 긴 남자가 3명이라면

$$P(A|B) = \frac{P(A, B)}{P(B)} = \frac{3/20}{10/20} = \frac{3}{10}$$

이 된다. 원래 사건 A의 확률 $P(A)$가 0.6 즉 60% 였으므로 범인이 머리카락이 길다는 정보로 인해 남자가 범인일 확률은 절반으로 뚝 떨어졌다.

만약 머리카락이 긴 남자가 6명이라면

$$P(A|B) = \frac{P(A, B)}{P(B)} = \frac{6/20}{10/20} = \frac{6}{10}$$

이 된다.

이 경우에는 새로운 정보(사건 B)가 주어지든 주어지지 않든 남자가 범인일 확률은 변함없다. 이러한 경우에는 사건 A가 사건 B와 서로 **독립**이라고 한다.

6.5.1 | **연습 문제**

(경우 1)에 대해 다음 확률을 구하라.

❶ 범인이 머리카락이 짧다면 범인이 남자일 확률 $P(A|B^C)$

❷ 범인이 머리카락이 길다면 범인이 여자일 확률 $P(A^C|B)$

❸ 범인이 머리카락이 짧다면 범인이 여자일 확률 $P(A^C|B^C)$

❹ 범인이 남자라면 범인이 머리카락이 길 확률 $P(B|A)$

❺ 범인이 여자라면 범인이 머리카락이 길 확률 $P(B|A^C)$

❻ 범인이 남자라면 범인이 머리카락이 짧을 확률 $P(B^C|A)$

❼ 범인이 여자라면 범인이 머리카락이 짧을 확률 $P(B^C|A^C)$

6.5.2 **연습 문제**

(경우 2)에 대해 다음 확률을 구하라.

❶ 범인이 머리카락이 짧다면 범인이 남자일 확률 $P(A|B^C)$

❷ 범인이 머리카락이 길다면 범인이 여자일 확률 $P(A^C|B)$

❸ 범인이 머리카락이 짧다면 범인이 여자일 확률 $P(A^C|B^C)$

❹ 범인이 남자라면 범인이 머리카락이 길 확률 $P(B|A)$

❺ 범인이 여자라면 범인이 머리카락이 길 확률 $P(B|A^C)$

❻ 범인이 남자라면 범인이 머리카락이 짧을 확률 $P(B^C|A)$

❼ 범인이 여자라면 범인이 머리카락이 짧을 확률 $P(B^C|A^C)$

독립

수학적으로는 사건 A와 사건 B의 결합확률의 값이 다음과 같은 관계가 성립하면 **두 사건 A와 B는 서로 독립**이라고 정의한다.

$$P(A, B) = P(A)P(B)$$

독립인 경우 조건부확률과 원래의 확률이 같아짐을 알 수 있다. 즉, B라는 사건이 발생하든 말든 사건 A에는 전혀 영향을 주지 않는 다는 것이다.

$$P(A|B) = \frac{P(A, B)}{P(B)} = \frac{P(A)P(B)}{P(B)} = P(A)$$

원인과 결과, 근거와 추론, 가정과 조건부 결론

조건부확률 $P(A|B)$에서 사건(주장/명제) B, A는 각각

- '가정과 그 가정에 따른 조건부 결론' 또는
- '원인과 결과' 또는
- '근거와 추론'

으로 생각할 수도 있다.

또 결합확률의 정의를 바꿔 쓰면 다음과 같이 되는데,

$$P(A, B) = P(A|B)P(B)$$

이 식은 다음과 같은 관점에서 볼 수 있다.

> A, B가 모두 발생할 확률은 B라는 사건이 발생할 확률과 그 사건이 발생한 경우 다시 A
> 가 발생할 경우의 곱

| 예제 |

위 식을 응용하면 다음과 같은 수식도 성립한다.

$$P(A, B, C) = P(A|B, C)P(B, C)$$

확률표기에서 쉼표가 교집합을 뜻한다는 것을 기억하면 이 식은 쉽게 증명할 수 있다.

$$
\begin{aligned}
P(A, B, C) &= P(A \cap B \cap C) \\
&= P(A \cap (B \cap C)) \\
&= P(A|B \cap C)P(B \cap C) \\
&= P(A|B, C)P(B, C)
\end{aligned}
$$

6.5.3 연습 문제

다음 수식을 증명하라.

❶ $P(A, B, C, D) = P(A, B|C, D)P(C, D)$

❷ $P(A, B|C)P(C) = P(A|B, C)P(B, C)$

❸ $P(A, B, C|D, E) = \dfrac{P(A, B|C, D, E)P(C, D|E)P(E)}{P(D, E)}$

6.5.4 연습 문제

B, C가 독립인 사건일 때 다음이 성립함을 증명하라.

$$P(A, B|C) = P(A|B, C)P(B)$$

사슬 법칙

조건부확률과 결합확률의 관계를 확장하면 복수의 사건 X_1, X_2, ..., X_N에 대한 조건부 확률을 다음처럼 쓸 수 있다. 이를 **사슬 법칙**chain rule이라고 한다.

$$P(X_1, X_2) = P(X_1)P(X_2|X_1)$$
$$P(X_1, X_2, X_3) = P(X_3|X_1, X_2)P(X_1, X_2)$$
$$= P(X_1)P(X_2|X_1)P(X_3|X_1, X_2)$$
$$P(X_1, X_2, X_3, X_4) = P(X_4|X_1, X_2, X_3)P(X_1, X_2, X_3)$$
$$= P(X_1)P(X_2|X_1)P(X_3|X_1, X_2)P(X_4|X_1, X_2, X_3)$$
$$\vdots$$
$$P(X_1, \ldots, X_N) = P(X_1)\prod_{i=2}^{N} P(X_i|X_1, \ldots X_{i-1})$$

확률변수

확률적인 숫자 값을 출력하는 변수를 확률변수random variable라고 한다. 확률변수에 대한 더 수학적인 정의는 이후에 다시 공부할 것이다. 여기에서는 주사위처럼 어떤 숫자가 나올 수 있지만 정확히 어떤 숫자가 나올지 예측할 수는 없는 기계라고 생각하면 된다. 확률변수는 보통 X, Y처럼 알파벳 대문자로 표기한다.

위의 범인 찾기 문제에서는 두 확률변수 X, Y를 정의할 수 있다. 확률변수 X는 성별을 나타내고 확률변수 Y는 머리카락이 긴지 짧은지를 나타낸다.

- $X=0$인 경우가 사건 A (남자인 사건)
- $X=1$인 경우가 사건 A^C (여자인 사건)
- $Y=0$인 경우가 사건 B (머리카락이 긴 사건)
- $Y=1$인 경우가 사건 B^C (머리카락이 짧은 사건)

확률변수는 확률분포를 그 안에 내포하고 있어서 그 확률분포에 따라 숫자를 출력할 수 있다. 확률변수 X가 가진 확률을 확률변수의 확률 $P(X)$라고 한다. 위 예에서 확률변수 X는 사건 A와 사건 A^C를 가질 수 있고 각 사건에 할당된 확률은 다음과 같은 표로 나타낼 수 있다.

확률변수 X값	확률변수 X의 사건	각 사건에 할당된 확률
$X=0$	A	$P(X=0)=P(A)=\dfrac{12}{20}$
$X=1$	A^C	$P(X=1)=P(A^C)=\dfrac{8}{20}$

결합확률의 확률분포는 각 확률변수가 가질 수 있는 값의 조합으로 나타난다. 예를 들어 확률변수 X는 사건 A와 사건 A^C를 가질 수 있고 확률변수 Y는 사건 B와 사건 B^C를 가질 수 있으므로 두 사건의 조합에 대한 결합확률은 다음 표와 같이 표현한다. 이 표에서 확률값은 머리카락 긴 남자가 3명인 경우(경우 1)에서 구한 값이다.

X값	Y값	X의 사건	Y의 사건	각 사건의 조합에 할당된 확률
$X=0$	$Y=0$	A	B	$P(X=0,Y=0)=P(A,B)=\dfrac{3}{20}$
$X=0$	$Y=1$	A	B^C	$P(X=0,Y=1)=P(A,B^C)=\dfrac{9}{20}$
$X=1$	$Y=0$	A^C	B	$P(X=1,Y=0)=P(A^C,B)=\dfrac{7}{20}$
$X=1$	$Y=1$	A^C	B^C	$P(X=1,Y=1)=P(A^C,B^C)=\dfrac{1}{20}$

두 확률변수 X, Y가 가질 수 있는 모든 사건의 조합에 대해 독립이 성립하면 두 확률변수 X, Y가 **독립**이라고 한다. 위 결합확률 표에서 주변확률의 곱을 구해서 결합확률과 비교해보면 확률변수 X, Y는 독립이 아니라는 것을 알 수 있다.

X값	Y값	X의 확률	Y의 확률	주변확률의 곱	결합확률
$X=0$	$Y=0$	$P(X=0)=0.6$	$P(Y=0)=0.5$	$P(X=0)P(Y=0)=0.3$	$P(X=0,Y=0)=\dfrac{3}{20}$
$X=0$	$Y=1$	$P(X=0)=0.6$	$P(Y=1)=0.5$	$P(X=0)P(Y=1)=0.3$	$P(X=0,Y=1)=\dfrac{9}{20}$
$X=1$	$Y=0$	$P(X=1)=0.4$	$P(Y=0)=0.5$	$P(X=1)P(Y=0)=0.2$	$P(X=1,Y=0)=\dfrac{7}{20}$
$X=1$	$Y=1$	$P(X=1)=0.4$	$P(Y=1)=0.5$	$P(X=1)P(Y=1)=0.2$	$P(X=1,Y=1)=\dfrac{1}{20}$

6.5.5 **연습 문제**

(경우 2)에 대해 위와 같은 표를 완성하고 확률변수 X, Y가 독립임을 보여라.

피지엠파이 패키지

pgmpy^{Probabilistic Graphical Models in Python} 패키지를 사용하면 이산확률 모형을 쉽게 구현할 수 있다. 피지엠파이 패키지 다음 명령으로 설치한다.

```
pip install pgmpy
```

피지엠파이 패키지의 JointProbabilityDistribution 클래스는 결합확률 모형을 만드는 데 사용하는 클래스다. 사용법은 다음과 같다.

JointProbabilityDistribution(variables, cardinality, values)
- variables : 확률변수의 이름 문자열의 리스트. 정의하려는 확률변수가 하나인 경우에도 리스트로 넣어야 한다.
- cardinality : 각 확률변수의 표본 혹은 배타적 사건의 수의 리스트
- values : 확률변수의 모든 표본(조합)에 대한 (결합)확률값의 리스트

variables에 들어가는 인수가 사건의 이름이 아니라 확률변수의 이름이라는 점에 주의하라. 피지엠파이에서는 사건의 이름을 명시적으로 지정할 수 없고 입력한 사건의 수가 K일 때, 0, 1, ..., $K-1$과 같이 숫자로 지정된다.

범인 찾기 예제에서 성별을 나타내는 확률변수 X와 머리카락 길이를 나타내는 확률변수 Y의 확률을 다음과 같이 표로 정의할 수 있다.

```
from pgmpy.factors.discrete import JointProbabilityDistribution as JPD

px = JPD(['X'], [2], np.array([12, 8]) / 20)
print(px)
```

```
+-----+--------+
| X   |   P(X) |
+=====+========+
| X_0 | 0.6000 |
+-----+--------+
| X_1 | 0.4000 |
+-----+--------+
```

6.5.6 연습 문제

위의 범인 찾기 문제의 예에서 확률변수 Y의 확률을 JointProbabilityDistribution 클래스 객체 py로 구현하라.

확률변수 X와 확률변수 Y의 결합확률은 다음처럼 정의한다.

```
pxy = JPD(['X', 'Y'], [2, 2], np.array([3, 9, 7, 1]) / 20)
print(pxy)
```

```
+-----+-----+----------+
| X   | Y   |  P(X,Y)  |
+=====+=====+==========+
| X_0 | Y_0 |  0.1500  |
+-----+-----+----------+
| X_0 | Y_1 |  0.4500  |
+-----+-----+----------+
| X_1 | Y_0 |  0.3500  |
+-----+-----+----------+
| X_1 | Y_1 |  0.0500  |
+-----+-----+----------+
```

6.5.7 연습 문제

위의 범인 찾기 문제의 예에서 남자 12명 중 머리카락이 긴 사람이 6명인 경우(경우 2)의 결합확률 모형을 JointProbabilityDistribution 클래스 객체 pxy2로 구현하라.

JointProbabilityDistribution 클래스는 결합확률로부터 주변확률을 계산하는 marginal_distribution() 메서드, marginalize() 메서드와 조건부확률을 계산하는 conditional_distribution() 메서드를 제공한다.

marginal_distribution(values, inplace=True)

- values : 주변확률을 구할 확률변수의 이름 문자열 리스트
- inplace : True이면 객체 자신을 주변확률 모형으로 변화시킨다. False면 주변확률 모형 객체를 반환한다.

```
marginalize(values, inplace=True)
```

- values : 어떤 확률변수의 주변확률을 구하기 위해 없앨 확률변수의 이름 문자열 리스트
- inplace : True이면 객체 자신을 주변확률 모형으로 변화시킨다. False면 주변확률 모형 객체를 반환한다.

```
conditional_distribution(values, inplace=True)
```

- values : 주변확률을 구할 확률변수의 이름 문자열과 값을 묶은 튜플의 리스트
- inplace : True이면 객체 자신을 조건부확률 모형으로 변화시킨다. False면 조건부확률 모형 객체를 반환한다.

marginal_distribution() 메서드는 인수로 받은 확률변수에 대한 주변확률분포를 구한다. 다음 코드는 결합확률로부터 주변확률 $P(A)$, $P(A^C)$를 계산한다.

```
pmx = pxy.marginal_distribution(['X'], inplace=False)
print(pmx)
```

```
+-----+--------+
| X   |   P(X) |
+=====+========+
| X_0 | 0.6000 |
+-----+--------+
| X_1 | 0.4000 |
+-----+--------+
```

marginalize() 메서드는 인수로 받은 확률변수를 주변화(marginalize)하여 나머지 확률변수에 대한 주변확률분포를 구한다. 다음 코드도 앞과 마찬가지로 결합확률로부터 주변확률 $P(A)$, $P(A^C)$를 계산한다.

```
pmx = pxy.marginalize(['Y'], inplace=False)
print(pmx)
```

```
+-----+--------+
| X   |   P(X) |
+=====+========+
| X_0 | 0.6000 |
+-----+--------+
| X_1 | 0.4000 |
+-----+--------+
```

다음 코드는 결합확률로부터 주변확률 $P(B)$, $P(B^C)$를 계산한다.

```
py = pxy.marginal_distribution(['Y'], inplace=False)
print(py)
```

```
+-----+--------+
| Y   |  P(Y)  |
+=====+========+
| Y_0 | 0.5000 |
+-----+--------+
| Y_1 | 0.5000 |
+-----+--------+
```

conditional_distribution() 메서드를 사용하면 어떤 확률변수가 어떤 사건이 되는 조건에 대해 조건부확률값을 계산한다. 다음 코드는 결합확률로부터 조건부확률 $P(B|A)$, $P(B^C|A)$를 계산한다.

```
# 사건 A에 대한 조건부확률
py_on_x0 = pxy.conditional_distribution([('X', 0)], inplace=False)
print(py_on_x0)
```

```
+-----+--------+
| Y   |  P(Y)  |
+=====+========+
| Y_0 | 0.2500 |
+-----+--------+
| Y_1 | 0.7500 |
+-----+--------+
```

다음 코드는 결합확률로부터 조건부확률 $P(B|A^C)$, $P(B^C|A^C)$를 계산한다.

```
py_on_x1 = pxy.conditional_distribution([('X', 1)], inplace=False)
print(py_on_x1)
```

```
+-----+--------+
| Y   |  P(Y)  |
```

```
+=====+========+
| Y_0 | 0.8750 |
+-----+--------+
| Y_1 | 0.1250 |
+-----+--------+
```

다음 코드는 결합확률로부터 조건부확률 $P(A|B)$, $P(A^C|B)$를 계산한다.

```
# 사건 B에 대한 조건부확률
px_on_y0 = pxy.conditional_distribution([('Y', 0)], inplace=False)
print(px_on_y0)
```

```
+-----+--------+
| X   |   P(X) |
+=====+========+
| X_0 | 0.3000 |
+-----+--------+
| X_1 | 0.7000 |
+-----+--------+
```

check_independence() 메서드를 이용하면 두 확률변수 간의 독립도 확인할 수 있다.

```
pxy.check_independence(['X'], ['Y'])
```

```
False
```

두 개의 JointProbabilityDistribution 객체끼리 곱하면 두 분포가 독립이라는 가정하에 결합확률을 구한다. 이 값과 원래의 결합확률을 비교하면 독립이 아니라는 것을 알 수 있다.

```
print(px * py)
print(pxy)
```

```
+-----+-----+----------+
| X   | Y   |   P(X,Y) |
+=====+=====+==========+
| X_0 | Y_0 |   0.3000 |
```

```
+-----+-----+----------+
| X_0 | Y_1 |  0.3000  |
+-----+-----+----------+
| X_1 | Y_0 |  0.2000  |
+-----+-----+----------+
| X_1 | Y_1 |  0.2000  |
+-----+-----+----------+

+-----+-----+----------+
| X   | Y   |  P(X,Y)  |
+=====+=====+==========+
| X_0 | Y_0 |  0.1500  |
+-----+-----+----------+
| X_0 | Y_1 |  0.4500  |
+-----+-----+----------+
| X_1 | Y_0 |  0.3500  |
+-----+-----+----------+
| X_1 | Y_1 |  0.0500  |
+-----+-----+----------+
```

6.5.8 **연습 문제**

위에서 구현한 JointProbabilityDistribution 클래스 객체 pxy2로부터 주변확률 모형 및 조건부
확률 모형을 구하라. 또 check_independence() 메서드를 이용하여 사건 A, B의 독립을 확인하라.

6.6 베이즈 정리

베이즈 정리는 데이터라는 조건이 주어졌을 때의 조건부확률을 구하는 공식이다. 베이즈 정리
를 쓰면 데이터가 주어지기 전의 사전확률값이 데이터가 주어지면서 어떻게 변하는지 계산할
수 있다. 따라서 데이터가 주어지기 전에 이미 어느 정도 확률값을 예측하고 있을 때 이를 새로
수집한 데이터와 합쳐서 최종 결과에 반영할 수 있다. 데이터 수가 부족한 경우 아주 유용하다.
데이터를 매일 추가적으로 얻는 상황에서도 매일 전체 데이터를 대상으로 새로 분석작업을 할
필요 없이 어제 분석결과에 오늘 들어온 데이터를 합쳐서 업데이트만 하면 되므로 유용하게 활
용할 수 있다.

베이즈 정리

조건부확률을 구하는 다음 공식을 **베이즈 정리**Bayesian rule라고 한다.

$$P(A|B) = \frac{P(B|A)P(A)}{P(B)}$$

증명은 다음과 같다.

$$P(A|B) = \frac{P(A, B)}{P(B)} \quad \rightarrow \quad P(A, B) = P(A|B)P(B)$$

$$P(B|A) = \frac{P(A, B)}{P(A)} \quad \rightarrow \quad P(A, B) = P(B|A)P(A)$$

$$P(A, B) = P(A|B)P(B) = P(B|A)P(A)$$

$$P(A|B) = \frac{P(B|A)P(A)}{P(B)}$$

여기에서 $P(A)$는 **사전확률**prior이라고 하며 사건 B가 발생하기 전에 가지고 있던 사건 A의 확률이다. 만약 사건 B가 발생하면 이 정보를 반영하여 사건 A의 확률은 $P(A|B)$라는 값으로 변하게 되며 이를 **사후확률**posterior이라고 한다.

사후확률값은 사전확률에 $\frac{P(B|A)}{P(B)}$ 라는 값을 곱하면 얻을 수 있다. 곱하는 $P(B|A)$는 **가능도**likelihood라고 하고 나누는 $P(B)$는 **정규화 상수**normalizing constant 혹은 **증거**evidence라고 한다.

베이즈 정리 요약

$$P(A|B) = \frac{P(B|A)P(A)}{P(B)}$$

- $P(A|B)$: 사후확률. 사건 B가 발생한 후 갱신된 사건 A의 확률
- $P(A)$: 사전확률. 사건 B가 발생하기 전에 가지고 있던 사건 A의 확률
- $P(B|A)$: 가능도. 사건 A가 발생한 경우 사건 B의 확률
- $P(B)$: 정규화 상수 또는 증거. 확률의 크기 조정

베이즈 정리는 사건 B가 발생함으로써(사건 B가 진실이라는 것을 알게 됨으로써, 즉 사건 B의

확률 $P(B)=1$이라는 것을 알게 됨으로써) 사건 A의 확률이 어떻게 변화하는지를 표현한 정리다. 따라서 베이즈 정리는 새로운 정보가 기존의 추론에 어떻게 영향을 미치는지를 나타낸다.

베이즈 정리의 확장 1

만약 사건 A_i가 서로 배타적이고 완전하다고 하자.

- 서로 배타적(교집합이 없다)

  $A_i \cap A_j = \emptyset$

- 완전(합집합이 표본공간)

  $A_1 \cup A_2 \cup \cdots = \Omega$

전체 확률의 법칙을 이용하여 다음과 같이 베이즈 정리를 확장할 수 있다.

$$
\begin{aligned}
P(A_1|B) &= \frac{P(B|A_1)P(A_1)}{P(B)} \\
&= \frac{P(B|A_1)P(A_1)}{\sum_i P(A_i, B)} \\
&= \frac{P(B|A_1)P(A_1)}{\sum_i P(B|A_i)P(A_i)}
\end{aligned}
$$

이 식은 다중분류multi-class classification문제에서 베이즈 정리가 어떻게 사용되는지를 보여주는 수식이다. 다중분류 문제는 여러 배타적이고 완전한 사건 중에서 가장 확률이 높은 사건 하나를 고르는 문제다. 예를 들어 B라는 힌트를 주고 1번부터 4번까지 보기 중 하나를 골라야 하는 4지선다형 문제는 A_1, A_2, A_3, A_4 중 B에 대한 조건부 확률이 가장 높은 사건을 고르는 것과 같다. 이 문제를 풀려면 위의 베이즈 정리 확장을 사용하여 4가지 조건부 확률값을 비교하면 된다.

$$
P(A_1|B) = \frac{P(B|A_1)P(A_1)}{P(B|A_1)P(A_1) + P(B|A_2)P(A_2) + P(B|A_3)P(A_3) + P(B|A_4)P(A_4)}
$$

$$
P(A_2|B) = \frac{P(B|A_2)P(A_2)}{P(B|A_1)P(A_1) + P(B|A_2)P(A_2) + P(B|A_3)P(A_3) + P(B|A_4)P(A_4)}
$$

$$
P(A_3|B) = \frac{P(B|A_3)P(A_3)}{P(B|A_1)P(A_1) + P(B|A_2)P(A_2) + P(B|A_3)P(A_3) + P(B|A_4)P(A_4)}
$$

$$
P(A_4|B) = \frac{P(B|A_4)P(A_4)}{P(B|A_1)P(A_1) + P(B|A_2)P(A_2) + P(B|A_3)P(A_3) + P(B|A_4)P(A_4)}
$$

그런데 분모에 있는 $\sum_i P(B|A_i)P(A_i)$ 식은 i값이 바뀌어도 항상 같은 값이므로 A_1, A_2, A_3, A_4 중 B에 대한 조건부 확률이 가장 높은 사건을 고르는 것이 목적이라면 분자의 값만 비교하면 된다. 다음 식에서 $\propto$ 기호는 비례한다는 뜻이다.

$$P(A_1|B) \propto P(B|A_1)P(A_1)$$

$$P(A_2|B) \propto P(B|A_2)P(A_2)$$

$$P(A_3|B) \propto P(B|A_3)P(A_3)$$

$$P(A_4|B) \propto P(B|A_4)P(A_4)$$

$A_1 = A$, $A_2 = A^C$인 경우에는 다음과 같은 식이 성립한다.

$$
\begin{aligned}
P(A|B) &= \frac{P(B|A)P(A)}{P(B)} \\
&= \frac{P(B|A)P(A)}{P(B,A) + P(B,A^C)} \\
&= \frac{P(B|A)P(A)}{P(B|A)P(A) + P(B|A^C)P(A^C)} \\
&= \frac{P(B|A)P(A)}{P(B|A)P(A) + P(B|A^C)(1 - P(A))}
\end{aligned}
$$

이 식은 클래스가 2개뿐인 이진 클래스 분류 문제에 사용된다. $P(A|B)$의 값이 0.5보다 크면 답은 A이고 반대라면 답은 A^C이다.

검사 시약 문제

베이즈 정리를 이용하여 다음과 같은 문제를 풀어보자.

제약사에서 환자가 특정한 병에 걸린지 확인하는 시약을 만들었다. 그 병에 걸린 환자에게 시약을 테스트한 결과 99% 확률로 양성 반응을 보였다. 병에 걸린지 확인이 되지 않은 어떤 환자가 이 시약을 테스트한 결과 양성 반응을 보였다면 이 환자가 그 병에 걸려 있을 확률은 얼마인가? 99%일까?

이 문제를 확률론의 용어로 다시 정리하여 서술해보자.

우선 환자가 실제로 병에 걸린 경우를 사건 D라고 하자. 그러면 병에 걸리지 않은 경우는 사건

D^C가 된다. 또 시약 테스트에서 양성 반응을 보이는 경우를 사건 S라고 하면 음성 반응을 보이는 경우는 사건 S^C이다.

현재 주어진 확률값은 병에 걸린 환자에게 시약을 테스트했을 때 양성 반응을 보이는 확률이다. 병에 걸렸다는 것은 추가된 조건 혹은 정보이므로 이 확률은 $P(S|D)$로 표기할 수 있다.

그런데 구해야 하는 값은 이것과 반대로 양성 반응을 보이는 환자가 병에 걸렸을 확률이다. 이때에는 양성 반응을 보인다라는 것이 추가된 정보이므로 이 확률은 $P(D|S)$로 표기할 수 있다.

검사 시약 문제 요약

- 사건
  - 병에 걸리는 경우 : 사건 D
  - 양성 반응을 보이는 경우 : 사건 S
  - 병에 걸린 사람이 양성 반응을 보이는 경우 : 조건부 사건 $S|D$
  - 양성 반응을 보이는 사람이 병에 걸려 있을 경우 : 조건부 사건 $D|S$
- 문제
  - $P(S|D) = 0.99$가 주어졌을 때, $P(D|S)$를 구하라.

베이즈 정리에서

$$P(D|S) = \frac{P(S|D)P(D)}{P(S)}$$

임을 알고 있다. 그러나 이 식에서 우리가 알고 있는 것은 $P(S|D)$뿐이고 $P(D)$나 $P(S)$는 모르기 때문에 $P(D|S)$ 현재로서는 구할 수 없다. 즉, 99%라고 간단히 말할 수 없다는 것이다.

추가 조사를 통해 필요한 정보를 다음과 같이 입수했다고 하자.

- 이 병은 전체 인구 중 걸린 사람이 0.2%인 희귀병이다.
- 이 병에 걸리지 않은 사람에게 시약 검사를 했을 때, 양성 반응, 즉 잘못된 결과(False Positive)가 나타난 확률이 5%다.

이를 확률론적 용어로 바꾸면 다음과 같다.

$$P(D) = 0.002$$

$$P(S|D^C) = 0.05$$

이 문제는 피검사자가 병에 걸렸는지 걸리지 않았는지를 알아보는 이진 분류 문제이므로 이에 해당하는 베이즈 정리의 확장을 사용하면 다음과 같이 확률을 구할 수 있다.

$$
\begin{aligned}
P(D|S) &= \frac{P(S|D)P(D)}{P(S)} \\
&= \frac{P(S|D)P(D)}{P(S, D) + P(S, D^C)} \\
&= \frac{P(S|D)P(D)}{P(S|D)P(D) + P(S|D^C)P(D^C)} \\
&= \frac{P(S|D)P(D)}{P(S|D)P(D) + P(S|D^C)(1 - P(D))} \\
&= \frac{0.99 \cdot 0.002}{0.99 \cdot 0.002 + 0.05 \cdot (1 - 0.002)} \\
&= 0.038
\end{aligned}
$$

시약 반응에서 양성 반응을 보이는 사람이 실제로 병에 걸려 있을 확률은 약 3.8%에 불과하다.

피지엠파이를 사용한 베이즈 정리 적용

피지엠파이 패키지는 베이즈 정리에 적용하는 BayesianModel 클래스를 제공한다. 베이즈 정리를 적용하려면 조건부확률을 구현하는 TabularCPD 클래스를 사용하여 사전확률과 가능도를 구현해야 한다. TabularCPD 클래스 객체는 다음과 같이 만든다.

```
TabularCPD(variable, variable_card, value, evidence=None, evidence_card=None)
```
  - variable : 확률변수의 이름 문자열
  - variable_card : 확률변수가 가질 수 있는 경우의 수
  - value : 조건부확률 배열. 하나의 열(column)이 동일 조건을 뜻하므로 하나의 열의 확률 합은 1이어야 한다.
  - evidence : 조건이 되는 확률변수의 이름 문자열의 리스트
  - evidence_card : 조건이 되는 확률변수가 가질 수 있는 경우의 수의 리스트

TabularCPD 클래스는 원래는 조건부확률을 구현하기 위한 것이지만 evidence=None, evidence_card=None으로 인수를 주면 일반적인 확률도 구현할 수 있다.

우선 확률변수 X를 이용하여 병에 걸렸을 사전확률 $P(D)=P(X=1)$, 병에 걸리지 않았을 사전확률 $P(D^C)=P(X=0)$을 정의한다.

```
from pgmpy.factors.discrete import TabularCPD

cpd_X = TabularCPD('X', 2, [[1 - 0.002, 0.002]])
print(cpd_X)
```

```
+-----+-------+
| X_0 | 0.998 |
+-----+-------+
| X_1 | 0.002 |
+-----+-------+
```

다음으로는 양성 반응이 나올 확률 $P(S)=P(Y=1)$, 음성 반응이 나올 확률 $P(S^c)=P(Y=0)$을 나타내는 확률변수 Y를 정의한다.

확률변수 Y의 확률을 베이즈 모형에 넣을 때는 TabularCPD 클래스를 사용한 조건부확률 $P(Y|X)$ 형태로 넣어야 하므로 다음처럼 조건부확률 $P(Y|X)$를 구현한다.

```
cpd_Y_on_X = TabularCPD('Y', 2, np.array([[0.95, 0.01], [0.05, 0.99]]),
                        evidence=['X'], evidence_card=[2])
print(cpd_Y_on_X)
```

```
+-----+------+------+
| X   | X_0  | X_1  |
+-----+------+------+
| Y_0 | 0.95 | 0.01 |
+-----+------+------+
| Y_1 | 0.05 | 0.99 |
+-----+------+------+
```

이제 이 확률변수들이 어떻게 결합되어 있는지는 나타내는 확률 모형인 BayesianModel 클래스 객체를 만들어야 한다.

BayesianModel(variables)

- variables : 확률 모형이 포함하는 확률변수 이름 문자열의 리스트

BayesianModel 클래스는 다음 메서드를 지원한다.

- add_cpds() : 조건부확률 추가
- check_model() : 모형이 정상적인지 확인. True면 정상

```
from pgmpy.models import BayesianModel

model = BayesianModel([('X', 'Y')])
model.add_cpds(cpd_X, cpd_Y_on_X)
model.check_model()
```

```
True
```

BayesianModel 클래스는 변수 제거법^{VariableElimination}을 사용한 추정을 제공한다. VariableElimination 클래스로 추정^{inference} 객체를 만들고 이 객체의 query() 메서드를 사용하면 사후확률을 계산한다.

query(variables, evidences)
- variables : 사후확률을 계산할 확률변수의 이름 리스트
- evidences : 조건이 되는 확률변수의 값을 나타내는 딕셔너리

여기에서는 피지엠파이 패키지를 이용하여 베이즈 정리를 적용할 수 있다는 것만 알면 된다. 자세한 내용은 추후 **확률적 그래프 모형**$^{Probabilistic\ Graphical\ Model}$에서 다룬다.

```
from pgmpy.inference import VariableElimination

inference = VariableElimination(model)
posterior = inference.query(['X'], evidence={'Y': 1})
print(posterior['X'])
```

```
+-----+----------+
| X   |   phi(X) |
+=====+==========+
| X_0 |   0.9618 |
+-----+----------+
| X_1 |   0.0382 |
+-----+----------+
```

베이즈 정리의 확장 2

베이즈 정리는 사건 A의 확률이 사건 B에 의해 갱신된 확률을 계산한다. 그런데 만약 이 상태에서 또 추가적인 사건 C가 발생했다면 베이즈 정리는 다음과 같이 쓸 수 있다.

$$P(A|B, C) = \frac{P(C|A, B)P(A|B)}{P(C|B)}$$

위 식에서 $P(A|B, C)$는 B와 C가 조건인 A의 확률이다. 즉 $P(A \mid (B \cap C))$를 뜻한다.

이 공식을 사건 A와 C 만 있는 경우와 비교하면 위 공식을 쉽게 외울 수 있다.

$$P(A|C) = \frac{P(C|A)P(A)}{P(C)}$$

증명은 다음과 같다.

$$P(A, B, C) = P(A|B, C)P(B, C) = P(A|B, C)P(C|B)P(B)$$

$$P(A, B, C) = P(C|A, B)P(A, B) = P(C|A, B)P(A|B)P(B)$$

$$P(A|B, C)P(C|B)P(B) = P(C|A, B)P(A|B)P(B)$$

$$P(A|B, C) = \frac{P(C|A, B)P(A|B)}{P(C|B)}$$

6.6.1 **연습 문제**

다음 식을 증명하라.

$$P(A|B, C) = \frac{P(B|A, C)P(A|C)}{P(B|C)}$$

6.6.2 **연습 문제**

다음 식을 증명하라.

$$P(A|B, C, D) = \frac{P(D|A, B, C)P(A|B, C)}{P(D|B, C)}$$

6.6.3 연습 문제

다음 식을 증명하라.

$$P(A, B|C, D) = \frac{P(D|A, B, C)P(A, B|C)}{P(D|C)}$$

몬티 홀 문제

몬티 홀 문제Monty Hall problem는 다음과 같은 확률문제다.

세 문 중에 하나를 선택하여 문 뒤에 있는 선물을 가지는 게임쇼에 참가했다. 한 문 뒤에는 자동차가 있고, 나머지 두 문 뒤에는 염소가 있다. 이때 어떤 사람이 예를 들어 1번 문을 선택했을 때, 게임쇼 진행자는 3번 문을 열어 문뒤에 염소가 있음을 보여주면서 1번 대신 2번을 선택하겠냐고 물었다. 참가자가 자동차를 가지려할 때 원래 선택했던 번호를 바꾸는 것이 유리할까?

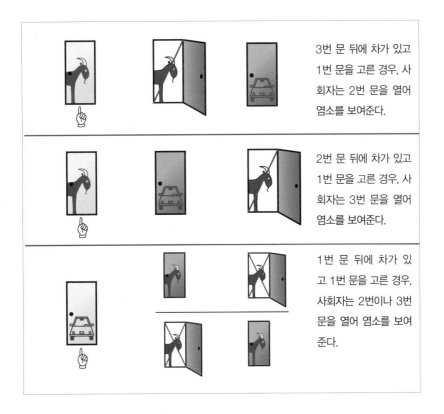

3번 문 뒤에 차가 있고 1번 문을 고른 경우, 사회자는 2번 문을 열어 염소를 보여준다.

2번 문 뒤에 차가 있고 1번 문을 고른 경우, 사회자는 3번 문을 열어 염소를 보여준다.

1번 문 뒤에 차가 있고 1번 문을 고른 경우, 사회자는 2번이나 3번 문을 열어 염소를 보여준다.

문의 위치를 0, 1, 2라는 숫자로 표현하면 다음과 같은 확률변수를 사용하여 이 문제를 풀 수 있다.

- 자동차가 있는 문을 나타내는 확률변수 C로 값은 0, 1, 2를 가질 수 있다.
- 참가자가 선택한 문을 나타내는 확률변수 X로 값은 0, 1, 2를 가질 수 있다.
- 진행자가 열어준 문을 나타내는 확률변수 H로 값은 0, 1, 2를 가질 수 있다.

이 문제는 참가자와 진행자의 행위를 조건으로, 자동차 위치를 결과로 하는 조건부 확률을 푸는 문제다. 예를 들어 참가자가 1번 문을 선택하고 진행자가 2번 문을 열어서 자동차가 없다는 것을 보였으면 조건은

X_1, H_2

가 된다. 이때 자동차는 0번 문 아니면 1번 문 뒤에 있으므로 이진 분류 문제가 된다.

이 문제를 푸는 핵심은 다음 두 가지 사실을 이용하는 것이다.

- 자동차를 놓는 진행자는 참가자의 선택을 예측할 수 없고 참가자는 자동차를 볼 수 없으므로 자동차 위치와 참가자 선택은 서로 독립적이다.

$$P(C, X) = P(C)P(X)$$

- 진행자가 어떤 문을 여는가가 자동차 위치 및 참가자 선택에 좌우된다. 예를 들어 자동차가 0번 문 뒤에 있고 참가자가 1번 문을 선택하면 진행자는 2번 문을 열 수밖에 없다.

$$P(H_0|C_0, X_1) = 0$$

$$P(H_1|C_0, X_1) = 0$$

$$P(H_2|C_0, X_1) = 1$$

자동차가 1번 문 뒤에 있는데 참가자가 1번 문을 선택한 경우에는 0번 문과 2번 문 둘 다 열어도 된다. 따라서 진행자가 0번 문이나 2번 문을 열 확률은 0.5다.

$$P(H_0|C_1, X_1) = \frac{1}{2}$$

$$P(H_1|C_1, X_1) = 0$$

$$P(H_2|C_1, X_1) = \frac{1}{2}$$

이 사실들을 이용하면 참가자가 1번 문을 선택하고 진행자가 2번 문을 열어서 자동차가 없다는 것을 보인 경우에 0번 문 뒤에 차가 있을 확률은 다음처럼 계산할 수 있다.

$$
\begin{aligned}
P(C_0 \mid X_1, H_2) &= \frac{P(C_0, X_1, H_2)}{P(X_1, H_2)} \\
&= \frac{P(H_2 \mid C_0, X_1) P(C_0, X_1)}{P(X_1, H_2)} \\
&= \frac{P(C_0) P(X_1)}{P(H_2 \mid X_1) P(X_1)} \\
&= \frac{P(C_0)}{P(H_2 \mid X_1)} \\
&= \frac{P(C_0)}{P(H_2, C_0 \mid X_1) + P(H_2, C_1 \mid X_1) + P(H_2, C_2 \mid X_1)} \\
&= \frac{P(C_0)}{P(H_2 \mid X_1, C_0) P(C_0) + P(H_2 \mid X_1, C_1) P(C_1) + P(H_2 \mid X_1, C_2) P(C_2)} \\
&= \frac{\frac{1}{3}}{1 \cdot \frac{1}{3} + \frac{1}{2} \cdot \frac{1}{3} + 0 \cdot \frac{1}{3}} \\
&= \frac{2}{3}
\end{aligned}
$$

$$
P(C_0 \mid X_1, H_2) = \frac{2}{3}
$$

이진 분류 문제이므로

$$
P(C_1 \mid X_1, H_2) = 1 - P(C_0 \mid X_1, H_2) = \frac{1}{3}
$$

따라서 0번 문 뒤에 자동차가 있을 확률은 1번 문 뒤에 자동차가 있을 확률의 2배다. 참가자는 선택을 바꾸는 것이 유리하다.

6.7 마치며

근대 논리학의 관점에서 베이즈 확률론을 공부했다. 데이터 분석의 최종 목적은 데이터가 이야기하는 결론의 참과 거짓, 혹은 신뢰도를 알아내는 것이므로 이를 판단할 수 있는 논리학의 역할을 하는 확률론은 필수불가결하다. 다음 장에서는 이 장에서 배운 확률론을 기반으로 데이터를 모형화하는 방법을 공부한다.

7장 확률변수와 상관관계

6장에서는 확률을 어떻게 정의하는지 살펴보았다. 이 장에서는 실제 데이터값이 어떻게 나올지 묘사하는 데 확률을 사용하는 방법을 알아본다. 확률변수는 특정 데이터값을 대표하는 확률모형이다. 먼저 확률변수의 기댓값, 분산, 표준편차 등의 수학적 특성을 공부한다. 다음으로 여러 종류의 데이터가 존재할 때 어떤 변수의 값이 변함에 따라 이와 관련된 다른 변수의 특성이 어떻게 달라지는지 알아보고 예측 문제에 어떻게 활용되는지 살펴본다.

> **학습 목표**
>
> - 확률변수의 정의와 데이터 분석에 확률변수가 어떻게 사용되는지 알아본다.
> - 기댓값, 분산, 표준편차의 수학적 정의와 특성을 공부한다.
> - 다변수 확률변수 간의 공분산과 독립의 의미를 살펴보고 상관계수로 상관관계를 측정하는 법을 알아본다.
> - 조건부 기댓값의 정의와 특성을 공부하고 예측 문제에 어떻게 쓰이는지 살펴본다.

7.1 확률적 데이터와 확률변수

여러분이 의사라고 가정하자. 여러분은 환자로부터 여러 가지 숫자, 즉 데이터를 받게 된다. 한 명의 환자가 주는 데이터는 크게 두 가지로 나눌 수 있는데 하나는 생년월일처럼 한 번 물어보면 더 물어볼 필요가 없는 데이터, 또 하나는 혈압, 체온처럼 환자가 내원할 때마다 물어보게 되는 데이터다. 같은 환자에게 생년월일을 한 번만 묻는 이유는 누가 언제 물어보더라도 그 값이 바뀌지 않기 때문이다. 반대로 혈압과 같은 데이터는 계속 다른 값이 나올 수 있다. 이전에 100번을 측정했다 하더라도 이번에 어떤 값이 나올지 100% 정확하게 예측할 수 없다. 심지어는 같은 시간에 같은 사람의 혈압을 측정해도 측정하는 사람과 장비에 따라서 다를 수도 있다. 하지만 혈압을 100% 정확하게 예측할 수 없다는 말이 혈압이라는 데이터에 대해 아무런 정보나 지식이 없다는 뜻은 아니다. 예를 들어 혈압계에서 1000이라는 값이나 −10이라는 값이 나온다면 우리는 혈압계가 고장났다고 생각할 것이다.

이 절에서는 다음과 같은 질문에 대해 대답할 수 있는 방법을 생각해본다.

- 어떤 데이터가 생년월일처럼 변하지 않는 데이터인지 혹은 측정할 때마다 변할 수 있는 데이터인지 구분할 수 있는가?
- 혈압과 같이 100% 정확하게 예측할 수 없는 데이터가 있을 때 이 데이터로부터 우리가 얻는 지식은 무엇인가? 그것을 어떻게 표현할 수 있는가?
- 이러한 데이터를 수학적으로 표현하는 방법을 알아본다.

확률적 데이터

실험, 측정, 조사 등을 통해 어떤 데이터값을 반복적으로 얻는 경우를 생각하자. 생년월일처럼 언제 누가 얻더라도 항상 같은 값이 나오는 데이터를 **결정론적 데이터**deterministic data라고 하고 혈압처럼 정확히 예측할 수 없는 값이 나오는 데이터를 **확률적 데이터**random data, probabilistic data, stochastic data라고 한다. 우리가 다루는 대부분의 데이터는 확률적 데이터다.

데이터가 확률적이 되는 이유는

- 여러 조건이나 상황에 따라 데이터값이 영향을 받기 때문일 수도 있고
- 측정 시에 발생하는 오차 때문일 수도 있다.

분포

그런데 대부분의 확률적 데이터값을 살펴보면 어떤 값은 자주 등장하고 어떤 값은 드물게 나오거나 나오지 않는 경우가 많다. 확률적 데이터에서 어떠한 값이 자주 나오고 어떠한 값이 드물게 나오는가를 나타내는 정보를 **분포**distribution라고 한다.

분포는 범주형 데이터의 경우 **카운트 플롯**count plot, 실수형 데이터의 경우 **히스토그램**histogram을 사용하여 시각적으로 표현할 수 있다. 예를 들어 다음과 같은 21개 데이터가 있다고 하자.

```
np.random.seed(0)
x = np.random.normal(size=21)
x
```

```
array([ 1.76405235,  0.40015721,  0.97873798,  2.2408932 ,  1.86755799,
       -0.97727788,  0.95008842, -0.15135721, -0.10321885,  0.4105985 ,
        0.14404357,  1.45427351,  0.76103773,  0.12167502,  0.44386323,
        0.33367433,  1.49407907, -0.20515826,  0.3130677 , -0.85409574,
       -2.55298982])
```

이 데이터를 −4부터 4까지 0.5 크기의 구간을 가진 히스토그램으로 나타내면 다음과 같다. 시본 패키지의 distplot() 명령을 사용한다.

```
bins = np.linspace(-4, 4, 17)
sns.distplot(x, rug=True, kde=False, bins=bins)
plt.title('히스토그램으로 나타낸 데이터 분포')
plt.xlabel('x')
plt.show()
```

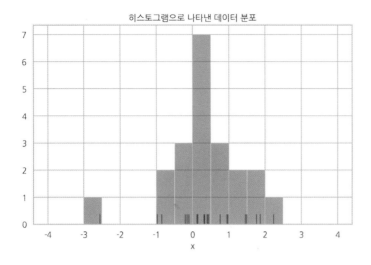

히스토그램으로 나타낸 데이터 분포

기술통계

분포를 표현하는 또다른 방법은 분포의 특징을 나타내는 여러 가지 숫자를 계산하여 그 숫자로서 분포를 나타내는 것이다. 이러한 값들을 **기술통계**^{descriptive statistics}라고 한다. 대표적인 기술통계는 다음과 같다.

- 표본평균, 표본중앙값, 표본최빈값
- 표본분산, 표본표준편차
- 표본왜도, 표본첨도

표본평균

정상인의 최고혈압^{수축기혈압, systolic blood pressure}은 얼마인가라는 질문에 하나의 숫자로 대답해야 한다면 어떻게 답할 것인가?

정상인의 최고혈압은 확률적 데이터다. 즉, 사람마다 그리고 측정하는 상황에 따라 다를 수 있다. 하지만 의사에게 같은 질문을 한다면 대부분 "120 mmHg 정도입니다"라고 말할 것이다. 여기에서 120이라는 값은 정상인의 최고혈압을 대표하는 값이다. 이렇게 확률적인 데이터값을 대표하는 몇 가지 기술통계가 있는데 그중 하나가 표본평균이다.

일반적으로 부르는 평균^{mean, average}의 정확한 명칭은 **표본평균**^{sample mean, sample average}이다. 표본평

균은 데이터 분포의 대략적인 위치를 나타낸다. 표본평균의 기호로는 알파벳 m 또는 데이터를 나타내는 변수 기호 위에 bar를 붙인 $\bar{x}$ 기호를 사용한다.

$$m = \bar{x} = \frac{1}{N} \sum_{i=1}^{N} x_i$$

이 식에서 N는 자료 개수, i는 자료 순서(index)를 뜻한다.

표본중앙값

표본중앙값 sample median은 전체 자료를 크기별로 정렬했을 때 가장 중앙에 위치하는 값을 말한다. 표본 중앙값에도 몇 가지의 정의가 존재하지만 대표적인 정의는 다음과 같다.

전체 표본 개수가 N인 경우,

- N이 홀수이면 : 중앙값은 $(N + 1)/2$번째 표본의 값
- N이 짝수이면 : 중앙값은 $N/2$번째 표본의 값과 $N/2 + 1$번째 표본의 값의 평균

예를 들어 99명의 최고혈압을 측정한 데이터가 가장 낮은 값부터 가장 높은 값까지 순서대로 정렬했을 때 50번째 사람의 최고혈압이 이 데이터의 표본중앙값이 된다. 사람 수가 100명이라면 50번째 데이터와 51번째 데이터의 평균값을 사용한다.

표본최빈값

표본최빈값 most frequent value, sample mode은 데이터값 중 가장 빈번하게 나오는 값을 말한다. 혈액형, 나이, 남녀 구분 등 유한한 종류의 값만 있는 데이터에서는 최빈값을 쉽게 구할 수 있지만 혈압, 키, 몸무게 등 연속적인 값을 가지는 데이터에서는 (정밀도가 무한히 높다는 가정하에) 똑같은 값이 나올 확률이 아주 작기 때문에 최빈값을 구하기 어렵고 의미도 없다. 따라서 연속적인 값의 경우에는 일정한 구간 간격으로 나누어 가장 많은 데이터를 가진 구간의 대푯값을 그 데이터의 최빈값으로 가정하는 방법을 많이 사용한다. 하지만 이 방법도 구간을 어떻게 나누는가에 따라 달라질 수 있기 때문에 신뢰할 수 있는 방법이 아니다.

파이썬을 사용한 대푯값 계산

파이썬에서는 다음과 같은 넘파이에서 제공하는 함수를 사용하여 각종 대푯값을 계산할 수 있다. 범주형 데이터는 실수로 바꾼 다음에 대푯값을 계산한다.

- mean(): 표본평균 계산
- median(): 표본중앙값 계산
- argmax(): 이산데이터의 최댓값 계산
- histogram(): 데이터를 구간으로 나누어 각 구간에 들어가는 데이터 수 계산

표본평균과 표본중앙값은 다음처럼 구한다.

```
print('표본평균 = {}, 표본중앙값 = {}'.format(np.mean(x), np.median(x)))
```

표본평균 = 0.4206524782418389, 표본중앙값 = 0.4001572083672233

하지만 연속데이터에 대한 최빈값은 의미 없는 숫자가 나오므로 구간으로 나누어 최빈구간을 구해야 한다.

```
ns, _ = np.histogram(x, bins=bins)
m_bin = np.argmax(ns)
print('최빈구간 = {}~{}'.format(bins[m_bin], bins[m_bin + 1]))
```

최빈값 = 2.240893199201458, 최빈구간 = 0.0~0.5

단봉분포와 다봉분포

분포의 모양에서 봉우리가 하나면 **단봉**uni-modal**분포**, 봉우리가 여럿이면 **다봉**multi-modal**분포**라고 한다.

7.1.1 **연습 문제**

다음 명령으로 붓꽃의 꽃잎 길이(petal length) 데이터를 구하고 히스토그램을 그려 분포의 모양을 살핀다.

```
from sklearn.datasets import load_iris
iris = load_iris()
df = pd.DataFrame(iris.data, columns=iris.feature_names)
sy = pd.Series(iris.target, dtype='category')
sy = sy.cat.rename_categories(iris.target_names)
df['species'] = sy
```

❶ 꽃잎 길이의 분포는 단봉분포인가 다봉분포인가?

❷ 데이터프레임에서 종(species) 이 setosa인 데이터만 뽑아서 히스토그램을 그려라. 이 분포는 단봉분 포인가 다봉분포인가?

대칭분포

표본평균, 표본중앙값, 표본최빈값은 분포의 모양에 따라 다음과 같은 특성을 보인다.

- 분포가 표본평균을 기준으로 대칭인 대칭(symmetric)분포이면 표본중앙값은 표본평균과 같다.
- 분포가 대칭분포이면서 하나의 최고값만을 가지는 단봉분포이면 표본최빈값은 표본평균과 같다.
- 대칭분포를 비대칭으로 만드는 데이터가 더해지면 표본평균이 가장 크게 영향을 받고 표본최빈값이 가장 적게 영향을 받는다.

다음 히스토그램은 대칭인 분포를 비대칭으로 만드는 데이터가 더해졌을 때 표본평균, 표본중 앙값, 표본최빈값이 어떻게 변하는지를 보인다.

```
np.random.seed(1)
x = np.random.normal(size=1000)
x = np.hstack([x, 5 * np.ones(50)])
bins = np.linspace(-6, 6, 12 * 4 + 1)
ns, _ = np.histogram(x, bins=bins)

sample_mean = np.mean(x)
sample_median = np.median(x)
mode_index = np.argmax(ns)
sample_mode = 0.5 * (bins[mode_index] + bins[mode_index + 1])
```

```
sns.distplot(x, bins=bins)
plt.axvline(sample_mean, c='k', ls=':', label='표본평균')
plt.axvline(sample_median, c='k', ls='--', label='표본중앙값')
plt.axvline(sample_mode, c='k', ls='-', label='표본최빈값')
plt.title('표본평균, 표본중앙값, 표본최빈값의 차이')
plt.xlabel('x')
plt.legend()
plt.show()
```

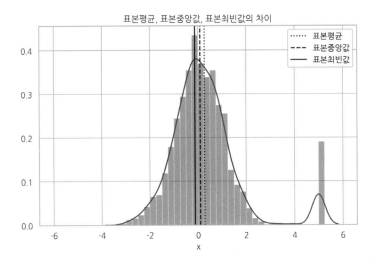

7.1.2 **연습 문제**

❶ virginica 종 붓꽃의 꽃잎 길이 데이터에 대해 표본평균, 표본중앙값, 표본최빈값을 구하고 위와 같이 그림으로 그려라. 표본최빈값을 구할 때는 0cm부터 10cm까지 1cm 간격으로 히스토그램을 그려서 표본최빈값을 구하라.

❷ 히스토그램의 구간 수를 50개, 100개로 세분화하여 다시 표본최빈값을 구하라. 표본최빈값이 어떻게 달라지는가?

분산과 표준편차

앞에서 정상인의 최고혈압 대푯값은 120이라고 했다. 그렇다면 어떤 사람의 최고혈압이 130이 나왔다면 그 사람은 정상이라고 할 수 없는 것일까? 이러한 판단을 하려면 데이터가 얼마나 변동하고 있는지를 알아야 한다. 이러한 정보를 알려주는 특징값이 **표본분산**sample variance 또는 **표본표준편차**sample standard deviation다. 평균이나 기댓값이 분포의 **위치**를 대표하는 것이라면 분산은 분포의 **폭**width을 대표하는 값이다. 표준편차는 분산에 대한 양의 제곱근값이다.

$$표준편차 = \sqrt{분산}$$

표본분산은 다음처럼 구한다. 식에서 $\bar{x}$은 표본평균이다.

$$s^2 = \frac{1}{N} \sum_{i=1}^{N}(x_i - \bar{x})^2$$

다음 그림에서 볼 수 있듯이 이 식은 자료값과 평균 사이의 거리를 의미한다. 다만 자료값이 평균보다 작을 때는 음수가 나오므로 제곱을 하여 모두 양수로 만들어준 것이다.

만약 분포가 하나의 대푯값 근처에 모여있다면 대부분의 데이터는 '대푯값 ± 표준편차' 범위 안에 있다. 참고로 정상인의 최고혈압의 표준편차는 약 20이다. 따라서 대다수의 최고혈압 데이터는 12 ± 20 범위 안에 있다고 할 수 있으므로 130이라는 숫자는 비정상이라고 보기 힘들다.

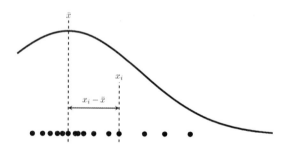

▶ 표본분산과 표본표준편차

위 식에서 구한 표본분산은 정확하게 말하면 편향오차를 가진 **편향 표본분산**biased sample variance이다. 이와 대조되는 **비편향 표본분산**unbiased sample variance은 다음과 같이 구한다.

$$s^2_{\text{unbiased}} = \frac{1}{N-1} \sum_{i=1}^{N} (x_i - \bar{x})^2$$

파이썬을 사용한 표본분산 및 표본표준편차의 계산

파이썬에서 표본분산과 표본표준편차를 구할 때는 다음 함수를 사용한다. ddof 인수를 이용하면 비편향 표본분산과 표본표준편차를 구할 수 있다.

- var()
- std()

```
sp.random.seed(0)
x = sp.stats.norm(0, 2).rvs(1000)  # 평균=0, 표준편차=2 인 정규분포 데이터 생성
```

```
np.var(x), np.std(x) # 편향 표본분산, 표본표준편차
```

```
(3.896937825248617, 1.9740663173380515)
```

```
np.var(x, ddof=1), np.std(x, ddof=1)  # 비편향 표본분산, 표본표준편차
```

```
(3.900838663912529, 1.9750540913890255)
```

7.1.3 연습 문제

다음 명령으로 다우지수의 일간수익률 데이터를 구할 수 있다.

```
import pandas_datareader.data as web

df = web.DataReader('DJCA', data_source='fred').dropna()['DJCA']
r = np.log(df / df.shift(1)).dropna().values
```

❶ 다우지수 일간수익률의 표본평균, 표본분산, 표본표준편차를 구하라.

❷ 일간수익률의 표본표준편차에 대략적인 연간 거래일수 256일의 제곱근인 16을 곱해서 % 단위로 나타낸 것을 연간변동성(annual volatility)이라고 한다. 다우지수의 연간변동성을 구하라.

표본비대칭도

평균과의 거리의 세제곱을 이용하여 구한 특징값을 **표본비대칭도**sample skewness라고 한다. **표본비대칭도가 0이면 분포가 대칭**이다. 표본비대칭도가 음수면 표본평균값을 기준으로 왼쪽에 있는 값을 가진 표본이 나올 가능성이 더 많다는 뜻이다.

$$\text{표본비대칭도} = \frac{\frac{1}{N} \sum_{i=1}^{N} (x_i - \overline{x})^3}{\sqrt{\frac{1}{N-1} \sum_{i=1}^{N} (x_i - \overline{x})^2}^3}$$

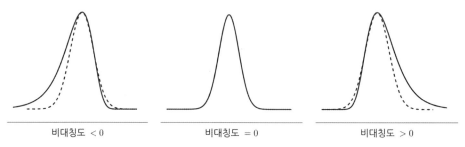

▶ 분포에 따른 표본비대칭도

표본첨도

평균과의 거리의 네제곱을 이용하여 구한 특징값을 **표본첨도**sample kurtosis라고 한다. 표본첨도는 데이터가 중앙에 몰린 정도를 정밀하게 비교하는 데 쓰인다. 사람의 눈으로 첨도를 구별하는 것은 어렵다. 표본첨도의 기준은 나중에 설명할 정규분포다. 정규분포보다 첨도가 높으면 양수, 정규분포보다 첨도가 낮으면 음수로 정의한다.

$$\text{표본첨도} = \frac{\frac{1}{N} \sum_{i=1}^{N} (x_i - \overline{x})^4}{\left(\frac{1}{N} \sum_{i=1}^{N} (x_i - \overline{x})^2 \right)^2} - 3$$

사이파이의 stats 서브패키지는 표본비대칭도와 표본첨도를 구하는 skew(), kurtosis() 명령을 제공한다.

```
sp.stats.skew(x), sp.stats.kurtosis(x)
```

```
(0.03385895323565712, -0.0467663244783294)
```

표본모멘트

분산, 비대칭도, 첨도를 구하는 데 제곱, 세제곱, 네제곱을 하는 것처럼 k제곱을 이용하여 구한 모멘트를 k차 **표본모멘트**^{sample moment}라고 한다.

$$\text{표본모멘트} = \frac{1}{N} \sum_{i=1}^{N} x_i^k$$

2차 표본모멘트 이상은 평균을 뺀 **표본중앙모멘트**^{sample centered moment}값을 사용하기도 한다.

$$\text{표본중앙모멘트} = \frac{1}{N} \sum_{i=1}^{N} (x_i - \bar{x})^k$$

따라서 평균은 1차 모멘트, 분산은 2차 모멘트, 비대칭도와 첨도는 3차 모멘트와 4차 모멘트에서 유도된 값이다.

사이파이 stats 서브패키지는 표본모멘트를 구하는 moment() 명령을 제공한다. 인수로 모멘트 차수를 입력한다.

```
sp.stats.moment(x, 1), sp.stats.moment(x, 2), sp.stats.moment(x, 3), sp.stats.
moment(x, 4)
```

```
(0.0, 3.896937825248617, 0.2604706193725514, 44.84817401965371)
```

확률변수

확률변수는 수학적으로 확률공간의 표본을 입력으로 받아서 실수인 숫자로 바꾸어 출력하는 함수다. 출력되는 실수가 데이터값이다. 표본값을 굳이 실수로 바꾸는 이유는 표본이 실수가 아니면 확률분포함수를 정의할 수 없기 때문이다.

$$\omega \in \Omega \xrightarrow{\text{확률변수 } X} x \in \mathbf{R}$$

$$X(\omega) = x$$

보통은 X 등의 대문자 알파벳을 사용하여 확률변수를 표기한다. 확률변수에 의해 할당된 실수는 x와 같이 소문자 알파벳으로 표시한다. 경우에 따라서는 소문자 알파벳으로 확률변수를 표기하는 경우도 있다.

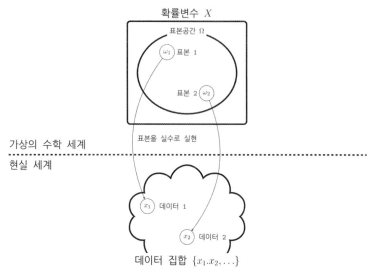

▶ 확률변수

이산확률변수

플레잉카드에서 나올 수 있는 모든 무늬(suit)의 집합인 표본집합 {♠, ♡, ◇, ♣} 내의 모든 표본에 대해 다음과 같이 숫자를 할당하면 1부터 4까지 값을 가지는 확률변수가 된다. 이렇게 확률변숫값이 연속적이지 않고 떨어져 있도록 정의할 수 있으면 **이산확률변수**discrete random variable라고 한다.

$$X(♠) = 1, \quad X(♡) = 2, \quad X(◇) = 3, \quad X(♣) = 4$$

확률공간의 표본에는 확률이 할당되어 있다. 예를 들어 모든 표본이 나올 가능성이 같다면 확률은 다음처럼 할당되어 있다는 뜻이다. 다음 식에서 p는 확률질량함수다.

$$p(♠) = \frac{1}{4}, \quad p(♡) = \frac{1}{4}, \quad p(◇) = \frac{1}{4}, \quad p(♣) = \frac{1}{4}$$

표본공간의 원소 수가 무한대인 경우도 이산확률변수가 될 수 있다. 예를 들어 기하 분포geometric

distribution나 포아송 분포Poisson distribution 등은 양의 정숫값을 가지는 이산분포지만 표본의 개수가 무한대다.

연속확률변수

주사위가 아닌 원반의 각도 문제처럼 연속적이고 무한대의 실수 표본값을 가지는 확률변수를 **연속확률변수**continuous random variable라고 한다. 모든 표본이 실수인 숫자로 변한다면 모든 사건은 구간사건의 조합으로 표시된다. 즉, 확률이 어떻게 할당되었는가를 나타내는 정보인 확률분포를 수학적인 확률분포함수로 나타낼 수 있다는 뜻이다.

확률변수는 데이터 생성기

확률적 데이터는 어떤 실험 행위에 의해 얻어지는 경우가 많다. 예를 들어

- 주사위를 던지는 실험
- 자동차 엔진의 출력을 측정하는 실험
- 혈압을 측정하는 실험

등을 같은 조건에서 여러 번 반복하여 확률적 데이터를 얻을 수 있다. 이 확률적 데이터들에는 데이터를 생성하게 한 주사위, 자동차 엔진, 사람 등의 데이터 생성기가 명확하게 존재한다. 우리가 가진 데이터가 어떤 과정을 통해 얻어졌는지 구체적으로 알지 못한다고 해도 앞에서 예로 든 주사위, 자동차 엔진처럼 이 데이터를 생성한 무언가가 존재한다고 가정할 수 있다.

확률변수는 실수인 데이터를 생성하는 데이터 생성기다. 몇 가지 확률변수의 예를 들어보자.

- 공정한 주사위에서 나오는 숫자는 1부터 6까지의 숫자가 나오고 균일분포 확률분포함수를 가진 이산확률변수다.
- 정상인의 최고혈압은 실수가 나오고 120 mmHg 근처에서 기댓값을 가지는 단봉분포 모양의 확률분포함수를 가진 연속확률변수다.

7.1.4 **연습 문제**

위에서 구한 붓꽃 데이터에서는 몇 개의 확률변수를 정의할 수 있는가?

현실 세계의 데이터는 확률변수가 가진 확률분포에 따라 실수 표본공간에서 선택된 표본이다. 이렇게 확률분포함수에 따라 표본공간의 표본이 현실 세계의 데이터로 선택되는 것을 **실현**realization 혹은 **표본화**sampling라고 한다. 표본화는 다른 의미로도 사용되는데 많은 수의 데이터 집합에서 일부 데이터만 선택하는 과정도 표본화라고 한다.

실현은 이상적이고ideal, 추상적이며abstract, 수학적인mathematical 세계에서 현실로 넘어가는 과정이다. 확률변수라는 데이터 모형에 따르면 현실의 표본 데이터는 이러한 수학적인 세계가 현실 세계에 투영된 그림자에 지나지 않는다. 따라서 히스토그램이나 기술통계 등 분포의 특성이 깨끗한 형태를 지니지 않지만 이는 실현 혹은 표본화 과정에서 생긴 잡음일 뿐이며 그 내면에는 원래의 수학적 특성을 내포하고 있다.

따라서 확률변수와 실제 데이터는 다음과 같은 관계가 있다.

- 확률변수로부터 데이터를 여러 번 생성하는 경우 실제 데이터값은 매번 달라질 수 있지만 확률변수 자체는 변하지 않는다.
- 확률변수의 확률분포함수는 우리가 직접 관찰할 수 없다. 다만 확률변수에서 만들어지는 실제 데이터값을 이용하여 확률분포함수가 이러한 것일 거라고 추정할 뿐이다.
- 확률변수에서 만들어지는 실제 데이터값은 확률변수가 가진 특성을 반영하고 있다. 데이터 수가 적을수록 확률변수가 가진 특징을 정확하게 표현하지 못하지만 데이터 수가 증가하면 더 정확하게 확률분포함수를 묘사할 수 있다.

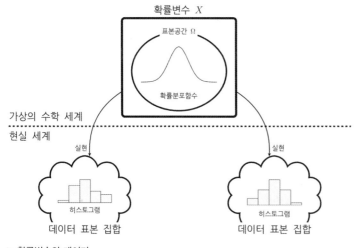

▶ 확률변수와 데이터

확률변수를 사용한 데이터 분석

확률변수를 사용하게 되면 데이터 분석은 보통 다음과 같은 순서로 이루어진다.

❶ 데이터를 수집한다.
❷ 수집한 데이터가 어떤 확률변수의 표본 데이터라고 가정한다.
❸ 데이터를 사용하여 해당 확률변수의 확률분포함수의 모양을 결정한다.
❹ 결정된 확률변수로부터 다음에 생성될 데이터나 데이터 특성을 예측한다.

이 과정 중 가장 중요한 것이 데이터값에서 확률변수의 확률분포함수를 역설계하여 만들어내는 세 번째 단계다. 데이터에서 확률분포함수의 모양을 구하는 방법은 여러 가지가 있는데 가장 간단한 방법은 다음과 같이 기술통계값을 이용하는 것이다.

❶ 데이터 분포가 가지는 표본평균, 표본분산 등의 기술통계값을 구한다.
❷ 이 값과 같은 기술통계값을 가지는 확률분포함수를 찾는다.

위와 같은 방법을 쓰려면 표본 데이터가 없는 확률분포함수의 기술통계값을 구하는 방법을 알아야 한다. 다음 절부터는 확률분포함수의 기술통계값인 기댓값, 분산 등에 대해 공부한다.

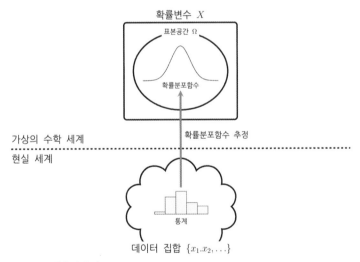

▶ 확률분포함수의 추정

7.2 기댓값과 확률변수의 변환

표본평균, 표본분산 등은 현실세계의 데이터 분포의 모양을 서술하는 특성값이다. 이제부터는 이론적인 확률분포함수의 모양을 서술하는 특성값을 살펴본다. 우선 기댓값부터 공부한다. 기댓값은 표본평균처럼 분포의 위치를 알려주는 특성값이지만 확률분포의 가중합이나 가중적분으로 정의한다.

확률변수의 기댓값

확률변수의 확률밀도함수를 알면 확률변수의 이론적 평균값을 구할 수 있다. 이러한 이론적 평균을 확률변수의 **기댓값**expectation이라고 한다. 단순히 평균mean이라고 말하기도 한다.

확률변수 X의 기댓값을 구하는 연산자는 영어 Expectation의 첫 글자를 사용하여 $\mathrm{E}[X]$로 표기한다. 기댓값은 그리스 문자 μ_X로 표기한다. 확률변수를 혼동할 염려가 없으면 확률변수 이름은 생략하고 그냥 μ라고 써도 된다.

이산확률변수의 기댓값은 표본공간의 원소 x_i의 가중평균이다. 이때 가중치는 x_i가 나올 수 있는 확률 즉 확률질량함수 $p(x_i)$이다.

$$\mu_X = \mathrm{E}[X] = \sum_{x_i \in \Omega} x_i p(x_i)$$

| 예제 |

공정한 주사위에서 나올 수 있는 숫자를 대표하는 확률변수 X는 나올 수 있는 값이 1, 2, 3, 4, 5, 6이므로,

$$\begin{aligned}
\mu_X &= 1 \cdot p(1) + 2 \cdot p(2) + 3 \cdot p(3) + 4 \cdot p(4) + 5 \cdot p(5) + 6 \cdot p(6) \\
&= 1 \cdot \frac{1}{6} + 2 \cdot \frac{1}{6} + 3 \cdot \frac{1}{6} + 4 \cdot \frac{1}{6} + 5 \cdot \frac{1}{6} + 6 \cdot \frac{1}{6} \\
&= \frac{7}{2}
\end{aligned}$$

기댓값은 $\frac{7}{2}$이다.

| 예제 |

공정하지 않은 주사위, 예를 들어 짝수가 나올 확률이 홀수가 나올 확률의 2배인 주사위에서 기댓값을 구하면 다음과 같다.

$$\mu_X = 1 \cdot p(1) + 2 \cdot p(2) + 3 \cdot p(3) + 4 \cdot p(4) + 5 \cdot p(5) + 6 \cdot p(6)$$
$$= 1 \cdot \frac{1}{9} + 2 \cdot \frac{2}{9} + 3 \cdot \frac{1}{9} + 4 \cdot \frac{2}{9} + 5 \cdot \frac{1}{9} + 6 \cdot \frac{2}{9}$$
$$= \frac{11}{3}$$

기댓값은 $\frac{11}{3}$이다.

7.2.1 연습 문제

공정한 동전이 있고 이 동전의 앞면이 나오면 1, 뒷면이 나오면 0인 확률변수 X가 있다. 이 확률변수의 기댓값 E[X]을 구하라.

참고로 데이터 공간에서 기댓값에 대응하는 값인 표본평균을 구하는 공식은 다음과 같았다.

$$\bar{x} = \frac{1}{N} \sum_{i=1}^{N} x_i$$

기댓값 공식과 표본평균 공식에서 x_i의 의미가 다르다는 점에 유의하라. 기댓값 공식에서 x_i는 표본공간의 모든 원소를 뜻하지만 표본평균 공식에서 x_i는 선택된 표본만을 뜻한다.

7.2.2 연습 문제

기댓값을 구하는 공식에서는 확률을 가중치로 곱한다. 그런데 왜 표본평균을 구하는 공식에서는 확률 가중치가 없는가?

연속확률변수의 기댓값은 확률밀도함수 $p(x)$를 가중치로 하여 모든 가능한 표본 x를 적분한 값이다.

$$\mu_X = \mathrm{E}[X] = \int_{-\infty}^{\infty} x p(x) dx$$

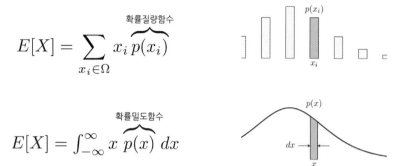

$$E[X] = \sum_{x_i \in \Omega} x_i \overbrace{p(x_i)}^{\text{확률질량함수}}$$

$$E[X] = \int_{-\infty}^{\infty} x \overbrace{p(x)}^{\text{확률밀도함수}} dx$$

▶ 기댓값 계산

기댓값은 여러 가능한 x값을 확률(또는 확률밀도)값에 따라 가중합을 한 것이므로 가장 확률(또는 확률밀도)이 높은 x값 근처의 값이 된다. 즉, **확률또는 확률밀도가 모여 있는 곳의 위치**를 나타낸다.

| 예제 |

회전하는 원반을 이용하여 복권 번호를 결정하는 문제에서 확률밀도함수 $p(x)$와 여기에서 x가 곱해진 함수 $xp(x)$의 모양은 다음과 같다. 기댓값은 이 함수 $xp(x)$를 적분하여 구한 삼각형처럼 생긴 함수의 면적이다.

$$E[X] = xp(x) \text{의 면적} = \frac{1}{2} \cdot 360 \cdot 1 = 180$$

```
x = np.linspace(-100, 500, 1000)
p = np.zeros_like(x)
p[(0 < x) & (x <= 360)] = 1 / 360
xp = x * p

plt.subplot(121)
plt.plot(x, p)
plt.xticks([0, 180, 360])
plt.title('$p(x)$')
plt.xlabel('$x$ (도)')

plt.subplot(122)
plt.plot(x, xp)
```

```
plt.xticks([0, 180, 360])
plt.title('$xp(x)$')
plt.xlabel('$x$ (도)')

plt.show()
```

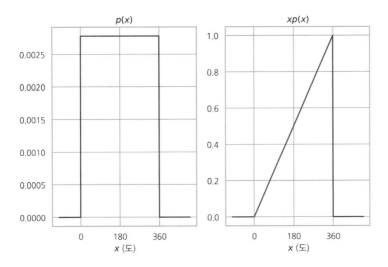

만약 0도에서 180도 사이에 화살이 2배 더 잘 박히도록 원반이 조작되었다면 확률밀도함수 $p(x)$와 여기에서 x가 곱해진 함수 $xp(x)$ 모양은 다음과 같다. 기댓값은 이 함수 $xp(x)$를 적분하여 구한 함수의 면적이다.

```
x = np.linspace(-100, 500, 1000)
p = np.zeros_like(x)
p[(0 < x) & (x <= 180)] = 2 / (3 * 360)
p[(180 < x) & (x <= 360)] = 1 / (3 * 360)
xp = x * p

plt.subplot(121)
plt.plot(x, p)
plt.xticks([0, 180, 360])
plt.title('$p(x)$')
plt.xlabel('$x$ (도)')
```

```
plt.subplot(122)
plt.plot(x, xp)
plt.xticks([0, 180, 360])
plt.title('$xp(x)$')
plt.xlabel('$x$ (도)')

plt.show()
```

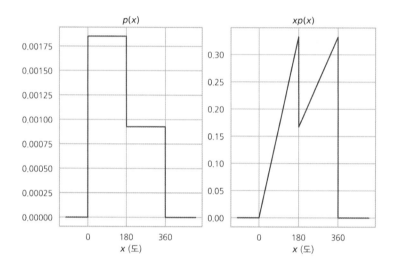

7.2.3 **연습 문제**

확률변수 Y는 0도에서 180도 사이에 화살이 2배 더 잘 박히도록 조작된 원반을 이용하여 복권 번호를 결정하는 문제에서 나오는 각도다. 확률변수 Y의 기댓값 $E[Y]$를 구하라.

확률변수의 변환

우리가 얻은 데이터값을 어떤 함수 f에 넣어서 변화시킨다고 가정하자. 그러면 새로운 데이터 집합이 생긴다.

$$\{x_1, x_2, \ldots, x_N\} \rightarrow \{f(x_1), f(x_2), \ldots, f(x_N)\}$$

이 새로운 데이터를 $\{y_i\}$라고 부르자. $\{y_i\}$는 기존의 데이터와 다른 새로운 데이터이므로 다른 확률변수라고 볼 수 있다. 예를 들어 데이터 $\{x_i\}$를 만드는 확률변수가 X라면 데이터 $\{y_i\}$를 만드는 데이터는 Y라는 새로운 확률변수가 된다.

이렇게 **기존의 확률변수를 사용하여 새로운 확률변수를 만드는 것을 확률변수의 변환**transform이라고 한다. 함수 f를 사용해 확률변수를 변환할 때는 다음처럼 표기한다.

$$Y = f(X)$$

확률변수의 변환은 여러 확률변수가 있을 때도 성립한다. 예를 들어 두 확률변수 X와 Y가 있다고 가정했을 때, 새로운 확률변수 $Z = X + Y$는 확률변수 X에서 나온 값과 확률변수 Y에서 나온 값을 더한 값이 나오도록 하는 확률변수를 뜻한다.

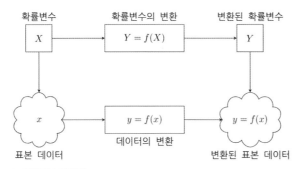

▶ 확률변수의 변환

7.2.4 **연습 문제**

확률변수 X는 주사위를 던져 나오는 수를 나타내는 확률변수다. 그리고 Y는 주사위를 던져나오는 수에 2배를 한 수를 나타내는 확률변수다. X, Y의 확률질량함수의 그래프를 각각 그려라.

확률변수 X에서 표본을 N번 뽑아서 그 값을 더하는 경우에는 다음처럼 원래 확률변수의 복사본 X_1, X_2, ..., X_N을 만든 다음 이 복사본 확률변수의 표본값을 더한 형태로 변환식을 써야 한다.

$$Y = X_1 + X_2 + \cdots X_N$$

이렇게 복사본을 만들어 첨자를 붙이는 이유는 X_1과 X_2가 같은 확률분포를 가지는 확률변수이지만 표본값이 다르기 때문이다. 만약 다음과 같이 쓰면

$$Y = X + X + \cdots X$$

이 식은 다음처럼 전혀 다른 확률변수를 가리킨다.

$$Y = N \cdot X$$

7.2.5 **연습 문제**

확률변수 X_1과 X_2는 각각 주사위를 던져 나오는 수를 나타내는 확률변수다. 그리고 Y는 두 주사위를 동시에 던져 나오는 수의 합을 나타내는 확률변수다. 확률변수 X_1, X_2, Y의 확률질량함수의 그래프를 각각 그려라.

기댓값의 성질

기댓값은 다음과 같은 성질을 가진다는 것을 수학적으로 증명할 수 있다. 변환된 확률변수의 기댓값을 계산할 때는 기댓값의 성질을 이용한다.

- 확률변수가 아닌 상수 c에 대해

  $$\mathrm{E}[c] = c$$

- 선형성

  $$\mathrm{E}[cX] = c\mathrm{E}[X]$$

  $$\mathrm{E}[X + Y] = \mathrm{E}[X] + \mathrm{E}[Y]$$

  $$\mathrm{E}[c_1 X + c_2 Y] = c_1 \mathrm{E}[X] + c_2 \mathrm{E}[Y]$$

통계량

확률변수 X로부터 데이터 집합 $\{x_1, x_2, \ldots, x_N\}$을 얻었다고 하자. 이 **데이터 집합의 모든 값을 정해진 어떤 공식에 넣어서 하나의 숫자를 구한 것을 통계량**statistics이라고 한다. 예를 들어 표본의 합, 표본평균, 표본중앙값, 표본분산 등은 모두 통계량이다. 통계량도 확률변수의 변환에 포함된다.

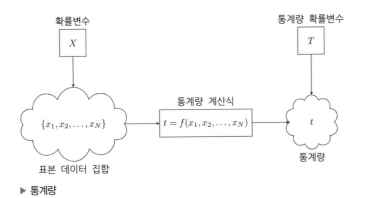

▶ 통계량

표본평균 확률변수

확률변수로부터 N개의 표본을 만들어 이 표본집합의 표본평균을 구하면 이렇게 구한 표본평균 값도 확률변수가 된다. 표본평균 확률변수는 원래의 확률변수 이름에 윗줄을 추가하여 $\bar{X}$와 같이 표기한다. 예를 들어 확률변수 X에서 나온 표본으로 만들어진 표본평균 확률변수는 $\bar{X}$로 표기한다.

$$\bar{X} = \frac{1}{N} \sum_{i=1}^{N} X_i$$

위 식에서 X_i는 i번째로 실현된 표본값을 생성하는 확률변수를 의미한다. 이 확률변수 X_i는 원래의 확률변수 X의 복사본이다.

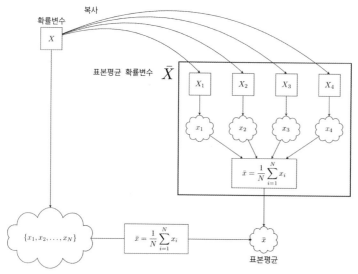

복사

확률변수

X

표본평균 확률변수 $\bar{X}$

X_1 X_2 X_3 X_4

x_1 x_2 x_3 x_4

$\bar{x} = \dfrac{1}{N}\sum_{i=1}^{N} x_i$

$\{x_1, x_2, \ldots, x_N\}$

$\bar{x} = \dfrac{1}{N}\sum_{i=1}^{N} x_i$

$\bar{x}$

표본평균

▶ 표본평균 확률변수

7.2.6 **연습 문제**

표본평균 $\bar{x}$의 값은 확률적인 데이터다. 이를 생성하는 확률변수 $\bar{X}$를 위와 같이 정의할 수 있었다. 그렇다면 (편향)표본분산 s^2의 값은 확률적인 데이터인가? 만약 그렇다면 이를 생성하는 확률변수 S^2은 어떻게 정의해야 하는가?

기댓값과 표본평균의 관계

표본평균도 확률변수이므로 기댓값이 존재한다. 표본평균의 기댓값은 원래의 확률변수의 기댓값과 같다는 것을 다음처럼 증명할 수 있다.

$$\mathrm{E}[\bar{X}] = \mathrm{E}[X]$$

증명은 다음과 같다.

$$\mathrm{E}[\bar{X}] = \mathrm{E}\left[\frac{1}{N}\sum_{i=1}^{N} X_i\right]$$
$$= \frac{1}{N}\sum_{i=1}^{N} \mathrm{E}[X_i]$$

$$= \frac{1}{N} \sum_{i=1}^{N} \mathrm{E}[X]$$

$$= \frac{1}{N} N\mathrm{E}[X]$$

$$= \mathrm{E}[X]$$

이 식이 뜻하는 바는 다음과 같다.

　표본평균은 확률변수의 기댓값 근처의 값이 된다.

예를 들어 공정한 주사위의 기댓값은 3.5다. 이 주사위를 던져 나온 값의 평균 즉 표본평균은 3.62346 또는 3.40987처럼 항상 3.5 근처의 값이 나오게 된다.

중앙값

확률변수의 중앙값median**은 중앙값보다 큰 값이 나올 확률과 작은 값이 나올 확률이 0.5로 같은 값**을 뜻한다. 따라서 다음과 같이 누적확률분포 $F(x)$에서 중앙값을 계산할 수 있다.

　$0.5 = F(중앙값)$

　중앙값 $= F^{-1}(0.5)$

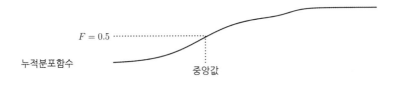

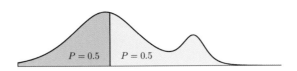

▶ 중앙값

최빈값

이산확률분포에서는 가장 확률값이 큰 수를 **최빈값**most frequent value이라고 한다. 하지만 연속확률분포인 경우에는 어느 값에 대해서나 특정한 값이 나올 확률은 0(zero)이므로 **연속확률분포의 최빈값** mode**은 확률밀도함수 $p x$의 값이 가장 큰 확률변수의 값**으로 정의한다. 즉 확률밀도함수의 최댓값의 위치다.

$$\text{최빈값} = \arg\max_x p(x)$$

7.3 분산과 표준편차

이 절에서는 확률분포함수의 모양을 설명하는 두 번째 특성인 분산을 공부한다. 분산은 확률분포함수에서 확률이 모여있는지 퍼져있는지를 나타내는 값이다. 기댓값이 확률변수에서 어떤 값이 나올지를 예측한 것이라면 분산은 그 예측의 정확도 혹은 신뢰성을 표현한 것이라고 볼 수 있다.

확률분포의 분산

확률밀도함수 $p(x)$의 수식을 알고 있다면 이론적인 분산을 구할 수 있다. 분산을 구하는 연산은 영어 Variance의 앞글자를 따서 $\mathrm{Var}[\cdot]$로 표기하고 이 연산으로 계산된 분산값은 σ^2으로 표기한다.

$$\sigma^2 = \mathrm{Var}[X] = \mathrm{E}[(X - \mu)^2]$$

이산확률변수의 분산은 평균으로부터 표본 데이터까지 거리의 제곱을 확률질량함수 $p(x)$로 가중하여 더한 값이다.

$$\sigma^2 = \sum_{x_i \in \Omega} (x_i - \mu)^2 p(x_i)$$

연속확률변수의 분산은 평균으로부터 표본 데이터까지 거리의 제곱을 확률밀도함수 $p(x)$로 가중하여 적분한 값이다.

$$\sigma^2 = \int_{-\infty}^{\infty} (x - \mu)^2 p(x) dx$$

분산의 성질

분산은 다음과 같은 성질을 만족한다.

- 분산은 항상 0 또는 양수다.

$$\mathrm{Var}[X] \geq 0$$

- 확률변수가 아닌 상수 값 c에 대해 다음 식이 성립한다.

$$\mathrm{Var}[c] = 0$$

$$\mathrm{Var}[cX] = c^2 \mathrm{Var}[X]$$

또한 기댓값의 성질을 이용하여 다음 성질을 증명할 수 있다.

$$\mathrm{Var}[X] = \mathrm{E}[X^2] - (\mathrm{E}[X])^2 = \mathrm{E}[X^2] - \mu^2$$

또는

$$\mathrm{E}[X^2] = \mu^2 + \mathrm{Var}[X]$$

증명은 다음과 같다.

$$
\begin{aligned}
\mathrm{Var}[X] &= \mathrm{E}[(X-\mu)^2] \\
&= \mathrm{E}[X^2 - 2\mu X + \mu^2] \\
&= \mathrm{E}[X^2] - 2\mu \mathrm{E}[X] + \mu^2 \\
&= \mathrm{E}[X^2] - 2\mu^2 + \mu^2 \\
&= \mathrm{E}[X^2] - \mu^2
\end{aligned}
$$

두 확률변수의 합의 분산

두 확률변수 X, Y의 합의 분산은 각 확률변수의 분산의 합과 다음과 같은 관계가 있다.

$$\mathrm{Var}[X+Y] = \mathrm{Var}[X] + \mathrm{Var}[Y] + 2\mathrm{E}[(X-\mu_X)(Y-\mu_Y)]$$

마지막 항은 양수도 될 수 있고 음수도 될 수 있다.

이 식의 증명은 다음과 같다. 우선 확률변수 $X+Y$의 기댓값은 기댓값의 성질로부터 각 확률변수의 기댓값의 합과 같다.

$$\mathrm{E}[X+Y] = \mu_X + \mu_Y$$

분산의 정의와 기댓값의 성질로부터 다음이 성립한다.

$$
\begin{aligned}
\text{Var}\,[X + Y] &= \text{E}\left[(X + Y - (\mu_X + \mu_Y))^2\right] \\
&= \text{E}\left[((X - \mu_X) + (Y - \mu_Y))^2\right] \\
&= \text{E}\left[(X - \mu_X)^2 + (Y - \mu_Y)^2 + 2(X - \mu_X)(Y - \mu_Y)\right] \\
&= \text{E}\left[(X - \mu_X)^2\right] + \text{E}\left[(Y - \mu_Y)^2\right] + 2\text{E}\left[(X - \mu_X)(Y - \mu_Y)\right] \\
&= \text{Var}\,[X] + \text{Var}\,[Y] + 2\text{E}\left[(X - \mu_X)(Y - \mu_Y)\right]
\end{aligned}
$$

확률변수의 독립

두 확률변수가 서로 독립이라는 것은 두 확률변수가 가질 수 있는 모든 사건의 조합에 대해 결합사건의 확률이 각 사건의 확률의 곱과 같다는 뜻이다. 쉽게 생각하면 **두 확률변수가 서로에게 영향을 미치지 않는다**라는 의미로 생각해도 된다. 예를 들어 주사위를 두 번 던져 각각 나오는 값을 나타내는 확률변수 X_1 과 X_2 는 서로 독립이다.

독립의 반대, 즉 **두 확률변수에서 한 확률변수의 값이 특정한 값일 때 다른 확률변수의 확률분포가 영향을 받아 변하면 종속**dependent이라고 한다. 쉽게 생각하면 **두 확률변수가 서로에게 영향을 미치는 경우**다. 예를 들어 주사위를 두 번 던져 나오는 값의 합은 각각의 주사위에서 나온 값에 종속적이다.

7.3.1 **연습 문제**

❶ 서로 독립이라고 생각되는 두 확률변수의 예를 들어라.

❷ 서로 종속이라고 생각되는 두 확률변수의 예를 들어라.

두 확률변수 X, Y가 서로 독립이면 다음 식이 성립한다.

$$
\text{E}\left[(X - \mu_X)(Y - \mu_Y)\right] = 0
$$

왜 이 등식이 성립하는가는 추후 설명하기로 한다. 이 등식을 이용하면 서로 독립인 두 확률변수의 합의 분산은 각 확률변수의 분산의 합과 같다는 것을 보일 수 있다.

$$
\text{Var}\,[X + Y] = \text{Var}\,[X] + \text{Var}\,[Y]
$$

7.3.2 연습 문제

❶ 넘파이를 사용하여 숫자 100개를 무작위로 생성하여 표본집합을 구한다. 이 표본집합을 확률변수 X_1의 표본이라고 하자.

❷ 같은 방식으로 숫자 100개를 생성하며 확률변수 X_2의 표본집합을 구한다.

❸ 두 확률변수의 표본 쌍의 값을 더하여 확률변수 $X_1 + X_2$의 표본집합을 구한다.

❹ $X_1 + X_2$의 표본분산과 X_1, X_2의 표본분산값의 합을 각각 계산하여 두 값이 비슷함을 보여라.

표본평균의 분산

확률변수 X의 표본평균 $[\bar{X}]$도 확률변수이고 그 기댓값 $\mathrm{E}[\bar{X}]$는 원래 확률변수 X의 기댓값 $\mathrm{E}[X]$와 같다는 것을 증명한 적이 있다.

$$\mathrm{E}[\bar{X}] = \mathrm{E}[X]$$

표본평균 $\bar{X}$의 분산 $\mathrm{Var}[\bar{X}]$는 원래 확률변수 X의 분산 $\mathrm{Var}[X]$와 다음 관계를 가진다.

$$\mathrm{Var}[\bar{X}] = \frac{1}{N}\mathrm{Var}[X]$$

따라서 **표본평균을 계산한 표본 개수가 커지면 표본평균의 값의 변동은 작아진다**. 표본 수가 무한대가 되면 표본평균의 값은 항상 일정한 값이 나온다. 즉 확률적인 값이 아니라 결정론적인 값이 된다.

증명은 다음과 같다.

$$\begin{aligned}
\mathrm{Var}[\bar{X}] &= \mathrm{E}\left[\left(\bar{X} - \mathrm{E}\left[\bar{X}\right]\right)^2\right] \\
&= \mathrm{E}\left[\left(\bar{X} - \mu\right)^2\right] \\
&= \mathrm{E}\left[\left(\frac{1}{N}\sum_{i=1}^{N} X_i - \mu\right)^2\right] \\
&= \mathrm{E}\left[\left(\frac{1}{N}\sum_{i=1}^{N} X_i - \frac{1}{N}N\mu\right)^2\right] \\
&= \mathrm{E}\left[\left(\frac{1}{N}\left(\sum_{i=1}^{N} X_i - N\mu\right)\right)^2\right]
\end{aligned}$$

$$= \mathrm{E}\left[\left(\frac{1}{N}\sum_{i=1}^{N}(X_i - \mu)\right)^2\right]$$

$$= \mathrm{E}\left[\frac{1}{N^2}\sum_{i=1}^{N}\sum_{j=1}^{N}(X_i - \mu)(X_j - \mu)\right]$$

$$= \frac{1}{N^2}\sum_{i=1}^{N}\sum_{j=1}^{N}\mathrm{E}\left[(X_i - \mu)(X_j - \mu)\right]$$

i번째 표본값은 j번째$(i \neq j)$ 표본값에 영향을 미치지 않으므로 X_i와 $X_j\,(i \neq j)$는 독립이다. 따라서

$$\mathrm{E}\left[(X_i - \mu)(X_j - \mu)\right] = 0 \;\; (i \neq j)$$

라는 사실을 이용하면 $i = j$인 항, 즉 제곱항만 남는다.

$$\mathrm{Var}[\bar{X}] = \frac{1}{N^2}\sum_{i=1}^{N}\mathrm{E}\left[(X_i - \mu)^2\right]$$

$$= \frac{1}{N^2}\sum_{i=1}^{N}\mathrm{E}\left[(X - \mu)^2\right]$$

$$= \frac{1}{N^2}N\mathrm{E}\left[(X - \mu)^2\right]$$

$$= \frac{1}{N}\mathrm{E}\left[(X - \mu)^2\right]$$

$$= \frac{1}{N}\mathrm{Var}[X]$$

위 식이 의미하는 바는 다음과 같다.

- 데이터를 생성하는 확률변수 X의 기댓값을 구하려면 확률밀도함수 $p(x)$의 수식을 알아야 한다.
- 그런데 우리는 데이터를 생성하는 확률변수 X의 확률밀도함수 $p(x)$의 수식을 정확히 알지 못한다.
- 하지만 표본평균이라는 새로운 확률변수 $\bar{X}$의 기댓값 $\mathrm{E}[\bar{X}]$는 원래 확률변수 X의 기댓값 $\mathrm{E}[X]$와 같으므로 표본평균 $\bar{x}$는 원래 확률변수 X의 기댓값 $\mathrm{E}[X]$와 비슷한 값이 나올 것이다. 하지만 정확한 값은 아니다.
- 만약 표본 개수 N이 크면 표본평균 $\bar{x}$의 분산이 아주 작아지므로 표본평균의 값 $\bar{x}$는 항상 표본평균의 기댓값 $\mathrm{E}[\bar{X}] = \mathrm{E}[X]$ 근처의 거의 일정한 값이 나올 것이다.
- 따라서 **표본 개수 N이 크면 표본평균 $\bar{x}$는 원래 확률변수 X의 기댓값 $\mathrm{E}[X]$의 근삿값**이라고 할 수 있다.

❶ 넘파이를 사용하여 숫자 100개를 무작위로 생성하여 표본집합을 구한다. 이 표본집합을 확률변수 X_1의 표본이라고 하자. X_1의 표본분산을 계산한다.

❷ 같은 작업을 50번 반복하여 확률변수 X_2, X_3, X_{50}의 표본집합을 구한다.

❸ 확률변수 X_i의 표본집합의 표본평균 $\bar{x}_i$를 각각 계산한다. 이 값들은 표본평균 확률변수 $\bar{X}$의 표본집합이다.

❹ 확률변수 $\bar{X}$의 표본분산값을 계산하고 X_1의 표본분산과의 비율을 계산한다.

표본분산의 기댓값

앞에서 표본평균의 기댓값을 구하면 이론적인 평균 즉, 기댓값과 같아진다는 것을 증명했다. 그런데 표본분산 S^2의 기대값을 구하면 이론적인 분산 σ^2과 같아지는 것이 아니라 이론적인 분산값의 $\frac{N-1}{N}$배가 된다. 즉 표본분산값이 이론적인 분산값보다 더 작아진다.

$$\mathrm{E}[S^2] = \frac{N-1}{N}\sigma^2$$

증명은 다음과 같다.

$$
\begin{aligned}
\mathrm{E}[S^2] &= \mathrm{E}\left[\frac{1}{N}\sum_{i=1}^{N}(X_i - \bar{X})^2\right] = \mathrm{E}\left[\frac{1}{N}\sum_{i=1}^{N}\left\{(X_i - \mu) - (\bar{X} - \mu)\right\}^2\right] \\
&= \mathrm{E}\left[\frac{1}{N}\sum_{i=1}^{N}\left\{(X_i - \mu)^2 - 2(X_i - \mu)(\bar{X} - \mu) + (\bar{X} - \mu)^2\right\}\right] \\
&= \mathrm{E}\left[\frac{1}{N}\sum_{i=1}^{N}(X_i - \mu)^2\right] - 2\mathrm{E}\left[\frac{1}{N}\sum_{i=1}^{N}(X_i - \mu)(\bar{X} - \mu)\right] + \mathrm{E}\left[\frac{1}{N}\sum_{i=1}^{N}(\bar{X} - \mu)^2\right]
\end{aligned}
$$

이때 첫 번째 항은 다음과 같다.

$$
\begin{aligned}
\mathrm{E}\left[\frac{1}{N}\sum_{i=1}^{N}(X_i - \mu)^2\right] &= \mathrm{E}\left[\frac{1}{N}\sum_{i=1}^{N}(X - \mu)^2\right] \\
&= \mathrm{E}\left[\frac{1}{N}N(X - \mu)^2\right] \\
&= \mathrm{E}\left[(X - \mu)^2\right] \\
&= \mathrm{Var}[X] \\
&= \sigma^2
\end{aligned}
$$

두 번째 항은 다음과 같다.

$$\mathrm{E}\left[\frac{1}{N}\sum_{i=1}^{N}(X_i-\mu)(\bar{X}-\mu)\right] = \mathrm{E}\left[\frac{1}{N}\sum_{i=1}^{N}(X_i-\mu)\left(\frac{1}{N}\sum_{j=1}^{N}X_j-\mu\right)\right]$$

$$= \mathrm{E}\left[\frac{1}{N}\sum_{i=1}^{N}(X_i-\mu)\left(\frac{1}{N}\sum_{j=1}^{N}(X_j-\mu)\right)\right]$$

$$= \mathrm{E}\left[\frac{1}{N^2}\sum_{i=1}^{N}\sum_{j=1}^{N}(X_i-\mu)(X_j-\mu)\right]$$

X_i와 Xj $(i \neq j)$는 독립일 때

$$\mathrm{E}\left[(X_i-\mu)(X_j-\mu)\right] = 0 \quad (i \neq j)$$

라는 성질을 이용하면

$$\mathrm{E}\left[\frac{1}{N}\sum_{i=1}^{N}(X_i-\mu)(\bar{X}-\mu)\right] = \mathrm{E}\left[\frac{1}{N^2}\sum_{i=1}^{N}(X_i-\mu)^2\right]$$

$$= \frac{1}{N}\mathrm{E}\left[\frac{1}{N}\sum_{i=1}^{N}(X_i-\mu)^2\right]$$

$$= \frac{1}{N}\mathrm{E}\left[\frac{1}{N}\sum_{i=1}^{N}(X-\mu)^2\right]$$

$$= \frac{1}{N}\mathrm{E}\left[\frac{1}{N}N(X-\mu)^2\right]$$

$$= \frac{1}{N}\mathrm{E}\left[(X-\mu)^2\right]$$

$$= \frac{1}{N}\mathrm{Var}[X]$$

$$= \frac{\sigma^2}{N}$$

세 번째 항은 다음과 같아진다.

$$\mathrm{E}\left[\frac{1}{N}\sum_{i=1}^{N}(\bar{X}-\mu)^2\right] = \mathrm{E}\left[\frac{1}{N}\sum_{i=1}^{N}\left(\frac{1}{N}\sum_{j=1}^{N}X_j-\mu\right)^2\right]$$

$$= \mathrm{E}\left[\frac{1}{N}\sum_{i=1}^{N}\left(\frac{1}{N}\sum_{j=1}^{N}(X_j-\mu)\right)^2\right]$$

$$= \mathrm{E}\left[\frac{1}{N^3}\sum_{i=1}^{N}\sum_{j=1}^{N}\sum_{k=1}^{N}(X_j - \mu)(X_k - \mu)\right]$$

X_j와 X_k $(j \neq k)$는 독립일 때

$$\mathrm{E}\left[(X_j - \mu)(X_k - \mu)\right] = 0 \;\; (j \neq k)$$

라는 성질을 이용하면

$$
\begin{aligned}
\mathrm{E}\left[\frac{1}{N}\sum_{i=1}^{N}(\bar{X} - \mu)^2\right] &= \mathrm{E}\left[\frac{1}{N^3}\sum_{i=1}^{N}\sum_{j=1}^{N}(X_j - \mu)^2\right] \\
&= \mathrm{E}\left[\frac{1}{N^3}N\sum_{j=1}^{N}(X_j - \mu)^2\right] \\
&= \mathrm{E}\left[\frac{1}{N^2}\sum_{j=1}^{N}(X_j - \mu)^2\right] \\
&= \frac{1}{N}\mathrm{E}\left[\frac{1}{N}\sum_{j=1}^{N}(X_j - \mu)^2\right] \\
&= \frac{1}{N}\mathrm{Var}[X] \\
&= \frac{\sigma^2}{N}
\end{aligned}
$$

따라서 세 항의 합은 다음과 같다.

$$\mathrm{E}[S^2] = \sigma^2 - \frac{2\sigma^2}{N} + \frac{\sigma^2}{N} = \frac{N-1}{N}\sigma^2$$

그러므로 표본분산의 기대값이 정확하게 σ^2이 되려면 평균과의 거리의 제곱의 평균을 구할 때 분모가 N이 아니라 $N-1$로 써야 한다.

$$
\begin{aligned}
\sigma^2 &= \frac{N}{N-1}\mathrm{E}[S^2] \\
&= \frac{N}{N-1}\mathrm{E}\left[\frac{1}{N}\sum(X_i - \bar{X})^2\right] \\
&= \mathrm{E}\left[\frac{1}{N-1}\sum(X_i - \bar{X})^2\right]
\end{aligned}
$$

따라서 기댓값이 정확한 분산값과 일치하는 비편향 표본분산은 다음처럼 정의한다.

$$S^2_{\text{unbiased}} \equiv \frac{1}{N-1} \sum (X_i - \bar{X})^2$$

이렇게 표본분산이 실제 분산보다 작아지는 이유는 다음과 같다.

- 표본분산을 계산할 때 사용하는 표본평균의 값이 데이터가 많이 몰려있는 쪽으로 편향되게 나온다.
- 이렇게 데이터가 몰려있는 위치에 있는 표본평균을 기준으로 각 데이터까지의 거리를 계산하면 원래의 기 댓값으로부터의 거리보다 작게 나올 수 있다.

실제 데이터로 예를 들어 살펴보자. 기댓값 $\mu = 0$, 분산이 $\sigma^2 = 1$인 정규분포로부터 5개의 표 본을 뽑는다.

```
np.random.seed(15)
N = 7
data = np.sort(np.random.normal(size=(N)))[::-1]
```

이 표본의 표본평균은 약 −0.46이다. 우연히 음수인 표본이 많이 나오는 바람에 원래의 기댓 값 0에서 음수쪽으로 떨어진 값이 나왔다.

```
mean = np.mean(data)
mean
```

```
-0.46494862738581794
```

데이터와 표본평균의 위치를 그림으로 그리면 다음과 같다.

```
plt.figure(figsize=(10, 2))
sns.rugplot(data, height=0.5, linewidth=4)
x = np.linspace(-3, 3, 100)
plt.axvline(x=0, ls=':', c='r', linewidth=2, label='실제 기댓값')
plt.axvline(x=mean, ls='--', c='b', linewidth=2, label='표본평균')
plt.legend()
plt.xlim(-2, 2)
plt.show()
```

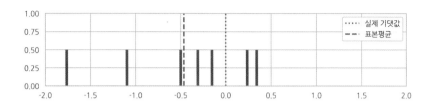

표본표준편차는 표본평균으로부터 각 데이터가 떨어진 거리(의 제곱)의 평균이다.

```
distance_from_sample_mean = data - mean
distance_from_sample_mean
```

```
array([ 0.80423333,  0.70051752,  0.30904009,  0.15262015, -0.03684105,
       -0.63091342, -1.29865663])
```

이 거리들은 진짜 평균(기댓값)으로부터 각 데이터가 떨어진 거리보다 평균적으로 작게 나온다. 그 이유는 우리가 생각한 기댓값인 표본평균이 우연히 왼쪽으로 몰려나온 데이터들 중간에 있기 때문이다.

```
sample_variance = (distance_from_sample_mean ** 2).mean()
sample_variance
```

```
0.4774618257836171
```

따라서 표본분산값은 정확한 분산값인 1보다 작은 값이다. $N-1$로 나누어 편향 보정한 값은 다음과 같다.

```
sample_variance * N / (N - 1)
```

```
0.5570387967475533
```

주의할 점은 표본분산의 기댓값이 원래의 분산값보다 작은 값이 나오는 경향이 있다는 것이지 항상 원래의 분산값보다 작게 나온다는 뜻은 아니다.

비대칭도와 첨도

비대칭도skew는 3차 모멘트 값에서 계산하고 확률밀도함수의 비대칭 정도를 가리킨다. 비대칭도가 0이면 확률분포가 대칭이다.

$$E\left[\left(\frac{X-\mu}{\sigma}\right)^3\right] = \frac{\mu_3}{\sigma^3}$$

첨도(kurtosis)는 4차 모멘트값에서 계산하며 확률이 정규분포와 대비하여 중심에 모였는지 바깥으로 퍼졌는지를 나타낸다.

$$E\left[\left(\frac{X-\mu}{\sigma}\right)^4\right] = \frac{\mu_4}{\sigma^4}$$

모멘트

앞서 구한 기댓값이나 분산은 확률분포의 **모멘트**moment의 하나다.

$$\mu_n = E[(X-\mu)^n] = \int (x-\mu)^n p(x)dx$$

모멘트는 확률분포에서 계산한 특징값이다. 만약 두 확률분포 X, Y가 있고 1차부터 무한대 차수에 이르기까지 두 확률분포의 모든 모멘트값이 서로 같다면 두 확률분포는 같은 확률분포다.

$$E[X] = E[Y]$$
$$E[(X-\mu_X)^2] = E[(Y-\mu_Y)^2]$$
$$E[(X-\mu_X)^3] = E[(Y-\mu_Y)^3]$$
$$E[(X-\mu_X)^4] = E[(Y-\mu_Y)^4]$$
$$E[(X-\mu_X)^5] = E[(Y-\mu_Y)^5]$$
$$\vdots$$

이면

$$X \stackrel{d}{=} Y$$

이다. $\stackrel{d}{=}$는 두 확률변수가 같은 분포distribution를 가진다는 것을 표시하는 기호다.

7.4 다변수 확률변수

카테고리값을 가질 수 있는 이산확률변수가 둘 이상이면 각각의 확률변수에 대한 확률분포 이외에도 확률분포 쌍이 가지는 복합적인 확률분포를 살펴보아야 한다. 이 절에서는 이러한 다변수 확률변수의 확률분포를 표현하는 결합확률분포함수를 알아본다. 두 확률변숫값의 쌍이 어떤 확률분포를 가지는지 안다면 둘 중 하나의 확률분포의 값을 알고 있을 때 다른 확률분포가 어떻게 되는지도 알 수 있다. 이러한 정보를 나타내는 조건부확률분포에 대해서도 공부한다.

결합확률질량함수

주사위처럼 1부터 6까지의 값을 가지는 카테고리분포 확률변수 X와 Y를 생각하자. 확률변수 각각의 확률적 특성은 확률질량함수 $p_X(x)$, $p_Y(y)$로 나타낼 수 있다. 확률변수가 여러 개 있을 때는 확률질량함수의 아랫 첨자로 확률변수 이름을 지정하여 어떤 확률변수의 확률질량함수인지 표시한다. 만약 공정한 주사위처럼 모든 값이 나올 확률이 같다면 각각의 확률질량함수는 다음과 같을 것이다.

$$p_X(1) = \frac{1}{6}, \ldots p_X(6) = \frac{1}{6}$$

$$p_Y(1) = \frac{1}{6}, \ldots p_Y(6) = \frac{1}{6}$$

이번에는 값이 하나가 아닌 둘인, 즉 특정한 숫자 쌍이 나타나는 경우를 생각하자. 단변수 이산확률변수와 같이 단순사건에 대한 확률만 알고 있으면 임의의 숫자 쌍 집합 즉, 임의의 사건에 대해서도 확률을 계산할 수 있으므로 하나 하나의 숫자 쌍에 대해 확률을 알려주는 확률질량함수만 있으면 전체 확률분포를 알 수 있다. 이러한 확률질량함수를 **결합확률질량함수**joint probability mass function이라고 하며 다음과 같이 표시한다.

$$p_{XY}(x, y)$$

이때는 나타날 수 있는 숫자가 두 숫자로 이루어진 쌍이므로 독립변수가 x, y 두 개가 된다. 종속변수는 그 숫자 쌍이 나타날 확률이다. 즉, $p_{XY}(2, 3)$은 {x=2, y=3}이라는 특정한 숫자 쌍으로만 이루어진 사건의 확률이다. 만약 공정한 주사위 두 개를 던지는 경우라면 결합확률질량함수는 다음과 같을 것이다.

$$p_{XY}(1,1) = \frac{1}{36}, p_{XY}(1,2) = \frac{1}{36}, \ldots, p_{XY}(6,6) = \frac{1}{36}$$

| 예제 |

어느 대학교에서 학생 50명이 X, Y 두 과목에 대해 시험을 보고 그 결과가 다음과 같이 A, B, C, D, E, F 학점으로 나왔다고 가정하자. 각 열은 X 과목의 학점, 각 행은 Y 과목의 학점을 나타내고 행렬의 숫자는 해당 학점 조합을 받은 학생의 수다. 예를 들어 X 과목을 B학점, Y 과목을 C학점 받은 학생은 4명이다.

```
grades = ['A', 'B', 'C', 'D', 'E', 'F']
scores = pd.DataFrame(
    [[1, 2, 1, 0, 0, 0],
     [0, 2, 3, 1, 0, 0],
     [0, 4, 7, 4, 1, 0],
     [0, 1, 4, 5, 4, 0],
     [0, 0, 1, 3, 2, 0],
     [0, 0, 0, 1, 2, 1]],
    columns=grades, index=grades)
scores.index.name = 'Y'
scores.columns.name = 'X'
scores
```

X\Y	A	B	C	D	E	F
A	1	2	1	0	0	0
B	0	2	3	1	0	0
C	0	4	7	4	1	0
D	0	1	4	5	4	0
E	0	0	1	3	2	0
F	0	0	0	1	2	1

결합확률질량함수는 다음과 같다.

```
pmf = scores / scores.values.sum()
pmf
```

X Y	A	B	C	D	E	F
A	0.02	0.04	0.02	0.00	0.00	0.00
B	0.00	0.04	0.06	0.02	0.00	0.00
C	0.00	0.08	0.14	0.08	0.02	0.00
D	0.00	0.02	0.08	0.10	0.08	0.00
E	0.00	0.00	0.02	0.06	0.04	0.00
F	0.00	0.00	0.00	0.02	0.04	0.02

이 확률질량함수를 히트맵heat map으로 나타내면 다음과 같다.

```
sns.heatmap(pmf, cmap=mpl.cm.bone_r, annot=True,
            xticklabels=['A', 'B', 'C', 'D', 'E', 'F'],
            yticklabels=['A', 'B', 'C', 'D', 'E', 'F'])
plt.title('결합확률질량함수 p(x,y)')
plt.tight_layout()
plt.show()
```

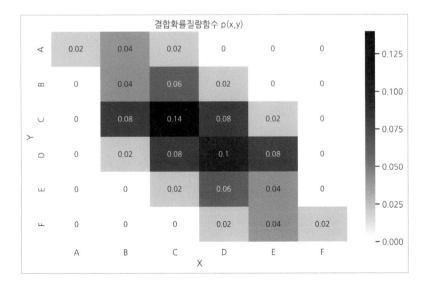

7.4.1 연습 문제

위에서 구한 데이터를 기준으로 다음 질문에 답하라.

❶ 이 확률변수의 표본값이 (D,F)일 확률을 구하라.

❷ 이 확률변수의 표본값이 (F,A)일 확률을 구하라.

❸ 확률변수의 값을 모른다고 할 때 어떤 값이 나올 가능성이 가장 높은가?

주변확률질량함수

주변확률질량함수marginal probability mass function는 두 확률변수 중 하나의 확률변숫값에 대해서만 확률 분포를 표시한 함수다. 즉 다변수가 되기 이전의 단변수 확률질량함수를 말한다.

결합확률질량함수에서 주변확률질량함수를 구하려면 전체 확률의 법칙에 의해 다른 변수가 가질 수 있는 모든 값의 결합확률질량함수를 합한 확률이 된다.

$$p_X(x) = \sum_{y_i} p_{XY}(x, y_i)$$

$$p_Y(y) = \sum_{x_i} p_{XY}(x_i, y)$$

위에서 예로 든 이산 확률변수의 경우에 과목 X만 관심이 있다면 결합확률질량함수 $p_{XY}(x, y)$ 로부터 X에 대한 주변확률질량함수 $p_X(x)$를 구해야 한다.

주변확률질량함수를 계산한 값은 다음과 같다.

$$\begin{aligned} p_X(A) &= p_{XY}(A, A) + p_{XY}(A, B) + p_{XY}(A, C) \\ &\quad + p_{XY}(A, D) + p_{XY}(A, E) + p_{XY}(A, F) \\ &= 0.02 \end{aligned}$$

```
pmf_marginal_x = pmf.sum(axis=0)
pmf_marginal_x
```

```
X
A    0.02
B    0.18
C    0.32
```

```
D    0.28
E    0.18
F    0.02
dtype: float64
```

```
pmf_marginal_y = pmf.sum(axis=1)
pmf_marginal_y[:, np.newaxis]
```

```
array([[0.08],
       [0.12],
       [0.32],
       [0.28],
       [0.12],
       [0.08]])
```

7.4.2 연습 문제

위에서 구한 데이터를 기준으로 다음 질문에 답하라.

❶ 확률변수 Y의 표본값이 A일 확률을 구하라.

❷ 확률변수 X의 표본값이 B일 확률을 구하라.

조건부확률질량함수

만약 y값이 특정한 값으로 고정되었다면 확률질량함수의 단면을 이용하여 다음과 같이 그릴 수
도 있다.

```
import string

x = np.arange(6)
for i, y in enumerate(string.ascii_uppercase[:6]):
    ax = plt.subplot(6, 1, i + 1)
    ax.tick_params(labelleft=False)
    plt.bar(x, pmf.iloc[i, :])
    plt.ylabel('p(x, y={})'.format(y), rotation=0, labelpad=30)
```

```
    plt.ylim(0, 0.15)
    plt.xticks(range(6), ['A', 'B', 'C', 'D', 'E', 'F'])

plt.suptitle('y가 주어진 경우의 결합확률질량함수의 단면', y=1.05)
plt.tight_layout()
plt.show()
```

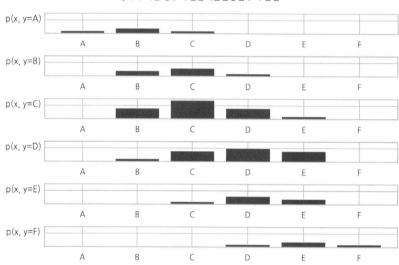

y가 주어진 경우의 결합확률질량함수의 단면

7.4.3 **연습 문제**

위에서 구한 데이터를 기준으로 다음 질문에 답하라.

❶ 만약 확률변수 *Y*값이 A가 나왔다면 확률변수 *X*값은 어떤 값이 나올 가능성이 가장 높은가?

❷ 만약 확률변수 *Y*값이 C가 나왔다면 확률변수 *X*값은 어떤 값이 나올 가능성이 가장 높은가?

조건부확률질량함수conditional probability mass function는 다변수 확률변수 중 하나의 값이 특정 값으로 고정되어 상수가 되어 버린 경우, 나머지 변수에 대한 확률질량함수를 말한다. 조건부확률질량함수는 다음과 같이 정의된다.

$$p_{X|Y}(x \mid y) = \frac{p_{XY}(x, y)}{p_Y(y)}$$

$$p_{Y|X}(y \mid x) = \frac{p_{XY}(x, y)}{p_X(x)}$$

조건부확률질량함수의 모양은 결합질량함수 $p_{XY}(x, y)$에서 y값이 고정된 함수, 즉, 결합질량함수의 단면과 같아진다. 다만 조건부확률질량함수의 합은 1이 된다.

$y=A$일 때의 결합확률질량함수의 단면과 확률의 합은 다음과 같다.

```
pmf.iloc[0, :]
```

```
X
A    0.02
B    0.04
C    0.02
D    0.00
E    0.00
F    0.00
Name: A, dtype: float64
```

```
np.sum(pmf.iloc[0, :])
```

```
0.08
```

$y=A$일 때의 조건부확률질량함수와 확률의 합은 다음과 같다.

```
cond_y0 = pmf.iloc[0, :]/pmf_marginal_y[0]
cond_y0
```

```
X
A    0.25
B    0.50
C    0.25
D    0.00
E    0.00
F    0.00
Name: A, dtype: float64
```

```
np.sum(cond_y0)
```

```
1.0
```

```
plt.subplot(211)
plt.bar(x, pmf.iloc[0, :])
plt.ylim(0, 0.5)
plt.xticks(range(6), ['A', 'B', 'C', 'D', 'E', 'F'])
plt.title('y=A일 때의 결합확률질량함수 단면 p(x,y=A)')
plt.subplot(212)
plt.bar(x, cond_y0)
plt.ylim(0, 0.5)
plt.xticks(range(6), ['A', 'B', 'C', 'D', 'E', 'F'])
plt.title('y=A일 때의 조건부확률질량함수 p(x|y=A)')
plt.xlabel('x')
plt.tight_layout()
plt.show()
```

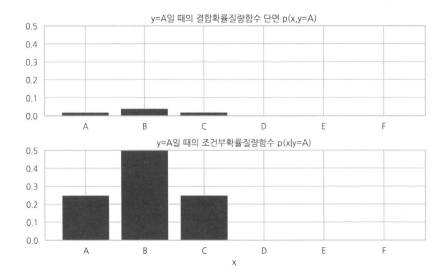

$y=B$일 때의 결합확률질량함수의 단면과 확률의 합은 다음과 같다.

```
pmf.iloc[1, :]
```

```
X
A    0.00
B    0.04
C    0.06
D    0.02
E    0.00
F    0.00
Name: B, dtype: float64
```

```
np.sum(pmf.iloc[1, :])
```

```
0.12000000000000001
```

$y=B$일 때의 조건부확률질량함수와 확률의 합은 다음과 같다.

```
cond_y1 = pmf.iloc[1, :]/pmf_marginal_y[1]
cond_y1
```

```
X
A    0.000000
B    0.333333
C    0.500000
D    0.166667
E    0.000000
F    0.000000
Name: B, dtype: float64
```

```
np.sum(cond_y1)
```

```
0.9999999999999999
```

```
y = np.arange(6)
plt.subplot(211)
plt.bar(y, pmf.iloc[1, :])
plt.ylim(0, 0.6)
plt.xticks(range(6), ['A', 'B', 'C', 'D', 'E', 'F'])
plt.title('y=B일 때의 결합확률질량함수 단면  p(x,y=B)')
plt.subplot(212)
plt.bar(y, cond_y1)
plt.ylim(0, 0.6)
plt.xticks(range(6), ['A', 'B', 'C', 'D', 'E', 'F'])
plt.title('y=B일 때의 조건부확률질량함수 p(x|y=B)')
plt.xlabel('x')
plt.tight_layout()
plt.show()
```

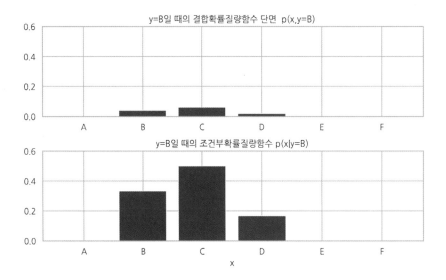

다변수 연속확률변수

연속확률분포에서는 이산확률분포와 같이 단순사건을 이용하여 확률을 정의할 수 없으므로 단변수 연속확률변수처럼 누적확률분포함수를 먼저 정의한 후 이를 미분하여 확률밀도함수를 정의하는 방법을 사용한다.

결합누적확률분포함수

두 연속 확률변수 X, Y에 대한 **결합누적확률분포함수** $p_{XY}(x, y)$는 다음과 같이 정의한다.

$$F_{XY}(x, y) = P(\{X < x\} \cap \{Y < y\}) = P(\{X < x, Y < y\})$$

결합누적확률분포함수 $p_{XY}(x, y)$는 다음과 같은 특성을 가진다.

$$F_{XY}(\infty, \infty) = 1$$

$$F_{XY}(-\infty, y) = F_{XY}(x, -\infty) = 0$$

결합확률밀도함수

단변수 확률변수의 경우처럼 결합누적확률분포함수를 미분하여 **결합확률밀도함수**joint probability density function를 정의할 수 있다. 독립변수가 2개이므로 각각에 대해 모두 편미분partial differentication 해야 한다.

$$p_{XY} = \frac{\partial^2 F_{XY}(x, y)}{\partial x \partial y}$$

결합확률밀도함수를 특정 구간에 대해 적분하면 해당 구간에 대한 확률이 된다.

$$\int_{x_1}^{x_2} \int_{y_1}^{y_2} p_{XY}(x, y) dx dy = P(\{x_1 \leq X \leq x_2, \ y_1 \leq Y \leq y_2\})$$

따라서 결합확률밀도함수를 모든 변수에 대해 $-\infty$에서 ∞까지 적분하면 값이 1이 된다.

$$\int_{-\infty}^{\infty} \int_{-\infty}^{\infty} p_{XY}(x, y) dx dy = 1$$

연속 확률변수의 결합확률밀도함수는 2차원 함수가 된다. 아래는 다변수정규분포의 결합확률밀도의 예를 그린 것이다. 어떤 집단에 대해 X는 몸무게, Y는 키를 나타내는 확률변수라고 하자.

```python
mu = [70, 170]
cov = [[150, 140], [140, 300]]
rv = sp.stats.multivariate_normal(mu, cov)

xx = np.linspace(20, 120, 100)
yy = np.linspace(100, 250, 100)
```

```
XX, YY = np.meshgrid(xx, yy)
ZZ = rv.pdf(np.dstack([XX, YY]))
plt.contour(XX, YY, ZZ)
plt.xlabel('x')
plt.ylabel('y')
plt.title('결합확률밀도함수 p(x,y)')
plt.show()
```

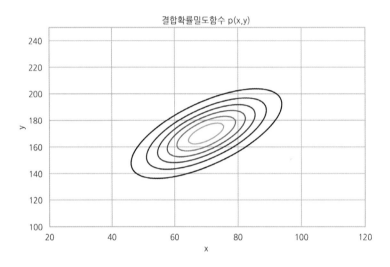

주변확률밀도함수

주변확률밀도함수marginal probability density function는 결합확률밀도함수를 특정한 하나의 변수에 대해 가중평균한 값을 말한다. 따라서 결합확률밀도함수를 하나의 확률변수에 대해서만 적분하여 구한다.

가중평균(적분)으로 인해 차원이 한 개 줄어들기 때문에 2차원 확률변수의 주변 확률 밀도 함수는 1차원 함수가 된다.

$$p_X(x) = \int_{-\infty}^{\infty} p_{XY}(x, y)dy$$

$$p_Y(y) = \int_{-\infty}^{\infty} p_{XY}(x, y)dx$$

```python
from matplotlib.ticker import NullFormatter
from matplotlib import transforms
from scipy.integrate import simps  # 심슨법칙(Simpson's rule)을 사용한 적분 계산

xx = np.linspace(20, 120, 100)
yy = np.linspace(100, 250, 100)
XX, YY = np.meshgrid(xx, yy)
ZZ = rv.pdf(np.dstack([XX, YY]))
fx = [simps(Z, yy) for Z in ZZ.T]
fy = [simps(Z, xx) for Z in ZZ]

plt.figure(figsize=(6, 6))

left, width = 0.1, 0.65
bottom, height = 0.1, 0.65
bottom_h = left_h = left + width + 0.05

rect1 = [left, bottom, width, height]
rect2 = [left, bottom_h, width, 0.2]
rect3 = [left_h, bottom, 0.2, height]

ax1 = plt.axes(rect1)
ax2 = plt.axes(rect2)
ax3 = plt.axes(rect3)

ax2.xaxis.set_major_formatter(NullFormatter())
ax3.yaxis.set_major_formatter(NullFormatter())

ax1.contour(XX, YY, ZZ)
ax1.set_title('결합확률분포함수 $p_{XY}(x, y)$')
ax1.set_xlabel('x')
ax1.set_ylabel('y')

ax2.plot(xx, fx)
ax2.set_title('주변확률분포함수 $p_X(x)$')

base = ax3.transData
rot = transforms.Affine2D().rotate_deg(-90)
plt.plot(-yy, fy, transform=rot + base)
plt.title('주변확률분포함수 $p_Y(y)$')
```

```
ax1.set_xlim(38, 102)
ax1.set_ylim(120, 220)
ax2.set_xlim(38, 102)
ax3.set_xlim(0, 0.025)
ax3.set_ylim(120, 220)

plt.show()
```

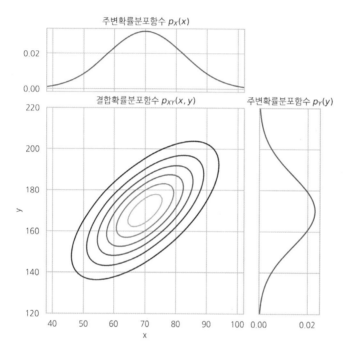

조건부확률밀도함수

고정된 y값에 대해 확률 밀도 함수의 단면을 표시하면 다음과 같다.

```
from matplotlib.collections import PolyCollection
from matplotlib import colors as mcolors

xx = np.linspace(20, 120, 100)
yy = np.linspace(100, 250, 16)
```

```
XX, YY = np.meshgrid(xx, yy)
ZZ = rv.pdf(np.dstack([XX, YY]))

fig = plt.figure(dpi=150)
ax = fig.gca(projection='3d')

xs = np.hstack([0, xx, 0])
zs = np.zeros_like(xs)
verts = []
for i, y in enumerate(yy):
    zs[1:-1] = ZZ[i]
    verts.append(list(zip(xx, zs)))

poly = PolyCollection(verts)
poly.set_alpha(0.5)
ax.add_collection3d(poly, zs=yy, zdir='y')

ax.set_xlabel('x')
ax.set_ylabel('y')
ax.set_xlim(20, 120)
ax.set_ylim(100, 250)
ax.set_zlim3d(0, 0.0007)
ax.view_init(50, -50)
plt.title('결합확률밀도함수의 단면')
plt.show()
```

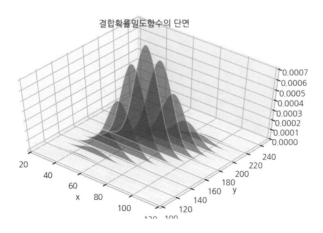

```
for i, j in enumerate(range(9, 3, -1)):
    ax = plt.subplot(6, 1, i + 1)
    ax.tick_params(labelleft=False)
    plt.plot(xx, ZZ[j, :])
    plt.ylim(0, 0.0012)
    if i < 5:
        ax.xaxis.set_ticklabels([])
    plt.ylabel('p(x, y={:.0f})'.format(yy[j]), rotation=0, labelpad=40)
plt.xlabel('x')
plt.tight_layout()
plt.suptitle('결합확률밀도함수의 단면', y=1.05)
plt.show()
```

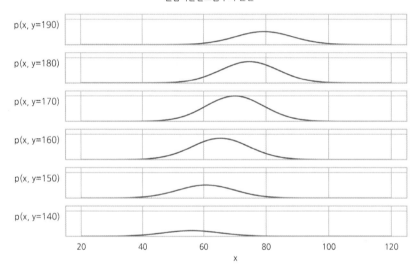

결합확률밀도함수의 단면

7.4.4 **연습 문제**

❶ 확률변수의 값을 모른다고 할 때 어떤 값이 나올 가능성이 가장 높은가?

❷ 만약 확률변수 Y값이 170이 나왔다면 확률변수 X값으로 어떤 값이 나올 가능성이 가장 높은가?

❸ 만약 확률변수 Y값이 150이 나왔다면 확률변수 X값으로 어떤 값이 나올 가능성이 가장 높은가?

조건부확률밀도함수conditional probability density function는 다변수 확률변수 중 하나의 값이 특정 값이라는 사실이 알려진 경우, 이러한 조건(가정)에 의해 변화한 나머지 확률변수에 대한 확률밀도함수를 말한다.

$$p_{X|Y}(x \mid y) = \frac{p_{XY}(x, y)}{p_Y(y)}$$

$$p_{Y|X}(y \mid x) = \frac{p_{XY}(x, y)}{p_X(x)}$$

조건부확률밀도함수에서 조건이 되는 확률변수의 값은 특정한 값으로 고정되어 있으므로 변수가 아니라 모수로 생각할 수 있다. 예를 들어 $p_{X|Y}(x|y)$에서 y값은 고정되어 있으므로 이 값은 x의 함수가 된다.

```python
from scipy.integrate import simps  # 심슨법칙을 사용한 적분 계산

mag = 10 # 확대 비율
xx = np.linspace(20, 120, 100)
yy = np.linspace(100, 250, 16)
XX, YY = np.meshgrid(xx, yy)
ZZ = rv.pdf(np.dstack([XX, YY]))
plt.figure(figsize=(8, 6))
for i, j in enumerate(range(9, 4, -1)):
    ax = plt.subplot(5, 1, i + 1)
    ax.tick_params(labelleft=False)
    plt.plot(xx, ZZ[j, :] * mag, 'r--', lw=2, label='결합확률밀도함수의 단면')
    marginal = simps(ZZ[j, :], xx)
    plt.plot(xx, ZZ[j, :] / marginal, 'b-', lw=2, label='조건부확률밀도함수')
    plt.ylim(0, 0.05)
    ax.xaxis.set_ticklabels([])
    plt.ylabel('p(x, y={:.0f})'.format(yy[j]), rotation=0, labelpad=40)
    if i == 0:
        plt.legend(loc=2)
plt.xlabel('x')
plt.tight_layout()
plt.show()
```

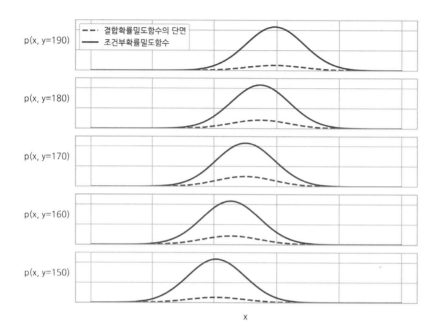

독립과 상관

두 확률변수가 있을 때, 한 확률변수의 **표본값이 달라지면 다른 확률변수의 조건부 분포가 달라질 때 서로 상관관계**가 있다고 한다. 반대로 두 확률변수가 상관 관계가 아니면 서로 **독립**이라고 한다. 확률변수의 독립을 수학적으로 정의하면 다음과 같다.

두 확률변수 X, Y의 결합확률밀도함수joint pdf가 주변확률밀도함수marginal pdf의 곱과 같으면 서로 독립이다.

$$p_{XY}(x, y) = p_X(x)p_Y(y)$$

이 정의는 확률변수가 두 개보다 많을 때도 적용된다. 예를 들어 세 개의 확률변수 X, Y, Z의 결합확률밀도함수가 각각의 주변확률밀도함수의 곱과 같으면 세 확률변수는 서로 독립이다.

$$p_{XYZ}(x, y, z) = p_X(x)p_Y(y)p_Z(z)$$

이때 X, Y, Z 중 어느 두 확률변수를 골라도 서로 독립이 된다.

$$p_{XY}(x, y) = \sum_{z \in \Omega_z} p_{XY}(x, y, z)$$

$$= \sum_{z \in \Omega_z} p_X(x) p_Y(y) p_Z(z)$$

$$= p_X(x) p_Y(y) \sum_{z \in \Omega_z} p_Z(z)$$

$$= p_X(x) p_Y(y)$$

반복 시행

같은 확률변수에서 복수의 표본 데이터를 취하는 경우에는 이 표본들은 서로 독립인 확률변수들에서 나온 표본으로 볼 수 있다. 따라서 확률밀도함수가 $f(x)$이고 표본 데이터가 $\{x_1, x_2, x_3, ..., x_N\}$이면 이 데이터, 즉 벡터 $(x_1, x_2, x_3, ..., x_N)$이 나올 확률은 다음과 같다.

$$p(x_1, x_2, x_3, \cdots, x_N) = \prod_{i=1}^{N} p(x_i)$$

조건부 확률분포

독립인 두 확률변수 X, Y의 조건부확률밀도함수는 주변확률밀도함수와 같다.

$$p_{X|Y}(x|y) = \frac{p_{XY}(x, y)}{p_Y(y)} = \frac{p_X(x) p_Y(y)}{p_Y(y)} = p_X(x)$$

$$p_{Y|X}(y|x) = \frac{p_{XY}(x, y)}{p_X(x)} = \frac{p_X(x) p_Y(y)}{p_X(x)} = p_Y(y)$$

확률변수 X가 다른 확률변수 Y에 독립이면 조건부 확률 분포가 조건이 되는 확률변수의 값에 영향을 받지 않는다. 즉, Y값이 y_1일 때와 y_2일 때의 조건부 확률 분포 $f(x|y_1)$과 $f(x|y_2)$가 $f(x)$로 같다는 의미다.

예를 들어 다음과 같은 두 이산 확률변수의 결합 확률 분포를 보자.

```
pmf1 = np.array([[1, 2,  4, 2, 1],
                 [2, 4,  8, 4, 2],
                 [4, 8, 16, 8, 4],
                 [2, 4,  8, 4, 2],
```

```
                   [1, 2,  4, 2, 1]])
pmf1 = pmf1/pmf1.sum()


pmf1_marginal_x = np.round(pmf1.sum(axis=0), 2)
pmf1_marginal_y = np.round(pmf1.sum(axis=1), 2)
pmf1x = pmf1_marginal_x * pmf1_marginal_y[:, np.newaxis]


plt.subplot(121)
sns.heatmap(pmf1, cmap=mpl.cm.bone_r, annot=True, square=True, linewidth=1,
linecolor='k',
           cbar=False, xticklabels=pmf1_marginal_x, yticklabels=pmf1_marginal_y)
plt.title('독립인 두 확률변수의 결합확률질량함수')


plt.subplot(122)
pmf1x = pmf1_marginal_x * pmf1_marginal_y[:, np.newaxis]
sns.heatmap(pmf1x, cmap=mpl.cm.bone_r, annot=True, square=True, linewidth=1,
linecolor='k',
           cbar=False, xticklabels=pmf1_marginal_x, yticklabels=pmf1_marginal_y)
plt.title('두 확률변수의 주변확률질량함수의 곱')


plt.show()
```

여러 가지 Y값을 바꾸어도 조건부 확률은 변하지 않는 것을 확인할 수 있다.

```
cond_x_y0 = pmf1[0, :]/pmf1_marginal_y[0]
cond_x_y0
```

```
array([0.1, 0.2, 0.4, 0.2, 0.1])
```

```
cond_x_y1 = pmf1[1, :]/pmf1_marginal_y[1]
cond_x_y1
```

```
array([0.1, 0.2, 0.4, 0.2, 0.1])
```

이번에는 다음과 같은 상관관계가 있는 두 확률변수를 보자.

```
pmf2 = np.array([[0, 0,  0, 5, 5],
                 [0, 5,  5, 5, 5],
                 [0, 5, 30, 5, 0],
                 [5, 5,  5, 5, 0],
                 [5, 5,  0, 0, 0]])
pmf2 = pmf2/pmf2.sum()

pmf2_marginal_x = np.round(pmf2.sum(axis=0), 2)
pmf2_marginal_y = np.round(pmf2.sum(axis=1), 2)

plt.subplot(121)
sns.heatmap(pmf2, cmap=mpl.cm.bone_r, annot=True, square=True, linewidth=1,
linecolor='k',
            cbar=False, xticklabels=pmf2_marginal_x, yticklabels=pmf2_marginal_y)
plt.title('상관관계인 두 확률변수의 결합확률질량함수')

plt.subplot(122)
pmf2x = pmf2_marginal_x * pmf2_marginal_y[:, np.newaxis]
sns.heatmap(pmf2x, cmap=mpl.cm.bone_r, annot=True, square=True, linewidth=1,
linecolor='k',
            cbar=False, xticklabels=pmf2_marginal_x, yticklabels=pmf2_marginal_y)
plt.title('두 확률변수의 주변확률질량함수의 곱')

plt.show()
```

상관관계인 두 확률변수의 결합확률질량함수						두 확률변수의 주변확률질량함수의 곱					

(상관관계인 두 확률변수의 결합확률질량함수)

	0.1	0.2	0.4	0.2	0.1
0.1	0	0	0	0.05	0.05
0.2	0	0.05	0.05	0.05	0.05
0.4	0	0.05	0.3	0.05	0
0.2	0.05	0.05	0.05	0.05	0
0.1	0.05	0.05	0	0	0

(두 확률변수의 주변확률질량함수의 곱)

	0.1	0.2	0.4	0.2	0.1
0.1	0.01	0.02	0.04	0.02	0.01
0.2	0.02	0.04	0.08	0.04	0.02
0.4	0.04	0.08	0.16	0.08	0.04
0.2	0.02	0.04	0.08	0.04	0.02
0.1	0.01	0.02	0.04	0.02	0.01

주변 확률분포는 앞의 예와 같지만 Y의 표본값에 따라 X의 조건부 확률분포가 달라지는 것을 확인할 수 있다.

```
cond_x_y0 = pmf2[0, :]/pmf2_marginal_y[0]
cond_x_y0
```

```
array([0. , 0. , 0. , 0.5, 0.5])
```

```
cond_x_y1 = pmf2[1, :]/pmf2_marginal_y[1]
cond_x_y1
```

```
array([0.  , 0.25, 0.25, 0.25, 0.25])
```

독립 확률변수의 기댓값

독립인 두 확률변수 X, Y의 기댓값은 다음 성질을 만족한다.

$$E[XY] = E[X]E[Y]$$

$$E[(X - \mu_X)(Y - \mu_Y)] = 0$$

증명은 다음과 같다.

$$E[XY] = \iint xy \, p_{XY}(x, y) \, dxdy$$
$$= \iint xy \, p_X(x)p_Y(y) \, dxdy$$

다중적분의 값은 적분을 연속하여 한 값과 같다는 **푸비니의 정리**Fubini's Theorem에 의해 다음처럼 증명할 수 있다.

$$E[XY] = \int \left(\int xy \, p_X(x)p_Y(y)dx \right) dy$$
$$= \int \left(y \, p_Y(y) \left(\int x \, p_X(x) \, dx \right) \right) dy$$
$$= \left(\int x \, p_X(x) \, dx \right) \left(\int y \, p_Y(y) \, dy \right)$$
$$= E[X]E[Y]$$

이 결과를 이용하여 두 번째 등식도 다음처럼 증명한다.

$$E[(X - \mu_X)(Y - \mu_Y)] = E[XY - \mu_X Y - \mu_Y X + \mu_X \mu_Y]$$
$$= E[XY] - \mu_X E[Y] - \mu_Y E[X] + \mu_X \mu_Y$$
$$= E[XY] - \mu_X \mu_Y$$
$$= E[XY] - E[X]E[Y] = 0$$

독립 확률변수의 분산

독립인 두 확률변수 X, Y의 분산은 다음 성질을 만족한다. 바로 앞 절에서 설명한 내용이므로 증명은 생략한다.

$$\text{Var}[X + Y] = \text{Var}[X] + \text{Var}[Y]$$

7.5 공분산과 상관계수

다변수 확률변수 간의 상관 관계를 숫자로 나타낸 것이 **공분산**covariance과 **상관계수**correlation coefficient다.

표본공분산

표본공분산sample covariance은 다음처럼 정의한다. 여기에서 x_i와 y_i는 각각 i번째의 x 자료와 y 자료의 값을 가리키고, $\bar{x}$와 $\bar{y}$는 x 자료와 y 자료의 표본평균을 가리킨다.

$$s_{xy} = \frac{1}{N} \sum_{i=1}^{N} (x_i - \bar{x})(y_i - \bar{y})$$

표본분산과 마찬가지로 표본공분산도 자료가 평균값으로부터 얼마나 떨어져 있는지를 나타낸 것이다. 공분산은 평균값 위치와 표본 위치를 연결하는 사각형의 면적을 사용한다. 다만 공분산의 경우에는 자료의 위치에 따라 이 값의 부호가 달라진다. 데이터가 1사분면이나 3사분면에 있는 경우에는 양수가 되고 데이터가 2사분면이나 4사분면에 있는 경우에는 음수가 된다. 따라서 공분산의 부호는 X, Y 데이터가 같은 부호를 가지는지 다른 부호를 가지는지에 대한 지표라고 할 수 있다.

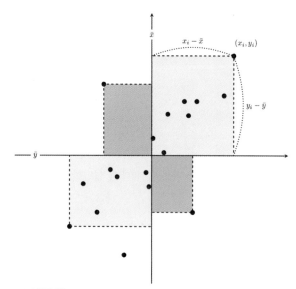

▶ 표본공분산

표본상관계수

표본공분산은 평균을 중심으로 각 자료들이 어떻게 분포되어 있는지 크기와 방향성을 같이 보여준다. 그런데 분포의 크기는 공분산이 아닌 분산만으로도 알 수 있기 때문에 대부분의 경우 자료 분포의 방향성만 분리하여 보는 것이 유용하다. 이때 필요한 것이 **표본상관계수**sample correlation coefficient다.

표본상관계수는 다음과 같이 공분산을 각각의 표본표준편차값으로 나누어 정규화하여 정의한다.

$$r_{xy} = \frac{s_{xy}}{\sqrt{s_x^2 \cdot s_y^2}}$$

이와 다르게 정의한 상관계수도 있기 때문에 다른 종류의 상관계수와 비교하여 말하는 경우에는 **피어슨**Pearson **상관계수**라고 하기도 한다.

사이파이의 stats 서브패키지는 피어슨 상관계수를 계산하는 pearsonr() 함수를 제공한다. pearsonr() 함수는 상관계수와 유의확률을 반환한다. 유의확률에 대해서는 9장에서 공부한다.

| 예제 |

다음 코드는 붓꽃의 꽃받침 길이와 꽃잎 길이 사이의 상관계수를 계산하는 코드다. 상관계수가 약 0.87임을 알 수 있다.

```
from sklearn.datasets import load_iris
X = load_iris().data
x1 = X[:, 0]  # 꽃받침 길이
x2 = X[:, 1]  # 꽃받침 폭
x3 = X[:, 2]  # 꽃잎 길이
x4 = X[:, 3]  # 꽃잎 폭
sp.stats.pearsonr(x1, x3)[0]
```

0.8717537758865832

붓꽃 데이터에서 다음 상관계수를 계산하라.

❶ 꽃받침 길이와 꽃받침 폭 사이의 상관계수

❷ 꽃잎 길이와 꽃잎 폭 사이의 상관계수

❸ 꽃받침 폭과 꽃잎 폭 사이의 상관계수

확률변수의 공분산과 상관계수

두 확률변수 X와 Y의 공분산은 기댓값 연산자를 사용하여 다음과 같이 정의된다.

$$\text{Cov}[X, Y] = \text{E}[(X - \text{E}[X])(Y - \text{E}[Y])]$$

마찬가지로 두 확률변수 X와 Y의 상관계수도 다음과 같이 정의한다.

$$\rho[X, Y] = \frac{\text{Cov}[X, Y]}{\sqrt{\text{Var}[X] \cdot \text{Var}[Y]}}$$

확률변수의 상관계수는 다음과 같은 성질을 가진다.

$$-1 \leq \rho \leq 1$$

또한 ρ가 -1, 0, 1인 경우를 각각 다음과 같이 부른다.

- $\rho = 1$: 완전선형 상관관계
- $\rho = 0$: 무상관 (독립과는 다름)
- $\rho = -1$: 완전선형 반상관관계

이 상관계수의 부호와 크기가 의미하는 바는 다음 스캐터 플롯에서 알 수 있다. 이 스캐터 플롯은 특정한 상관계수를 가지는 데이터를 시뮬레이션해 그린 것이다. 스캐터 플롯의 위에 쓰여진 숫자는 시뮬레이션에 사용된 상관계수를 나타낸다. 스캐터 플롯의 데이터가 양의 기울기를 가지는 직선 혹은 타원 모양을 가지면 상관계수는 양수이고 음의 기울기를 가지는 직선 혹은 타원 모양이 되면 상관계수가 음이 된다. 또한 직선 모양이 뚜렷할수록 상관계수의 절댓값이 커지고 원에 가까워질 수록 절댓값이 작아진다.

```
np.random.seed(0)
corrs = [1, 0.7, 0.3, 0, -0.3, -0.7, -1]
plt.figure(figsize=(len(corrs), 2))
for i, r in enumerate(corrs):
    x, y = np.random.multivariate_normal([0, 0], [[1, r], [r, 1]], 1000).T
    plt.subplot(1, len(corrs), i + 1)
    plt.plot(x, y, 'ro', ms=1)
    plt.axis('equal')
    plt.xticks([])
    plt.yticks([])
    plt.title(r'$\rho$={}'.format(r))

plt.suptitle('상관계수와 스캐터 플롯의 모양', y=1.1)
plt.tight_layout()
plt.show()
```

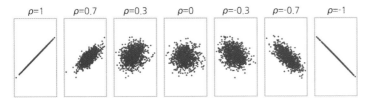

또한 상관계수는 스캐터 플롯의 기울기와는 아무런 상관이 없다.

```
np.random.seed(1)
slope = [1, 0.7, 0.3, 0, -0.3, -0.7, -1]
plt.figure(figsize=(len(slope), 2))
for i, s in enumerate(slope):
    plt.subplot(1, len(slope), i + 1)
    x, y = np.random.multivariate_normal([0, 0], [[1, 1], [1, 1]], 100).T
    y2 = s * y
    plt.plot(x, y2, 'ro', ms=1)
    plt.axis('equal')
    plt.xticks([])
    plt.yticks([])
    if s > 0:
```

```
        plt.title(r'$\rho$=1')
    if s < 0:
        plt.title(r'$\rho$=-1')

plt.suptitle('상관계수와 스케터플롯의 기울기', y=1.1)
plt.tight_layout()
plt.show()
```

상관계수와 스케터플롯의 기울기

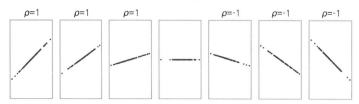

7.5.2 연습 문제

❶ 원소 수가 10개인 두 무작위 숫자 벡터를 생성하라. 이 두 벡터가 두 확률변수에서 나온 데이터라고 가정하면 두 확률변수는 독립이어야 한다.

❷ 두 데이터 집합의 표본상관계수를 계산하라. 독립인 확률변수의 상관계수는 0이어야 한다. 표본상관계수의 값도 0인가?

❸ 원소 수를 10,000개로 다시 무작위 숫자 벡터를 생성하고 표본상관계수를 계산하라. 아까와 어떻게 달라졌는가?

❹ 표본상관계수가 이론적 상관계수와 같지 않은 이유는 무엇인가?

비선형 상관관계

두 확률변수가 상관관계가 있으면 두 확률변수의 값 중 하나를 알았을 때 다른 확률변수의 값에 대한 정보를 알 수 있다. 반드시 정확한 값을 알 수 있어야 하는 것은 아니다. 따라서 다음과 같은 경우도 상관관계가 있는 데이터라고 할 수 있다. 선형이 아닌 상관관계를 비선형 상관관계라고 한다. 피어슨 상관계수는 두 확률변수의 관계가 선형적일 때만 상관관계를 제대로 계산할 수 있다.

다음 네 가지 데이터는 모두 x값으로부터 y값을 알 수 있기 때문에 상관관계를 가지고 있다. 하지만 피어슨 상관계수는 모두 0으로 계산된다.

```
n = 500

plt.subplot(221)
x1 = np.random.uniform(-1, 1, n)
y1 = 2*x1**2 + np.random.uniform(-0.3, 0.3, n)
plt.scatter(x1, y1)
r1 = sp.stats.pearsonr(x1, y1)[0]
plt.title(r'비선형 상관관계 1: $\rho$={:4.3f}'.format(r1))
plt.subplot(222)
x2 = np.random.uniform(-1, 1, n)
y2 = 4*(x2**2-0.5)**2 + np.random.uniform(-1, 1, n)/5
plt.scatter(x2, y2)
r2 = sp.stats.pearsonr(x2, y2)[0]
plt.title(r'비선형 상관관계 2: $\rho$={:4.3f}'.format(r2))
plt.subplot(223)
x3 = np.random.uniform(-1, 1, n)
y3 = np.cos(x3 * np.pi) + np.random.uniform(0, 1/8, n)
x3 = np.sin(x3 * np.pi) + np.random.uniform(0, 1/8, n)
plt.scatter(x3, y3)
r3 = sp.stats.pearsonr(x3, y3)[0]
plt.title(r'비선형 상관관계 3: $\rho$={:4.3f}'.format(r3))
plt.subplot(224)
x4 = np.random.uniform(-1, 1, n)
y4 = (x4**2 + np.random.uniform(0, 0.5, n)) * \
    np.array([-1, 1])[np.random.random_integers(0, 1, size=n)]
plt.scatter(x4, y4)
r4 = sp.stats.pearsonr(x4, y4)[0]
plt.title(r'비선형 상관관계 4: $\rho$={:4.3f}'.format(r4))
plt.tight_layout()
plt.show()
```

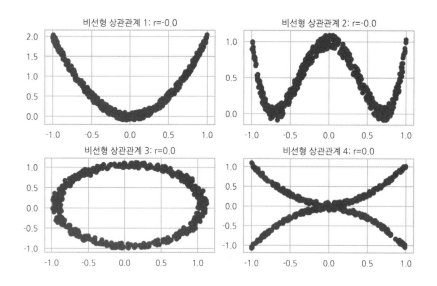

앤스콤 데이터

상관계수로 분포의 형상을 추측할 때 개별 자료가 상관계수에 미치는 영향력이 각각 다르다는 점에 유의해야 한다. 다음은 프랭크 앤스콤(Frank Anscombe)의 논문에 예시된 데이터다. 이 데이터는 서로 다른 4종류의 2차원 데이터셋을 포함하는데 4종류 데이터셋 모두 상관계수가 약 0.816로 동일하다.

```
data = sm.datasets.get_rdataset('anscombe')
df = data.data
df[['x1', 'y1', 'x2', 'y2', 'x3', 'y3', 'x4', 'y4']]
```

	x1	y1	x2	y2	x3	y3	x4	y4
0	10	8.04	10	9.14	10	8.04	8	6.58
1	8	6.95	8	8.14	8	6.95	8	5.76
2	13	7.58	13	8.74	13	7.58	8	7.71
3	9	8.81	9	8.77	9	8.81	8	8.84
4	11	8.33	11	9.26	11	8.33	8	8.47
5	14	9.96	14	8.10	14	9.96	8	7.04
6	6	7.24	6	6.13	6	7.24	8	5.25
7	4	4.26	4	3.10	4	4.26	19	12.50
8	12	10.84	12	9.13	12	10.84	8	5.56
9	7	4.82	7	7.26	7	4.82	8	7.91
10	5	5.68	5	4.74	5	5.68	8	6.89

첫 번째 데이터셋은 평범한 데이터셋이다. 하지만 두 번째 데이터셋은 비선형으로 완벽한 상관관계를 가진다. 즉 x값을 알면 y값을 완벽하게 알 수 있다. 하지만 상관계수는 약 0.816으로 1인 아닌 값을 가진다. 즉, 상관계수는 비선형 상관관계를 표현하지 못한다.

세 번째 데이터셋과 네 번째 데이터셋에서 볼 수 있듯이 나머지 데이터의 상관계수가 1 또는 0인 경우에도 단 하나의 특잇값outlier 자료에 의해 상관계수가 크게 달라질 수 있다.

```
plt.subplot(221)
sns.regplot(x='x1', y='y1', data=df)
plt.subplot(222)
sns.regplot(x='x2', y='y2', data=df)
plt.subplot(223)
sns.regplot(x='x3', y='y3', data=df)
plt.subplot(224)
sns.regplot(x='x4', y='y4', data=df)
plt.tight_layout()
plt.subplots_adjust(top=0.9)
plt.suptitle('앤스콤의 데이터')
plt.show()
```

앤스콤의 데이터

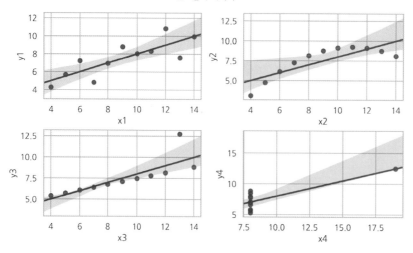

다변수 확률변수의 표본공분산

이번에는 스칼라가 아닌 벡터 표본값을 가지는 다변수 확률변수의 공분산에 대해 알아보자. X_1, X_2, ..., X_M이라는 M개의 서로 다른 확률변수가 있다고 하자. 이 확률변수들의 표본 데이터가 각각 N개가 있으면 $j(j=1,...,M)$번째 확률변수의 $i(i=1,...,N)$번째 데이터를 $x_{i,j}$로 표기한다. 이를 하나의 행렬로 묶으면 다음과 같은 특징행렬이 된다.

$$X = \begin{bmatrix} x_{1,1} & x_{1,2} & \cdots & x_{1,M} \\ x_{2,1} & x_{2,2} & \cdots & x_{2,M} \\ \vdots & \vdots & \ddots & \vdots \\ x_{N,1} & x_{N,2} & \cdots & x_{N,M} \end{bmatrix}$$

M개의 서로 다른 확률변수의 모든 조합에 대한 공분산을 한꺼번에 표기하기 위해 다음처럼 **표본공분산행렬**Sample Covariance Matrix을 정의한다. 대각성분은 각각의 확률변수의 분산, 비대각성분은 서로 다른 두 확률변수의 공분산으로 정의되는 행렬이다. 예를 들어 두 번째 행, 세 번째 열의 원소 $s_{2,3}$은 두 번째 확률변수와 세 번째 확률변수의 공분산이다.

$$S = \begin{bmatrix} s_{x_1}^2 & s_{x_1 x_2} & \cdots & s_{x_1 x_M} \\ s_{x_1 x_2} & s_{x_2}^2 & \cdots & s_{x_2 x_M} \\ \vdots & \vdots & \ddots & \vdots \\ s_{x_1 x_M} & s_{x_2 x_M} & \cdots & s_{x_M}^2 \end{bmatrix}$$

위 행렬의 값은 다음처럼 구한다.

- 각 확률변수 $x_j, (j = 1, ..., M)$의 표본평균을 계산한다.

$$\bar{x}_j = \frac{1}{N} \sum_{i=1}^{N} x_{i,j}$$

- 각 확률변수 $x_j, (j = 1, ..., M)$의 분산을 계산한다.

$$s_j^2 = \frac{1}{N} \sum_{i=1}^{N} (x_{i,j} - \bar{x}_j)^2$$

- 두 확률변수 x_j, x_k의 공분산을 계산한다.

$$s_{j,k} = \frac{1}{N} \sum_{i=1}^{N} (x_{i,j} - \bar{x}_j)(x_{i,k} - \bar{x}_k)$$

만약 $x_i \, (i = 1, ..., N)$가 다음과 같은 M-차원 표본 벡터로 정의하면

$$x_i = \begin{bmatrix} x_{i,1} \\ \vdots \\ x_{i,M} \end{bmatrix}$$

표본공분산행렬 S는 다음 식으로 구할 수 있다.

$$S = \frac{1}{N} \sum_{i=1}^{N} (x_i - \bar{x})(x_i - \bar{x})^T$$

7.5.3 연습 문제

표본공분산행렬을 다음 식으로 구할 수 있음을 증명하라.

$$S = \frac{1}{N} X_0^T X_0$$

이 식에서 $\bar{x}$는 M-차원 평균벡터이고 X_0은 평균이 제거된 $N \times M$ 크기의 데이터 행렬이다.

$$\bar{x} = \frac{1}{N} X^T \mathbf{1_N}$$

$$X_0 = X - \mathbf{1_M} \bar{x}^T = X - \frac{1}{N} \mathbf{1_N} \mathbf{1_N}^T X$$

붓꽃 데이터에서 4가지 확률변수의 표본공분산행렬을 구하라.

다변수 확률변수의 공분산

M개의 다변수 확률변수 벡터

$$X = \begin{bmatrix} X_1 \\ X_2 \\ \vdots \\ X_M \end{bmatrix}$$

의 이론적 공분산행렬은 Σ로 표기하며 다음처럼 정의한다.

$$
\begin{aligned}
\Sigma = \mathrm{Cov}[X] &= \begin{bmatrix}
\sigma_{x_1}^2 & \sigma_{x_1 x_2} & \sigma_{x_1 x_3} & \cdots & \sigma_{x_1 x_M} \\
\sigma_{x_1 x_2} & \sigma_{x_2}^2 & \sigma_{x_2 x_3} & \cdots & \sigma_{x_2 x_M} \\
\vdots & \vdots & \vdots & \ddots & \vdots \\
\sigma_{x_1 x_M} & \sigma_{x_2 x_M} & \sigma_{x_3 x_M} & \cdots & \sigma_{x_M}^2
\end{bmatrix} \\
&= \mathrm{E} \begin{bmatrix}
(X_1 - \mathrm{E}[X_1])^2 & \cdots & (X_1 - \mathrm{E}[X_1])(X_M - \mathrm{E}[X_M]) \\
(X_1 - \mathrm{E}[X_1])(X_2 - \mathrm{E}[X_2]) & \cdots & (X_2 - \mathrm{E}[X_2])(X_M - \mathrm{E}[X_M]) \\
\vdots & \ddots & \vdots \\
(X_1 - \mathrm{E}[X_1])(X_M - \mathrm{E}[X_M]) & \cdots & (X_M - \mathrm{E}[X_M])^2
\end{bmatrix}
\end{aligned}
$$

다음과 같이 표기할 수도 있다.

$$
\begin{aligned}
\Sigma &= \mathrm{E}\left[(X - \mathrm{E}[X])(X - \mathrm{E}[X])^T \right] \\
&= \mathrm{E} \begin{bmatrix}
\begin{bmatrix} X_1 - \mathrm{E}[X_1] \\ X_2 - \mathrm{E}[X_2] \\ \vdots \\ X_M - \mathrm{E}[X_M] \end{bmatrix}
\begin{bmatrix} X_1 - \mathrm{E}[X_1] & X_2 - \mathrm{E}[X_2] & \cdots & X_M - \mathrm{E}[X_M] \end{bmatrix}
\end{bmatrix}
\end{aligned}
$$

7.6 조건부기댓값과 예측 문제

확률변수 Y의 기댓값을 구할 때 주변 확률밀도함수 $p_Y(y)$를 사용하여 가중치를 계산하지 않고 조건부 확률밀도함수 $p_{Y|X}(y|x)$를 이용하여 가중치를 계산하면 **조건부기댓값**conditional expectation 혹은 **조건부평균**conditional mean이 된다.

$$E_Y[Y|X] = \int_{y=-\infty}^{y=\infty} y\, p_{Y|X}(y|x)dy$$

또는 간단히 다음처럼 쓴다.

$$E[Y|X] = \int y\, p(y|x)dy$$

조건부기댓값에서 조건이 되는 확률변수 X값 x는 조건부기댓값을 사용하는 사용자가 지정해야 하는 독립변수다. 따라서 **조건부기댓값은 조건이 되는 확률변수의 값에 따라서 값이 달라지는 확률변수**다. 또한 $E[Y \mid X]$는 조건이 되는 확률변수 X값 x를 입력으로 가지는 **함수**다.

$$E[Y|X = x] = f(x)$$

이 식은 간단히 다음처럼 쓰기도 한다.

$$E[Y|x] = f(x)$$

$f(x)$는 조건이 되는 확률변수 X값 x를 입력받아서 결과가 되는 확률변수 Y의 기댓값을 출력하는 함수다.

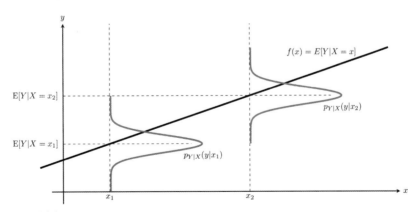

▶ 조건부기댓값

예측 문제

두 확률변수가 X, Y에서 X값을 알고 있을 때 Y값을 알아내는 것을 **예측**prediction문제라고 한다. Y가 연속확률변수면 **회귀분석**regression analysis, Y가 이산확률변수면 **분류**classification라고도 한다. X값 x을 알면 조건부확률분포 $P(y|x)$의 분포를 알 수 있지만 가장 대표성이 있는 하나의 값이 되어야 하므로 일반적으로 조건부확률분포의 기댓값인 조건부기댓값을 예측 문제의 답으로 하는 경우가 많다. 경우에 따라서는 예측 문제의 답으로 중앙값이나 최빈값 등을 계산할 수도 있다. 예측 문제의 답은 $\hat{y}$ 기호로 표기하기도 한다. 조건부기댓값은 x값의 함수이므로 이 함수를 구할 수 있으면 모든 x값에 대한 예측 결과를 구한 것과 같다.

$$x \xrightarrow{\text{예측}} \hat{y} = E[y|x] = f(x)$$

조건부기댓값의 성질

조건부기댓값 $E[Y|X]$가 X의 함수, 즉 변환transform이므로 **조건부기댓값 $E[Y|X]$도 확률변수다**.

만약 확률변수 Y가 확률변수 X값을 독립변수로 하는 결정론적 함숫값이라면

$$Y = g(X)$$

사용자가 X값을 어떤 값 x로 정하는 순간 Y값도 결정되어 버리기 때문에 $Y=g(X)$는 더는 확률적인 값이 아니라 상수가 된다.

$$E[Y|X] = E[g(X)|X] = g(X)$$

같은 방식으로 확률변수 X와 Y가 결정론적 함수 관계가 아닐 때도 다음 등식이 성립한다.

$$E[g(X)Y|X] = g(X)E[Y|X]$$

전체 기댓값의 법칙

조건부기댓값은 확률변수이므로 조건이 되는 확률변수에 대해 다시 기댓값을 구할 수 있다. 이렇게 반복하여 구한 조건부기댓값의 기댓값은 원래 확률변수의 기댓값과 같다.

$$E_X[E_Y[Y|X]] = E_Y[Y]$$

간단히 다음처럼 쓰기도 한다.

$$E[E[Y|X]] = E[Y]$$

이를 **전체 기댓값의 법칙**law of total expectation 또는 **반복 기댓값의 법칙**law of iterated expectation이라고 한다.

X, Y가 이산확률변수인 경우에는 다음처럼 증명할 수 있다.

$$
\begin{aligned}
E_X[E_Y[X|Y]] &= \sum_{x_i \in X} p(x_i) E_Y[X|Y] \\
&= \sum_{x_i \in X} p(x_i) \sum_{y_j \in Y} p(y_j|x_i) y_j \\
&= \sum_{x_i \in X} \sum_{y_j \in Y} p(x_i) p(y_j|x_i) y_j \\
&= \sum_{x_i \in X} \sum_{y_j \in Y} p(x_i, y_j) y_j \\
&= \sum_{y_j \in Y} p(y_j) y_j \\
&= E_Y[Y]
\end{aligned}
$$

7.6.1 | **연습 문제**

전체 기댓값의 법칙을 사용하여 다음을 증명하라.

$$E[(Y - E[Y|X])g(X)] = 0$$

조건부분산

조건부기댓값을 정의한 것처럼 **조건부분산**conditional variance도 다음처럼 정의할 수 있다.

$$\text{Var}_Y[Y|X] = E_Y[(Y - E_Y[Y|X])^2|X] = \int (Y - E_Y[Y|X])^2 f_{Y|X}(y|x) dy$$

조건부분산은 x값을 알고 있을 때 이에 대한 조건부확률분포 $p(y|x)$의 분산이다.

예측 문제의 관점으로 보면 조건부분산은 예측의 불확실성, 즉 예측으로 맞출 수 없는 범위를 뜻한다.

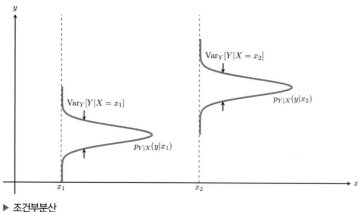

▶ 조건부분산

전체 분산의 법칙

확률변수의 분산은 조건부분산의 기댓값과 조건부기댓값의 분산의 합과 같다. 이를 **전체 분산의 법칙**law of total variance라고 한다.

$$\text{Var}[Y] = \text{E}[\text{Var}[Y|X]] + \text{Var}[\text{E}[Y|X]]$$

전체 기댓값의 법칙을 사용하여 증명할 수 있다.

$$
\begin{aligned}
\text{Var}[Y] &= \text{E}[Y^2] - (\text{E}[Y])^2 \\
&= \text{E}\left[\text{E}[Y^2 \mid X]\right] - (\text{E}[\text{E}[Y \mid X]])^2 \\
&= \text{E}\left[\text{Var}[Y \mid X] + (\text{E}[Y \mid X])^2\right] - (\text{E}[\text{E}[Y \mid X]])^2 \\
&= \text{E}[\text{Var}[Y \mid X]] + \left(\text{E}[[\text{E}[Y \mid X]]^2] - (\text{E}[\text{E}[Y \mid X]])^2\right) \\
&= \text{E}[\text{Var}[Y \mid X]] + \text{Var}[\text{E}[Y \mid X]]
\end{aligned}
$$

$$\text{Var}[Y] = \text{E}[(\hat{y} - y)^2] + \text{Var}[\hat{y}]$$

예측 문제의 관점에서 조건부분산의 기댓값 $\text{E}[\hat{y} - y)^2]$은 예측 오차 즉, **편향**bias의 평균적인 크기를 뜻한다. 조건부기댓값의 분산 $\text{Var}[\hat{y}]$은 예측값의 변동 크기다. 예측값의 변동 크기가 증가한다는 것은 예측 모형이 복잡하고 비선형적이며 주어진 데이터에 과최적화되기 쉽다는 의미다. 따라서 전체 분산의 법칙이 말하고자 하는 바는 예측 오차의 크기과 예측값의 변동의 합이 일정하므로 예측 오차를 줄이면 모형이 복잡해지고 과최적화가 되며, 반대로 과최적화를 막으려고 모형을 단순하게 하면 예측 오차가 증가한다. 이를 **편향 – 분산 상충**Bias – variance Tradeoff 법칙이라고도 한다.

7.7 마치며

이 장에서는 확률변수를 공부했다. 확률변수는 데이터의 수학적 표현이다. 따라서 현실의 모든 데이터는 확률변수로 표현되고 데이터의 특성도 확률변수의 특성으로 나타낼 수 있다. 특히 확률변수의 상관관계는 데이터의 인과관계를 유추할 수 있는 중요한 특성이다. 다음 장에서는 데이터의 종류에 따라 어떤 확률분포를 이용하면 좋은지를 공부한다.

8장 사이파이로 공부하는 확률분포

이 장에서는 실제로 많이 사용되는 대표적인 몇 가지 확률분포의 수식과 활용을 알아본다. 우선 사이파이 파이썬 패키지를 사용하여 다양한 확률분포의 확률분포함수를 계산하고 해당 확률분포의 무작위 표본을 생성하는 방법을 알아본다.

확률분포에는 범줏값을 출력하는 이산확률분포와 연속적인 값을 출력하는 연속확률분포가 있다. 여기에서는 베르누이분포, 이산분포, 카테고리분포, 다항분포 네 가지의 이산확률분포 정의와 확률분포함수를 공부하고 스팸메일 필터링과 같은 분류 문제에 어떻게 쓰이는지 살펴본다. 연속확률분포에서는 정규분포부터 공부한다. 중심극한정리는 왜 실생활에서 정규분포가 많이 사용되는지를 알려준다. 정규분포의 변형인 스튜던트 t분포, 카이제곱분포, F분포는 데이터 간의 상관관계를 따지거나 회귀분석을 하는 필수 확률분포다. 마지막으로 베타분포, 감마분포, 디리클레분포를 이용하여 베이즈 추정의 개념을 공부한다.

학습 목표

- 사이파이를 이용한 확률분포 분석 방법
- 베르누이분포, 이항분포, 카테고리분포, 다항분포
- 정규분포와 중심극한정리
- 스튜던트 t분포, 카이제곱분포, F분포
- 다변수 정규분포
- 베타분포, 감마분포, 디리클레분포

8.1 사이파이를 이용한 확률분포 분석

사이파이는 수치해석기능을 제공하는 파이썬 패키지다. 여러 서브패키지로 구성되어 있는데 그중 stats 서브패키지는 확률분포 분석을 위한 다양한 기능을 제공한다. 다음 코드로 임포트한다.

```
import scipy as sp
import scipy.stats
```

확률분포 클래스

사이파이에서 확률분포 기능을 사용하려면 우선 해당 확률분포에 대한 확률분포 클래스 객체를 생성한 후에 이 객체의 메서드를 호출해야 한다.

확률분포 객체를 생성하는 명령에는 다음과 같은 것들이 있다.

종류	명령	확률분포
이산	bernoulli	베르누이분포
이산	binom	이항분포
이산	multinomial	다항분포
연속	uniform	균일분포
연속	norm	정규분포
연속	beta	베타분포
연속	gamma	감마분포
연속	t	스튜던트 t분포
연속	chi2	카이제곱분포
연속	f	F분포
연속	dirichlet	디리클리분포
연속	multivariate_normal	다변수 정규분포

이 명령들은 모두 stats 서브패키지에 포함되어 있다. 예를 들어 정규분포 객체는 다음과 같이 생성한다.

```
rv = sp.stats.norm()
```

모수 지정

확률분포 객체를 생성할 때는 분포의 형상을 구체적으로 지정하는 모수를 인수로 주어야 한다. 각 확률분포마다 설정할 모수가 다르므로 자세한 설명은 사이파이 문서를 참조한다. 하지만 대부분 다음과 같은 모수를 공통적으로 가진다.

인수(모수) 이름	의미
loc	일반적으로 분포의 기댓값
scale	일반적으로 분포의 표준편차

예를 들어 기댓값이 1이고 표준 편차가 2인 정규분포 객체는 다음과 같이 생성한다.

```
rv = sp.stats.norm(loc=1, scale=2)
```

확률분포 메서드

확률분포 객체가 가지는 메서드는 다음과 같다.

메서드	기능
pmf	확률질량함수(probability mass function)
pdf	확률밀도함수(probability density function)
cdf	누적분포함수(cumulative distribution function)
ppf	누적분포함수의 역함수(inverse cumulative distribution function)
sf	생존함수(survival function) = 1 − 누적분포함수
isf	생존함수의 역함수(inverse survival function)
rvs	랜덤 표본 생성(random variable sampling)

각 메서드 사용법은 다음과 같다.

확률밀도함수

pdf() 메서드는 연속확률변수의 확률밀도함수의 역할을 한다. 표본값을 입력하면 해당 표본 값에 대한 확률밀도를 출력한다.

```
xx = np.linspace(-8, 8, 100)
pdf = rv.pdf(xx)
plt.plot(xx, pdf)
plt.title('확률밀도함수 ')
plt.xlabel('$x$')
plt.ylabel('$p(x)$')
plt.show()
```

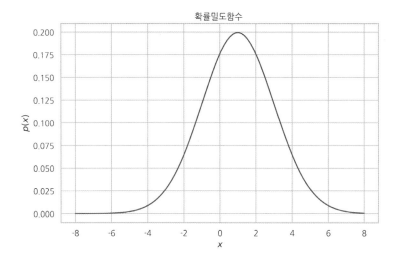

8.1.1 연습 문제

❶ 기댓값이 0이고 표준 편차가 0.1인 정규분포의 객체를 만들고 확률밀도함수를 그려라.

❷ 이 확률밀도함수의 최댓값은 얼마인가?

누적분포함수

cdf() 메서드는 이산확률변수와 연속확률변수의 누적분포함수의 역할을 한다. 표본값을 입력하면 해당 표본값에 대한 누적확률을 출력한다.

```
xx = np.linspace(-8, 8, 100)
cdf = rv.cdf(xx)
plt.plot(xx, cdf)
plt.title('누적분포함수 ')
plt.xlabel('$x$')
plt.ylabel('$F(x)$')
plt.show()
```

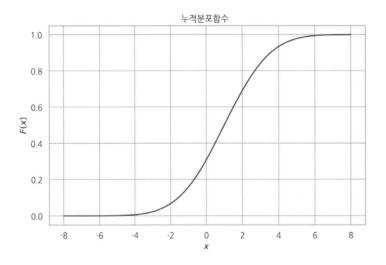

무작위 표본 생성

무작위로 표본을 만들 때는 rvs() random value sampling 메서드를 사용한다. 이 메서드에서 받는 인수는 다음과 같다.

인수	의미
size	표본 생성 시 생성될 표본 크기
random_state	표본 생성 시 사용되는 시드(seed)값

```
rv.rvs(size=(3, 5), random_state=0)
```

```
array([[ 4.52810469,  1.80031442,  2.95747597,  5.4817864 ,  4.73511598],
       [-0.95455576,  2.90017684,  0.69728558,  0.7935623 ,  1.821197  ],
       [ 1.28808714,  3.90854701,  2.52207545,  1.24335003,  1.88772647]])
```

```
sns.distplot(rv.rvs(size=10000, random_state=0))
plt.title('랜덤 표본 생성 결과')
plt.xlabel('표본값')
plt.ylabel('count')
plt.xlim(-8, 8)
plt.show()
```

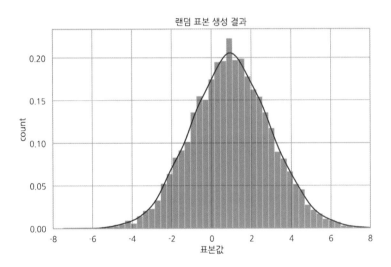

8.1.2 연습 문제

rvs() 명령으로 정규분포의 표본 데이터 1000개를 생성하고 이 표본 데이터로부터 표본평균과 비편향 표본분산을 계산하라. 이 값이 인수로 넣은 기댓값과 분산과 비슷한지 비교하라.

변환 확률변수의 시뮬레이션

시뮬레이션 기능을 사용하면 확률변수의 표본을 가공하여 만들어진 변환 확률변수의 확률분포도 알 수 있다. 예를 들어 0과 1 사이의 균일분포를 가지는 확률변수에서 두 표본값을 생성하여 이 두 값을 합하면 결과는 어떤 분포를 가질까? 얼핏 생각하듯이 균일분포에서 나온 두 표본값의 합은 균일분포가 되지 않는다. 시뮬레이션으로 확인하면 1에서 최빈값을 가지는 삼각형 모양의 분포가 된다는 것을 알 수 있다.

```
rv1 = sp.stats.uniform()
rv2 = sp.stats.uniform()

np.random.seed(0)
N = 50000
x_1 = rv1.rvs(N)
x_2 = rv2.rvs(N)
x_3 = x_1 + x_2

plt.figure(figsize=(12, 5))

plt.subplot(131)
sns.distplot(x_1, kde=False)
plt.title('균일분포')
plt.xlabel('표본값')
plt.xlim(-0.2, 2.2)

plt.subplot(132)
sns.distplot(x_2, kde=False)
plt.title('균일분포')
plt.xlabel('표본값')
plt.xlim(-0.2, 2.2)

plt.subplot(133)
sns.distplot(x_3, kde=False)
plt.title('균일분포 표본의 합의 분포')
plt.xlabel('표본값')
plt.xlim(-0.2, 2.2)

plt.show()
```

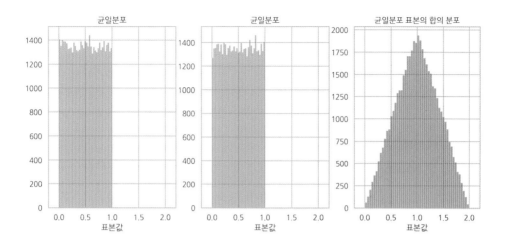

8.1.3 | **연습 문제**

균일분포 확률분포에서 두 개가 아닌 10개 표본값을 생성하여 그 값의 합을 구하면 어떤 모양의 분포를 이루는지 시뮬레이션 기능을 사용하여 구하라. 이때 시뮬레이션을 1,000번 반복한다.

8.2 베르누이분포와 이항분포

베르누이분포와 이항분포는 확률분포 중 가장 단순한 분포지만 분류 문제에서 널리 사용된다. 이 절에서는 두 분포의 개념을 알아보고 이 분포들이 스팸메일 필터링에 어떻게 쓰이는지 살펴본다.

베르누이 시행

결과가 두 가지 중 하나로만 나오는 실험이나 시행을 **베르누이 시행**Bernoulli trial이라고 한다. 예를 들어 동전을 한 번 던져 앞면(H:Head)이 나오거나 뒷면(T:Tail)이 나오게 하는 것도 베르누이 시행이다.

베르누이 확률변수

베르누이 시행의 결과를 실수 0 또는 1로 바꾼 것을 **베르누이 확률변수**Bernoulli random variable라고 한다. 베르누이 확률변수는 두 값 중 하나만 가질 수 있으므로 이산확률변수다. 베르누이 확률변수의 표본값은 보통 정수 1과 0으로 표현하지만 때로는 정수 1과 −1로 표현하는 경우도 있다.

베르누이 확률분포

베르누이 확률변수의 분포를 베르누이 확률분포 혹은 베르누이분포라고 한다. 만약 어떤 확률변수 X가 베르누이분포에 의해 발생된다면 **확률변수 X가 베르누이분포를 따른다**라고 말하고 다음과 같이 수식으로 쓴다.

$$X \sim \text{Bern}(x;\mu)$$

베르누이분포의 확률질량함수 수식은 다음과 같다.

$$\text{Bern}(x;\mu) = \begin{cases} \mu & \text{if } x = 1, \\ 1 - \mu & \text{if } x = 0 \end{cases}$$

베르누이분포는 **1이 나올 확률**을 의미하는 μ라는 모수를 가진다. 변수와 모수는 세미콜론(:, semicolon)기호로 분리했다. 0이 나올 확률은 $1 - \mu$이다.

위 식을 하나의 수식으로 표현하면 다음처럼 쓸 수 있다.

$$\text{Bern}(x;\mu) = \mu^x (1 - \mu)^{(1-x)}$$

8.2.1 **연습 문제**

위 식에서 $x = 1$과 $x = 0$을 각각 대입하여 원래의 확률질량함수 수식이 나오는 것을 확인한다.

만약 베르누이 확률변수의 표본값이 1과 0이 아니라 1과 −1이라는 값을 가진다면 다음과 같은 수식으로 써야 한다.

$$\text{Bern}(x;\mu) = \mu^{(1+x)/2}(1 - \mu)^{(1-x)/2}$$

사이파이를 사용한 베르누이 확률변수의 시뮬레이션

사이파이의 stats 서브패키지에 있는 bernoulli 클래스는 베르누이 확률변수를 구현했다. p 인수로 분포의 모수 μ을 설정한다.

다음 예에서는 p=0.6으로 설정했다. 이러한 확률변수를 만든 것은 앞면이 나올 확률이 0.6인 동전을 만든 것과 같다.

```
mu = 0.6
rv = sp.stats.bernoulli(mu)
type(rv)
```

scipy.stats._distn_infrastructure.rv_frozen

확률질량함수는 pmf() 메서드로 계산한다.

```
xx = [0, 1]
plt.bar(xx, rv.pmf(xx))
plt.xlim(-1, 2)
plt.ylim(0, 1)
plt.xticks([0, 1], ['x=0', 'x=1'])
plt.xlabel('표본값')
plt.ylabel('P(x)')
plt.title('베르누이 확률변수의 확률질량함수')
plt.show()
```

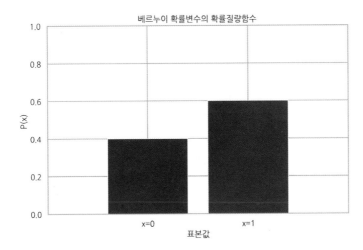

표본값을 무작위로 생성하는 데 rvs() 메서드를 사용한다. 다음 코드는 표본 100개를 생성한다. 이는 위에서 만든 동전을 100번 던져 나온 결과를 나타낸 것과 같다. 그래서 확률변수의 표본을 생성하는 작업을 **시뮬레이션**simulation이라고도 부른다.

```
x = rv.rvs(100, random_state=0)
x
```

```
array([1, 0, 0, 1, 1, 0, 1, 0, 0, 1, 0, 1, 1, 0, 1, 1, 1, 0, 0, 0, 0, 0,
       1, 0, 1, 0, 1, 0, 1, 1, 1, 0, 1, 1, 1, 0, 0, 0, 0, 0, 1, 1, 0, 1,
       0, 0, 1, 1, 1, 1, 1, 1, 0, 1, 1, 1, 0, 1, 1, 1, 1, 1, 0, 1, 1, 1,
       0, 1, 0, 1, 0, 1, 0, 0, 0, 1, 1, 1, 1, 1, 1, 1, 1, 0, 1, 1, 1, 1,
       1, 0, 1, 0, 1, 0, 1, 1, 1, 1, 0, 1])
```

다음은 생성 결과를 시본의 countplot() 명령으로 시각화한 것이다.

```
sns.countplot(x)
plt.title('베르누이 확률변수의 시뮬레이션 결과')
plt.xlabel('표본값')
plt.show()
```

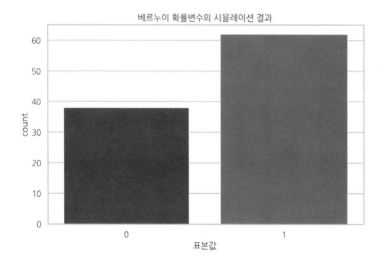

이론적인 확률분포와 표본의 확률분포를 동시에 보이려면 다음과 같은 코드를 사용한다.

```
y = np.bincount(x, minlength=2) / float(len(x))

df = pd.DataFrame({'이론': rv.pmf(xx), '시뮬레이션': y})
df.index = [0, 1]
df
```

	이론	시뮬레이션
0	0.4	0.38
1	0.6	0.62

시본의 barplot() 명령으로 시각화하면 다음과 같다.

```
df2 = df.stack().reset_index()
df2.columns = ['표본값', '유형', '비율']
df2
```

	표본값	유형	비율
0	0	이론	0.40
1	0	시뮬레이션	0.38
2	1	이론	0.60
3	1	시뮬레이션	0.62

```
sns.barplot(x='표본값', y='비율', hue='유형', data=df2)
plt.title('베르누이분포의 이론적 분포와 시뮬레이션 분포')
plt.show()
```

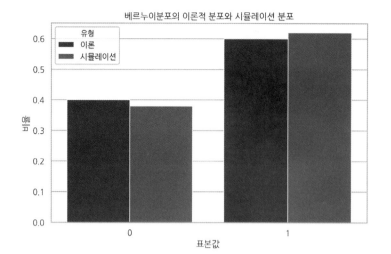

베르누이분포의 이론적 분포와 시뮬레이션 분포

8.2.2 연습 문제

베르누이 확률분포의 모수가 다음과 같을 경우에 각각 표본을 생성한 후 기댓값과 분산을 구하고 앞의 예제와 같이 확률 밀도 함수와 비교한 바 플롯을 그린다. 표본 개수가 10개인 경우와 1000개인 경우에 대해 각각 위의 계산을 한다.

❶ $\mu = 0.5$

❷ $\mu = 0.9$

베르누이분포의 모멘트

베르누이분포의 모멘트는 다음과 같다.

- 기댓값

$$\mathrm{E}[X] = \mu$$

증명은 다음과 같다.

$$\begin{aligned}
\mathrm{E}[X] &= \sum_{x_i \in \Omega} x_i p(x_i) \\
&= 1 \cdot \mu + 0 \cdot (1 - \mu) \\
&= \mu
\end{aligned}$$

• 분산

$$\mathrm{Var}[X] = \mu(1 - \mu)$$

증명은 다음과 같다.

$$\begin{aligned}
\mathrm{Var}[X] &= \sum_{x_i \in \Omega} (x_i - \mu)^2 p(x_i) \\
&= (1 - \mu)^2 \cdot \mu + (0 - \mu)^2 \cdot (1 - \mu) \\
&= \mu(1 - \mu)
\end{aligned}$$

앞의 예에서는 $\mu = 0.6$이였으므로 이론적인 기댓값과 분산은 다음과 같다.

$$\mathrm{E}[X] = 0.6$$

$$\mathrm{Var}[X] = 0.6 \cdot (1 - 0.6) = 0.24$$

데이터에서 계산한 표본평균 및 표본분산은 다음과 같이 계산한다.

```
np.mean(x)
```

```
0.62
```

```
np.var(x, ddof=1)
```

```
0.23797979797979804
```

기술통계값들은 사이파이가 제공하는 describe() 명령으로 계산할 수도 있다.

```
s = sp.stats.describe(x)
s[2], s[3]
```

```
(0.62, 0.23797979797979804)
```

이항분포

성공확률이 μ인 베르누이 시행을 N번 반복하는 경우를 생각해보자. 가장 운이 좋을 때에는 N번 모두 성공할 것이고 가장 운이 나쁜 경우에는 한 번도 성공하지 못할 것이다. N번 중 성공한 횟수를 확률변수 X라고 한다면 X값은 0 부터 N 까지의 정수 중 하나가 될 것이다.

이런 확률변수를 **이항분포**binomial distribution를 따르는 확률변수라고 하며 다음과 같이 표시한다.

$$X \sim \text{Bin}(x; N, \mu)$$

베르누이분포와 이항분포는 모두 베르누이 확률변수에서 나온 표본값이다. 표본 데이터가 하나 뿐이면 베르누이분포가 되고 표본 데이터가 여럿이면 이항분포가 된다.

이항분포 확률변수 X의 확률질량함수를 구해보자. 우선 베르누이 확률 분포를 따르는 확률변수 Y를 가정한다.

$$Y \sim \text{Bern}(y; \mu)$$

이 확률변수의 N개의 표본을 $y_1, y_2, ..., y_N$라고 하자. 이 값은 모두 0(실패) 아니면 1(성공)이라는 값을 가지기 때문에 N번 중 성공한 횟수는 표본값 N개의 합이다.

$$x = \sum_{i=1}^{N} y_i$$

베르누이분포를 따르는 확률변수 Y의 확률질량함수를 대입하여 정리하면 이항분포 확률변수 X의 확률질량함수는 다음과 같아진다.

$$\text{Bin}(x; N, \mu) = \binom{N}{x} \mu^x (1 - \mu)^{N-x}$$

이 식에서 $\binom{N}{x}$ 기호는 **조합**combination이라는 기호로 N개 원소 중에 x개 원소를 순서와 상관없이 선택할 수 있는 경우의 수를 뜻한다. 조합은 다음 공식으로 계산할 수 있다.

$$\binom{N}{x} = \frac{N!}{x!(N - x)!}$$

! 기호는 **팩토리얼**factorial이라고 하며 다음처럼 정의한다.

$$N! = N \cdot (N - 1) \cdots 2 \cdot 1$$

사이파이를 사용한 이항분포의 시뮬레이션

이항분포 확률변수는 사이파이의 stats 서브패키지에 binom 클래스로 구현되어 있다. n 인수로 전체 시행 횟수 N을 넣고 p 인수로 베르누이 확률 분포의 기댓값 μ를 넣는다.

```
N = 10
mu = 0.6
rv = sp.stats.binom(N, mu)
```

이때 확률질량함수는 다음과 같다. 확률질량함수의 모양이 하나의 봉우리를 가지는 단봉분포지만 0부터 N 사이의 정숫값만 가질 수 있고 모수의 값에 따라 봉우리의 위치가 달라진다.

```
xx = np.arange(N + 1)
plt.bar(xx, rv.pmf(xx), align='center')
plt.xlabel('표본값')
plt.ylabel('$P(x)$')
plt.title('이항분포의 확률질량함수')
plt.show()
```

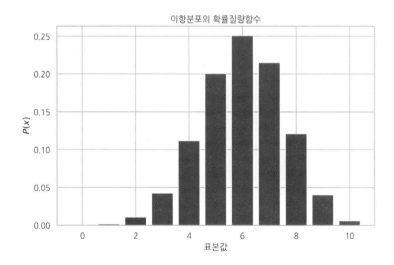

rvs() 메서드로 무작위 표본을 뽑아내는 시뮬레이션을 한 결과는 다음과 같다. 시뮬레이션 결과는 확률질량함수의 모양과 비슷하지만 정확히 일치하지는 않는다.

```
np.random.seed(0)
x = rv.rvs(100)
x
```

```
array([ 6,  5,  6,  6,  6,  5,  6,  4,  3,  6,  5,  6,  6,  4,  8,  8,  9,
        5,  5,  4,  3,  5,  6,  5,  8,  5,  8,  4,  6,  6,  7,  5,  6,  6,
        9,  6,  6,  6,  4,  5,  7,  6,  5,  8,  5,  5,  7,  8,  7,  7,  6,
        6,  2,  8,  7,  8,  5,  7,  6,  7,  8,  8,  5,  8,  7,  7,  5,  8,
        4,  8,  3,  6,  3,  6,  5,  9,  7,  8,  7,  8,  7,  6,  8,  5,  6,
        7,  6,  8,  6,  4,  7,  5,  8,  5,  7,  7,  6,  9,  5, 10])
```

```
sns.countplot(x)
plt.title('이항분포의 시뮬레이션 결과')
plt.xlabel('표본값')
plt.show()
```

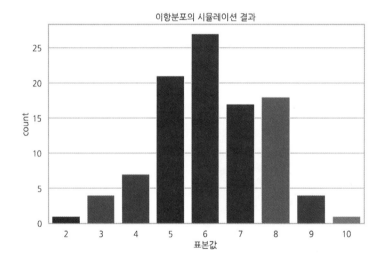

이론적인 확률분포와 표본의 확률분포를 같이 나타내려면 다음과 같은 코드를 사용한다.

```
y = np.bincount(x, minlength=N+1)/float(len(x))
df = pd.DataFrame({'이론': rv.pmf(xx), '시뮬레이션': y}).stack()
df = df.reset_index()
df.columns = ['표본값', '유형', '비율']
df.pivot('표본값', '유형', '비율')
df
```

	표본값	유형	비율
0	0	이론	0.000105
1	0	시뮬레이션	0.000000
2	1	이론	0.001573
3	1	시뮬레이션	0.000000
4	2	이론	0.010617
5	2	시뮬레이션	0.010000
6	3	이론	0.042467
7	3	시뮬레이션	0.040000
8	4	이론	0.111477
9	4	시뮬레이션	0.070000
10	5	이론	0.200658
11	5	시뮬레이션	0.210000
12	6	이론	0.250823
13	6	시뮬레이션	0.270000
14	7	이론	0.214991
15	7	시뮬레이션	0.170000
16	8	이론	0.120932
17	8	시뮬레이션	0.180000
18	9	이론	0.040311
19	9	시뮬레이션	0.040000
20	10	이론	0.006047
21	10	시뮬레이션	0.010000

```
sns.barplot(x='표본값', y='비율', hue='유형', data=df)
plt.title('이항분포의 이론적 분포와 시뮬레이션 분포')
plt.show()
```

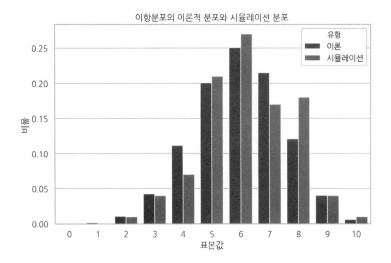

이항분포의 모멘트

이항분포의 기댓값과 분산은 각각 다음과 같다.

- 기댓값

$$\mathrm{E}[X] = N\mu$$

증명은 다음과 같다.

$$\mathrm{E}[X] = \mathrm{E}\left[\sum_{i=1}^{N} Y_i\right] = \sum_{i=1}^{N} \mathrm{E}[Y_i] = N\mu$$

여기에서 Yi는 서로 독립인 베르누이분포다.

- 분산

$$\mathrm{Var}[X] = N\mu(1 - \mu)$$

증명은 다음과 같다.

$$\mathrm{Var}[X] = \mathrm{Var}\left[\sum_{i=1}^{N} Y_i\right] = \sum_{i=1}^{N} \mathrm{Var}[Y_i] = N\mu(1 - \mu)$$

이항 확률분포의 모수가 다음과 같을 경우에 각각 표본을 생성한 후 기댓값과 분산을 구하고 앞의 예제와 같이 확률밀도함수와 비교한 바 플롯을 그린다.

표본 개수가 10개인 경우와 1000개인 경우에 대해 각각 위의 계산을 한다.

❶ $\mu = 0.5$, $N = 5$

❷ $\mu = 0.9$, $N = 20$

베르누이분포와 이항분포의 모수추정

데이터에서 모수의 값을 찾아내는 것을 **모수추정**parameter estimation이라고 한다.

베르누이분포와 이항분포는 공통된 모수 μ를 가진다. 보통은 표본 데이터가 한 개보다 많기 때문에 이항분포가 된다. 추정한 값 $\hat{\mu}$은 다음처럼 계산한다.

$$\hat{\mu} = \frac{\sum_{i=1}^{N} x_i}{N} = \frac{N_1}{N}$$

이 식에서 N은 전체 데이터 수, N_1은 1이 나온 횟수다.

베르누이분포의 활용

베르누이분포는 다음과 같은 경우에 사용된다.

❶ 분류예측 문제의 출력 데이터가 두 값으로 구분되는 카테고리값인 경우에 분류 결과 즉, 두 값 중 어느 값이 가능성이 높은지를 표현하는 데 사용된다(베이지안 관점).

❷ 입력 데이터가 0 또는 1 혹은 참 또는 거짓. 두 개의 값으로 구분되는 카테고리값인 경우, 두 종류의 값이 나타나는 비율을 표현하는 데 사용된다(빈도주의적 관점).

| 예제 |

스팸 메일과 정상 메일을 구분해야 하는 스팸 메일 필터를 만든다고 가정하자. 스팸 메일 필터를 만들려고 특정한 메일 계정으로 들어오는 메일을 모두 분석했다. 만약 메일이 모두 10통이고 이 중 6통이 스팸 메일이라면 이 메일 계정으로 들어온 메일이 스팸 메일일 가능성은 60%이다. 이러한 상황은 $\mu = 0.6$인 베르누이분포로 나타낼 수 있다.

$$p(y) = \text{Bern}(y; \mu = 0.6)$$

확률변수 Y는 메일이 스팸 메일인지 아닌지를 나타내며 $Y=1$이면 스팸 메일이다.

| 예제 |

이번에는 스팸 메일 필터의 입력 데이터에서 베르누이분포를 활용하는 방법을 알아보자. 스팸 메일은 특정한 단어(키워드)를 가지고 있을 확률이 높다. 스팸 메일을 구분하기 위한 키워드가 여러 개라면 다음과 같이 BOW$^{\text{Bag of Words}}$ 인코딩된 벡터로 나타낼 수 있다. 이 예에서는 키워드 4개를 사용했다. 만약 어떤 메일이 첫 번째와 세 번째 키워드를 포함하고 있으며 두 번째와 네 번째 키워드는 포함하지 않으면 다음과 같은 특징벡터로 표시할 수 있다.

$$x = \begin{bmatrix} 1 \\ 0 \\ 1 \\ 0 \end{bmatrix}$$

여러 개의 메일이 있으면 다음처럼 특징행렬로 표시한다. 특징행렬에서는 행벡터가 메일을, 열벡터가 키워드를 나타낸다.

$$X_{\text{spam}} = \begin{bmatrix} 1 & 0 & 1 & 0 \\ 1 & 1 & 1 & 0 \\ 1 & 1 & 0 & 1 \\ 0 & 0 & 1 & 1 \\ 1 & 1 & 0 & 0 \\ 1 & 1 & 0 & 1 \end{bmatrix}$$

이때, 스팸 메일의 특성은 베르누이 확률변수의 튜플 (X_1, X_2, X_3, X_4)로 나타낼 수 있다.

- X_1: 메일이 첫 번째 키워드를 포함하면 1, 아니면 0이 되는 확률변수

  $$p(X_1 = 1 | Y = 1) = \text{Bern}(x_1; \mu_{spam,1})$$

- X_2: 메일이 두 번째 키워드를 포함하면 1, 아니면 0이 되는 확률변수

  $$p(X_2 = 1 | Y = 1) = \text{Bern}(x_2; \mu_{spam,2})$$

- X_3: 메일이 세 번째 키워드를 포함하면 1, 아니면 0이 되는 확률변수

  $$p(X_3 = 1 | Y = 1) = \text{Bern}(x_3; \mu_{spam,3})$$

- X_4 : 메일이 네 번째 키워드를 포함하면 1, 아니면 0이 되는 확률변수

$$p(X_4 = 1|Y = 1) = \text{Bern}(x_4; \mu_{spam,4})$$

특징행렬의 각 열로부터 각 베르누이 확률분포의 모수의 추정값을 구하면 다음과 같다.

$$\hat{\mu}_{spam,1} = \frac{5}{6}, \ \ \hat{\mu}_{spam,2} = \frac{4}{6}, \ \ \hat{\mu}_{spam,3} = \frac{3}{6}, \ \ \hat{\mu}_{spam,4} = \frac{3}{6}$$

8.2.4 **연습 문제**

❶ 위 예제와 같이 키워드 4개를 사용하는 스팸 메일 필터를 만드는 데 스팸 메일이 아닌 정상 메일 5통을 다음과 같은 특징행렬로 표시한다고 가정하자.

$$X_{\text{ham}} = \begin{bmatrix} 0 & 0 & 1 & 1 \\ 0 & 1 & 1 & 1 \\ 0 & 0 & 1 & 1 \\ 0 & 0 & 0 & 1 \\ 0 & 0 & 0 & 1 \end{bmatrix}$$

이 정상 메일에 각각의 키워드가 있을 확률을 나타내는 베르누이 확률분포

$$p(X_1 = 1|Y = 0) = \text{Bern}(x_1; \mu_{ham,1})$$

$$p(X_2 = 1|Y = 0) = \text{Bern}(x_2; \mu_{ham,2})$$

$$p(X_3 = 1|Y = 0) = \text{Bern}(x_3; \mu_{ham,3})$$

$$p(X_4 = 1|Y = 0) = \text{Bern}(x_4; \mu_{ham,4})$$

의 모수를 구하라. 우리가 구한 모수에 문제점은 없는가?

❷ 키워드 4개를 사용하는 스팸 메일 필터를 만드는 데 스팸 메일과 정상 메일의 특성을 모두 모형화하려면 베르누이 확률변수가 몇 개 필요한가?

8.3 카테고리분포와 다항분포

이 절에서는 베르누이분포의 확장판인 카테고리분포와 이항분포의 확장판인 다항분포를 공부한다. 베르누이분포가 **이진분류 문제**binary classification에 사용된 것처럼 카테고리분포는 다중분류 문제에 쓰일 수 있다.

카테고리 확률변수

베르누이 확률변수는 0 이나 1(또는 −1 이나 1)이 나오는 확률변수였다. 즉 동전을 던져 나오는 결과를 묘사할 때 쓸 수 있다. 그런데 동전이 아닌 주사위를 던져서 나오는 경우는 어떻게 묘사할 수 있을까? 이때 사용하는 것이 확률변수다.

카테고리 확률변수 Categorical random variable는 1부터 K까지 K개 정숫값 중 하나가 나온다. 이 정숫값을 범줏값, 카테고리category 혹은 클래스class라고 한다. 주사위를 던져 나오는 눈금 수는 $K = 6$인 카테고리분포다.

주의할 점은 원래 카테고리는 스칼라값이지만 카테고리 확률변수는 다음과 같이 1과 0만으로 이루어진 다차원 벡터를 출력한다(벡터는 원래 세로 열로 표시해야 하지만 여기에서는 편의상 가로 행으로 표시했다).

$$x = 1 \quad \rightarrow \quad x = (1, 0, 0, 0, 0, 0)$$
$$x = 2 \quad \rightarrow \quad x = (0, 1, 0, 0, 0, 0)$$
$$x = 3 \quad \rightarrow \quad x = (0, 0, 1, 0, 0, 0)$$
$$x = 4 \quad \rightarrow \quad x = (0, 0, 0, 1, 0, 0)$$
$$x = 5 \quad \rightarrow \quad x = (0, 0, 0, 0, 1, 0)$$
$$x = 6 \quad \rightarrow \quad x = (0, 0, 0, 0, 0, 1)$$

숫자를 이렇게 변형하는 것을 **원핫인코딩**One-Hot-Encoding이라고 한다.

따라서 확률변수의 값도 다음처럼 벡터로 표시한다.

$$x = (x_1, x_2, x_3, x_4, x_5, x_6)$$

이 벡터를 구성하는 원소 x_1, x_2, x_3, x_4, x_5, x_6에는 다음과 같은 제한 조건이 붙는다.

$$x_i = \begin{cases} 0 \\ 1 \end{cases}$$

$$\sum_{k=1}^{K} x_k = 1$$

첫 번째 제한 조건은 x_k값으로 0 또는 1만 가능하다는 것이고, 두 번째 제한 조건은 여러 x_k 중 단 하나만 1일 수 있다는 것이다.

원솟값 x_k는 베르누이 확률변수로 볼 수 있기 때문에 각각 1이 나올 확률을 나타내는 모수 μ_k를 가진다. 따라서 전체 카테고리분포의 모수는 다음과 같이 벡터로 나타낸다.

$$\mu = (\mu_1, \cdots, \mu_K)$$

이 모수 벡터도 다음과 같이 제한 조건을 가진다.

$$0 \le \mu_i \le 1$$

$$\sum_{k=1}^{K} \mu_k = 1$$

첫 번째 제한 조건은 모수 μ_k가 0과 1 사이의 값만 가질 수 있다는 점을 가리킨다. 두 번째 제한 조건은 μ_k의 합이 1이 된다는 것이다. 모든 경우의 확률의 합은 1이 되어야 하므로 이 또한 당연하다. 다만 0 아니면 1만 되어야 하는 x_k와는 달리 μ_k는 0부터 1 사이의 어떤 실숫값이든 가질 수 있다.

카테고리 확률분포

카테고리 확률변수의 확률분포인 카테고리 확률분포는

$$\text{Cat}(x_1, x_2, \ldots, x_K; \mu_1, \ldots, \mu_K)$$

로 표기하거나 출력 벡터 $x = (x_1, x_2, \ldots, x_K)$, 모수 벡터 $\mu = (\mu_1, \ldots, \mu_K)$를 사용하여

$$\text{Cat}(x; \mu)$$

로 간단히 표기할 수 있다.

확률질량함수는 다음처럼 표기한다.

$$\text{Cat}(x;\mu) = \begin{cases} \mu_1 & \text{if } x = (1,0,0,\cdots,0) \\ \mu_2 & \text{if } x = (0,1,0,\cdots,0) \\ \mu_3 & \text{if } x = (0,0,1,\cdots,0) \\ \vdots & \vdots \\ \mu_K & \text{if } x = (0,0,0,\cdots,1) \end{cases}$$

위 식은 다음과 같이 쓸 수 있다. 이 간략한 표현은 원핫인코딩을 사용한 덕분이다.

$$\text{Cat}(x;\mu) = \mu_1^{x_1}\mu_2^{x_2}\cdots\mu_K^{x_K} = \prod_{k=1}^{K}\mu_k^{x_k}$$

8.3.1 **연습 문제**

$K=2$인 카테고리분포의 확률질량함수가 베르누이분포의 확률질량함수와 같음을 보여라.

카테고리분포의 모멘트

카테고리분포는 표본값이 벡터이므로 기댓값과 분산도 벡터다. 기댓값과 분산을 구하는 공식은 다음과 같다.

- 기댓값 : $\text{E}[x_k] = \mu_k$
- 분산 : $\text{Var}[x_k] = \mu_k(1 - \mu_k)$

사이파이를 이용한 카테고리분포의 시뮬레이션

사이파이는 카테고리분포를 위한 별도의 클래스를 제공하지 않는다. 하지만 뒤에서 설명할 다항분포를 위한 multinomial 클래스에서 시행 횟수를 1로 설정하면 카테고리분포가 되므로이 명령을 사용할 수 있다. 다음은 모수가 $\mu=(0.1, 0.1, 0.1, 0.1, 0.3, 0.3)$인 카테고리분포를 시뮬레이션한 것이다.

```
mu = [0.1, 0.1, 0.1, 0.1, 0.3, 0.3]
rv = sp.stats.multinomial(1, mu)
```

카테고리분포의 출력은 벡터값으로 pmf 메서드의 인수로도 원핫인코딩 벡터를 넣어야 한다.

```
xx = np.arange(1, 7)
xx_ohe = pd.get_dummies(xx)

plt.bar(xx, rv.pmf(xx_ohe.values))
plt.ylabel('P(x)')
plt.xlabel('표본값')
plt.title('카테고리분포의 확률질량함수')
plt.show()
```

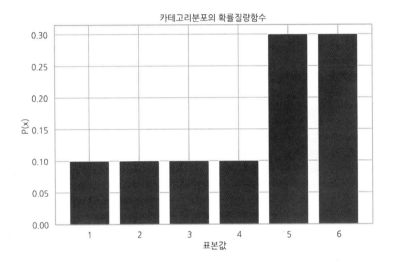

rvs() 메서드로 생성한 값도 원핫인코딩 벡터다.

```
np.random.seed(1)
X = rv.rvs(100)
X[:5]
```

```
array([[0, 0, 0, 0, 0, 1],
       [0, 0, 0, 0, 1, 0],
       [0, 0, 0, 1, 0, 0],
       [0, 0, 0, 0, 0, 1],
       [0, 0, 1, 0, 0, 0]])
```

표본값 100개를 생성하는 시뮬레이션 결과는 다음과 같다.

```
y = X.sum(axis=0) / float(len(X))
plt.bar(np.arange(1, 7), y)
plt.title('카테고리분포의 시뮬레이션 결과')
plt.xlabel('표본값')
plt.ylabel('비율')
plt.show()
```

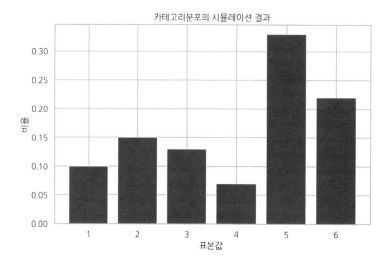

이론적인 확률분포와 시뮬레이션 결과를 비교하면 다음과 같다.

```
df = pd.DataFrame({'이론': rv.pmf(xx_ohe.values), '시뮬레이션': y},
                  index=np.arange(1, 7)).stack()
df = df.reset_index()
df.columns = ['표본값', '유형', '비율']
df.pivot('표본값', '유형', '비율')
df
```

	표본값	유형	비율
0	1	이론	0.10
1	1	시뮬레이션	0.10
2	2	이론	0.10
3	2	시뮬레이션	0.15
4	3	이론	0.10
5	3	시뮬레이션	0.13
6	4	이론	0.10
7	4	시뮬레이션	0.07
8	5	이론	0.30
9	5	시뮬레이션	0.33
10	6	이론	0.30
11	6	시뮬레이션	0.22

```
sns.barplot(x="표본값", y="비율", hue="유형", data=df)
plt.title('카테고리분포의 이론적 분포와 시뮬레이션 분포')
plt.show()
```

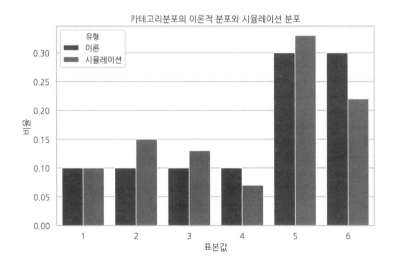

카테고리 확률분포의 모수가 다음과 같을 경우에 각각 표본을 생성한 후 기댓값과 분산을 구하고 앞의 예제와 같이 확률밀도함수와 비교한 바 플롯을 그린다.

표본이 10개인 경우와 1000개인 경우에 대해 각각 위의 계산을 한다.

❶ $\mu = (0.25, 0.25, 0.25, 0.25)$

❷ $\mu = (0.3, 0.3, 0.2, 0.2)$

다중 분류 문제

스팸메일 필터링과 같은 이진분류 문제에서는 베르누이분포를 사용했다. 예측할 범줏값이 두 가지보다 많은 다중분류 문제에서는 카테고리분포를 사용하여 범줏값 데이터 모형을 만들 수 있다.

다음은 사이킷런 패키지에서 제공하는 붓꽃 데이터의 품종값을 시각화한 것이다. 0, 1, 2 세 가지의 범줏값을 가지는 붓꽃 데이터의 품종값은 카테고리 $K = 3$인 카테고리분포를 이룬다. 꽃잎 폭이라는 하는 특징에 따라 카테고리분포의 모양이 달라지는 것을 볼 수 있다.

```python
from sklearn.datasets import load_iris

iris = load_iris()
df = pd.DataFrame(iris.data, columns=iris.feature_names)
df['품종'] = pd.Series(iris.target, dtype='category')

df1 = df[df['petal width (cm)'] > 1.5]
df2 = df[df['petal width (cm)'] <= 1.5]

fig, ax = plt.subplots(1, 2)
sns.countplot(x='품종', data=df1, ax=ax[0]).set_title('꽃잎 폭 > 1.5cm')
sns.countplot(x='품종', data=df2, ax=ax[1]).set_title('꽃잎 폭 <= 1.5cm')
plt.tight_layout()
plt.show()
```

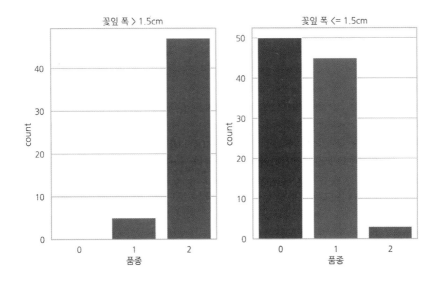

다항분포

베르누이 확률변수의 데이터가 복수이면 이 데이터의 합이 이항분포를 이루는 것처럼 카테고리 확률변수의 데이터가 여럿 있으면 이 데이터의 합은 **다항분포**Multinomial distribution가 된다. 비유를 들면 동전을 N번 던져 앞면이 나오는 횟수의 분포가 이항분포이고 주사위를 N번 던져 각 면이 나오는 횟수 집합의 분포가 다항분포다.

다항분포는 카테고리가 K개인 카테고리 확률변수의 표본 데이터를 N개 얻었을 때, 각각의 카테고리 $k (k = 1, ..., K)$가 각각 x_k번 나올 확률분포 즉, 표본값이 벡터 $x = (x_1, ..., x_K)$가 되는 확률분포를 말한다.

예를 들어 $x = (1, 2, 1, 2, 3, 1)$은 6개의 숫자가 나올 수 있는 주사위를 10번 던져서 1인 면이 1번, 2인 면이 2번, 3인 면이 1번, 4인 면이 2번, 5인 면이 3 번, 6인 면이 1번 나왔다는 뜻이다.

다항분포의 확률질량함수는 $\text{Mu}(x; N, \mu)$와 같이 표기하며 다음과 같은 수식을 따른다.

$$\text{Mu}(x; N, \mu) = \binom{N}{x} \prod_{k=1}^{K} \mu_k^{x_k} = \binom{N}{x_1, \cdots, x_K} \prod_{k=1}^{K} \mu_k^{x_k}$$

이 식에서 조합 기호는 다음과 같이 정의된다.

$$\binom{N}{x_1, \cdots, x_K} = \frac{N!}{x_1! \cdots x_K!}$$

8.3.3 〔연습 문제〕

$K = 2$인 다항분포의 확률질량함수가 이항분포의 확률질량함수와 같음을 보여라.

다항분포의 모멘트

다항분포의 기댓값과 분산은 다음과 같다.

- 기댓값 : $\mathrm{E}[x_k] = N\mu_k$
- 분산 : $\mathrm{Var}[x_k] = N\mu_k(1 - \mu_k)$

사이파이를 이용한 다항분포의 시뮬레이션

사이파이는 다항분포를 위한 multinomial 클래스를 지원한다. 인수로는 시행 횟수 N과 모수 벡터 μ를 받는다. 이 시뮬레이션은 5와 6이 다른 수보다 잘 나오게 만든 조작된 주사위를 30번 던졌을 때 나올 수 있는 여러 경우를 살펴본 것이다.

```
N = 30
mu = [0.1, 0.1, 0.1, 0.1, 0.3, 0.3]
rv = sp.stats.multinomial(N, mu)

np.random.seed(0)
X = rv.rvs(100)
X[:10]
```

```
array([[ 3,  4,  3,  3,  8,  9],
       [ 3,  3,  5,  6,  6,  7],
       [ 4,  3,  3,  5,  5, 10],
       [ 1,  0,  5,  5, 12,  7],
       [ 7,  4,  2,  3,  5,  9],
       [ 3,  1,  6,  3,  8,  9],
       [ 2,  4,  3,  3,  5, 13],
       [ 3,  3,  3,  6,  8,  7],
```

```
        [ 2,  3,  4,  1, 11,  9],
        [ 4,  2,  1,  2, 10, 11]])
```

다음은 이 시뮬레이션 결과를 시본 패키지의 스웜 플롯^{swarm plot} 명령과 바이올린 플롯^{violin plot} 명령을 사용하여 시각화한 것이다. 스웜 플롯은 각 카테고리에 해당하는 실숫값 데이터 집합을 하나하나 점으로 나타낸 것이고 바이올린 플롯은 이 데이터의 분포를 커널밀도^{kernel density}라는 부드러운 곡선으로 표현한 것이다.

```
df = pd.DataFrame(X).stack().reset_index()
df.columns = ['시도', '클래스', '표본값']

sns.violinplot(x='클래스', y='표본값', data=df, inner='quartile')
sns.swarmplot(x='클래스', y='표본값', data=df, color='.3')
plt.title('다항분포의 시뮬레이션 결과')
plt.show()
```

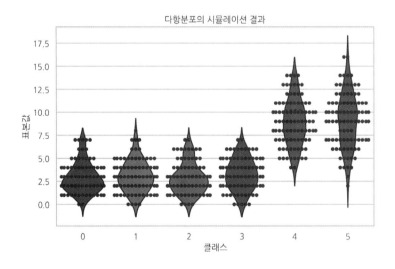

맷플롯립 패키지의 박스 플롯^{box plot} 명령으로 더 단순하게 시각화할 수도 있다. boxplot 명령은 **박스-휘스커 플롯**^{box-whisker Plot} 혹은 간단히 **박스 플롯**^{box-plot}이라 부르는 차트를 그려준다. 박스 플롯은 상자와 상자 바깥의 선으로 이루어진다.

상자는 실숫값 분포에서 1사분위수(Q1)와 3사분위수(Q3)를 뜻하고 이 3사분위수와 1사분수의 차이(Q3 − Q1)를 **IQR**^{inter-quartile range}이라고 한다. 상자 내부의 가로선은 중앙값을 나타낸다. 박스 외부의 세로선은 1사분위 수보다 1.5IQR만큼 낮은 값과 3사분위 수보다 1.5IQR 만큼 높은 값의 구간을 기준으로 그 구간의 내부에 있는 가장 큰 데이터와 가장 작은 데이터를 잇는 선분이다. 그 바깥의 점은 **아웃라이어**^{outlier}라고 부르고 점으로 표시한다.

```
plt.boxplot(X)
plt.title('다항분포의 시뮬레이션 결과')
plt.xlabel('클래스')
plt.ylabel('표본값')
plt.show()
```

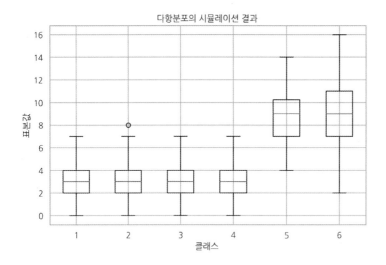

다항분포의 표본 하나는 같은 모수를 가진 카테고리분포 표본 여럿을 합쳐놓은 것이므로 다항분포의 표본이 이루는 분포의 모양은 카테고리분포와 비슷해진다.

8.4 정규분포와 중심극한정리

정규분포[normal distribution] 혹은 **가우스 정규분포**[Gaussian normal distribution]라는 분포는 자연 현상에서 나타나는 숫자를 확률 모형으로 모형화할 때 많이 사용한다.

정규분포는 평균 μ와 분산 σ^2이라는 두 모수만으로 정의되며 확률밀도함수[pdf, probability density function]는 다음과 같은 수식으로 표현된다.

$$\mathcal{N}(x; \mu, \sigma^2) = \frac{1}{\sqrt{2\pi\sigma^2}} \exp\left(-\frac{(x-\mu)^2}{2\sigma^2}\right)$$

분산의 역수를 **정밀도**[precision] β라고 부르기도 한다.

$$\beta = \frac{1}{\sigma^2}$$

정규분포 중에서도 평균이 0이고 분산이 1인 (μ=0, σ^2=1) 정규분포를 **표준정규분포**[standard normal distribution]라고 한다.

정규분포의 확률밀도함수는 다음과 같은 성질을 가진다.

- $x = \mu$일 때 확률밀도가 최대가 된다.
- $x = \infty$로 다가가거나 $x = -\infty$로 다가갈수록 확률밀도가 작아진다.

사이파이를 사용한 정규분포의 시뮬레이션

사이파이의 stats 서브패키지에 있는 norm 클래스가 정규분포 클래스다. loc 인수로 기댓값 μ를 설정하고 scale 인수로 표준편차 $\sqrt{\sigma^2}$를 설정한다.

```
mu = 0
std = 1
rv = sp.stats.norm(mu, std)
```

pdf 메서드를 사용하면 확률밀도함수를 계산할 수 있다. 정규분포의 확률밀도함수는 종[bell] 모양의 부드러운 단봉분포다. 종의 아랫부분이 표준편차의 4배 이상이다.

```
xx = np.linspace(-5, 5, 100)
plt.plot(xx, rv.pdf(xx))
plt.arrow(0, 0.05, 2, 0, lw=3, color='r',
          head_width=0.02, head_length=0.2, length_includes_head=True)
plt.arrow(0, 0.05, -2, 0, lw=3, color='r',
          head_width=0.02, head_length=0.2, length_includes_head=True)
plt.text(-0.95, 0.03, '표준편차의 약 4배')
plt.ylabel('p(x)')
plt.title('정규분포의 확률밀도함수')
plt.show()
```

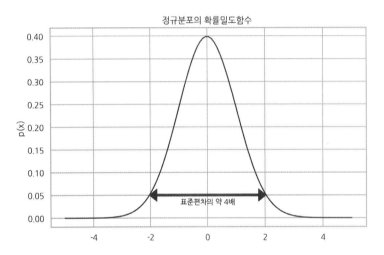

시뮬레이션을 통해 표본을 얻으려면 rvs() 메서드를 사용한다.

```
np.random.seed(0)
x = rv.rvs(20)
x
```

```
array([ 1.76405235, 0.40015721, 0.97873798, 2.2408932 , 1.86755799, -0.97727788,
0.95008842, -0.15135721, -0.10321885, 0.4105985 , 0.14404357, 1.45427351, 0.76103773,
0.12167502, 0.44386323, 0.33367433, 1.49407907, -0.20515826, 0.3130677 , -0.85409574])
```

시본으로 시각화한 결과다. 여기에서는 distplot() 명령의 fit 인수를 사용하여 가장 유사한 정규분포의 확률밀도함수를 그렸다.

```
sns.distplot(x, rug=True, kde=False, fit=sp.stats.norm)
plt.title('랜덤 표본 생성 결과')
plt.xlabel('표본값')
plt.ylabel('$p(x)$')
plt.show()
```

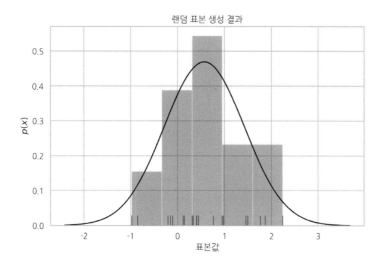

| 예제 : 붓꽃 데이터 |

다음은 붓꽃 중 특정한 종setosa의 꽃잎 길이에 대한 히스토그램이다. 정규분포와 비슷한 모양을
보인다.

```
from sklearn.datasets import load_iris

setosa_sepal_length = load_iris().data[:50, 2]
sns.distplot(setosa_sepal_length, rug=True)
plt.tight_layout()
plt.show()
```

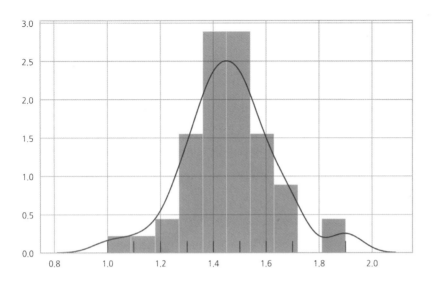

| 예제 : 주식 수익률 |

다음은 과거 약 10년간의 미국 나스닥 주가지수를 그린 것이다.

```
import pandas_datareader.data as web

symbol = 'NASDAQCOM'
data = pd.DataFrame()
data[symbol] = web.DataReader(
    symbol, data_source='fred', start='2009-01-01', end='2018-12-31')[symbol]
data = data.dropna()
data.plot(legend=False)
plt.xlabel('날짜')
plt.title('나스닥 지수')
plt.show()
```

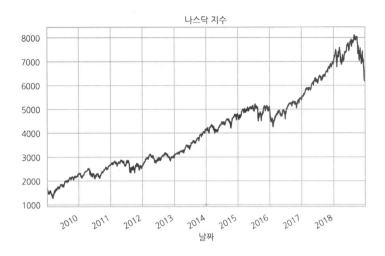

10년간의 평균 일간수익률을 계산하면 약 0.06%가 나온다. 표준편차는 약 1.17%다. 주식의
수익률을 표시할 때는 표준편차라는 말 대신 **변동성**(volatility)이라는 용어를 사용한다.

```
daily_returns = data.pct_change().dropna()
mean = daily_returns.mean().values[0]
std = daily_returns.std().values[0]
print('평균 일간수익률: {:3.2f}%'.format(mean * 100))
print('평균 일간변동성: {:3.2f}%'.format(std * 100))
```

```
평균 일간수익률: 0.06%
평균 일간변동성: 1.17%
```

일간수익률의 분포를 히스토그램으로 나타냈다. 이 그림에서 다음과 같은 사실을 알 수 있다.

- 주식의 일간수익률은 단봉분포이고 대칭적인 정규분포와 비슷한 모양이다.
- 주식 일간수익률은 0에 가까운 기댓값을 가진다.
- 일간수익률의 값이 0에 가깝더라도 양수라면 오랜 시간후에 엄청나게 높은 수익률을 보인다.

```
sns.distplot(daily_returns, kde=False)
ymin, ymax = plt.ylim()
plt.vlines(x=mean, ymin=0, ymax=ymax, ls='--')
plt.ylim(0, ymax)
plt.title('나스닥 지수의 일간수익률 분포')
plt.xlabel('일간수익률')
plt.show()
```

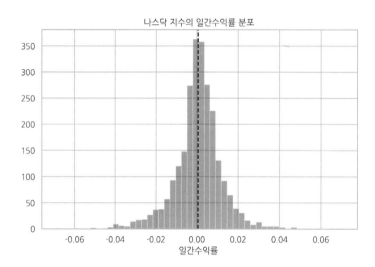

8.4.1 **연습 문제**

주변에서 얻을 수 있는 실숫값 데이터 중 정규분포 모양을 띄는 데이터를 구하여 히스토그램을 그려라.

로그정규분포

주가의 수익률이 정규분포라면 주가 자체는 어떤 분포가 될까? 이 경우 주가는 **로그정규분포**log-normal distribution가 된다. 로그정규분포는 데이터에 로그를 한 값 또는 변화율(수익률)이 정규분포가 되는 분포를 말한다. 로그정규분포를 띄는 데이터는 항상 양수다. 따라서 로그변환한 다음 사용하는 것이 일반적이다.

```
np.random.seed(0)
mu = 1
rv = sp.stats.norm(loc=mu)
x1 = rv.rvs(1000)
s = 0.5
x2 = np.exp(s * x1)

fig, ax = plt.subplots(1, 2)
sns.distplot(x1, kde=False, ax=ax[0])
ax[0].set_title('정규분포')
sns.distplot(x2, kde=False, ax=ax[1])
ax[1].set_title('로그정규분포')
plt.tight_layout()
plt.show()
```

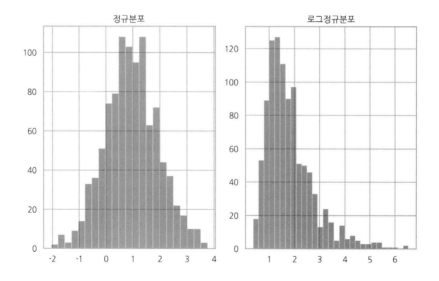

Q-Q 플롯

정규분포는 여러 연속확률분포 중에서도 가장 널리 사용되는 확률분포다. 따라서 어떤 확률변수의 분포가 정규분포인지 아닌지 확인하는 것은 중요한 통계적 분석이다.

Q-Q^{Quantile-Quantile} 플롯은 분석할 표본 데이터의 분포와 정규분포의 분포 형태를 비교하여 표본 데이터가 정규분포를 따르는지 검사하는 간단한 시각적 도구다. Q-Q 플롯은 동일 분위수

에 해당하는 정상 분포의 값과 주어진 데이터값을 한 쌍으로 만들어 그린 **스캐터 플롯**scatter plot이다. Q-Q 플롯을 그리는 방법은 다음과 같다(여기에서는 대략적인 방법론을 서술했으며 세부적인 사항은 다를 수 있다).

- 표본 데이터를 정렬(sort, ordering)한다.
- 표본 데이터 하나가 전체 데이터 중의 몇 % 정도에 해당하는지 위칫값을 구한다. 위칫값으로는 특정 순위 (order)의 값이 나타날 가능성이 높은 값을 뜻하는 **순서통계량**(order statistics)이라는 값을 이용한다.
- 각 표본 데이터의 위칫값이 정규분포의 **누적확률함수**(cdf)값이 되는 표준 정규분포의 표본값을 구한다. 즉 확률값에 대한 누적확률함수의 역함숫값을 구한다. 이를 표본 정규분포의 **분위함수**(quantile function)값이라고 한다. 예를 들어 표본 정규분포의 1%의 분위함숫값은 $F^{-1}(0.01)$, 약 -2.326이다.
- 정렬된 표본 데이터와 그에 대응하는 **분위수**(theoretical quantiles)를 하나의 쌍으로 간주하여 2차원 공간에 하나의 점으로 그린다.
- 모든 표본에 대해 2부터 4까지의 과정을 반복하여 스캐터 플롯을 완성한다.

정규분포를 따르는 데이터 표본을 Q-Q 플롯으로 그리면 다음과 같이 직선의 형태로 나타난다.

```
x_sorted = np.sort(x)
x_sorted
```

```
array([-0.97727788, -0.85409574, -0.20515826, -0.15135721, -0.10321885, 0.12167502,
0.14404357, 0.3130677 , 0.33367433, 0.40015721, 0.4105985 , 0.44386323, 0.76103773,
0.95008842, 0.97873798, 1.45427351, 1.49407907, 1.76405235, 1.86755799, 2.2408932 ])
```

```
from scipy.stats.morestats import _calc_uniform_order_statistic_medians

position = _calc_uniform_order_statistic_medians(len(x))
position
```

```
array([0.03406367, 0.08261724, 0.13172109, 0.18082494, 0.2299288 , 0.27903265,
0.32813651, 0.37724036, 0.42634422, 0.47544807, 0.52455193, 0.57365578, 0.62275964,
0.67186349, 0.72096735, 0.7700712 , 0.81917506, 0.86827891, 0.91738276, 0.96593633])
```

```
qf = rv.ppf(position)
qf
```

```
array([-1.8241636 , -1.38768012, -1.11829229, -0.91222575, -0.73908135, -0.5857176 ,
       -0.44506467, -0.31273668, -0.18568928, -0.06158146,  0.06158146,  0.18568928,
        0.31273668,  0.44506467,  0.5857176 ,  0.73908135,  0.91222575,  1.11829229,  1.38768012,
        1.8241636 ])
```

```
plt.scatter(qf, x_sorted)
plt.title('Q-Q 플롯')
plt.xlabel('이론적인 위칫값')
plt.ylabel('정렬된 표본 데이터')
plt.axis('equal')
plt.show()
```

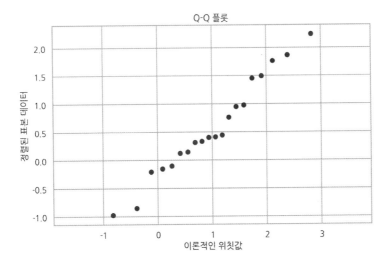

사이파이 패키지의 stats 서브패키지는 Q-Q 플롯을 계산하고 그리는 probplot() 명령을 제공한다. probplot()은 기본적으로 인수로 보낸 데이터 표본에 대한 Q-Q 플롯 정보만을 반환하고 실제 챠트는 그리지 않는다. 만약 챠트를 그리고 싶다면 plot 인수에 matplotlib. pylab 모듈 객체 혹은 Axes 클래스 객체를 넘겨주어야 한다.

```
np.random.seed(0)
plt.figure(figsize=(7, 7))
sp.stats.probplot(x, plot=plt)
plt.axis('equal')
plt.show()
```

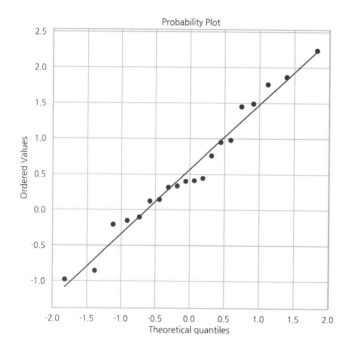

정규분포를 따르지 않는 데이터 표본을 Q-Q 플롯으로 그리면 다음과 같이 직선이 아닌 휘어 진 형태로 나타난다. 이 코드에서는 균일분포 데이터를 사용했다. 이 균일분포 데이터는 0 이 상 1 이하의 값만 가질 수 있기 때문에 세로축의 값이 이 구간내에 존재하게 된다. 따라서 위아 래로 제한된 형태의 휘어진 Q-Q 플롯이 나온다.

```
np.random.seed(0)
x = np.random.rand(100)
plt.figure(figsize=(7, 7))
sp.stats.probplot(x, plot=plt)
plt.ylim(-0.5, 1.5)
plt.show()
```

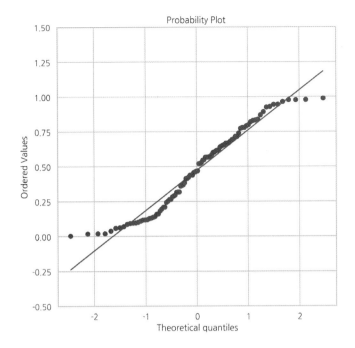

8.4.2 **연습 문제**

연습 문제 8.4.1의 데이터에 대해 Q-Q 플롯을 그려서 정규분포인지 아닌지 확인하라.

중심극한정리

실세계에서 발생하는 많은 현상을 정규분포를 이용해 모형화할 수 있다. 그 이유 중의 하나는 **중심극한정리**Central Limit Theorem다.[1]

중심극한정리는 여러 확률변수의 합이 정규분포와 비슷한 분포를 이루는 현상을 말한다. 중심극한정리를 수학적인 용어로 쓰면 다음과 같다.

X_1, X_2, ..., X_N이 기댓값이 μ이고 분산이 σ^2으로 동일한 분포(기댓값과 분산의 값이 동일할 뿐이며 분포의 모양은 달라도 된다)이며 서로 독립인 확률변수들이라고 하자. 분포가 어떤 분포인지는 상관없다.

---

[1] 중심극한정리라는 용어는 1920년 헝가리 수학자 포여 죄르지(George Pólya)가 만들었다. 중심(central)이라는 말은 확률이론의 중심이라고 할 정도로 중요하다는 의미로 붙였다.

X_1, X_2, ..., X_N에서 뽑은 각각의 표본 데이터 x_1, x_2, ..., x_N의 표본 평균

$$\bar{x}_N = \frac{1}{N}(x_1 + \cdots + x_N)$$

도 마찬가지로 예측할 수 없는 확률변수다. 이 확률변수를 $\bar{X}_N$이라고 하자.

중심극한정리는 다음과 같다.

> N개의 임의의 분포로부터 얻은 표본의 평균은 N이 증가할수록 기댓값이 μ, 분산이 $\frac{\sigma^2}{N}$
> 인 정규분포로 수렴한다.

$$\bar{X}_N \xrightarrow{d} \mathcal{N}\left(x; \mu, \frac{\sigma^2}{N}\right)$$

$\xrightarrow{d}$ 기호는 표본 개수 N이 커질수록 분포의 모양이 특정한 분포에 수렴한다는 것을 뜻한다. 이 표본 평균의 평균이 0, 분산이 1이 되도록 다음처럼 정규화를 하면 다음과 같이 쓸 수도 있다.

> N개의 임의의 분포로부터 얻은 표본의 평균을 정규화하면 N이 증가할수록 표준정규분
> 포로 수렴한다.

$$\frac{\bar{X}_N - \mu}{\frac{\sigma}{\sqrt{N}}} \xrightarrow{d} \mathcal{N}(x; 0, 1)$$

시뮬레이션을 사용하여 중심극한정리가 성립하는지 살펴보도록 하자. 다음 시뮬레이션에서는 0부터 1까지의 균일 분포의 표본을 각각 1번, 2번, 10번 생성하여 그 합의 분포를 보았다.

여기에서는 0부터 1까지의 균일 분포의 기댓값이 $\frac{1}{2}$, 분산이 $\frac{1}{12}$이라는 사실을 이용했다.

```python
np.random.seed(0)
xx = np.linspace(-2, 2, 100)

plt.figure(figsize=(6, 9))

for i, N in enumerate([1, 2, 10]):
    X = np.random.rand(5000, N)
    Xbar = (X.mean(axis=1) - 0.5) * np.sqrt(12 * N)
    ax = plt.subplot(3, 2, 2 * i + 1)
    sns.distplot(Xbar, bins=10, kde=False, norm_hist=True)
```

```
    plt.xlim(-5, 5)
    plt.yticks([])
    ax.set_title('N = {0}'.format(N))
    plt.subplot(3, 2, 2 * i + 2)
    sp.stats.probplot(Xbar, plot=plt)

plt.tight_layout()
plt.show()
```

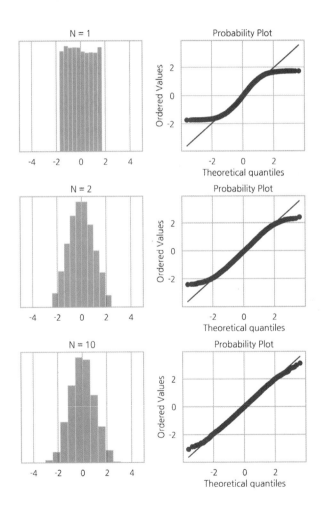

더하는 분포의 수가 10개 정도가 되면 그 합은 정규분포에 상당히 가까워짐을 볼 수 있다.

정규분포의 통계량 분포

그렇다면 임의의 분포가 아닌 복수의 정규분포로부터 얻은 표본 데이터로 구한 표본평균은 어떤 분포를 가지게 될까?

N개의 정규분포로부터 얻은 표본의 합은 N과 상관없이 기댓값이 $N\mu$, 분산이 $N\sigma^2$인 정규분포다.

$$x_i \sim \mathcal{N}(\mu, \sigma^2) \quad \rightarrow \quad \sum_{i=1}^{N} x_i \sim \mathcal{N}(N\mu, N\sigma^2)$$

정규분포의 표본에 상수를 빼거나 곱해도 정규분포다. 이 경우에도 위와 같이 기댓값이 0, 표준편차가 1이 되도록 정규화를 하면 다음과 같이 쓸 수 있다.

$$x_i \sim \mathcal{N}(\mu, \sigma^2) \quad \rightarrow \quad z = \frac{\bar{x} - \mu}{\frac{\sigma}{\sqrt{N}}} \sim \mathcal{N}(x; 0, 1)$$

정규분포 표본의 평균을 정규화한 통계량을 z 통계량이라고 한다. 중심극한정리와 다른 점에 주의해야 한다. **중심극한정리에서는 표준정규분포로 점점 다가갈 뿐이고 표본 개수가 무한대가 되기 전에는 정확한 정규분포가 아니지만** z **통계량은 개수** N**에 상관없이 항상 정확하게 표준정규분포**이다.

8.4.3 | **연습 문제**

정규분포로부터 나온 표본의 표본평균 N개가 정규분포가 된다는 것을 시뮬레이션과 Q–Q 플롯을 사용하여 보여라.

❶ $N = 2$일 때

❷ $N = 10$일 때

선형회귀 모형과 정규분포

정규분포는 선형회귀 모형에서 **잡음**disturbance을 모형화하는 데 사용된다. 선형회귀 모형은 입력변수 $x_1, ..., x_N$이 종속변수 y에 선형적으로 영향을 미치는 모형이다.

$$\hat{y} = w_1 x_1 + ... + w_N x_N \approx y$$

이 모형은 다음과 같이 표현할 수 있다.

$$y = w_1 x_1 + \ldots + w_N x_N + \epsilon$$

ϵ은 **잡음이라고 하며 우리가 값을 측정할 수 없는 양**을 뜻한다. 예측값과 실젯값의 차이를 뜻하는 잔차와는 다르다. 잡음은 선형회귀 모형을 만들 때 하나하나의 영향력이 작거나 일일히 측정하기 힘들어서 무시하는 수많은 변수가 미치는 영향을 하나로 합친 것이다. 즉 원래 y값은 x_1, ..., x_N, ...의 거의 무한 개수의 입력변수에 영향을 받는다.

$$y = w_1 x_1 + \ldots + w_N x_N + w_{N+1} x_{N+1} + w_{N+2} x_{N+2} + \ldots$$

하지만 이 중에서 입력변수 x_1, ..., x_N만이 영향력이 크거나 측정이 쉽다면 다른 변수의 영향은 하나의 확률변수라고 합쳐서 표현할 수 있다.

$$\epsilon = w_{N+1} x_{N+1} + w_{N+2} x_{N+2} + \ldots$$

중심극한정리에 의해 임의의 확률변수의 합은 정규분포와 비슷한 형태가 된다. 또한 ϵ의 기댓값이 0이 아니라면 다음처럼 상수항 $w_0 = \mathrm{E}[\epsilon]$을 추가하는 대신 ϵ의 기댓값이 0이라고 할 수 있기 때문에

$$y = w_0 + w_1 x_1 + \ldots + w_N x_N + \epsilon$$

잡음 ε이 기댓값이 0인 정규분포라고 가정하는 것은 합리적이다.

$$\epsilon \sim \mathcal{N}(0, \sigma^2)$$

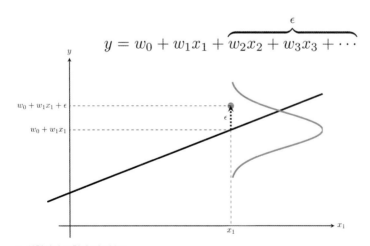

▶ 선형회귀 모형과 정규분포

8.5 스튜던트 t분포, 카이제곱분포, F분포

이 절에서는 정규분포에서 파생된 분포를 공부한다. 정규분포에서 생성된 표본 데이터 집합에 여러 수식을 적용하여 값을 변화시키면 데이터 집합의 분포 모양이 달라진다. 적용된 수식에 따라 스튜던트 t분포, 카이제곱분포, F분포가 만들어진다. 이 분포들은 통계량 분포라고도 부르는데 나중에 공부할 가설 검정에 쓰인다.

스튜던트 t분포

현실의 데이터를 살펴보면 정규분포와 상당히 유사하지만 양 끝단의 비중이 정규분포에 비해 더 큰 데이터들을 발견할 수 있다. 정규분포라 가정했을 때보다 극단적 현상이 더 자주 발생한 다는 뜻이다. 분포의 모양을 볼 때 양 끝(꼬리) 부분이 정규분포보다 두껍다고 해서 이를 팻 테일[fat tail] 현상이라고 한다. 예를 들어 주식의 수익률은 보통 정규분포를 따르는 것으로 가정하는데 실제로는 정규분포에서는 자주 발생할 수 없는 극단적인 사건들이 종종 발생하곤 한다. 금융시장에서는 이러한 현상을 블랙 스완(black swan)이라고도 한다.

실제로 과거의 주가 데이터를 확인해보자. 다음은 S&P 500, 나스닥[Nasdaq], 다우존스[Dow-Jones], 니케이255[Nikkei255] 네 가지 주가지수 데이터다. 비교를 위해 2010년의 값을 100으로 통일했다.

```python
import pandas_datareader.data as web

symbols = ['SP500', 'NASDAQCOM', 'DJCA', 'NIKKEI225']
data = pd.DataFrame()
for sym in symbols:
    data[sym] = web.DataReader(sym, data_source='fred')[sym]
data = data.dropna()
(data / data.iloc[0] * 100).plot()

plt.ylabel('날짜')
plt.ylabel('주가 수익률')
plt.show()
```

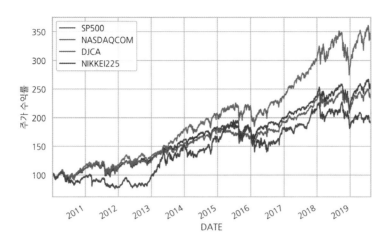

이 데이터에서 각 지수의 일간 수익률을 구하여 그 분포의 모양을 히스토그램으로 그리면 정규분포와 비슷하게 생겼다.

```
log_returns = np.log(data / data.shift(1))
log_returns.hist(bins=50)
plt.show()
```

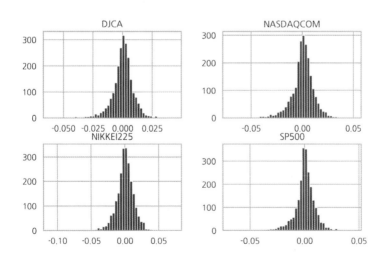

하지만 Q-Q 플롯으로 정규성을 확인하면 정규분포보다 더 극단적인 경우가 많이 발생하고 있음을 알 수 있다.

```
for i, sym in enumerate(symbols):
    ax = plt.subplot(2, 2, i+1)
    sp.stats.probplot(log_returns[sym].dropna(), plot=ax)
plt.tight_layout()
plt.show()
```

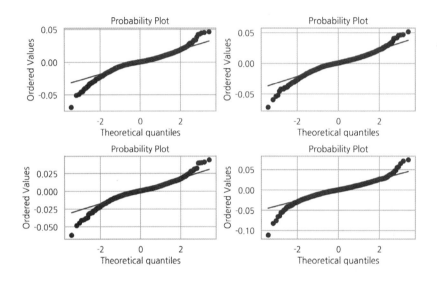

이렇게 팻 테일을 보이는 데이터 모형에 적합한 것이 **스튜던트 t분포**student-t distribution 혹은 **t분포**라고 부르는 분포다. 스튜던트 t분포의 확률 밀도 함수는 다음 수식에 의해 정의된다.

$$t(x;\mu,\lambda,\nu) = \frac{\sqrt{\lambda}}{\sqrt{\nu\pi}}\frac{\Gamma\left(\frac{\nu+1}{2}\right)}{\Gamma\left(\frac{\nu}{2}\right)}\left(1 + \lambda\frac{(x-\mu)^2}{\nu}\right)^{-\frac{\nu+1}{2}}$$

이 식에서 λ는 정규분포의 정밀도 $(\sigma^2)^{-1}$에 대응하는 개념이고 $\Gamma(x)$는 감마 함수라는 특수 함수다.

$$\Gamma(x) = \int_0^\infty u^{x-1}e^{-u}du$$

정규분포와 달리 정숫값을 가지는 **자유도**degree of freedom라는 모수 ν를 추가적으로 가진다. 스튜던트 t분포에서는 모수 ν로 2 이상의 자연수를 사용한다. 모수 ν가 1인 경우는 **코시분포**Cauchy distribution라고 한다. 코시분포에서 양수인 부분만 사용하는 경우에는 **하프코시분포**Half-Cauchy

^{distribution}라고 부른다.

스튜던트 t분포의 확률 밀도 함수를 그리려면 사이파이 패키지의 t 클래스를 사용한다. 이때 인수 df는 자유도, loc는 기댓값, scale은 표준편차를 설정한다. 다음 그림에서 자유도 ν가 작으면 정규분포보다 분산이 크고 팻 테일을 보이지만 자유도가 증가할수록 정규분포로 수렴하는 것을 볼 수 있다.

```python
xx = np.linspace(-4, 4, 100)
for df in [1, 2, 5, 10, 20]:
    rv = sp.stats.t(df=df)
    plt.plot(xx, rv.pdf(xx), label=('스튜던트 t(dof=%d)' % df))
plt.plot(xx, sp.stats.norm().pdf(xx), label='Normal', lw=5, alpha=0.5)
plt.title('자유도에 따른 스튜던트 t분포의 변화')
plt.xlabel('표본값')
plt.ylabel('p(x)')
plt.legend()
plt.show()
```

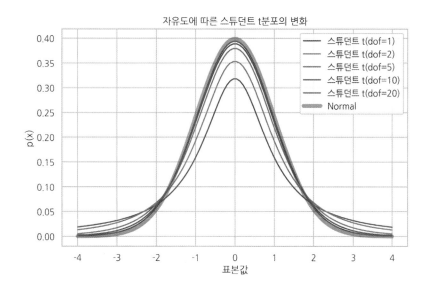

스튜던트 t분포의 기댓값과 분산은 다음과 같다.

- 기댓값 : $\mathrm{E}[X] = \mu$

- 분산 : $\mathrm{Var}[X] = \dfrac{\nu}{\lambda(\nu - 2)}$

분산의 대한 식은 $\nu > 2$ 인 경우만 적용된다. $\nu = 1, 2$일 때는 분산이 무한대가 된다.

t 통계량

정규분포의 표본을 표준편차로 나눠 정규화한 z 통계량은 항상 정규분포가 된다는 것을 이미 공부했다. 그런데 z 통계량을 구하려면 확률분포의 정확한 표준편차를 우리가 알고 있어야 한다. 하지만 현실적으로는 표준편차를 정확히 알 수 없기 때문에 표본에서 측정한 표본표준편차로 정규화할 수밖에 없다. 정규분포로부터 얻은 N개의 표본 $x_1, \dots, x_N$에서 계산한 **표본평균을 표본표준편차로 정규화한 값을** t **통계량**이라고 한다.

t **통계량은 자유도가** $N-1$**인 스튜던트 t분포**를 이룬다.

$$t = \frac{\bar{x} - \mu}{\dfrac{s}{\sqrt{N}}} \sim t(x; 0, 1, N - 1)$$

이 식에서 $\bar{x}$, s은 각각 표본평균, 표본표준편차다.

$$\bar{x} = \frac{x_1 + \cdots + x_N}{N}$$

$$s^2 = \frac{1}{N - 1} \sum_{i=1}^{N} (x_i - \bar{x})^2$$

이 정리는 추후 정규분포의 기댓값에 관한 각종 검정에서 사용된다.

다음은 시뮬레이션을 사용하여 표본표준편차로 정규화한 표본평균과 정규분포를 비교한 것이다. 왼쪽은 $N = 4$, 오른쪽은 $N = 40$인 경우다.

```python
np.random.seed(0)

rv = sp.stats.norm()
M = 1000

plt.subplot(1, 2, 1)
N = 4
x1 = rv.rvs((N, M))
xbar1 = x1.mean(axis=0)
xstd1 = x1.std(axis=0, ddof=1)
x = xbar1 / (xstd1 / np.sqrt(N))
sns.distplot(x, kde=True)
xx = np.linspace(-6, 6, 1000)
plt.plot(xx, rv.pdf(xx), 'r:', label='정규분포')
plt.xlim(-6, 6)
plt.ylim(0, 0.5)
plt.title('t 통계량 분포 (N = 4)')
plt.legend()

plt.subplot(1, 2, 2)
N = 40
x2 = rv.rvs((N, M))
xbar2 = x2.mean(axis=0)
xstd2 = x2.std(axis=0, ddof=1)
x = xbar2 / (xstd2 / np.sqrt(N))
sns.distplot(x, kde=True)
xx = np.linspace(-6, 6, 1000)
plt.plot(xx, rv.pdf(xx), 'r:', label='정규분포')
plt.xlim(-6, 6)
plt.ylim(0, 0.5)
plt.title('t 통계량 분포 (N = 40)')
plt.legend()

plt.show()
```

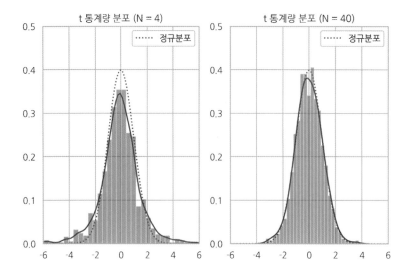

카이제곱분포

정규분포를 따르는 확률변수 X의 N개의 표본 $x_1, ..., x_N$의 합(또는 평균)은 표본 분산으로 정규화하면 스튜던트 t분포를 따른다는 것을 배웠다.

그런데 이 표본 N개를 단순히 더하는 것이 아니라 제곱하여 더하면 양수값만 가지는 분포가 된다. 이 분포를 **카이제곱**(chi-squared)**분포**라고 하며 $\chi^2(x;\nu)$으로 표기한다. 카이제곱분포도 스튜던트 t분포처럼 자유도 모수를 가진다.

$$x_i \sim \mathcal{N}(x)$$

$$\downarrow$$

$$\sum_{i=1}^{N} x_i^2 \sim \chi^2(x; \nu = N)$$

카이제곱분포의 확률 밀도 함수는 다음과 같다.

$$\chi^2(x; \nu) = \frac{x^{(\nu/2-1)} e^{-x/2}}{2^{\nu/2} \Gamma\left(\frac{\nu}{2}\right)}$$

사이파이 stats 서브패키지의 chi2 클래스를 사용하여 확률 밀도 함수의 모양을 살펴보면 다음과 같다.

```python
xx = np.linspace(0.01, 10, 100)
dfs = np.arange(1, 5)
lss = ['-', '--', '-.', ':']
for df, ls in zip(dfs, lss):
    rv = sp.stats.chi2(df=df)
    plt.plot(xx, rv.pdf(xx), ls=ls, label=('자유도 %d)' % df))
plt.xlim(0, 10.1)
plt.ylim(0, 0.6)
plt.title('자유도에 따른 카이제곱분포의 변화')
plt.xlabel('표본값')
plt.ylabel('p(x)')
plt.legend()
plt.show()
```

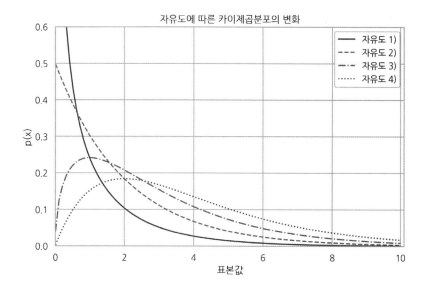

카이제곱분포에서 특이한 점은 제곱합을 하는 표본 수가 2보다 커지면 0 근처의 값이 가장 많이 발생할 것이라는 직관과 달리 0보다 큰 어떤 수가 더 흔하게 발생한다는 점이다. 시뮬레이션을 통해 실제로 제곱합의 분포를 살펴보면 다음과 같다. 왼쪽은 정규분포의 표본을 단순히 제곱한 값의 분포이고 오른쪽은 정규분포의 표본 4개를 제곱하여 합한 값의 분포다. 오른쪽 분포는 0이 아닌 1 근처의 값이 가장 많이 나오는 것을 볼 수 있다.

```python
np.random.seed(0)

rv = sp.stats.norm()
M = 2000

plt.subplot(1, 2, 1)
N = 1
x = rv.rvs((N, M))
t = (x ** 2).sum(axis=0)
sns.distplot(t, kde=False)
plt.xlim(-1, 10)
plt.ylim(0, 800)
plt.title('제곱합의 분포 (N = 1)')
plt.xlabel('표본값')
plt.ylabel('개수')

plt.subplot(1, 2, 2)
N = 4
x = rv.rvs((N, M))
t = (x ** 2).sum(axis=0)
sns.distplot(t, kde=False)
plt.xlim(-1, 10)
plt.ylim(0, 800)
plt.title('제곱합의 분포 (N = 4)')
plt.xlabel('표본값')

plt.show()
```

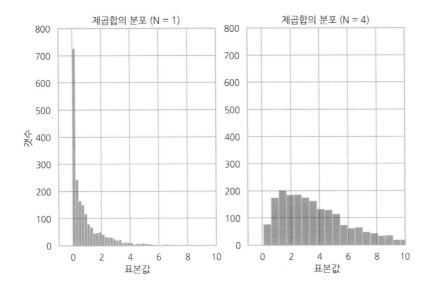

8.5.1 연습 문제

왜 위와 같은 현상이 발생하는 것일까? 이를 알아보기 위해 N이 다음과 같을 때 정규분포에서 나온 표본의 제곱합이 이루는 분포를 구하고 히스토그램으로 나타내라.

❶ $N = 6$일 때

❷ $N = 30$일 때

F분포

스튜던트 t분포 카이제곱분포는 정규분포를 따르는 확률변수 X로부터 나온 N개 표본에서 만들 수 있었다.

이와 비슷하게 **카이제곱분포를 따르는 독립적인 두 확률변수** $\chi_1^2(x; N_1)$**와** $\chi_2^2(x; N_2)$**의 확률변수 표본을 각각** x_1, x_2**이라고 할 때 이를 각각** N_1, N_2**로 나눈 뒤 비율을 구하면** $F(x; N_1, N_2)$ **분포**가 된다. N_1, N_2는 F분포의 자유도 모수라고 한다.

$$x_1 \sim \chi^2(N_1),\ x_2 \sim \chi^2(N_2) \quad \rightarrow \quad \frac{\dfrac{x_1}{N_1}}{\dfrac{x_2}{N_2}} \sim F(x; N_1, N_2)$$

F분포의 확률밀도함수는 다음과 같다.

$$f(x; N_1, N_2) = \frac{\sqrt{\dfrac{(N_1\,x)^{N_1}\,N_2^{N_2}}{(N_1\,x + N_2)^{N_1+N_2}}}}{x\,\mathrm{B}\left(\frac{N_1}{2}, \frac{N_2}{2}\right)}$$

이 식에서 함수 $B(x)$는 베타(Beta) 함수라는 특수 함수다.

스튜던트 t분포의 표본값을 제곱한 값은 F분포를 따른다.

$$t(N)^2 = F(1, N)$$

사이파이 stats 서브패키지의 f 클래스는 F분포를 지원한다. 다음 그림에서 몇 가지 자유도 쌍에 대한 F분포의 모양을 보이고 있다.

```python
xx = np.linspace(0.03, 3, 1000)
plt.plot(xx, sp.stats.f(1, 2).pdf(xx), ls='-', label='F(1,2)')
plt.plot(xx, sp.stats.f(3, 5).pdf(xx), ls='--', label='F(3,5)')
plt.plot(xx, sp.stats.f(10, 10).pdf(xx), ls='-.', label='F(10,10)')
plt.axvline(1, ls=':')
plt.xlabel('x')
plt.title('자유도에 따른 F분포의 모양')
plt.legend()
plt.show()
```

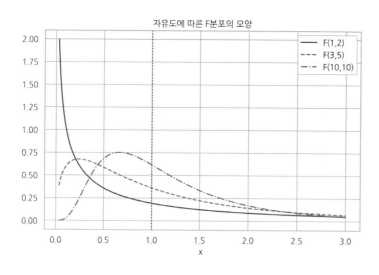

F분포에서 특이한 점은 N_1과 N_2의 값이 같을 경우에 1 근처의 값이 가장 많이 발생할 것이라는 직관과 달리 1이 아닌 다른 수가 더 흔하게 발생한다는 점이다. 시뮬레이션을 통해 실제로 제곱합의 비율의 분포를 살펴보면 다음과 같다. $N_1 = N_2$이 커지면 이 현상이 사라지고 1 근처의 값이 가장 많이 발생한다.

```
np.random.seed(0)

rv = sp.stats.norm()
M = 10000

N1 = 10
x1 = rv.rvs((N1, M))
t1 = (x1 ** 2).sum(axis=0)

N2 = 10
x2 = rv.rvs((N2, M))
t2 = (x2 ** 2).sum(axis=0)

t = t2 / t1
sns.distplot(t, bins=200, kde=False)
plt.axvline(1, ls=':');
plt.xlim(-0.1, 3)
plt.title('제곱합의 비율 (N1=10, N2=10)')
plt.xlabel('표본값')
plt.ylabel('표본개수')
plt.show()
```

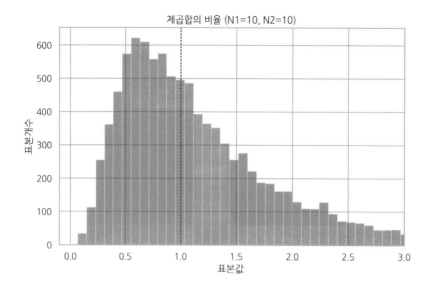

제곱합의 비율 (N1=10, N2=10)

8.5.2 **연습 문제**

자유도 N이 다음과 같을 때 스튜던트 t분포에서 나온 값의 제곱이 이루는 분포를 시뮬레이션으로 구하고
그 히스토그램을 $(1, N)$–자유도의 F분포와 비교하라.

❶ $N = 2$일 때

❷ $N = 30$일 때

활용

스튜던트 t분포, 카이제곱분포, F분포는 모두 정규분포의 **통계량 분포**statistics distribution의 일종이다.
선형회귀분석에서 이 통계량 분포들은 각각 다음 값에 대한 확률 모형으로 사용된다.

- 스튜던트 t분포 : 추정된 가중치에 대한 확률 분포
- 카이제곱분포 : 오차 제곱합에 대한 확률 분포
- F분포 : 비교 대상이 되는 선형모형의 오차 제곱합에 대한 비율의 확률 분포

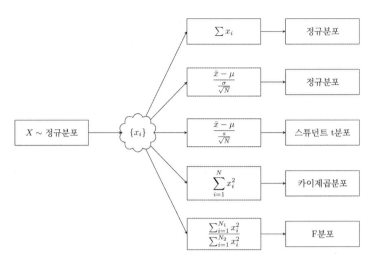

▶ 정규분포와 통계량 분포의 관계

8.6 다변수정규분포

D차원 **다변수정규분포**MVN, multivariate Gaussian normal distribution의 확률밀도함수는 평균벡터 μ와 공분산행렬 Σ라는 두 모수를 가지며 다음과 같은 수식으로 정의한다.

$$\mathcal{N}(x; \mu, \Sigma) = \frac{1}{(2\pi)^{D/2}|\Sigma|^{1/2}} \exp\left(-\frac{1}{2}(x-\mu)^T \Sigma^{-1}(x-\mu)\right)$$

이 식에서 각 기호의 의미는 다음과 같다.

- $x \in \mathbf{R}^D$ 확률변수벡터
- $\mu \in \mathbf{R}^D$ 평균벡터
- $\Sigma \in \mathbf{R}^{D \times D}$ 공분산행렬

다변수정규분포에서 공분산행렬은 양의 정부호인 대칭행렬이어야 한다. 따라서 역행렬이 항상 존재한다. 공분산행렬의 역행렬 Σ^{-1}을 정밀도행렬precision matrix이라고 한다.

| 예제 |

다음과 같은 2차원($D = 2$) 다변수정규분포를 생각하자. 2차원이므로 확률변수벡터는

$$x = \begin{bmatrix} x_1 \\ x_2 \end{bmatrix}$$

이다. 만약 모수가 다음과 같다고 하자.

$$\mu = \begin{bmatrix} 2 \\ 3 \end{bmatrix}, \quad \Sigma = \begin{bmatrix} 1 & 0 \\ 0 & 1 \end{bmatrix}$$

공분산행렬로부터 x_1과 x_2가 독립이라는 것을 알 수 있다. 확률밀도함수를 구하면 다음과 같다.

$$|\Sigma| = 1, \quad \Sigma^{-1} = \begin{bmatrix} 1 & 0 \\ 0 & 1 \end{bmatrix}$$

$$
\begin{aligned}
(x - \mu)^T \Sigma^{-1} (x - \mu) &= \begin{bmatrix} x_1 - 2 & x_2 - 3 \end{bmatrix} \begin{bmatrix} 1 & 0 \\ 0 & 1 \end{bmatrix} \begin{bmatrix} x_1 - 2 \\ x_2 - 3 \end{bmatrix} \\
&= (x_1 - 2)^2 + (x_2 - 3)^2
\end{aligned}
$$

$$\mathcal{N}(x_1, x_2) = \frac{1}{2\pi} \exp\left(-\frac{1}{2}\left((x_1 - 2)^2 + (x_2 - 3)^2\right)\right)$$

확률밀도함숫값이 같은 등고선은 원이 된다.

$$(x_1 - 2)^2 + (x_2 - 3)^2 = r^2$$

사이파이의 stats 서브패키지는 다변수정규분포를 계산하는 multivariate_normal() 명령을 제공한다. mean 인수로 평균벡터를, cov 인수로 공분산행렬을 받는다. multivariate_normal() 명령으로 위 확률밀도함수를 그리고 랜덤 표본을 생성하면 다음 그림과 같다.

```
mu = [2, 3]
cov = [[1, 0], [0, 1]]

rv = sp.stats.multivariate_normal(mu, cov)
X = rv.rvs(20000)
```

```
xx = np.linspace(-1, 6, 120)
yy = np.linspace(-1, 6, 150)
XX, YY = np.meshgrid(xx, yy)

plt.scatter(X[:, 0], X[:, 1], s=1)
plt.contour(XX, YY, rv.pdf(np.dstack([XX, YY])))
plt.axis('equal')
plt.xlim(0, 4)
plt.ylim(2, 4)
plt.xlabel('$x_1$')
plt.ylabel('$x_2$')
plt.title('이차원 다변수정규분포의 예')
plt.show()
```

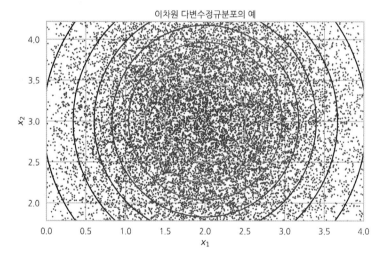

| 예제 |

만약 모수가 다음과 같다고 하자. 공분산행렬로부터 x_1과 x_2가 양의 상관관계가 있다는 것을 알 수 있다.

$$\mu = \begin{bmatrix} 2 \\ 3 \end{bmatrix}, \quad \Sigma = \begin{bmatrix} 2 & 3 \\ 3 & 7 \end{bmatrix}$$

이때 확률밀도함수는 다음과 같다.

$$|\Sigma| = 5, \quad \Sigma^{-1} = \begin{bmatrix} 1.4 & -0.6 \\ -0.6 & 0.4 \end{bmatrix}$$

$$(x - \mu)^T \Sigma^{-1} (x - \mu) = \begin{bmatrix} x_1 - 2 & x_2 - 3 \end{bmatrix} \begin{bmatrix} 1.4 & -0.6 \\ -0.6 & 0.4 \end{bmatrix} \begin{bmatrix} x_1 - 2 \\ x_2 - 3 \end{bmatrix}$$

$$= \frac{7}{5}(x_1 - 2)^2 - \frac{6}{5}(x_1 - 2)(x_2 - 3) + \frac{2}{5}(x_2 - 3)^2$$

$$\mathcal{N}(x_1, x_2) = \frac{1}{2\sqrt{5}\pi} \exp\left(\frac{7}{5}(x_1 - 2)^2 - \frac{6}{5}(x_1 - 2)(x_2 - 3) + \frac{2}{5}(x_2 - 3)^2\right)$$

이 확률밀도함수의 모양은 다음과 같이 회전변환된 타원 모양이 된다.

```
mu = [2, 3]
cov = [[2, 3], [3, 7]]

rv = sp.stats.multivariate_normal(mu, cov)
X = rv.rvs(20000)

xx = np.linspace(-1, 6, 120)
yy = np.linspace(-1, 6, 150)
XX, YY = np.meshgrid(xx, yy)

plt.scatter(X[:, 0], X[:, 1], s=1)
plt.contour(XX, YY, rv.pdf(np.dstack([XX, YY])))
plt.axis('equal')
plt.xlim(0, 4)
plt.ylim(2, 4)
plt.xlabel('$x_1$')
plt.ylabel('$x_2$')
plt.title('이차원 다변수정규분포의 예')
plt.show()
```

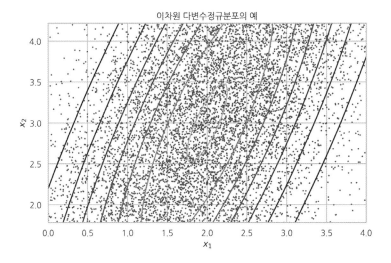

이차원 다변수정규분포의 예

다변수정규분포와 고윳값분해

다변수정규분포의 공분산행렬 Σ는 양의 정부호인 대칭행렬이므로 대각화가능^{diagonalizable}이다.

정밀도행렬 Σ^{-1}은 다음처럼 분해할 수 있다. 이 식에서 Λ는 고윳값행렬, V는 고유벡터행렬이다.

$$\Sigma^{-1} = V\Lambda^{-1}V^T$$

이를 이용하면 확률밀도함수는 다음처럼 좌표 변환할 수 있다.

$$
\begin{aligned}
\mathcal{N}(x) &\propto \exp\left(-\frac{1}{2}(x-\mu)^T\Sigma^{-1}(x-\mu)\right) \\
&= \exp\left(-\frac{1}{2}(x-\mu)^T V\Lambda^{-1}V^T(x-\mu)\right) \\
&= \exp\left(-\frac{1}{2}(V^T(x-\mu))^T\Lambda^{-1}(V^T(x-\mu))\right) \\
&= \exp\left(-\frac{1}{2}(V^{-1}(x-\mu))^T\Lambda^{-1}(V^{-1}(x-\mu))\right)
\end{aligned}
$$

이 식에서

$$x' = V^{-1}(x-\mu)$$

라고 하자. 이 식은 변환행렬 V^{-1}의 열벡터인 고유벡터를 새로운 축으로 가지도록 회전하고 μ 벡터 방향으로 평행이동하는 것을 뜻한다.

최종 확률밀도함수 식은 다음과 같다. 이 식에서 Λ는 고윳값 λ_i를 대각성분으로 가지는 대각행렬이므로 새로운 좌표 x'에서 확률밀도함수는 타원이 된다. 타원의 반지름은 고윳값 크기에 비례한다. 반대로 이야기하면 원래 좌표에서 확률밀도함수는 μ를 중심으로 가지고 고윳값에 비례하는 반지름을 가진 타원을 고유벡터 방향으로 회전시킨 모양이다.

$$\mathcal{N}(x) \propto \exp\left(-\frac{1}{2}x'^T\Lambda^{-1}x'\right)$$
$$\propto \exp\left(\frac{x_1'^2}{\lambda_1^2} + \frac{x_2'^2}{\lambda_2^2} + \cdots + \frac{x_D'^2}{\lambda_D^2}\right)$$

예를 들어 위의 두 번째 예제에서 공분산행렬을 고유분해하면 다음과 같다.

```
mu = [2, 3]
cov = [[4, 3], [3, 5]]
w, V = np.linalg.eig(cov)
```

고윳값은 $\lambda_1 = 1.46$, $\lambda_2 = 7.54$다.

```
w
```

```
array([1.45861873, 7.54138127])
```

고유벡터는 $v_1 = (-0.763, 0.646)$, $v_2 = (-0.646, -0.763)$이다.

```
V
```

```
array([[-0.76301998, -0.6463749 ],
       [ 0.6463749 , -0.76301998]])
```

따라서 확률밀도함수가 고유벡터 $v_1 = (-0.763, 0.646)$와 $v_2 = (-0.646, -0.763)$를 축으로 하는 타원형임을 알 수 있다.

```python
plt.figure(figsize=(8, 4))

d = dict(facecolor='k', edgecolor='k', width=2)

plt.subplot(121)
xx = np.linspace(-1, 5, 120)
yy = np.linspace(0, 6, 150)
XX, YY = np.meshgrid(xx, yy)
rv1 = sp.stats.multivariate_normal(mu, cov)
plt.contour(XX, YY, rv1.pdf(np.dstack([XX, YY])))
plt.annotate('', xy=(mu + 0.35 * w[0] * V[:, 0]), xytext=mu, arrowprops=d)
plt.annotate('', xy=(mu + 0.35 * w[1] * V[:, 1]), xytext=mu, arrowprops=d)
plt.scatter(mu[0], mu[1], s=10, c='k')
plt.axis('equal')
plt.xlabel('$x_1$')
plt.ylabel('$x_2$')
plt.title('$x_1,x_2$좌표의 결합확률밀도함수')

plt.subplot(122)
xx = np.linspace(-3, 3, 120)
yy = np.linspace(-3, 3, 150)
XX, YY = np.meshgrid(xx, yy)
rv2 = sp.stats.multivariate_normal((0,0), w)  # 좌표 변환
plt.contour(XX, YY, rv2.pdf(np.dstack([XX, YY])))
plt.annotate('', xy=(0.35 * w[0] * np.array([1, 0])), xytext=(0,0), arrowprops=d)
plt.annotate('', xy=(0.35 * w[1] * np.array([0, 1])), xytext=(0,0), arrowprops=d)
plt.scatter(0, 0, s=10, c='k')
plt.axis('equal')
plt.xlabel('$x'_1$')
plt.ylabel('$x'_2$')
plt.title('$x'_1,x'_2$좌표의 결합확률밀도함수')

plt.tight_layout()
plt.show()
```

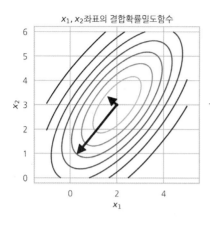

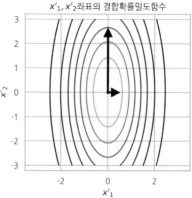

다음과 같은 평균벡터와 공분산행렬을 가지는 2차원 다변수정규분포의 확률밀도함수의 모양은 어떻게 되는가?

$$\mu = \begin{bmatrix} 1 \\ 2 \end{bmatrix}, \quad \Sigma = \begin{bmatrix} 4 & -3 \\ -3 & 4 \end{bmatrix}$$

다변수정규분포의 조건부확률분포

정리 다변수정규분포인 확률변수벡터 중 어떤 원소의 값이 주어지면 다른 확률변수의 조건부확률분포는 다변수정규분포다.

즉 다변수정규분포 확률밀도함수를 자른 단면은 다변수정규분포가 된다.

예를 들어 확률변수 X값 x를 두 벡터 x_1과 x_2로 나누었을 때

$$x = \begin{bmatrix} x_1 \\ x_2 \end{bmatrix}$$

x_2값이 주어지면(관측되면), X_1만의 확률밀도함수가 다변수정규분포를 이루는 것을 증명하자.

$$\mu = \begin{bmatrix} \mu_1 \\ \mu_2 \end{bmatrix}$$

공분산행렬 Σ도 다음처럼 나뉘어진다.

$$\Sigma = \begin{bmatrix} \Sigma_{11} & \Sigma_{12} \\ \Sigma_{21} & \Sigma_{22} \end{bmatrix}$$

공분산행렬의 역행렬인 정밀도행렬 Λ도 마찬가지로 분할한다.

$$\Lambda = \Sigma^{-1} = \begin{bmatrix} \Lambda_{11} & \Lambda_{12} \\ \Lambda_{21} & \Lambda_{22} \end{bmatrix}$$

이때 Σ와 Λ가 대칭행렬이므로 Λ_{11}와 Λ_{22}도 대칭행렬이고 $\Lambda_{12} = \Lambda_{21}$이다.

이를 적용하면

$$(x - \mu)^T \Sigma^{-1} (x - \mu) = (x_1 - \mu_{1|2})^T \Lambda_{11} (x_1 - \mu_{1|2}) + C(x_2, \mu, \Sigma)$$

가 된다. 이 식에서 조건부기댓값 $\mu_{1|2}$는

$$\mu_{1|2} = \mu_1 - \Lambda_{11}^{-1} \Lambda_{12} (x_2 - \mu_2)$$

이다. C는 x_1을 포함하지 않은 항을 가리키며 다음과 같다.

$$\begin{aligned} C = {}& \mu_1^T \Lambda_{11} \mu_1 - 2\mu_1^T \Lambda_{12} (x_2 - \mu_2) + (x_2 - \mu_2)^T \Lambda_{22} (x_2 - \mu_2) \\ & - (x_2 - \mu_2)^T \Lambda_{12}^T \Lambda_{11}^{-1} \Lambda_{12} (x_2 - \mu_2) \end{aligned}$$

이 식에 지수함수를 적용하면

$$p(x_1 | x_2) = C' \exp\left((x_1 - \mu_{1|2})^T \Lambda_{11} (x_1 - \mu_{1|2}) \right)$$

가 된다. 이 식에서 $C' = \exp C$다.

즉 x_2가 어떤 값으로 주어지면 x_1은 조건부기댓값 $\mu_{1|2}$와 조건부공분산행렬 $\Sigma_{1|2}$를 가지는 다변수정규분포가 된다. $\Sigma_{1|2}$은 분할행렬의 역행렬공식으로부터 다음과 같다.

$$\Sigma_{1|2} = \Lambda_{11}^{-1} = \Sigma_{11} \Sigma_{12} \Sigma_{22}^{-1} \Sigma_{21}$$

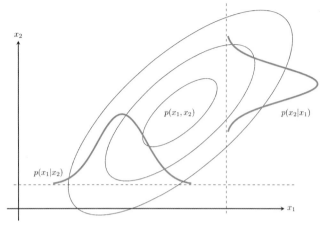

▶ 다변수정규분포의 조건부확률분포

다변수정규분포의 주변확률분포

정리 다변수정규분포의 주변확률분포는 다변수정규분포다.

즉 결합확률밀도함수를 어떤 확률변수의 값으로 적분하여 나머지 확률변수의 주변확률분포를 구하면 다변수정규분포다. 예를 들어 x_1과 x_2로 이루어진 결합 확률밀도함수 $p(x_1, x_2)$를 x_2로 적분하면 x_1의 주변확률분포는 정규분포가 된다.

$$p(x_1) = \int p(x_1, x_2) dx_2 = \mathcal{N}(x_1; \mu_1, \Sigma_{11})$$

x_2의 주변확률분포는의 기댓값은 원래 기댓값벡터 중 x_1 성분과 같고 공분산행렬은 분할행렬 중 Σ_{11} 성분과 같다. 증명은 생략한다.

2차원 다변수정규분포가 다음과 같은 모수를 가진다고 하자.

$$\mu = \begin{bmatrix} \mu_1 \\ \mu_2 \end{bmatrix}, \quad \Sigma = \begin{bmatrix} \sigma_1^2 & \rho\sigma_1\sigma_2 \\ \rho\sigma_1\sigma_2 & \sigma_2^2 \end{bmatrix}$$

x_2가 주어졌을 때 x_1의 조건부확률분포함수가 다음과 같음을 보여라.

$$\mathcal{N}\left(x_1 \,\Big|\, \mu_1 + \frac{\rho\sigma_1\sigma_2}{\sigma_2^2}(x_2 - \mu_2),\, \sigma_1^2 - \frac{(\rho\sigma_1\sigma_2)^2}{\sigma_2^2}\right)$$

8.7 베타분포, 감마분포, 디리클레분포

이 절에서 공부할 베타분포, 감마분포, 디리클레분포는 모숫값을 조정하여 분포의 모양을 우리가 원하는 대로 쉽게 바꿀 수 있다. 모숫값은 분포 모양을 조절하는 조절값이라고 생각하면 된다. 이러한 특성 때문에 이 분포들은 데이터가 이루는 분포를 표현하기보다는 베이지안 확률론의 관점에서 어떤 값에 대해 우리가 가지고 있는 확신 혹은 신뢰의 정도를 표현하는 데 주로 사용된다.

베타분포

베타분포Beta distribution는 a와 b라는 두 모수를 가지며 표본공간은 0과 1 사이의 실수다. 즉 0과 1 사이의 표본값만 가질 수 있다.

$$\mathrm{Beta}(x; a, b), \quad 0 \le x \le 1$$

베타분포의 확률밀도함수는 다음과 같다.

$$\mathrm{Beta}(x; a, b) = \frac{\Gamma(a+b)}{\Gamma(a)\Gamma(b)} x^{a-1}(1-x)^{b-1}$$

이 식에서 $\Gamma(a)$는 감마함수라는 특수 함수로 다음처럼 정의된다.

$$\Gamma(a) = \int_0^\infty x^{a-1} e^{-x}\, dx$$

여러 모수 a, b값에 대해 베타분포의 모양을 그려보면 다음과 같다.

```python
xx = np.linspace(0, 1, 1000)
plt.subplot(221)
plt.fill_between(xx, sp.stats.beta(1.0001, 1.0001).pdf(xx))
plt.ylim(0, 6)
plt.title('(A) a=1, b=1')
plt.subplot(222)
plt.fill_between(xx, sp.stats.beta(4, 2).pdf(xx))
plt.ylim(0, 6)
plt.title('(B) a=4, b=2, 최빈값={0}'.format((4-1)/(4+2-2)))
plt.subplot(223)
plt.fill_between(xx, sp.stats.beta(8, 4).pdf(xx))
plt.ylim(0, 6)
plt.title('(C) a=8, b=4, 최빈값={0}'.format((8-1)/(8+4-2)))
plt.subplot(224)
plt.fill_between(xx, sp.stats.beta(30, 12).pdf(xx))
plt.ylim(0, 6)
plt.title('(D) a=30, b=12, 최빈값={0}'.format((30-1)/(30+12-2)))
plt.tight_layout()
plt.show()
```

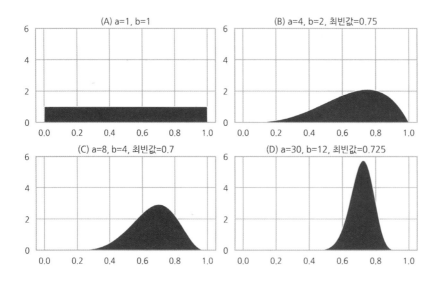

이 그림으로부터 모수 a, b가 베타분포의 모양을 결정하는 **형상인자**shape factor라는 것을 알 수 있다. 베타분포의 기댓값, 최빈값, 분산은 각각 다음과 같다.

- 기댓값 : $E[x] = \dfrac{a}{a+b}$

- 최빈값 : $\text{mode} = \dfrac{a-1}{a+b-2}$

- 분산 : $\text{Var}[x] = \dfrac{ab}{(a+b)^2(a+b+1)}$

최빈값 수식을 보면 $a = b$일 때 $x = 0.5$에서 가장 확률밀도가 커지는 것을 알 수 있다. 또한 분산 수식에서 분모가 3차식, 분자가 2차식이기 때문에 a, b의 값이 커질수록 분산 즉, 확률분포 폭이 작아진다.

베타분포와 베이지안 추정

베타분포는 0부터 1까지의 값을 가질 수 있는 베르누이분포의 모수 μ의 값을 베이지안 추정한 결과를 표현한 것이다. 베이지안 추정은 모수가 가질 수 있는 모든 값에 대해 가능성을 확률분포로 나타낸 것을 말한다. 실제로 베르누이분포의 모수를 베이지안 추정하는 것은 나중에 다루게 된다. 여기에서는 결과만 보였다.

위 그림이 베이지안 추정 결과라면 각각은 베르누이분포의 모수 μ에 대해 다음과 같이 추정한 것과 같다.

- (A): 베르누이분포의 모수 μ를 추정할 수 없다. (정보가 없음)
- (B): 베르누이분포의 모수 μ값이 0.75일 가능성이 가장 크다. (정확도 낮음)
- (C): 베르누이분포의 모수 μ값이 0.70일 가능성이 가장 크다. (정확도 중간)
- (D): 베르누이분포의 모수 μ이 0.725일 가능성이 가장 크다. (정확도 높음)

8.7.1 **연습 문제**

베르누이 모수를 추정한 결과가 $\mu = \dfrac{1}{3}$이고 추정오차(표준편차)가 0.2라고 하자. 이 추정결과를 나타내는 베타분포의 모수를 구하라.

감마분포

감마분포Gamma distribution도 베타분포처럼 모수의 베이지안 추정에 사용된다. 다만 베타분포가 0부터 1 사잇값을 가지는 모수를 베이지안 방법으로 추정하는 데 사용되는 것과 달리 감마분포는 0부터 무한대의 값을 가지는 양숫값을 추정하는 데 사용된다.

감마분포의 확률 밀도 함수는 a와 b라는 두 모수를 가지며 수학적으로 다음과 같이 정의된다.

$$\text{Gam}(x; a, b) = \frac{1}{\Gamma(a)} b^a x^{a-1} e^{-bx}$$

감마분포의 확률 밀도 함수는 모수 a, b의 값에 따라 다음과 같은 형상을 가진다.

사이파이의 stats 서브패키지에서 제공하는 gamma 클래스는 모수 $b = 1$로 고정되어 a 값만 설정할 수 있다. b를 바꾸려면 x값 스케일과 계수를 수동으로 설정하여야 한다.

```python
xx = np.linspace(0, 16, 100)
plt.subplot(221)
plt.fill_between(xx, sp.stats.gamma(8).pdf(xx))
plt.ylim(0, 0.4)
plt.title('(A) a=9, b=1, 최빈값=7')
plt.subplot(222)
plt.fill_between(xx, sp.stats.gamma(6).pdf(xx))
plt.ylim(0, 0.4)
plt.title('(B) a=6, b=1, 최빈값=5')
plt.subplot(223)
plt.fill_between(xx, sp.stats.gamma(3).pdf(xx))
plt.ylim(0, 0.4)
plt.title('(C) a=3, b=1, 최빈값=2')
plt.subplot(224)
plt.fill_between(xx, sp.stats.gamma(2).pdf(xx))
plt.ylim(0, 0.4)
plt.title('(D) a=2, b=1, 최빈값=1')
plt.tight_layout()
plt.show()
```

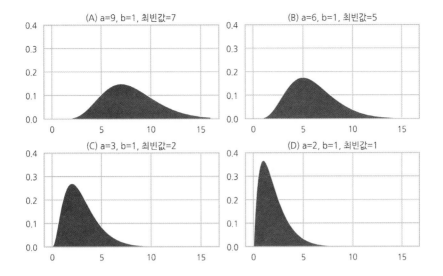

위 그림이 베이지안 추정 결과라면 각각은 모수에 대해 다음과 같이 추정한 것과 같다.

- (A): 추정하고자 하는 모숫값이 8일 가능성이 가장 크다. (정확도 아주 낮음)
- (B): 추정하고자 하는 모숫값이 5일 가능성이 가장 크다. (정확도 낮음)
- (C): 추정하고자 하는 모숫값이 2일 가능성이 가장 크다. (정확도 높음)
- (D): 추정하고자 하는 모숫값이 1일 가능성이 가장 크다. (정확도 아주 높음)

감마분포의 기댓값, 최빈값, 분산은 각각 다음과 같다.

- 기댓값 $E[X] = \dfrac{a}{b}$
- 최빈값 $\mathrm{mode} = \dfrac{a-1}{b}$
- 분산 $\mathrm{Var}[X] = \dfrac{a}{b^2}$

디리클레분포

디리클레분포Dirichlet distribution는 베타분포의 확장판이라고 할 수 있다. 베타분포는 0과 1 사이의 값을 가지는 단일univariate 확률변수의 베이지안 모형에 사용되고 디리클레분포는 0과 1 사이의 사이의 값을 가지는 다변수multivariate 확률변수의 베이지안 모형에 사용된다.

예를 들어 $K = 3$인 디리클레분포를 따르는 확률변수는 다음과 같은 값들을 표본으로 가질 수 있다.

$(0.2, 0.3, 0.5)$

$(0.5, 0.5, 0)$

$(1, 0, 0)$

디리클레분포의 확률밀도함수는 다음과 같다.

$$\text{Dir}(x; \alpha) = \text{Dir}(x_1, x_2, \cdots, x_K; \alpha_1, \alpha_2, \cdots, \alpha_K)$$
$$= \frac{1}{\text{B}(\alpha_1, \alpha_2, \cdots, \alpha_K)} \prod_{i=1}^{K} x_i^{\alpha_i - 1}$$

이 식에서 $x = (x_1, x_2, ..., x_K)$는 디리클레분포의 표본값 벡터이고 $\alpha = (\alpha_1, \alpha_2, ..., \alpha_K)$는 모수 벡터다. $\text{B}(\alpha_1, \alpha_2, ..., \alpha_K)$는 베타함수라는 특수함수로 다음처럼 정의한다.

$$\text{B}(\alpha_1, \alpha_2, \cdots, \alpha_K) = \frac{\prod_{i=1}^{K} \Gamma(\alpha_i)}{\Gamma(\sum_{i=1}^{K} \alpha_i)}$$

디리클레분포의 확률값 x는 다음 제한조건을 따른다.

$$0 \le x_i \le 1, \quad \sum_{i=1}^{K} x_i = 1$$

베타분포와 디리클레분포의 관계

베타분포는 $K=2$인 디리클레분포라고 볼 수 있다.

즉 $x_1 = x$, $x_2 = {}_1 - x$, $\alpha_1 = a$, $\alpha_2 = b$로 하면 다음과 같다.

$$\text{Beta}(x; a, b) = \frac{\Gamma(a+b)}{\Gamma(a)\Gamma(b)} x^{a-1}(1-x)^{b-1}$$
$$= \frac{\Gamma(\alpha_1 + \alpha_2)}{\Gamma(\alpha_1)\Gamma(\alpha_2)} x_1^{\alpha_1 - 1} x_2^{\alpha_2 - 1}$$
$$= \frac{1}{\text{B}(\alpha_1, \alpha_2)} \prod_{i=1}^{2} x_i^{\alpha_i - 1}$$

디리클레분포의 모멘트

디리클레분포의 기댓값, 최빈값, 분산은 다음과 같다.

- 기댓값 : $\mathrm{E}[x_k] = \dfrac{\alpha_k}{\sum \alpha}$

- 최빈값 : $\mathrm{mode} = \dfrac{\alpha_k - 1}{\sum \alpha - K}$

- 분산 : $\mathrm{Var}[x_k] = \dfrac{\alpha_k(\sum \alpha - \alpha_k)}{(\sum \alpha)^2 (\sum \alpha + 1)}$

기댓값 공식을 보면 모수인 $(\alpha_1, \alpha_2, ..., \alpha_K)$는 $(x_1, x_2, ..., x_K)$ 중 어느 수가 더 크게 나올 가능성이 높은지를 결정하는 형상인자임을 알 수 있다. 모든 α_i값이 동일하면 모든 x_i의 분포가 같아진다.

또한 분산 공식을 보면 $(\alpha_1, \alpha_2, ..., \alpha_K)$의 절댓값이 클수록 분산이 작아진다. 즉, 디리클리분포의 표본값 x가 어떤 특정한 값 주변이 나올 가능성이 높아진다.

디리클레분포의 응용

다음과 같은 문제를 풀어보자.

> x, y, z가 양의 난수일 때 항상 x + y + z = 1이 되게 하려면 어떻게 해야 될까요? 모든 경우가 균등하게 나와야 합니다.

이 문제는 $K = 3$이고 $\alpha_1 = \alpha_2 = \alpha_3$인 디리클레분포의 특수한 경우다.

$K = 3$인 디리클레 문제는 다음 그림과 같이 3차원 공간에서 $(1,0,0)$, $(0,1,0)$, $(0,0,1)$ 세 점을 연결하는 정삼각형 면위의 점을 생성하는 문제라고 볼 수 있다.

```
from mpl_toolkits.mplot3d import Axes3D
from mpl_toolkits.mplot3d.art3d import Poly3DCollection

fig = plt.figure()
ax = Axes3D(fig)

x = [1, 0, 0]
y = [0, 1, 0]
z = [0, 0, 1]
verts = [list(zip(x, y, z))]
ax.add_collection3d(Poly3DCollection(verts, edgecolor='k', lw=5, alpha=0.4))
ax.text(1, 0, 0, '(1,0,0)', position=(1.1, 0))
ax.text(0, 1, 0, '(0,1,0)', position=(0, 1.04))
ax.text(0, 0, 1, '(0,0,1)', position=(-0.2, 0))
ax.set_xlabel('x')
ax.set_ylabel('y')
ax.set_zlabel('z')
ax.set_xticks([])
ax.set_yticks([])
ax.set_zticks([])
ax.view_init(30, -20)
tmp_planes = ax.zaxis._PLANES

# set origin
# stackoverflow.com/questions/15042129/changing-position-of-vertical-z-axis-of-3d-
plot-matplotlib 참조
ax.yaxis._PLANES = (
    tmp_planes[2], tmp_planes[3],
    tmp_planes[0], tmp_planes[1],
    tmp_planes[4], tmp_planes[5],
)
ax.zaxis._PLANES = (
    tmp_planes[2], tmp_planes[3],
    tmp_planes[0], tmp_planes[1],
    tmp_planes[4], tmp_planes[5],
)
```

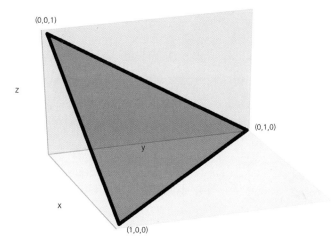

다음 함수는 생성된 점들을 2차원 삼각형 위에서 볼 수 있도록 그려주는 함수다.

```
def plot_triangle(X, kind):
    n1 = np.array([1, 0, 0])
    n2 = np.array([0, 1, 0])
    n3 = np.array([0, 0, 1])
    n12 = (n1 + n2) / 2
    m1 = np.array([1, -1, 0])
    m2 = n3 - n12
    m1 = m1 / np.linalg.norm(m1)
    m2 = m2 / np.linalg.norm(m2)

    X1 = (X - n12).dot(m1)
    X2 = (X - n12).dot(m2)

    sns.jointplot(X1, X2, kind=kind, xlim=(-0.8, 0.8), ylim=(-0.1, 1.25))
    plt.show()
```

만약 이 문제를 단순하게 생각하여 서로 독립인 0과 1 사이의 유니폼 확률변수를 3개 생성하고 이들의 합이 1이 되도록 크기를 정규화하면 다음 그림과 같이 삼각형의 중앙 근처에 많은 확률 분포가 집중된다. 즉, 확률변수가 골고루 분포되지 않는다.

```
np.random.seed(0)
X1 = np.random.rand(1000, 3)
X1 = X1 / X1.sum(axis=1)[:, np.newaxis]
plot_triangle(X1, kind='scatter')
```

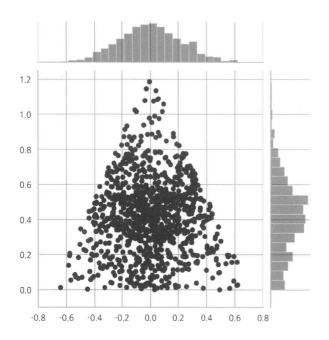

다음 그림은 같은 데이터를 2차원 육각 히스토그램으로 나타낸 것이다. 육각형의 색이 데이터의 빈도를 나타낸다. 데이터가 중앙에 몰려있다.

```
plot_triangle(X1, kind='hex')
```

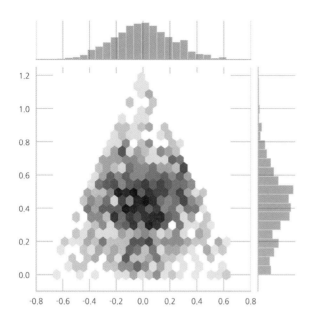

그러나 $\alpha=(1,1,1)$인 디리클레분포는 다음과 같이 골고루 표본을 생성한다.

```
X2 = sp.stats.dirichlet((1, 1, 1)).rvs(1000)
plot_triangle(X2, kind='scatter')
```

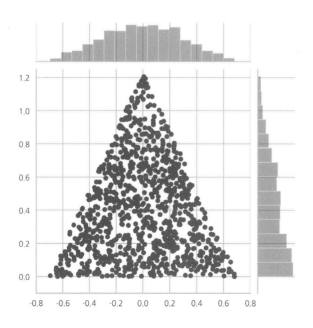

2차원 육각 히스토그램에서도 데이터가 고루 분포되어있다.

```
plot_triangle(X2, kind='hex')
```

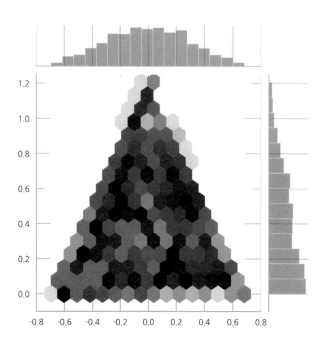

베이지안 추정

모수 α가 $(1, 1, 1)$이 아닌 경우에는 다음과 같이 특정 위치에 분포가 집중되도록 할 수 있다. 이 특성을 이용하면 카테고리분포의 모수 벡터 μ를 추정한 결과를 나타낼 수 있다.

```
def project(x):
    n1 = np.array([1, 0, 0])
    n2 = np.array([0, 1, 0])
    n3 = np.array([0, 0, 1])
    n12 = (n1 + n2) / 2
    m1 = np.array([1, -1, 0])
    m2 = n3 - n12
    m1 = m1 / np.linalg.norm(m1)
    m2 = m2 / np.linalg.norm(m2)
    return np.dstack([(x - n12).dot(m1), (x - n12).dot(m2)])[0]


def project_reverse(x):
    n1 = np.array([1, 0, 0])
    n2 = np.array([0, 1, 0])
    n3 = np.array([0, 0, 1])
    n12 = (n1 + n2) / 2
    m1 = np.array([1, -1, 0])
    m2 = n3 - n12
    m1 = m1 / np.linalg.norm(m1)
    m2 = m2 / np.linalg.norm(m2)
    return x[:, 0][:, np.newaxis] * m1 + x[:, 1][:, np.newaxis] * m2 + n12


eps = np.finfo(float).eps * 10
X = project([[1 - eps, 0, 0], [0, 1 - eps, 0], [0, 0, 1 - eps]])

import matplotlib.tri as mtri
triang = mtri.Triangulation(X[:, 0], X[:, 1], [[0, 1, 2]])
refiner = mtri.UniformTriRefiner(triang)
triang2 = refiner.refine_triangulation(subdiv=6)
XYZ = project_reverse(np.dstack([triang2.x, triang2.y, 1 - triang2.x - triang2.y])[0])
```

다음 결과는 모숫값을 추정하지 못한 경우다.

```
pdf = sp.stats.dirichlet((1, 1, 1)).pdf(XYZ.T)
plt.tricontourf(triang2, pdf, cmap=plt.cm.bone)
plt.axis('equal')
plt.show()
```

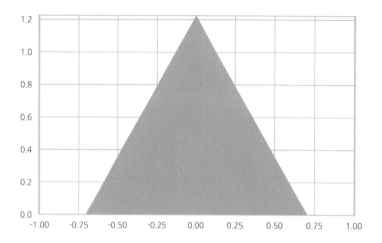

다음 결과는 카테고리분포의 모수가 $(0.3, 0.5, 0.2)$라고 추정한 것과 같다.

```
pdf = sp.stats.dirichlet((3, 5, 2)).pdf(XYZ.T)
plt.tricontourf(triang2, pdf, cmap=plt.cm.bone_r)
plt.axis('equal')
plt.show()
```

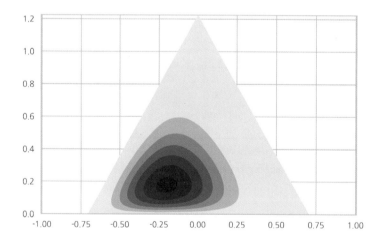

다음 결과도 카테고리분포의 모수가 $(0.3, 0.5, 0.2)$라고 추정한 것이지만 신뢰도가 훨씬 높은 결과다.

```
pdf = sp.stats.dirichlet((30, 50, 20)).pdf(XYZ.T)
plt.tricontourf(triang2, pdf, cmap=plt.cm.bone_r)
plt.axis('equal')
plt.show()
```

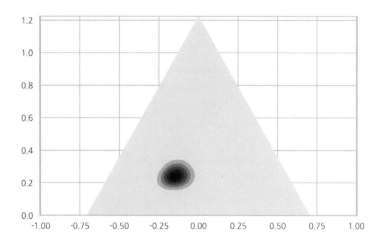

8.8 마치며

각 데이터의 특성에 따라 사용할 수 있는 다양한 확률분포를 살펴봤다. 대부분의 확률분포는
데이터 모형을 만드는 데 사용되지만 베타분포, 감마분포처럼 베이즈 추정을 수행해 찾아낸 결
론을 표현하는 데 사용하기도 한다. 다음 장에서는 이러한 확률분포의 모수를 찾는 방법을 알
아본다.

9장 추정과 검정

이 장은 데이터 분석에서 추정과 검정을 다룬다. 지금까지의 모든 수학은 추정과 검정을 하려는 기반을 쌓은 것이라고 볼 수 있다. 추정은 데이터로부터 확률분포를 찾아내는 역설계 과정이다. 추정을 통해 데이터는 확률변수로 거듭나게 된다. 검정은 이러한 추정이 어느 정도의 신뢰성을 가졌는지 알아보는 과정이다. 검정을 수행하면 추정 결과가 믿을 만한지 아니면 그렇지 못해서 데이터가 더 필요한지를 알 수 있다.

9.1 확률분포의 추정

'분석할 데이터는 어떤 확률변수로부터 실현된 표본이다'는 데이터 분석의 첫 번째 가정이다. 이 말은 우리가 정말 관심이 있는 것이 지금 손에 가지고 있는 데이터 즉, 하나의 실현체에 불과한 표본이 아니라 그 뒤에서 이 데이터를 만들어내는 **확률변수의 분포**라는 뜻이다. 확률론적인 관점에서 볼 때 데이터는 이 확률변수의 분포를 알아내는 데 사용하는 참고 자료일 뿐이다. 따라서 우리는 데이터 즉 표본으로부터 확률변수의 분포를 알아내야 한다.

확률분포의 결정

확률분포를 알아내는 일은 다음처럼 두 작업으로 나뉜다.

- 확률변수가 우리가 배운 베르누이분포, 이항분포, 정규분포 등의 기본 분포 중 어떤 확률분포를 따르는지 알아낸다.
- 데이터로부터 해당 확률분포의 모수의 값을 구한다.

첫 번째 작업 즉, 확률변수가 어떤 확률분포를 따르는가는 데이터가 생성되는 원리를 알거나 데이터의 특성을 알면 추측할 수 있다. 히스토그램을 그려서 확률분포의 모양을 살펴보고 힌트를 얻을 수도 있다.

- 데이터는 0 또는 1뿐이다. → 베르누이분포
- 데이터는 카테고리 값이어야 한다. → 카테고리분포
- 데이터는 0과 1 사이의 실수 값이어야 한다. → 베타분포
- 데이터는 항상 0 또는 양수이어야 한다. → 로그정규분포, 감마분포, F분포, 카이제곱분포, 지수분포, 하프코시분포 등
- 데이터가 크기 제한이 없는 실수다. → 정규분포 또는 스튜던트 t분포, 코시분포, 라플라스분포 등

이 규칙에는 예외가 있을 수 있다. 예를 들어 항상 양수인 데이터인 경우에도 정규분포로 모형화가 가능하다면 정규분포를 사용할 수 있다. 정규분포와 스튜던트 t분포와 같이 둘 중 어느 것인지 구분하기 힘든 경우에는 뒤에서 설명할 정규성 검정이나 KS검정을 사용한다.

다음 코드로 사이킷런 패키지가 제공하는 보스턴 집값 데이터를 살펴보고 각각의 데이터의 확률분포 특성을 설명하라. 각 데이터에 적합한 확률분포가 존재한다면 어떤 확률분포인지도 설명하라.

```
from sklearn.datasets import load_boston
boston = load_boston()
dfX = pd.DataFrame(boston.data, columns=boston.feature_names)
dfy = pd.DataFrame(boston.target, columns=['MEDV'])
df = pd.concat([dfX, dfy], axis=1)
```

모수추정 방법론

두 번째 작업 즉, **모수의 값으로 가장 가능성이 높은 하나의 숫자를 찾아내는 작업을 모수추정**parameter estimation 이라고 한다. 모수추정 방법에는 다음과 같은 방법들이 있다. 이 절에서는 우선 모멘트 방법을 공부한다. 최대가능도 추정법과 베이즈 추정법은 다음 절에서 공부한다.

- 모멘트 방법
- 최대가능도 추정법
- 베이즈 추정법

모멘트 방법

모멘트 방법method of moment은 표본자료에 대한 표본모멘트가 확률분포의 이론적 모멘트와 같다고 가정하여 모수를 구한다.

$$\mu = \mathrm{E}[X] \triangleq \bar{x} = \frac{1}{N} \sum_{i=1}^{N} x_i$$

위 식에서 N은 데이터 수, x_i는 표본 데이터다.

2차 모멘트(분산)의 경우에는 다음과 같다.

$$\sigma^2 = \mathrm{E}[(X - \mu)^2] \triangleq \bar{s}^2 = \frac{1}{N-1} \sum_{i=1}^{N} (x_i - \bar{x})^2$$

| 예제 : 베르누이분포의 모수추정 |

모멘트 방법으로 베르누이 확률변수의 모수 μ를 구하면 다음과 같다. 이 식에서 N_1은 1의 개수다.

$$\mathrm{E}[X] = \mu \triangleq \bar{x} = \frac{1}{N} \sum_{i=1}^{N} x_i = \frac{N_1}{N}$$

| 예제 : 정규분포의 모수추정 |

모멘트 방법으로 정규분포의 모수 μ, σ^2를 구하면 다음과 같다.

$$\mathrm{E}[X] = \mu \triangleq \bar{x} = \frac{1}{N} \sum_{i=1}^{N} x_i$$

$$\mathrm{E}[(X - \mu)^2] = \sigma^2 \triangleq s^2 = \frac{1}{N - 1} \sum_{i=1}^{N} (x_i - \bar{x})^2$$

정규분포는 모수가 아예 모멘트로 정의되어 있기 때문에 모멘트 방법을 사용하면 아주 쉽게 모수를 추정할 수 있다.

| 예제 : 베타 분포의 모수추정 |

모멘트 방법으로 베타 분포의 모수 a, b를 구하면 다음과 같다. 이 경우에는 모수와 모멘트 간의 관계를 이용하여 비선형 연립 방정식을 풀어야 한다.

$$\mathrm{E}[X] = \frac{a}{a + b} \triangleq \bar{x}$$

$$\mathrm{E}[(X - \mu)^2] = \frac{ab}{(a + b)^2 (a + b + 1)} \triangleq s^2$$

이 비선형 연립방정식을 풀어 해를 구하면 다음과 같다.

$$a = \bar{x}\left(\frac{\bar{x}(1 - \bar{x})}{s^2} - 1 \right)$$

$$b = (1 - \bar{x})\left(\frac{\bar{x}(1 - \bar{x})}{s^2} - 1 \right)$$

예를 들어 다음과 같은 데이터 100개가 있다고 하자. 값이 항상 0과 1 사이에 있으므로 베타분포를 따른다고 가정하다. 사실 이 데이터는 $a = 15$, $b = 12$인 베타분포에서 생성한 것이다.

```python
np.random.seed(0)
x = sp.stats.beta(15, 12).rvs(10000)

sns.distplot(x, kde=False, norm_hist=True)
plt.title('베타 분포를 따르는 표본의 히스토그램')
plt.show()
```

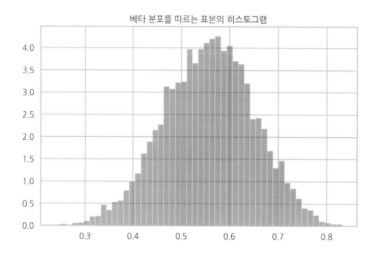

모멘트 방법으로 모수를 계산하면 원래의 모수와 비슷한 값을 구할 수 있다.

```python
def estimate_beta(x):
    x_bar = x.mean()
    s2 = x.var()
    a = x_bar * (x_bar * (1 - x_bar) / s2 - 1)
    b = (1 - x_bar) * (x_bar * (1 - x_bar) / s2 - 1)
    return a, b


params = estimate_beta(x)
print(params)
```

```
(15.346682046700685, 12.2121537049535)
```

추정된 모숫값으로 확률밀도분포를 그리면 히스토그램과 일치하는 것을 볼 수 있다.

```
xx = np.linspace(0, 1, 1000)
sns.distplot(x, kde=False, norm_hist=True)
plt.plot(xx, sp.stats.beta(params[0], params[1]).pdf(xx))
plt.xlim(0, 1)
plt.title('베타 분포를 따르는 표본의 히스토그램과 추정된 확률밀도함수')
plt.show()
```

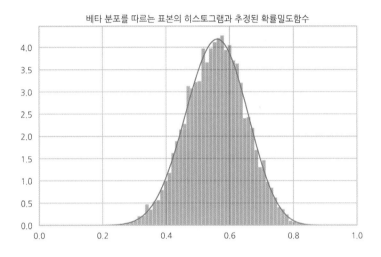

연속확률분포의 히스토그램을 그릴 수 있는 시본의 distplot() 함수에는 사실 모수추정기능이 포함되어 있다. fit인수로 사이파이의 확률변수 명령을 넣으면 이 명령을 사용하여 모수를 추정한 뒤에 해당 확률밀도함수 그래프를 히스토그램과 함께 보여준다.

```
sns.distplot(x, kde=False, norm_hist=True, fit=sp.stats.beta)
plt.xlim(0, 1)
plt.title('베타 분포를 따르는 표본의 히스토그램과 추정된 확률밀도함수')
plt.show()
```

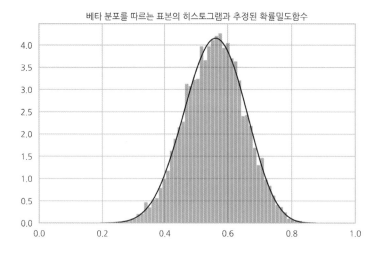

베타 분포를 따르는 표본의 히스토그램과 추정된 확률밀도함수

9.1.2 **연습 문제**

위 연습 문제에서 나온 보스턴 집값 데이터 각각을 시본의 distplot() 함수로 히스토그램을 그려라. 그리고 distplot() 함수의 모수추정 기능을 사용하여 각각의 데이터에 적합한 확률분포의 확률밀도함수를 그려라(범주형 데이터는 제외한다).

9.2 최대가능도 추정법

모멘트 방법으로 추정한 모수는 그 숫자가 가장 가능성 높은 값이라는 이론적 보장이 없다. 이 절에서는 이론적으로 가장 가능성이 높은 모수를 찾는 방법인 최대가능도 추정법에 대해 알아본다. 최대가능도 추정법은 가장 널리 사용되는 추정 방법이다. 먼저 가능도함수에 대해 알아보고 베르누이분포, 카테고리분포, 정규분포, 다변수정규분포 등 여러 기본 분포의 모수를 최대가능도 추정법으로 추정하는 방법을 공부한다.

가능도함수

이제부터는 여러 가지 확률분포 X에 대한 확률밀도함수 또는 확률질량함수를 다음과 같이 대표하여 쓰기로 한다.

$$p(x; \theta)$$

이 식에서 x는 확률분포가 가질 수 있는 실숫값이다. x는 스칼라값일 수도 있고 벡터값일 수도 있다. θ는 확률밀도함수의 모수를 표시하는 대표 기호다. x와 마찬가지로 θ도 스칼라일 수도 있고 벡터일 수도 있다.

만약 확률분포가 베르누이 확률분포라면

$$\theta = \mu$$

다. 만약 확률분포가 이항분포면

$$\theta = (N, \mu)$$

가 된다. 또 확률분포가 정규분포라면

$$\theta = (\mu, \sigma^2)$$

이다.

확률밀도함수에서는 모수 θ가 이미 알고 있는 상수계수고 x가 변수다. 하지만 모수추정 문제에서는 x 즉, 이미 실현된 표본값은 알고 있지만 모수 θ를 모르고 있다. 이때는 반대로 x를 이미 알고 있는 상수계수로 놓고 θ를 변수로 생각한다. 물론 함수의 값 자체는 변함없이 주어진 x가 나올 수 있는 확률밀도다. 이렇게 **확률밀도함수에서 모수를 변수로 보는 경우에 이 함수를 가능도함수**likelihood function라고 한다. 같은 함수를 확률밀도함수로 보면 $p(x; \theta)$로 표기하지만 가능도함수로 보면 $L(\theta; x)$ 기호로 표기한다.

$$L(\theta; x) = p(x; \theta)$$

| 예제 |

정규분포의 확률밀도함수는 다음과 같은 단변수 함수다.

$$p(x; \mu_0, \sigma_0^2) = \frac{1}{\sqrt{2\pi\sigma_0^2}} \exp\left(-\frac{(x-\mu_0)^2}{2\sigma_0^2}\right)$$

모수가 상수라는 것을 강조하기 위해 아래첨자를 붙였다.

이때 가능도함수는 다음과 같이 입력변수가 2개인 다변수함수가 된다.

$$L(\mu, \sigma^2; x_0) = \frac{1}{\sqrt{2\pi\sigma^2}} \exp\left(-\frac{(x_0 - \mu)^2}{2\sigma^2}\right)$$

수식은 같지만 함수의 변수가 다르다는 점에 주의하라.

예를 들어 정규분포에서 기댓값 모수와 분산 모수를 입력 변수로 가지는 가능도함수를 그리면 각각 다음과 같다. 기댓값 모수를 입력 변수로 가지는 가능도함수의 모양이 확률밀도함수와 같은 모양인 것은 (x와 μ를 바꾸어도 식이 같아지는) 정규분포의 확률밀도함수가 가지는 특별한 성질 때문이며 아주 우연히 이렇게 된 것뿐이다.

```python
def likelihood_mu(mu):
    return sp.stats.norm(loc=mu).pdf(0)

mus = np.linspace(-5, 5, 1000)
likelihood_mu = [likelihood_mu(m) for m in mus]


plt.subplot(211)
plt.plot(mus, likelihood_mu)
plt.title('가능도함수 $L(\mu, \sigma^2=1; x=0)$')
plt.xlabel('$\mu$')
plt.show()


def likelihood_sigma2(sigma2):
    return sp.stats.norm(scale=np.sqrt(sigma2)).pdf(0)

sigma2s = np.linspace(0.1, 10, 1000)
likelihood_sigma2 = [likelihood_sigma2(s) for s in sigma2s]


plt.subplot(212)
plt.plot(sigma2s, likelihood_sigma2)
plt.title('가능도함수 $L(\mu=0, \sigma; x=0)$')
plt.xlabel('$\sigma^2$')
plt.show()
```

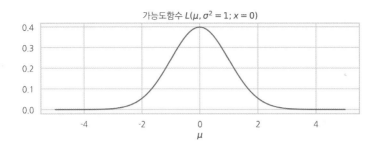

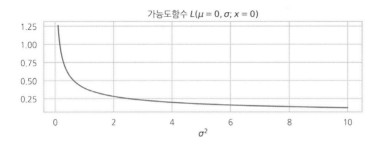

$\mathrm{L}\left(\mu, \sigma^2\right)$은 이차원 함수이므로 입체로 그리면 다음과 같다.

```python
MU, SIGMA2 = np.meshgrid(mus, sigma2s)
L = np.exp(-MU ** 2 / (2 * SIGMA2)) / np.sqrt(2 * np.pi * SIGMA2)

fig = plt.figure()
ax = fig.gca(projection='3d')
ax.plot_surface(MU, SIGMA2, L, linewidth=0.1)
plt.xlabel('$\mu$')
plt.ylabel('$\sigma^2$')
plt.title('가능도함수 $L(\mu, \sigma^2)$')
plt.show()
```

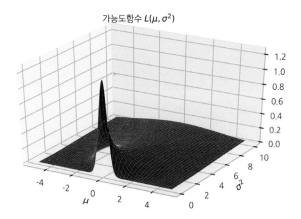

가능도함수 $L(\mu, \sigma^2)$

| 예제 |

베르누이분포의 확률질량함수는 다음과 같은 함수다. 이때 입력 x는 0과 1이라는 두 가지 값만 받을 수 있다.

$$p(x;\mu_0) = \mu_0^x(1-\mu_0)^{1-x}$$

하지만 가능도함수는 다음과 0부터 1까지의 연속적인 실숫값을 입력으로 받는 함수가 된다.

$$L(\mu; x_0) = \mu^{x_0}(1-\mu)^{1-x_0}$$

수식은 같지만 함수의 변수가 다르다는 점에 주의하라.

가능도함수를 수식으로 나타내면 수식 자체는 확률밀도함수의 수식과 같다. 하지만 가능도함수는 확률분포함수가 아니라는 점에 주의해야 한다. 확률밀도함수는 가능한 모든 표본값 x에 대해 적분하면 전체 면적이 1이 되지만

$$\int_{-\infty}^{\infty} p(x;\theta)dx = 1$$

가능도함수는 가능한 모든 모숫값 θ에 대해 적분했을 때 1이 된다는 보장이 없다.

$$\int_{-\infty}^{\infty} L(\theta;x)d\theta = \int_{-\infty}^{\infty} p(x;\theta)d\theta \neq 1$$

- 확률밀도함수 $f(x; \theta)$
  - θ값을 이미 알고 있음
  - θ는 상수, x는 변수
  - θ가 이미 정해져 있는 상황에서의 x값의 상대적 확률
  - 적분하면 전체 면적은 항상 1
- 가능도함수 $L(\theta) = p(x|\theta)$
  - x가 이미 발생. 값을 이미 알고 있음
  - x는 상수, θ는 변수
  - x가 이미 정해져 있는 상황에서의 θ 값의 상대적 확률
  - 적분하면 전체 면적이 1이 아닐 수 있다.

최대가능도 추정법

최대가능도 추정법MLE, Maximum Likelihood Estimation은 주어진 표본에 대해 가능도를 가장 크게 하는 모수 θ를 찾는 방법이다. 이 방법으로 찾은 모수는 기호로 $\hat{\theta}_{\text{MLE}}$와 같이 표시한다.

$$\hat{\theta}_{\text{MLE}} = \arg\max_{\theta} L(\theta; x)$$

| 예제 |

정규분포를 가지는 확률변수의 분산 $\sigma^2 = 1$은 알고 있으나 평균 μ를 모르고 있어 이를 추정해야 하는 문제를 생각해보자. 확률변수의 표본은 하나 $x_1 = 1$을 가지고 있다고 하자. 이 경우 어떤 μ 값이 가장 가능성(가능도)이 커 보이는가? 다음 그림에는 $\mu=-1$, $\mu=0$, $\mu=1$, 세 후보를 제시한다. 이 세 μ값에 대해 1이 나올 확률밀도의 값이 바로 가능도다.

```python
x = np.linspace(-5, 5, 100)

p1 = sp.stats.norm(loc=-1).pdf(1)
p2 = sp.stats.norm(loc=0).pdf(1)
p3 = sp.stats.norm(loc=1).pdf(1)

plt.scatter(1, p1, s=100, c='r', marker='v',
        label=r'$N(x_1;\mu=-1)$={:.2f}'.format(np.round(p1, 2)))
```

```
plt.scatter(1, p2, s=100, c='b', marker='^',
        label=r'$N(x_1;\mu=0)$={:.2f}'.format(np.round(p2, 2)))
plt.scatter(1, p3, s=100, c='g', marker='s',
        label=r'$N(x_1;\mu=1)$={:.2f}'.format(np.round(p3, 2)))

plt.plot(x, sp.stats.norm(loc=-1).pdf(x), ls='-.')
plt.plot(x, sp.stats.norm(loc=0).pdf(x), ls='--')
plt.plot(x, sp.stats.norm(loc=1).pdf(x), ls='-')
plt.scatter(1, 0, s=100, c='k')
plt.vlines(1, -0.09, 0.45, linestyle=':')
plt.text(1-0.3, -0.15, '$x_1=1$')
plt.xlabel('x')
plt.ylabel('확률밀도')
plt.legend()
plt.title('최대가능도 추정법의 원리')
plt.show()
```

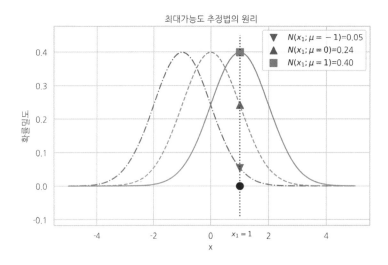

- $N(x; \mu = -1)$이라는 확률분포에서 $x = 1$이 나올 가능도(확률밀도)는 0.05다.
- $N(x; \mu = 0)$이라는 확률분포에서 $x = 1$이 나올 가능도(확률밀도)는 0.24다.
- $N(x; \mu = 1)$이라는 확률분포에서 $x = 1$이 나올 가능도(확률밀도)는 0.40이다.

어떤 확률분포를 고르는 것이 합리적인가? 당연히 가장 큰 가능도를 가진 확률분포를 선택해야 한다. 그림에서 볼 수 있듯이 $\mu=1$일 경우의 가능도가 가장 크다. 따라서 최대가능도 추정법에 의한 추정값은 $\hat{\mu}_{\mathrm{MLE}}=1$이다.

복수의 표본 데이터가 있는 경우의 가능도함수

일반적으로는 추정을 위해 확보하는 확률변수 표본 수가 하나가 아니라 복수 개 $\{x_1, x_2, \ldots x_N\}$이므로 가능도함수도 복수 표본값에 대한 결합확률밀도 $p\{X_1, X_2, \ldots X_N\}(x_1, x_2, \ldots x_N ; \theta)$가 된다. 표본 데이터 $x_1, x_2, \ldots x_N$는 같은 확률분포에서 나온 독립적인 값들이므로 결합 확률밀도함수는 다음처럼 곱으로 표현된다.

$$L(\theta; x_1, \ldots, x_N) = p(x_1, \ldots, x_N; \theta) = \prod_{i=1}^{N} p(x_i; \theta)$$

| 예제 |

정규분포로부터 다음 세 표본 데이터를 얻었다.

$$\{1, 0, -3\}$$

이 경우의 가능도함수는 다음과 같다.

$$
\begin{aligned}
L(&\theta; x_1, x_2, x_3) \\
&= \mathcal{N}(x_1, x_2, x_3; \theta) \\
&= \mathcal{N}(x_1; \theta) \cdot \mathcal{N}(x_2; \theta) \cdot \mathcal{N}(x_3; \theta) \\
&= \frac{1}{\sqrt{2\pi\sigma^2}} \exp\left(-\frac{(1-\mu)^2}{2\sigma^2}\right) \cdot \frac{1}{\sqrt{2\pi\sigma^2}} \exp\left(-\frac{(0-\mu)^2}{2\sigma^2}\right) \cdot \\
&\quad \frac{1}{\sqrt{2\pi\sigma^2}} \exp\left(-\frac{(-3-\mu)^2}{2\sigma^2}\right) \\
&= \frac{1}{(2\pi\sigma^2)^{\frac{3}{2}}} \exp\left(-\frac{\mu^2 + (1-\mu)^2 + (-3-\mu)^2}{2\sigma^2}\right) \\
&= \frac{1}{(2\pi\sigma^2)^{\frac{3}{2}}} \exp\left(-\frac{3\mu^2 + 4\mu + 10}{2\sigma^2}\right) \cdot \\
&= \frac{1}{(2\pi\sigma^2)^{\frac{3}{2}}} \exp\left(-\frac{3(\mu + \frac{2}{3})^2 + \frac{26}{3}}{2\sigma^2}\right).
\end{aligned}
$$

이 가능도함수는 2차 함수이므로 미분을 하지 않아도 최댓값 위치를 구할 수 있다. 가장 가능도를 높게 하는 모수 μ값은 $\hat{\mu}_{\text{MLE}} = -\frac{2}{3}$이다.

```python
mu = np.linspace(-3, 3, 1000)
sigma2 = 1

def likelihood(mu):
    return (2 * np.pi * sigma2) ** (3 / 2) * np.exp(-(3 * mu ** 2 + 4 * mu + 10) /
        (2 * sigma2))

li = likelihood(mu)

plt.plot(mu, li)
plt.vlines(-2/3, 0, 0.25, linestyles=':')
plt.xlabel(r'모수 $\mu$')
plt.title('데이터가 {1, 0, -3}이 나온 경우의 정규분포의 가능도함수')
plt.show()
```

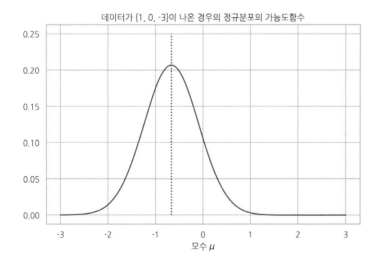

| 예제 |

베르누이분포로부터 다음 표본 데이터를 얻었다고 하자.

$$\{1, 0, 1\}$$

이때 가능도함수는 다음과 같다.

$$
\begin{aligned}
L(\mu &; x_1 = 1, x_2 = 0, x_3 = 1) \\
&= p(x_1 = 1, x_2 = 0, x_3 = 1; \mu) \\
&= p(x = 1; \mu) p(x = 0; \mu) p(x = 1; \mu) \\
&= \mu^1 (1 - \mu)^{1-1} \cdot \mu^0 (1 - \mu)^{1-0} \cdot \mu^1 (1 - \mu)^{1-1} \\
&= \mu \cdot (1 - \mu) \cdot \mu \\
&= -\mu^3 + \mu^2
\end{aligned}
$$

이 가능도함수를 최대화하는 모수의 값을 찾기 위해 미분한 도함수가 0이 되는 위치를 찾는다.

$$
\frac{dL}{d\mu} = -3\mu^2 + 2\mu = -3\mu\left(\mu - \frac{2}{3}\right) = 0
$$

모수의 값이 0이면 표본값으로 1이 나올 수 없으므로 가능도함수를 최대화하는 모수는 $\hat{\mu}_{\text{MLE}} = \frac{2}{3}$다.

로그가능도함수

일반적으로 최대가능도 추정법을 사용하여 가능도가 최대가 되는 θ를 계산하려면 수치적 최적화를 해야 한다.

$$
\hat{\theta}_{\text{ML}} = \arg\max_{\theta} L(\theta; \{x_i\})
$$

그런데 보통은 가능도를 직접 사용하는 것이 아니라 로그 변환한 로그가능도함수 $LL = \log L$를 사용하는 경우가 많다.

$$
\hat{\theta}_{\text{ML}} = \arg\max_{\theta} \log L(\theta; \{x_i\})
$$

이유는 다음과 같다.

- 로그 변환에 의해서는 최댓값의 위치가 변치 않는다.
- 반복시행으로 인한 복수 표본 데이터인 경우 결합 확률밀도함수가 동일한 함수의 곱으로 나타나는 경우가 많은데 이때 로그 변환에 의해 곱셈이 덧셈이 되어 계산이 단순해진다.

| 예제 |

위 예와 같이 정규분포로 부터 얻은 표본값이 다음과 같은 경우

$\{1, 0, -3\}$

로그 변환을 하면 최댓값의 위치가 $-2/3$라는 것을 쉽게 구할 수 있다.

$$\log L(\mu; x_1, x_2, x_3)$$

$$= \log\left(\frac{1}{(2\pi\sigma^2)^{\frac{3}{2}}} \exp\left(-\frac{3\mu^2 + 4\mu + 10}{2\sigma^2}\right)\right)$$

$$= \log\left(\frac{1}{(2\pi\sigma^2)^{\frac{3}{2}}}\right) - \frac{3\mu^2 + 4\mu + 10}{2\sigma^2}$$

$$= \log\left(\frac{1}{(2\pi\sigma^2)^{\frac{3}{2}}}\right) - \frac{3\left(\mu + \frac{2}{3}\right)^2 + \frac{26}{3}}{2\sigma^2}$$

9.2.1 연습 문제

베르누이분포로부터 다음과 같은 표본을 얻었다. 이 확률변수의 모수 μ를 최대가능도 추정법을 사용하여 구하라.

$\{1, 0, 1, 1\}$

9.2.2 연습 문제

$K = 4$인 카테고리분포로부터 다음과 같은 표본을 얻었다. 이 확률변수의 모수 μ를 최대가능도 추정법을 사용하여 구하라.

$\{1, 4, 1, 2, 4, 2, 3, 4\}$

데이터 개수가 N개인 일반적인 경우에 대해 베르누이분포, 카테고리분포, 정규분포, 다변수정규분포의 모수를 최대가능도 추정법으로 계산해보자.

베르누이분포의 최대가능도 모수추정

모수가 μ인 베르누이분포의 확률질량함수는 다음과 같다.

$$p(x; \mu) = \text{Bern}(x; \mu) = \mu^x (1 - \mu)^{1-x}$$

그런데 N번 반복 시행으로 표본 데이터가 $x_1, \dots, x_N$이 있는 경우에는 모두 독립이므로 전체 확률질량함수는 각각의 확률질량함수의 곱과 같다.

$$L(\mu; x_1, \cdots, x_N) = p(x_1, \cdots, x_N; \mu) = \prod_{i=1}^{N} \mu^{x_i} (1 - \mu)^{1-x_i}$$

미분을 쉽게 하기 위해 로그 변환을 하여 로그가능도를 구하면 다음과 같다.

$$\begin{aligned}
\log L &= \log p(x_1, \cdots, x_N; \mu) \\
&= \sum_{i=1}^{N} \{x_i \log \mu + (1 - x_i) \log(1 - \mu)\} \\
&= \sum_{i=1}^{N} x_i \log \mu + \left(N - \sum_{i=1}^{N} x_i \right) \log(1 - \mu)
\end{aligned}$$

$x = 1$(성공) 또는 $x = 0$(실패)이므로 성공 횟수와 실패 횟수를 다음과 같이 N_1, N_0이라고 표기하도록 하자.

$$N_1 = \sum_{i=1}^{N} x_i, \quad N_0 = N - \sum_{i=1}^{N} x_i$$

로그가능도는 다음과 같아진다.

$$\log L = N_1 \log \mu + N_0 \log(1 - \mu)$$

이 목적함수를 모수로 미분한 값이 0이 되게 하는 모숫값을 구하면 다음과 같다.

$$\begin{aligned}
\frac{\partial \log L}{\partial \mu} &= \frac{\partial}{\partial \mu} \{N_1 \log \mu + N_0 \log(1 - \mu)\} = 0 \\
&= \frac{N_1}{\mu} - \frac{N_0}{1 - \mu} = 0
\end{aligned}$$

$$\frac{N_1}{\mu} = \frac{N_0}{1 - \mu}$$

$$\frac{1 - \mu}{\mu} = \frac{N_0}{N_1} = \frac{N - N_1}{N_1}$$

$$\frac{1}{\mu} - 1 = \frac{N}{N_1} - 1$$

$$\mu = \frac{N_1}{N}$$

결론은 다음과 같다.

최대가능도 추정법에 의한 베르누이분포의 모수는 1이 나온 횟수와 전체 시행횟수의 비율이다.

카테고리분포의 최대가능도 모수추정

모수가 $\mu = (\mu_1, ..., \mu_K)$인 카테고리분포의 확률질량함수는 다음과 같다.

$$p(x; \mu_1, \cdots, \mu_K) = \text{Cat}(x; \mu_1, \cdots, \mu_K) = \prod_{k=1}^{K} \mu_k^{x_k}$$

$$\sum_{k=1}^{K} \mu_k = 1$$

이 식에서 x는 모두 k개 원소를 가지는 원핫인코딩 벡터다. 그런데 N번의 반복 시행으로 표본 데이터가 $x_1, ..., x_N$이 있는 경우에는 모두 독립이므로 전체 확률밀도함수는 각각의 확률질량함수의 곱과 같다.

$$L(\mu_1, \cdots, \mu_K; x_1, \cdots, x_N) = \prod_{i=1}^{N} \prod_{k=1}^{K} \mu_k^{x_{i,k}}$$

위 식에서 $x_{i,k}$는 i번째 시행 결과인 x_i의 k번째 원소를 뜻한다.

미분을 쉽게 하기 위해 로그 변환을 한 로그가능도를 구하면 다음과 같다.

$$\log L = \log p(x_1, \cdots, x_N; \mu_1, \cdots, \mu_K)$$

$$= \sum_{i=1}^{N} \sum_{k=1}^{K} (x_{i,k} \log \mu_k)$$

$$= \sum_{k=1}^{K} \sum_{i=1}^{N} (\log \mu_k \cdot x_{i,k})$$

$$= \sum_{k=1}^{K} \left(\log \mu_k \left(\sum_{i=1}^{N} x_{i,k} \right) \right)$$

k번째 원소가 나온 횟수를 N_k라고 표기하자.

$$N_k = \sum_{i=1}^{N} x_{i,k}$$

그러면 로그가능도가 다음과 같아지며 이 함수를 최대화하는 모수의 값을 찾아야 한다.

$$\log L = \sum_{k=1}^{K} (\log \mu_k \cdot N_k)$$

그런데 모수는 다음과 같은 제한조건을 만족해야만 한다.

$$\sum_{k=1}^{K} \mu_k = 1$$

따라서 라그랑주 승수법을 사용하여 로그가능도에 제한조건을 추가한 새로운 목적함수를 생각할 수 있다.

$$J = \sum_{k=1}^{K} \log \mu_k N_k + \lambda \left(1 - \sum_{k=1}^{K} \mu_k \right)$$

이 목적함수를 모수로 미분한 값이 0이 되는 값을 구하면 된다.

$$\frac{\partial J}{\partial \mu_k} = \frac{\partial}{\partial \mu_k} \left\{ \sum_{k=1}^{K} \log \mu_k N_k + \lambda \left(1 - \sum_{k=1}^{K} \mu_k \right) \right\} = 0 \quad (k = 1, \cdots, K)$$

$$\frac{\partial J}{\partial \lambda} = \frac{\partial}{\partial \lambda} \left\{ \sum_{k=1}^{K} \log \mu_k N_k + \lambda \left(1 - \sum_{k=1}^{K} \mu_k \right) \right\} = 0$$

이를 풀면 다음과 같이 모수를 추정할 수 있다.

$$\frac{N_1}{\mu_1} = \frac{N_2}{\mu_2} = \cdots = \frac{N_K}{\mu_K} = \lambda$$

$$N_k = \lambda \mu_k$$

$$\sum_{k=1}^{K} N_k = \lambda \sum_{k=1}^{K} \mu_k = \lambda = N$$

$$\mu_k = \frac{N_k}{N}$$

결론은 다음과 같다.

최대가능도 추정법에 의한 카테고리분포의 모수는 각 범줏값이 나온 횟수와 전체 시행 횟수의 비율이다.

정규분포의 최대가능도 모수추정

정규분포의 확률밀도함수는 다음과 같다. 여기에서 x는 스칼라값이다.

$$p(x; \theta) = \mathcal{N}(x; \mu, \sigma^2) = \frac{1}{\sqrt{2\pi\sigma^2}} \exp\left(-\frac{(x - \mu)^2}{2\sigma^2} \right)$$

그런데 N 번의 반복 시행으로 표본 데이터가 $x_1, \ldots, x_N$이 있는 경우에는 모두 독립이므로 전체 확률밀도함수는 각각의 확률밀도함수의 곱과 같다.

$$L(\mu; x_1, \cdots, x_N) = p(x_1, \cdots, x_N; \mu) = \prod_{i=1}^{N} \frac{1}{\sqrt{2\pi\sigma^2}} \exp\left(-\frac{(x_i - \mu)^2}{2\sigma^2} \right)$$

미분을 쉽게 하기 위해 로그 변환을 한 로그가능도를 구하면 다음과 같다. 여기에서 상수 부분은 모아서 C로 표기했다.

$$\log L = \log p(x_1, \cdots, x_N; \mu)$$

$$= \sum_{i=1}^{N} \left\{ -\frac{1}{2} \log(2\pi\sigma^2) - \frac{(x_i - \mu)^2}{2\sigma^2} \right\}$$

$$= -\frac{N}{2} \log(2\pi\sigma^2) - \frac{1}{2\sigma^2} \sum_{i=1}^{N} (x_i - \mu)^2$$

이 확률밀도함수가 최대가 되는 모숫값을 찾으려면 각 모수로 미분한 값이 0이 되어야 한다.

$$\frac{\partial \log L}{\partial \mu} = \frac{\partial}{\partial \mu} \left\{ \frac{N}{2} \log(2\pi\sigma^2) + \frac{1}{2\sigma^2} \sum_{i=1}^{N} (x_i - \mu)^2 \right\} = 0$$

$$\frac{\partial \log L}{\partial \sigma^2} = \frac{\partial}{\partial \sigma^2} \left\{ \frac{N}{2} \log(2\pi\sigma^2) + \frac{1}{2\sigma^2} \sum_{i=1}^{N} (x_i - \mu)^2 \right\} = 0$$

이 두 식을 풀면 주어진 데이터 표본에 대해 모수의 가능도를 가장 크게 하는 모수의 값을 구할 수 있다. 먼저 μ에 대한 미분을 정리하면 다음과 같다.

$$\frac{\partial \log L}{\partial \mu} = \frac{2}{2\sigma^2} \sum_{i=1}^{N} (x_i - \mu) = 0$$

$$N\mu = \sum_{i=1}^{N} x_i$$

$$\mu = \frac{1}{N} \sum_{i=1}^{N} x_i = \bar{x}$$

다음으로 σ^2에 대한 미분을 정리하면 다음과 같다.

$$\frac{\partial \log L}{\partial \sigma^2} = \frac{N}{2\sigma^2} - \frac{1}{2(\sigma^2)^2} \sum_{i=1}^{N} (x_i - \mu)^2 = 0$$

$$\sigma^2 = \frac{1}{N} \sum_{i=1}^{N} (x_i - \mu)^2 = \frac{1}{N} \sum_{i=1}^{N} (x_i - \bar{x})^2 = s^2$$

결론은 다음과 같다.

최대가능도 추정법에 의한 정규분포의 기댓값은 표본평균과 같고 분산은 (편향)표본분산과 같다.

다변수정규분포의 최대가능도 모수추정

다변수정규분포의 확률밀도함수는 다음과 같다. 여기에서 x는 M차원 벡터이고 기댓값도 M차원 벡터, 공분산행렬은 $M \times M$ 행렬이다. 지금까지와 마찬가지로 공분산행렬 Σ가 양의 정부호라고 가정한다. 따라서 정밀도 행렬 $\Sigma^{-1} = \Lambda$가 존재할 수 있다.

$$p(x; \theta) = \mathcal{N}(x; \mu, \Sigma) = \frac{1}{(2\pi)^{M/2}|\Sigma|^{1/2}} \exp\left(-\frac{1}{2}(x-\mu)^T \Sigma^{-1}(x-\mu)\right)$$

그런데 N번 반복 시행으로 표본 데이터 $x_1, \dots, x_N$이 있는 경우에는 모두 독립이므로 전체 확률밀도함수는 각각의 확률밀도함수의 곱과 같다.

$$L(\mu; x_1, \cdots, x_N) = \prod_{i=1}^{N} \frac{1}{(2\pi)^{M/2}|\Sigma|^{1/2}} \exp\left(-\frac{1}{2}(x_i-\mu)^T \Sigma^{-1}(x_i-\mu)\right)$$

미분을 쉽게 하기 위해 로그 변환을 한 로그가능도를 구하면 다음과 같다. 여기에서 상수 부분은 모아서 C로 표기했다.

$$\begin{aligned} \log L &= \log p(x_1, \cdots, x_N; \mu) \\ &= \sum_{i=1}^{N} \left\{ -\log((2\pi)^{M/2}|\Sigma|^{1/2}) - \frac{1}{2}(x_i-\mu)^T \Sigma^{-1}(x_i-\mu) \right\} \\ &= C - \frac{N}{2}\log|\Sigma| - \frac{1}{2}\sum_{i}^{N}(x_i-\mu)^T \Sigma^{-1}(x_i-\mu) \end{aligned}$$

여기에서 기호를 단순하게 하기 위해 정밀도 행렬 Σ^{-1}를 Λ로 표시하자.

$$\Lambda = \Sigma^{-1}$$

$$\log L = C + \frac{N}{2}\log|\Lambda| - \frac{1}{2}\sum_{i}^{N}(x_i-\mu)^T \Lambda(x_i-\mu)$$

이 확률밀도함수가 최대가 되는 모숫값을 찾기 위해서는 로그가능도함수를 각각의 모수로 미분한 값이 0이 되어야 한다. 미분을 하기 전에 여기에서 사용될 트레이스 공식과 행렬미분 공식을 다시 정리했다.

$$\text{tr}(ABC) = \text{tr}(BCA) = \text{tr}(CAB)$$

$$\frac{\partial w^T x}{\partial x} = \frac{\partial x^T w}{\partial x} = w$$

$$\frac{\partial x^T A x}{\partial x} = (A + A^T)x$$

$$\frac{\partial (Ax)}{\partial x} = A^T$$

$$\frac{\partial \text{tr}(WX)}{\partial X} = W^T$$

$$\frac{\partial \log |X|}{\partial X} = (X^{-1})^T$$

우선 로그가능도함수를 기댓값벡터로 미분하면 다음과 같다.

$$\begin{aligned}
\frac{\partial \log L}{\partial \mu} &= -\frac{\partial}{\partial \mu} \sum_{i=1}^{N} (x_i - \mu)^T \Lambda (x_i - \mu) \\
&= -\sum_{i=1}^{N} 2\Lambda (x_i - \mu) \\
&= -2\Lambda \sum_{i=1}^{N} (x_i - \mu) \\
&= 0
\end{aligned}$$

Λ값과 관계없이 이 식이 0이 되려면 다음과 같다.

$$\sum_{i=1}^{N} (x_i - \mu) = 0$$

$$\mu = \frac{1}{N} \sum_{i=1}^{N} x_i = \bar{x}$$

로그가능도함수를 정밀도행렬로 미분하면 다음과 같다.

$$\frac{\partial \log L}{\partial \Lambda} = \frac{\partial}{\partial \Lambda} \frac{N}{2} \log |\Lambda| - \frac{\partial}{\partial \Lambda} \frac{1}{2} \sum_{i=1}^{N} (x_i - \mu)^T \Lambda (x_i - \mu)$$

$$= \frac{\partial}{\partial \Lambda} \frac{N}{2} \log |\Lambda| - \frac{\partial}{\partial \Lambda} \frac{1}{2} \sum_{i=1}^{N} \mathrm{tr}((x_i - \mu)^T \Lambda (x_i - \mu))$$

$$= \frac{\partial}{\partial \Lambda} \frac{N}{2} \log |\Lambda| - \frac{\partial}{\partial \Lambda} \frac{1}{2} \sum_{i=1}^{N} \mathrm{tr}((x_i - \mu)(x_i - \mu)^T \Lambda)$$

$$= \frac{N}{2} \Lambda^{-T} - \frac{1}{2} \sum_{i=1}^{N} ((x_i - \mu)(x_i - \mu)^T)^T$$

$$= 0$$

이 식을 풀어 모수 Σ 행렬을 구하면 다음과 같다.

$$\Lambda^{-1} = \Sigma = \frac{1}{N} \sum_{i=1}^{N} (x_i - \bar{x})(x_i - \bar{x})^T$$

결론은 다음과 같다.

최대가능도 추정법에 의한 다변수정규분포의 기댓값은 표본평균벡터와 같고 분산은 표본공분산행렬과 같다.

9.3 베이즈 추정법

베이즈 추정법 Bayesian estimation**은 모숫값이 가질 수 있는 모든 가능성의 분포를 계산하는 작업**이다.

어떤 확률분포함수의 모수를 μ라고 하자. 최대가능도 추정법에서는 모수를 미지의 상수로 보았지만 베이즈 추정법에서는 모수를 확률변수로 본다. 확률변수는 확률밀도함수를 가진다. 즉, 어떤 값이 가능성이 높고 어떤 값이 가능성이 낮은지를 살펴보겠다는 뜻이다.

베이즈 추정법을 사용하는 이유는 추정된 모숫값 숫자 하나만으로는 추정의 신뢰도와 신뢰구간을 구할 수 없기 때문이다. 예를 들어 인터넷 쇼핑몰에 있는 두 경쟁상품에 사용자 의견이 다음과 같이 붙어 있다고 하자.

- 상품 A : 전체 평가의견 3개, 좋아요 2개, 싫어요 1개
- 상품 B : 전체 평가의견 100개, 좋아요 60개, 싫어요 40개

내가 이 상품을 사용했을 때 평가의견이 '좋아요'가 나올지 '싫어요'가 나올지는 베르누이분포 확률변수로 모형화할 수 있다. 최대가능도 추정법에 따르면 상품 A와 상품 B에서 '좋아요'가 나온 비율을 사용하여 베르누이 모수를 구하면 다음과 같이 상품 A의 모수가 높다.

- 상품 A의 모수 : $\frac{2}{3} = 0.67$
- 상품 B의 모수 : $\frac{60}{100} = 0.60$

상품 B의 평가의견은 100개고 상품 A의 평가의견은 3개밖에 되지 않는데 상품 A의 모수가 더 높다고 더 높은 상품이라고 확신할 수 있는가? 베이즈 추정법에서는 단순히 모수의 값을 숫자 하나로 구하는 것이 아니므로 이러한 잘못된 결론을 내리지 않도록 도와준다.

베이즈 추정법의 기본 원리

수학적으로 베이즈 추정법은 주어진 데이터 $\{x_1, \ldots, x_N\}$을 기반으로 모수 μ의 조건부 확률분포 $p(\mu|x_1, \ldots, x_N)$을 계산하는 작업이다. 조건부 확률분포를 구하므로 베이즈 정리를 사용한다.

$$p(\mu \mid x_1, \ldots, x_N) = \frac{p(x_1, \ldots, x_N \mid \mu) \cdot p(\mu)}{p(x_1, \ldots, x_N)} \propto p(x_1, \ldots, x_N \mid \mu) \cdot p(\mu)$$

- $p(\mu)$는 **모수의 사전(Prior)분포**다. 사전분포는 베이지안 추정 작업을 하기 전에 이미 알고 있던 모수 μ의 분포를 뜻한다. 모수의 분포에 대해 아무런 지식이 없는 경우에는 **균일(uniform)분포** Beta(1,1)이나 0을 중심으로 가지는 정규분포 $\mathcal{N}(0, \sigma_0^2)$ 등의 **무정보분포(non-informative distribution)**를 사용할 수 있다. 무정보 분포에 대해서는 다음 장에서 공부한다.
- $p(\mu|x_1, \ldots, x_N)$은 **모수의 사후(Posterior)분포**다. 수학적으로는 데이터 $x_1, \ldots, x_N$이 주어진 상태에서의 μ에 대한 조건부 확률 분포다. 우리가 베이즈 추정법 작업을 통해 구하고자 하는 것이 바로 이 사후 분포다.
- $p(\mu|x_1, \ldots, x_N)$은 **가능도분포**다. 모수 μ가 특정한 값으로 주어졌을 때 주어진 데이터 $\{\mu|x_1, \ldots, x_N\}$이 나올 수 있는 확률값을 나타낸다.

이때 계산된 모수의 분포는 두 방법으로 표현한다.

❶ 모수적(parametric) 방법
다른 확률분포를 사용하여 추정된 모수의 분포를 나타낸다. **모수 분포를 표현하는 확률분포함수의 모수**

를 **하이퍼모수(hyper-parameter)**라고 부른다. 모수적 방법을 사용한 베이즈 추정법은 결국 하이퍼모수값을 계산하는 작업이다.

❷ **비모수적(non-parametric) 방법**

모수의 분포와 동일한 분포를 가지는 실제 표본 집합을 생성하여 히스토그램이나 최빈값 등으로 분포를 표현한다. **MCMC(Markov chain Monte Carlo)**와 같은 **몬테카를로(Monte Carlo)** 방법이 비모수적 방법이다.

여기에서는 모수적 방법의 몇 가지 간단한 예를 보인다.

베르누이분포의 모수추정

가장 단순한 이산확률변수인 베르누이분포의 모수 μ를 베이즈 추정법으로 추정해보자.

베르누이분포의 모수는 0부터 1 사이의 값을 가지므로 사전분포는 하이퍼모수 $a = b = 1$인 베타분포라고 가정하자.

$$p(\mu) \propto \mu^{a-1}(1-\mu)^{b-1} \quad (a = 1, b = 1)$$

데이터는 모두 독립적인 베르누이분포의 곱이므로 가능도함수는 다음과 같다.

$$p(x_1, \ldots, x_N \mid \mu) = \prod_{i=1}^{N} \mu^{x_i}(1-\mu)^{1-x_i}$$

베이즈 정리를 사용하면 사후분포가 다음처럼 갱신된 하이퍼모수 a', b'를 가지는 또다른 베타분포가 된다.

$$
\begin{aligned}
p(\mu \mid x_1, \ldots, x_N) &\propto p(x_1, \ldots, x_N \mid \mu)p(\mu) \\
&= \prod_{i=1}^{N} \mu^{x_i}(1-\mu)^{1-x_i} \cdot \mu^{a-1}(1-\mu)^{b-1} \\
&= \mu^{\sum_{i=1}^{N} x_i + a - 1}(1-\mu)^{\sum_{i=1}^{N}(1-x_i) + b - 1} \\
&= \mu^{N_1 + a - 1}(1-\mu)^{N_0 + b - 1} \\
&= \mu^{a'-1}(1-\mu)^{b'-1}
\end{aligned}
$$

이렇게 사전분포와 사후분포가 모숫값만 다르고 함수 형태가 같은 확률밀도함수로 표현될 수 있도록 해주는 사전분포를 **켤레 사전확률분포** conjugate prior 라고 한다.

갱신된 하이퍼모숫값은 다음과 같다.

$$a' = N_1 + a$$
$$b' = N_0 + b$$

| 예제 |

동전을 10번 던져서 앞면이 6번 나왔다. 이때 사전분포가 하이퍼모수 $a = b = 1$인 베타분포라면 사후분포는 다음과 같은 하이퍼모수를 가지는 베타분포가 된다.

$$a' = 6 + 1 = 7$$
$$b' = 4 + 1 = 5$$

참고로 최대가능도 추정법으로 구한 베르누이 모수의 값은 0.6이다.

```
xx = np.linspace(0, 1, 1000)
a0, b0 = 1, 1
plt.plot(xx, sp.stats.beta(a0, b0).pdf(xx), c='r', ls='--', label='사전분포')
a1, b1 = 6 + 1, 4 + 1
plt.plot(xx, sp.stats.beta(a1, b1).pdf(xx), c='g', ls='-', label='사후분포')
plt.legend()
plt.title('베이즈 추정법으로 계산한 베르누이분포 모수의 분포')
plt.show()
```

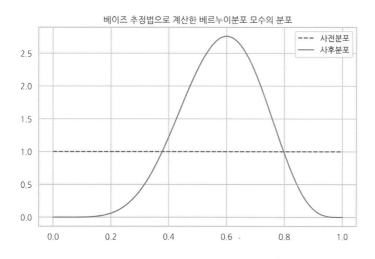

위에서 예로 든 상품 A와 상품 B의 베르누이 모수의 사후분포의 하이퍼파라미터를 구하고 각각 사후분포 확률밀도함수를 그려라.

베이즈 추정법의 장점은 순차적 계산이 가능하다는 점이다. 예를 들어 데이터 50개를 수집하는 경우를 생각하자. 베이즈 추정법을 사용하면 첫날 데이터 50개로 모수를 추정한 뒤 다음날에는 추가적인 데이터 50개를 사용하여 모숫값을 더 정확하게 수정할 수 있다. 이 과정에서 계산량은 증가하지 않는다. 그다음 날도 마찬가지다.

하지만 최대가능도 추정법을 사용하면 첫날에는 데이터 50개를 이용하여 모수를 추정하지만 둘째 날에는 데이터 100개를 사용하여 모수를 추정해야 한다. 그다음 날에는 데이터 150개를 사용하여 계산 해야 한다. 데이터가 더 수집되면 점점 추정에 사용되는 데이터 수가 증가하고 그에 따라 계산량도 증가한다.

다음 코드는 실제 모숫값이 0.65인 베르누이분포에 대해 베이즈 추정법을 한 결과를 보여준다. 처음에는 데이터 50개로 모수를 추정했으며 다음에는 데이터 50개를 추가했다. 이러한 방식으로 데이터 수가 200개까지 증가할 때 추정 결과가 어떻게 달라지는지를 보인다.

```python
mu0 = 0.65
a, b = 1, 1
print('초기 추정: 모드 = 모름')


xx = np.linspace(0, 1, 1000)
plt.plot(xx, sp.stats.beta(a, b).pdf(xx), ls=':', label='초기 추정')


np.random.seed(0)

for i in range(3):
    x = sp.stats.bernoulli(mu0).rvs(50)
    N0, N1 = np.bincount(x, minlength=2)
    a, b = a + N1, b + N0
    plt.plot(xx, sp.stats.beta(a, b).pdf(xx), ls='-.', label='{}차 추정'.format(i))
    print('{}차 추정: 모드 = {:4.2f}'.format(i, (a - 1)/(a + b - 2)))
```

```
plt.vlines(x=0.65, ymin=0, ymax=12)
plt.ylim(0, 12)
plt.legend()
plt.title('베르누이분포의 모수를 베이즈 추정법으로 추정한 결과')
plt.show()
```

```
초기 추정: 모드 = 모름
0차 추정: 모드 = 0.64
1차 추정: 모드 = 0.69
2차 추정: 모드 = 0.65
```

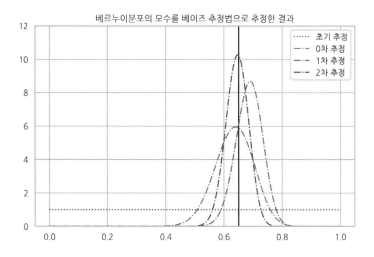

카테고리분포의 모수추정

다음으로 클래스 개수가 K인 카테고리분포의 모수 μ 벡터를 베이즈 추정법으로 추정해보자.

카테고리분포의 모수의 각 원소는 모두 0부터 1 사이의 값을 가지므로 사전분포는 하이퍼모수 $a_k = 1$인 디리클리분포라고 가정한다.

$$p(\mu) \propto \prod_{k=1}^{K} \mu_k^{\alpha_k - 1} \quad (\alpha_k = 1, \;\; \text{for all } k)$$

데이터는 모두 독립적인 카테고리분포의 곱이므로 가능도함수는 다음처럼 다항 분포다.

$$p(x_1, \ldots, x_N \mid \mu) = \prod_{i=1}^{N} \prod_{k=1}^{K} \mu_k^{x_{i,k}}$$

베이즈 정리로 사후 분포를 구하면 다음과 같이 갱신된 하이퍼모수 α_i'를 가지는 디리클리분포가 된다.

$$
\begin{aligned}
p(\mu \mid x_1, \ldots, x_N) &\propto p(x_1, \ldots, x_N \mid \mu) p(\mu) \\
&= \prod_{i=1}^{N} \prod_{k=1}^{K} \mu_k^{x_{i,k}} \cdot \prod_{k=1}^{K} \mu_k^{\alpha_k - 1} \\
&= \prod_{k=1}^{K} \mu^{\sum_{i=1}^{N} x_{i,k} + \alpha_k - 1} \\
&= \prod_{k=1}^{K} \mu^{N_k + \alpha_k - 1} \\
&= \prod_{k=1}^{K} \mu^{\alpha_k' - 1}
\end{aligned}
$$

이 경우에도 마찬가지로 디리클리분포는 켤레 분포임을 알 수 있다. 갱신된 하이퍼 모숫값은 다음과 같다.

$$\alpha_k' = N_k + \alpha_k$$

| 예제 |

어떤 식물원에 붓꽃 세 종류가 있다. 이 세 붓꽃의 비율을 카테고리분포로 나타내고자 한다. 카테고리분포의 모수는 디리클리분포로 표현한다.

```python
def plot_dirichlet(alpha, n):

    def project(x):
        n1 = np.array([1, 0, 0])
        n2 = np.array([0, 1, 0])
        n3 = np.array([0, 0, 1])
        n12 = (n1 + n2)/2
        m1 = np.array([1, -1, 0])
        m2 = n3 - n12
        m1 = m1/np.linalg.norm(m1)
```

```
        m2 = m2/np.linalg.norm(m2)
        return np.dstack([(x-n12).dot(m1), (x-n12).dot(m2)])[0]


    def project_reverse(x):
        n1 = np.array([1, 0, 0])
        n2 = np.array([0, 1, 0])
        n3 = np.array([0, 0, 1])
        n12 = (n1 + n2)/2
        m1 = np.array([1, -1, 0])
        m2 = n3 - n12
        m1 = m1/np.linalg.norm(m1)
        m2 = m2/np.linalg.norm(m2)
        return x[:, 0][:, np.newaxis] * m1 + x[:, 1][:, np.newaxis] * m2 + n12


    eps = np.finfo(float).eps * 10
    X = project([[1-eps, 0, 0], [0, 1-eps, 0], [0, 0, 1-eps]])


    import matplotlib.tri as mtri


    triang = mtri.Triangulation(X[:, 0], X[:, 1], [[0, 1, 2]])
    refiner = mtri.UniformTriRefiner(triang)
    triang2 = refiner.refine_triangulation(subdiv=6)
    XYZ = project_reverse(
        np.dstack([triang2.x, triang2.y, 1-triang2.x-triang2.y])[0])


    pdf = sp.stats.dirichlet(alpha).pdf(XYZ.T)
    plt.tricontourf(triang2, pdf, cmap=plt.cm.bone_r)
    plt.axis('equal')
    plt.title('정규분포 확률변수의 모수를 베이즈 추정법으로 추정한 결과: {} 추정'.format(n))

    plt.show()

mu0 = np.array([0.3, 0.5, 0.2])


np.random.seed(0)
```

아무런 데이터도 없을 때는 카테고리분포의 모수는 모든 경우에 같다. 이때 디리클리분포의 하이퍼모수는

$$\alpha_1 = \alpha_2 = \alpha_3 = 1$$

이다.

```
a0 = np.ones(3)
plot_dirichlet(a0, '초기')
```

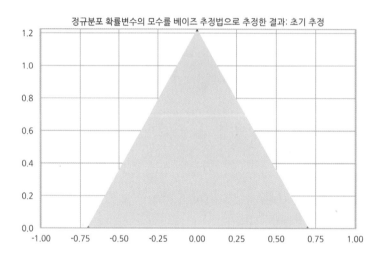

만약 1차로 측정한 종류별 붓꽃의 수가 각각 10, 32, 8개였다면 디리클리분포의 하이퍼모수는 다음과 같다. 모수의 위치도 그림으로 표현했다.

```
x1 = np.random.choice(3, 50, p=mu0)
N1 = np.bincount(x1, minlength=3)
a1 = a0 + N1

print('종류별 붓꽃의 수 ={}'.format(N1))
print('1차 추정 하이퍼모수:', (a1 - 1)/(a1.sum() - 3))

plot_dirichlet(a1, '1차')

종류별 붓꽃의 수 =[10 32  8]
1차 추정 하이퍼모수: [0.2  0.64 0.16]
```

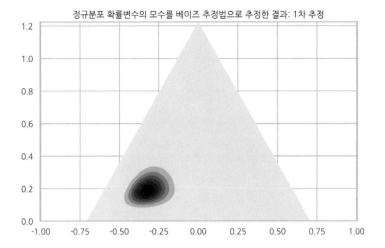

정규분포 확률변수의 모수를 베이즈 추정법으로 추정한 결과: 1차 추정

2차로 추가측정한 종류별 붓꽃의 수가 각각 24, 19, 7개였다면 디리클리분포의 하이퍼모수는 다음과 같다. 모수의 위치도 그림으로 표현했다.

```
x2 = np.random.choice(3, 50, p=mu0)
N2 = np.bincount(x2, minlength=3)
a2 = a1 + N2

print('종류별 붓꽃의 수 ={}'.format(N2))
print('2차 추정 하이퍼모수:', (a2 - 1)/(a2.sum() - 3))

plot_dirichlet(a2, '2차')

종류별 붓꽃의 수 =[24 19  7]
2차 추정 하이퍼모수: [0.34 0.51 0.15]
```

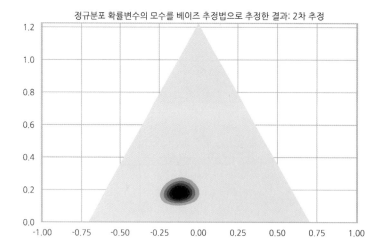

정규분포 확률변수의 모수를 베이즈 추정법으로 추정한 결과: 2차 추정

정규분포의 기댓값 모수추정

이번에는 정규분포의 기댓값 모수를 베이지안 방법으로 추정한다. 분산 모수 σ^2은 알고 있다고 가정한다.

기댓값은 $-\infty$부터 ∞ 사이 모든 수가 가능하기 때문에 모수의 사전분포로는 정규분포를 사용한다.

$$p(\mu) = N(\mu_0, \sigma_0^2) = \frac{1}{\sqrt{2\pi\sigma_0^2}} \exp\left(-\frac{(\mu - \mu_0)^2}{2\sigma_0^2}\right)$$

데이터는 모두 독립적인 정규분포의 곱이므로 가능도함수는 다음과 같다.

$$p(x_1, \ldots, x_N \mid \mu) = \prod_{i=1}^{N} N(x_i \mid \mu) = \prod_{i=1}^{N} \frac{1}{\sqrt{2\pi\sigma^2}} \exp\left(-\frac{(x_i - \mu)^2}{2\sigma^2}\right)$$

$$p(\mu \mid x_1, \ldots, x_N) \propto p(x_1, \ldots, x_N \mid \mu)p(\mu)$$
$$\propto \exp\left(-\frac{(\mu - \mu_0')^2}{2\sigma_0'^2}\right)$$

베이즈 정리를 이용하여 사후 분포를 구하면 다음과 같이 갱신된 하이퍼모수를 가지는 정규분포가 된다.

$$\mu_0' = \frac{\sigma^2}{N\sigma_0^2 + \sigma^2}\mu_0 + \frac{N\sigma_0^2}{N\sigma_0^2 + \sigma^2}\frac{\sum x_i}{N}$$

$$\frac{1}{\sigma_0'^2} = \frac{1}{\sigma_0^2} + \frac{N}{\sigma'^2}$$

| 예제 |

다음은 실제 기댓값이 2, 분산이 4인 정규분포에서 나온 데이터를 이용하여 기댓값 모수를 순차적 베이즈 추정한 결과다. 각 차수별로 데이터 100개를 사용했다. 초기 추정값 즉, 사전확률분포로는 기댓값이 0, 분산이 1인 정규분포를 사용했다.

```
mu, sigma2 = 2, 4
mu0, sigma20 = 0, 1
xx = np.linspace(1.8, 2.2, 1000)
np.random.seed(1)
N = 100
ls = [':', '-.', '--', '-']
for i in range(4):
    x = sp.stats.norm(mu).rvs(N)
    mu0 = sigma2/(N*sigma20 + sigma2) * mu0 + \
        (N*sigma20)/(N*sigma20 + sigma2)*x.mean()
    sigma20 = 1/(1/sigma20 + N/sigma2)
    plt.plot(xx, sp.stats.norm(mu0, sigma20).pdf(xx), ls=ls[i], label='{}차 추정'
        .format(i))
    print('{}차 추정: {:4.2f}'.format(i, mu0))
plt.legend()
plt.title('정규분포의 기댓값을 베이즈 추정법으로 추정한 결과')
plt.show()
```

```
0차 추정: 1.98
1차 추정: 2.07
2차 추정: 2.05
3차 추정: 2.03
```

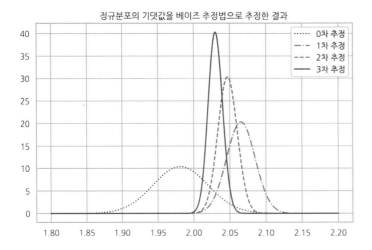

정규분포의 기댓값을 베이즈 추정법으로 추정한 결과

연습 문제

사이킷런에서 제공하는 붓꽃데이터 중 꽃받침 길이를 정규분포라고 가정하고 베이즈 추정법을 사용하여 기댓값을 추정하라. 단, 정규분포의 분산으로는 표본분산을 사용하고 사전분포로 기댓값 1, 분산 1인 정규 분포를 사용한다.

9.4 검정과 유의확률

검정testing은 데이터 뒤에 숨어 있는 확률변수의 분포에 대한 가설이 맞는지 틀리는지 정량적으로 증명하는 작업이다. 예를 들어 다음과 같은 문제는 검정 방법론을 사용하여 접근할 수 있다.

| 예제 |

어떤 동전을 15번 던졌더니 12번이 앞면이 나왔다. 이 동전은 조작되지 않은 공정한 동전이라고 할 수 있는가?

동전을 던져 앞면이 나오는 것을 베르누이분포 확률변수로 모형화하자. 모수를 추정하면 $\frac{12}{15}$ = 0.8로 공정한 동전과는 거리가 멀어 보인다. 하지만 이 모수는 추정값일뿐이므로 정말 이 동전이 조작된 동전이라고 할 수는 없다. 어떻게 하면 이 동전이 조작되었다는 혹은 조작되지 않았지만 어쩌다 우연히 저런 결과가 나왔다는 주장을 증명할 수 있을까?

| 예제 |

어떤 주식의 일주일 수익률은 다음과 같다.

−2.5%, −5%, 4.3%, −3.7%, −5.6%

이 주식은 장기적으로 수익을 가져다 줄 것인가 아니면 손실을 가져다 줄 것인가?

주식의 수익률을 정규분포 표본이라고 가정하자. 만약 해당 주식에 대한 정규분포의 기댓값이 양수라면 장기적으로 수익을 가져다주는 주식일 것이고 반대로 정규분포의 기댓값이 음수라면 장기적으로 손실을 가져다주는 주식일 것이다. 현재까지 나온 데이터를 사용하여 기댓값을 추정하면 약 −2.5%로 손실일 가능성이 있다. 하지만 이 모수 역시 단순한 추정치일 뿐이다. 어떻게 하면 주식이 음수의 기대수익률을 가지고 있다는 것은 확인할 수 있을까? 혹은 우연히 저런 데이터가 나온 것인지 확인할 수 있을까?

가설과 검정

데이터를 특정한 확률분포를 가진 확률변수로 모형화하면 모수를 추정할 수 있다. 다음 작업으로는 데이터 뒤에 숨어 있는 확률변수가 정말로 그 모숫값을 가졌는지 검증해보아야 한다. 다른 말로 하면 해당 확률변수가 그 모숫값을 가졌다는 주장을 논리적으로 증명해야 한다.

확률분포에 대한 어떤 주장을 **가설**hypothesis이라고 하며 H로 표기한다. 이 가설을 증명하는 행위를 **통계적 가설검정**statistical hypothesis testing 줄여서 **검정**testing이라고 한다. 특히 확률분포의 모숫값이 특정한 값을 가진다는 가설을 검정하는 것을 **모수 검정**parameter testing이라고 한다.

귀무가설

검정 작업을 하려면

- 데이터가 어떤 확률변수의 표본이라고 가정한다.
- 데이터를 만드는 확률변수가 따르는 확률분포의 모수 θ의 값이 어떤 특정한 실숫값 θ_0으로 고정되어 있다고 가정한다.

확률분포의 모수에 대한 가설을 **귀무가설**null hypothesis이라고 하며 H_0으로 표기한다. 귀무가설은 확률분포를 특정 상태로 고정시켜야 하므로 반드시 **등식**equality으로 표현되어야 한다. 특정한 실숫값 θ_0은 우리가 증명할 가설에 대한 기준값이 되는 상수를 사용한다.

$$H_0 : \theta = \theta_0$$

| 예제 |

동전이 공정하다는 귀무가설은 다음과 같이 표현할 수 있다. 동전의 면은 두 가지뿐이므로 베르누이 확률변수로 대표한다. 공정한 동전이라면 앞면이 나올 확률과 뒷면이 나올 확률이 같으므로 모수 μ값이 0.5이다.

$$H_0 : \mu = 0.5$$

| 예제 |

주식의 수익률에 대한 귀무가설은 다음과 같이 표현할 수 있다. 주식의 수익률은 정규분포로 대표할 수 있다. 주식이 장기적으로 수익이 나는 경우는 정규분포의 기대값 모수 μ가 양수인 경우다. 반대로 주식이 장기적으로 손실을 보는 경우는 정규분포의 기대값 모수 μ가 음수인 경우다. 이 두 가지를 나누는 기준값은 0이 된다. 따라서 귀무가설은 다음과 같다.

$$H_0 : \mu = 0$$

대립가설

귀무가설은 등식을 사용하여 표현한 어떤 기준 상태일 뿐이고 우리가 주장하려는 혹은 반박하려는 가설이 아닐 수도 있다. 이때 귀무가설과 같이 고려하는 가설이 **대립가설**alternative hypothesis이다. 대립가설은 기호로 H_a로 표기한다.

일반적으로 생물학적 약품, 화학적 약품 등의 제품을 연구 개발할 때 연구 중인 새 제품이 기존 제품 성능보다 더 큰 성능을 보여주거나 불량률 등이 더 낮아진 것을 보이는 것이 목표인 경우가 많기 때문에 대립가설을 **연구가설**research hypothesis이라고도 한다. 이 경우 기존 제품의 성능 혹은 목표 성능을 귀무가설로 놓고 진실임을 증명하고자 하는 가설을 대립가설로 놓는 경우가 많다.

① 모수 θ가 어떤 특정 값 θ_0이 아니라는 것을 증명하고 싶다면 귀무가설과 대립가설은 다음과 같다.

$$H_0 : \theta = \theta_0, \quad H_a : \theta \neq \theta_0$$

그런데 모수 θ가 어떤 특정한 값 θ_0보다 크거나 혹은 작다는 것을 증명하고 싶다면 어떻게 할까? 이때도 귀무가설은 등식이어야 한다. 귀무가설이 등식이 아니면 이후에 이야기할 검정통계량 분포를 구하는 것이 불가능하기 때문이다.

② 만약 θ가 θ_0보다 크다는 것을 증명하고 싶다면 귀무가설과 대립가설은 다음과 같다.

$$H_0 : \theta = \theta_0, \quad H_a : \theta > \theta_0$$

③ 만약 θ가 θ_0보다 작다는 것을 증명하고 싶다면 귀무가설과 대립가설은 다음과 같다.

$$H_0 : \theta = \theta_0, \quad H_a : \theta < \theta_0$$

여기에서 주의할 점은 귀무가설과 대립가설이 반드시 서로 여집합의 관계에 있을 필요는 없다는 점이다. ②번과 ③번의 경우에는 귀무가설이 맞다면 우리가 증명하고자 하는 대립가설은 틀린 것이 된다. 우리의 주장 즉, 대립가설이 맞다고 증명하려면 귀무가설이 틀렸다는 것을 증명하되, 대립가설이 맞는 방향으로 귀무가설이 틀렸다는 것을 증명하면 된다.

| 예제 |

동전이 공정하지 않다고 증명하고 싶은 경우에는 귀무가설과 대립가설을 다음처럼 놓을 수 있다.

$$H_0 : \mu = 0.5, \quad H_a : \mu \neq 0.5$$

이 주장을 증명하려면 귀무가설이 틀렸다는 증거가 있어야 한다.

| 예제 |

동전의 앞면이 뒷면보다 더 많이 나온다는 주장을 증명하고 싶은 경우에는 귀무가설과 대립가설을 다음처럼 놓을 수 있다.

$$H_0 : \mu = 0.5, \quad H_a : \mu > 0.5$$

이 주장을 증명하려면 단순히 귀무가설이 틀렸다는 증거가 아니라 대립가설이 맞으면서 귀무가설이 틀렸다는 증가가 필요하다.

어떤 인터넷 쇼핑몰의 상품에 상품평이 있고 각 상품평이 '좋아요' 또는 '싫어요'다.

❶ 이 상품이 좋은 상품인지 아닌지 어떤 확률분포로 모형화할 수 있는가?

❷ 이 상품이 좋다는 주장을 하려면 귀무가설과 대립가설이 어떻게 되는가?

검정통계량

귀무가설이 맞거나 틀렸다는 것을 증명하려면 어떤 증거가 있어야 한다. 예를 들어보자.

- '어떤 병에 걸렸다'라는 가설을 증명하려면 환자의 혈액을 채취하여 혈액 내의 특정 성분의 수치를 측정해야 한다고 가정하자. 이때 해당 수치가 바로 검정통계량이 된다.
- '어떤 학생이 우등 상장을 받을 수 있는 우등생이다'라는 가설을 증명하려면 시험 성적을 측정하면 된다. 이 시험 성적을 검정통계량이라고 부를 수 있다.

이 증거에 해당하는 숫자가 검정통계량이다. 보통 기호 t로 나타낸다. **검정통계량**test statistics**은 표본 데이터 집합을 입력으로 계산되는 함수의 값**이다.

$$t = f(x_1, x_2, \ldots, x_N)$$

검정통계량은 확률변수 X의 표본에서 계산된 함수의 값이므로 어떤 값이 나올지 정확하게 예측할 수 없다. 따라서 검정통계량 t도 **검정통계량 확률변수 T**라는 새로운 확률변수의 표본으로 볼 수 있다.

예를 들어 '어떤 병에 걸렸다'는 가설을 혈액 성분 수치로부터 판단하려면 병에 걸린 환자의 성분 수치가 어떤 분포를 따르는지 알 수 있어야 한다. 현실에서는 실제로 병에 걸린 다수의 환자의 혈액 성분 수치를 사용하여 검정통계량 분포를 구한다. 또한 '어떤 학생이 우등생이다'라는 가설을 시험 성적으로부터 판단하라면 우등생인 모든 학생의 시험 성적에 대한 분포를 구해야 한다.

입력 데이터가 되는 확률변수 X의 확률분포함수 $p_X(x)$와 검정통계량 수식 $f(x)$가 이미 결정되어 있기 때문에 검정통계량 확률변수 T의 확률분포함수 $p_T(t)$도 수식으로 유도할 수 있다.

$$\left\{ \begin{array}{c} p_X(x) \\ f(x_1, x_2, \ldots, x_N) \end{array} \right\} \rightarrow p_T(t)$$

다만 이 유도 과정이 수학적으로 아주 어려운 작업이다. 우리가 직접 검정통계량 확률분포를 수학적으로 계산하는 것은 쉽지 않고 시뮬레이션을 사용하거나 통계학자들이 몇몇 특정한 수식 $f(x)$에 대해 미리 구해놓은 검정통계량 확률분포만 사용한다. 유용한 검정통계량 분포를 어떤 통계학자가 증명하게 되면 관례적으로 그 통계학자의 이름을 따서 해당 검정통계량의 이름을 만든다.

일반적으로 많이 사용되는 검정통계량에는 다음과 같은 것들이 있다.

| 예제 : 베르누이분포 확률변수 |

모수 μ를 가지는 베르누이분포 확률변수에 대해서는 전체 시도 횟수 N번 중 성공한 횟수 n 자체를 검정통계량으로 쓸 수 있다. 이 검정통계량은 자유도 N과 모수 μ를 가지는 이항분포를 따른다.

$$x \sim \mathrm{Bern}(x; \mu) \quad \rightarrow \quad t = \sum_{i=1}^{N} x \sim \mathrm{Bin}(t; N, \mu)$$

| 예제 : 분산 σ^2값을 알고 있는 정규분포 확률변수 |

분산 σ^2값을 알고 있는 정규분포 확률변수에 대해서는 다음과 같이 표본평균 m을 분산 σ로 정규화한 값을 검정통계량으로 쓴다. 이 검정통계량은 표준정규분포를 따른다. 이 검정통계량을 특별히 z라고 부른다.

$$x \sim \mathcal{N}(\mu, \sigma^2) \quad \rightarrow \quad z = \frac{\bar{x} - \mu}{\frac{\sigma}{\sqrt{N}}} \sim \mathcal{N}(z; 0, 1)$$

여기에서 $\bar{x}$는 표본평균이다.

$$\bar{x} = \frac{1}{N} \sum_{i=1}^{N} x_i$$

| 예제 : 분산 σ^2값을 모르는 정규분포 확률변수 |

이번에는 분산 σ^2값을 모르는 정규분포 확률변수를 고려하자.

모수 μ에 대한 검정을 할 때는 다음과 같이 표본평균 m을 표본분산 s로 정규화한 값을 검정통계량으로 쓴다. 이 검정통계량은 자유도가 $N-1$인 표준스튜던트 t분포를 따른다. N은 데이터 수다.

$$x \sim \mathcal{N}(\mu, \sigma^2) \quad \rightarrow \quad t = \frac{m - \mu}{\frac{s}{\sqrt{N}}} \sim t(t; 0, 1, N - 1)$$

여기에서 m은 표본평균이다.

$$m = \frac{1}{N} \sum_{i=1}^{N} x_i$$

$$s^2 = \frac{1}{N - 1} \sum_{i=1}^{N} (x_i - m)^2$$

분산 σ^2에 대한 검정을 할 때는 다음과 같이 표본분산을 정규화한 값을 검정통계량으로 쓴다. 이 검정통계량은 자유도가 $N-1$인 카이제곱분포를 따른다. N은 데이터 수다.

$$x \sim \mathcal{N}(\mu, \sigma^2) \quad \rightarrow \quad t = (N - 1)\frac{s^2}{\sigma^2} \sim \chi^2(t; N - 1)$$

9.4.2 | 연습 문제

어떤 인터넷 쇼핑몰의 상품에 상품평이 있고 각 상품평이 '좋아요' 또는 '싫어요'다.

❶ 이 상품이 좋다는 주장을 검정으로 증명하려고 한다면 검정통계량은 무엇인가?

❷ 검정통계량의 분포는 어떤 분포인가?

유의확률

이제 우리는 두 가지 정보를 알고 있다.

- 검정통계량이 따르는 검정통계량 t의 확률분포 $p_T(x)$를 알고 있다.
- 실제 데이터에 구한 검정통계량의 값 t_0, 즉 확률분포 $p_T(x)$의 표본 1개를 가지고 있다.

만약 우리가 최초에 가정한 귀무가설이 사실이라면 실제 데이터에서 구한 검정통계량의 값은 검정통계량 확률분포를 따르고 있으므로 기댓값이나 모드값 근처의 값이 나왔을 것이다. 반대로 우리가 가정한 귀무가설이 사실이 아니라면 실제 데이터에서 구한 검정통계량의 값은 검정

통계량에서 나오기 어려운 값이 나왔을 것이다

```python
xx1 = np.linspace(-4, 4, 100)

black = {'facecolor': 'black'}
plt.figure(figsize=(8, 4))

plt.subplot(121)
plt.title('가능성이 높은 검정통계량이 나온 경우')
plt.plot(xx1, sp.stats.norm.pdf(xx1))
plt.plot(0.5, 0, 'ro')
plt.annotate('실제 검정통계량', xy=(0.5, 0.01), xytext=(0.85, 0.1),
arrowprops=black)

plt.subplot(122)
plt.title('가능성이 낮은 검정통계량이 나온 경우')
plt.plot(xx1, sp.stats.norm.pdf(xx1))
plt.plot(2.2, 0, 'ro')
plt.annotate('실제 검정통계량 $t_0$', xy=(2.2, 0.01), xytext=(0.85, 0.1),
arrowprops=black)

plt.suptitle('검정통계량 분포와 실제 검정통계량의 값', y=1.05)
plt.tight_layout()
plt.show()
```

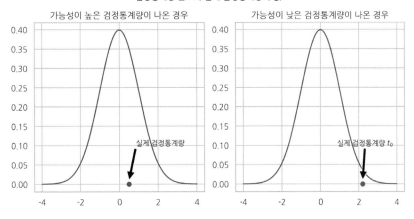

그러면 어떤 표본 데이터가 해당 확률분포에서 나오기 쉬운 값인지 나오기 어려운 값인지를 어떻게 숫자로 정량화할 수 있을까? 이 방법이 바로 **유의확률**p-value이다.

유의확률은 확률분포와 확률분포의 표본값 1개가 주어졌을 때 그 확률분포에서 해당 표본값 혹은 더 희귀한rare **값이 나올 수 있는 확률**로 정의한다.

유의확률의 값은 확률밀도함수에서 표본값을 기준으로 만들어진 양측 꼬리 부분에 해당하는 영역의 면적이다.

누적확률분포함수 $F(x)$를 사용하여 다음처럼 계산할 수 있다.

$$\text{유의확률} = 2\min(P(t \le t_0), P(t \ge t_0))$$
$$= 2\min(F(t_0), 1 - F(t_0))$$

이 식에서 t_0은 현재 검정통계량의 값이다. 이 유의확률은 통계량분포의 양 끝단의 면적을 구하기 때문에 **양측검정 유의확률**two-sided test p-value이라고 한다.

만약 이산확률분포라면 등호가 성립하는 부분을 제외해야 하므로 다음처럼 구한다.

$$\text{유의확률} = 2\min(F(t_0), 1 - F(t_0 - 1))$$

```python
xx1 = np.linspace(-4, 4, 100)

black = {'facecolor': 'black'}
plt.figure(figsize=(8, 4))

plt.subplot(121)
plt.title('유의확률이 큰 경우')
plt.plot(xx1, sp.stats.norm.pdf(xx1))
plt.plot(0.5, 0, 'ro')
plt.annotate('실제 검정통계량 $t_0$', xy=(0.5, 0.01), xytext=(0.85, 0.1),
arrowprops=black)
xx2 = np.linspace(-4, -0.5, 100)
xx3 = np.linspace(0.5, 4, 100)
plt.fill_between(xx2, sp.stats.norm.pdf(xx2), facecolor='blue', alpha=0.35)
plt.fill_between(xx3, sp.stats.norm.pdf(xx3), facecolor='blue', alpha=0.35)
plt.annotate('유의확률', xy=(-1.5, 0.05), xytext=(-3.5, 0.1), arrowprops=black)

plt.subplot(122)
```

```
plt.title('유의확률이 작은 경우')
plt.plot(xx1, sp.stats.norm.pdf(xx1))
plt.plot(2.2, 0, 'ro')
plt.annotate('실제 검정통계량 $t_0$', xy=(2.2, 0.01), xytext=(0.85, 0.1),
arrowprops=black)
xx2 = np.linspace(-4, -2.2, 100)
xx3 = np.linspace(2.2, 4, 100)
plt.fill_between(xx2, sp.stats.norm.pdf(xx2), facecolor='blue', alpha=0.35)
plt.fill_between(xx3, sp.stats.norm.pdf(xx3), facecolor='blue', alpha=0.35)
plt.annotate('유의확률', xy=(-2.5, 0.01), xytext=(-3.5, 0.1), arrowprops=black)

plt.suptitle('검정통계량 분포와 실제 검정통계량 $t_0$의 값', y=1.05)
plt.tight_layout()
plt.show()
```

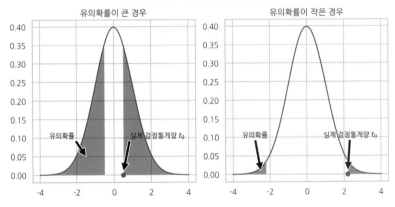

검정의 관점에서 유의확률은

귀무가설이 맞음에도 불구하고 현재 검정통계량값과 같은 혹은 대립가설을 더 옹호하
는 검정통계량값이 나올 확률

이라고 본다. 따라서 다음처럼 쓰기도 한다.

$$P(t \text{ for } H_a | H_0)$$

이 식에서 H_0은 귀무가설이 진실인 사건을 뜻한다.

단측검정 유의확률

만약 증명하고자 하는 대립가설이 부등식인 경우에는 그 대립가설을 옹호하는 검정통계량값이 나올 확률을 구할 때 특정한 한 방향의 확률만을 구해야 한다. 이를 **단측검정**one-side test, single-tailed test이라고 한다.

모수 θ가 특정 값보다 크다는 것을 증명하고 싶다면 귀무가설과 대립가설은 다음과 같다.

$$H_0 : \theta = \theta_0, \quad H_a : \theta > \theta_0$$

반대로 θ가 특정 값보다 작다는 것을 검정하고 싶다면 귀무가설과 대립가설은 다음과 같다.

$$H_0 : \theta = \theta_0, \quad H_a : \theta < \theta_0$$

단측검정의 유의확률은 다음과 같이 구한다. 여기에서는 모수가 클 때 검정통계량도 정비례해서 같이 커진다고 가정한다.

모수 θ가 특정한 값보다 크다는 것을 증명하는 경우는 **우측검정**right-side test 유의확률을 사용한다. 우측검정 유의확률은 귀무가설이 맞음에도 불구하고 검정통계량이 현재 검정통계량과 같거나 더 큰 값이 나오는 확률이다.

$$유의확률 = P(t \geq t_0 | H_0) = 1 - F(t_0)$$

만약 이산확률분포라면 등호가 성립하는 부분을 제외해야 하므로 다음처럼 구한다.

$$유의확률 = 1 - F(t_0 - 1)$$

모수 θ가 특정한 값보다 작다는 것을 증명하는 경우는 **좌측검정**left-tail test 유의확률을 사용한다. 좌측검정 유의확률은 귀무가설이 맞음에도 불구하고 실제로 나온 검정통계량과 같거나 더 작은 값이 나오는 확률이다.

$$유의확률 = P(t \leq t_0 | H_0) = F(t_0)$$

좌측검정의 경우는 이산확률분포도 위 식과 같이 구한다.

| 예제 |

어떤 환자의 혈압이 고혈압이라는 것을 증명하고 싶을 때는 귀무가설과 대립가설을 다음과 같이 놓는다.

- 귀무가설 : '혈압이 정상이다.'
- 대립가설 : '고혈압이다.'

이 검정에서 혈압 검사 결과를 통계량 분포로, 해당 환자의 혈압을 검정통계량으로 사용하여 계산한 우측유의확률이 0.02%이 나왔다고 하자. 이는 정상인 중에서 혈압이 해당 환자의 혈압보다 더 높게 나온 사람은 0.02%뿐이었다는 뜻이다.

유의수준과 기각역

유의확률값이 아주 작다는 것은 귀무가설이 맞다는 가정하에 현재의 검정통계량값이 나올 가능성이 매우 적다는 의미다. 따라서 **유의확률값이 아주 작으면 귀무가설을 기각하고 대립가설을 채택할 수 있다**

> **유의확률이 아주 작으면** 즉, 귀무가설이 맞다는 가정하에 (귀무가설이 아닌 반대의) 대립가설을 옹호하는 현재의 실제 결과가 나올 가능성이 거의 없다면, 틀린 것은 가장 처음의 가정 즉, 귀무가설이다. 따라서 귀무가설을 기각하고 대립가설을 채택한다.

하지만 '아주 작다'는 판단을 위해서는 기준값이 필요하다. 계산된 유의확률값에 대해 귀무가설을 기각하는지 채택하는지를 결정할 수 있는 기준값을 **유의수준**level of significance이라고 한다. 일반적으로 사용되는 유의수준은 1%, 5%, 10% 등이다. 따라서 위 문장은 다음과 같이 바꿀 수 있다.

> 유의확률이 유의수준보다 작으면 귀무가설을 기각하고 대립가설을 채택한다.

반대로 유의확률이 유의수준보다 크면 귀무가설을 기각하지 못하고 채택한다.

검정통계량이 나오면 확률밀도함수를 사용하여 유의확률을 계산할 수 있는 것처럼 반대로 특정한 유의확률값에 대해 해당하는 검정통계량을 계산할 수도 있다. 유의수준에 대해 계산된 검정통계량을 **기각역**critical value이라고 한다. 기각역을 알고 있다면 유의확률을 유의수준과 비교하는 것이 아니라 검정통계량을 직접 기각역과 비교하여 기각 여부를 판단할 수도 있다.

검정 방법론

검정의 기본적인 논리를 다시 정리하면 다음과 같다.

① 데이터가 어떤 고정된 확률분포를 가지는 확률변수라고 가정한다. 예를 들어 동전은 베르누이분포를 따르는 확률변수의 표본이며 주식의 수익률은 정규분포를 따르는 확률변수의 표본이라고 가정한다.

② 이 확률분포의 모숫값이 특정한 값을 가진다고 가정한다. 이때 모수가 가지는 특정한 값은 우리가 검증할 사실과 관련이 있어야 한다. 이러한 가정을 **귀무가설**이라고 한다. 예를 들어 동전이 공정한 동전이라고 주장하는 것은 베르누이 확률분포의 모수 θ값이 0.5라고 가정하는 것과 같다. 주식이 손실을 보지 않는다는 것은 정규분포의 기댓값 모수 μ가 0과 같거나 크다고 가정하는 것이다.

③ 만약 데이터가 주어진 귀무가설에 따른 표본이라면 이 표본 데이터를 특정한 수식에 따라 계산한 숫자는 귀무가설에서 유도한 특정 확률분포를 따르게 된다. 이 숫자를 **검정통계량**이라고 하며 검정통계량의 확률분포를 **검정통계분포**라고 한다. 검정통계분포의 종류 및 모수의 값은 처음에 정한 가설 및 수식에 의해 결정된다.

④ 주어진 귀무가설이 맞으면서도 표본 데이터에 의해서 실제로 계산된 검정통계량의 값과 같은 혹은 그보다 더 극단적인 또는 더 희귀한 값이 나올 수 있는 확률을 계산한다. 이를 **유의확률**이라고 한다.

⑤ 만약 유의확률이 미리 정한 특정한 기준값보다 작은 경우를 생각하자. 이 기준값을 **유의수준**이라고 하는 데 보통 1% 혹은 5% 정도의 작은 값을 지정한다. 유의확률이 유의수준으로 정한 값보다도 작다는 말은 해당 검정통계분포에서 이 검정 통계치(혹은 더 극단적인 경우)가 나올 수 있는 확률이 아주 작다는 의미이므로 가장 근본이 되는 가설 즉, 귀무가설이 틀렸다는 의미다. 따라서 이 경우에는 귀무가설을 **기각**한다.

⑥ 만약 유의확률이 유의수준보다 크다면 해당 검정통계분포에서 이 검정 통계치가 나오는 것이 불가능하지만은 않다는 의미이므로 귀무가설을 기각할 수 없다. 따라서 이 경우에는 귀무가설을 **채택**한다.

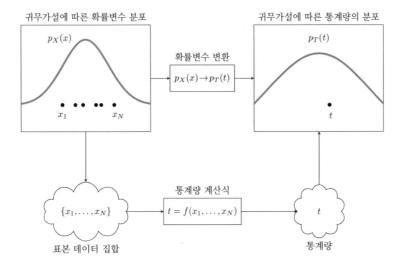

| 예제 |

이제 서두에서 제기한 문제를 다시 풀어보자. 동전의 앞면이 나오는 것을 베루누이분포로 모형화한다. 판단하고자하는 귀무가설은 베르누이분포 모수 μ가 0.5라는 것이다.

$$H_0 : \mu = 0.5$$

이 문제에 대한 검정통계량은 앞면이 나온 횟수가 된다.

$$t = \sum_{i=1}^{N} x_i = 12$$

그리고 이 값은 전체 던진 횟수 $N = 15$인 이항분포를 따른다.

```
N = 15
mu = 0.5
rv = sp.stats.binom(N, mu)

xx = np.arange(N + 1)

plt.subplot(211)
plt.stem(xx, rv.pmf(xx))
plt.ylabel('pmf')
```

```
plt.title('검정통계량분포(N=15인 이항분포)의 확률질량함수')
black = {'facecolor': 'black'}
plt.annotate('검정통계량 t=12', xy=(12, 0.02), xytext=(12, 0.1), arrowprops=black)

plt.subplot(212)
plt.stem(xx, rv.cdf(xx))
plt.ylabel('cdf')
plt.title('검정통계량분포(N=15인 이항분포)의 누적분포함수')

plt.tight_layout()
plt.show()
```

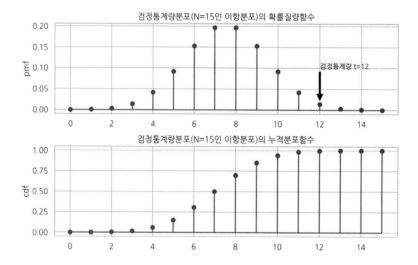

만약 단순히 동전이 공정하지 않다는 것을 보이고 싶다면 대립가설은 다음과 같다.

$$H_a : \mu \neq 0.5$$

이때는 양측검정 유의확률을 계산해야 한다. 검정통계량 $t=12$에 대한 양측검정 유의확률은 약 3.5%이다.

$$
\begin{aligned}
\text{유의확률} &= 2 \cdot \text{Bin}(n \geq 12; N = 15, \mu = 0.5) \\
&= 2 \cdot (1 - F(11; N = 15, \mu = 0.5)) \\
&= 0.03515625
\end{aligned}
$$

```
2 * (1 - rv.cdf(12 - 1))
```

```
0.03515625
```

이 값은 5%보다는 작고 1%보다는 크기 때문에 유의수준이 5%라면 귀무가설을 기각할 수 있으며 공정한 동전이 아니라고 말할 수 있다. 만약 유의수준이 1%라면 귀무가설을 기각할 수 없다. 즉, 공정한 동전이 아니라고 말할 수 없다.

만약 동전이 앞면이 더 많이 나온다는 것을 보이고 싶다면 대립가설은 다음과 같다.

$$H_a : \mu > 0.5$$

μ가 클수록 검정통계량도 커지므로 이때는 우측검정 유의확률을 계산해야 한다. 이 값은 약 1.8%다.

$$\begin{aligned}
\text{유의확률} &= \text{Bin}(n \geq 12; N = 15, \mu = 0.5) \\
&= 1 - F(11; N = 15, \mu = 0.5) \\
&= 0.017578125
\end{aligned}$$

```
1 - rv.cdf(12 - 1)
```

```
0.017578125
```

| 예제 |

수익률이 정규분포를 따른다고 가정하면 이 주식의 검정통계량은 다음과 같이 계산한다.

$$t = \frac{m}{\frac{s}{\sqrt{N}}} = -1.4025$$

```
x = np.array([-0.025, -0.05, 0.043, -0.037, -0.056])
t = x.mean()/x.std(ddof=1)*np.sqrt(len(x))
t
```

```
-1.4025921414082105
```

만약 이 주식이 장기적으로 손실을 낸다는 것을 보이고 싶다면 귀무가설은 다음과 같다.

$$H_a : \mu < 0$$

μ가 클수록 검정통계량도 커지므로 이때는 좌측검정 유의확률을 구해야다. 이 값은 약 11.67%다.

$$
\begin{aligned}
\text{유의확률} &= t(t \le -1.4025; \nu = 4, \mu = 0) \\
&= F(-1.4025; \nu = 4, \mu = 0) \\
&= 0.1167
\end{aligned}
$$

```
sp.stats.t(df=4).cdf(t)
```

```
0.11669216509589829
```

```
rv = sp.stats.norm()

xx = np.linspace(-4, 4, 100)

plt.subplot(211)
plt.plot(xx, rv.pdf(xx))
plt.ylabel('pdf')
plt.title('검정통계량분포(표준정규분포)의 확률밀도함수')
black = {'facecolor': 'black'}
plt.annotate('검정통계량 t=-1.4025', xy=(-1.4, 0.15), xytext=(-4, 0.25),
arrowprops=black)
xx2 = np.linspace(-4, -1.4025, 100)
plt.fill_between(xx2, rv.pdf(xx2), facecolor='blue', alpha=0.35)

plt.subplot(212)
plt.plot(xx, rv.cdf(xx))
plt.fill_between(xx2, rv.cdf(xx2), facecolor='blue', alpha=0.35)
plt.ylabel('cdf')
plt.title('검정통계량분포(표준정규분포)의 누적분포함수')

plt.tight_layout()
plt.show()
```

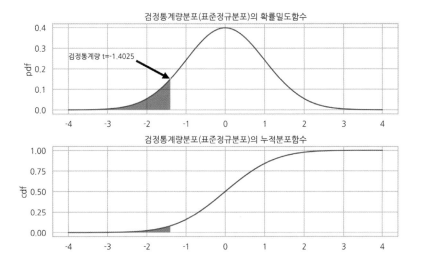

만약 유의수준이 10%라면 유의확률이 이보다 크기 때문에 귀무가설을 기각할 수 없다. 즉, 정규분포의 기댓값이 0보다 작다고 말할수 없다. 이는 해당 주식이 장기적으로 손실을 보는 주식이라고 말할 수 있는 증거가 부족하다는 의미다.

9.4.3　연습 문제

어떤 인터넷 쇼핑몰의 상품 20개의 상품평이 있고 '좋아요'가 11개 또는 '싫어요'가 9개다. 이 상품이 좋다는 주장을 검정하라. 유의수준은 10%다.

9.5 사이파이를 사용한 검정

앞 절에서 검정 방법을 공부하고 통계량분포의 누적분포함수를 사용하여 유의확률을 계산하는 방법을 살펴보았다. 사이파이 패키지는 다음과 같은 다양한 검정 명령을 제공한다. 따라서 사이파이 패키지를 사용하면 여러분이 직접 통계량을 계산하거나 통계량분포의 누적분포함수로 유의확률을 계산할 필요가 없다. 또한 검정으로 내린 결론이 틀린 경우인 1종오류와 2종오류에 대해서도 살펴본다.

- 이항검정(binomial test)
- 카이제곱검정(chi-squared test)
- 카이제곱 독립검정(chi-squared contingency test)
- 단일표본 z검정(one-sample z-test)
- 단일표본 t검정(one-sample t-test)
- 독립표본 t검정(independent two-sample t-test)
- 대응표본 t검정(paired two-sample t-test)
- 등분산검정(equal-variance test)
- 정규성검정(normality test)

이항검정

이항검정은 이항분포를 이용하여 베르누이 확률변수의 모수 μ에 대한 가설을 조사하는 검정 방법이다. 사이파이 stats 서브패키지의 `binom_test` 명령은 이항검정의 유의확률을 계산한다. 디폴트 귀무가설은 $\mu = 0.5$이다.

`scipy.stats.binom_test(x, n=None, p=0.5, alternative='two-sided')`
- x : 검정통계량. 1이 나온 횟수
- n : 총 시도 횟수
- p : 귀무가설의 μ값
- alternative : 양측검정인 경우에는 `'two-sided'`, 단측검정인 경우에는 `'one-sided'`

| 예제 |

실제 모수 $\mu_0 = 0.5$인 베르누이 확률변수의 시뮬레이션을 통해 이항검정을 실습해보자. 데이터 수 $N = 10$일 때 1이 나온 횟수가 7이다.

```
N = 10
mu_0 = 0.5
np.random.seed(0)
x = sp.stats.bernoulli(mu_0).rvs(N)
n = np.count_nonzero(x)
n
```

7

모수가 0.5인 베르누이분포라면 가장 가능성이 높은 5가 나와야 하는데 여기에는 7이 나왔다. 그렇다면 이 확률변수의 모수는 0.5가 아니라 0.7일까? 모수가 0.5라는 귀무가설의 신빙성을 확인하기 위해 binom_test 이항검정 명령으로 유의확률을 구하면 약 34%이다.

```
sp.stats.binom_test(n, N)
```

```
0.3437499999999999
```

유의확률이 높으므로 모수가 0.5라는 귀무가설을 기각할 수 없다.

| 예제 |

이항검정은 **두 가지 값을 가지는 확률변수의 분포를 판단**하는 데 도움을 준다. 예를 들어 위에서 사용한 데이터가 사실은 어떤 자격시험 합격자 10명 중 7명이 대학졸업자라는 것을 뜻하는 데이터였다고 하자. 그렇다면 이 데이터로부터 '대학졸업자가 비졸업자보다 실력이 좋다'고 주장할 수 있는가?

합격자의 대학졸업 유무가 베르누이 확률분포로 결정되는 값이라고 가정하자. 만약 베르누이 확률분포의 모수가 0.5이면 대학졸업자와 비졸업자의 실력은 같은 것이다. 위의 검정 결과에서 보듯이 대학졸업자와 비졸업자 동등한 실력을 가진 경우에도 7명 혹은 그보다 더 많은 대학졸업자가 합격할 확률인 유의확률은 34%나 된다. 따라서 '대학졸업자가 비졸업자보다 실력이 좋다'는 주장은 유의하지 않다.

| 예제 |

μ = 0.5라고 생각되는 확률변수에서 데이터 수 N = 100번 시뮬레이션하여 1이 49번 나온 경우 대해 이항검정을 실시해보자.

```
N = 100
mu_0 = 0.5
np.random.seed(0)
x = sp.stats.bernoulli(mu_0).rvs(N)
n = np.count_nonzero(x)
n
```

```
49
```

```
sp.stats.binom_test(n, N)
```

```
0.9204107626128206
```

유의확률이 92%로 높으므로 귀무가설을 기각할 수 없다. 따라서 $\mu = 0.5$다.

| 예제 |

이번에는 실제 모수 $\mu_0 = 0.35$인 경우에 대해 시뮬레이션을 했더니 1이 100번 중 31번 나왔다.

```
N = 100
mu_0 = 0.35
np.random.seed(0)
x = sp.stats.bernoulli(mu_0).rvs(N)
n = np.count_nonzero(x)
n
```

```
31
```

이 결과를 귀무가설 $H_0 : \mu = 0.5$로 이항검정 명령을 실시하면 유의확률은 0.018%이다.

```
sp.stats.binom_test(n, N)
```

```
0.00018314322488235352
```

유의확률이 낮으므로 귀무가설을 기각할 수 있다. 따라서 $\mu \neq 0.5$다. 이는 우리가 시뮬레이션한 진실과 일치한다.

동전을 N번 던져 앞면이 나오는 횟수를 측정했다. 다음 질문에 답하여라.

❶ $N = 10$이고 유의수준이 10%라면 앞면이 나온 횟수가 몇 번이어야 동전이 공정하지 않다고 이야기할 수 있을까?

❷ $N = 1000$이고 유의수준이 10%라면 앞면이 나온 횟수가 몇 번이어야 동전이 공정하지 않다고 이야기할 수 있을까? 이때 $1 \sim N$의 횟수 범위 중에서 동전이 공정하다고 이야기할 수 있는 횟수의 범위(비율)는 $N = 10$일 때와 비교하여 넓은가 혹은 좁은가?

다음 코드를 실행하면 어느 식당의 매출과 팁(tip) 데이터를 구할 수 있다.

```
import seaborn as sns
tips = sns.load_dataset("tips")
```

하나의 레코드(행)이 한 명의 손님을 나타낸다고 가정하자. 열마다 성별(sex), 흡연유무(smoker), 점심/저녁(time) 등을 나타내는 데이터가 있다.

이항검정을 사용하여 다음 문제를 풀어라. 유의수준은 10%다

❶ 여자 손님 중 비흡연자가 흡연자보다 많다고 할 수 있는가?

❷ 저녁에 오는 여자 손님 중 비흡연자가 흡연자보다 많다고 할 수 있는가?

어떤 주제에 대해 찬반을 묻는 설문조사를 실시했고 설문조사 결과 응답자의 70%가 찬성이라는 결과가 나왔다. 전체 국민의 삼분의 이(2/3)가 넘게 찬성한다는 결론을 유의수준 1%에서 얻기 위해 필요한 응답자 수는 얼마인가? 단 응답자 수가 바뀌어도 찬성 70%라는 결과는 바뀌지 않는다고 가정한다.

카이제곱검정

앞에서 베르누이분포의 모수에 대해 검정을 하려면 베르누이분포 표본의 합이라는 통계량이 이항분포를 따른다는 성질을 이용하면 된다고 배웠다. 그러면 카테고리분포의 모수에 대해 검정을 하려면 카테고리분포 표본의 합이라는 통계량이 다항분포를 따른다는 성질을 이용할 수

있을까?

결론을 말하자면 통계량으로 카테고리분포 표본의 합은 이용할 수 없다. 왜냐하면 이 통계량은 스칼라가 아닌 벡터값을 가지기 때문이다. 이때는 **카이제곱검정**Chi-squared test이라는 방법을 사용한다.

카이제곱검정은 범주형 확률분포의 모수 $\mu = (\mu_1, \dots, \mu_K)$에 대한 가설을 조사하는 검정 방법으로 **적합도검정**goodness of fit test이라고도 부른다. 원래 범주형 값 k가 나와야 할 횟수의 기댓값 m_k와 실제 나온 횟수 x_k의 차이를 이용하여 다음처럼 검정통계량을 구한다.

$$\sum_{k=1}^{K} \frac{(x_k - m_k)^2}{m_k}$$

사이파이 stats 서브패키지의 chisquare 명령은 카이제곱검정의 검정통계량과 유의확률을 계산한다. f_exp이 주어지지 않는 경우의 디폴트 귀무가설은 $\mu = \left(\frac{1}{K}, \dots, \frac{1}{K} \right)$이다.

```
scipy.stats.chisquare(f_obs, f_exp=None)
```
- f_obs : 데이터 행렬
- f_exp : 기댓값 행렬

| 예제 |

데이터 수 $N = 10$, 귀무가설 모수 $\mu_0 = (0.25, 0.25, 0.25, 0.25)$, 실제 데이터 $(0, 3, 5, 2)$인 경우 대해 카이제곱검정 명령을 실시해보자.

```
N = 10
K = 4
mu_0 = np.ones(K)/K
np.random.seed(0)
x = np.random.choice(K, N, p=mu_0)
n = np.bincount(x, minlength=K)
n
```

```
array([0, 3, 5, 2])
```

```
sp.stats.chisquare(n)
```

```
Power_divergenceResult(statistic=5.199999999999999, pvalue=0.157724450396663)
```

유의확률이 17.8%로 높으므로 귀무가설을 기각할 수 없다. 따라서 $\mu_0 =$ $(0.25, 0.25, 0.25,$ $0.25)$다.

| 예제 |

이번에는 데이터 수 $N = 100$, 귀무가설 모수 $\mu_0 =$ $(0.25, 0.25, 0.25, 0.25)$, 실제 데이터 $(37,$ $32, 20, 11)$인 경우 대해 카이제곱검정 명령을 실시해보자.

```
N = 100
K = 4
mu_0 = np.array([0.35, 0.30, 0.20, 0.15])
np.random.seed(0)
x = np.random.choice(K, N, p=mu_0)
n = np.bincount(x, minlength=K)
n
```

```
array([37, 32, 20, 11])
```

```
sp.stats.chisquare(n)
```

```
Power_divergenceResult(statistic=16.56, pvalue=0.0008703471978912127)
```

유의확률이 0.087%이므로 귀무가설을 기각할 수 있다. 따라서 $\mu \neq$ $(0.25, 0.25, 0.25, 0.25)$다.

9.5.4 **연습 문제**

6면체 주사위를 5번 던졌다. 5번 모두 6이 나왔다면 주사위가 공정하다는 귀무가설의 유의확률은 얼마인가?

카이제곱 독립검정

카이제곱검정은 어떤 범주형 확률변수 X가 다른 범주형 확률변수 Y와 독립인지 상관관계를 가지는지를 검증하는 데도 사용할 수 있다. 카이제곱검정을 독립을 확인하는 데 사용하면 카이제곱 독립검정이라고 부른다.

확률변수 X와 Y가 독립이라면 결합 확률질량함수 $P(x, y)$는 각 확률변수 X와 Y의 주변 확률밀도함수 $P(x)$, $P(y)$의 곱이다. 예를 들어 다음과 같은 확률분포는 가진다면 X와 Y는 독립이다.

	P(Y=0)=0.3	P(Y=1)=0.7
P(X=0)=0.4	0.12	0.28
P(X=1)=0.6	0.18	0.42

이런 확률변수의 표본을 측정하여 그 횟수를 표로 나타낸 것을 **분할표**contingency table라고 한다. 예를 들어 50개의 표본을 측정한 분할표가 다음과 같다면 확률변수 X와 Y가 독립이라고 주장할 수 있을 것이다.

	Y=0	Y=1
X=0	6	14
X=1	9	21

그런데 만약 분할표가 다음과 같다면 독립일까 독립이 아닐까? 원래 독립인데 표본오차에 의해 약간의 차이가 생긴 것인지 아니면 원래부터 독립이 아니라서 저런 결과가 나온 것일까?

	Y=0	Y=1
X=0	5	15
X=1	10	20

이 문제는 카이제곱검정을 사용하여 풀 수 있다. 만약 두 확률변수가 독립이라면 $X = 0$일 때의 Y 분포와 $X = 1$일 때의 Y 분포가 같아야 한다. 따라서 두 경우의 표본 집합이 같은 확률분포에서 나왔다는 것을 귀무가설로 하는 카이제곱검정을 하여 채택된다면 두 확률변수는 독립이다. 만약 기각된다면 두 확률변수는 상관관계가 있다.

사이파이의 `chi2_contingency` 명령은 이러한 검정을 수행한다. X값에 따른 각각의 Y 분포가 2차원 표의 형태로 주어지면 독립인 경우의 분포와 실제 y 표본분포의 차이를 검정통계량으로 계산한다. 이 값이 충분히 크다면 X와 Y는 상관관계가 있다. chi2_contingency 명령의 결과는 튜플로 반환되며 첫 번째 값이 검정통계량, 두 번째 값이 유의확률이다.

```python
obs = np.array([[5, 15], [10, 20]])
sp.stats.chi2_contingency(obs)
```

```
(0.0992063492063492, 0.7527841326498471, 1, array([[ 6., 14.], [ 9., 21.]]))
```

이때 카이제곱검정의 유의확률은 75%다. 즉 X와 Y는 상관관계가 있다고 말할 수 없다.

9.5.5 연습 문제

예를 들어 데이터 사이언스 스쿨 수업을 들었는가의 여부가 나중에 대학원에서 머신러닝 수업의 학점과 상관관계가 있는지를 알기 위해 데이터를 구한 결과가 다음과 같다고 하자.

- 데이터 사이언스 스쿨 수업을 듣지 않은 경우 즉, X가 0이면 A, B, C 학점(Y값)을 받은 학생의 분포가 4, 16, 20이다.
- 데이터 사이언스 스쿨 수업을 들은 사람의 경우 즉, X가 1일 때 A, B, C 학점(Y값)을 받은 학생의 분포가 23, 18, 19다.

이 결과로부터 데이터 사이언스 스쿨 수업을 들었는가의 여부가 머신러닝 수업의 학점과 상관관계가 있다고 말할 수 있는가?

단일표본 z검정

단일표본 z검정 One-sample z-test은 분산 σ^2값을 정확히 알고 있는 정규분포의 표본에 대해 기댓값을 조사하는 검정 방법이다. 단일표본 z검정의 경우에는 많이 사용되지 않고 사이파이에 별도의 함수가 준비되어 있지 않으므로 norm 명령의 cdf 메서드를 사용하여 직접 구현해야 한다.

| 예제 |

실제 모수 $\mu_0 = 0$, $\sigma^2 = 1$인 경우 대해 표본 데이터 $N = 10$개를 시뮬레이션으로 구하여 귀무가설 $\mu_0 = 0$에 대한 단일표본 z검정 명령을 실시해보자.

```
N = 10
mu_0 = 0
np.random.seed(0)
x = sp.stats.norm(mu_0).rvs(N)
x
```

```
array([ 1.76405235,  0.40015721,  0.97873798,  2.2408932 ,  1.86755799,
       -0.97727788,  0.95008842, -0.15135721, -0.10321885,  0.4105985 ])
```

단일표본 z검정 함수를 다음처럼 구현할 수 있다. 이 함수는 검정통계량과 유의확률을 튜플형 태로 반환한다.

```
def ztest_1samp(x, sigma2=1, mu=0):
    z = (x.mean() - mu) / np.sqrt(sigma2/len(x))
    return z, 2 * sp.stats.norm().sf(np.abs(z))

ztest_1samp(x)
```

```
(2.3338341854824276, 0.019604406021683538)
```

만약 유의수준이 5%면 유의확률이 1.96%이므로 귀무가설을 기각할 수 있다. 따라서 $\mu \neq 0$이다. 이 경우는 검정 결과가 오류인 예다. 검정 결과가 오류로 나온 이유는 데이터 수가 10개로 부족하기 때문이다. 이러한 오류는 귀무가설이 진실임에도 불구하고 기각된 경우로 **1종오류**Type 1 Error라고 한다. 1종오류가 나오려면 귀무가설이 진실이지만 유의확률은 유의수준보다 작아야 한다. **1종오류가 나올 확률은 유의수준과 같다.**

데이터 수 $N = 100$, 실제 모수 $\mu_0 = 0$인 경우 대해 단일표본 z검정 명령을 실시해보자.

```
N = 100
mu_0 = 0
np.random.seed(0)
x = sp.stats.norm(mu_0).rvs(N)
ztest_1samp(x)
```

```
(0.5980801553448499, 0.5497864508624168)
```

유의확률이 54.98%이므로 귀무가설을 기각할 수 없다. 따라서 $\mu = 0$이다.

단일표본 t검정

단일표본 t검정 One-sample t-test은 정규분포의 표본에 대해 기댓값을 조사하는 검정 방법이다. 검정통계량으로 스튜던트 t분포를 가진 t통계량을 사용한다.

$$\frac{\bar{x} - \mu_0}{\dfrac{s}{\sqrt{N}}}$$

이 식에서 $\bar{x}$는 표본평균, s는 표본표준편차다.

사이파이의 stats 서브패키지의 `ttest_1samp` 명령을 사용한다. `ttest_1samp` 명령의 경우에는 디폴트 모수가 없으므로 기댓값을 나타내는 popmean 인수를 직접 지정해야 한다.

```
scipy.stats.ttest_1samp(a, popmean)
```
- a : 표본 데이터 배열
- popmean : 귀무가설의 기댓값

데이터 수 $N = 10$, 실제 모수 $\mu_0 = 0$인 경우 대해 단일표본 t검정 명령을 실시해보자.

```
N = 10
mu_0 = 0
np.random.seed(0)
x = sp.stats.norm(mu_0).rvs(N)
sp.stats.ttest_1samp(x, popmean=0)
```

```
Ttest_1sampResult(statistic=2.28943967238967, pvalue=0.04781846490857058)
```

유의확률이 4.78%이므로 만약 유의수준이 5% 이상이면 귀무가설을 기각할 수 있다. 따라서 $\mu \neq 0$다. 이 경우도 유형 1 오류의 예라고 볼 수 있다. 실제 모수 μ_0가 0인데도 시뮬레이션 결과에 대한 검정 결과가 오류로 나온 이유는 데이터 수가 10개로 부족하기 때문이다.

이번에는 데이터 수 N이 100인 경우에 대해 단일표본 t검정 명령을 실시해보자.

```
N = 100
mu_0 = 0
np.random.seed(0)
x = sp.stats.norm(mu_0).rvs(N)
sp.stats.ttest_1samp(x, popmean=0)
```

```
Ttest_1sampResult(statistic=0.5904283402851698, pvalue=0.5562489158694675)
```

독립표본 t검정

독립표본 t검정 Independent-two-sample t-test은 두 독립적인 정규분포에서 나온 N_1, N_2개 데이터셋을 사용하여 두 정규분포의 기댓값이 동일한지를 검사한다.

검정통계량으로는 두 정규분포의 분산이 같은 경우에는

$$t = \frac{\bar{x}_1 - \bar{x}_2}{s \cdot \sqrt{\dfrac{1}{N_1} + \dfrac{1}{N_2}}}$$

을 사용한다. 여기에서 $\bar{x}_1$, $\bar{x}_2$는 각각의 표본평균이고 표본표준편차 s는 각각의 표본분산 s_1^2, s_2^2로부터 다음처럼 구한다.

$$s = \sqrt{\frac{(N_1 - 1) s_1^2 + (N_2 - 1) s_2^2}{N_1 + N_2 - 2}}$$

이 통계량은 자유도가 $N_1 + N_2 - 2$인 스튜던트-t분포를 따른다.

두 정규분포의 분산이 다른 경우에는 검정통계량으로

$$t = \frac{\bar{x}_1 - \bar{x}_2}{\sqrt{\dfrac{s_1^2}{N_1} + \dfrac{s_2^2}{N_2}}}$$

를 사용한다. 이 값은 자유도가 다음과 같은 스튜던트-t분포를 따른다.

$$\mathrm{dof} = \frac{\left(\dfrac{s_1^2}{N_1} + \dfrac{s_2^2}{N_2} \right)^2}{\dfrac{\left(s_1^2/N_1 \right)^2}{N_1 - 1} + \dfrac{\left(s_2^2/N_2 \right)^2}{N_2 - 1}}$$

독립표본 t검정은 사이파이 stats 서브패키지의 ttest_ind 명령을 사용하여 계산한다. 독립표본 t검정은 두 정규분포의 분산값이 같은 경우와 같지 않은 경우에 사용하는 검정통계량이 다르기 때문에 equal_var 인수를 사용하여 이를 지정해주어야 한다. 두 분포의 분산이 같은지 다른지는 다음에 나올 등분산검정을 사용하면 된다. 만약 잘 모르겠으면 equal_var=False로 놓으면 된다.

```
scipy.stats.ttest_inds(a, b, equal_var=True)
```
- a : 1번 표본 집합 데이터
- b : 2번 표본 집합 데이터
- equal_var : 두 표본 집합의 분산이 같은경우에는 True

| 예제 |

두 정규분포의 기댓값이 $\mu_1 = 0$, $\mu_2 = 0.5$로 다르고 분산은 $\sigma_1 = \sigma_2 = 1$로 같으며 표본 수가 $N_1 = N_2 = 10$인 경우를 시뮬레이션해보자. 우리는 분산값이 정말 같은지 모르므로 일단 equal_var=False로 놓는다.

```
N_1 = 10
mu_1 = 0
sigma_1 = 1
N_2 = 10
mu_2 = 0.5
sigma_2 = 1
np.random.seed(0)
x1 = sp.stats.norm(mu_1, sigma_1).rvs(N_1)
x2 = sp.stats.norm(mu_2, sigma_2).rvs(N_2)
ax = sns.distplot(x1, kde=False, fit=sp.stats.norm, label='1번 데이터 집합')
ax = sns.distplot(x2, kde=False, fit=sp.stats.norm, label='2번 데이터 집합')
ax.lines[0].set_linestyle(':')
plt.legend()
plt.show()
```

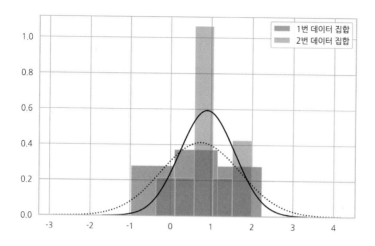

이 두 표본집합의 표본평균은 각각 0.74, 0.9로 다르다.

```
np.mean(x1), np.mean(x2)
```

```
(0.7380231707288347, 0.9006460151624349)
```

하지만 t검정의 결과는 유의확률 68.4%이므로 두 기댓값이 같다는 귀무가설을 기각할 수 없다. 따라서 $\mu_1 = \mu_2$다.

```
sp.stats.ttest_ind(x1, x2, equal_var=False)
```

```
Ttest_indResult(statistic=-0.4139968526988655, pvalue=0.6843504889824326)
```

시뮬레이션에 사용한 두 정규분포의 모수가 원래는 다르기 때문에 이 경우는 검정 결과가 오류인 또 다른 예다. 이러한 오류는 귀무가설이 거짓임에도 불구하고 진실로 나온 경우로 **2종오류**Type 2 Error라고 한다. 데이터 수가 증가하면 이러한 오류가 발생할 가능성이 줄어든다.

| 예제 |

데이터 수를 50개와 100개로 증가시킨 경우에 유의확률은 0.8%로 감소했다. 따라서 두 확률분포의 기댓값이 일치한다는 귀무가설은 기각할 수 있고 2종오류는 발생하지 않는다.

```
N_1 = 50
mu_1 = 0
sigma_1 = 1
N_2 = 100
mu_2 = 0.5
sigma_2 = 1
np.random.seed(0)
x1 = sp.stats.norm(mu_1, sigma_1).rvs(N_1)
x2 = sp.stats.norm(mu_2, sigma_2).rvs(N_2)
sp.stats.ttest_ind(x1, x2, equal_var=True)
```

Ttest_indResult(statistic=-2.6826951236616963, pvalue=0.008133970915722658)

9.5.6 **연습 문제**

1반과 2반 학생 들의 성적이 각각 다음과 같다고 가정하자.

- 1반 : 80점, 75점, 85점, 50점, 60점, 75점, 45점, 70점, 90점, 95점, 85점, 80점. 평균 74.1점
- 2반 : 80점, 85점, 70점, 80점, 35점, 55점, 80점 . 평균 69.2점

1반의 실력이 2반보다 좋다고 이야기할 수 있는가?

대응표본 t검정

대응표본 t검정 Paired-two-sample t-test은 독립표본 t검정을 두 집단의 표본이 1대1 대응하는 경우에 대해 수정한 것이다. 즉, 독립표본 t검정과 마찬가지로 두 정규분포의 기댓값이 같은지 확인하는 검정이다. 통계량은 대응하는 표본값의 차이 $x_d = x_{i,i} - x_{i,2}$에서 다음처럼 계산한다.

$$t = \frac{\bar{x}_d - \mu_0}{\frac{s_d}{\sqrt{N}}}$$

예를 들어 어떤 반 학생들이 데이터 사이언스 스쿨을 수강하기 전과 수강한 이후에 본 같은 학생의 두 시험 점수는 일대일로 대응할 수 있다. 이 대응 정보를 알고 있다면 보통의 독립표본 t검정에서 발생할 수 있는 표본 간의 차이의 영향을 없앨 수 있기 때문에 특강 수강의 영향을

보다 정확하게 추정할 수 있다.

대응표본 t검정은 `ttest_rel` 명령을 사용한다.

```
ttest_rel(a, b)
```
- a : 1번 표본 집합 데이터
- b : 2번 표본 집합 데이터

| 예제 |

$\mu_1 = 0 \rightarrow 0.4$로 평균이 달라진 경우에 대해 대응표본 t검정을 실시해보자. 데이터 수 N은 5다.

```
N = 5
mu_1 = 0
mu_2 = 0.4
np.random.seed(1)
x1 = sp.stats.norm(mu_1).rvs(N)
x2 = x1 + sp.stats.norm(mu_2, 0.1).rvs(N)

ax = sns.distplot(x1, kde=False, fit=sp.stats.norm, label='1번 데이터 집합')
ax = sns.distplot(x2, kde=False, fit=sp.stats.norm, label='2번 데이터 집합')
ax.lines[0].set_linestyle(':')
plt.legend()
plt.show()
```

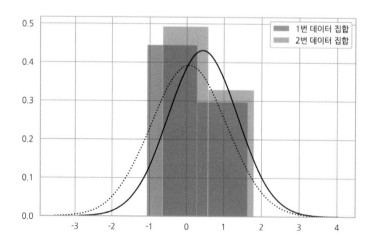

데이터 5개만으로도 두 평균이 다르다는 것을 유의확률 0.48%로 알아내었음을 확인할 수 있다.

```
sp.stats.ttest_rel(x1, x2)
```

```
Ttest_relResult(statistic=-5.662482449248929, pvalue=0.0047953456833781305)
```

등분산검정

ttest_inds 명령을 사용하려면 두 데이터 집합의 분산이 같은지 먼저 알아내야 한다.

등분산검정은 두 정규분포로부터 생성된 두 데이터 집합으로부터 두 정규분포의 분산 모수가 같은지 확인하는 검정이다. 바틀렛bartlett, 플리그너fligner, 레빈levene 검정을 주로 사용한다. 사이파이의 stats 서브패키지는 이를 위한 bartlett, fligner, levene명령을 제공한다.

| 예제 |

실제로 분산이 다른 두 데이터 집합을 만들어보자.

```
N1 = 100
N2 = 100
sigma_1 = 1
sigma_2 = 1.2
np.random.seed(0)
x1 = sp.stats.norm(0, sigma_1).rvs(N1)
x2 = sp.stats.norm(0, sigma_2).rvs(N2)
ax = sns.distplot(x1, kde=False, fit=sp.stats.norm, label='1번 데이터 집합')
ax = sns.distplot(x2, kde=False, fit=sp.stats.norm, label='2번 데이터 집합')
ax.lines[0].set_linestyle(':')
plt.legend()
plt.show()
```

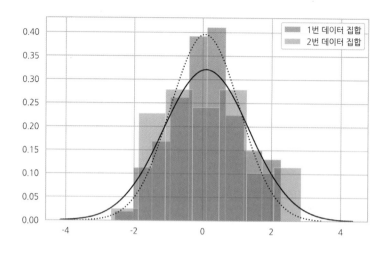

다른 등분산검정을 적용한 결과는 서로 다를 수 있다. 따라서 검정 결과도 이러한 점을 고려하여 결정한다.

```
x1.std(), x2.std()
```

```
(1.0078822447165796, 1.2416003969261071)
```

유의수준 1% 기준에서 bartlett 명령의 결과는 두 데이터 집합의 분산이 같다고 계산하지만 fligner, levene 명령은 두 데이터 집합의 분산이 다르다고 계산한다.

```
sp.stats.bartlett(x1, x2)
```

```
BartlettResult(statistic=4.253473837232266, pvalue=0.039170128783651344)
```

```
sp.stats.fligner(x1, x2)
```

```
FlignerResult(statistic=7.224841990409457, pvalue=0.007190150106748367)
```

```
sp.stats.levene(x1, x2)
```

```
LeveneResult(statistic=7.680708947679437, pvalue=0.0061135154970207925)
```

정규성검정

회귀분석 등에서는 **확률분포가 가우시안 정규분포를 따르는지 아닌지를 확인**하는 것이 중요하다. 이러한 검정을 **정규성검정**normality test이라고 한다. 정규성분포는 중요한만큼 다양한 검정 방법들이 개발되어 있으며 사이파이 패키지 이외에 통계분석에 많이 사용되는 스탯츠모델스 패키지도 다양한 정규성검정 명령어를 제공한다.

- **사이파이에서 제공하는 정규성검정 명령어**
  - 콜모고로프–스미르노프 검정(Kolmogorov–Smirnov test) : `scipy.stats.ks_2samp`
  - 샤피로–윌크 검정(Shapiro–Wilk test) : `scipy.stats.shapiro`
  - 앤더스–달링 검정(Anderson–Darling test) : `scipy.stats.anderson`
  - 다고스티노 K–제곱 검정(D'Agostino's K–squared test) : `scipy.stats.mstats.normaltest`
- **스탯츠모델스에서 제공하는 정규성검정 명령어**
  - 콜모고로프–스미르노프 검정(Kolmogorov–Smirnov test) : `Statsmodels.stats.diagnostic.kstest_normal`
  - 옴니버스 검정(Omnibus Normality test) : `Statsmodels.stats.stattools.omni_normtest`
  - 자크–베라 검정(Jarque–Bera test) : `Statsmodels.stats.stattools.jarque_bera`
  - 릴리포스 검정(Lilliefors test) : `Statsmodels.stats.diagnostic.lillifors`

이 중에서 **콜모고로프–스미르노프 검정**Kolmogorov–Smirnov test은 사실 정규분포에 국한되지 않고 두 표본이 같은 분포를 따르는지 확인할 수 있는 방법이다. 예를 들어 다음처럼 두 정규분포에서 데이터 집합을 50개와 100개씩 각각 생성해서 같은 분포에서 나왔는지 검정해보자.

```
np.random.seed(0)
N1 = 50
N2 = 100
x1 = sp.stats.norm(0, 1).rvs(N1)
x2 = sp.stats.norm(0.5, 1.5).rvs(N2)
ax = sns.distplot(x1, kde=False, fit=sp.stats.norm, label='1번 데이터 집합')
ax = sns.distplot(x2, kde=False, fit=sp.stats.norm, label='2번 데이터 집합')
ax.lines[0].set_linestyle(':')
plt.legend()
plt.show()
```

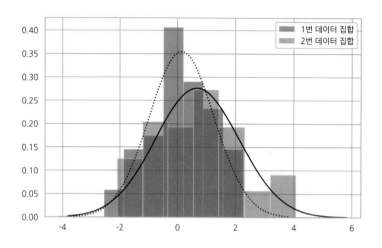

```
sp.stats.ks_2samp(x1, x2)
```

```
Ks_2sampResult(statistic=0.23, pvalue=0.055507233643215415)
```

유의확률이 5.55%로 만약 유의수준이 10%라면 두 분포는 서로 다른 분포라고 볼 수 있다.

9.6 마치며

학습한 추정과 검정은 데이터 분석의 결론을 만드는 최종 단계다. 추정은 확률분포의 특성 즉, 모숫값을 계산하는 것이고 검정은 이 모숫값의 신뢰성을 검증하는 것이다. 지금까지 공부한 모든 수학 내용은 바로 이 추정과 검정을 위한 것이었다. 추정과 검정은 모든 데이터 분석에서 빠질 수 없는 단계이므로 개념을 익히는 것보다 실제로 파이썬 코드를 사용하여 바로바로 활용할 수 있도록 연습하자.

10장 엔트로피

이 장은 확률론에서의 엔트로피 개념을 공부한다. 엔트로피는 확률분포 모양을 설명하는 특징값이며 확률분포가 가지고 있는 정보량을 나타내는 값이기도 하다. 우선 엔트로피의 수학적 정의를 공부한 후 가변길이 인코딩에서 엔트로피가 어떻게 활용되는지 살펴본다. 엔트로피는 두 확률분포의 모양이 어떤 관계를 가지는지 또는 유사한지를 표현하는 데도 쓰인다. 조건부엔트로피는 한 확률분포에 의해 다른 확률분포가 받는 영향을 설명한다. 교차엔트로피와 쿨백−라이블러 발산은 두 확률분포가 얼마나 닮았는지를 나타낸다. 마지막으로 두 확률분포의 독립 및 상관관계를 나타내는 상호정보량에 대해서 공부한다.

학습 목표

- 엔트로피의 정의를 익히고 가변길이 인코딩과 엔트로피의 관계에 대해 알아본다.
- 결합엔트로피와 조건부엔트로피를 계산하는 법을 익히고 조건부 엔트로피가 분류 문제에 어떻게 활용되는지 알아본다.
- 교차엔트로피, 쿨백−라이블러 발산의 정의를 알아보고 분류 모형의 성능 평가에 어떻게 사용되는지 살펴본다.
- 두 확률변수 상관관계를 계산하기 위한 상호정보량을 공부한다.

10.1 엔트로피

$Y = 0$ 또는 $Y = 1$인 두 가지 값을 가지는 확률변수의 확률분포가 다음과 같이 세 종류가 있다고 하자.

- 확률분포 Y_1 : $P(Y = 0) = 0.5$, $P(Y = 1) = 0.5$
- 확률분포 Y_2 : $P(Y = 0) = 0.8$, $P(Y = 1) = 0.2$
- 확률분포 Y_3 : $P(Y = 0) = 1.0$, $P(Y = 1) = 0.0$

```
plt.figure(figsize=(9, 3))
plt.subplot(131)
plt.bar([0, 1], [0.5, 0.5])
plt.xticks([0, 1], ['Y=0', 'Y=1'])
plt.ylim(0, 1.1)
plt.title('$Y_1$')
plt.subplot(132)
plt.bar([0, 1], [0.8, 0.2])
plt.xticks([0, 1], ['Y=0', 'Y=1'])
plt.ylim(0, 1.1)
plt.title('$Y_2$')
plt.subplot(133)
plt.bar([0, 1], [1.0, 0.0])
plt.xticks([0, 1], ['Y=0', 'Y=1'])
plt.ylim(0, 1.1)
plt.title('$Y_3$')
plt.tight_layout()
plt.show()
```

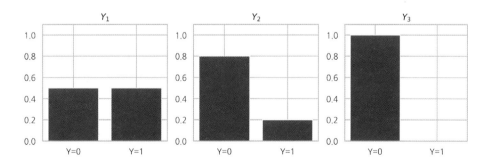

베이지안 관점에서 위 확률분포는 다음과 같은 정보를 나타낸다.

- 확률분포 Y_1은 y값에 대해 아무것도 모르는 상태
- 확률분포 Y_2는 y값이 0이라고 믿지만 아닐 가능성도 있다는 것을 아는 상태
- 확률분포 Y_3은 y값이 0이라고 100% 확신하는 상태

확률분포가 가지는 이러한 차이를 숫자로 나타낸 것이 바로 엔트로피다.

엔트로피의 정의

엔트로피entropy는 확률분포가 가지는 정보의 확신도 혹은 정보량을 수치로 표현한 것이다. 확률분포에서 특정한 값이 나올 확률이 높아지고 나머지 값의 확률은 낮아진다면 엔트로피가 작아진다. 반대로 여러 가지 값이 나올 확률이 대부분 비슷한 경우에는 엔트로피가 높아진다. 엔트로피는 확률분포의 모양이 어떤지를 나타내는 특성값 중 하나로 볼 수도 있다. 확률 또는 확률밀도가 특정값에 몰려 있으면 엔트로피가 작다고 하고 반대로 여러 값에 골고루 퍼져 있다면 엔트로피가 크다고 한다.

확률분포의 엔트로피는 물리학의 엔트로피 용어를 빌려온 것이다. 물리학에서는 물질의 상태가 분산되는 정도를 엔트로피로 정의한다. 물체의 상태가 여러 가지로 고루 분산되어 있으면 엔트로피가 높고 특정한 하나의 상태로 몰려 있으면 엔트로피가 낮다.

수학적으로 엔트로피는 확률분포함수를 입력으로 받아 숫자를 출력하는 범함수로 정의한다. $H[\ ]$ 기호로 표기한다.

확률변수 Y가 카테고리분포와 같은 이산확률변수이면 다음처럼 정의한다.

$$H[Y] = -\sum_{k=1}^{K} p(y_k) \log_2 p(y_k)$$

이 식에서 K는 X가 가질 수 있는 클래스 수이고 $p(y)$는 확률질량함수다. 확률의 로그값이 항상 음수이므로 음수 기호를 붙여서 양수로 만들었다.

확률변수 Y가 정규분포와 같은 연속확률변수이면 다음처럼 정의한다.

$$H[Y] = -\int_{-\infty}^{\infty} p(y) \log_2 p(y)\, dy$$

이 식에서 $p(y)$는 확률밀도함수다.

로그의 밑^{base}이 2로 정의된 것은 정보통신과 관련을 가지는 역사적인 이유 때문이다.

엔트로피 계산에서 $p(y) = 0$인 경우에는 로그값이 정의되지 않으므로 다음과 같은 극한값을 사용한다.

$$\lim_{p \to 0} p \log_2 p = 0$$

이 값은 로피탈의 정리(l'Hôpital's rule)에서 구할 수 있다.

위에서 예를 든 Y_1, Y_2, Y_3 3개의 이산확률분포에 대해 엔트로피를 구하면 다음과 같다.

$$H[Y_1] = -\frac{1}{2} \log_2 \frac{1}{2} - \frac{1}{2} \log_2 \frac{1}{2} = 1$$

$$H[Y_2] = -\frac{8}{10} \log_2 \frac{8}{10} - \frac{2}{10} \log_2 \frac{2}{10} \approx 0.72$$

$$H[Y_3] = -1 \log_2 1 - 0 \log_2 0 = 0$$

다음은 넘파이로 엔트로피를 계산한 결과다. 확률값이 0일 때는 가장 작은 값인 eps를 대신 사용한다.

```
-0.5 * np.log2(0.5) - 0.5 * np.log2(0.5)
```

```
1.0
```

```
-0.8 * np.log2(0.8) - 0.2 * np.log2(0.2)
```

```
0.7219280948873623
```

```
eps = np.finfo(float).eps
-1 * np.log2(1) - eps * np.log2(eps)
```

```
1.1546319456101628e-14
```

10.1.1 연습 문제

베르누이분포에서 확률값 $P(Y=1)$은 0부터 1까지의 값을 가질 수 있다. 각각의 값에 대해 엔트로피를 계산하여 가로축이 $P(Y=1)$이고 세로축이 $H[Y]$인 그래프를 그려라.

10.1.2 연습 문제

다음 확률분포의 엔트로피를 계산하라.

❶ $P(Y=0)=\dfrac{1}{8}, P(Y=1)=\dfrac{1}{8}, P(Y=2)=\dfrac{1}{4}, P(Y=3)=\dfrac{1}{2}$

❷ $P(Y=0)=1, P(Y=1)=0, P(Y=2)=0, P(Y=3)=0$

❸ $P(Y=0)=\dfrac{1}{4}, P(Y=1)=\dfrac{1}{4}, P(Y=2)=\dfrac{1}{4}, P(Y=3)=\dfrac{1}{4}$

엔트로피의 성질

확률변수가 결정론적이면 확률분포에서 특정 값이 나올 확률이 1이다. 이때 엔트로피는 0이 되고 이 값은 엔트로피가 가질 수 있는 최솟값이다.

반대로 엔트로피의 최댓값은 이산 확률변수의 클래스 개수에 따라 달라진다. 만약 이산확률분포가 가질 수 있는 값이 2^K개면 엔트로피의 최댓값은 각 값에 대한 확률이 모두 같은 값인 $\dfrac{1}{2^K}$이다. 엔트로피의 값은

$$H = -2^K \cdot \frac{1}{2^K} \log_2 \frac{1}{2^K} = K$$

이다.

엔트로피의 추정

이론적인 확률밀도함수가 없고 실제 데이터가 주어진 경우에는 데이터에서 확률질량함수를 추정한 후, 이를 기반으로 엔트로피를 계산한다.

예를 들어 데이터가 모두 80개가 있고 그중 Y = 0인 데이터가 40개, Y = 1인 데이터가 40개 있는 경우는 엔트로피가 1이다.

$$P(y = 0) = \frac{40}{80} = \frac{1}{2}$$

$$P(y = 1) = \frac{40}{80} = \frac{1}{2}$$

$$H[Y] = -\frac{1}{2} \log_2 \left(\frac{1}{2}\right) - \frac{1}{2} \log_2 \left(\frac{1}{2}\right) = \frac{1}{2} + \frac{1}{2} = 1$$

사이파이의 stats 서브패키지는 엔트로피를 구하는 entropy 함수를 제공한다. base 인수값은 2가 되어야 한다.

```
p = [0.5, 0.5]
sp.stats.entropy(p, base=2)
```

```
1.0
```

10.1.3 **연습 문제**

❶ 데이터가 모두 60개가 있고 그중 $Y = 0$인 데이터가 20개, $Y = 1$인 데이터가 40개 있는 경우의 엔트로피를 계산하라.

❷ 데이터가 모두 40개가 있고 그중 $Y = 0$인 데이터가 30개, $Y = 1$인 데이터가 10개 있는 경우의 엔트로피를 계산하라.

❸ 데이터가 모두 20개가 있고 그중 $Y = 0$인 데이터만 20개 있는 경우의 엔트로피를 계산하라.

가변길이 인코딩

엔트로피는 원래 통신 분야에서 데이터가 가지고 있는 정보량을 계산하려는 목적으로 고안되었다. 예를 들어 4개의 글자 A, B, C, D로 씌여진 다음과 같은 문서가 있다고 하자.

```
N = 200
p = [1/2, 1/4, 1/8, 1/8]
doc0 = list(''.join([int(N * p[i]) * c for i, c in enumerate('ABCD')]))
np.random.shuffle(doc0)
doc = ''.join(doc0)
doc
```

'BDABABACBABBAACADAADAAADAAAAAABBAABADAAAAAABBACAABACBBACDBAAACBCABBAABAAAAADDBABCBDBBD
DBAABBBADCACAADAADCABADCAAAAACADBAABABCBAACAAABCDAADDCCCAAABABBBDACACAAAAAABABBADABBABD
BADBACAABDCAAABAAABACCDABAABA'

이 문서를 0과 1로 이루어진 이진수로 변환해야 하면 보통 다음처럼 인코딩한다.

- A = "00"
- B = "01"
- C = "10"
- D = "11"

이렇게 인코딩을 하면 200 글자로 이루어진 문서는 이진수 400개가 된다.

```
encoder = {'A': '00', 'B': '01', 'C': '10', 'D': '11'}
encoded_doc = ''.join([encoder[c] for c in doc])
encoded_doc
```

'011100010001001001000101000010001100001100000011000000000000001010000010011000000000
1010010000001001001010010110100000010011000010100000100000000001111010001100111010111
10100000101010011100010000011000011100010011100000000000100011010000010001100100001000
00000110110000111110101000000000100010111001000100000000000000001000101001100010100011100
1001101001000000011110000000001000000010010101100010000001000'

```
len(encoded_doc)
```

400

그런데 이진수로 변환할 때 더 글자 수를 줄일 수 있는 방법이 있다. 우선 위 글자의 분포를 조사하자.

```
sns.countplot(list(doc), order='ABCD')
plt.title('글자 수의 분포')
plt.show()
```

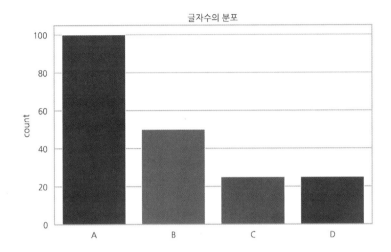

글자 수의 분포가 다음과 같다.

$$P(Y = A) = \frac{1}{2}, P(Y = B) = \frac{1}{4}, P(Y = C) = \frac{1}{8}, P(Y = D) = \frac{1}{8}$$

지프의 법칙Zipf's law에 따르면 이러한 분포는 현실의 글자 빈도수에서도 흔히 나타난다. 확률분포가 위와 같을 때는 다음처럼 인코딩하면 인코딩된 후의 이진수 수를 줄일 수 있다.

- A = "0"
- B = "10"
- C = "110"
- D = "111"

이 방법은 글자마다 인코딩하는 이진수의 숫자가 다르기 때문에 **가변길이 인코딩**variable length encoding 이라고 한다. 가장 많이 출현하는 'A'는 두 글자가 아닌 한 글자이므로 인코딩 후의 이진수 수가 감소한다. 반대로 'C', 'D'는 이진수 수가 3개로 많지만 글자 빈도가 적어서 영향이 적다.

만약 문서의 분포가 위에서 가정한 분포와 정확하게 같다면 인코딩된 이진수 숫자는 다음 계산에서 350개가 됨을 알 수 있다.

$$\left(200 \times \frac{1}{2}\right) \cdot 1 + \left(200 \times \frac{1}{4}\right) \cdot 2 + \left(200 \times \frac{1}{8}\right) \cdot 3 + \left(200 \times \frac{1}{8}\right) \cdot 3 = 350$$

따라서 알파벳 한 글자를 인코딩하는 데 필요한 평균 비트 수는 $350 \div 200 = 1.75$이고 이 값은 확률변수의 엔트로피값과 같다.

$$H = -\frac{1}{2} \log_2 \frac{1}{2} - \frac{1}{4} \log_2 \frac{1}{4} - \frac{2}{8} \log_2 \frac{1}{8} = 1.75$$

```
vl_encoder = {'A': '0', 'B': '10', 'C': '110', 'D': '111'}
vl_encoded_doc = ''.join([vl_encoder[c] for c in doc])
vl_encoded_doc
```

'101110100100110100101000110011100111000111000000101000100111000001010011000100110101
0011011110000110101100101000100000111111100101101011110101111110001010100111110011000
1110011111001001111100000011001111000100101101000110000101101110011111111011011000010
0101011101100110000000100101001110101001011110011110011000101111100001000010011011011
10
1000100'

```
len(vl_encoded_doc)
```

350

```
sp.stats.entropy([1/2, 1/4, 1/8, 1/8], base=2)
```

1.75

10.1.4 **연습 문제**

A, B, C, D, E, F, G, H의 8글자로 이루어진 문서가 있고 각각의 글자가 나올 확률이 다음과 같다고 가정하자.

$$\left\{\frac{1}{2}, \frac{1}{4}, \frac{1}{8}, \frac{1}{16}, \frac{1}{64}, \frac{1}{64}, \frac{1}{64}, \frac{1}{64}\right\}$$

이 문서를 위한 가변길이 인코딩 방식을 서술하고 한 글자를 인코딩하는 데 필요한 평균 비트 수를 계산하라.

지니불순도

엔트로피와 유사한 개념으로 **지니불순도**_{Gini impurity}라는 것이 있다. 지니불순도는 엔트로피처럼 확률분포가 어느 쪽에 치우쳤는가를 재는 척도지만 로그를 사용하지 않으므로 계산량이 더 적어 엔트로피 대용으로 많이 사용된다. 경제학에서도 사용되지만 지니계수[1]와는 다른 개념이라는 점에 주의해야 한다.

$$G[Y] = \sum_{k=1}^{K} P(y_k)(1 - P(y_k))$$

다음 그림은 값이 두 개인 이산확률분포에서 지니불순도와 엔트로피를 비교한 결과다.

```
P0 = np.linspace(0.001, 1 - 0.001, 1000)
P1 = 1 - P0
H = - P0 * np.log2(P0) - P1 * np.log2(P1)
G = 2 * (P0 * (1 - P0) + P1 * (1 - P1))

plt.plot(P1, H, '-', label='엔트로피')
plt.plot(P1, G, '--', label='지니불순도')
plt.legend()
plt.xlabel('P(Y=1)')
plt.show()
```

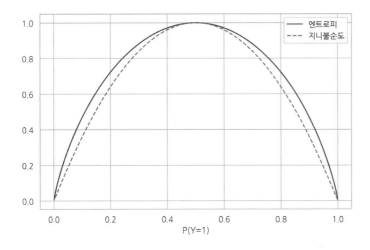

---

[1] Gini coefficient. 소득 불균형을 계수화한 것으로 인구의 누적비율과 소득의 누적 점유율 사이의 상관관계를 나타내는 로렌츠 곡선의 면적 비율로 정의한다.

엔트로피 최대화

기댓값 0, 분산 σ^2이 주어졌을 때 엔트로피 $\mathrm{H}[p(x)]$를 가장 크게 만드는 확률밀도함수 $p(x)$는 정규분포가 된다. 이는 다음처럼 증명한다.

우선 확률밀도함수가 지켜야할 제한조건은 다음과 같다.

❶ 확률밀도함수의 총면적은 1

$$\int_{-\infty}^{\infty} p(x)dx = 1$$

❷ 기댓값은 0

$$\int_{-\infty}^{\infty} xp(x)dx = 0$$

❸ 분산은 σ^2

$$\int_{-\infty}^{\infty} x^2 p(x)dx = \sigma^2$$

최대화할 **목적범함수** objective functional 는 엔트로피다.

$$\mathrm{H}[p(x)] = -\int_{-\infty}^{\infty} p(x)\log p(x)dx$$

라그랑주 승수법으로 제한조건을 추가하면 다음과 같아진다.

$$
\begin{aligned}
\mathrm{H}[p(x)] &= -\int_{-\infty}^{\infty} p(x)\log p(x)dx + \lambda_1\left(\int_{-\infty}^{\infty} p(x)dx - 1\right) \\
&+ \lambda_2\left(\int_{-\infty}^{\infty} xp(x)dx\right) + \lambda_3\left(\int_{-\infty}^{\infty} x^2 p(x)dx - \sigma^2\right) \\
&= \int_{-\infty}^{\infty} \left(-p(x)\log p(x) + \lambda_1 p(x) + \lambda_2 xp(x) + \lambda_3 x^2 p(x) - \lambda_1 - \lambda_3\sigma^2\right)dx
\end{aligned}
$$

변분법에서 도함수는 다음과 같이 계산된다.

$$\frac{\delta H}{\delta p(x)} = -\log p(x) - 1 + \lambda_1 + \lambda_2 x + \lambda_3 x^2 = 0$$

따라서 확률밀도함수의 형태는 다음과 같다.

$$p(x) = \exp\left(-1 + \lambda_1 + \lambda_2 x + \lambda_3 x^2\right)$$

적분을 통해 위 형태의 확률밀도함수의 면적, 기대값, 분산을 계산하고 주어진 제한조건을 만족하도록 연립방정식을 풀면 라그랑주 승수를 다음처럼 구할 수 있다. 이 과정은 이 책의 범위를 벗어나므로 생략한다.

$$\lambda_1 = 1 - \frac{1}{2}\log 2\pi\sigma^2$$
$$\lambda_2 = 0$$
$$\lambda_3 = -\frac{1}{2\sigma^2}$$

이 값을 대입하면 정규분포라는 것을 알 수 있다.

$$p(x) = \frac{1}{\sqrt{2\pi\sigma^2}}\exp\left(-\frac{x^2}{2\sigma^2}\right)$$

따라서 정규분포는 기댓값과 표준편차를 알고 있는 확률분포 중에서 가장 엔트로피가 크고 따라서 가장 정보가 적은 확률분포다. 정규분포는 베이즈 추정에서 있어서 사실상 무정보 사전확률분포로 사용되는 경우가 많다.

10.1.5 연습 문제

정규분포의 확률밀도함수에 대한 엔트로피값이 다음과 같음을 증명하라.

$$p(x) = \frac{1}{\sqrt{2\pi\sigma^2}}\exp\left(-\frac{x^2}{2\sigma^2}\right)$$

$$H[p(x)] = \frac{1}{2}(1 + \log 2\pi\sigma^2)$$

10.2 조건부엔트로피

이 절에서는 두 확률변수의 결합엔트로피와 조건부엔트로피를 정의하는 방법을 공부하고 분류문제에 어떻게 활용할 수 있는지 살펴본다.

결합엔트로피

결합엔트로피joint entropy는 결합확률분포를 사용하여 정의한 엔트로피를 말한다.

이산확률변수 X, Y에 대해 결합엔트로피는 다음처럼 정의한다.

$$H[X, Y] = -\sum_{i=1}^{K_X} \sum_{j=1}^{K_Y} p(x_i, y_j) \log_2 p(x_i, y_j)$$

이 식에서 K_X, K_Y는 각각 X와 Y가 가질 수 있는 값의 개수고 p는 확률질량함수다.

연속확률변수 X, Y에 대해 결합엔트로피는 다음처럼 정의한다.

$$H[X, Y] = -\int_x \int_y p(x, y) \log_2 p(x, y) \, dxdy$$

이 식에서 p는 확률밀도함수다.

결합엔트로피도 결합확률분포라는 점만 제외하면 일반적인 엔트로피와 같다. 모든 경우에 대해 골고루 확률이 분포되어 있으면 엔트로피값이 커지고 특정 한 가지 경우에 대해 확률이 모여 있으면 엔트로피가 0에 가까와진다.

조건부엔트로피

조건부엔트로피conditional entropy는 어떤 확률변수 X가 다른 확률변수 Y값을 예측하는 데 도움이 되는지를 측정하는 방법이다. 만약 확률변수 X값이 특정 하나의 값을 가질 때 확률변수 Y도 마찬가지로 특정 값이 된다면 X로 Y를 예측할 수 있다. 반대로 확률변수 X값이 특정 하나의 값을 가져도 확률변수 Y가 여러 값으로 골고루 분포되어 있다면 X는 Y값을 예측하는 데 도움이 안된다.

조건부엔트로피의 정의는 다음과 같이 유도한다. 확률변수 X, Y가 모두 이산확률변수라고 가정하고 X가 특정한 값 x_i를 가질 때의 Y의 엔트로피 $H[Y \mid X = x_i]$는 다음처럼 조건부확률분포의 엔트로피로 정의한다.

$$H[Y \mid X = x_i] = -\sum_{j=1}^{K_Y} p(y_j \mid x_i) \log_2 p(y_j \mid x_i)$$

조건부엔트로피는 확률변수 X가 가질 수 있는 모든 경우에 대해 $H[Y|X = x_i]$를 가중평균한 값으로 정의한다.

$$H[Y \mid X] = \sum_{i=1}^{K_X} p(x_i) H[Y \mid X = x_i] \tag{1}$$

$$= -\sum_{i=1}^{K_X} \sum_{j=1}^{K_Y} p(y_j \mid x_i) p(x_i) \log_2 p(y_j \mid x_i) \tag{2}$$

$$= -\sum_{i=1}^{K_X} \sum_{j=1}^{K_Y} p(x_i, y_j) \log_2 p(y_j \mid x_i) \tag{3}$$

연속확률변수의 경우에는 다음과 같다.

$$H[Y \mid X = x] = -\int_y p(y \mid x) \log_2 p(y \mid x) \, dy$$

$$H[Y \mid X] = -\int_x p(x) H[Y \mid X = x] \, dx \tag{1}$$

$$= -\int_x p(x) \left(\int_y p(y \mid x) \log_2 p(y \mid x) \, dy \right) dx \tag{2}$$

$$= -\int_x \int_y p(y \mid x_i) p(x) \log_2 p(y \mid x) \, dxdy \tag{3}$$

$$= -\int_x \int_y p(x, y) \log_2 p(y \mid x) \, dxdy \tag{4}$$

따라서 조건부엔트로피의 최종적인 수학적 정의는 다음과 같다.

이산확률변수의 경우에는 다음처럼 정의한다.

$$H[Y \mid X] = -\sum_{i=1}^{K_X} \sum_{j=1}^{K_Y} p(x_i, y_j) \log_2 p(y_j \mid x_i)$$

연속확률변수의 경우에는 다음처럼 정의한다.

$$H[Y \mid X] = -\int_x \int_y p(x, y) \log_2 p(y \mid x) \, dxdy$$

예측에 도움이 되는 경우

예를 들어 X, Y값의 관계가 다음과 같다고 하자.

	$Y = 0$	$Y = 1$
$X = 0$	0.4	0.0
$X = 0$	0.0	0.6

$X = 0$, $X = 1$일 때의 조건부확률분포는 다음과 같다.

$$P(Y = 0|X = 0) = 1, \quad P(Y = 1|X = 0) = 0$$

$$P(Y = 0|X = 1) = 0, \quad P(Y = 1|X = 1) = 1$$

이때 Y의 엔트로피는 모두 0이다.

$$H[Y \mid X = 0] = 0$$

$$H[Y \mid X = 1] = 0$$

따라서 조건부엔트로피도 0이 된다.

$$H[Y|X] = 0$$

```
plt.figure(figsize=(8, 4))
ax1 = plt.subplot(121)
pXY = [[0.4, 0], [0, 0.6]]
sns.heatmap(pXY, annot=True, cbar=False)
plt.xlabel('Y')
plt.ylabel('X')
plt.title('결합확률분포 p(X,Y), H[X,Y]=1.85')

plt.subplot(222)
plt.bar([0, 1], [1, 0])
plt.ylim(0, 1)
plt.title('조건부확률분포 p(Y¦X=0)')

plt.subplot(224)
plt.bar([0, 1], [0, 1])
plt.ylim(0, 1)
```

```
plt.title('조건부확률분포 p(Y|X=1)')

plt.tight_layout(w_pad=5)
plt.suptitle('조건부엔트로피 H[Y|X]=0.85', y=1.05)
plt.show()
```

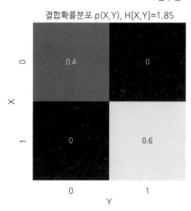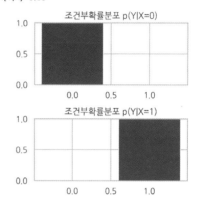

조건부엔트로피 H[Y|X]=0.85

예측에 도움이 되지 않는 경우

예를 들어 두 확률변수 X, Y값의 관계가 다음과 같다고 하자. 이 경우 두 확률변수는 서로 독립이다.

	$Y = 0$	$Y = 1$
$X = 0$	$\frac{1}{9}$	$\frac{2}{9}$
$X = 0$	$\frac{2}{9}$	$\frac{4}{9}$

$X = 0$, $X = 1$일 때의 조건부확률분포는 다음과 같다.

$$P(Y = 0|X = 0) = \frac{1}{3}, \quad P(Y = 1|X = 0) = \frac{2}{3}$$

$$P(Y = 0|X = 1) = \frac{1}{3}, \quad P(Y = 1|X = 1) = \frac{2}{3}$$

두 경우 모두 Y의 엔트로피는 약 0.92다.

$$H[Y \mid X = 0] = H[Y \mid X = 1] = -\frac{1}{3} \log_2 \frac{1}{3} - \frac{2}{3} \log_2 \frac{2}{3} \approx 0.92$$

```
sp.stats.entropy([1/3, 2/3], base=2)
```

```
0.9182958340544894
```

이 값을 가중평균하면 조건부엔트로피값은 똑같이 약 0.92다.

$$H[Y|X] = \frac{1}{3} H[Y \mid X = 0] + \frac{2}{3} H[Y \mid X = 1] \approx 0.92$$

```
plt.figure(figsize=(8, 4))
ax1 = plt.subplot(121)
pXY = [[1/9, 2/9], [2/9, 4/9]]
sns.heatmap(pXY, annot=True, cbar=False)
plt.xlabel('Y')
plt.ylabel('X')
plt.title('결합확률분포 p(X,Y), H[X,Y]=1.84')

plt.subplot(222)
plt.bar([0, 1], [1/3, 2/3])
plt.ylim(0, 1)
plt.title('조건부확률분포 p(Y¦X=0)')

plt.subplot(224)
plt.bar([0, 1], [1/3, 2/3])
plt.ylim(0, 1)
plt.title('조건부확률분포 p(Y¦X=1)')

plt.tight_layout(w_pad=5)
plt.suptitle('조건부엔트로피 H[Y¦X]=0.92', y=1.05)
plt.show()
```

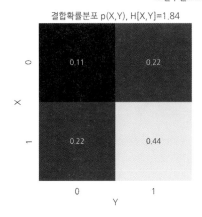

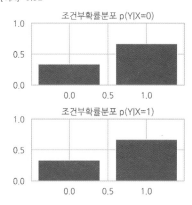

조건부엔트로피 H[Y|X]=0.92

조건부엔트로피를 사용한 스팸메일 분류 문제

조건부엔트로피가 분류 문제에 어떻게 도움이 되는지 알아보기 위해 스팸메일 분류 문제를 살펴보자. 스팸메일 분류 모형을 만들기 위한 학습용 메일 데이터가 80개 있다고 가정한다. 이 중 40개가 정상 메일($Y = 0$), 40개가 스팸 메일($Y = 1$)이다.

스팸메일인지 아닌지를 특정 키워드가 존재하는지($X = 1$) 혹은 존재하지 않는지($X = 0$)의 여부로 알아보고자 한다. 키워드 후보로는 X_1, X_2, X_3 세 가지가 있다.

X_1, Y의 관계는 다음과 같다.

	$Y = 0$	$Y = 1$	
$X_1 = 0$	30	10	40
$X_1 = 1$	10	30	40
	40	40	80

X_2, Y의 관계는 다음과 같다.

	$Y = 0$	$Y = 1$	
$X_2 = 0$	20	40	60
$X_2 = 1$	20	0	20
	40	40	80

X_3, Y의 관계는 다음과 같다.

	$Y = 0$	$Y = 1$	
$X_3 = 0$	0	40	40
$X_3 = 1$	40	0	40
	40	40	80

이 세 가지 키워드 중 하나만 골라야 한다면 어떤 키워드가 가장 좋은 키워드인가? 당연히 X_3 다. 그렇다면 X_1과 X_2 중에서는 누가 더 좋은 키워드인가?

조건부엔트로피값을 사용하면 이 문제를 해결할 수 있다. 조건부엔트로피값이 가장 작아지는 것이 가장 좋은 키워드일 것이다.

X_1, Y의 조건부엔트로피는 다음과 같이 계산한다.

$$H[Y \mid X_1] = p(X_1 = 0)\, H[Y \mid X_1 = 0] + p(X_1 = 1)\, H[Y \mid X_1 = 1]$$
$$= \frac{40}{80} \cdot 0.81 + \frac{40}{80} \cdot 0.81 = 0.81$$

X_2, Y의 조건부엔트로피는 다음과 같이 계산한다.

$$H[Y \mid X_2] = p(X_2 = 0)\, H[Y \mid X_2 = 0] + p(X_2 = 1)\, H[Y \mid X_2 = 1]$$
$$= \frac{60}{80} \cdot 0.92 + \frac{20}{80} \cdot 0 = 0.69$$

X_3, Y의 조건부엔트로피는 다음과 같이 계산한다.

$$H[Y \mid X_3] = p(X_3 = 0)\, H[Y \mid X_3 = 0] + p(X_3 = 1)\, H[Y \mid X_3 = 1] = 0$$

조건부엔트로피의 값으로부터 X_2가 X_1보다 좋은 키워드임을 알 수 있다. **의사결정나무**decision tree 라는 분류 모형은 조건부엔트로피를 사용하여 가장 좋은 특징값과 기준을 찾는다.

조건부엔트로피를 사용한 붓꽃 분류 문제

다음은 붓꽃 데이터 중 버지니카virginica와 베르시칼라versicolor 종의 데이터만 임포트하는 코드다.

```
from sklearn.datasets import load_iris

iris = load_iris()
idx = np.in1d(iris.target, [1, 2])
X = iris.data[idx, :]
y = iris.target[idx]
df = pd.DataFrame(X, columns=iris.feature_names)
df['species'] = iris.target[idx]
df.tail()
```

	sepal length (cm)	sepal width (cm)	petal length (cm)	petal width (cm)	species
95	6.7	3.0	5.2	2.3	2
96	6.3	2.5	5.0	1.9	2
97	6.5	3.0	5.2	2.0	2
98	6.2	3.4	5.4	2.3	2
99	5.9	3.0	5.1	1.8	2

```
sns.distplot(df[df.species == 1]['sepal length (cm)'], hist=True, rug=True, label='
버지니카')
sns.distplot(df[df.species == 2]['sepal length (cm)'], hist=True, rug=True, label='
베르시칼라')
plt.legend()
plt.xlabel('꽃받침 길이')
plt.title('꽃받침 길이와 붓꽃 종')
plt.show()
```

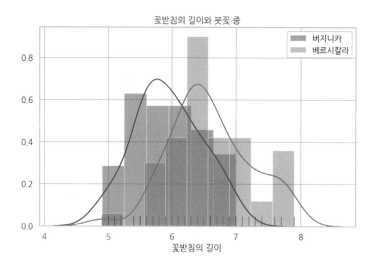

꽃받침의 길이와 붓꽃 종

꽃받침 길이^{sepal length}로 두 종을 구별하고 싶다고 하자. 기준값을 무엇으로 정해야 할까?

만약 6cm를 기준으로 구분하면 다음과 같다.

```python
df['X1'] = df['sepal length (cm)'] > 6
pivot_table1 = df.groupby(['X1', 'species']).size().unstack().fillna(0)
pivot_table1
```

species	1	2
X1		
False	30	9
True	20	41

이때의 조건부엔트로피는 0.86이다.

```
def cond_entropy (v):
    eps = np.finfo('float').eps
    pYX0 = v[0, :] / np.sum(v[0, :])
    pYX1 = v[1, :] / np.sum(v[1, :])
    HYX0 = sp.stats.entropy(pYX0, base=2)
    HYX1 = sp.stats.entropy(pYX1, base=2)
    HYX = np.sum(v, axis=1) @ [HYX0, HYX1] / np.sum(v)
    return HYX

cond_entropy (pivot_table1.values)
```

```
0.860714271586387
```

6.5cm를 기준으로 구분하면 다음과 같다.

```
df['X2'] = df['sepal length (cm)'] > 6.5
pivot_table2 = df.groupby(['X2', 'species']).size().unstack()
pivot_table2
```

species	1	2
X2		
False	42	28
True	8	22

이때의 조건부엔트로피는 0.93이다.

```
cond_entropy (pivot_table2.values)
```

```
0.9306576387006182
```

따라서 6cm를 기준값으로 잡는 것이 6.5cm보다는 더 좋은 선택이다.

10.2.1 연습 문제

❶ 붓꽃 데이터에서 꽃받침 길이(sepal length)의 최솟값과 최댓값 구간을 0.05 간격으로 나누어 각각의 값을 기준값으로 했을 때 조건부엔트로피가 어떻게 변하는지 그래프로 그려라.

❷ 꽃받침 길이를 특징으로 사용했을 때 어떤 값을 기준값으로 하는 것이 가장 좋은가?

❸ 꽃받침 폭(sepal width)에 대해 위의 분석을 실시하라. 이때는 기준값이 어떻게 되는가?

❹ 꽃받침 길이(sepal length)와 꽃받침 폭(sepal width) 중 하나를 특징으로 선택해야 한다면 어떤 것을 선택해야 하는가?

10.3 교차엔트로피와 쿨백-라이블러 발산

이 절에서는 교차엔트로피와 쿨백-라이블러 발산을 공부한다. 교차엔트로피는 분류 문제의 성능을 평가하는 데 유용하다. 쿨백-라이블러 발산은 교차엔트로피를 응용한 것으로 두 확률분포의 모양이 얼마나 유사한지를 평가한다.

교차엔트로피

두 확률분포 p, q의 **교차엔트로피**^{cross entropy} $H[p,q]$의 정의는

- 이산확률분포일 때

$$H[p, q] = -\sum_{k=1}^{K} p(y_k) \log_2 q(y_k)$$

- 연속확률분포일 때

$$H[p, q] = -\int_y p(y) \log_2 q(y) \, dy$$

가 된다.

교차엔트로피는 지금까지 공부한 엔트로피, 결합엔트로피, 조건부엔트로피와 다르게 확률변수가 아닌 확률분포를 인수로 받는다는 점에 주의하라.

| 예제 |

다음과 같은 두 분포가 있을 때 교차엔트로피는 0.25다.

$$p = [1/4, 1/4, 1/4, 1/4]$$

$$q = [1/2, 1/4, 1/8, 1/8]$$

```
- 1/4 * np.log2(1/2) - 1/4 * np.log2(1/4) - 1/4 * np.log2(1/8) - 1/4 * np.log2(1/8)
```

2.25

교차엔트로피를 사용한 분류 성능 측정

교차엔트로피는 분류 모형의 성능을 측정하는 데 사용된다. Y가 0 또는 1이라는 값만 가지는 이진분류 문제를 예로 들어보자.

p는 X값이 정해졌을 때 정답인 Y의 확률분포다. 이진분류 문제에서 Y는 0또는 1이다. 따라서 p는

- 정답이 $Y = 1$일 때
  $$p(Y = 0) = 0, p(Y = 1) = 1$$

- 정답이 $Y = 0$일 때
  $$p(Y = 0) = 1, p(Y = 1) = 0$$

이다.

분포 q는 X값이 정해졌을 때 예측값의 확률분포다. 모수가 μ인 베르누이분포라고 가정한다.

$$q(Y = 0) = 1 - \mu, q(Y = 1) = \mu$$

따라서 확률분포 p와 q의 교차엔트로피는

- 정답이 $Y = 1$일 때
  $$H[p, q] = -p(Y = 0)\log_2 q(Y = 0) - p(Y = 1)\log_2 q(Y = 1) = -\log_2 \mu$$

- 정답이 $Y = 0$일 때

$$H[p, q] = -p(Y = 0) \log_2 q(Y = 0) - \cancel{p(Y = 1) \log_2 q(Y = 1)} = -\log_2(1 - \mu)$$

가 된다.

이 값은 분류 성능이 좋을수록 작아지고 분류 성능이 나쁠수록 커진다. 이유는 다음과 같다.

- $Y = 1$일 때는 μ가 작아질수록 즉, 예측이 틀릴수록 $\log_2 \mu$의 값도 커진다.
- $Y = 0$일 때는 μ가 커질수록, 즉 예측이 틀릴수록 $\log_2 (1 - \mu)$의 값도 커진다.

따라서 교차엔트로핏값은 예측의 틀린 정도를 나타내는 오차함수 역할을 할 수 있다.

전체 학습 데이터 N개에 대해 교차엔트로피 평균을 구하면 다음 식으로 표현할 수 있다. 이 값을 **로그손실**log-loss이라고도 한다.

$$\log \text{ loss} = -\frac{1}{N} \sum_{i=1}^{N} (y_i \log_2 \mu_i + (1 - y_i) \log_2 (1 - \mu_i))$$

같은 방법으로 이진분류가 아닌 다중분류에서도 교차엔트로피를 오차 함수로 사용할 수 있다. 다중분류 문제의 교차엔트로피 손실함수를 **카테고리 로그손실**categorical log-loss이라고 한다.

$$\text{categorical log loss} = -\frac{1}{N} \sum_{i=1}^{N} \sum_{k=1}^{K} (\mathbb{I}(y_i = k) \log_2 p(y_i = k))$$

위 식에서 $\mathbb{I}(y_i = k)$는 y_i가 k인 경우에만 1이고 그렇지 않으면 0이 되는 지시함수indicator function다. $p(y_i = k)$는 분류 모형이 계산한 $y_i = k$일 확률이다.

사이킷런 패키지의 metrics 서브패키지는 로그손실을 계산하는 `log_loss` 함수를 제공한다.

붓꽃 분류 문제에서 꽃받침 길이sepal length 5.6cm를 기준으로 세토사와 베르시칼라 종을 분류한 결과는 다음과 같다.

```
from sklearn.datasets import load_iris

iris = load_iris()
idx = np.in1d(iris.target, [0, 1])
X = iris.data[idx, :]
```

```
y = iris.target[idx]
df = pd.DataFrame(X, columns=iris.feature_names)
df['y'] = iris.target[idx]
df['y_hat'] = (df['sepal length (cm)'] > 5.4).astype(int)
df.tail()
```

	sepal length (cm)	sepal width (cm)	petal length (cm)	petal width (cm)	y	y_hat
95	5.7	3.0	4.2	1.2	1	1
96	5.7	2.9	4.2	1.3	1	1
97	6.2	2.9	4.3	1.3	1	1
98	5.1	2.5	3.0	1.1	1	0
99	5.7	2.8	4.1	1.3	1	1

로그손실값을 계산하면 3.8이다.

```
from sklearn.metrics import log_loss

log_loss(df['y'], df['y_hat'])
```

```
3.799305383311686
```

10.3.1 **연습 문제**

❶ 붓꽃 데이터에서 꽃받침 길이(sepal length)의 최솟값과 최댓값 구간을 0.5 간격으로 나누어 각각의
값을 기준값으로 했을 때 로그손실이 어떻게 변하는지 그래프로 그려라. 종으로는 세토사와 베르시칼라
만 사용한다.

❷ 꽃받침 길이를 특징으로 사용했을 때 어떤 값을 기준값으로 하는 것이 가장 좋은가?

❸ 꽃받침 폭(sepal width)에 대해 위의 분석을 실시하라. 이때는 기준값이 어떻게 되는가?

❹ 꽃받침 길이(sepal length)와 꽃받침 폭(sepal width) 중 하나를 특징으로 선택해야 한다면 어떤 것을
선택해야 하는가?

쿨백-라이블러 발산

쿨백-라이블러 발산 Kullback–Leibler divergence은 두 확률분포 $p(y)$, $q(y)$의 분포모양이 얼마나 다른지를 숫자로 계산한 값이다. $KL(p \| q)$로 표기한다.

이산확률분포에 대해서는 다음처럼 정의한다.

$$KL(p\|q) = H[p, q] - H[p]$$
$$= \sum_{i=1}^{K} p(y_i) \log_2 \left(\frac{p(y_i)}{q(y_i)} \right)$$

연속확률분포에 대해서는 다음처럼 정의한다.

$$KL(p\|q) = H[p, q] - H[p]$$
$$= \int p(y) \log_2 \left(\frac{p(y)}{q(y)} \right) dy$$

쿨백-라이블러 발산은 교차엔트로피에서 기준이 되는 p분포의 엔트로피값을 뺀 값이므로 **상대 엔트로피**relative entropy라고도 한다. 그 값은 항상 양수이며 두 확률분포 $p(x)$, $q(x)$가 완전히 같을 경우에만 0이 된다.

$$KL(p\|p) = H[p, p] - H[p]$$
$$= \int p(y) \log_2 \left(\frac{p(y)}{p(y)} \right) dy$$
$$= 0$$

역으로 쿨백-라이블러 발산이 0이면 두 확률분포는 같은 확률분포다. 증명은 생략한다.

$$KL(p\|q) = 0 \ \leftrightarrow \ p = q$$

쿨백-라이블러 발산은 거리distance가 아니라 확률분포 q가 기준확률분포 p와 얼마나 다른지를 나타내는 값이므로 두 확률분포의 위치가 달라지면 일반적으로 값이 달라진다는 점에 주의해야 한다.

$$KL(p\|q) \neq KL(q\|p)$$

가변길이 인코딩과 쿨백-라이블러 발산

4개의 글자 A, B, C, D로 씌여진 다음과 같은 문서를 가변길이 인코딩하는 경우를 생각하자.

```
N = 200
p = [1/2, 1/4, 1/8, 1/8]
doc0 = list(''.join([int(N * p[i]) * c for i, c in enumerate('ABCD')]))
np.random.shuffle(doc0)
doc = ''.join(doc0)
doc
```

'CAACDAABCBABBACDDACADDAADCBBCBAADCABBAAACACABABABADDAABABBBBAAAAABAAADACABABBAAAABABA
BADADADADAADABCACADDDBAAAAACAAAAADAACBAAADBACABADBDBABCAACABACAAAAACAADABBAAAACCAABCAAAA
BBBBBBACACABABDAABDBABBADBABA'

이 문서를 구성하는 글자의 확률분포는 다음과 같다.

$$p(Y = A) = \frac{1}{2}, \ p(Y = B) = \frac{1}{4}, \ p(Y = C) = \frac{1}{8}, \ p(Y = D) = \frac{1}{8}$$

```
from collections import Counter

p = np.array(list(Counter(doc).values())) / len(doc)
p
```

```
array([0.125, 0.5  , 0.125, 0.25 ])
```

한글자당 인코딩된 글자 수는 분포 q의 엔트로피인 1.75가 된다.

$$\sum_{k=1}^{K} p(y_i) \log_2 p(y_i) = -\frac{1}{2} \cdot \log_2 \frac{1}{2} + -\frac{1}{4} \cdot \log_2 \frac{1}{4} + -\frac{1}{8} \cdot \log_2 \frac{1}{8} + -\frac{1}{8} \cdot \log_2 \frac{1}{8} \tag{1}$$

$$= \frac{1}{2} \cdot 1 + \frac{1}{4} \cdot 2 + \frac{1}{8} \cdot 3 + \frac{1}{8} \cdot 3 \tag{2}$$

$$= 1.75$$

```
sp.stats.entropy([1/2, 1/4, 1/8, 1/8], base=2)
```

1.75

실제로 인코딩된 글자 수에서 확인할 수 있다.

```
vl_encoder = {'A': '0', 'B': '10', 'C': '110', 'D': '111'}
vl_encoded_doc = ''.join([vl_encoder[c] for c in doc])
len(vl_encoded_doc) / len(doc)
```

1.75

그런데 가변길이 인코딩이 아니라 고정길이 인코딩을 사용한다는 것은 다음과 같은 분포를 가정한 것과 같다.

$$q(Y = A) = \frac{1}{4}, \; q(Y = B) = \frac{1}{4}, \; q(Y = C) = \frac{1}{4}, \; q(Y = D) = \frac{1}{4}$$

실제로 한글자당 인코딩된 글자 수는 다음과 같이 계산할 수 있다.

$$\sum_{k=1}^{K} p(y_i) \log_2 q(y_i) = -\frac{1}{2} \cdot \log_2 \frac{1}{4} + -\frac{1}{4} \cdot \log_2 \frac{1}{4} + -\frac{1}{8} \cdot \log_2 \frac{1}{4} + -\frac{1}{8} \cdot \log_2 \frac{1}{4}$$

$$= \frac{1}{2} \cdot 2 + \frac{1}{4} \cdot 2 + \frac{1}{8} \cdot 2 + \frac{1}{8} \cdot 2$$
$$= 2$$

```
encoder = {'A': '00', 'B': '01', 'C': '10', 'D': '11'}
encoded_doc = ''.join([encoder[c] for c in doc])
len(encoded_doc) / len(doc)
```

2.0

쿨백-라이블러 발산은 잘못된 분포 q로 인코딩되었을 때의 한글자당 인코딩된 글자 수와 원래의 분포 p를 사용했을 때 한글자당 인코딩된 글자 수의 차이인 0.25와 같다.

$$
\begin{aligned}
KL(p\|q) &= \sum_{i=1}^{K} p(y_i) \log_2 \left(\frac{p(y_i)}{q(y_i)} \right) \\
&= - \sum_{i=1}^{K} p(y_i) \log_2 q(y_i) - \left(- \sum_{i=1}^{K} p(y_i) \log_2 p(y_i) \right) \\
&= H[p, q] - H[p] \\
&= 2.0 - 1.75 = 0.25
\end{aligned}
$$

즉, 확률분포 q의 모양이 확률분포 p와 다른 정도를 정량화한 것이다.

사이파이의 stats 서브패키지에서 제공하는 entropy 함수는 두 개의 확률분포를 인수로 넣으면 쿨백-라이블러 발산을 계산해준다. base 인수를 2로 설정하는 것을 잊지 말아야 한다.

```
sp.stats.entropy([1/4, 1/4, 1/4, 1/4], [1/2, 1/4, 1/8, 1/8], base=2)
```

```
0.24999999999999997
```

10.3.2 연습 문제

A, B, C, D, E, F, G, H의 8글자로 이루어진 문서가 있고 각각의 글자가 나올 확률이 다음과 같다고 가정하자.

$$
\left\{ \frac{1}{2}, \frac{1}{4}, \frac{1}{8}, \frac{1}{16}, \frac{1}{64}, \frac{1}{64}, \frac{1}{64}, \frac{1}{64} \right\}
$$

❶ 위 확률분포와 균일확률분포의 쿨백-라이블러 발산값을 구하라.

❷ 이 문서를 가변길이 인코딩을 할 때와 고정길이 인코딩을 할 때 한글자당 인코딩된 글자 수를 비교하라.

10.4 상호정보량

이 절에서는 상관계수를 대체할 수 있는 확률변수 특성인 상호정보량에 대해 공부한다.

상호정보량

두 확률변수 X, Y가 독립이면 정의에 의해 결합확률밀도함수는 주변확률밀도함수의 곱과 같다.

$$p(x, y) = p(x)p(y)$$

쿨벡–라이블러 발산은 두 확률분포가 얼마나 다른지를 정량적으로 나타내는 수치다. 두 확률분포가 같으면 쿨벡–라이블러 발산은 0이 되고 다르면 다를수록 큰 값을 가진다.

$$KL(p\|q) = \sum_{i=1}^{K} p(y_i) \log_2 \left(\frac{p(y_i)}{q(y_i)} \right)$$

상호정보량mutual information은 결합확률밀도함수 $p(x,y)$와 주변확률밀도함수의 곱 $p(x)p(y)$의 쿨벡–라이블러 발산이다. 즉 결합확률밀도함수와 주변확률밀도함수의 차이를 측정하므로써 두 확률변수의 상관관계를 측정하는 방법이다. 만약 두 확률변수가 독립이면 결합확률밀도함수는 주변확률밀도함수의 곱과 같으므로 상호정보량은 0이 된다. 반대로 상관관계가 있다면 그만큼 양의 상호정보량을 가진다.

$$MI[X, Y] = KL(p(x, y)\|p(x)p(y)) = \sum_{i=1}^{K} p(x_i, y_i) \log_2 \left(\frac{p(x_i, y_i)}{p(x_i)p(y_i)} \right)$$

상호정보량은 엔트로피와 조건부엔트로피의 차이와 같다.

$$MI[X, Y] = H[X] - H[X|Y]$$

또는

$$MI[X, Y] = H[Y] - H[Y|X]$$

조건부엔트로피는 두 확률변수의 상관관계가 강할수록 원래의 엔트로피보다 더 작아지므로 상호정보량이 커진다.

이산확률변수의 상호정보량

상관관계가 있는 두 카테고리 확률변수 X, Y에서 나온 표본 데이터 N개가 있다. 이 데이터를 이용하여 두 이산확률변수의 상호정보량을 추정하려면 우선 다음과 같은 기호를 정의해야 한다.

- I : X의 카테고리 수
- J : Y의 카테고리 수
- N_i : $X = i$인 데이터 수
- N_j : $Y = j$인 데이터 수
- N_{ij} : $X = i, Y = j$인 데이터 수

이때 확률밀도함수는 다음과 같이 추정할 수 있다.

$$p_X(i) = \frac{N_i}{N}$$

$$p_Y(j) = \frac{N_j}{N}$$

$$p_{XY}(i, j) = \frac{N_{ij}}{N}$$

이를 대입하면 상호정보량은 다음처럼 나온다.

$$MI[X, Y] = \sum_{i=1}^{I} \sum_{j=1}^{J} \frac{N_{ij}}{N} \log_2 \left(\frac{N N_{ij}}{N_i N_j} \right)$$

사이킷런 패키지의 metrics 서브패키지는 이산확률변수의 상호정보량을 구하는 `mutual_info_score` 명령을 제공한다. `mutual_info_score` 명령은 각 데이터에 대해서 X, Y 카테고리값을 표시한 2차원 배열을 입력해야 한다.

다음은 사이킷런 패키지에서 제공하는 문서 카테고리 분류 문제 데이터다. 이중 'rec.autos', 'sci.med', 'rec.sport.baseball' 세 클래스의 문서에 대해 키워드 빈도와 카테고리 사이의 상호정보량을 계산하면 다음과 같다.

```
from sklearn.datasets import fetch_20newsgroups
from sklearn.feature_extraction.text import CountVectorizer
from sklearn.metrics import mutual_info_score

categories = ['rec.autos', 'sci.med', 'rec.sport.baseball']
newsgroups = fetch_20newsgroups(subset='train', categories=categories)
vect = CountVectorizer(stop_words='english', token_pattern='[a-zA-Z]+')
X = vect.fit_transform(newsgroups.data).toarray()
y = newsgroups.target

mi = np.array([mutual_info_score(X[:, i], y) for i in range(X.shape[0])])
plt.stem(mi)
plt.title('뉴스그룹 카테고리와 키워드 사이의 상호정보량')
plt.xlabel('키워드 번호')
plt.show()
```

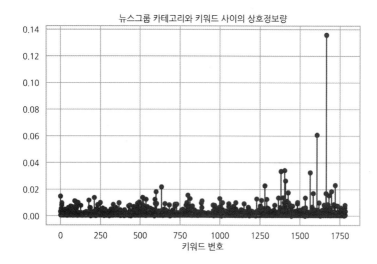

가장 상호정보량이 큰 10개의 키워드는 다음과 같다.

```
inv_vocabulary = {v: k for k, v in vect.vocabulary_.items()}
idx = np.flip(np.argsort(mi))
[inv_vocabulary[idx[i]] for i in range(10)]
```

```
['baseball',
 'banks',
 'automotive',
 'auto',
 'ball',
 'autos',
 'batting',
 'atlanta',
 'alomar',
 'bat']
```

최대정보 상관계수

연속확률변수의 표본 데이터에서 상호정보량을 측정하려면 우선 확률분포함수를 알아야 한다. 확률분포함수는 보통 히스토그램을 사용하여 유한 개의 구간^{bin}으로 나누어 추정하게 되는데 이때 구간의 개수나 경계 위치에 따라 추정오차가 커질 수 있다. 따라서 구간을 나누는 방법을 다양하게 시도한 다음에 그 결과로 구한 다양한 상호정보량 중에서 가장 큰 값을 선택하여 정규화한 것을 **최대정보 상관계수**maximal information coefficient, MIC라고 한다

minepy 패키지를 사용하면 최대정보 상관계수를 구할 수 있다. minepy 패키지는 conda 패키지 매니저로 설치할 수 있다.

```
conda install minepy
```

다음은 선형상관계수(피어슨 상관계수)로 0이 나오지만 비선형적인 상관관계를 가지는 데이터들에 대해 최대정보 상관계수를 구한 결과다.

```
from minepy import MINE

mine = MINE()

n = 500

plt.figure(figsize=(8, 6))

plt.subplot(231)
```

```
x1 = np.random.uniform(-1, 1, n)
y1 = 2*x1**2 + np.random.uniform(-1, 1, n)
plt.scatter(x1, y1)
mine.compute_score(x1, y1)
plt.title('MIC={0:0.3f}'.format(mine.mic()))


plt.subplot(232)
x2 = np.random.uniform(-1, 1, n)
y2 = 4*(x2**2-0.5)**2 + np.random.uniform(-1, 1, n)/5
plt.scatter(x2, y2)
mine.compute_score(x2, y2)
plt.title('MIC={0:0.3f}'.format(mine.mic()))


plt.subplot(233)
x3 = np.random.uniform(-1, 1, n)
y3 = np.cos(x3 * np.pi) + np.random.uniform(0, 1/8, n)
x3 = np.sin(x3 * np.pi) + np.random.uniform(0, 1/8, n)
plt.scatter(x3, y3)
mine.compute_score(x3, y3)
plt.title('MIC={0:0.3f}'.format(mine.mic()))


plt.subplot(234)
x4 = np.random.uniform(-1, 1, n)
y4 = np.random.uniform(-1, 1, n)
plt.scatter(x4, y4)
mine.compute_score(x4, y4)
plt.title('MIC={0:0.3f}'.format(mine.mic()))


plt.subplot(235)
x5 = np.random.uniform(-1, 1, n)
y5 = (x5**2 + np.random.uniform(0, 0.5, n)) * np.array([-1, 1])[np.random.random_
integers(0, 1, size=n)]
plt.scatter(x5, y5)
mine.compute_score(x5, y5)
plt.title('MIC={0:0.3f}'.format(mine.mic()))

plt.subplot(236)
xy1 = np.random.multivariate_normal([3, 3], [[1, 0], [0, 1]], int(n/4))
xy2 = np.random.multivariate_normal([-3, 3], [[1, 0], [0, 1]], int(n/4))
xy3 = np.random.multivariate_normal([-3, -3], [[1, 0], [0, 1]], int(n/4))
```

```
xy4 = np.random.multivariate_normal([3, -3], [[1, 0], [0, 1]], int(n/4))
xy = np.concatenate((xy1, xy2, xy3, xy4), axis=0)
x6 = xy[:, 0]
y6 = xy[:, 1]
plt.scatter(x6, y6)
mine.compute_score(x6, y6)
plt.title('MIC={0:0.3f}'.format(mine.mic()))

plt.tight_layout()
plt.show()
```

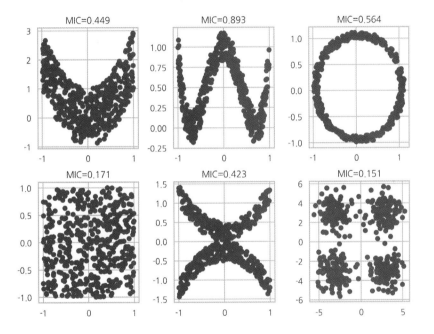

10.5 마치며

확률분포를 정보이론 관점에서 재해석했다. 엔트로피, 교차엔트로피, 쿨백–라이블러 발산, 상호정보량 등의 개념은 머신러닝에서도 모형의 성능을 나타내는 데 자주 사용되는 개념이다. 잘 이해한다면 고급 단계를 주제인 딥러닝 등을 공부할 때 많은 도움이 될 것이다.

INDEX

INDEX

김도형의

데이터
사이언스
스쿨 수학 편

김도형 지음

H 한빛미디어
Hanbit Media, Inc.

김도형의 데이터 사이언스 스쿨(수학 편)

파이썬 라이브러리로 배우는 데이터 과학 필수 수학

초판 1쇄 발행 2019년 11월 20일
초판 3쇄 발행 2021년 11월 20일

지은이 김도형 / **베타리더** 공민서, 남대현 / **펴낸이** 김태헌
펴낸곳 한빛미디어(주) / **주소** 서울시 서대문구 연희로2길 62 한빛미디어(주) IT출판부
전화 02-325-5544 / **팩스** 02-336-7124
등록 1999년 6월 24일 제25100-2017-000058호 / **ISBN** 979-11-6224-241-4 93000

총괄 전정아 / **책임편집** 홍성신 / **기획·편집** 최현우 / **진행** 박민아
디자인 표지·내지 김연정 조판 이경숙
영업 김형진, 김진불, 조유미 / **마케팅** 박상용, 송경석, 고광일, 한종진, 성화정 / **제작** 박성우, 김정우

이 책에 대한 의견이나 오탈자 및 잘못된 내용에 대한 수정 정보는 한빛미디어(주)의 홈페이지나 아래 이메일로
알려주십시오. 잘못된 책은 구입하신 서점에서 교환해드립니다. 책값은 뒤표지에 표시되어 있습니다.

한빛미디어 홈페이지 www.hanbit.co.kr / 이메일 ask@hanbit.co.kr

지금 하지 않으면 할 수 없는 일이 있습니다.
책으로 펴내고 싶은 아이디어나 원고를 메일(writer@hanbit.co.kr)로 보내주세요.
한빛미디어(주)는 여러분의 소중한 경험과 지식을 기다리고 있습니다.

소문난
명강의
★★★★★★

김도형의 데이터 사이언스 스쿨 수학편

김도형 지음

★ ★ ★   ★ ★ ★
소문난 명강의 시리즈 소개

이 시리즈는 단기간에 실무 능력을 갖추게 도와줍니다. 유튜브, 블로그, 학원, 대학
등에서 이미 검증된 강의 본연의 장점을 극대화하고 더 체계화해 책으로 담았습니
다. 입문자 눈높이에서 설명하고 작고 실용적인 프로젝트를 수행해 실전 능력을 키
워줍니다. 빠르게 개발 능력을 키우려는 입문자와 더 다양한 경험을 쌓으려는 개발
자에게 유용합니다.

한빛미디어
Hanbit Media, Inc.

연습 문제 1장 해답

연습 문제 1.2.1 해답

❶
$$\sum_{i=1}^{3}\sum_{j=1}^{3} a_i a_j y_i y_j x_i x_j$$
$$= a_1 a_1 y_1 y_1 x_1 x_1 + a_1 a_2 y_1 y_2 x_1 x_2 + a_1 a_3 y_1 y_3 x_1 x_3$$
$$+ a_2 a_1 y_2 y_1 x_2 x_1 + a_2 a_2 y_2 y_2 x_2 x_2 + a_2 a_3 y_2 y_3 x_2 x_3$$
$$+ a_3 a_1 y_3 y_1 x_3 x_1 + a_3 a_2 y_3 y_2 x_3 x_2 + a_3 a_3 y_3 y_3 x_3 x_3$$

❷
$$\sum_{k=1}^{3}\sum_{i=1}^{3} \sigma_i^2 (v_i w_k)^2$$
$$= \sigma_1^2 (v_1 w_1)^2 + \sigma_2^2 (v_2 w_1)^2 + \sigma_3^2 (v_3 w_1)^2$$
$$+ \sigma_1^2 (v_1 w_2)^2 + \sigma_2^2 (v_2 w_2)^2 + \sigma_3^2 (v_3 w_2)^2$$
$$+ \sigma_1^2 (v_1 w_3)^2 + \sigma_2^2 (v_2 w_3)^2 + \sigma_3^2 (v_3 w_3)^2$$

❸
$$\prod_{i=1}^{4}\prod_{k=1}^{4} \theta_k^{x_{i,k}}$$
$$= \theta_1^{x_{1,1}} \cdot \theta_2^{x_{1,2}} \cdot \theta_3^{x_{1,3}} \cdot \theta_4^{x_{1,4}}$$
$$\cdot \theta_1^{x_{2,1}} \cdot \theta_2^{x_{2,2}} \cdot \theta_3^{x_{2,3}} \cdot \theta_4^{x_{2,4}}$$
$$\cdot \theta_1^{x_{3,1}} \cdot \theta_2^{x_{3,2}} \cdot \theta_3^{x_{3,3}} \cdot \theta_4^{x_{3,4}}$$
$$\cdot \theta_1^{x_{4,1}} \cdot \theta_2^{x_{4,2}} \cdot \theta_3^{x_{4,3}} \cdot \theta_4^{x_{4,4}}$$

❹
$$\prod_{i=1}^{4}\sum_{k=1}^{2} \pi_k x_i \mu_k$$
$$= (\pi_1 x_1 \mu_1 + \pi_2 x_1 \mu_2)$$
$$\cdot (\pi_1 x_2 \mu_1 + \pi_2 x_2 \mu_2)$$
$$\cdot (\pi_1 x_3 \mu_1 + \pi_2 x_3 \mu_2)$$
$$\cdot (\pi_1 x_4 \mu_1 + \pi_2 x_4 \mu_2)$$

❶ $\displaystyle\prod_i x_i^{y_i}$

$$= x_1^{y_1} \cdot x_2^{y_2} \cdot x_3^{y_3} \cdot x_4^{y_4}$$
$$= x_1^0 \cdot x_2^1 \cdot x_3^0 \cdot x_4^0$$
$$= 1 \cdot x_2 \cdot 1 \cdot 1$$
$$= x_2$$

❷ $\displaystyle\prod_i x_i^{y_i}$

$$= x_1^{y_1} \cdot x_2^{y_2} \cdot x_3^{y_3} \cdot x_4^{y_4}$$
$$= x_1^0 \cdot x_2^0 \cdot x_3^1 \cdot x_4^0$$
$$= 1 \cdot 1 \cdot x_3 \cdot 1$$
$$= x_3$$

❶

$$\left(\sum_{i=1}^3 x_i \right)^2$$

$$= (x_1 + x_2 + x_3)^2$$
$$= (x_1 + x_2 + x_3) \cdot (x_1 + x_2 + x_3)$$
$$= x_1 x_1 + x_1 x_2 + x_1 x_3 + x_2 x_1 + x_2 x_2 + x_2 x_3 + x_3 x_1 + x_3 x_2 + x_3 x_3$$

$$\sum_{i=1}^3 \sum_{j=1}^3 x_i x_j$$

$$= x_1 x_1 + x_1 x_2 + x_1 x_3 + x_2 x_1 + x_2 x_2 + x_2 x_3 + x_3 x_1 + x_3 x_2 + x_3 x_3$$

$$\therefore \left(\sum_{i=1}^3 x_i \right)^2 = \sum_{i=1}^3 \sum_{j=1}^3 x_i x_j$$

❷

$$\sum_{i=1}^{3}\sum_{j=1}^{3} x_i y_{ij}$$

$$= x_1 y_{11} + x_1 y_{12} + x_1 y_{13} + x_2 y_{21} + x_2 y_{22} + x_2 y_{23} + x_3 y_{31} + x_1 y_{32} + x_3 y_{33}$$

$$\sum_{i=1}^{3}\left(x_i \sum_{j=1}^{3} y_{ij}\right)$$

$$= \sum_{i=1}^{3}\left(x_i(y_{i1} + y_{i2} + y_{i3})\right)$$

$$= \sum_{i=1}^{3}\left(x_i y_{i1} + x_i y_{i2} + x_i y_{i3}\right)$$

$$= x_1 y_{11} + x_1 y_{12} + x_1 y_{13} + x_2 y_{21} + x_2 y_{22} + x_2 y_{23} + x_3 y_{31} + x_1 y_{32} + x_3 y_{33}$$

$$\therefore \quad \sum_{i=1}^{3}\sum_{j=1}^{3} x_i y_{ij} = \sum_{i=1}^{3}\left(x_i \sum_{j=1}^{3} y_{ij}\right)$$

연습 문제 1.2.4 해답

❶

$$\prod_{i=1}^{2}\sum_{X_i} x_i \quad = \sum_{X_1} x_1 \cdot \sum_{X_2} x_2$$

$$= (x_{1,1} + x_{1,2} + x_{1,3}) \cdot (x_{2,1} + x_{2,2} + x_{2,3})$$

$$= x_{1,1}(x_{2,1} + x_{2,2} + x_{2,3})$$

$$+ x_{1,2}(x_{2,1} + x_{2,2} + x_{2,3})$$

$$+ x_{1,3}(x_{2,1} + x_{2,2} + x_{2,3})$$

$$= x_{1,1}x_{2,1} + x_{1,1}x_{2,2} + x_{1,1}x_{2,3} +$$

$$x_{1,2}x_{2,1} + x_{1,2}x_{2,2} + x_{1,2}x_{2,3} +$$

$$x_{1,3}x_{2,1} + x_{1,3}x_{2,2} + x_{1,3}x_{2,3}$$

$$\sum_{X_1 \times X_2}\prod_{i=1}^{2} x_i \quad = \sum_{X_1 \times X_2} x_1 x_2$$

$$= x_{1,1}x_{2,1} + x_{1,1}x_{2,2} + x_{1,1}x_{2,3} +$$

$$x_{1,2}x_{2,1} + x_{1,2}x_{2,2} + x_{1,2}x_{2,3} +$$

$$x_{1,3}x_{2,1} + x_{1,3}x_{2,2} + x_{1,3}x_{2,3}$$

$$\therefore \quad \prod_{i=1}^{2}\sum_{X_i} x_i = \sum_{X_1 \times X_2}\prod_{i=1}^{2} x_i$$

연습 문제 2장 해답

연습 문제 2.1.1 해답

```
x_2 = np.array(
    [[4.9], [3.0], [1.4], [0.2]])
x_2
```

```
array([[4.9],
       [3. ],
       [1.4],
       [0.2]])
```

연습 문제 2.1.2 해답

```
X = np.array(
    [[5.1, 3.5, 1.4, 0.2],
     [4.9, 3.0, 1.4, 0.2]])
X
```

```
array([[5.1, 3.5, 1.4, 0.2],
       [4.9, 3. , 1.4, 0.2]])
```

연습 문제 2.1.3 해답

```
# (1)
X.T
```

```
array([[5.1, 4.9],
       [3.5, 3. ],
       [1.4, 1.4],
       [0.2, 0.2]])
```

```
# (2)
X.T.T
```

```
array([[5.1, 3.5, 1.4, 0.2],
       [4.9, 3. , 1.4, 0.2]])
```

```
(X == X.T.T).all()
```

```
True
```

```
# 영벡터
v_1 = np.zeros((4, 1))
v_1
```

```
array([[0.],
       [0.],
       [0.],
       [0.]])
```

```
# 일벡터
v_2 = np.ones((4, 1))
v_2
```

```
array([[1.],
       [1.],
       [1.],
       [1.]])
```

```
# 정방행렬
m_1 = np.arange(9).reshape(3, 3)
m_1
```

```
array([[0, 1, 2],
       [3, 4, 5],
       [6, 7, 8]])
```

```
# 대각행렬
m_2 = 3 * np.eye(3)
m_2
```

```
array([[3., 0., 0.],
       [0., 3., 0.],
       [0., 0., 3.]])
```

```
# 항등행렬
m_3 = np.eye(3)
m_3
```

```
array([[1., 0., 0.],
       [0., 1., 0.],
       [0., 0., 1.]])
```

```
# 대칭행렬
m_4 = m_1 + m_1.T
m_4
```

```
array([[ 0,  4,  8],
       [ 4,  8, 12],
       [ 8, 12, 16]])
```

연습 문제 2.2.1 해답

```
# (1)
p = np.array([[100], [80], [50]])
n = np.array([[3], [4], [5]])

# (2)
# 필요한 금액 = 3 * 100 + 4 * 80 + 5 * 50 (단위 : 만원)
(p.T @ n)[0][0]
```

```
870
```

$$
\begin{aligned}
x - \frac{1}{N}\mathbf{1}_N^T x\mathbf{1} &= \begin{bmatrix} x_1 \\ x_2 \\ \vdots \\ x_N \end{bmatrix} - \frac{1}{N}[1\ 1\ \cdots\ 1] \begin{bmatrix} x_1 \\ x_2 \\ \vdots \\ x_N \end{bmatrix} \begin{bmatrix} 1 \\ 1 \\ \vdots \\ 1 \end{bmatrix} \\
&= \begin{bmatrix} x_1 \\ x_2 \\ \vdots \\ x_N \end{bmatrix} - \frac{1}{N}\sum_{n=1}^{N} x_n \begin{bmatrix} 1 \\ 1 \\ \vdots \\ 1 \end{bmatrix} \\
&= \begin{bmatrix} x_1 \\ x_2 \\ \vdots \\ x_N \end{bmatrix} - \bar{x} \begin{bmatrix} 1 \\ 1 \\ \vdots \\ 1 \end{bmatrix} \\
&= \begin{bmatrix} x_1 \\ x_2 \\ \vdots \\ x_N \end{bmatrix} - \begin{bmatrix} \bar{x} \\ \bar{x} \\ \vdots \\ \bar{x} \end{bmatrix} \\
&= \begin{bmatrix} x_1 - \bar{x} \\ x_2 - \bar{x} \\ \vdots \\ x_N - \bar{x} \end{bmatrix}
\end{aligned}
$$

연습 문제 2.2.3 해답

```
from sklearn.datasets import load_digits
X = load_digits().data
```

❶
```
X[0] @ X[9]
```

```
2807.0
```

❷
```
#  XX^T
X @ X.T
```

```
array([[3070., 1866., 2264., ..., 2812., 3006., 2898.],
       [1866., 4209., 3432., ..., 3906., 3083., 3307.],
       [2264., 3432., 4388., ..., 4005., 3063., 3697.],
       ...,
       [2812., 3906., 4005., ..., 5092., 3729., 4598.],
       [3006., 3083., 3063., ..., 3729., 4316., 3850.],
       [2898., 3307., 3697., ..., 4598., 3850., 4938.]])
```

```
sns.heatmap(X @ X.T, cmap=plt.cm.bone_r)
plt.show()
```

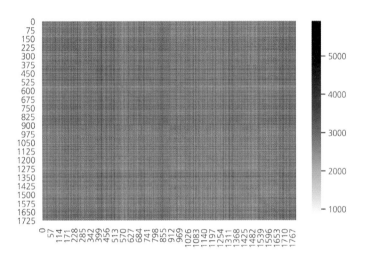

연습 문제 2.2.4 해답

```
A = np.array([[1, 2, 3], [4, 5, 6]])
B = np.array([[1, 2], [3, 4], [5, 6]])
```

❶ `A @ B`

```
array([[22, 28],
       [49, 64]])
```

❷

```
# BA는 AB와 다르다.
B @ A
```

```
array([[ 9, 12, 15],
       [19, 26, 33],
       [29, 40, 51]])
```

❸

```
A = np.array([1, 2, 3])
B = np.array([[4, 7], [5, 8], [6, 9]])

# AB는 계산가능하다.
A @ B
```

```
array([32, 50])
```

```
# BA는 계산불가능하다.
# B @ A
```

❹

```
# AB, BA 모두 계산가능하지만 값이 다르다.
A = np.array([[1, 3], [2, 4]])
B = np.array([[5, 7], [6, 8]])
```

```
A @ B
```

```
array([[23, 31],
       [34, 46]])
```

```
B @ A
```

```
array([[19, 43],
       [22, 50]])
```

❺

```
#  AA^T, A^TA 모두 계산가능하고
# 정방행렬이 나오지만 크기와 값이 다르다.
A = np.array([[1, 2], [3, 4], [5, 6]])
```

```
A @ A.T
```

```
array([[ 5, 11, 17],
       [11, 25, 39],
       [17, 39, 61]])
```

```
A.T @ A
```

```
array([[35, 44],
       [44, 56]])
```

❻
```
# x^Tx는 스칼라, xx^T는 정방행렬이 된다.
x = np.array([[1], [2], [3]])
```

```
x.T @ x
```

```
array([[14]])
```

```
x @ x.T
```

```
array([[1, 2, 3],
       [2, 4, 6],
       [3, 6, 9]])
```

연습 문제 2.2.5 해답

❶
$$
\mathbf{1}_N x^T = \begin{bmatrix} 1 \\ 1 \\ \vdots \\ 1 \end{bmatrix} \begin{bmatrix} x_1 & x_2 & \cdots & x_N \end{bmatrix} = \begin{bmatrix} x_1 & x_2 & \cdots & x_N \\ x_1 & x_2 & \cdots & x_N \\ \vdots & \vdots & \ddots & \vdots \\ x_1 & x_2 & \cdots & x_N \end{bmatrix} = \begin{bmatrix} x^T \\ x^T \\ \vdots \\ x^T \end{bmatrix}
$$

❷
$$
X = \begin{bmatrix} x_{1,1} & x_{1,2} & \cdots & x_{1,M} \\ x_{2,1} & x_{2,2} & \cdots & x_{2,M} \\ \vdots & \vdots & \ddots & \vdots \\ x_{N,1} & x_{N,2} & \cdots & x_{N,M} \end{bmatrix}
$$

이면

$$\frac{1}{N}X^T\mathbf{1}_N = \frac{1}{N}\begin{bmatrix} x_{1,1} & x_{2,1} & \cdots & x_{N,1} \\ x_{1,2} & x_{2,2} & \cdots & x_{N,2} \\ \vdots & \vdots & \ddots & \vdots \\ x_{1,M} & x_{2,M} & \cdots & x_{N,M} \end{bmatrix}\begin{bmatrix} 1 \\ 1 \\ \vdots \\ 1 \end{bmatrix} = \begin{bmatrix} \dfrac{1}{N}\displaystyle\sum_{n=1}^{N} x_{n,1} \\ \dfrac{1}{N}\displaystyle\sum_{n=1}^{N} x_{n,1} \\ \vdots \\ \dfrac{1}{N}\displaystyle\sum_{n=1}^{N} x_{n,1} \end{bmatrix} = \bar{x}$$

❸

$$\frac{1}{N}\mathbf{1}_N\mathbf{1}_N^T X = \mathbf{1}_N\left(\frac{1}{N}\mathbf{1}_N^T X\right) = \mathbf{1}_N\left(\frac{1}{N}X^T\mathbf{1}_N\right)^T = \mathbf{1}_N\bar{x}^T = \begin{bmatrix} 1 \\ 1 \\ \vdots \\ 1 \end{bmatrix}\bar{x}^T = \begin{bmatrix} \bar{x}^T \\ \bar{x}^T \\ \vdots \\ \bar{x}^T \end{bmatrix}$$

❹

```
from sklearn.datasets import load_iris
X = load_iris().data
N = X.shape[0]
ones = np.ones(N).reshape(-1, 1)

X_bar = ((ones @ ones.T) @ X) / N
X_bar[:5]
```

```
array([[5.84333333, 3.05733333, 3.758     , 1.19933333],
       [5.84333333, 3.05733333, 3.758     , 1.19933333],
       [5.84333333, 3.05733333, 3.758     , 1.19933333],
       [5.84333333, 3.05733333, 3.758     , 1.19933333],
       [5.84333333, 3.05733333, 3.758     , 1.19933333]])
```

연습 문제 2.2.6 해답

$$\left(\begin{bmatrix} 1 & 2 \end{bmatrix}\begin{bmatrix} 1 & 2 \\ 3 & 4 \end{bmatrix}\right)\begin{bmatrix} 5 \\ 6 \end{bmatrix} = \begin{bmatrix} 7 & 10 \end{bmatrix}\begin{bmatrix} 5 \\ 6 \end{bmatrix} = 95$$

$$\begin{bmatrix} 1 & 2 \end{bmatrix}\left(\begin{bmatrix} 1 & 2 \\ 3 & 4 \end{bmatrix}\begin{bmatrix} 5 \\ 6 \end{bmatrix}\right) = \begin{bmatrix} 1 & 2 \end{bmatrix}\begin{bmatrix} 17 \\ 39 \end{bmatrix} = 95$$

```
A = np.array([[1, 2]])
B = np.array([[1, 2], [3, 4]])
C = np.array([[5], [6]])
```

```
(A @ B) @ C
```

```
array([[95]])
```

```
A @ (B @ C)
```

```
array([[95]])
```

연습 문제 2.2.7 해답

$$Xw = \begin{bmatrix} 1 & 2 & 3 \\ 4 & 5 & 6 \end{bmatrix} \begin{bmatrix} 2 \\ 3 \\ 4 \end{bmatrix} = \begin{bmatrix} 1 \cdot 2 + 2 \cdot 3 + 3 \cdot 4 \\ 4 \cdot 2 + 5 \cdot 3 + 6 \cdot 4 \end{bmatrix} = \begin{bmatrix} 20 \\ 47 \end{bmatrix}$$

$$2 \begin{bmatrix} 1 \\ 4 \end{bmatrix} + 3 \begin{bmatrix} 2 \\ 5 \end{bmatrix} + 4 \begin{bmatrix} 3 \\ 6 \end{bmatrix} = \begin{bmatrix} 2 \cdot 1 + 3 \cdot 2 + 4 \cdot 3 \\ 2 \cdot 4 + 3 \cdot 5 + 4 \cdot 6 \end{bmatrix} = \begin{bmatrix} 20 \\ 47 \end{bmatrix}$$

```
X = np.array([[1, 2, 3], [4, 5, 6]])
w = np.array([[2], [3], [4]])
```

```
X @ w
```

```
array([[20],
       [47]])
```

```
w[0] * X[:, 0:1] + w[1] * X[:, 1:2] + w[2] * X[:, 2:3]
```

```
array([[20],
       [47]])
```

2.2.8 해답

$$V\lambda = \begin{bmatrix} v_1 & v_2 & v_3 \end{bmatrix} \begin{bmatrix} \lambda_1 \\ 0 \\ 0 \end{bmatrix} = \lambda_1 \cdot v_1 + 0 \cdot v_2 + 0 \cdot v_3 = \lambda_1 v_1$$

2.2.9 해답

$$Xw = \begin{bmatrix} x_1^T \\ x_2^T \end{bmatrix} \begin{bmatrix} w_1 \\ w_2 \\ w_3 \end{bmatrix} = \begin{bmatrix} x_{11} & x_{21} & x_{31} \\ x_{12} & x_{22} & x_{32} \end{bmatrix} \begin{bmatrix} w_1 \\ w_2 \\ w_3 \end{bmatrix} = \begin{bmatrix} w_1 x_{11} + w_2 x_{21} + w_3 x_{31} \\ w_1 x_{12} + w_2 x_{22} + w_3 x_{32} \end{bmatrix} = \begin{bmatrix} x_1^T w \\ x_2^T w \end{bmatrix}$$

2.2.10 해답

$$\begin{aligned} (y - Xw)^T(y - Xw) &= (y^T - (Xw)^T)(y - Xw) \\ &= (y^T - w^T X^T)(y - Xw) \\ &= y^T y - w^T X^T y - y^T Xw + w^T X^T Xw \end{aligned}$$

2.2.11 해답

$$x^T Ax = \begin{bmatrix} x_1 & x_2 & x_3 \end{bmatrix} \begin{bmatrix} a_{11} & a_{12} & a_{13} \\ a_{21} & a_{22} & a_{23} \\ a_{31} & a_{32} & a_{33} \end{bmatrix} \begin{bmatrix} x_1 \\ x_2 \\ x_3 \end{bmatrix}$$

$$= \Big[(a_{11}x_1 + a_{21}x_2 + a_{31}x_3) \quad (a_{12}x_1 + a_{22}x_2 + a_{32}x_3)$$

$$(a_{13}x_1 + a_{23}x_2 + a_{33}x_3) \Big] \begin{bmatrix} x_1 \\ x_2 \\ x_3 \end{bmatrix}$$

$$= a_{11}x_1^2 + a_{21}x_1 x_2 + a_{31}x_1 x_3 + a_{11}x_1 x_2 + a_{21}x_2^2 + a_{31}x_3 x_2 + a_{11}x_1 x_3$$

$$+ a_{21}x_2 x_3 + a_{31}x_3^2$$

$$= \sum_{i=1}^{N} \sum_{j=1}^{N} a_{ij} x_i x_j$$

$x^T Ax$는 스칼라이므로 전치연산을 해도 같다.

$$x^T Ax = (x^T Ax)^T = x^T A^T (x^T)^T = x^T A^T x$$

따라서

$$x^T Ax = \frac{1}{2} x^T Ax + \frac{1}{2} x^T A^T x = \frac{1}{2} x^T (A + A^T) x$$

부분행렬 공식에 의해

$$AV = A \begin{bmatrix} v_1 & v_2 & \cdots & v_N \end{bmatrix}$$
$$= \begin{bmatrix} Av_1 & Av_2 & \cdots & Av_N \end{bmatrix}$$

$A, V \in \mathbf{R}^{3 \times 3}$ 일 때

AV

$= A \begin{bmatrix} v_1 & v_2 & v_3 \end{bmatrix}$

$= \begin{bmatrix} a_{11} & a_{12} & a_{13} \\ a_{21} & a_{22} & a_{23} \\ a_{31} & a_{32} & a_{33} \end{bmatrix} \begin{bmatrix} v_{11} & v_{12} & v_{13} \\ v_{21} & v_{22} & v_{23} \\ v_{31} & v_{32} & v_{33} \end{bmatrix}$

$= \begin{bmatrix} a_{11}v_{11} + a_{12}v_{21} + a_{13}v_{31} & a_{11}v_{12} + a_{12}v_{22} + a_{13}v_{32} & a_{11}v_{13} + a_{12}v_{23} + a_{13}v_{33} \\ a_{21}v_{11} + a_{22}v_{21} + a_{23}v_{31} & a_{21}v_{12} + a_{22}v_{22} + a_{23}v_{32} & a_{21}v_{13} + a_{22}v_{23} + a_{23}v_{33} \\ a_{31}v_{11} + a_{32}v_{21} + a_{33}v_{31} & a_{31}v_{12} + a_{32}v_{22} + a_{33}v_{32} & a_{31}v_{13} + a_{32}v_{23} + a_{33}v_{33} \end{bmatrix}$

$\begin{bmatrix} Av_1 & Av_2 & Av_3 \end{bmatrix}$

$= \begin{bmatrix} \begin{bmatrix} a_{11} & a_{12} & a_{13} \\ a_{21} & a_{22} & a_{23} \\ a_{31} & a_{32} & a_{33} \end{bmatrix} \begin{bmatrix} v_{11} \\ v_{21} \\ v_{31} \end{bmatrix} & \begin{bmatrix} a_{11} & a_{12} & a_{13} \\ a_{21} & a_{22} & a_{23} \\ a_{31} & a_{32} & a_{33} \end{bmatrix} \begin{bmatrix} v_{12} \\ v_{22} \\ v_{32} \end{bmatrix} & \begin{bmatrix} a_{11} & a_{12} & a_{13} \\ a_{21} & a_{22} & a_{23} \\ a_{31} & a_{32} & a_{33} \end{bmatrix} \begin{bmatrix} v_{13} \\ v_{23} \\ v_{33} \end{bmatrix} \end{bmatrix}$

$= \begin{bmatrix} a_{11}v_{11} + a_{12}v_{21} + a_{13}v_{31} & a_{11}v_{12} + a_{12}v_{22} + a_{13}v_{32} & a_{11}v_{13} + a_{12}v_{23} + a_{13}v_{33} \\ a_{21}v_{11} + a_{22}v_{21} + a_{23}v_{31} & a_{21}v_{12} + a_{22}v_{22} + a_{23}v_{32} & a_{21}v_{13} + a_{22}v_{23} + a_{23}v_{33} \\ a_{31}v_{11} + a_{32}v_{21} + a_{33}v_{31} & a_{31}v_{12} + a_{32}v_{22} + a_{33}v_{32} & a_{31}v_{13} + a_{32}v_{23} + a_{33}v_{33} \end{bmatrix}$

따라서

$$AV = A \begin{bmatrix} v_1 \cdots v_N \end{bmatrix} = \begin{bmatrix} Av_1 \cdots Av_N \end{bmatrix}$$

두 번째 공식도 부분행렬의 공식에서

$$V\Lambda = V \begin{bmatrix} \lambda_1 & 0 & 0 \\ 0 & \lambda_2 & 0 \\ 0 & 0 & \lambda_3 \end{bmatrix}$$

$$= \begin{bmatrix} V \begin{bmatrix} \lambda_1 \\ 0 \\ 0 \end{bmatrix} & V \begin{bmatrix} 0 \\ \lambda_2 \\ 0 \end{bmatrix} & V \begin{bmatrix} 0 \\ 0 \\ \lambda_3 \end{bmatrix} \end{bmatrix}$$

$$= \begin{bmatrix} \begin{bmatrix} v_1 & v_2 & v_3 \end{bmatrix} \begin{bmatrix} \lambda_1 \\ 0 \\ 0 \end{bmatrix} & \begin{bmatrix} v_1 & v_2 & v_3 \end{bmatrix} \begin{bmatrix} 0 \\ \lambda_2 \\ 0 \end{bmatrix} & \begin{bmatrix} v_1 & v_2 & v_3 \end{bmatrix} \begin{bmatrix} 0 \\ 0 \\ \lambda_3 \end{bmatrix} \end{bmatrix}$$

$$= \begin{bmatrix} \lambda_1 v_1 & \lambda_2 v_2 & \lambda_3 v_3 \end{bmatrix}$$

연습 문제 2.2.14 해답

$$A = \begin{bmatrix} a_{11} & a_{12} & a_{13} \\ a_{21} & a_{22} & a_{23} \\ a_{31} & a_{32} & a_{33} \end{bmatrix}$$

따라서

$$A^T A = \begin{bmatrix} \begin{bmatrix} a_{11} \\ a_{12} \\ a_{13} \end{bmatrix} & \begin{bmatrix} a_{21} \\ a_{22} \\ a_{23} \end{bmatrix} & \begin{bmatrix} a_{31} \\ a_{32} \\ a_{33} \end{bmatrix} \end{bmatrix} \begin{bmatrix} a_{11} & a_{12} & a_{13} \\ a_{21} & a_{22} & a_{23} \\ a_{31} & a_{32} & a_{33} \end{bmatrix}$$

$$= \begin{bmatrix} a_{11}^2 + a_{21}^2 + a_{31}^2 & a_{11}a_{12} + a_{21}a_{22} + a_{31}a_{32} & a_{11}a_{13} + a_{21}a_{23} + a_{31}a_{33} \\ a_{12}a_{11} + a_{22}a_{21} + a_{32}a_{31} & a_{12}^2 + a_{22}^2 + a_{32}^2 & a_{12}a_{13} + a_{22}a_{23} + a_{32}a_{33} \\ a_{13}a_{11} + a_{23}a_{21} + a_{33}a_{31} & a_{13}a_{12} + a_{23}a_{22} + a_{33}a_{32} & a_{13}^2 + a_{23}^2 + a_{33}^2 \end{bmatrix}$$

$$= \begin{bmatrix} a_{11}^2 & a_{11}a_{12} & a_{11}a_{13} \\ a_{12}a_{11} & a_{12}^2 & a_{12}a_{13} \\ a_{13}a_{11} & a_{13}a_{12} & a_{13}^2 \end{bmatrix} + \begin{bmatrix} a_{21}^2 & a_{21}a_{22} & a_{21}a_{23} \\ a_{22}a_{21} & a_{22}^2 & a_{22}a_{23} \\ a_{23}a_{21} & a_{23}a_{22} & a_{23}^2 \end{bmatrix} + \begin{bmatrix} a_{31}^2 & a_{31}a_{32} & a_{31}a_{33} \\ a_{32}a_{31} & a_{32}^2 & a_{32}a_{33} \\ a_{33}a_{31} & a_{33}a_{32} & a_{33}^2 \end{bmatrix}$$

$$= a_1 a_1^T + a_2 a_2^T + a_3 a_3^T$$

$$\begin{bmatrix} x_1 & x_2 \end{bmatrix} \begin{bmatrix} 1 & 1 \\ 1 & 1 \end{bmatrix} \begin{bmatrix} x_1 \\ x_2 \end{bmatrix} = x_1^2 + 2x_1 x_2 + x_2^2 = (x_1 + x_2)^2$$

$x_1 = -x_2$일 때, $(x_1 + x_2)^2 = 0$이고 그 외에는 양수이므로 이 행렬은 양의 준정부호이다.

연습 문제 2.3.2 해답

$$\|A\|^2 = \sum_{i=1}^{N} \sum_{j=1}^{M} a_{ij}^2 = \sum_{j=1}^{M} \sum_{i=1}^{N} a_{ij}^2$$

이다.

그런데

$$\|r_i\|^2 = \sum_{j=1}^{M} \|a_{ij}\|^2$$

이므로

$$\|A\|^2 = \sum_{i=1}^{N} \left(\sum_{j=1}^{M} a_{ij}^2 \right) = \sum_{i=1}^{N} \|r_i\|^2$$

마찬가지로

$$\|c_j\|^2 = \sum_{i=1}^{N} \|a_{ij}\|^2$$

에서

$$\|A\|^2 = \sum_{j=1}^{M} \left(\sum_{i=1}^{N} a_{ij}^2 \right) = \sum_{j=1}^{M} \|c_j\|^2$$

이차형식은 스칼라이므로

$$x^T A x = \text{tr}(x^T A x)$$

가 성립한다.

그리고

$$x = \begin{bmatrix} x_1 \\ x_2 \end{bmatrix}, \quad A = \begin{bmatrix} a_{11} & a_{12} \\ a_{21} & a_{22} \end{bmatrix}$$

라고 하면

$$
\begin{aligned}
x^T A x &= \begin{bmatrix} x_1 & x_2 \end{bmatrix} \begin{bmatrix} a_{11} & a_{12} \\ a_{21} & a_{22} \end{bmatrix} \begin{bmatrix} x_1 \\ x_2 \end{bmatrix} \\
&= a_{11} x_1^2 + (a_{12} + a_{21}) x_1 x_2 + a_{22} x_2^2
\end{aligned}
$$

$$
\begin{aligned}
\text{tr}(A x x^T) &= \text{tr}\left(\begin{bmatrix} a_{11} & a_{12} \\ a_{21} & a_{22} \end{bmatrix} \begin{bmatrix} x_1 \\ x_2 \end{bmatrix} \begin{bmatrix} x_1 & x_2 \end{bmatrix} \right) \\
&= \text{tr}\left(\begin{bmatrix} a_{11} & a_{12} \\ a_{21} & a_{22} \end{bmatrix} \begin{bmatrix} x_1^2 & x_1 x_2 \\ x_1 x_2 & x_2^2 \end{bmatrix} \right) \\
&= \text{tr}\left(\begin{bmatrix} a_{11} x_1^2 + a_{12} x_1 x_2 & a_{11} x_1 x_2 + a_{12} x_2^2 \\ a_{21} x_1^2 + a_{22} x_1 x_2 & a_{21} x_1 x_2 + a_{22} x_2^2 \end{bmatrix} \right) \\
&= a_{11} x_1^2 + (a_{12} + a_{21}) x_1 x_2 + a_{22} x_2^2
\end{aligned}
$$

$$
\begin{aligned}
\text{tr}(x x^T A) &= \text{tr}\left(\begin{bmatrix} x_1 \\ x_2 \end{bmatrix} \begin{bmatrix} x_1 & x_2 \end{bmatrix} \begin{bmatrix} a_{11} & a_{12} \\ a_{21} & a_{22} \end{bmatrix} \right) \\
&= \text{tr}\left(\begin{bmatrix} x_1^2 & x_1 x_2 \\ x_1 x_2 & x_2^2 \end{bmatrix} \begin{bmatrix} a_{11} & a_{12} \\ a_{21} & a_{22} \end{bmatrix} \right) \\
&= \text{tr}\left(\begin{bmatrix} a_{11} x_1^2 + a_{21} x_1 x_2 & a_{12} x_1^2 + a_{22} x_1 x_2 \\ a_{11} x_1 x_2 + a_{21} x_2^2 & a_{12} x_1 x_2 + a_{22} x_2^2 \end{bmatrix} \right) \\
&= a_{11} x_1^2 + (a_{12} + a_{21}) x_1 x_2 + a_{22} x_2^2
\end{aligned}
$$

따라서

$$x^T A x = \text{tr}(x^T A x) = \text{tr}(A x x^T) = \text{tr}(x x^T A)$$

트레이스 트릭을 이용하여 행렬의 위치를 바꾸면

$$\text{tr}(X(X^T X)^{-1} X^T) = \text{tr}((X^T X)^{-1} X^T X) = \text{tr}(I) = M$$

$A \in \mathbf{R}^{2 \times 2}$ 이면

$$\|A\|^2 = \sum_{i=1}^{2} \sum_{j=1}^{2} a_{ij}^2 = a_{11}^2 + a_{12}^2 + a_{21}^2 + a_{22}^2$$

$$
\begin{aligned}
\text{tr}(A^T A) &= \text{tr}\left(\begin{bmatrix} a_{11} & a_{12} \\ a_{21} & a_{22} \end{bmatrix}\begin{bmatrix} a_{11} & a_{21} \\ a_{12} & a_{22} \end{bmatrix}\right) \\
&= \text{tr}\left(\begin{bmatrix} a_{11}^2 + a_{12}^2 & a_{11}a_{21} + a_{12}a_{22} \\ a_{11}a_{21} + a_{12}a_{22} & a_{21}^2 + a_{22}^2 \end{bmatrix}\right) \\
&= a_{11}^2 + a_{12}^2 + a_{21}^2 + a_{22}^2
\end{aligned}
$$

따라서

$$\|A\|^2 = \text{tr}(A^T A)$$

두 경우 모두 첫 번째 열을 선택하자($j_0 = 1$). 다른 경우에도 마찬가지 방법으로 증명할 수 있다.
1 2×2 행렬의 경우

$$
\begin{aligned}
\det\left(\begin{bmatrix} a & b \\ c & d \end{bmatrix}\right) &= \left\{(-1)^{1+1} M_{1,1}\right\} a + \left\{(-1)^{2+1} M_{2,1}\right\} c \\
&= \left\{(-1)^{1+1} d\right\} a + \left\{(-1)^{2+1} b\right\} c \quad = ad - bc
\end{aligned}
$$

2 3×3 행렬의 경우

$$
\begin{aligned}
\det\left(\begin{bmatrix} a & b & c \\ d & e & f \\ g & h & i \end{bmatrix}\right) &= \left\{(-1)^{1+1} M_{1,1}\right\} a + \left\{(-1)^{2+1} M_{2,1}\right\} d + \left\{(-1)^{3+1} M_{3,1}\right\} g \\
&= \left\{(-1)^{1+1}(ei - fh)\right\} a + \left\{(-1)^{2+1}(bi - ch)\right\} d + \left\{(-1)^{3+1}(bf - ce)\right\} g \\
&= aei + bfg + cdh - ceg - bdi - afh
\end{aligned}
$$

❶

$$\begin{bmatrix} x_1 & x_2 & x_3 \end{bmatrix} \begin{bmatrix} 2 & -1 & 0 \\ -1 & 2 & -1 \\ 0 & -1 & 2 \end{bmatrix} \begin{bmatrix} x_1 \\ x_2 \\ x_3 \end{bmatrix} = 2x_1^2 - 2x_1 x_2 + 2x_2^2 - 2x_2 x_3 + 2x_3^2$$

$$= (x_1 - x_2)^2 + (x_2 - x_3)^2 + x_1^2 + x_3^2$$

따라서 양의 정부호이다.

$\text{tr}(A) = 6$

$\det(A) = 4$

❷

$$\begin{bmatrix} x_1 & x_2 \end{bmatrix} \begin{bmatrix} 1 & 2 \\ 3 & 4 \end{bmatrix} \begin{bmatrix} x_1 \\ x_2 \end{bmatrix} = x_1^2 + 5x_1 x_2 + 4x_2^2$$

$$= (x_1 + 2x_2)^2 + x_1 x_2$$

따라서 양의 정부호도 아니고 양의 준정부호도 아니다.

$\text{tr}(A) = 5$

$\det(A) = -2$

연습 문제 2.4.1 해답

대각행렬의 역행렬은 각 대각성분의 역수로 이루어진 대각행렬과 같다.

$$\begin{bmatrix} \lambda_1 & 0 & 0 \\ 0 & \lambda_2 & 0 \\ 0 & 0 & \lambda_3 \end{bmatrix} \begin{bmatrix} \lambda'_1 & 0 & 0 \\ 0 & \lambda'_2 & 0 \\ 0 & 0 & \lambda'_3 \end{bmatrix} = \begin{bmatrix} \lambda_1 \lambda'_1 & 0 & 0 \\ 0 & \lambda_2 \lambda'_2 & 0 \\ 0 & 0 & \lambda_3 \lambda'_3 \end{bmatrix}$$

$$\lambda_i \cdot \lambda'_i = 1$$

$$\lambda'_i = \frac{1}{\lambda_i}$$

코팩터 공식에 대입하면

$$A^{-1} = \begin{bmatrix} a_{11} & a_{12} \\ a_{21} & a_{22} \end{bmatrix}^{-1}$$

$$= \frac{1}{\det A} \begin{bmatrix} -1^{(1+1)}M_{11} & -1^{(2+1)}M_{12} \\ -1^{(1+2)}M_{21} & -1^{(2+2)}M_{22} \end{bmatrix}^{T}$$

$$= \frac{1}{a_{11}a_{22} - a_{12}a_{21}} \begin{bmatrix} a_{22} & -a_{12} \\ -a_{21} & a_{11} \end{bmatrix}$$

❶ $\begin{bmatrix} 2 & 0 \\ 0 & 1 \end{bmatrix}^{-1} = \dfrac{1}{2 \times 1 - 0} \begin{bmatrix} 1 & 0 \\ 0 & 2 \end{bmatrix} = \begin{bmatrix} 0.5 & 0 \\ 0 & 1 \end{bmatrix}$

❷ $\begin{bmatrix} \dfrac{1}{\sqrt{2}} & -\dfrac{1}{\sqrt{2}} \\ \dfrac{1}{\sqrt{2}} & \dfrac{1}{\sqrt{2}} \end{bmatrix}^{-1} = \begin{bmatrix} \dfrac{1}{\sqrt{2}} & \dfrac{1}{\sqrt{2}} \\ -\dfrac{1}{\sqrt{2}} & \dfrac{1}{\sqrt{2}} \end{bmatrix}$

❸ $\begin{bmatrix} \dfrac{3}{\sqrt{13}} & -\dfrac{1}{\sqrt{2}} \\ \dfrac{2}{\sqrt{13}} & \dfrac{1}{\sqrt{2}} \end{bmatrix}^{-1} = \dfrac{\sqrt{26}}{5} \begin{bmatrix} \dfrac{1}{\sqrt{2}} & \dfrac{1}{\sqrt{2}} \\ -\dfrac{2}{\sqrt{13}} & \dfrac{3}{\sqrt{13}} \end{bmatrix}$

$$= \begin{bmatrix} \dfrac{\sqrt{13}}{5} & \dfrac{\sqrt{13}}{5} \\ -\dfrac{2\sqrt{2}}{5} & \dfrac{3\sqrt{2}}{5} \end{bmatrix}$$

❹ $\begin{bmatrix} 1 & 1 & 0 \\ 0 & 1 & 1 \\ 1 & 1 & 1 \end{bmatrix}^{-1} = \begin{bmatrix} 0 & -1 & 1 \\ 1 & 1 & -1 \\ -1 & 0 & 1 \end{bmatrix}$

$$AB = I$$
$$B(AB) = B$$
$$(BA)B - B = 0$$
$$(BA - I)B = 0$$

이때

$$\det(AB) = \det(I) = 1$$
$$\det(AB) = \det(A) \cdot \det(B)$$
$$\det(A), \det(B) \neq 0$$

행렬 B의 역행렬이 존재한다. 따라서

$$(BA - I)BB^{-1} = 0B^{-1}$$
$$BA - I = 0$$
$$BA = I$$

연습 문제 2.4.5 해답

```python
from sklearn.datasets import load_boston
boston = load_boston()
X = boston.data
y = boston.target
# 'CRIM', 'NOX', 'RM', 'AGE'
A = X[:4, [0, 4, 5, 6]]
b = y[:4]

Ainv = np.linalg.inv(A)
x = np.dot(Ainv, b)
print(x)
```

```
[-3.12710043e+02 -1.15193942e+02  1.44996465e+01 -1.13259317e-01]
```

가중치 부호로부터 다음 사실을 알 수 있다. 집값은

- 범죄율(CRIM)에 반비례한다.
- 공기 오염도(NOX)에 반비례한다.
- 방의 개수(RM)에 비례한다.
- 오래된 정도(AGE)에 반비례한다.

```
from sklearn.datasets import load_boston
boston = load_boston()
X = boston.data
y = boston.target

x, resid, rank, s = np.linalg.lstsq(X, y)
print(x)
```

```
[-9.28965170e-02  4.87149552e-02 -4.05997958e-03  2.85399882e+00
 -2.86843637e+00  5.92814778e+00 -7.26933458e-03 -9.68514157e-01
  1.71151128e-01 -9.39621540e-03 -3.92190926e-01  1.49056102e-02
 -4.16304471e-01]
```

가중치 부호로부터 다음 사실을 알 수 있다. 집값은

1 범죄율에 반비례한다.

2 비소매상업지역 면적 비율에 비례한다.

3 일산화질소 농도에 반비례한다.

4 주택당 방 수에 비례한다.

5 인구 중 하위 계층 비율에 반비례한다.

6 인구 중 흑인 비율에 비례한다.

7 학생/교사 비율에 반비례한다.

8 25,000 평방피트를 초과 거주지역 비율에 반비례한다.

9 찰스강의 경계에 위치한 경우에 증가한다.

10 1940년 이전에 건축된 주택의 비율에 반비례한다.

11 방사형 고속도로까지의 거리에 반비례한다.

12 직업센터의 거리에 비례한다.

13 재산세율에 반비례한다.

문제 2.4.5에서 풀었던 것과 가중치의 값이 달라졌다.

연습 문제 3장 해답

❶

$$c_1 x_1 + c_2 x_2 = \begin{bmatrix} x_1 & x_2 \end{bmatrix} \begin{bmatrix} c_1 \\ c_2 \end{bmatrix} = \begin{bmatrix} 1 & 2 \\ 2 & 1 \end{bmatrix} \begin{bmatrix} c_1 \\ c_2 \end{bmatrix} = \begin{bmatrix} 3 \\ 1 \end{bmatrix}$$

$$\begin{bmatrix} c_1 \\ c_2 \end{bmatrix} = \begin{bmatrix} 1 & 2 \\ 2 & 1 \end{bmatrix}^{-1} \begin{bmatrix} 3 \\ 1 \end{bmatrix} = \frac{1}{-3} \begin{bmatrix} 1 & -2 \\ -2 & 1 \end{bmatrix} \begin{bmatrix} 3 \\ 1 \end{bmatrix} = \begin{bmatrix} -\dfrac{1}{3} \\ \dfrac{5}{3} \end{bmatrix}$$

$$c_1 = -\frac{1}{3}, \; c_2 = \frac{5}{3}$$

이면

$$c_1 x_1 + c_2 x_2 = -\frac{1}{3} \begin{bmatrix} 1 \\ 2 \end{bmatrix} + \frac{5}{3} \begin{bmatrix} 2 \\ 1 \end{bmatrix} = \begin{bmatrix} 3 \\ 1 \end{bmatrix}$$

❷

$$\begin{bmatrix} c_1 \\ c_2 \end{bmatrix} = \begin{bmatrix} 1 & 2 \\ 2 & 1 \end{bmatrix}^{-1} \begin{bmatrix} -1 \\ -1 \end{bmatrix} = \frac{1}{-3} \begin{bmatrix} 1 & -2 \\ -2 & 1 \end{bmatrix} \begin{bmatrix} -1 \\ -1 \end{bmatrix} = \begin{bmatrix} -\dfrac{1}{3} \\ -\dfrac{1}{3} \end{bmatrix}$$

$$c_1 = -\frac{1}{3}, \; c_2 = -\frac{1}{3}$$

이면

$$c_1 x_1 + c_2 x_2 = -\frac{1}{3} \begin{bmatrix} 1 \\ 2 \end{bmatrix} + -\frac{1}{3} \begin{bmatrix} 2 \\ 1 \end{bmatrix} = \begin{bmatrix} -1 \\ -1 \end{bmatrix}$$

남자배우 = 여자배우 + (남자 - 여자)

❶ $\begin{bmatrix} 0 \\ 1 \end{bmatrix}, \begin{bmatrix} 0 \\ -1 \end{bmatrix}$

❷ $\begin{bmatrix} -\dfrac{\sqrt{2}}{2} \\ \dfrac{\sqrt{2}}{2} \end{bmatrix}, \begin{bmatrix} \dfrac{\sqrt{2}}{2} \\ -\dfrac{\sqrt{2}}{2} \end{bmatrix}$

❸ $\begin{bmatrix} 0 \\ 0 \\ 1 \end{bmatrix}, \begin{bmatrix} 0 \\ 0 \\ -1 \end{bmatrix}$

연습 문제 3.1.4 해답

$$\begin{aligned}
\|a + b\| &= \sqrt{\sum_{i=1} (a_i + b_i)^2} \\
&= \sqrt{\sum_{i=1} (a_i^2 + 2a_i b_i + b_i^2)} \\
&= \sqrt{\sum_{i=1} a_i^2 + \sum_{i=1} b_i^2 + 2 \sum_{i=1} a_i b_i} \\
&= \sqrt{\|a\|^2 + \|b\|^2 + 2a^T b} \\
\|a + b\|^2 &= \|a\|^2 + \|b\|^2 + 2a^T b
\end{aligned}$$

a, b가 직교하므로

$$a^T b = 0$$

따라서

$$\|a + b\|^2 = \|a\|^2 + \|b\|^2$$

❶ v_1, v_2, v_3가 정규직교하므로

$$v_i^T v_j = \begin{cases} 0 & \text{if } i \neq j \\ 1 & \text{if } i = j \end{cases}$$

$$V^T V = \begin{bmatrix} v_1^T \\ v_2^T \\ v_3^T \end{bmatrix} \begin{bmatrix} v_1 & v_2 & v_3 \end{bmatrix}$$

$$= \begin{bmatrix} v_1^T v_1 & v_1^T v_2 & v_1^T v_3 \\ v_2^T v_1 & v_2^T v_2 & v_2^T v_3 \\ v_3^T v_1 & v_3^T v_2 & v_3^T v_3 \end{bmatrix}$$

$$= \begin{bmatrix} 1 & 0 & 0 \\ 0 & 1 & 0 \\ 0 & 0 & 1 \end{bmatrix}$$

❷ 정방행렬 V에 대해 $V^T V = I$이면 $VV^T = I$가 성립한다. (연습문제 2.4.4 참조)

$$V^T V = VV^T = I$$

에서

$$V^T = V^{-1}$$

❶ 유클리드 거리로는 b와 c가 가장 가깝다. a와 b가 가장 멀다.

❷ 코사인 거리로는 a와 c가 가장 가깝다. b와 c가 가장 멀다.

```
a = np.array([[4], [5], [2], [2]])
b = np.array([[4], [0], [2], [0]])
c = np.array([[2], [2], [0], [1]])


# 유클리드 거리
print('a-b:', np.linalg.norm(a - b))
print('b-c:', np.linalg.norm(b - c))
print('c-a:', np.linalg.norm(c - a))
```

```
a-b: 5.385164807134504
b-c: 3.605551275463989
c-a: 4.242640687119285
```

```python
# 코사인 거리
print('a-b:', 1 - (a.T @ b)[0][0] / (np.linalg.norm(a) * np.linalg.
norm(b)))
print('b-c:', 1 - (b.T @ c)[0][0] / (np.linalg.norm(b) * np.linalg.
norm(c)))
print('c-a:', 1 - (c.T @ a)[0][0] / (np.linalg.norm(c) * np.linalg.
norm(a)))
```

```
a-b: 0.36112343500006017
b-c: 0.40371520600005606
c-a: 0.04761904761904767
```

연습 문제 3.1.7 해답

$$\begin{bmatrix} 1 \\ 0 \end{bmatrix} = \begin{bmatrix} 0 \\ 1 \end{bmatrix} + \begin{bmatrix} 1 \\ -1 \end{bmatrix} = \begin{bmatrix} 2 \\ 1 \end{bmatrix} + \begin{bmatrix} -1 \\ -1 \end{bmatrix}$$

```python
a = np.array([1, 0])

b = np.array([0, 1])
c = np.array([1, -1])
d = b + c

e = np.array([2, 1])
f = np.array([-1, -1])
g = e + f

black = dict(arrowstyle='->', color='black')
green = dict(arrowstyle='->', color='green')
blue = dict(arrowstyle='->', color='blue')

fig, [ax1, ax2] = plt.subplots(1, 2, figsize=(8, 4))

ax1.plot(0, 0, 'kP', ms=10)
ax1.annotate('', xy=a, xytext=[0, 0], arrowprops=black)
```

```
ax1.annotate('', xy=b, xytext=[0, 0], arrowprops=green)
ax1.annotate('', xy=c, xytext=[0, 0], arrowprops=green)
ax1.plot(a[0], a[1], 'ko', ms=10)
ax1.plot(b[0], b[1], 'go', ms=7)
ax1.plot(c[0], c[1], 'go', ms=7)
ax1.set_xticks(np.arange(-2, 3))
ax1.set_yticks(np.arange(-2, 3))
ax1.set_xlim(-2, 3)
ax1.set_ylim(-2, 3)

ax2.plot(0, 0, 'kP', ms=10)
ax2.annotate('', xy=a, xytext=[0, 0], arrowprops=black)
ax2.annotate('', xy=e, xytext=[0, 0], arrowprops=blue)
ax2.annotate('', xy=f, xytext=[0, 0], arrowprops=blue)
ax2.plot(a[0], a[1], 'ko', ms=10)
ax2.plot(e[0], e[1], 'bo', ms=7)
ax2.plot(f[0], f[1], 'bo', ms=7)
ax2.set_xticks(np.arange(-2, 3))
ax2.set_yticks(np.arange(-2, 3))
ax2.set_xlim(-2, 3)
ax2.set_ylim(-2, 3)

plt.show()
```

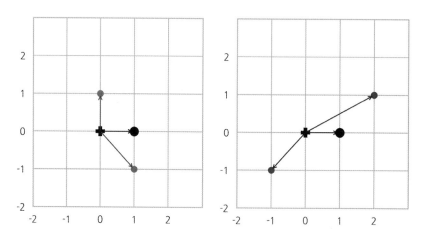

$$\|a^{\|b}\| = \frac{a^T b}{\|b\|} = 1$$

$$a^{\|b} = \|a^{\|b}\| \frac{1}{\|b\|} b = \frac{1}{2} \begin{bmatrix} 2 \\ 0 \end{bmatrix} = \begin{bmatrix} 1 \\ 0 \end{bmatrix}$$

$$a^{\perp b} = a - a^{\|b} = \begin{bmatrix} 1 \\ 2 \end{bmatrix} - \begin{bmatrix} 1 \\ 0 \end{bmatrix} = \begin{bmatrix} 0 \\ 2 \end{bmatrix}$$

v—직선 위에 있지 않는 어떤 점 x와 v—직선 사이의 거리는 $\|x^{\perp v}\|$이다. 피타고라스의 정의에 의해

$$\|x^{\perp v}\|^2 = \|x\|^2 - \|x^{\|v}\|^2$$

이다. 이때 투영성분의 길이를 구하면 v가 단위벡터($\|v\| = 1$)라는 점을 이용하여

$$\|x^{\|v}\| = \frac{x^T v}{\|v\|} = x^T v$$

따라서

$$\|x^{\perp v}\|^2 = \|x\|^2 - (x^T v)^2$$

이다.

```python
v = np.array([2, 1]) / np.sqrt(5)
x = np.array([1, 3])
x_pro = np.dot(x, v) * v
x_re = x - x_pro
plt.plot(0, 0, 'kP', ms=10)
plt.annotate('', xy=x_pro, xytext=(0, 0), arrowprops=dict(facecolor='green'))
plt.annotate('', xy=v, xytext=(0, 0), arrowprops=dict(facecolor='black'))
plt.annotate('', xy=x, xytext=x_pro, arrowprops=dict(facecolor='green',
shrink=0.02))
plt.plot([-2, 8], [-1, 4], 'b--', lw=2)
plt.plot([1, 2], [3, 1], 'g:', lw=2)
plt.plot(x[0], x[1], 'ro', ms=10)
plt.text(0.1, 0.5, '$v$')
```

```
plt.text(1.1, 0.9, '$x^{\Vert{v}}$')
plt.text(1.6, 2.2, '$x^{\perp{v}}$')
plt.text(0.6, 3.2, '$x$')
plt.xticks(np.arange(-3, 15))
plt.yticks(np.arange(-1, 5))
plt.xlim(-3, 7)
plt.ylim(-1, 5)
plt.show()
```

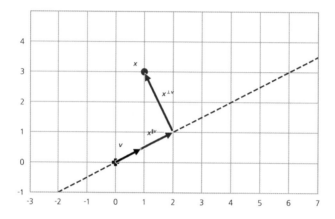

연습 문제 **3.1.10 해답**

직선

$$w^T x - w_0 = 0$$

은 cw와 수직이면서 cw가 가리키는 점을 지나는 직선의 방정식이다. 그러므로 원점과 직선 사이의 거리는 $c\|w\|$ 이다. 이때

$$w_0 = c\|w\|^2$$

이므로 원점과 직선 사이의 거리는

$$c\|w\| = \frac{c\|w\|^2}{\|w\|} = \frac{w_0}{\|w\|}$$

이다.

직선의 방정식이

$$w^T x - w_0 = 0$$

이면 연습 문제 2.5.10에서 원점에서 직선까지의 거리가

$$\frac{w_0}{\|w\|}$$

이다. 따라서 점 x'에서 직선까지의 거리는

$$\left| \|x'^{\|w}\| - \frac{w_0}{\|w\|} \right| = \left| \frac{w^T x'}{\|w\|} - \frac{w_0}{\|w\|} \right| = \frac{\left| w^T x' - w_0 \right|}{\|w\|}$$

연습 문제 3.2.1 해답

❶ 선형독립이다. 만약 선형종속을 만드는 계수 c_1, c_2가 존재하면

$$c_1 \begin{bmatrix} 1 \\ 0 \end{bmatrix} + c_2 \begin{bmatrix} 0 \\ 1 \end{bmatrix} = \begin{bmatrix} c_1 \\ c_2 \end{bmatrix} = \begin{bmatrix} 0 \\ 0 \end{bmatrix}$$

따라서 이러한 계수 c_1, c_2는 $c_1 = c_2 = 0$ 밖에 없다.

❷ 선형독립이다. 만약 선형종속을 만드는 계수 c_1, c_2가 존재하면

$$c_1 \begin{bmatrix} 1 \\ 0 \end{bmatrix} + c_2 \begin{bmatrix} -1 \\ 1 \end{bmatrix} = \begin{bmatrix} c_1 - c_2 \\ c_2 \end{bmatrix} = \begin{bmatrix} 0 \\ 0 \end{bmatrix}$$

따라서 이러한 계수 c_1, c_2는 $c_1 = c_2 = 0$ 밖에 없다.

❸ 선형종속이다. $c_1 = 2$, $c_2 = -1$ 이면

$$2x_1 - x_2 = 2 \begin{bmatrix} 1 \\ 2 \end{bmatrix} - \begin{bmatrix} 2 \\ 4 \end{bmatrix} = 0$$

만약 벡터 , ..., v_N에 대해 선형종속을 만드는 모두 0이 아닌 계수 c_1, ..., c_N이 존재한다면

$$c_1 v_1 + \cdots + c_N v_N = 0$$

이 성립하고 여기에 $v_i \ (i = 1, ..., N)$을 내적하면

$$v_i(c_1 v_1 + \cdots + c_N v_N) = 0$$

가 성립한다. 그런데 이 벡터들은 서로 직교하므로 $j \neq i$인 모든 j에 대해

$$v_i^T v_j = 0$$

이다. 따라서

$$v_i(c_1 v_1 + \cdots + c_N v_N) = c_i v_i^T v_i = c_i \|v_i\|^2 = 0$$

이 성립한다. 그런데 이 벡터들은 영벡터가 아니므로

$$c_i = 0$$

이고 이는 모든 $i = 1, ..., N$에 대해 성립하므로 선형종속을 만드는 모두 0이 아닌 계수 c_1, ..., c_N이 존재하지 않는다. 따라서 벡터 v_1, ..., v_N는 선형독립이다.

❶ $\begin{bmatrix} 1 \\ 0 \end{bmatrix}$, $\begin{bmatrix} 0 \\ 1 \end{bmatrix}$

❷ $\begin{bmatrix} 1 \\ 1 \\ 0 \end{bmatrix}$, $\begin{bmatrix} 1 \\ -1 \\ 0 \end{bmatrix}$

❸ 서로 독립인 3개의 2차원 벡터들은 존재하지 않는다. 만약 이러한 벡터 x_1, x_2, x_3가 존재한다면

$$c_1 x_1 + c_2 x_2 + c_3 x_3 = 0$$

인 모두 0이 아닌 계수 c_1, c_2, c_3가 존재하면 안 된다. 이때 한 벡터 x_1, x_2, x_3가 2차원 벡터이므로

$$c_1 x_1 + c_2 x_2 + c_3 x_3 = c_1 \begin{bmatrix} x_{11} \\ x_{12} \end{bmatrix} + c_1 \begin{bmatrix} x_{21} \\ x_{22} \end{bmatrix} + c_1 \begin{bmatrix} x_{31} \\ x_{32} \end{bmatrix}$$

$$= \begin{bmatrix} x_{11} & x_{21} & x_{31} \\ x_{12} & x_{22} & x_{32} \end{bmatrix} \begin{bmatrix} c_1 \\ c_2 \\ c_3 \end{bmatrix}$$

$$= 0$$

인 모두 0이아닌 계수 c_1, c_2, c_3가 존재하면 안 된다. 그런데 미지수가 3개이고 방정식이 2개인 선형 연립방정식은 해의 개수가 무한대이므로 위 조건을 만족시키는 모두 0이 아닌 계수 c_1, c_2, c_3는 항상 존재한다. 따라서 서로 독립인 3개의 2차원 벡터들은 존재하지 않는다.

❹ $\begin{bmatrix} 1 \\ 0 \\ 0 \end{bmatrix}$, $\begin{bmatrix} 0 \\ 1 \\ 0 \end{bmatrix}$, $\begin{bmatrix} 0 \\ 0 \\ 1 \end{bmatrix}$

❺ 서로 독립인 4개의 3차원 벡터들은 존재하지 않는다. ❸번과 마찬가지로 증명할 수 있다.

연습 문제 3.2.4 해답

❶
$$A = \begin{bmatrix} 1 & 5 & 6 \\ 2 & 6 & 8 \\ 3 & 11 & 14 \\ 1 & 4 & 5 \end{bmatrix}$$

앞의 두 열 벡터는 서로 독립이다. 하지만 세 번째 열은 첫 번째 열과 두 번째 열의 합과 같다.

$$c_1 + c_2 - c_3 = 0$$

따라서 A의 랭크는 2이다.

```
A = np.array(
    [[1, 5, 6],
     [2, 6, 8],
     [3, 11, 14],
     [1, 4, 5]])
np.linalg.matrix_rank(A)
```

2

❷ $$B = \begin{bmatrix} 1 & 5 & 6 \\ 2 & 6 & 8 \\ 3 & 11 & 14 \\ 1 & 4 & 8 \end{bmatrix}$$

B의 세 열벡터는 모두 독립이다. 따라서 B의 랭크는 3이고 풀랭크이다.

```
A = np.array([[1, 5, 6], [2, 6, 8], [3, 11, 14], [1, 4, 8]])
np.linalg.matrix_rank(A)
```

```
3
```

━━━━━━━

연습 문제 3.2.5 해답

❶
```
x1 = np.array([[1], [1]])
m1 = x1 @ x1.T
m1
```

```
array([[1, 1],
       [1, 1]])
```

```
np.linalg.matrix_rank(m1)
```

```
1
```

❷
```
x1 = np.array([[1], [1]])
x2 = np.array([[1], [-1]])
print(np.hstack([x1, x2]))
print(np.vstack([x1.T, x2.T]))
```

```
[[ 1  1]
 [ 1 -1]]
[[ 1  1]
 [ 1 -1]]
```

```
m2 = np.hstack([x1, x2]) @ np.vstack([x1.T, x2.T])
m2
```

```
array([[2, 0],
       [0, 2]])
```

```
np.linalg.matrix_rank(m2)
```

```
2
```

연습 문제 3.2.6 해답

❶ $y_1 = x_1 + x_2$

$y_2 = -\dfrac{1}{3}(x_1 + x_2)$

❷ $\begin{bmatrix} \dfrac{1}{\sqrt{2}} \\ \dfrac{1}{\sqrt{2}} \end{bmatrix}, \quad \begin{bmatrix} \dfrac{1}{\sqrt{2}} \\ -\dfrac{1}{\sqrt{2}} \end{bmatrix}$

❸ $\begin{bmatrix} 1 \\ 0 \\ 0 \end{bmatrix}, \quad \begin{bmatrix} 0 \\ 1 \\ 0 \end{bmatrix}$

❹ $\begin{bmatrix} 1 \\ 0 \\ 0 \end{bmatrix}, \quad \begin{bmatrix} 0 \\ 1 \\ 0 \end{bmatrix}, \quad \begin{bmatrix} 0 \\ 0 \\ 1 \end{bmatrix}$

연습 문제 3.2.7 해답

N차원 기저벡터 $x_1, x_2, \ldots, x_N$를 행으로 가지는 정방행렬을 A라고 하자. 기저벡터는 선형독립이 므로 정방행렬 A는 풀랭크이고 역행렬이 존재한다.

만약 $x_1, x_2, \ldots, x_N$에 모두 수직인 벡터 x가 있다면 다음 식이 성립한다.

$$A^T x = 0$$

A^T의 역행렬 A^{-T}은 A의 역행렬의 전치행렬이므로 존재한다. A^{-T}을 위 식의 양변에 곱하면

$$A^{-T} A^T x = x = 0$$

따라서 영벡터 이외에 위 조건을 만족하는 벡터 x는 존재하지 않는다.

$$A = \begin{bmatrix} 1 & -1 \\ \dfrac{3}{4} & \dfrac{3}{4} \end{bmatrix}, \quad A^{-1} = \begin{bmatrix} \dfrac{1}{2} & \dfrac{2}{3} \\ -\dfrac{1}{2} & \dfrac{2}{3} \end{bmatrix}$$

$$A^{-1}\begin{bmatrix} 1 \\ 0 \end{bmatrix} = \begin{bmatrix} \dfrac{1}{2} \\ -\dfrac{1}{2} \end{bmatrix}, \quad A^{-1}\begin{bmatrix} 1 \\ 2 \end{bmatrix} = \begin{bmatrix} \dfrac{11}{6} \\ \dfrac{5}{6} \end{bmatrix}, \quad A^{-1}\begin{bmatrix} -1 \\ 2 \end{bmatrix} = \begin{bmatrix} \dfrac{5}{6} \\ \dfrac{11}{6} \end{bmatrix}$$

```
g1 = np.array([1, 0.75])
g2 = np.array([-1, 0.75])

v1 = np.array([1, 0])
v2 = np.array([1, 2])
v3 = np.array([-1, 2])

A = np.vstack([g1, g2]).T
Ainv = np.linalg.inv(A)

v1_t = np.dot(Ainv, v1)
v2_t = np.dot(Ainv, v2)
v3_t = np.dot(Ainv, v3)

print(v1_t)
print(v2_t)
print(v3_t)
```

```
[ 0.5 -0.5]
[1.83333333 0.83333333]
[0.83333333 1.83333333]
```

```
import scipy.misc
import scipy.ndimage

f = sp.misc.face(gray=True)
```

```
e1 = np.array([0, -1])
e2 = np.array([1, 0])
E = np.vstack([e1, e2]).T
g1 = np.array([1, 0.75])
g2 = np.array([-1, 0.75])
A = np.vstack([g1, g2]).T

f1 = sp.ndimage.affine_transform(f, A)

plt.subplot(121)
plt.imshow(f, cmap=mpl.cm.bone)
plt.annotate('', xy=500*np.dot(E, g1), xytext=(0, 0),
            arrowprops=dict(facecolor='red'))
plt.annotate('', xy=500*np.dot(E, g2), xytext=(0, 0),
            arrowprops=dict(facecolor='red'))
plt.grid(False)
plt.xlim(-200, 1000)
plt.ylim(800, -500)
plt.title('좌표변환전')
plt.subplot(122)
plt.imshow(f1, cmap=mpl.cm.bone)
plt.annotate('', xy=(0, 500), xytext=(0, 0), arrowprops=dict(facecolor='red'))
plt.annotate('', xy=(500, 0), xytext=(0, 0), arrowprops=dict(facecolor='red'))
plt.grid(False)
plt.xlim(-200, 1000)
plt.ylim(800, -500)
plt.title('좌표변환후')
plt.show()
```

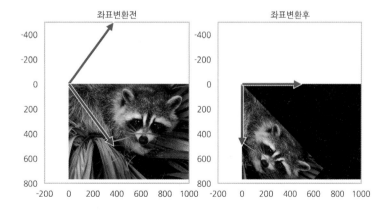

B 행렬이 주어진 고윳값 λ, 고유벡터 v를 가짐을 증명하는 방법은

$$Bv = \lambda v$$

가 성립하는지 대입하여 계산해보는 것이다.

$$Bv_1 = \begin{bmatrix} \dfrac{6}{\sqrt{13}} + \dfrac{6}{\sqrt{13}} \\[2mm] \dfrac{6}{\sqrt{13}} + \dfrac{2}{\sqrt{13}} \end{bmatrix} = \begin{bmatrix} \dfrac{12}{\sqrt{13}} \\[2mm] \dfrac{8}{\sqrt{13}} \end{bmatrix} = 4 \begin{bmatrix} \dfrac{3}{\sqrt{13}} \\[2mm] \dfrac{2}{\sqrt{13}} \end{bmatrix} = \lambda_1 v_1$$

$$Bv_2 = \begin{bmatrix} -\dfrac{2}{\sqrt{2}} + \dfrac{3}{\sqrt{2}} \\[2mm] -\dfrac{2}{\sqrt{2}} + \dfrac{1}{\sqrt{2}} \end{bmatrix} = \begin{bmatrix} \dfrac{1}{\sqrt{2}} \\[2mm] -\dfrac{1}{\sqrt{2}} \end{bmatrix} = -1 \begin{bmatrix} -\dfrac{1}{\sqrt{2}} \\[2mm] \dfrac{1}{\sqrt{2}} \end{bmatrix} = \lambda_2 v_2$$

```
B = np.array([[2, 3], [2, 1]])

lambda1 = 4
v1 = np.array([3/np.sqrt(13), 2 / np.sqrt(13)])

lambda2 = -1
v2 = np.array([-1/np.sqrt(2), 1 / np.sqrt(2)])

print(np.array_equal(B @ v1, lambda1 * v1))
print(np.array_equal(B @ v2, lambda2 * v2))
```

```
True
True
```

연습 문제 3.3.2 해답

특성방정식은

$$\begin{aligned} \det(A - \lambda I) &= \det\left(\begin{bmatrix} 2 & 1 \\ 1 & 2 \end{bmatrix} - \begin{bmatrix} \lambda & 0 \\ 0 & \lambda \end{bmatrix} \right) \\ &= \det \begin{bmatrix} 2 - \lambda & 1 \\ 1 & 2 - \lambda \end{bmatrix} \\ &= (2 - \lambda)^2 - 1 = 0 \end{aligned}$$

$$= \lambda^2 - 4\lambda + 3 = 0$$
$$= (\lambda - 3)(\lambda - 1) = 0$$

따라서 고윳값은 3과 1이다.

❶ 첫 번째 행렬에 대한 특성방정식은

$$\det(E - \lambda I) = \det\left(\begin{bmatrix} 2 & 3 \\ 2 & 1 \end{bmatrix} - \begin{bmatrix} \lambda & 0 \\ 0 & \lambda \end{bmatrix}\right)$$
$$= \det\begin{bmatrix} 2 - \lambda & 3 \\ 2 & 1 - \lambda \end{bmatrix}$$
$$= (2 - \lambda)(1 - \lambda) - 6$$
$$= \lambda^2 - 3\lambda - 4$$
$$= (\lambda - 4)(\lambda + 1) = 0$$

따라서 **고윳값은 4와 −1이다.** 고윳값이 4일 때

$$(E - \lambda I)v = 0$$
$$\begin{bmatrix} 2 - 4 & 3 \\ 2 & 1 - 4 \end{bmatrix}\begin{bmatrix} v_{11} \\ v_{12} \end{bmatrix} = 0$$
$$\begin{bmatrix} -2 & 3 \\ 2 & -3 \end{bmatrix}\begin{bmatrix} v_{11} \\ v_{12} \end{bmatrix} = 0$$
$$-2v_{11} + 3v_{12} = 0$$
$$2v_{11} - 3v_{12} = 0$$
$$v_{11} = \frac{3}{2}v_{12}$$

고유벡터는 $v_{11} = \frac{3}{2}v_{12}$ 를 만족하는 모든 벡터다. 고윳값이 −1 일 때

$$(E - \lambda I)v = 0$$
$$\begin{bmatrix} 2 + 1 & 3 \\ 2 & 1 + 1 \end{bmatrix}\begin{bmatrix} v_{21} \\ v_{22} \end{bmatrix} = 0$$

$$\begin{bmatrix} 3 & 3 \\ 2 & 2 \end{bmatrix} \begin{bmatrix} v_{21} \\ v_{22} \end{bmatrix} = 0$$

$$3v_{21} + 3v_{22} = 0$$

$$2v_{21} + 2v_{22} = 0$$

$$v_{21} = -v_{22}$$

고유벡터는 $v_{21} = -v_{22}$를 만족하는 모든 벡터다. 따라서 각 고윳값과 고유벡터는 다음과 같다.

$$\lambda_1 = 4, v_1 = \begin{bmatrix} \dfrac{3}{\sqrt{13}} \\ \dfrac{2}{\sqrt{13}} \end{bmatrix}$$

$$\lambda_2 = -1, v_2 = \begin{bmatrix} -\dfrac{1}{\sqrt{2}} \\ \dfrac{1}{\sqrt{2}} \end{bmatrix}$$

❷ 두 번째 행렬에 대한 특성방정식은

$$\det(F - \lambda I) = \det\left(\begin{bmatrix} 1 & 1 \\ 0 & 1 \end{bmatrix} - \begin{bmatrix} \lambda & 0 \\ 0 & \lambda \end{bmatrix} \right)$$

$$= \det \begin{bmatrix} 1-\lambda & 1 \\ 0 & 1-\lambda \end{bmatrix}$$

$$= (1-\lambda)^2 = 0$$

따라서 고윳값은 1(중복)이다.

$$(F - \lambda I)v = 0$$

$$\begin{bmatrix} 1-1 & 1 \\ 0 & 1-1 \end{bmatrix} \begin{bmatrix} v_{11} \\ v_{12} \end{bmatrix} = 0$$

$$\begin{bmatrix} 0 & 1 \\ 0 & 0 \end{bmatrix} \begin{bmatrix} v_{11} \\ v_{12} \end{bmatrix} = 0$$

$$v_{12} = 0$$

각 고윳값과 고유벡터는 아래와 같다.

$$\lambda_1 = 1, v_1 = \begin{bmatrix} 1 \\ 0 \end{bmatrix}$$

행렬 A가 중복된 고윳값 λ를 가지고 서로 다른 고유벡터 v_1, v_2가 존재하면

$$Av_1 = \lambda v_1$$

$$Av_2 = \lambda v_2$$

두 고유벡터의 선형조합

$$c_1v_1 + c_2v_2$$

에 대해

$$A(c_1v_1 + c_2v_2) = c_1Av_1 + c_2Av_2 = c_1\lambda v_1 + c_1\lambda v_2 = \lambda(c_1v_1 + c_2v_2)$$

이므로 벡터 $c_1v_1 + c_2v_2$도 고윳값 λ에 대한 고유벡터다.

```
A = np.array([[2, 1], [1, 2]])
w, V = np.linalg.eig(A)
print(w)
print(V)
```

```
[3. 1.]
[[ 0.70710678 -0.70710678]
 [ 0.70710678  0.70710678]]
```

```
B = np.array([[2, 3], [2, 1]])
w, V = np.linalg.eig(B)
print(w)
print(V)
```

```
[ 4. -1.]
[[ 0.83205029 -0.70710678]
 [ 0.5547002   0.70710678]]
```

```
C = np.array([[1, 1], [0, 1]])
w, V = np.linalg.eig(C)
print(w)
print(V)
```

```
[1. 1.]
[[ 1.00000000e+00 -1.00000000e+00]
 [ 0.00000000e+00  2.22044605e-16]]
```

```
D = np.array([[2, 1], [1, 2]])
w, V = np.linalg.eig(D)
print(w)
print(V)
```

```
[3. 1.]
[[ 0.70710678 -0.70710678]
 [ 0.70710678  0.70710678]]
```

```
E = np.array([[2, 3], [2, 1]])
w, V = np.linalg.eig(E)
print(w)
print(V)
```

```
[ 4. -1.]
[[ 0.83205029 -0.70710678]
 [ 0.5547002   0.70710678]]
```

```
F = np.array([[1, 1], [0, 1]])
w, V = np.linalg.eig(F)
print(w)
print(V)
```

```
[1. 1.]
[[ 1.00000000e+00 -1.00000000e+00]
 [ 0.00000000e+00  2.22044605e-16]]
```

행렬의 고윳값과 고유벡터는

$$\lambda_1 = 4, v_1 = \begin{bmatrix} \dfrac{3}{\sqrt{13}} \\ \dfrac{2}{\sqrt{13}} \end{bmatrix}$$

$$\lambda_2 = -1, v_2 = \begin{bmatrix} -\dfrac{1}{\sqrt{2}} \\ \dfrac{1}{\sqrt{2}} \end{bmatrix}$$

고유벡터를 행렬로 묶으면

$$V = \begin{bmatrix} \dfrac{3}{\sqrt{13}} & -\dfrac{1}{\sqrt{2}} \\ \dfrac{2}{\sqrt{13}} & \dfrac{1}{\sqrt{2}} \end{bmatrix}$$

$$V^{-1} = \begin{bmatrix} \dfrac{\sqrt{13}}{5} & \dfrac{\sqrt{13}}{5} \\ -\dfrac{2\sqrt{2}}{5} & \dfrac{3\sqrt{2}}{5} \end{bmatrix}$$

따라서 다음처럼 대각화할 수 있다.

$$\begin{bmatrix} 2 & 3 \\ 2 & 1 \end{bmatrix} = \begin{bmatrix} \dfrac{3}{\sqrt{13}} & -\dfrac{1}{\sqrt{2}} \\ \dfrac{2}{\sqrt{13}} & \dfrac{1}{\sqrt{2}} \end{bmatrix} \begin{bmatrix} 4 & 0 \\ 0 & -1 \end{bmatrix} \begin{bmatrix} \dfrac{\sqrt{13}}{5} & \dfrac{\sqrt{13}}{5} \\ -\dfrac{2\sqrt{2}}{5} & \dfrac{3\sqrt{2}}{5} \end{bmatrix}$$

```
w, V = np.linalg.eig(np.array([[2, 3], [2, 1]]))
Vinv = np.linalg.inv(V)

print(V)
print(np.diag(w))
print(Vinv)
print(V @ np.diag(w) @ Vinv)
```

```
[[ 0.83205029 -0.70710678]
 [ 0.5547002   0.70710678]]
[[ 4.  0.]
 [ 0. -1.]]
[[ 0.72111026  0.72111026]
 [-0.56568542  0.84852814]]
[[2. 3.]
 [2. 1.]]
```

연습 문제 3.3.7 해답

행렬의 고유벡터 행렬은 아래와 같다.

$$V = \begin{bmatrix} 1 & -1 \\ 0 & 0 \end{bmatrix}$$

V의 랭크가 1이므로 역행렬이 존재하지 않는다. 따라서 **대각화할 수 없다.**

```
w, V = np.linalg.eig(np.array([[1, 1], [0, 1]]))
print(V)
print(np.linalg.matrix_rank(V))
```

```
[[ 1.00000000e+00 -1.00000000e+00]
 [ 0.00000000e+00  2.22044605e-16]]
1
```

연습 문제 3.3.8 해답

$$\begin{bmatrix} 2 & 3 \\ 2 & 1 \end{bmatrix}^{-1} = V\Lambda^{-1}V^{-1}$$

대칭행렬의 역행렬은 대각성분의 역수로 이루어진 대칭행렬이다.

$$\Lambda^{-1} = \begin{bmatrix} \dfrac{1}{4} & 0 \\ 0 & 1 \end{bmatrix}$$

$$\begin{bmatrix} 2 & 3 \\ 2 & 1 \end{bmatrix}^{-1} = \begin{bmatrix} \dfrac{3}{\sqrt{13}} & -\dfrac{1}{\sqrt{2}} \\ \dfrac{2}{\sqrt{13}} & \dfrac{1}{\sqrt{2}} \end{bmatrix} \begin{bmatrix} \dfrac{1}{4} & 0 \\ 0 & 1 \end{bmatrix} \begin{bmatrix} \dfrac{\sqrt{13}}{5} & \dfrac{\sqrt{13}}{5} \\ -\dfrac{2\sqrt{2}}{5} & \dfrac{3\sqrt{2}}{5} \end{bmatrix} = \begin{bmatrix} -\dfrac{1}{4} & \dfrac{3}{4} \\ \dfrac{1}{2} & -\dfrac{1}{2} \end{bmatrix}$$

```
A = np.array([[2, 3], [2, 1]])

w, V = np.linalg.eig(A)
Vinv = np.linalg.inv(V)
V @ np.diag(1 / w) @ Vinv
```

```
array([[-0.25,  0.75],
       [ 0.5 , -0.5 ]])
```

```
np.linalg.inv(A)
```

```
array([[-0.25,  0.75],
       [ 0.5 , -0.5 ]])
```

연습 문제 3.3.9 해답

❶
```
from sklearn.datasets import load_iris
iris = load_iris()
X = iris.data

COV = X.T @ X
w, V = np.linalg.eig(COV)
w
```

```
array([9.20830507e+03, 3.15454317e+02, 1.19780429e+01, 3.55257020e+00])
```

❷
```
from sklearn.datasets import load_boston
boston = load_boston()
X = boston.data

COV = X.T @ X
w, V = np.linalg.eig(COV)
w
```

```
array([1.58386796e+08, 1.18747372e+07, 4.17002244e+05, 1.61644573e+05,
       2.52697480e+04, 1.47629635e+04, 8.18396001e+03, 6.07326738e+03,
       4.23577535e+03, 6.06399504e+02, 3.27412564e+02, 3.04157837e+01,
       2.19326965e+00])
```

① 양의 정부호인 대칭행렬은 항상 역행렬이 존재하는가?

답 : **그렇다.** 역행렬이 존재하지 않는 경우는 행렬식이 0일때 이다. 그러나 양의 정부호이 대칭행렬을 양의 고윳값만 가지고 모든 고윳값의 곱이 행렬식이기 때문에, 양의 정부호인 대칭행렬은 항상 역행렬이 존재한다.

② 역으로 역행렬이 존재하는 대칭행렬은 항상 양의 정부호인가?

답 : **아니다.** 행렬식이 음수라도 역행렬이 존재한다. 행렬식이 음수라는 것은 고윳값중에 음수가 하나 이상 포함되어 있다는 뜻이고 모든 고윳값이 양수가 아니면 양의 정부호가 아니다.

예를 들어

$$A = \begin{bmatrix} 1 & 4 \\ 4 & 1 \end{bmatrix}$$

은 양의 정부호가 아니다. 하지만 다음처럼 역행렬이 존재한다.

$$A^{-1} = -\frac{1}{15} \begin{bmatrix} 1 & -4 \\ -4 & 1 \end{bmatrix}$$

```
from numpy.linalg import svd

B = np.array([[3, 2, 2], [2, 3, -2]])
C = np.array([[2, 4], [1, 3], [0, 0], [0, 0]])

# B 행렬의 SVD
U, S, VT = svd(B)

print('\nB'); print(B)
print('\nU'); print(U)
print('\nS'); print(np.diag(S, -1)[1:, :])
print('\nV'); print(VT.T)
print('\nU S VT'); print(U @ np.diag(S, -1)[1:, :] @ VT)
```

B
[[3 2 2]
 [2 3 -2]]

U
[[-0.70710678 -0.70710678]
 [-0.70710678 0.70710678]]

S
[[5. 0. 0.]
 [0. 3. 0.]]

V
[[-7.07106781e-01 -2.35702260e-01 -6.66666667e-01]
 [-7.07106781e-01 2.35702260e-01 6.66666667e-01]
 [-5.55111512e-17 -9.42809042e-01 3.33333333e-01]]

U S VT
[[3. 2. 2.]
 [2. 3. -2.]]

```
# B 행렬의 축소형 SVD
U, S, VT = svd(B, full_matrices=False)

print('\nB'); print(B)
print('\nU'); print(U)
print('\nS'); print(np.diag(S))
print('\nV'); print(VT.T)
print('\nU S VT'); print(U @ np.diag(S) @ VT)
```

B
[[3 2 2]
 [2 3 -2]]

U
[[-0.70710678 -0.70710678]
 [-0.70710678 0.70710678]]

S
[[5. 0.]
 [0. 3.]]

V
```
[[-7.07106781e-01 -2.35702260e-01]
 [-7.07106781e-01  2.35702260e-01]
 [-5.55111512e-17 -9.42809042e-01]]
```

U S VT
```
[[ 3.  2.  2.]
 [ 2.  3. -2.]]
```

```python
# C 행렬의 SVD
U, S, VT = svd(C)

print('\nC'); print(C)
print('\nU'); print(U)
print('\nS'); print(np.diag(S, 2)[:, 2:])
print('\nV'); print(VT.T)
print('\nU S VT'); print(U @ np.diag(S, 2)[:, 2:] @ VT)
```

C
```
[[2 4]
 [1 3]
 [0 0]
 [0 0]]
```

U
```
[[-0.81741556 -0.57604844  0.          0.         ]
 [-0.57604844  0.81741556  0.          0.         ]
 [ 0.          0.          1.          0.         ]
 [ 0.          0.          0.          1.         ]]
```

S
```
[[5.4649857  0.        ]
 [0.         0.36596619]
 [0.         0.        ]
 [0.         0.        ]]
```

V
```
[[-0.40455358 -0.9145143 ]
 [-0.9145143   0.40455358]]
```

U S VT
```
[[2. 4.]
 [1. 3.]
 [0. 0.]
 [0. 0.]]
```

```
# C 행렬의 축소형 SVD
U, S, VT = svd(C, full_matrices=False)

print('\nC'); print(C)
print('\nU'); print(U)
print('\nS'); print(np.diag(S))
print('\nV'); print(VT.T)
print('\nU S VT'); print(U @ np.diag(S) @ VT)
```

C
```
[[2 4]
 [1 3]
 [0 0]
 [0 0]]
```

U
```
[[-0.81741556 -0.57604844]
 [-0.57604844  0.81741556]
 [ 0.          0.         ]
 [ 0.          0.         ]]
```

S
```
[[5.4649857  0.         ]
 [0.         0.36596619]]
```

V
```
[[-0.40455358 -0.9145143 ]
 [-0.9145143   0.40455358]]
```

U S VT
```
[[2. 4.]
 [1. 3.]
 [0. 0.]
 [0. 0.]]
```

```
from numpy.linalg import svd

B = np.array([[3, 2, 2], [2, 3, -2]])
C = np.array([[2, 4], [1, 3], [0, 0], [0, 0]])
```

```
# B 행렬의 SVD
U, S, VT = svd(B, full_matrices=False)

print('[Bv_1 Bv_2]')
print(B @ VT.T)

print('[s_1u_1 s2_u2]')
print((np.diag(S) @ U.T).T)
```

```
[Bv_1 Bv_2]
[[-3.53553391 -2.12132034]
 [-3.53553391  2.12132034]]
[s_1u_1 s2_u2]
[[-3.53553391 -2.12132034]
 [-3.53553391  2.12132034]]
```

```
# C 행렬의 SVD
U, S, VT = svd(C, full_matrices=False)

print('[Cv_1 Cv_2]')
print(C @ VT.T)

print('[s_1u_1 s2_u2]')
print((np.diag(S) @ U.T).T)
```

```
[Cv_1 Cv_2]
[[-4.46716435 -0.21081425]
 [-3.14809647  0.29914646]
 [ 0.          0.        ]
 [ 0.          0.        ]]
[s_1u_1 s2_u2]
[[-4.46716435 -0.21081425]
 [-3.14809647  0.29914646]
 [ 0.          0.        ]
 [ 0.          0.        ]]
```

```
from numpy.linalg import svd, eig

A = np.array([[3, -1], [1, 3], [1, 1]])
U, S, VT = svd(A)
U  # 왼쪽 특이벡터
```

```
array([[-4.08248290e-01,  8.94427191e-01, -1.82574186e-01],
       [-8.16496581e-01, -4.47213595e-01, -3.65148372e-01],
       [-4.08248290e-01, -1.94289029e-16,  9.12870929e-01]])
```

```
w, V = eig(A @ A.T)  # 공분산행렬
idx = np.argsort(w ** 2)[::-1]  # w^2 크기 순서대로 재배열
w = w[idx]
V = V[:, idx]
V  # 특이벡터
```

```
array([[-4.08248290e-01, -8.94427191e-01,  1.82574186e-01],
       [-8.16496581e-01,  4.47213595e-01,  3.65148372e-01],
       [-4.08248290e-01,  5.07704275e-16, -9.12870929e-01]])
```

❶ 꽃의 크기 = 0.96 꽃잎의 길이 + 0.28 꽃잎의 폭

```
from sklearn.datasets import load_iris
from sklearn.decomposition import PCA

X = load_iris().data
pca = PCA(n_components=1)
pca.fit_transform(X[:50, 2:])
pca.components_
```

```
array([[0.96004653, 0.27984043]])
```

❷ 꽃의 크기 = 0.67 꽃받침의 길이 + 0.73 꽃받침의 폭 + 0.10 꽃잎의 길이 + 0.06 꽃잎의 폭

```
pca = PCA(n_components=1)
pca.fit_transform(X[:50, :])
pca.components_
```

```
array([[0.6690784 , 0.73414783, 0.0965439 , 0.06356359]])
```

연습 문제 4장 해답

연습 문제 4.1.1 해답

```
def heaviside_step(x):
    if isinstance(x, np.ndarray):
        return np.where(x >= 0, 1, 0)
    else:
        return 1.0 if x = 0 else 0.0

x = np.linspace(-1, 1, 1000)

sign = np.sign(x)
step = heaviside_step(x)

plt.figure(figsize=(7, 4))
plt.subplot(121)
plt.plot(x, sign, 'r-')
plt.title('부호 함수')
plt.ylim(-1.5, 1.5)
plt.subplot(122)
plt.plot(x, step, 'k-')
plt.title('헤비사이드 스텝 함수')
plt.ylim(-1.5, 1.5)
plt.tight_layout()
plt.show()
```

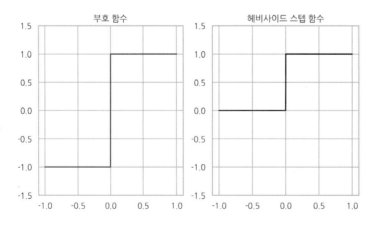

연습 문제 4.1.2 해답

$$\log 12 = \log(2^2 \times 3) = \log 2 + \log 2 + \log 3 = 0.69 \times 2 + 1.10 = 2.48$$

```
np.log(12)
```

```
2.4849066497880004
```

연습 문제 4.1.3 해답

$$y = \sigma(x) = \frac{1}{1 + \exp(-x)}$$

$$1 + \exp(-x) = \frac{1}{y}$$

$$\exp(-x) = \frac{1}{y} - 1 = \frac{1 - y}{y}$$

$$\log \exp(-x) = -x = \log \frac{1 - y}{y}$$

$$x = -\log \frac{1 - y}{y} = \log \frac{y}{1 - y}$$

$$\sigma^{-1}(x) = \log \frac{x}{1 - x}$$

연습 문제 4.2.1 해답

x	-0.5	0	0.5	1	1.5	2	2.5
기울기	2.5	1	-1	-2	-1	1	2.5

연습 문제 4.2.2 해답

```
x = np.array([-.5, 0, 0.5, 1, 1.5, 2, 2.5])
y = np.array([2.5, 1, -1, -2, -1, 1, 2.5])

plt.title('도함수의 그래프')
plt.plot(x, y, 'b-')
```

```
plt.xlabel('x')
plt.ylabel('y')
plt.show()
```

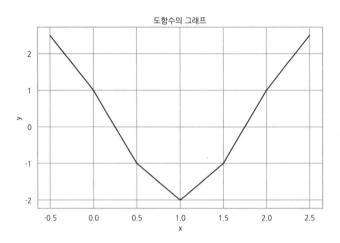

연습 문제 4.2.3 해답

❶ $f(x) = x^3 - 1$

$f'(x) = 3x^2$

❷ $f(x) = \log(x^2 - 3k)$

$g(x) = x^2 - 3k$

$f(g) = \log g$

라고 하면

$$f'(x) = \frac{df}{dg} \cdot \frac{dg}{dx} = \frac{1}{g} \cdot 2x = \frac{2x}{x^2 - 3k}$$

❸ $f(x) = \exp(ax^b)$

$g(x) = ax^b$

$f(g) = \exp g$

라고 하면

$$f'(x) = \frac{df}{dg} \cdot \frac{dg}{dx} = \exp g \cdot abx^{b-1} = abx^{b-1} \exp(ax^b)$$

$$f_x = 2x \exp\left(x^2 + 2y^2\right)$$

$$f_y = 4y \exp\left(x^2 + 2y^2\right)$$

$$f_{xx} = \left(4x^2 + 2\right)\exp\left(x^2 + 2y^2\right)$$

$$f_{xy} = 8xy \exp\left(x^2 + 2y^2\right)$$

$$f_{yx} = 8xy \exp\left(x^2 + 2y^2\right)$$

$$f_{yy} = \left(16y^2 + 4\right)\exp\left(x^2 + 2y^2\right)$$

연습 문제 4.2.5 해답

```
import sympy
```

❶
```
x = sympy.symbols('x')
f = x**3 - 1
sympy.diff(f)
```

$$3x^2$$

❷
```
x, k = sympy.symbols('x k')
f = sympy.log(x**2 - 3*k)
sympy.diff(f, x)
```

$$\frac{2x}{-3k + x^2}$$

❸
```
x, a, b = sympy.symbols('x a b')
f = sympy.exp(a*x**b)
sympy.simplify(sympy.diff(f, x))
```

$$abx^{b-1}e^{ax^b}$$

```
x, y = sympy.symbols('x y')
f = sympy.exp(x**2 + 2*y**2)
```

```
# f_x
sympy.diff(f, x)
```

$$2xe^{x^2+2y^2}$$

```
# f_y
sympy.diff(f, y)
```

$$4ye^{x^2+2y^2}$$

```
# f_xx
sympy.diff(f, x, x)
```

$$2\left(2x^2+1\right)e^{x^2+2y^2}$$

```
# f_xy
sympy.diff(f, x, y)
```

$$8xye^{x^2+2y^2}$$

```
# f_yx
sympy.diff(f, y, x)
```

$$8xye^{x^2+2y^2}$$

```
# f_yy
sympy.diff(f, y, y)
```

$$4\left(4y^2+1\right)e^{x^2+2y^2}$$

연습 문제 4.3.1 해답

❶ $x^3 + C$

❷ $x^3 - 3x^2 + x + C$

❸ $3x^2 + 2x + 4\exp(x) + 5\log(x) + C$

❹ $\log(x^2 - 1) + C$

연습 문제 4.3.2 해답

❶ $x + \dfrac{x^2 y}{2} + C(y)$

❷ $\exp(x^2 + y^2)\dfrac{y}{2} + C(y)$

연습 문제 4.3.3 해답

$$\frac{\exp(x^2 + y^2)}{4}$$

연습 문제 4.3.4 해답

```
import sympy

x, y = sympy.symbols('x y')
```

❶
```
# 4.3.1
f = 3 * x**2
sympy.integrate(f)
```

x^3

❷
```
# 4.3.1
f = 3 * x**2 - 6 * x + 1
sympy.integrate(f)
```

$x^3 - 3x^2 + x$

❸
```
# 4.3.1
f = 2 + 6 * x + 4 * sympy.exp(x) + 5 / x
sympy.integrate(f)
```

$$3x^2 + 2x + 4e^x + 5\log(x)$$

---

❹
```
# 4.3.1
f = 2 * x / (x**2 - 1)
sympy.integrate(f)
```

$$\log(x^2 - 1)$$

---

❶
```
# 4.3.2
f = 1 + x * y
sympy.integrate(f, x)
```

$$\frac{x^2 y}{2} + x$$

---

❷
```
# 4.3.2
f = x * y * sympy.exp(x**2 + y**2)
sympy.integrate(f, x)
```

$$\frac{y e^{x^2 + y^2}}{2}$$

연습 문제 4.3.5 해답

❶ • 부정적분

$$F(x) = x^3 - 3x^2 + x$$

$$F(1) - F(0) = -1$$

• 수치적분

```
def f(x):
    return 3 * x**2 - 6 * x + 1


sp.integrate.quad(f, 0, 1)
```

```
(-1.0, 1.3085085171449517e-14)
```

❷ • 부정적분

$$F(x) = 3x^2 + 2x + 4\exp(x) + 5\log(x)$$

$$F(10) - F(1) = 88421.502977378$$

• 수치적분

```
def f(x):
    return 2 + 6 * x + 4 * sympy.exp(x) + 5 / x


sp.integrate.quad(f, 1, 10)
```

```
(88421.50297737827, 1.5276890734473408e-06)
```

연습 문제 4.3.6 해답

```
def f(x, y):
    return 1 + (x * y)


sp.integrate.dblquad(f, -1, 1, lambda x: -1, lambda x: 1)
```

```
(4.0, 4.440892098500626e-14)
```

❶
$$\nabla f = \begin{bmatrix} \frac{\partial f}{\partial x} \\ \frac{\partial f}{\partial y} \\ \frac{\partial f}{\partial z} \end{bmatrix} = \begin{bmatrix} 1 \\ 1 \\ 1 \end{bmatrix}$$

❷
$$\nabla f = \begin{bmatrix} \frac{\partial f}{\partial x} \\ \frac{\partial f}{\partial y} \\ \frac{\partial f}{\partial z} \end{bmatrix} = \begin{bmatrix} yz \\ xz \\ xy \end{bmatrix}$$

연습 문제 4.4.2 해답

```
import numpy as np
import matplotlib.pylab as plt

black = {'facecolor': 'black'}

def g(x, y):
    return (4*x + 6*y - 26, 6*x + 14*y -54)

g1 = g(7, 1)
g2 = g(2, 1)

plt.plot(0, 0, 'kP', ms=10)
plt.plot(g1[0], g1[1], 'ro', ms=10)
plt.annotate('', xy=g1, xytext=(0, 0), arrowprops=black)
plt.plot(g2[0], g2[1], 'ro', ms=10)
plt.annotate('', xy=g2, xytext=(0, 0), arrowprops=black)

plt.axis('equal')
plt.show()
```

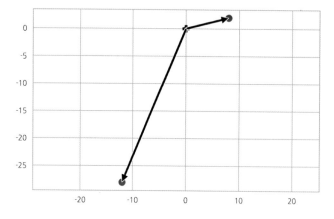

```
black = {'facecolor': 'black'}

def f(x, y):
    return 2 * x**2 + 6 * x * y + 7 * y**2 - 26 * x - 54 * y + 107


xx = np.linspace(1, 16, 100)
yy = np.linspace(-3, 6, 90)
X, Y = np.meshgrid(xx, yy)
Z = f(X, Y)


def gx(x, y):
    return 4 * x + 6 * y - 26

def gy(x, y):
    return 6 * x + 14 * y - 54


xx2 = np.linspace(1, 16, 15)
yy2 = np.linspace(-3, 6, 9)
X2, Y2 = np.meshgrid(xx2, yy2)
GX = gx(X2, Y2)
GY = gy(X2, Y2)
plt.figure(figsize=(10, 5))
plt.contour(X, Y, Z, levels=np.logspace(0, 3, 10))

x0 = (14, 4)
plt.plot(x0[0], x0[1], 'ko', ms=10)

for i in range(20):
    g = np.array((gx(x0[0], x0[1]), gy(x0[0], x0[1])))
    x_next = x0 - 0.02 * g
    plt.annotate('', xy=x_next, xytext=x0, arrowprops=black)
    x0 = x_next

plt.xlabel('x')
plt.ylabel('y')

plt.show()
```

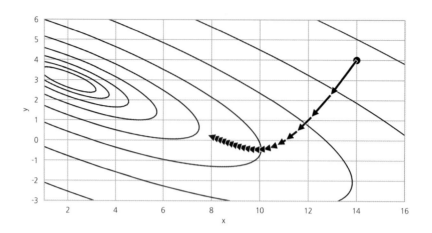

4.4.4 해답

$$J = \begin{bmatrix} \frac{\partial f_1}{\partial x_1} & \frac{\partial f_1}{\partial x_2} & \frac{\partial f_1}{\partial x_3} \\ \frac{\partial f_2}{\partial x_1} & \frac{\partial f_2}{\partial x_2} & \frac{\partial f_2}{\partial x_3} \end{bmatrix} = \begin{bmatrix} 1 & 1 & 1 \\ x_2 x_3 & x_1 x_3 & x_1 x_1 \end{bmatrix}$$

4.4.5 해답

$$\nabla f(x) = \begin{bmatrix} 2x_1 \\ 2x_2 \\ 2x_3 \end{bmatrix}$$

$$J \nabla f(x) = \begin{bmatrix} 2 & 0 & 0 \\ 0 & 2 & 0 \\ 0 & 0 & 2 \end{bmatrix}$$

$$H = J^T = \begin{bmatrix} 2 & 0 & 0 \\ 0 & 2 & 0 \\ 0 & 0 & 2 \end{bmatrix}$$

연습 문제 5장 해답

연습 문제 5.1.1 해답

❶
```
def f2(x):
    return (1 - x[0])**2 + 100.0 * (x[1] - x[0]**2)**2

x0_new = (2, 0.3)

result = sp.optimize.minimize(f2, x0_new, jac=None)
print(result)
```

```
      fun: 2.0894403678099502e-11
 hess_inv: array([[0.49022113, 0.98027049],
       [0.98027049, 1.96519132]])
      jac: array([ 1.58938813e-06, -8.86428086e-07])
  message: 'Optimization terminated successfully.'
     nfev: 100
      nit: 18
     njev: 25
   status: 0
  success: True
        x: array([0.99999543, 0.99999085])
```

❷
```
def f2g(x):
    return np.array((2.0 * (x[0] - 1) - 400.0 * x[0] * (x[1] - x[0]**2),
200.0 * (x[1] - x[0]**2)))


result = sp.optimize.minimize(f2, x0_new, jac=f2g)
print(result)
```

```
      fun: 1.0392866876869952e-14
 hess_inv: array([[0.49022342, 0.98027934],
       [0.98027934, 1.96521752]])
      jac: array([ 1.58870156e-06, -8.86163987e-07])
  message: 'Optimization terminated successfully.'
     nfev: 25
      nit: 18
```

```
       njev: 25
     status: 0
    success: True
          x: array([0.99999991, 0.99999981])
```

연습 문제 **5.2.1 해답**

$$h(x_1, x_2, \lambda) = -\log x_1 - \log x_2 + \lambda(x_1 + x_2 - 1)$$

$$\frac{\partial h}{\partial x_1} = -\frac{1}{x_1} + \lambda = 0$$

$$\frac{\partial h}{\partial x_2} = -\frac{1}{x_2} + \lambda = 0$$

$$\frac{\partial h}{\partial \lambda} = x_1 + x_2 - 1 = 0$$

$$x_1 = x_2 = \frac{1}{2}, \quad \lambda = 2$$

연습 문제 **5.2.2 해답**

$$h(x_1, x_2, \lambda) = x_1 + x_2 + \lambda(x_1^2 + x_2^2 - 1)$$

$$\frac{\partial h}{\partial x_1} = 1 + 2\lambda x_1 = 0$$

$$\frac{\partial h}{\partial x_2} = 1 + 2\lambda x_2 = 0$$

$$\frac{\partial h}{\partial \lambda} = x_1^2 + x_2^2 - 1 = 0$$

연립 방정식을 풀면 다음과 같은 해를 구할 수 있다.

$$x_1 = x_2 = \pm\frac{1}{\sqrt{2}}$$

그런데

$$x_1 = x_2 = -\frac{1}{\sqrt{2}}$$

인 경우가

$$x_1 = x_2 = \frac{1}{\sqrt{2}}$$

인 경우보다 목적함수값이 작으므로 답은

$$x_1 = x_2 = -\frac{1}{\sqrt{2}}$$

연습 문제 5.2.3 해답

• 목적함수

$$h(x_1, x_2, \lambda_1, \lambda_2, \lambda_3, \lambda_4) = (x_1 - 4)^2 + (x_2 - 2)^2 +$$
$$\lambda_1(x_1 + x_2 - 1) + \lambda_2(-x_1 + x_2 - 1) + \lambda_3(-x_1 - x_2 - 1) + \lambda_4(x_1 - x_2 - 1)$$

• KKT 조건

$$\frac{\partial h}{\partial x_1} = 2(x_1 - 4) + \lambda_1 - \lambda_2 - \lambda_3 + \lambda_4 = 0$$

$$\frac{\partial h}{\partial x_2} = 2(x_2 - 2) + \lambda_1 + \lambda_2 - \lambda_3 - \lambda_4 = 0$$

$$\lambda_1 \frac{\partial h}{\partial \lambda_1} = \lambda_1(x_1 + x_2 - 1) = 0$$

$$\lambda_2 \frac{\partial h}{\partial \lambda_2} = \lambda_2(-x_1 + x_2 - 1) = 0$$

$$\lambda_3 \frac{\partial h}{\partial \lambda_3} = \lambda_3(-x_1 - x_2 - 1) = 0$$

$$\lambda_4 \frac{\partial h}{\partial \lambda_4} = \lambda_4(x_1 - x_2 - 1) = 0$$

$$\lambda_i \geq 0$$

$(x_1, x_2) = (1, 0)$ 일 때

• 첫 번째 부등식 $= (x_1 + x_2 - 1) = 0$이다. 따라서 $\lambda_1 \neq 0$

• 두 번째 부등식 $= (-x_1 + x_2 - 1) = -2$이다. 따라서 $\lambda_2 = 0$

• 세 번째 부등식 $= (-x_1 - x_2 - 1) = -2$이다. 따라서 $\lambda_3 = 0$

• 네 번째 부등식 $= (x_1 - x_2 - 1) = 0$이다. 따라서 $\lambda_4 \neq 0$

```
from functools import partial

def f2plt(x1, x2):
    return np.sqrt((x1 - 4) ** 2 + (x2 - 2) ** 2)

def f2(x):
    return np.sqrt((x[0] - 4) ** 2 + (x[1] - 2) ** 2)

def ieq_constraint2(x, k):
    return np.atleast_1d(k - np.sum(np.abs(x)))

def plot_opt(k):
    x1 = np.linspace(-2, 5, 100)
    x2 = np.linspace(-1.5, 3, 100)
    X1, X2 = np.meshgrid(x1, x2)
    Y = f2plt(X1, X2)

    plt.contour(X1, X2, Y, colors='gray',
                levels=np.arange(0.5, 5, 0.5) * np.sqrt(2))

    ax = plt.gca()
    x12 = np.linspace(-k, 0, 10)
    x13 = np.linspace(0, k, 10)
    ax.fill_between(x12, x12 + k, -k - x12, color='g', alpha=0.5)
    ax.fill_between(x13, x13 - k, k - x13, color='g', alpha=0.5)

    # 최적점 위치
    x_sol = sp.optimize.fmin_slsqp(f2, np.array([0, 0]),
                                   ieqcons=[partial(ieq_constraint2,
                                            k=k)], iprint=0)
    plt.plot(x_sol[0], x_sol[1], 'ro', ms=20)

    plt.xlim(-2, 5)
    plt.ylim(-1.5, 3)
    plt.xticks(np.linspace(-2, 5, 8))
    plt.yticks(np.linspace(-1, 3, 5))
    plt.xlabel('$x_1$')
    plt.ylabel('$x_2$')
    plt.title('$|x_1| + |x_2| \leq {}$ 제한조건을 가지는 최적화 문제'
        .format(k))
    plt.show()
```

plot_opt(1)

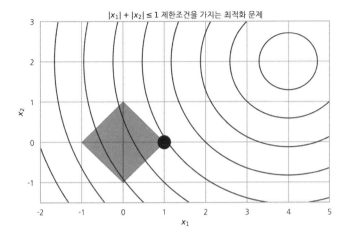

plot_opt(2)

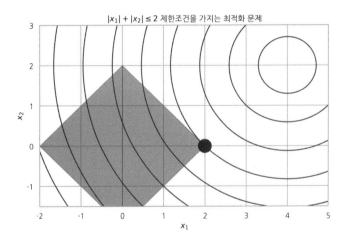

```
plot_opt(3)
```

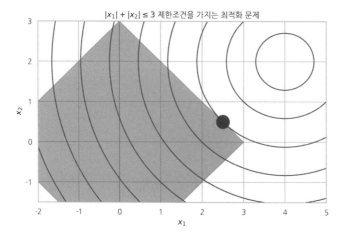

```
def ieq_constraint(k):
    return lambda x: np.atleast_1d(k - np.sum(np.abs(x)))

opt = []
k_range = np.linspace(0.1, 10, 100)
for k in k_range:
    opt += [
        sp.optimize.fmin_slsqp(
            f2, np.array([0, 0]), ieqcons=[ieq_constraint(k)], iprint=0
        )
    ]

plt.plot(k_range, np.array(opt)[:, 0], 'g-', label='x1의 해')
plt.plot(k_range, np.array(opt)[:, 1], 'r-', label='x2의 해')
plt.title('k의 변화에 따른 최적해의 변화')
plt.xlabel('k')
plt.ylabel('최적해')
plt.legend()
plt.show()
```

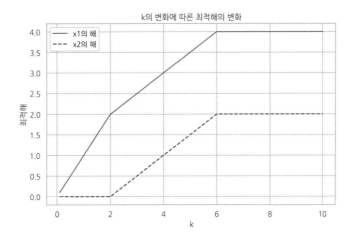

$$\arg\min_{a_i} -\frac{1}{2}\begin{bmatrix} a_1 & a_2 & a_3 \end{bmatrix}\begin{bmatrix} y_1 y_1 x_1^T x_1 & y_1 y_2 x_1^T x_2 & y_1 y_3 x_1^T x_3 \\ y_2 y_1 x_2^T x_1 & y_2 y_2 x_2^T x_2 & y_2 y_3 x_2^T x_3 \\ y_3 y_1 x_3^T x_1 & y_3 y_2 x_3^T x_2 & y_3 y_3 x_3^T x_3 \end{bmatrix}\begin{bmatrix} a_1 \\ a_2 \\ a_3 \end{bmatrix} + \begin{bmatrix} 1 & 1 & 1 \end{bmatrix}\begin{bmatrix} a_1 \\ a_2 \\ a_3 \end{bmatrix}$$

$$\begin{bmatrix} y_1 & y_2 & y_3 \end{bmatrix}\begin{bmatrix} a_1 \\ a_2 \\ a_3 \end{bmatrix} = 0$$

$$a_i \geq 0$$

$$Q = \begin{bmatrix} y_1 y_1 x_1^T x_1 & y_1 y_2 x_1^T x_2 & y_1 y_3 x_1^T x_3 \\ y_2 y_1 x_2^T x_1 & y_2 y_2 x_2^T x_2 & y_2 y_3 x_2^T x_3 \\ y_3 y_1 x_3^T x_1 & y_3 y_2 x_3^T x_2 & y_3 y_3 x_3^T x_3 \end{bmatrix}$$

$$c = \begin{bmatrix} 1 \\ 1 \\ 1 \end{bmatrix}$$

$$A = \begin{bmatrix} y_1 & y_2 & y_3 \end{bmatrix}$$
$$b = 0$$

연습 문제 6장 해답

6.1.1 해답

❶ $A_1 = \{0\}$

$A_2 = \{HH\}$

$A_3 = \{HT\}$

$A_4 = \{TH\}$

$A_5 = \{TT\}$

$A_6 = \{HH, HT\}$

$A_7 = \{HH, TH\}$

$A_8 = \{HT, TT\}$

$A_9 = \{HT, TH\}$

$A_{10} = \{HT, TT\}$

$A_{11} = \{TH, TT\}$

$A_{12} = \{HH, HT, TH\}$

$A_{13} = \{HH, HT, TT\}$

$A_{14} = \{HH, TH, TT\}$

$A_{15} = \{HT, TH, TT\}$

$A_{16} = \{HH, HT, TH, TT\}$

❷
```
from itertools import chain, combinations

omega = {'HH', 'HT', 'TH', 'TT'}
set([frozenset(s)
    for s in chain.from_iterable(combinations(omega, n)
                                 for n in range(5))])
```

```
{frozenset(),
 frozenset({'HT'}),
 frozenset({'TT'}),
 frozenset({'HT', 'TT'}),
 frozenset({'HH', 'HT'}),
 frozenset({'HH', 'TT'}),
 frozenset({'TH'}),
 frozenset({'TH', 'TT'}),
 frozenset({'HH', 'TH', 'TT'}),
```

```
        frozenset({'HT', 'TH', 'TT'}),
        frozenset({'HH'}),
        frozenset({'HH', 'TH'}),
        frozenset({'HH', 'HT', 'TT'}),
        frozenset({'HT', 'TH'}),
        frozenset({'HH', 'HT', 'TH'}),
        frozenset({'HH', 'HT', 'TH', 'TT'})}
```

연습 문제 6.1.2 해답

```
A = set([1, 3, 5])
B = set([1, 2, 3])
C = set([2, 4, 6])
```

```
A | (B & C) == (A | B) & (A | C)
```

True

```
A & (B | C) == (A & B) | (A & C)
```

True

연습 문제 6.2.1 해답

❶ $\Omega_3 = \{HH, HT, TH, TT\}$

❷ $\Omega_4 = \{\text{True(그렇다)}, \text{False(아니다)}\}$

연습 문제 6.2.2 해답

❶ 표본 개수는 무한대다.

$\Omega_7 = \{0 \leq \theta < 360\}$

❷ 가장 일반적으로 정의하면 Ω_8은 모든 실수의 집합이다. 표본 개수는 무한대다.

$\Omega_8 = \mathbf{R}$

각각 다음과 같은 해가 있을 수 있다.

❶ 주사위를 던져서 1이 나올 것인가? 표본 공간 = {1, 2, 3, 4, 5, 6}

❷ 영화감상 후 평점이 1~10점 중 몇점이 나올 것인가? 표본 공간 = {1, 2, ⋯, 10}

❸ 공을 수평으로 던졌을 때 몇 미터를 날아갈 것인가? 표본 공간 = 실수 전체의 집합

❹ 공을 지면으로 던졌을 때 몇 번 지면에서 튕길 것인가? 표본 공간 = 정수 전체의 집합

```
from itertools import chain, combinations

def get_set_of_subsets(omega):
    return set([frozenset(s) for s in chain.from_
iterable(combinations(omega, r) for r in range(len(omega) + 1))])
```

❶ $\Omega_2 = \{\diamond, \heartsuit, \spadesuit, \clubsuit\}$

$A_1 = \{\emptyset\}$

$A_2 = \{\diamond\}$

$A_3 = \{\heartsuit\}$

$A_4 = \{\spadesuit\}$

$A_5 = \{\clubsuit\}$

$A_6 = \{\diamond, \heartsuit\}$

$A_7 = \{\diamond, \spadesuit\}$

$A_8 = \{\diamond, \clubsuit\}$

$A_9 = \{\heartsuit, \spadesuit\}$

$A_{10} = \{\heartsuit, \clubsuit\}$

$A_{11} = \{\spadesuit, \clubsuit\}$

$A_{12} = \{\diamond, \heartsuit, \spadesuit\}$

$A_{13} = \{\diamond, \heartsuit, \clubsuit\}$

$A_{14} = \{\diamond, \spadesuit, \clubsuit\}$

$A_{15} = \{\heartsuit, \spadesuit, \clubsuit\}$

$A_{16} = \{\diamond, \heartsuit, \spadesuit, \clubsuit\}$

```
omega = {'♦', '♥', '♠', '♣'}
SS1 = get_set_of_subsets(omega)
SS1
```

```
{frozenset(),
 frozenset({'♠'}),
 frozenset({'♠', '♣', '♥'}),
 frozenset({'♠', '♥', '♦'}),
 frozenset({'♣'}),
 frozenset({'♠', '♣'}),
 frozenset({'♦'}),
 frozenset({'♠', '♦'}),
 frozenset({'♠', '♣', '♦'}),
 frozenset({'♥'}),
 frozenset({'♥', '♦'}),
 frozenset({'♠', '♥'}),
 frozenset({'♣', '♥'}),
 frozenset({'♣', '♦'}),
 frozenset({'♣', '♥', '♦'}),
 frozenset({'♠', '♣', '♥', '♦'})}
```

또는

```
A_1 = frozenset([])
A_2 = frozenset(['♦'])
A_3 = frozenset(['♥'])
A_4 = frozenset(['♠'])
A_5 = frozenset(['♣'])
A_6 = frozenset(['♦', '♥'])
A_7 = frozenset(['♦', '♠'])
A_8 = frozenset([ '♦', '♣'])
A_9 = frozenset(['♥', '♠'])
A_10 = frozenset(['♥', '♣'])
A_11 = frozenset(['♠', '♣'])
A_12 = frozenset(['♦', '♥', '♠'])
A_13 = frozenset(['♦', '♥', '♣'])
A_14 = frozenset(['♦', '♠', '♣'])
A_15 = frozenset(['♥', '♠', '♣'])
A_16 = frozenset(['♦', '♥', '♠', '♣'])

set([A_1, A_2, A_3, A_4, A_5, A_6, A_7, A_8, A_9,
    A_10, A_11, A_12, A_13, A_14, A_15, A_16])
```

```
{frozenset(),
 frozenset({'♠'}),
 frozenset({'♠', '♣', '♥'}),
 frozenset({'♠', '♥', '♦'}),
 frozenset({'♣'}),
 frozenset({'♠', '♣'}),
 frozenset({'♦'}),
 frozenset({'♠', '♦'}),
 frozenset({'♠', '♣', '♦'}),
 frozenset({'♥'}),
 frozenset({'♥', '♦'}),
 frozenset({'♠', '♥'}),
 frozenset({'♣', '♦'}),
 frozenset({'♣', '♥'}),
 frozenset({'♣', '♥', '♦'}),
 frozenset({'♠', '♣', '♥', '♦'})}
```

❷ $\Omega_3 = \{HH, HT, TH, TT\}$

$B_1 = \{\emptyset\}$

$B_2 = \{HH\}$

$B_3 = \{HT\}$

$B_4 = \{TH\}$

$B_5 = \{TT\}$

$B_6 = \{HH, HT\}$

$B_7 = \{HH, TH\}$

$B_8 = \{HT, TT\}$

$B_9 = \{HT, TH\}$

$B_{10} = \{HT, TT\}$

$B_{11} = \{TH, TT\}$

$B_{12} = \{HH, HT, TH\}$

$B_{13} = \{HH, HT, TT\}$

$B_{14} = \{HH, TH, TT\}$

$B_{15} = \{HT, TH, TT\}$

$B_{16} = \{HH, HT, TH, TT\}$

```
omega = {'HH', 'HT', 'TH', 'TT'}
SS2 = get_set_of_subsets(omega)
SS2
```

```
{frozenset(),
 frozenset({'HT', 'TH'}),
 frozenset({'HH'}),
 frozenset({'TT'}),
 frozenset({'HH', 'HT'}),
 frozenset({'HH', 'TT'}),
 frozenset({'HT'}),
 frozenset({'HT', 'TT'}),
 frozenset({'HH', 'HT', 'TT'}),
 frozenset({'TH'}),
 frozenset({'HH', 'TH'}),
 frozenset({'HH', 'HT', 'TH'}),
 frozenset({'TH', 'TT'}),
 frozenset({'HH', 'TH', 'TT'}),
 frozenset({'HT', 'TH', 'TT'}),
 frozenset({'HH', 'HT', 'TH', 'TT'})}
```

또는

```
B_1 = frozenset([])
B_2 = frozenset(['HH'])
B_3 = frozenset(['HT'])
B_4 = frozenset(['TH'])
B_5 = frozenset(['TT'])
B_6 = frozenset(['HH', 'HT'])
B_7 = frozenset(['HH', 'TH'])
B_8 = frozenset(['HH', 'TT'])
B_9 = frozenset(['HT', 'TH'])
B_10 = frozenset(['HT', 'TT'])
B_11 = frozenset(['TH', 'TT'])
B_12 = frozenset(['HH', 'HT', 'TH'])
B_13 = frozenset(['HH', 'HT', 'TT'])
B_14 = frozenset(['HH', 'TH', 'TT'])
B_15 = frozenset(['HT', 'TH', 'TT'])
B_16 = frozenset(['HH', 'HT', 'TH', 'TT'])
```

```
set([B_1, B_2, B_3, B_4, B_5, B_6, B_7, B_8,
     B_9, B_10, B_11, B_12, B_13, B_14, B_15, B_16])
```

```
{frozenset(),
 frozenset({'HT', 'TH'}),
 frozenset({'HH'}),
 frozenset({'TT'}),
 frozenset({'HH', 'HT'}),
 frozenset({'HH', 'TT'}),
 frozenset({'HT'}),
 frozenset({'HT', 'TT'}),
 frozenset({'HH', 'HT', 'TT'}),
 frozenset({'TH'}),
 frozenset({'HH', 'TH'}),
 frozenset({'HH', 'HT', 'TH'}),
 frozenset({'TH', 'TT'}),
 frozenset({'HH', 'TH', 'TT'}),
 frozenset({'HT', 'TH', 'TT'}),
 frozenset({'HH', 'HT', 'TH', 'TT'})}
```

연습 문제 6.2.5 해답

❶
```
P1 = {
    A_1: 0, A_2: 0.25, A_3: 0.25,
    A_4: 0.25, A_5: 0.25, A_6: 0.5,
    A_7: 0.5, A_8: 0.5, A_9: 0.5,
    A_10: 0.5, A_11: 0.5,
    A_12: 0.75, A_13: 0.75,
    A_14: 0.75, A_15: 0.75, A_16: 1}
P1
```

```
{frozenset(): 0,
 frozenset({'♦'}): 0.25,
 frozenset({'♥'}): 0.25,
 frozenset({'♠'}): 0.25,
 frozenset({'♣'}): 0.25,
 frozenset({'♥', '♦'}): 0.5,
 frozenset({'♠', '♦'}): 0.5,
 frozenset({'♣', '♦'}): 0.5,
 frozenset({'♠', '♥'}): 0.5,
 frozenset({'♣', '♥'}): 0.5,
```

```
frozenset({'♠', '♣'}): 0.5,
frozenset({'♠', '♥', '♦'}): 0.75,
frozenset({'♣', '♥', '♦'}): 0.75,
frozenset({'♠', '♣', '♦'}): 0.75,
frozenset({'♠', '♣', '♥'}): 0.75,
frozenset({'♠', '♣', '♥', '♦'}): 1}
```

❷
```
P2 = {
    B_1: 0, B_2: 1/4, B_3: 1/4,
    B_4: 1/4, B_5: 1/4, B_6: 2/4,
    B_7: 2/4, B_8: 2/4, B_9: 2/4,
    B_10: 2/4, B_11: 2/4, B_12: 3/4, B_13: 3/4,
    B_14: 3/4, B_15: 3/4, B_16: 1}
P2
```

```
{frozenset(): 0,
 frozenset({'HH'}): 0.25,
 frozenset({'HT'}): 0.25,
 frozenset({'TH'}): 0.25,
 frozenset({'TT'}): 0.25,
 frozenset({'HH', 'HT'}): 0.5,
 frozenset({'HH', 'TH'}): 0.5,
 frozenset({'HH', 'TT'}): 0.5,
 frozenset({'HT', 'TH'}): 0.5,
 frozenset({'HT', 'TT'}): 0.5,
 frozenset({'TH', 'TT'}): 0.5,
 frozenset({'HH', 'HT', 'TH'}): 0.75,
 frozenset({'HH', 'HT', 'TT'}): 0.75,
 frozenset({'HH', 'TH', 'TT'}): 0.75,
 frozenset({'HT', 'TH', 'TT'}): 0.75,
 frozenset({'HH', 'HT', 'TH', 'TT'}): 1}
```

연습 문제 6.2.6 해답

$$P(2) + P(3) + P(4) + P(4) = 1 - 0.5 = 0.5$$

되는 임의의 값을 할당해도 된다.

```
omega = {1, 2, 3, 4, 5, 6}
SS3 = get_set_of_subsets(omega)

P3 = {}

for i in SS3:
    probability = 0.0
    if 1 in i:
        probability += 0.5 # P({1}) = 0.5
    if 2 in i:
        probability += 0.11 # 또는 다른 값
    if 3 in i:
        probability += 0.12 # 또는 다른 값
    if 4 in i:
        probability += 0.13 # 또는 다른 값
    if 5 in i:
        probability += 0.14 # 또는 다른 값
    if 6 in i:
        probability += 0 # P({6}) = 0

    P3[i] = probability
P3
```

```
{frozenset({1, 3, 5}): 0.76,
 frozenset({1, 4}): 0.63,
 frozenset({4, 6}): 0.13,
 frozenset({2, 3}): 0.22999999999999998,
 frozenset({2, 3, 4}): 0.36,
 frozenset({1, 4, 5, 6}): 0.77,
 frozenset({2, 6}): 0.11,
 frozenset({4, 5}): 0.27,
 frozenset({2, 3, 5, 6}): 0.37,
 frozenset({1, 2, 3, 6}): 0.73,
 frozenset({1}): 0.5,
 frozenset({1, 2, 3, 4, 5, 6}): 1.0,
 frozenset({2, 4, 5, 6}): 0.38,
 frozenset({4, 5, 6}): 0.27,
 frozenset({1, 3, 4, 6}): 0.75,
 frozenset({2, 3, 4, 6}): 0.36,
 frozenset({1, 2, 3, 4, 6}): 0.86,
 frozenset({1, 3, 4, 5, 6}): 0.89,
 frozenset({1, 4, 6}): 0.63,
 frozenset({3, 4}): 0.25,
```

```
frozenset({2, 4, 6}): 0.24,
frozenset({3, 4, 5, 6}): 0.39,
frozenset({1, 2, 3, 4, 5}): 1.0,
frozenset({2, 4}): 0.24,
frozenset({5, 6}): 0.14,
frozenset({2, 3, 5}): 0.37,
frozenset({3, 4, 6}): 0.25,
frozenset({3, 5}): 0.26,
frozenset({2, 5, 6}): 0.25,
frozenset({3, 4, 5}): 0.39,
frozenset({1, 6}): 0.5,
frozenset({1, 2, 3}): 0.73,
frozenset({1, 2, 4, 6}): 0.74,
frozenset({1, 3}): 0.62,
frozenset({1, 2, 6}): 0.61,
frozenset({1, 3, 4}): 0.75,
frozenset({1, 2, 4, 5}): 0.88,
frozenset({1, 3, 5, 6}): 0.76,
frozenset({1, 2, 3, 5, 6}): 0.87,
frozenset({3, 6}): 0.12,
frozenset({2, 3, 6}): 0.22999999999999998,
frozenset({2, 3, 4, 5}): 0.5,
frozenset({1, 2, 5}): 0.75,
frozenset({1, 5}): 0.64,
frozenset({1, 4, 5}): 0.77,
frozenset({1, 2, 3, 4}): 0.86,
frozenset({2, 3, 4, 5, 6}): 0.5,
frozenset({5}): 0.14,
frozenset({4}): 0.13,
frozenset({2}): 0.11,
frozenset({1, 2, 4, 5, 6}): 0.88,
frozenset({1, 2, 4}): 0.74,
frozenset({1, 2}): 0.61,
frozenset({1, 3, 6}): 0.62,
frozenset({1, 2, 5, 6}): 0.75,
frozenset({1, 2, 3, 5}): 0.87,
frozenset({1, 3, 4, 5}): 0.89,
frozenset({2, 4, 5}): 0.38,
frozenset({2, 5}): 0.25,
frozenset({3, 5, 6}): 0.26,
frozenset({3}): 0.12,
frozenset({6}): 0.0,
frozenset(): 0.0,
frozenset({1, 5, 6}): 0.64}
```

연습 문제 6.2.7 해답

❶ 만약 윤년 등을 고려하지 않는다면 1년의 날짜는 365일이고 이 중 31일은 7번 존재한다.

```
P4 = {'True': 7 / 365, 'False': 358 / 365}
P4
```

```
{'True': 0.019178082191780823, 'False': 0.9808219178082191}
```

❷ 만약 두 사건에 대해 같은 확률을 할당한다면 다음과 같다.

```
P5 = {}
P5[frozenset('A')] = 0.5
P5[frozenset('O')] = 0.5
P5
```

```
{frozenset({'A'}): 0.5, frozenset({'O'}): 0.5}
```

❸ 만약 두 사건에 대해 과일 개수에 비례하는 확률을 할당한다면 다음과 같다.

```
P6 = {}
P6[frozenset('A')] = 70 / 100
P6[frozenset('O')] = 30 / 100
P6
```

```
{frozenset({'A'}): 0.7, frozenset({'O'}): 0.3}
```

연습 문제 6.3.1 해답

$$A = \{남자\}$$
$$|A| = 8$$
$$P(A) = 8/20$$

$$B = \{머리가 긴 사람\}$$
$$|B| = 12$$
$$P(B) = 12/20$$

$C = \{1, 2, 3, 4, 5, 6, 7, 8, 9, 10, 11, 12\}$

$|C_1| = 0$

$|C_2| = 1$

$|C_3| = 2$

$|C_4| = 0$

$|C_5| = 4$

$|C_6| = 1$

$|C_7| = 3$

$|C_8| = 3$

$|C_9| = 4$

$|C_{10}| = 1$

$|C_{11}| = 0$

$|C_{12}| = 1$

$P(C_1) = 0$

$P(C_2) = 1/20$

$P(C_3) = 2/20$

$P(C_4) = 0$

$P(C_5) = 4/20$

$P(C_6) = 1/20$

$P(C_7) = 3/20$

$P(C_8) = 3/20$

$P(C_9) = 4/20$

$P(C_{10}) = 1/20$

$P(C_{11}) = 0$

$P(C_{12}) = 1/20$

- 여집합의 확률

$$|A^C| = 12 \qquad\qquad |B^C| = 8$$
$$P(A^C) = 1 - P(A) = 12/20 \qquad P(B^C) = 8/20$$

$$P(C_1^C) = 1$$
$$P(C_2^C) = 19/20$$
$$P(C_3^C) = 18/20$$
$$P(C_4^C) = 1$$
$$P(C_5^C) = 16/20$$
$$P(C_6^C) = 19/20$$
$$P(C_7^C) = 17/20$$
$$P(C_8^C) = 17/20$$
$$P(C_9^C) = 16/20$$
$$P(C_{10}^C) = 19/20$$
$$P(C_{11}^C) = 1$$
$$P(C_{12}^C) = 19/20$$

- 포함−배제 원리

남자이면서 머리가 긴 남성 수 : 4

$$|A \cap B| = 4$$
$$|A| + |B| = 20$$
$$|A \cup B| = 20 - 4$$
$$P(A \cup B) = 16/20$$

- 전체 확률의 법칙

$$\sum_{i=1}^{12} \sum_{j=1}^{12} |C_i \cap C_j| = \emptyset, (i \neq j)$$

$$\sum_{i=1}^{12} |C_i| = 20$$

$$P(A) = P(A \cap C_1) + P(A \cap C_2) + P(A \cap C_3) +$$
$$P(A \cap C_4) + P(A \cap C_5) + P(A \cap C_6) +$$
$$P(A \cap C_7) + P(A \cap C_8) + P(A \cap C_9) +$$
$$P(A \cap C_{10}) + P(A \cap C_{11}) + P(A \cap C_{12})$$

❶ $P(\{1, 2\}) = p(1) + p(2) = 0.1 + 0.1 = 0.2$

❷ $P(\{4, 5, 6\}) = p(4) + p(5) + p(6) = 0.1 + 0.1 + 0.5 = 0.7$

연습 문제 6.4.2 해답

부분집합을 각도 구간으로 정의하면 구간의 시작각도와 종료각도로 부분집합을 정의할 수 있다.
이 두 입력변수를 받아서 확률을 출력하는 함수를 구현하면 된다.

연습 문제 6.4.3 해답

```python
def P(a, b):
    if a > b:
        raise ValueError('a must be less than b or equal to b')
    a = np.maximum(a, 0)
    b = np.minimum(b, 360)

    if b < 180:
        return (2 / 3) * ((b - a) / 180)
    else:
        if a < 180:
            return (2 / 3) * ((180 - a) / 180) + (1 / 3) * ((b - 180) / 180)
        return (1 / 3) * (((b - a) / 180))


P(0, 270)
```

```
0.8333333333333333
```

또는

```python
P = lambda a, b: (2 * (b - a) if b < 180 else b - 2 * a + 180 if a < 180
else b - a) / 540

P(0, 270)
```

```
0.8333333333333334
```

```
def F(a):
    if a < 0:
        return 0
    if a > 360:
        return 1
    elif a < 180:
        return (2 / 3) * (a / 180)
    elif a >= 180:
        return (2 / 3) + (1 / 3) * ((a - 180) / 180)
```

또는

```
F = lambda a: 0 if a < 0 else 1 if a > 360 else a / 270 if a < 180 else (2
/ 3) + (a - 180) / 540

t = np.linspace(-100, 500, 100)
Fs = np.array(list(map(F, t)))
plt.plot(t, Fs)
plt.ylim(-0.1, 1.1)
plt.xticks([0, 180, 360])
plt.title('누적분포함수')
plt.xlabel('$x$ (도)')
plt.ylabel('$F(x)$')
plt.show()
```

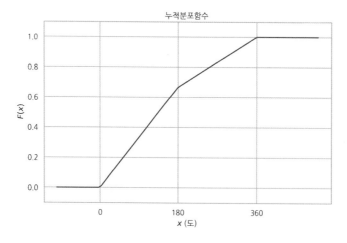

```
def p(a):
    if a < 0 or a > 360:
        return 0
    elif a < 180:
        return 2 / 3 / 180
    elif a >= 180:
        return 1 / 3 / 180
```

또는

```
p = lambda a: 0 if a < 0 or a > 360 else 1 / 270 if a < 180 else 1 / 540

t = np.linspace(-100, 500, 600)
ps = np.array(list(map(p, t)))
plt.plot(t, ps)
plt.ylim(-0.001, ps.max() * 1.1)
plt.xticks([0, 180, 360])
plt.title('확률밀도함수')
plt.xlabel('$x$ (도)')
plt.ylabel('$p(x)$')
plt.show()
```

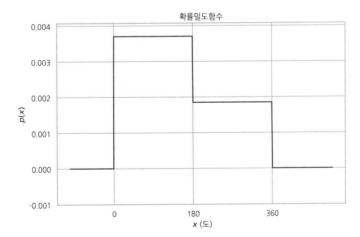

❶ $P(A|B^C) = \dfrac{P(A, B^C)}{P(B^C)} = \dfrac{\frac{9}{20}}{\frac{10}{20}} = \dfrac{9}{10}$

❷ $P(A^C|B) = \dfrac{P(A^C, B)}{P(B)} = \dfrac{\frac{7}{20}}{\frac{10}{20}} = \dfrac{7}{10}$

❸ $P(A^C|B^C) = \dfrac{P(A^C, B^C)}{P(B^C)} = \dfrac{\frac{7}{20}}{\frac{10}{20}} = \dfrac{7}{10}$

❹ $P(B|A) = \dfrac{P(A, B)}{P(A)} = \dfrac{\frac{3}{20}}{\frac{6}{10}} = \dfrac{1}{4}$

❺ $P(B|A^C) = \dfrac{P(A^C, B)}{P(A^C)} = \dfrac{\frac{7}{20}}{\frac{4}{10}} = \dfrac{7}{8}$

❻ $P(B^C|A) = \dfrac{P(A, B^C)}{P(A)} = \dfrac{\frac{9}{20}}{\frac{6}{10}} = \dfrac{3}{4}$

❼ $P(B^C|A^C) = \dfrac{P(A^C, B^C)}{P(A^C)} = \dfrac{\frac{1}{20}}{\frac{4}{10}} = \dfrac{1}{8}$

❶ $P(A|B^C) = \dfrac{P(A, B^C)}{P(B^C)} = \dfrac{\frac{6}{20}}{\frac{10}{20}} = \dfrac{3}{5}$

❷ $P(A^C|B) = \dfrac{P(A^C, B)}{P(B)} = \dfrac{\frac{4}{20}}{\frac{10}{20}} = \dfrac{2}{5}$

❸ $P(A^C|B^C) = \dfrac{P(A^C, B^C)}{P(B^C)} = \dfrac{\frac{4}{20}}{\frac{10}{20}} = \dfrac{2}{5}$

❹ $P(B|A) = \dfrac{P(A, B)}{P(A)} = \dfrac{\frac{6}{20}}{\frac{6}{10}} = \dfrac{1}{2}$

❺ $P(B|A^C) = \dfrac{P(A^C, B)}{P(A^C)} = \dfrac{\frac{4}{20}}{\frac{4}{10}} = \dfrac{1}{2}$

⑥ $P(B^C|A) = \dfrac{P(A, B^C)}{P(A)} = \dfrac{\frac{6}{20}}{\frac{6}{10}} = \dfrac{1}{2}$

⑦ $P(B^C|A^C) = \dfrac{P(A^C, B^C)}{P(A^C)} = \dfrac{\frac{4}{20}}{\frac{4}{10}} = \dfrac{1}{2}$

연습 문제 6.5.3 해답

❶ $P(A \cap B | C \cap D) = \dfrac{P((A \cap B) \cap (C \cap D))}{P(C \cap D)}$

$P(A, B | C, D) = \dfrac{P(A, B, C, D)}{P(C, D)}$

따라서

$P(A, B, C, D) = P(A, B | C, D)P(C, D)$

❷ $P(A, B, C) = P(A, B | C)P(C)$

$P(A, B, C) = P(A | B, C)P(B, C)$

따라서

$P(A, B | C)P(C) = P(A | B, C)P(B, C)$

❸ $P(A, B, C, D, E) = P(A, B, C | D, E)P(D, E)$

$P(A, B, C, D, E) = P(A, B | C, D, E)P(C, D, E)$

$P(C, D, E) = P(C, D | E)P(E)$

$P(A, B, C | D, E) = \dfrac{P(A, B | C, D, E)P(C, D | E)P(E)}{P(D, E)}$

연습 문제 6.5.4 해답

$P(A, B, C) = P(A, B | C)P(C)$

$P(A, B, C) = P(A | B, C)P(B, C)$

B, C가 독립이므로

$$P(B, C) = P(B)P(C)$$

$$P(A, B, C) = P(A|B, C)P(B)P(C)$$

$$P(A, B|C)P(C) = P(A|B, C)P(B)P(C)$$

양변을 $P(C)$로 나누면

$$P(A, B|C) = P(A|B, C)P(B)$$

연습 문제 6.5.5 해답

X 값	Y 값	X 확률	Y 확률	주변확률 곱	결합확률
X=0	Y=0	$P(X$=0)=0.6	$P(Y$=0)=0.5	$P(X$=0) $P(Y$=0)=0.3	$P(X$=0,Y=0)=$P(A, B)$ $= \frac{6}{20} = 0.3$
X=0	Y=1	$P(X$=0)=0.6	$P(Y$=0)=0.5	$P(X$=0) $P(Y$=0)=0.3	$P(X$=0,Y=0)=$P(A, B^C)$ $= \frac{6}{20} = 0.3$
X=1	Y=0	$P(X$=0)=0.4	$P(Y$=0)=0.5	$P(X$=0) $P(Y$=0)=0.2	$P(X$=0,Y=0)=$P(A^C, B)$ $= \frac{4}{20} = 0.2$
X=1	Y=1	$P(X$=0)=0.4	$P(Y$=0)=0.5	$P(X$=0) $P(Y$=0)=0.2	$P(X$=0,Y=0)=$P(A^C, B^C)$ $= \frac{4}{20} = 0.2$

주변확률의 곱과 결합확률이 같으므로 독립이다.

연습 문제 6.5.6 해답

```
from pgmpy.factors.discrete import JointProbabilityDistribution as JPD

py = JPD(['Y'], [2], np.array([10, 10]) / 20)
print(py)
```

```
+-----+--------+
| Y   |  P(Y)  |
+=====+========+
| Y_0 | 0.5000 |
+-----+--------+
| Y_1 | 0.5000 |
+-----+--------+
```

연습 문제 **6.5.7 해답**

```
pxy2 = JPD(['X', 'Y'], [2, 2], np.array([6, 6, 4, 4]) / 20)
print(pxy2)
```

```
+-----+-----+----------+
| X   | Y   |  P(X,Y)  |
+=====+=====+==========+
| X_0 | Y_0 |  0.3000  |
+-----+-----+----------+
| X_0 | Y_1 |  0.3000  |
+-----+-----+----------+
| X_1 | Y_0 |  0.2000  |
+-----+-----+----------+
| X_1 | Y_1 |  0.2000  |
+-----+-----+----------+
```

연습 문제 **6.5.8 해답**

```
px2 = pxy2.marginal_distribution(['X'], inplace=False)
print(px2)
```

```
+-----+--------+
| X   |  P(X)  |
+=====+========+
| X_0 | 0.6000 |
+-----+--------+
| X_1 | 0.4000 |
+-----+--------+
```

```
py2 = pxy2.marginal_distribution(['Y'], inplace=False)
print(py2)
```

```
+-----+--------+
| Y   |   P(Y) |
+=====+========+
| Y_0 | 0.5000 |
+-----+--------+
| Y_1 | 0.5000 |
+-----+--------+
```

```
py_on_x0 = pxy2.conditional_distribution([('X', 0)], inplace=False)
print(py_on_x0)
```

```
+-----+--------+
| Y   |   P(Y) |
+=====+========+
| Y_0 | 0.5000 |
+-----+--------+
| Y_1 | 0.5000 |
+-----+--------+
```

```
py_on_x1 = pxy2.conditional_distribution([('X', 1)], inplace=False)
print(py_on_x1)
```

```
+-----+--------+
| Y   |   P(Y) |
+=====+========+
| Y_0 | 0.5000 |
+-----+--------+
| Y_1 | 0.5000 |
+-----+--------+
```

```
px_on_y0 = pxy2.conditional_distribution([('Y', 0)], inplace=False)
print(px_on_y0)
```

```
+-----+--------+
| X   |   P(X) |
+=====+========+
| X_0 | 0.6000 |
+-----+--------+
| X_1 | 0.4000 |
+-----+--------+
```

```
px_on_y1 = pxy2.conditional_distribution([('Y', 1)], inplace=False)
print(px_on_y1)
```

```
+-----+--------+
| X   |   P(X) |
+=====+========+
| X_0 | 0.6000 |
+-----+--------+
| X_1 | 0.4000 |
+-----+--------+
```

```
pxy2.check_independence(['X'], ['Y'])
```

```
True
```

연습 문제 6.6.1 해답

$$P(A, B, C) = P(A|B, C)P(B, C)$$
$$= P(A|B, C)P(B|C)P(C)$$
$$P(A, B, C) = P(B|A, C)P(A, C)$$
$$= P(B|A, C)P(A|C)P(C)$$
$$P(A|B, C)P(B|C)P(C) = P(B|A, C)P(A|C)P(C)$$
$$P(A|B, C)P(B|C) = P(B|A, C)P(A|C)$$
$$P(A|B, C) = \frac{P(B|A, C)P(A|C)}{P(B|C)}$$

$$P(B, C, D) = P(D|B, C)P(B, C)$$

$$P(A, B, C, D) = P(A|B, C, D)P(B, C, D)$$
$$= P(A|B, C, D)P(D|B, C)P(B, C)$$

$$P(A, B, C) = P(A|B, C)P(B, C)$$

$$P(A, B, C, D) = P(D|A, B, C)P(A, B, C)$$
$$= P(D|A, B, C)P(A|B, C)P(B, C)$$

$$P(A|B, C, D)P(D|B, C)P(B, C) = P(D|A, B, C)P(A|B, C)P(B, C)$$

$$P(A|B, C, D)P(D|B, C) = P(D|A, B, C)P(A|B, C)$$

$$P(A|B, C, D) = \frac{P(D|A, B, C)P(A|B, C)}{P(D|B, C)}$$

연습 문제 6.6.3 해답

$$P(C, D) = P(D|C)P(C)$$

$$P(A, B, C, D) = P(A, B|C, D)P(C, D)$$
$$= P(A, B|C, D)P(D|C)P(C)$$

$$P(A, B, C) = P(A, B|C)P(C)$$

$$P(A, B, C, D) = P(D|A, B, C)P(A, B, C)$$
$$= P(D|A, B, C)P(A, B|C)P(C)$$

$$P(A, B|C, D)P(D|C)P(C) = P(D|A, B, C)P(A, B|C)P(C)$$

$$P(A, B|C, D)P(D|C) = P(D|A, B, C)P(A, B|C)$$

$$P(A, B|C, D) = \frac{P(D|A, B, C)P(A, B|C)}{P(D|C)}$$

연습 문제 7장 해답

연습 문제 7.1.1 해답

```
from sklearn.datasets import load_iris
iris = load_iris()
df = pd.DataFrame(iris.data, columns=iris.feature_names)
sy = pd.Series(iris.target, dtype='category')
sy = sy.cat.rename_categories(iris.target_names)
df['species'] = sy
```

❶ 꽃잎 길이의 분포는 다봉분포다.

```
df['petal length (cm)'].hist()
plt.title('꽃잎 길이의 히스토그램')
plt.show()
```

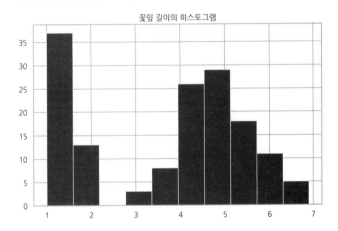

❷ setosa 종 꽃잎 길이는 단봉분포다.

```
df[df.species == 'setosa']['petal length (cm)'].hist()
plt.title('꽃잎 길이의 히스토그램')
plt.show()
```

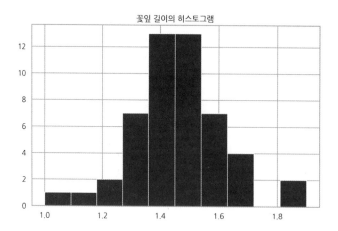

꽃잎 길이의 히스토그램

연습 문제 **7.1.2 해답**

```
x = df[df.species == 'virginica']['petal length (cm)']

def sample_statistics(x, n, x_min=0, x_max=10):
    bins = np.linspace(x_min, x_max, n + 1)
    ns, _ = np.histogram(x, bins=bins)

    sample_mean = np.mean(x)
    sample_median = np.median(x)
    mode_index = np.argmax(ns)
    sample_mode = 0.5 * (bins[mode_index] + bins[mode_index + 1])
    print('구간이 {}개일 때'.format(n))
    print('표본평균', sample_mean)
    print('표본중앙값', sample_median)
    print('표본최빈값', sample_mode)

    sns.distplot(x, bins=bins)
    plt.axvline(sample_mean, c='k', ls=':', label='표본평균')
    plt.axvline(sample_median, c='k', ls='--', label='표본중앙값')
    plt.axvline(sample_mode, c='k', ls='-', label='표본최빈값')
    plt.title('표본평균, 표본중앙값, 표본최빈값의 차이')
    plt.xlabel('x')
    plt.legend()
    plt.show()
```

구간이 10개일 때
표본평균 5.552
표본중앙값 5.55
표본최빈값 5.5

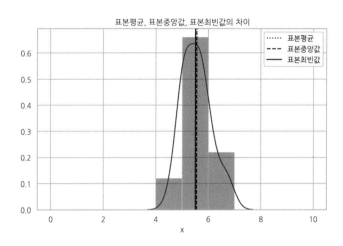

구간이 50개일 때
표본평균 5.552
표본중앙값 5.55
표본최빈값 5.5

sample_statistics(x, 50)

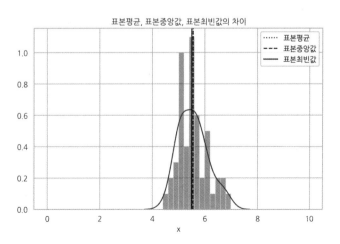

```
sample_statistics(x, 100)
```

구간이 100개일 때
표본평균 5.552
표본중앙값 5.55
표본최빈값 5.050000000000001

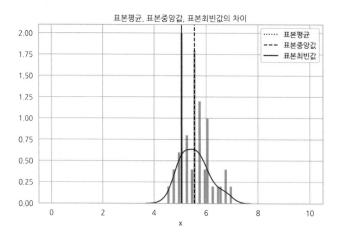

7.1.3 해답

❶ 표본평균은 약 0.038%, 표본중앙값은 약 0.075%, 표본최빈값은 약 0.090%

```
import pandas_datareader.data as web

df = web.DataReader('DJCA', data_source='fred').dropna()['DJCA']
r = np.log(df / df.shift(1)).dropna().values

sample_statistics(r, 100, -0.09, 0.09)
```

구간이 100개일 때
표본평균 0.0003774077502275139
표본중앙값 0.0007506772793850617
표본최빈값 0.000899999999999998

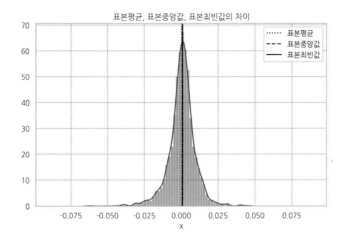

❷ 변동성은 약 14.28%

```
volatility = np.std(r) * np.sqrt(256) * 100
volatility
```

```
14.279624453369117
```

5개 확률변수가 있다. 꽃잎 길이, 꽃잎 폭, 꽃받침 길이, 꽃받침 폭은 연속확률변수고 종은 이산확률변수다.

$$\mathrm{E}[X] = X(H)p(H) + X(T)p(T) = 1 \cdot \frac{1}{2} + 0 \cdot \frac{1}{2} = \frac{1}{2}$$

표본평균을 구하는 공식에서는 가능한 값이 아니라 선택된 표본값을 더한다. 표본값이 선택되는 빈도는 확률에 비례하기 때문에 확률이 높은 표본값은 여러 번 선택된다. 따라서 확률 가중치를 곱할 필요가 없다.

확률변수 Y의 기댓값은 함수 $yp(y)$의 면적과 같다. 위 그림에서 $yp(y)$의 면적은 삼각형과 사각형의 면적공식을 사용하여 다음과 같이 구한다.

$$\frac{1}{2} \cdot 180 \cdot 0.35 + \frac{1}{2} \cdot 180 \cdot 0.175 + 180 \cdot 0.175 = 78.74$$

```
plt.subplot(211)
x = np.linspace(1, 6, 6)
px = np.ones_like(x) / 6
plt.stem(x, px)
plt.title('X의 확률질량함수')
plt.subplot(212)
x = x * 2
px = np.ones_like(x) / 6
plt.stem(x, px)
plt.title('Y의 확률질량함수')
plt.tight_layout()
plt.show()
```

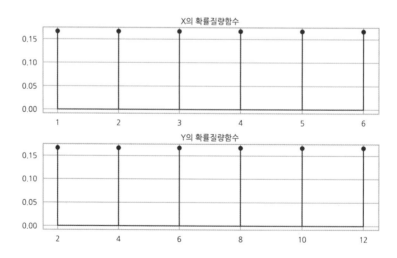

```
from itertools import product
from collections import Counter

x1 = np.linspace(1, 6, 6)
px1 = np.ones_like(x1) / 6
x2 = np.linspace(1, 6, 6)
px2 = np.ones_like(x1) / 6

c = Counter([sum(x) for x in product(x1, x2)])
y = list(c.keys())
py = np.array(list(c.values())) / np.sum([v for v in c])
py
```

```
array([0.01298701, 0.02597403, 0.03896104, 0.05194805, 0.06493506,
       0.07792208, 0.06493506, 0.05194805, 0.03896104, 0.02597403,
       0.01298701])
```

```
plt.subplot(311)
plt.stem(x1, px1)
plt.title('$X_1$의 확률질량함수')
plt.subplot(312)
plt.stem(x2, px2)
plt.title('$X_2$의 확률질량함수')
plt.subplot(313)
plt.stem(y, py)
plt.title('$Y=X_1+X_2$의 확률질량함수')
plt.tight_layout()
plt.show()
```

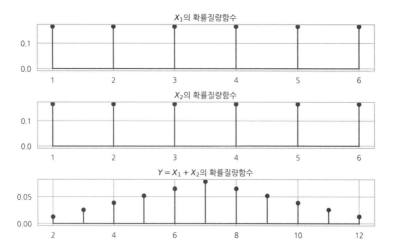

연습 문제 7.2.6 해답

(편향)샘플분산도 확률적인 데이터다. 다음과 같이 정의할 수 있다.

$$\bar{S}^2 = \frac{1}{N} \sum_{i=1}^{N} (X_i - \bar{X})^2 = \frac{1}{N} \sum_{i=1}^{N} \left(X_i - \frac{1}{N} \sum_{i=1}^{N} X_i \right)^2$$

연습 문제 7.3.1 해답

❶ 예 : 사람의 지능과 몸무게
❷ 예 : 사람의 키와 몸무게

연습 문제 7.3.2 해답

```
np.random.seed(0)
x1 = np.random.normal(size=100)
x2 = np.random.normal(size=100)
x = x1 + x2

print('X1의 표본분산 =', np.var(x1))
print('X2의 표본분산 =', np.var(x2))
print('X1+X2의 표본분산 =', np.var(x))
```

```
X1의 표본분산 = 1.0158266192149312
X2의 표본분산 = 1.0705357955882409
X1+X2의 표본분산 = 2.3193898587605104
```

연습 문제 **7.3.3 해답**

```
np.random.seed(0)

# 100개 표본의 50개 집합                                  ❶
x = np.random.normal(size=(100, 50))

# 50개 집합의 표본평균                                    ❷
x_means = x.mean(axis=0)

# 표본평균의 표본분산                                     ❸
std_xbar = x_means.std()

# x1의 표본분산                                           ❹
std_x1 = x[:, 0].std()

# 표본평균의 표본분산과 x1의 표본분산의 비율
std_x1 / std_xbar
```

```
9.168983486145807
```

연습 문제 **7.4.1 해답**

❶ 0.02

❷ 0

❸ (C, C)

연습 문제 **7.4.2 해답**

❶ 0.08

❷ 0.18

연습 문제 7.4.3 해답

❶ B

❷ C

연습 문제 7.4.4 해답

❶ (70, 170)

❷ 70

❸ 60

연습 문제 7.5.1 해답

```python
from sklearn.datasets import load_iris
X = load_iris().data
x1 = X[:, 0]  # 꽃받침의 길이
x2 = X[:, 1]  # 꽃받침의 폭
x3 = X[:, 2]  # 꽃잎의 길이
x4 = X[:, 3]  # 꽃잎의 폭
```

❶
```python
# 꽃받침의 길이와 꽃받침의 폭 사이의 상관계수
sp.stats.pearsonr(x1, x2)[0]
```

```
-0.11756978413300204
```

❷
```python
# 꽃잎의 길이와 꽃잎의 폭 사이의 상관계수
sp.stats.pearsonr(x3, x4)[0]
```

```
0.9628654314027961
```

❸
```python
# 꽃받침의 폭과 꽃잎의 폭 사이의 상관계수
sp.stats.pearsonr(x2, x4)[0]
```

```
-0.3661259325364391
```

❶
```
# 10개 데이터의 무작위 벡터 생성
np.random.seed(0)
x1 = np.random.normal(size=10)
x2 = np.random.normal(size=10)
```

❷
```
# 상관계수 계산
sp.stats.pearsonr(x1, x2)[0]
```

```
0.07172529242772133
```

❸
```
# 10000개 데이터의 무작위 벡터 생성 및 상관계수
x1 = np.random.normal(size=10000)
x2 = np.random.normal(size=10000)
sp.stats.pearsonr(x1, x2)[0]
```

```
-0.007638623904848813
```

❹ 이론적 상관계수는 확률변수에서 나올 수 있는 모든 경우를 고려한 것이지만 표본상관계수는 유한한 표본을 대상으로 한 것이므로 이론적 상관계수와 일치하지 않을 수 있다.

$$
\begin{aligned}
S &= \frac{1}{N} \sum_{i=1}^{N} (x_i - \bar{x})(x_i - \bar{x})^T \\
&= \frac{1}{N} \left((x_1 - \bar{x})(x_1 - \bar{x})^T + \cdot + x_N - \bar{x})(x_N - \bar{x})^T \right) \\
&= \frac{1}{N} \begin{bmatrix} x_1 - \bar{x} & \cdots & x_N - \bar{x} \end{bmatrix} \begin{bmatrix} (x_1 - \bar{x})^T \\ \vdots \\ (x_N - \bar{x})^T \end{bmatrix} \\
&= \frac{1}{N} \left(\begin{bmatrix} x_1 & \cdots & x_N \end{bmatrix} - \begin{bmatrix} \bar{x} & \cdots & \bar{x} \end{bmatrix} \right) \left(\begin{bmatrix} x_1^T \\ \vdots \\ x_M^T \end{bmatrix} - \begin{bmatrix} \bar{x}^T \\ \vdots \\ \bar{x}^T \end{bmatrix} \right) \\
&= \frac{1}{N} (X^T - \bar{x}\mathbf{1_N}^T)(X - \mathbf{1_N}\bar{x}^T) \\
&= \frac{1}{N} X_0^T X_0
\end{aligned}
$$

연습 문제 7.5.4 해답

연습 문제 7.5.3의 공식을 사용한다.

```
N, M = X.shape
xbar = 1/ N * (np.ones((1, N)) @ X).T
X0 = X - np.ones((N, 1)) @ xbar.T
S = 1 / N * X0.T @ X0
S
```

```
array([[ 0.68112222, -0.04215111,  1.26582   ,  0.51282889],
       [-0.04215111,  0.18871289, -0.32745867, -0.12082844],
       [ 1.26582   , -0.32745867,  3.09550267,  1.286972  ],
       [ 0.51282889, -0.12082844,  1.286972  ,  0.57713289]])
```

또는 넘파이 cov() 함수를 사용할 수도 있다.

```
np.cov(X.T, ddof=0)
```

```
array([[ 0.68112222, -0.04215111,  1.26582   ,  0.51282889],
       [-0.04215111,  0.18871289, -0.32745867, -0.12082844],
       [ 1.26582   , -0.32745867,  3.09550267,  1.286972  ],
       [ 0.51282889, -0.12082844,  1.286972  ,  0.57713289]])
```

연습 문제 7.6.1 해답

$$
\begin{aligned}
\mathrm{E}[(Y - \mathrm{E}[Y|X])g(X)] &= \mathrm{E}[(Yg(X) - g(X)\mathrm{E}[Y|X])] \\
&= \mathrm{E}[(Yg(X)] - \mathrm{E}[g(X)\mathrm{E}[Y|X]] \\
&= \mathrm{E}[(Yg(X)] - g(X)\mathrm{E}[\mathrm{E}[Y|X]] \\
&= \mathrm{E}[(Yg(X)] - g(X)\mathrm{E}[Y] \\
&= \mathrm{E}[(Yg(X)] - \mathrm{E}[Yg(X)] = 0
\end{aligned}
$$

연습 문제 8장 해답

연습 문제 8.1.1 해답

❶
```
# 확률밀도함수
rv = sp.stats.norm(loc=0, scale=0.1)
xx = np.linspace(-1, 1, 1000)
pdf = rv.pdf(xx)

plt.plot(xx, pdf)
plt.show()
```

❷
```
# x=0에서 최댓값을 가진다.

rv.pdf(0)
```

```
3.989422804014327
```

연습 문제 8.1.2 해답

```
np.random.seed(0)
x = sp.stats.norm().rvs(1000)
print('표본평균 :', x.mean())
print('비편향 표본분산 :', x.std(ddof=1))
```

표본평균 : -0.045256707490195384
비편향 표본분산 : 0.9875270456945128

연습 문제 8.1.3 해답

```
# 10개 생성을 10000번 반복
x = sp.stats.uniform().rvs((10, 10000))
# 10개 표본의 합이 10000개
s = x.sum(axis=0)
sns.distplot(s)
plt.show()
```

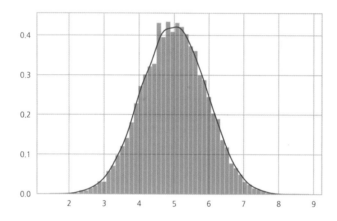

연습 문제 8.2.1 해답

$$\text{Bern}(x = 1;\mu) = \mu^1(1-\mu)^{(1-1)} = \mu^1(1-\mu)^0 = \mu$$
$$\text{Bern}(x = 0;\mu) = \mu^0(1-\mu)^{(1-0)} = \mu^0(1-\mu)^1 = 1-\mu$$

```
def plot_bernoulli(mu, M):
    rv = sp.stats.bernoulli(mu)
    x = rv.rvs(M, random_state=0)
    y = np.bincount(x, minlength=2) / float(len(x))
    xx = [0, 1]
    df = pd.DataFrame({'이론': rv.pmf(xx), '시뮬레이션': y})
    df.index = [0, 1]
    df2 = df.stack().reset_index()
    df2.columns = ['표본값', '유형', '비율']
    sns.barplot(x='표본값', y='비율', hue='유형', data=df2)
    plt.title('$\mu$={}, 표본개수={}'.format(mu, M))
    plt.ylim(0, 1.2)
```

❶
```
plt.subplot(221)
plot_bernoulli(0.5, 10)
plt.subplot(222)
plot_bernoulli(0.5, 1000)
```
❷
```
plt.subplot(223)
plot_bernoulli(0.9, 10)
plt.subplot(224)
plot_bernoulli(0.9, 1000)
plt.tight_layout()
plt.show()
```

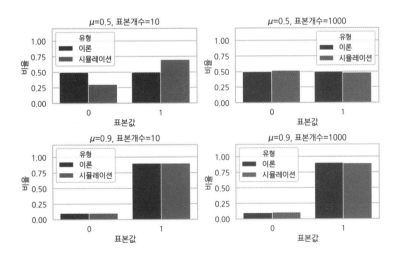

```python
def plot_binom(mu, N, M):
    rv = sp.stats.binom(N, mu)
    x = rv.rvs(M, random_state=0)
    y = np.bincount(x, minlength=N+1)/float(len(x))
    xx = np.arange(N + 1)
    df = pd.DataFrame({'이론': rv.pmf(xx), '시뮬레이션': y})
    df = pd.DataFrame({'이론': rv.pmf(xx), '시뮬레이션': y}).stack()
    df = df.reset_index()
    df.columns = ['표본값', '유형', '비율']
    df.pivot('표본값', '유형', '비율')
    sns.barplot(x='표본값', y='비율', hue='유형', data=df)
    plt.title('$\mu$={}, $N$={}, 표본개수={}'.format(mu, N, M))
    plt.ylim(0, 0.7)

❶ plt.subplot(221)
plot_binom(0.5, 5, 10)
plt.subplot(222)
plot_binom(0.5, 5, 1000)
❷ plt.subplot(223)
plot_binom(0.9, 20, 10)
plt.subplot(224)
plot_binom(0.9, 20, 1000)
plt.tight_layout()
plt.show()
```

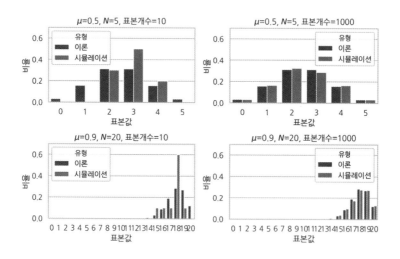

❶ $\mu_{\mathrm{ham},1} = \dfrac{0}{5} = 0$

$\mu_{\mathrm{ham},2} = \dfrac{1}{5}$

$\mu_{\mathrm{ham},3} = \dfrac{3}{5}$

$\mu_{\mathrm{ham},4} = \dfrac{5}{5} = 1$

이 모수가 가지는 문제점은 다음과 같다.

- 첫 번째 모수가 0이므로 첫 번째 키워드는 절대 발생하지 않는다.
- 마지막 모수가 1이므로 마지막 키워드는 항상 발생한다.

❷ 스팸 메일의 키워드 특성을 모형화하는데 베르누이 확률변수가 4개, 정상 메일의 키워드 특성을 모형화하는데 베르누이 확률변수가 4개, 도합 8개의 베르누이 확률변수가 필요하다.

$K=2$인 경우

$$\mathrm{Cat}(x;\mu) = \mu_1^{x_1}\mu_2^{x_2}$$

제약조건

$$\mu_1 + \mu_2 = 1$$
$$\mu_2 = 1 - \mu_1$$

으로부터

$$\mathrm{Cat}(x;\mu) = \mu_1^{x_1}(1 - \mu_1)^{x_2}$$

x는 0과 1 두 가지 값을 가지며 이때 원핫인코딩된 값은 각각 $(1, 0)$, $(0, 1)$이다. 즉,

$$x_1 + x_2 = 1$$
$$x_2 = 1 - x_1$$

이 성립한다. 마찬가지로 확률분포함수에 대입하면

$$\mathrm{Cat}(x_1;\mu) = \mu_1^{x_1}(1 - \mu_1)^{1-x_1}$$

베르누이 확률분포와 같다는 것을 알 수 있다.

```
def plot_categorical(mu, N):
    rv = sp.stats.multinomial(1, mu)
    xx = np.arange(1, len(mu) + 1)
    xx_ohe = pd.get_dummies(xx)
    X = rv.rvs(N, random_state=0)
    y = X.sum(axis=0) / float(len(X))
    df = pd.DataFrame({'이론': rv.pmf(xx_ohe.values), '시뮬레이션': y},
                       index=xx).stack()
    df = df.reset_index()
    df.columns = ['표본값', '유형', '비율']
    df.pivot('표본값', '유형', '비율')
    sns.barplot(x='표본값', y='비율', hue='유형', data=df)
    plt.ylim(0, 0.6)
```

❶ mu1 = [0.25, 0.25, 0.25, 0.25]
  N1 = 10
❷ mu2 = [0.3,0.3,0.2,0.2]
  N2 = 1000

```
plt.subplot(221)
plot_categorical(mu1, N1)
plt.subplot(222)
plot_categorical(mu1, N2)
plt.subplot(223)
plot_categorical(mu2, N1)
plt.subplot(224)
plot_categorical(mu2, N2)
plt.tight_layout()
plt.show()
```

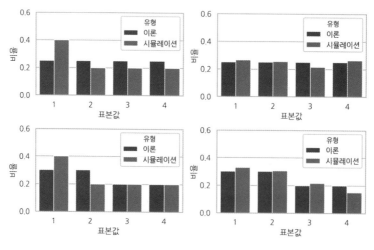

$K=2$일 때 다항분포의 확률질량함수는 다음과 같다.

$$\text{Mu}(x; N, \mu) = \binom{N}{x_1, \cdots, x_K} \prod_{k=1}^{K} \mu_k^{x_k} = \binom{N}{x_1, x_2} \mu_1^{x_1} \mu_2^{x_2}$$

표본데이터의 총합이 N개이므로

$$x_1 + x_2 = N$$

이를 대입하면

$$\binom{N}{x_1, x_2} = \frac{N!}{x_1! x_2!} = \frac{N!}{x_1!(N - x_1)!} = \binom{N}{x_1}$$

$$\text{Mu}(x; N, \mu) = \binom{N}{x_1} \mu_1^{x_1} \mu_2^{N-x_2}$$

모수의 합이 1이므로

$$\text{Mu}(x; N, \mu) = \binom{N}{x_1} \mu_1^{x_1} (1 - \mu_1)^{N-x_2}$$

이항분포의 확률질량함수와 같다.

연습 문제 8.4.3 해답

❶
```python
N = 2
M = 1000
np.random.seed(0)
x = np.random.normal(size=(N, M))
s = x.sum(axis=0)

plt.figure(figsize=(8, 3))
plt.subplot(121)
sns.distplot(s)
plt.subplot(122)
sp.stats.probplot(s, plot=plt)
plt.show()
```

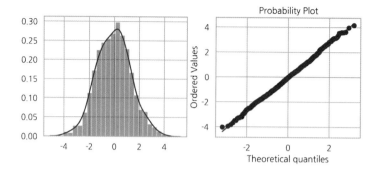

❷
```
N = 10
M = 1000
np.random.seed(0)
x = np.random.normal(size=(N, M))
s = x.sum(axis=0)

plt.figure(figsize=(8, 3))
plt.subplot(121)
sns.distplot(s)
plt.subplot(122)
sp.stats.probplot(s, plot=plt)
plt.show()
```

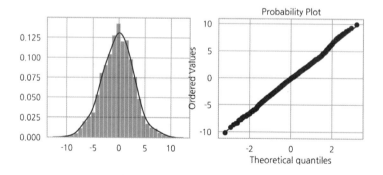

N이 증가할 수록 정규분포 모양에 가까워진다. 즉 중심극한정리에 의해 1보다 큰 값이 최빈값이 된다.

```
np.random.seed(0)

rv = sp.stats.norm()
M = 2000

plt.figure(figsize=(8, 4))

plt.subplot(1, 2, 1)
N = 6
x = rv.rvs((N, M))
t = (x ** 2).sum(axis=0)
sns.distplot(t, kde=False)
plt.title('제곱합의 분포 (N = 6)')
plt.xlabel('표본값')
plt.ylabel('개수')

plt.subplot(1, 2, 2)
N = 30
x = rv.rvs((N, M))
t = (x ** 2).sum(axis=0)
sns.distplot(t, kde=False)
plt.title('제곱합의 분포 (N = 30)')
plt.xlabel('표본값')

plt.show()
```

❶ (plt.subplot(1, 2, 1) 위치 표시)

❷ (plt.subplot(1, 2, 2) 위치 표시)

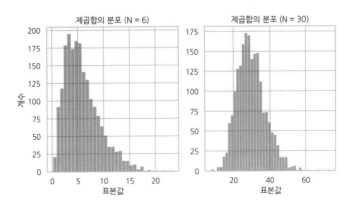

스튜던트 t분포의 표본값의 제곱의 분포와 F분포는 같은 모양이다. 다음 히스토그램에서 확인할 수 있다.

```
def plot_t2_f(N):
    np.random.seed(0)
    t2 = sp.stats.t(df=N).rvs(1000) ** 2
    f = sp.stats.f(1, N).rvs(1000)
    plt.hist(t2, bins=50, range=(0, 10), rwidth=0.5, align='left',
color='k', label='$t^2$')
    plt.hist(f, bins=50, range=(0, 10), rwidth=0.5, align='mid',
color='g', label='$F$')
    plt.xlim(0, 5)
    plt.legend()
    plt.title('N={}인 경우'.format(N))
    plt.show()
```

❶ `plt.subplot(211)`
`plot_t2_f(2)`
`plt.subplot(212)`
❷ `plot_t2_f(30)`
`plt.show()`

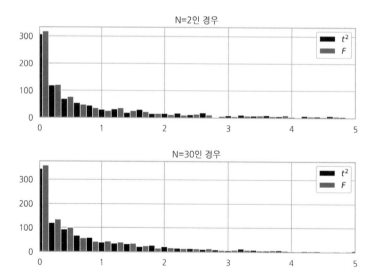

다변수정규분포의 확률밀도함수의 등고선은 타원형이다. 기댓값 벡터가 $(1,2)$이므로 타원의 중심은 $(1,2)$가 된다. 공분산 행렬의 비대각성분이 음수이므로 두 변수가 음의 상관관계를 가진다. 따라서 등고선 타원의 방향은 2사분면과 4사분면 방향으로 기울어진다.

```python
mu = [1, 2]
cov = [[4, -3], [-3, 4]]

rv = sp.stats.multivariate_normal(mu, cov)
xx = np.linspace(-1, 3, 100)
yy = np.linspace(0, 4, 100)
XX, YY = np.meshgrid(xx, yy)
plt.contour(XX, YY, rv.pdf(np.dstack([XX, YY])))
plt.xlim(-1, 3)
plt.ylim(0, 4)
plt.xlabel('$x_1$')
plt.ylabel('$x_2$')
plt.show()
```

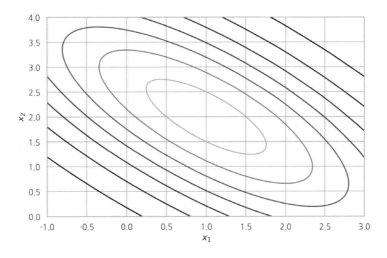

x_2가 주어졌을 때 x_1의 조건부기댓값 $\mu_{1|2}$과 조건부분산 $\Sigma_{1|2}$는 다음과 같다.

$$\mu_{1|2} = \mu_1 - \Lambda_{11}^{-1}\Lambda_{12}(x_2 - \mu_2)$$

$$\Sigma_{1|2} = \Lambda_{11}^{-1} = \Sigma_{11}\Sigma_{12}\Sigma_{22}^{-1}\Sigma_{21}$$

x_1과 x_2가 각각 스칼라인 2차원정규분포의 경우 기대값벡터와 공분산행렬은

$$\mu = \begin{bmatrix} \mu_1 \\ \mu_2 \end{bmatrix}, \quad \Sigma = \begin{bmatrix} \sigma_1^2 & \rho\sigma_1\sigma_2 \\ \rho\sigma_1\sigma_2 & \sigma_2^2 \end{bmatrix}$$

이다. 여기에서 정밀도행렬은 다음과 같다.

$$\begin{aligned} \Lambda &= \Sigma^{-1} \\ &= \begin{bmatrix} \Lambda_{11} & \Lambda_{12} \\ \Lambda_{21} & \Lambda_{22} \end{bmatrix} \\ &= \frac{1}{(1-\rho^2)\sigma_1^2\sigma_2^2} \begin{bmatrix} \sigma_2^2 & -\rho\sigma_1\sigma_2 \\ -\rho\sigma_1\sigma_2 & \sigma_1^2 \end{bmatrix} \\ &= \begin{bmatrix} \frac{1}{(1-\rho^2)\sigma_1^2} & -\frac{\rho}{(1-\rho^2)\sigma_1\sigma_2} \\ -\frac{\rho}{(1-\rho^2)\sigma_1\sigma_2} & \frac{1}{(1-\rho^2)\sigma_2^2} \end{bmatrix} \end{aligned}$$

이를 조건부기댓값 및 조건부분산 공식에 대입한다.

$$\begin{aligned} \mu_{1|2} &= \mu_1 - \Lambda_{11}^{-1}\Lambda_{12}(x_2 - \mu_2) \\ &= \mu_1 - ((1-\rho^2)\sigma_1^2)\left(-\frac{\rho}{(1-\rho^2)\sigma_1\sigma_2}\right)(x_2 - \mu_2) \\ &= \mu_1 + \frac{\rho\sigma_1\sigma_2}{\sigma_2^2}(x_2 - \mu_2) \end{aligned}$$

$$\begin{aligned} \Sigma_{1|2} &= \Lambda_{11}^{-1} \\ &= (1-\rho^2)\sigma_1^2 \\ &= \sigma_1^2 - \frac{(\rho\sigma_1\sigma_2)^2}{\sigma_2^2} \end{aligned}$$

모수의 추정치는 베타분포의 최빈값이다.

$$\text{mode} = \frac{a-1}{a+b-2} = \frac{1}{3}$$

추정치의 오차는 베타분포의 표준편차다.

$$\text{Var}[x] = \frac{ab}{(a+b)^2(a+b+1)} = 0.2^2 = \frac{1}{25}$$

이 두식을 연립하여 풀면 다음과 같다. 최빈값식에서

$$b = 2a - 1$$

이를 분산식에 대입하면 2차방정식이 된다.

$$27a^2 - 68a + 28 = (a-2)(27a - 14)$$

a가 1보다 큰 해는

$$a = 2, b = 3$$

이다.

연습 문제 9장 해답

9.1.1 해답

여기에 나온 분석은 일종의 예를 든 것 뿐이다. 각자 여러가지 다른 관점에서 분석하고 해설할 수 있다.

```
from sklearn.datasets import load_boston
boston = load_boston()
dfX = pd.DataFrame(boston.data, columns=boston.feature_names)
dfy = pd.DataFrame(boston.target, columns=['MEDV'])
df = pd.concat([dfX, dfy], axis=1)
```

• CRIM은 0근처의 값이 가장 많은 지수분포와 유사하다.

```
df['CRIM'].hist(bins=100)
plt.title('CRIM값의 분포')
plt.show()
```

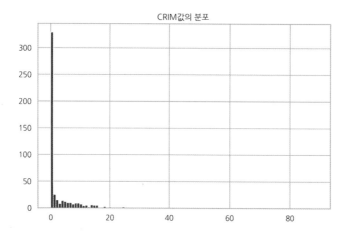

• ZN은 0부터 100까지의 균일분포와 닮았지만 0값이 다수를 차지한다.

```
plt.subplot(211)
df['ZN'].hist(bins=100)
plt.title('ZN값의 분포')
plt.subplot(212)
sns.countplot(df['ZN'] == 0)
plt.tight_layout()
plt.show()
```

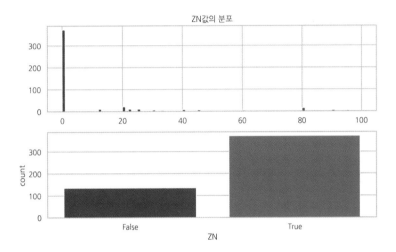

• INDUS 값은 복잡한 다봉분포의 모양을 가진다.

```
df['INDUS'].hist(bins=100)
plt.title('INDUS값의 분포')
plt.show()
```

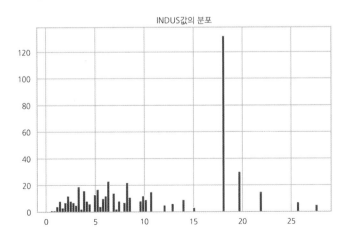

• CHAS는 0과 1 두 값을 가지는 베르누이분포다.

```
df['CHAS'].hist()
plt.title('CHAS값의 분포')
plt.show()
```

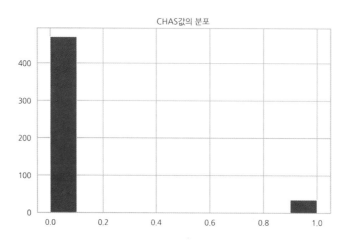

• NOX값은 로그정규분포와 비슷하다.

```
np.log(df['NOX']).hist(bins=100)
plt.title('NOX값의 로그값 분포')
plt.show()
```

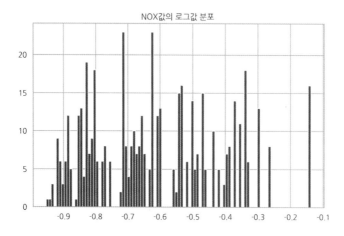

• RM은 정규분포와 비슷하다.

```
df['RM'].hist()
plt.title('RM값의 분포')
plt.show()
```

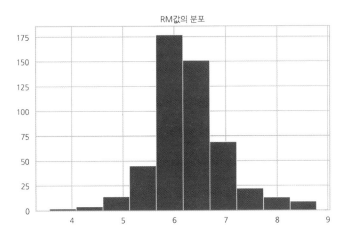

• AGE는 0부터 100 사이의 값만 표현할 수 있으므로 베타분포로 나타낼 수 있다.

```
(df['AGE']/100).hist(bins=100)
plt.title('AGE값을 100으로 나눈 값의 분포')
plt.show()
```

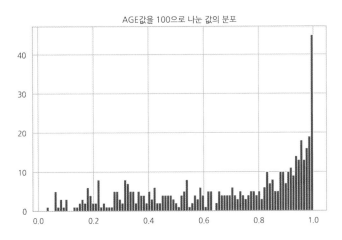

• DIS값은 로그정규분포와 비슷하다.

```
np.log(df['DIS']).hist(bins=100)
plt.title('DIS값의 로그값 분포')
plt.show()
```

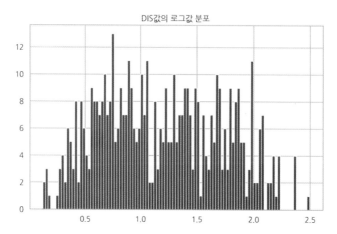

• RAD값은 정규분포와 비슷하지만 24라는 값이 많이 나온다.

```
plt.subplot(211)
df['RAD'].hist(bins=100)
plt.title('RAD값의 분포')
plt.subplot(212)
df[df['RAD'] != 24]['RAD'].hist(bins=100)
plt.title('24를 제외한 RAD값의 분포')
plt.tight_layout()
plt.show()
```

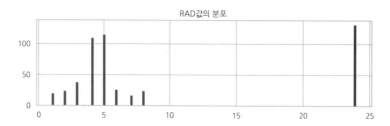

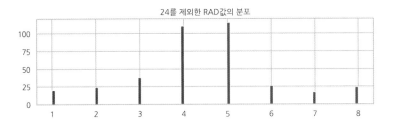

24를 제외한 RAD값의 분포

* TAX값은 정규분포와 비슷하지만 666 또는 711이라는 값이 자주 나온다.

```
plt.subplot(211)
df['TAX'].hist(bins=100)
plt.title('TAX값의 분포')
plt.subplot(212)
df[~df['TAX'].isin([666, 711])]['TAX'].hist(bins=100)
plt.title('666과 711을 제외한 TAX값의 분포')
plt.tight_layout()
plt.show()
```

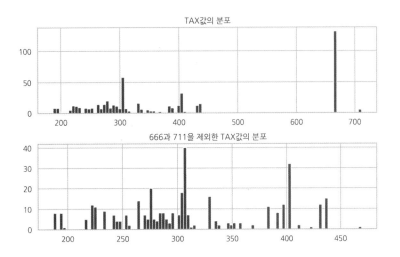

TAX값의 분포

666과 711을 제외한 TAX값의 분포

* PTRATIO값은 균일분포와 비슷하지만 20.2이라는 값이 자주 나온다.

```
plt.subplot(211)
df['PTRATIO'].hist(bins=100)
plt.title('PTRATIO값의 분포')
plt.subplot(212)
```

```
df[df['PTRATIO'] != 20.2]['PTRATIO'].hist(bins=100)
plt.title('20.2를 제외한 PTRATIO값의 분포')
plt.tight_layout()
plt.show()
```

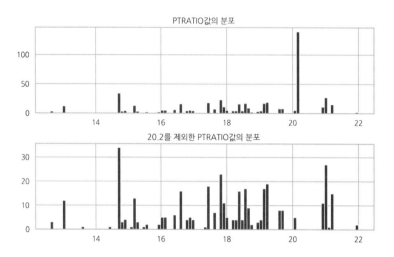

• B값은 정규분포와 비슷하지만 400 이상의 값이 나오지 않는다.

```
df['B'].hist(bins=100)
plt.title('B값의 분포')
plt.show()
```

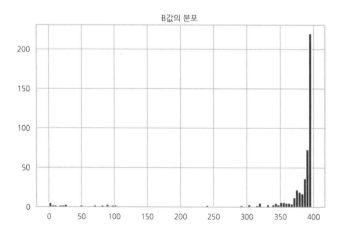

- LSTAT값은 로그정규분포와 비슷하다.

```
np.log(df['LSTAT']).hist(bins=100)
plt.title('LSTAT값의 로그값 분포')
plt.show()
```

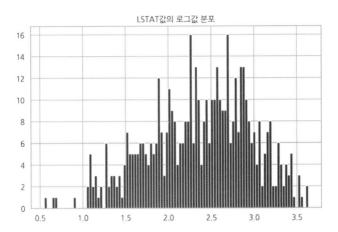

- MEDV값은 로그정규분포와 비슷하지만 50이라는 값이 자주 나온다.

```
df['B'].hist(bins=100)
plt.title('B값의 분포')plt.subplot(211)
np.log(df['MEDV']).hist(bins=100)
plt.title('MEDV값의 로그값 분포')
plt.subplot(212)
np.log(df[df['MEDV'] != 50]['MEDV']).hist(bins=100)
plt.title('50을 제외한 MEDV값의 로그값 분포')
plt.tight_layout()
plt.show()
plt.show()
```

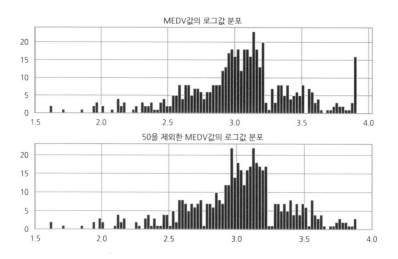

MEDV값의 로그값 분포

50을 제외한 MEDV값의 로그값 분포

연습 문제 9.1.2 해답

```
sns.distplot(df['CRIM'], kde=False, fit=sp.stats.expon)
plt.title('CRIM값의 분포')
plt.show()
```

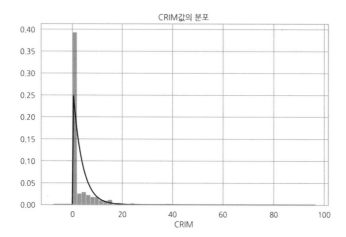

CRIM값의 분포

```
sns.distplot(np.log(df['NOX']), kde=False, fit=sp.stats.norm)
plt.title('NOX값의 로그값 분포')
plt.show()
```

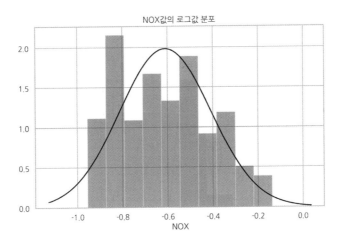

```
sns.distplot(df['RM'], kde=False, fit=sp.stats.norm)
plt.title('RM값의 분포')
plt.show()
```

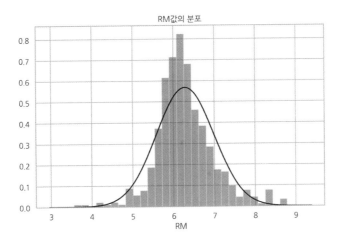

```
sns.distplot(np.log(df['DIS']), kde=False, fit=sp.stats.norm)
plt.title('DIS값의 로그값 분포')
plt.show()
```

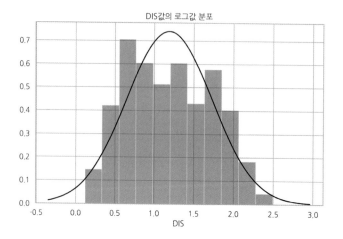

```
plt.subplot(211)
sns.distplot(df['RAD'], bins=10, kde=False, fit=sp.stats.norm)
plt.title('RAD값의 분포')
plt.subplot(212)
sns.distplot(df[df['RAD'] != 24]['RAD'], kde=False, fit=sp.stats.norm)
plt.title('24를 제외한 RAD값의 분포')
plt.tight_layout()
plt.show()
```

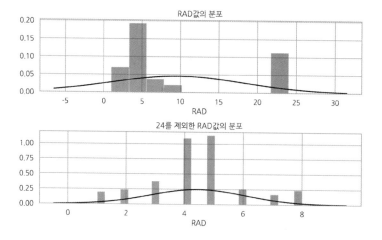

```
plt.subplot(211)
sns.distplot(df['TAX'], bins=10, kde=False, fit=sp.stats.norm)
plt.title('TAX값의 분포')
plt.subplot(212)
sns.distplot(df[~df['TAX'].isin([666, 711])]['TAX'], kde=False, fit=sp.
stats.norm)
plt.title('666과 711을 제외한 TAX값의 분포')
plt.tight_layout()
plt.show()
```

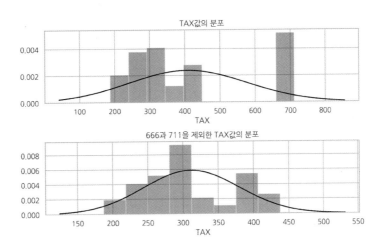

```
sns.distplot(np.log(df['LSTAT']), kde=False, fit=sp.stats.norm)
plt.title('LSTAT값의 로그값 분포')
plt.show()
```

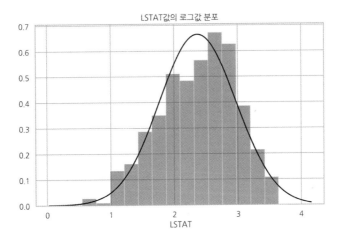

```
plt.subplot(211)
sns.distplot(np.log(df['MEDV']), kde=False, fit=sp.stats.norm)
plt.title('MEDV값의 로그값 분포')
plt.subplot(212)
sns.distplot(np.log(df[df['MEDV'] != 50]['MEDV']), kde=False, fit=sp.
stats.norm)
plt.title('50을 제외한 MEDV값의 로그값 분포')
plt.tight_layout()
plt.show()
```

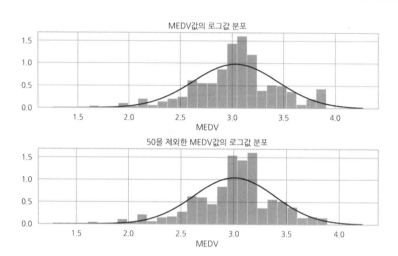

연습 문제 9.2.1 해답

로그가능도함수는 다음과 같다.

$$
\begin{aligned}
\log &L(\mu; x_1 = 1, x_2 = 0, x_3 = 1, x_4 = 1) \\
&= \log p(x_1 = 1, x_2 = 0, x_3 = 1, x_4 = 1; \mu) \\
&= \log \left(p(x = 1; \mu)p(x = 0; \mu)p(x = 1; \mu)p(x = 1; \mu) \right) \\
&= \log \left(\mu \cdot (1 - \mu) \cdot \mu \cdot \mu \right) \\
&= \log \left(\mu^3(1 - \mu) \right)
\end{aligned}
$$

이 로그가능도함수를 최대화하는 모수의 값을 찾기위해 미분한 도함수가 0이 되는 위치를 찾는다.

$$
\frac{d \log L}{d\mu} = \frac{3\mu^2 - 4\mu^3}{\mu^3(1 - \mu)} = 0
$$

$$
\mu = \frac{3}{4}
$$

K=4인 카테고리분포의 확률질량함수는 다음과 같다.

$$P(x;\mu) = \mu_1^{x_1}\mu_2^{x_2}\mu_3^{x_3}\mu_4^{x_4}$$

따라서 전체 데이터에 대한 로그가능도함수는

$$\log L(\mu; x_1 = 1, x_2 = 4, x_3 = 1, x_4 = 2, x_5 = 4, x_6 = 2, x_7 = 3, x_8 = 4)$$
$$= \log p(x_1 = 1, x_2 = 4, x_3 = 1, x_4 = 2, x_5 = 4, x_6 = 2, x_7 = 3, x_8 = 4; \mu)$$
$$= \log \left(p(x = 1; \mu)p(x = 4; \mu)p(x = 1; \mu)p(x = 2; \mu)p(x = 4; \mu)p(x = 2; \mu)\right.$$
$$\left. p(x = 3; \mu)p(x = 4; \mu)\right)$$
$$= \log \mu_1\mu_4\mu_1\mu_2\mu_4\mu_2\mu_3\mu_4$$
$$= \log \mu_1^2\mu_2^2\mu_3\mu_4^3$$
$$= 2\log \mu_1 + 2\log \mu_2 + \log \mu_3 + 3\log \mu_4$$

그런데 이 모수값은 다음 제한조건을 만족해야 한다.

$$\mu_1 + \mu_2 + \mu_3 + \mu_4 - 1 = 0$$

이 제한조건을 만족하면서 로그가능도함수를 최대화하는 모수의 값을 찾기위해 라그랑주 방법을 사용하여 새로운 목적함수 J를 만든다.

$$J = 2\log \mu_1 + 2\log \mu_2 + \log \mu_3 + 3\log \mu_4 + \lambda(\mu_1 + \mu_2 + \mu_3 + \mu_4 - 1)$$

목적함수 J를 모수와 라그랑주승수로 미분하여 그레디언트가 0이 되는 값을 찾는다.

$$\frac{\partial J}{\partial \mu_1} = \frac{2}{\mu_1} + \lambda = 0$$
$$\frac{\partial J}{\partial \mu_2} = \frac{2}{\mu_2} + \lambda = 0$$
$$\frac{\partial J}{\partial \mu_3} = \frac{1}{\mu_3} + \lambda = 0$$
$$\frac{\partial J}{\partial \mu_4} = \frac{3}{\mu_4} + \lambda = 0$$
$$\frac{\partial J}{\partial \lambda} = \mu_1 + \mu_2 + \mu_3 + \mu_4 - 1 = 0$$

이 연립방정식을 풀면

$$\mu_1 = \frac{1}{4}, \quad \mu_2 = \frac{1}{4}, \quad \mu_3 = \frac{1}{8}, \quad \mu_4 = \frac{3}{8}$$

사전분포가 하이퍼모수 $a = b = 1$인 베타분포인 경우 사후분포는 다음과 같은 하이퍼모수를 가지는 베타분포가 된다.

• 상품 A의 사후분포의 하이퍼모수 :

$$a'_A = 2 + 1 = 3$$
$$b'_A = 1 + 1 = 2$$

• 상품 B의 사후분포의 하이퍼모수 :

$$a'_B = 60 + 1 = 61$$
$$b'_B = 40 + 1 = 41$$

```
aA, bA = 3, 2
aB, bB = 61, 41
xx = np.linspace(0, 1, 1000)
plt.plot(xx, sp.stats.beta(aA, bA).pdf(xx), c='g', ls='-', label='상품 A의
모수')
plt.plot(xx, sp.stats.beta(aB, bB).pdf(xx), c='r', ls='--', label='상품 B
의 모수')
plt.legend()
plt.title('베이즈 추정법으로 계산한 베르누이분포 모수의 사후분포')
plt.show()
```

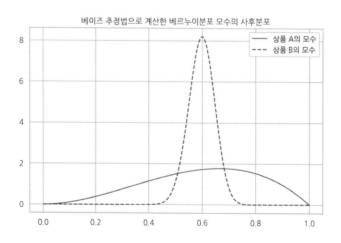

사이킷런에서 제공하는 붓꽃 데이터 중 꽃받침의 길이를 정규분포라고 가정하고 베이즈 추정법을
사용하여 기댓값을 추정하라. 단, 정규분포의 분산으로는 표본분산을 사용하고
사전분포가 기댓값 1, 분산 1인 정규분포이므로

$$\mu_0 = 1$$
$$\sigma_0^2 = 1$$

사이킷런에서 제공하는 붓꽃데이터 중 꽃받침의 길이의 표본평균과 표본분산을 구하면 5.84와
0.68이다.

```
from sklearn.datasets import  load_iris
iris = load_iris()
x = iris.data[:, 0]
N = len(x)
mu = np.mean(x)
sigma2 = np.var(x)
print('sample mean:', mu)
print('sample variance:', sigma2)
sns.distplot(x, kde=False, fit=sp.stats.norm)
plt.vlines(x=mu, ymin=0, ymax=0.6, ls='--')
plt.vlines(x=mu+2*np.sqrt(sigma2), ymin=0, ymax=0.6, ls=':')
plt.vlines(x=mu-2*np.sqrt(sigma2), ymin=0, ymax=0.6, ls=':')
plt.show()
```

```
sample mean: 5.843333333333334
sample variance: 0.6811222222222223
```

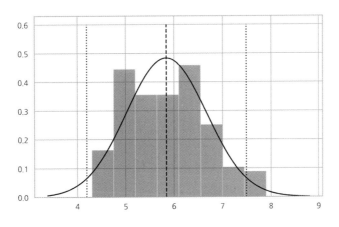

베이즈 추정법을 사용하여 사후분포를 구하면 다음과 같다.

$$\mu'_0 = \frac{\sigma^2}{N\sigma_0^2 + \sigma^2}\mu_0 + \frac{N\sigma_0^2}{N\sigma_0^2 + \sigma^2}\frac{\sum x_i}{N} \approx 5.82$$

$$\sigma_0'^2 = \left(\frac{1}{\sigma_0^2} + \frac{N}{\sigma'^2}\right)^{-1} \approx 0.0045$$

```
mu0 = 1
sigma02 = 1

mu_post = sigma2 / (N * sigma02 + sigma2) * mu0 + (N * sigma02) / (N *
sigma02 + sigma2) * mu
sigma2_post = 1 / (1 / sigma02 + N / sigma2)
print('post meam:', mu_post)
print('post variance:', sigma2_post)
```

```
post meam: 5.821440066849044
post variance: 0.00452028901946797
```

```
plt.subplot(211)
sns.distplot(x, kde=False, fit=sp.stats.norm)
plt.vlines(x=mu_post, ymin=0, ymax=0.6, ls='--')
plt.xlim(4, 8)
plt.subplot(212)
xx = np.linspace(4, 8, 1000)
plt.plot(xx, sp.stats.norm(loc=mu_post, scale=np.sqrt(sigma2_post)).
pdf(xx))
plt.title('기댓값의 사후분포')
plt.xlim(4, 8)
plt.tight_layout()
plt.show()
```

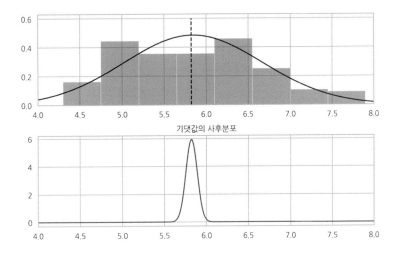

기댓값의 사후분포

연습 문제 **9.4.1 해답**

❶ 상품평 x가 좋아요($x = 1$) 혹은 싫어요($x = 0$)가 나오는 베르누이분포다.

❷ 베르누이분포의 모수 μ에 대해서 다음과 같은 귀무가설과 대립가설을 사용한다.

　• 귀무가설 :

$$H_0 : \mu = 0.5$$

　• 대립가설 :

$$H_a : \mu > 0.5$$

연습 문제 **9.4.2 해답**

❶ 베르누이분포 확률변수의 모수에 대한 검정통계량은 전체 시도 횟수(상품평) N개 중 성공(좋아요가 나온) 횟수 n이다.

❷ 이 검정통계량은 전체 시도 횟수가 N인 이항분포를 따른다.

어떤 인터넷 쇼핑몰의 상품 20개의 상품평이 있고 '좋아요'가 11개 또는 '싫어요'가 9개다. 이 상품이 좋다는 주장을 검정하라. 유의수준은 10%다.

검정통계량은 좋아요 개수 11이고 이 검정통계량은 $N = 11 + 9 = 20$인 이항분포를 따른다.

$$유의확률 = 1 - F(t_0 - 1) = 1 - F(10) = 0.412$$

```
N = 20
mu = 0.5
rv = sp.stats.binom(N, mu)
1 - rv.cdf(11 - 1)
```

```
0.4119014739990232
```

유의확률이 41.2%이므로 유의수준 10%보다 높고 귀무가설을 기각할 수 없다. 따라서 상품평이 좋다고 확정할 수 없다.

```
xx = np.arange(N + 1)

plt.subplot(211)
plt.stem(xx, rv.pmf(xx))
plt.ylabel('pmf')
plt.title('검정통계량분포(N=20인 이항분포)의 확률질량함수')
black = {'facecolor': 'black'}
plt.annotate('검정통계량 t=11', xy=(11, 0.0), xytext=(11, 0.05),
arrowprops=black)

plt.subplot(212)
plt.stem(xx, rv.cdf(xx))
plt.ylabel('cdf')
plt.title('검정통계량분포(N=20인 이항분포)의 누적분포함수')
plt.annotate('검정통계량 t=11', xy=(11, 0.0), xytext=(11, 0.3),
arrowprops=black)

plt.tight_layout()
plt.show()
```

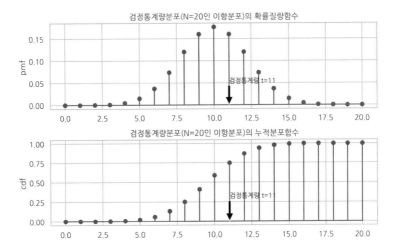

검정통계량분포(N=20인 이항분포)의 확률질량함수

검정통계량 t=11

검정통계량분포(N=20인 이항분포)의 누적분포함수

검정통계량 t=11

연습 문제 9.5.1 해답

❶ 횟수가 0, 1, 9, 10이면 공정하지 않다고 할 수 있다.

❷ 횟수가 473 이하이거나 527 이상이면 공정하지 않다고 할 수 있다. 던진 횟수가 많아지면 공정하다고 말할 수 있는 범위의 비율이 작아진다. 그림에서 확인할 수 있다.

```
N1 = 10
pvalues1 = np.array([sp.stats.binom_test(n, N1) for n in range(N1 + 1)])
fair_range1, = np.where(pvalues1 > 0.1)
fair_start1, fair_end1 = fair_range1[0], fair_range1[-1]
print('N={}일 때 공정한 경우: 앞면이 나온 횟수가 {}~{}일 때'\
      .format(N1, fair_start1, fair_end1))


N2 = 1000
pvalues2 = np.array([sp.stats.binom_test(n, N2) for n in range(N2 + 1)])
fair_range2, = np.where(pvalues2 > 0.1)
fair_start2, fair_end2 = fair_range2[0], fair_range2[-1]
print('N={}일 때 공정한 경우: 앞면이 나온 횟수가 {}~{}일 때'\
      .format(N2, fair_start2, fair_end2))
```

N=10일 때 동전이 공정하다고 말
할 수 있는 경우: 앞면이 나온 횟수가 2 ~ 8일 때
N=1000일 때 동전이 공정하다고 말할 수 있는 경우: 앞면이 나온 횟수가 474 ~
526일 때

```
plt.subplot(211)
plt.plot(pvalues1, 'r-')
plt.hlines(y=0.1, xmin=0, xmax=N1 + 1, ls='--')
plt.xlim(0, N1)
plt.title('N={}일 때 유의확률'.format(N1))
plt.subplot(212)
plt.plot(pvalues2, 'r-')
plt.hlines(y=0.1, xmin=0, xmax=N2 + 1, ls='--')
plt.xlim(0, N2)
plt.title('N={}일 때 유의확률'.format(N2))
plt.xlabel('앞면이 나온 횟수')
plt.tight_layout()
plt.show()
```

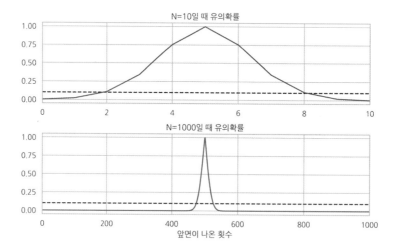

연습 문제 9.5.2 해답

```
import seaborn as sns
tips = sns.load_dataset('tips')
tips.tail()
```

	total_bill	tip	sex	smoker	day	time	size
239	29.03	5.92	Male	No	Sat	Dinner	3
240	27.18	2.00	Female	Yes	Sat	Dinner	2
241	22.67	2.00	Male	Yes	Sat	Dinner	2
242	17.82	1.75	Male	No	Sat	Dinner	2
243	18.78	3.00	Female	No	Thur	Dinner	2

❶ 여성 고객 중 흡연자는 33명, 비흡연자는 54명이다.

```
tips[tips.sex == 'Female'].smoker.value_counts()
```

```
No     54
Yes    33
Name: smoker, dtype: int64
```

$N = 54 + 33$, $n = 54$인 이항검정을 사용하면 유의수준 10%에서 비흡연자가 흡연자보다 많다는 것을 알 수 있다.

```
sp.stats.binom_test(54, 54 + 33, alternative='greater')
```

```
0.015709055116923068
```

❷ 저녁에 오는 여성 고객 중 흡연자는 23명, 비흡연자는 29명이다.

```
tips[(tips.sex == 'Female') & (tips.time == 'Dinner')].smoker.value_
counts()
```

```
No     29
Yes    23
Name: smoker, dtype: int64
```

$N = 29 + 23$, $n = 29$인 이항검정을 사용하면 유의수준 10%에서 비흡연자가 흡연자보다 많다고 할 수 없다.

```
sp.stats.binom_test(29, 29 + 23, alternative='greater')
```

```
0.2442278346899461
```

이 문제는 모수가 $\mu = \frac{2}{3}$인 이항검정을 사용하여 풀 수 있다. 단 우측검정을 사용해야 한다. 다음 그래프에서 응답자 수가 1,116명 이상이면 70%만 찬성해도 모수가 $\mu = \frac{2}{3}$라는 결론을 얻을 수 있다.

```
pvalues = []
N_range = range(1050, 1180)
for N in N_range:
    n = int(round(0.7 * N))
    pvalues.append(sp.stats.binom_test(n, N, p=2/3,
alternative='greater'))

plt.plot(N_range, pvalues, 'ro-')
plt.hlines(y=0.01, xmin=1050, xmax=1180, ls='--')
plt.xlim(1050, 1180)
plt.xlabel('응답자 수')
plt.ylabel('유의확률')
plt.title('응답자 수에 대한 유의확률의 변화')
plt.show()
```

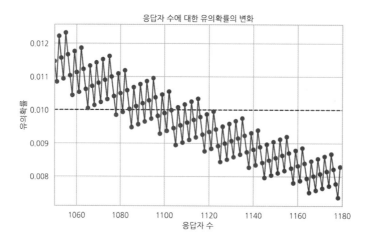

연습 문제 9.5.4 해답

카테고리 분포의 모수를 검정하려면 카이제곱검정 함수인 chisquare()를 사용한다. 모든 경우의 확률이 같은 것이 디폴트 귀무가설이므로 다음과 같이 유의확률을 계산할 수 있다. 유의확률은 0.014%다.

```
sp.stats.chisquare([0, 0, 0, 0, 0, 5])
```

```
Power_divergenceResult(statistic=25.000000000000004,
pvalue=0.00013933379118562602)
```

9.5.5 해답

두 카테고리 분포의 모수를 비교검정하려면 chi2_contingency()를 사용한다. 모수가 같은 것이 디폴트 귀무가설이므로 다음과 같이 유의확률을 계산할 수 있다. 유의확률이 0.7%이므로 두 분포의 모수가 다르다. 즉, 데이터 사이언스 스쿨 수업을 들었는가의 여부가 머신러닝 수업의 학점과 상관관계가 있다고 말할 수 있다.

```
obs = np.array([[4, 16, 20], [23, 18, 19]])
result = sp.stats.chi2_contingency(obs)
print(result[1])
```

```
0.00704786570249751
```

9.5.6 해답

두 분포의 평균값이 같은지 비교하려면 ttest_ind() 함수를 사용한다. 유의확률이 54%이므로 1반의 실력이 2반보다 좋다고 이야기 할 수 없다.

```
x1 = [80, 75, 85, 50, 60, 75, 45, 70, 90, 95, 85, 80]
x2 = [80, 85, 70, 80, 35, 55, 80]
sp.stats.ttest_ind(x1, x2, equal_var=True)
```

```
Ttest_indResult(statistic=0.623010926550264, pvalue=0.5415458608473267)
```

두 표본집합의 분산이 다르다고 가정할 경우도 결론은 마찬가지다.

```
sp.stats.ttest_ind(x1, x2, equal_var=False)
```

```
Ttest_indResult(statistic=0.596519621317167, pvalue=0.562790180213766)
```

연습 문제 10장 해답

연습 문제 10.1.1 해답

```
P0 = np.linspace(0.001, 1 - 0.001, 1000)
P1 = 1 - P0
H = - P0 * np.log2(P0) - P1 * np.log2(P1)

plt.plot(P1, H, '-', label='엔트로피')
plt.legend()
plt.xlabel('P(Y=1)')
plt.show()
```

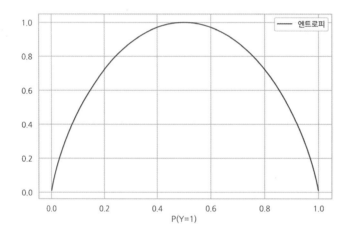

연습 문제 10.1.2 해답

❶
$$H = -\frac{1}{8}\log_2\frac{1}{8} - \frac{1}{8}\log_2\frac{1}{8}$$
$$-\frac{1}{4}\log_2\frac{1}{4} - \frac{1}{2}\log_2\frac{1}{2}$$
$$= \frac{3}{8} + \frac{3}{8} + \frac{2}{4} + \frac{1}{2}$$
$$= 1.75$$

❷ $H = -1 \cdot \log_2 1 - 0 \cdot \log_2 0$
$\quad\quad - 0 \cdot \log_2 0 - 0 \cdot \log_2 0$
$\quad = 0$

❸

$$H = -\frac{1}{4} \log_2 \frac{1}{4} - \frac{1}{4} \log_2 \frac{1}{4}$$
$$\quad - \frac{1}{4} \log_2 \frac{1}{4} - \frac{1}{4} \log_2 \frac{1}{4}$$
$$= 4 \cdot \frac{2}{4} = 2$$

연습 문제 10.1.3 해답

❶ $P(Y = 0) = \dfrac{20}{60} = \dfrac{1}{3}$
$P(Y = 1) = \dfrac{40}{60} = \dfrac{2}{3}$
$H = -\dfrac{1}{3} \log_2 \dfrac{1}{3} - \dfrac{2}{3} \log_2 \dfrac{2}{3}$
$\quad \approx 0.92$

```
-1/3 * np.log2(1/3) - 2/3 * np.log2(2/3)
```

0.9182958340544896

❷ $P(Y = 0) = \dfrac{30}{40} = \dfrac{3}{4}$
$P(Y = 1) = \dfrac{10}{40} = \dfrac{1}{4}$
$H = -\dfrac{3}{4} \log_2 \dfrac{3}{4} - \dfrac{1}{4} \log_2 \dfrac{1}{4}$
$\quad \approx 0.81$

```
-3/4 * np.log2(3/4) - 1/4 * np.log2(1/4)
```

0.8112781244591328

❸

$$P(Y = 0) = \frac{20}{20} = 1$$

$$P(Y = 1) = \frac{0}{20} = 0$$

$$H = -1 \cdot \log_2 1 - 0 \cdot \log_2 0$$
$$= 0$$

연습 문제 **10.1.4 해답**

A, B, C, D, E, F, G, H의 8글자로 이루어진 문서가 있고 각각의 글자가 나올 확률이 다음과 같다고 가정하자.

$$\left\{ \frac{1}{2}, \frac{1}{4}, \frac{1}{8}, \frac{1}{16}, \frac{1}{64}, \frac{1}{64}, \frac{1}{64}, \frac{1}{64} \right\}$$

이 문서를 위한 가변 길이 인코딩 방식을 서술하고 한 글자를 인코딩하는데 필요한 평균 비트 수를 계산하라. 다음과 같이 가변 길이 인코딩을 한다.

- A: '0'
- B: '10'
- C: '110'
- D: '1110'
- E: '111100'
- F: '111101'
- G: '111110'
- H: '111111'

한 글자를 인코딩하는 데 필요한 평균 비트 수는 엔트로피와 같다. 계산하면 2비트다.

$$H = -\frac{1}{2} \log_2 \frac{1}{2} - \frac{1}{4} \log_2 \frac{1}{4}$$
$$- \frac{1}{8} \log_2 \frac{1}{8} - \frac{1}{16} \log_2 \frac{1}{16}$$
$$- \frac{1}{64} \log_2 \frac{1}{64} - \frac{1}{64} \log_2 \frac{1}{64}$$
$$- \frac{1}{64} \log_2 \frac{1}{64} - \frac{1}{64} \log_2 \frac{1}{64}$$
$$= \frac{1}{2} + \frac{1}{4} \cdot 2 + \frac{1}{8} \cdot 3 + \frac{1}{16} \cdot 4 + \frac{4}{64} \cdot 6$$
$$= 2$$

```
sp.stats.entropy([1/2, 1/4, 1/8, 1/16, 1/64, 1/64, 1/64, 1/64], base=2)
```

```
2.0
```

연습 문제 10.1.5 해답

$$
\begin{aligned}
H[p(x)] &= -\int_{-\infty}^{\infty} p(x) \log p(x) dx \\
&= \int_{-\infty}^{\infty} p(x) \left(\frac{1}{2} \log 2\pi\sigma^2 - \frac{x^2}{2\sigma^2} \right) dx \\
&= \frac{1}{2} \log 2\pi\sigma^2 \int_{-\infty}^{\infty} p(x) dx + \frac{1}{2\sigma^2} \int_{-\infty}^{\infty} x^2 p(x) dx \\
&= \frac{1}{2} \log 2\pi\sigma^2 + \frac{1}{2\sigma^2} \sigma^2 \\
&= \frac{1}{2} (1 + \log 2\pi\sigma^2)
\end{aligned}
$$

연습 문제 10.2.1 해답

❶ 꽃받침의 길이를 특정 기준값으로 나누는 경우 조건부엔트로피는 다음 그래프와 같아진다.

```
from sklearn.datasets import load_iris

iris = load_iris()
X = iris.data
y = iris.target
df = pd.DataFrame(X, columns=iris.feature_names)
df['species'] = iris.target


def calc_cond_entropies(col, threshold):
    df['X1'] = df[col] > threshold
    pivot_table1 = \
        df.groupby(['X1', 'species']).size().unstack().fillna(0)
    v = pivot_table1.values
    pYX0 = v[0, :] / np.sum(v[0, :])
    pYX1 = v[1, :] / np.sum(v[1, :])
    HYX0 = sp.stats.entropy(pYX0, base=2)
    HYX1 = sp.stats.entropy(pYX1, base=2)
```

```python
    HYX = np.sum(v, axis=1) @ [HYX0, HYX1] / np.sum(v)
    return HYX


def plot_min_cond_entropy(col):
    th_min = df[col].min()
    th_max = df[col].max()
    th_range = np.arange(th_min, th_max + 0.05, 0.05)

    cond_entropies = []
    for th in th_range:
        cond_entropies.append(
            calc_cond_entropies(col, th))

    id_min = np.argmin(cond_entropies)
    th_min = th_range[id_min]
    ce_min = np.min(cond_entropies)
    plt.plot(th_range, cond_entropies, 'r-')
    plt.plot(th_min, ce_min, 'bo')
    title = '{} 기준값에 따른 조건부엔트로피 ({:.3} 일 때 최소값 {:.3})'\
        .format(col, th_min, ce_min)
    plt.title(title)
    plt.xlabel(col)
    plt.show()


plot_min_cond_entropy('sepal length (cm)')
```

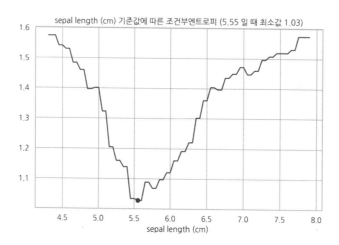

❷ 그래프상에서 기준값이 5.55cm일 때 조건부엔트로피의 최솟값이 1.03이다. 따라서 기준값 5.55cm로 나누어야 한다.

❸ 꽃받침의 폭을 사용한 경우에는 기준값이 3.35cm일 때 조건부엔트로피의 최솟값이 1.30이다. 따라서 기준값 3.35cm로 나누어야 한다.

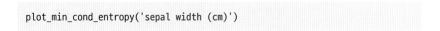

```
plot_min_cond_entropy('sepal width (cm)')
```

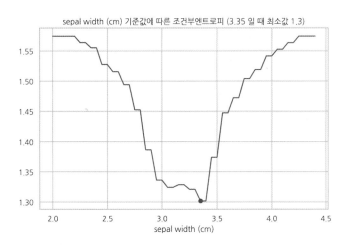

❹ 꽃받침의 길이를 사용하는 경우에 조건부엔트로피의 값이 더 작다. 따라서 꽃받침의 길이를 사용해야 한다.

연습 문제 10.3.1 해답

❶ 꽃받침의 길이를 특정 기준값으로 나누는 경우 로그손실은 다음 그래프와 같아진다.

```
from sklearn.metrics import log_loss

iris = load_iris()
idx = np.in1d(iris.target, [0, 1])
X = iris.data[idx, :]
y = iris.target[idx]
df = pd.DataFrame(X, columns=iris.feature_names)
df['y'] = iris.target[idx]
```

```python
def calc_logloss(col, threshold, reverse=False):
    if reverse:
        df['y_hat'] = (df[col] < threshold).astype(int)
    else:
        df['y_hat'] = (df[col] > threshold).astype(int)
    return log_loss(df['y'], df['y_hat'])


def plot_min_logloss(col, reverse=False):
    th_min = df[col].min()
    th_max = df[col].max()
    th_range = np.arange(th_min, th_max + 0.05, 0.05)

    loglosses = []
    for th in th_range:
        loglosses.append(calc_logloss(col, th, reverse))

    id_min = np.argmin(loglosses)
    th_min = th_range[id_min]
    ll_min = np.min(loglosses)
    plt.plot(th_range, loglosses, 'r-')
    plt.plot(th_min, ll_min, 'bo')
    title = '{} 기준값에 따른 로그손실 ({:.3} 일 때 최소값 {:.3})'\
        .format(col, th_min, ll_min)
    plt.title(title)
    plt.xlabel(col)
    plt.show()

plot_min_logloss('sepal length (cm)')
```

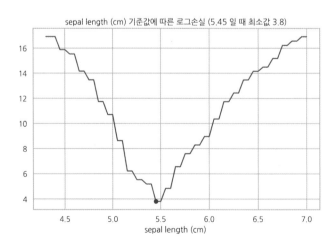

❷ 그래프상에서 기준값이 5.45cm일 때 로그손실의 최솟값이 3.8이다. 따라서 기준값 5.45cm로 나누어야 한다.

❸ 꽃받침의 폭을 사용한 경우에는 기준값이 3.05cm일 때 로그손실의 최솟값이 5.53이다. 따라서 기준값 3.05cm로 나누어야 한다.

```
plot_min_logloss('sepal width (cm)', reverse=True)
```

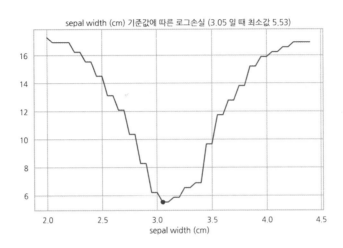

❹ 꽃받침의 길이를 사용하는 경우에 로그손실의 값이 더 작다. 따라서 꽃받침의 길이를 사용해야 한다.

연습 문제 10.3.2 해답

❶ 연습 문제 10.1.4에서 엔트로피값은 2다.

$$H[p] = 2$$

$$
\begin{aligned}
H[p, q] = & -\frac{1}{2} \log_2 \frac{1}{8} - \frac{1}{4} \log_2 \frac{1}{8} \\
& -\frac{1}{8} \log_2 \frac{1}{8} - \frac{1}{16} \log_2 \frac{1}{8} \\
& -\frac{1}{64} \log_2 \frac{1}{8} - \frac{1}{64} \log_2 \frac{1}{8} \\
& -\frac{1}{64} \log_2 \frac{1}{8} - \frac{1}{64} \log_2 \frac{1}{8} \\
= & \left(\frac{1}{2} + \frac{1}{4} + \frac{1}{8} + \frac{1}{16} + \frac{4}{64} \right) \cdot 3 = 3
\end{aligned}
$$

따라서 쿨백-라이블러 발산은 다음과 같다.

$$KL(p\|q) = H[p, q] - H[p]$$
$$= 3 - 2 = 1$$

```
sp.stats.entropy(
    [1/2, 1/4, 1/8, 1/16, 1/64, 1/64, 1/64, 1/64],
    [1/8, 1/8, 1/8, 1/8, 1/8, 1/8, 1/8, 1/8],
    base=2)
```

```
1.0
```

❷ 균일길이 인코딩을 하는 경우에는 한 글자당 평균 비트 수가 3, 가변길이 인코딩을 하는 경우에는 한 글자당 평균 비트 수가 2다. 두 인코딩의 한 글자당 평균 비트 수의 차이는 쿨백-라이블러 발산 값인 1과 같다.